Verlobung und Eheschließung in China
Das Eherecht im IV. Buch des Nankinger BGB "Familienrecht"
vom 26.12.1930 (in der Fassung vom 3.6.1985)
und das Pekinger Ehegesetz vom 10.9.1980

Chow, Ju-Chin

周如瑾

aus

Wu-Hua, Kwangtung, China

中國廣東五華

JU-CHIN CHOW

VERLOBUNG UND EHESCHLIESSUNG IN CHINA

DAS EHERECHT IM IV. BUCH
DES NANKINGER BGB »FAMILIENRECHT«
VOM 26.12.1930 (IN DER FASSUNG
VOM 3.6.1985) UND DAS PEKINGER
EHEGESETZ VOM 10.9.1980

PETER LANG
Frankfurt am Main · Bern · NewYork · Paris

Die Deutsche Bibliothek - CIP-Einheitsaufnahme

Chow, Ju-Chin:

Verlobung und Eheschließung in China : das Eherecht im IV. Buch des Nankinger BGB "Familienrecht" vom 26.12.1930 (in der Fassung vom 3.6.1985) und das Pekinger Ehegesetz vom 10.9.1980 / Ju-Chin Chow. - Frankfurt am Main ; Bern ; New York ; Paris : Lang, 1992
ISBN 3-631-43234-8

ISBN 3-631-43234-8
© Verlag Peter Lang GmbH, Frankfurt am Main 1992
Alle Rechte vorbehalten.

Das Werk einschließlich aller seiner Teile ist urheberrechtlich geschützt. Jede Verwertung außerhalb der engen Grenzen des Urheberrechtsgesetzes ist ohne Zustimmung des Verlages unzulässig und strafbar. Das gilt insbesondere für Vervielfältigungen, Übersetzungen, Mikroverfilmungen und die Einspeicherung und Verarbeitung in elektronischen Systemen.

Printed in Germany 1 3 4 5 6 7

Widmung

謹以此作敬獻余之已故
父母親大人 與
長兄 如敏 及
幼弟 文友

中華民國七十九年夏曆庚午年
三月初十日清明節於西德

Diese Arbeit ist herzlich gewidmet
meinen verstorbenen Eltern,
meinem verstorbenen älteren Bruder Ju-Min (如敏)
                und
meinem verstorbenen jüngeren Bruder Wen-Ju (文友)

Erlangen, am 10. Tag des dritten
Monats (Mondkalender) im 79. Jahr
der Republik China (1990)

Geleitwort

Herr Chow Ju-Chin legt hiermit sein Buch "Verlobung und Eheschließung in China" – Das Eherecht im Nankinger Familienrecht und das Pekinger Ehegesetz – einer breiteren Öffentlichkeit vor. Ich habe dieses Buch gelesen und kann aus der Kenntnis des Inhalts dieses Buches sagen, daß jeder, der sich mit China und seinem Recht befaßt, zu diesem Werk mit großem Gewinn greifen wird. Ehe und Familie haben für ein Volk große Bedeutung, grundlegenden Einfluß und geben Einblick in ein wesentliches Stück Kultur dieses Volkes. Deshalb werden die chinesischen Sitten, Gebräuche und Rechte bei der Verlobung und Eheschließung, wie sie in diesem Buch beschrieben sind, auch den Nichtjuristen interessieren, der China kennenlernen möchte und ihm einen interessanten Einblick und Spiegel vermitteln. Nicht zuletzt ist dieses Werk für die Rechtsvergleichung von großem Nutzen. Herr Chow hat uns zu tieferer Erkenntnis des chinesischen Rechts und seines genuinen Denkens im Eherecht verholfen. Wir wünschen diesem Werk im Interesse des gegenseitigen Sichkennenlernens und Verstehens im Hinblick auf die Völkerverständigung einen großen Leserkreis, der für dieses gelungene Werk sicher dankbar sein wird.

Erlangen, im Dezember 1989
Wilhelm Barnikel

BRIEF von Dr. jur. H. Y. Chang zum vorliegenden Buch

Lieber Kollege Ju-Chin!

Nach dem Lesen Ihres Werkes möchte ich hierzu folgende Meinung äußern:

Sie haben diesem Werk sehr viel Mühe und Arbeit gewidmet, umfangreiches Literaturstudium betrieben und Ihre Meinung zum behandelten Thema ist vertretbar und richtig dargelegt, die Gliederung klar und übersichtlich gestaltet, so daß ich Ihnen Anerkennung dafür aussprechen kann.

Es wäre wünschenswert die Arbeit später zu vervollkommnen hinsichtlich weiterer Gebiete des chinesischen Familienrechts, außer den von Ihnen nun behandelten Gebieten "Verlobung und Eheschließung". Sodann würde eine vollständige Behandlung des gegenwärtigen chinesischen Familienrechts vorliegen. Haben Sie diese Absicht? Ich würde sehr dazu raten.

Ihr

Chang, Hsün-Yang

Marburg/Lahn, den 22. April 1982

Inhaltsverzeichnis

Geleitwort von W. Barnikel — VII

Brief von Dr. jur. H.Y. Chang zum vorliegenden Buch — IX

Abkürzungs- und Literaturverzeichnis — XIX

Einleitung

I. Derzeitiger Rechtszustand in China und die in der Arbeit behandelten Gesetze — 1
II. Aufgabe der Arbeit — 3

Erstes Kapitel
Zur Entstehung der beiden Eherechtsordnungen

I. Das IV. Buch "Familienrecht" des Nankinger Bürgerlichen Gesetzbuches vom Jahre 1930 — 5
II. Das Ehegesetz der Pekinger Regierung von 1980 — 13

Zweites Kapitel
Das Wesen der Ehe

I. Grundgedanken über die Ehe aus den chinesischen Schriftzeichen — 19
II. Gedanken über die Unlösbarkeit der Ehe und ihre Auswirkung auf Sitte und Gesetz — 25
III. Gleichberechtigung von Mann und Frau — 37
IV. Zulässigkeit von Nebenfrauen unter dem gesetzlichen Einehesystem — 40
V. Gründe für die Aufnahme von Nebenfrauen — 45
VI. Die sogenannten zwei gleichberechtigten Hauptfrauen (P'ing-Ch'i) — 47

VII. Mißverständnisse über die Erläuterungen zur Ehe der Bücher "Li-Gi" und "Po-Hu-T'ung" — 52
VIII. Auswirkungen der oben erwähnten Mißverständnisse über die Erläuterungen der Bücher "Li-Gi" und "Po-Hu-T'ung" auf die Gesetzgebung — 54
IX. Klärung der oben erwähnten Mißverständnisse über die Erläuterungen der Bücher "Li-Gi" und "Po-Hu-T'ung" — 55
    A. Zur Frage der zwei Oberhäupter in der Familie — 55
    B. Über den Sinn des Wortes Ehemann = Hilfe — 57
    C. Über den Sinn des Wortes Ehefrau = zum (Haus-) Dienst — 58
    D. Über den Sinn der "drei Folgeleistungen der Frau" — 60
X. Zusammenfassung — 61

Drittes Kapitel

Das Verlöbnis

I. Die Stellung des Verlöbnisses im chinesischen Eherecht — 63
II. Die Bedeutung des Verlöbnisses — 67
III. Begründung des Verlöbnisses — 71
    A. Das Verlöbnis als persönliche Handlung der Partner — 71
    B. Die Verlobungsfähigkeit — 72
        a. Das Mindestalter der Verlöbnispartner — 72
        b. Einwilligung des gesetzlichen Vertreters zum Verlöbnis des Minderjährigen — 75
        c. Ist ein Entmündigter verlobungsfähig? — 80
        d. Harmonieren der "Acht Zeichen" (Pa-Tzu) vom Geburtsdatum der Brautleute — 82
    C. Die Heiratsregeln "Der Eltern Wille" (= Fu-Mu-Chih-Ming) und "der Vermittler Worte" (= Mei-Sho-Chih-Yen) — 85
        a. "Der Eltern Wille" — 88
            aa. Gründe und Bedeutung der Heiratsregel "der Eltern Wille", wie auch der Heiratsregel "man geht darum die Eltern an" (Pi-Kao-Fu-Mu) — 88
            bb. Die Entwicklung der Heiratsregel "der Eltern Wille" und des Systems der "Heiratsvollziehung" — 109
            cc. Bedeutung und Wirkung des Systems der "Heiratsvollziehung" und seine Beziehung zu der Heiratsregel "man geht darum die Eltern an" oder "der Eltern Wille" — 112

		b. "Der Vermittler Worte"	118
		aa. Die Funktion der Heiratsregel "der Vermittler Worte"	118
		bb. Grund und Bedeutung der Heiratsregel "der Vermittler Worte"	121
		cc. Ausnahme von der Heiratsregel "der Vermittler Worte"	123
		D. Die Verlobungsförmlichkeit	125
IV.	Das Verlobungsverbot		126
	A. Nach dem Nankinger BGB und dem Pekinger EheG		126
	B. Nach dem Gesetz der Ch'ing-Dynastie (1644 - 1911) sowie dem Gesetz der T'ang-Dynastie (618-907)		126
		a. Heirat während der Trauerzeit	127
		b. Heirat während Gefängnishaft der Eltern	127
		c. Heirat zwischen Partnern gleichen Familiennamens	127
		d. Heirat mit einer Bürgersfrau des Amtsbezirks	128
V.	Die Wirkungen des Verlöbnisses		129
	A. Die personenrechtlichen Wirkungen		129
		a. Kein Heiratszwang durch das Verlöbnis	129
		b. Das Verlöbnis begründet kein Verwandtschaftsverhältnis	130
		c. Die Gültigkeit des Verlöbnisses bei arglistiger Täuschung	131
		d. Die Rechtsstellung der Brautkinder	133
		aa. Die Eigenschaften der Brautkinder	133
		bb. Die verwandtschaftlichen Verhältnisse zwischen Brautkindern und ihren natürlichen Eltern und deren Verwandten	135
		cc. Name und Wohnsitz der Brautkinder	138
		e. Treuepflicht der Verlobten	139
	B. Die vermögensrechtlichen Wirkungen		139
		a. Die Unterhaltskosten zusammenlebender Brautleute	140
		b. Das Verlöbnis in bezug auf das Erbrecht	141
		aa. Die erbrechtliche Stellung der Verlobten	141
		bb. Gegenseitige testamentarische Erbeinsetzung der Brautleute	142
		cc. Können Verlobte, wenn zu Lebzeiten beider ein Teil den Lebensunterhalt des andern bestritt, einander beerben?	145
VI.	Die Beendigung des Verlöbnisses		147
	A. Durch den Tod eines der Verlobten		147
	B. Durch die Eheschließung		148

XIII

	a. Im Falle der nichtigen Ehe	148
	aa. Wegen Formmangels der Eheschließung	149
	bb. Wegen eines Eheverbots	149
	b. Im Falle der anfechtbaren Ehe	150
C.	Durch den Rücktritt	150
	a. Beiderseitig einverständlicher Rücktritt vom Verlöbnis	150
	b. Einseitiger Verlöbnisrücktritt	151
	aa. Ohne gesetzlichen Grund	151
	bb. Mit gesetzlichem Grund	153
	α. Die Arten der gesetzlichen Entlobungsgründe	154
	β. Der Akt des Verlöbnisrücktritts bei Vorliegen der im Gesetz genannten Rücktrittsgründe	164
	c. Die Auswirkungen des Rücktritts vom Verlöbnis	165
	aa. Rückforderung der Geschenke nach dem Rücktritt	165
	bb. Der Schadenersatz nach dem Rücktritt	166
	α. Bei Rücktritt auf Grund beiderseitigen Einverständnisses	166
	β. Bei einseitigem Verlöbnisrücktritt	166
	αα. Bei Rücktritt ohne gesetzlichen Grund	166
	ββ. Bei Vorliegen von gesetzlichen Gründen für den Rücktritt	167
	γγ. Frist des Schadenersatzanspruches bei einseitigem Verlöbnisrücktritt	167

Viertes Kapitel

Die Eheschließung

I.	Die Stellung der Eheschließung innerhalb der verschiedenen Heiratsstadien	169
II.	Die Voraussetzungen der Eheschließung	180
A.	Die materiellrechtlichen Voraussetzungen	180
	a. Die Einwilligung der Brautleute	180
	b. Das Heiratsalter	184
	c. Zustimmung des gesetzlichen Vertreters	191
	d. Berücksichtigung der Eheverbote	198
	aa. Die unter das Eheverbot fallenden Verwandten	198
	α. Die Blutsverwandten	198
	αα. Geradlinige Blutsverwandte	198
	ββ. Seitenlinige Blutsverwandte	199
	γγ. Uneheliche Blutsverwandte	202

		β	Die Verschwägerten	205
			aa. Geradlinige Verschwägerte	205
			ββ. Seitenlinige Verschwägerte	206
			γγ. Uneheliche Verschwägerte	208
			δδ. Nach Auflösung der Schwägerschaft	210
		γ.	Die Adoptivverwandten	211
			aa. Eheverbote zwischen Adoptivblutsverwandten	213
			aaa. Zwischen Adoptiveltern und Adoptivkindern	213
			βββ. Zwischen gerad- oder seitenlinigen Blutsverwandten der Adoptiveltern oder der Adoptivkinder	214
			ββ. Die Eheverbote zwischen Adoptivverschwägerten	219
			γγ. Die Eheverbote nach Auflösung des Adoptionsverhältnisses	220
		bb. Eheverbot zwischen Vormund und Mündel		222
		cc. Verbot der Doppelehe		225
		dd. Eheverbot zwischen den Ehebruchspartnern		226
		ee. Eheverbot während der Wartezeit der Frau		231
	B.	Die formellen Voraussetzungen		234
		a. Die Formalitäten vor der Trauung		234
		b. Öffentliche Form und Zeugen bei der Vermählung		236
		c. Ausstellung der Eheurkunde		238
		d. Registrierung der Eheschließung		238
		aa. Nach dem gegenwärtigen Nankinger und Pekinger Gesetz		238
		bb. Nach dem "Buch über die Verwaltung der Chou-Dynastie = Chou-Kuan oder Chou-Li"		241
III.	Die fehlerhaften Eheschließungen			241
	A.	Die nichtbestehende Ehe oder die Nichtehe		242
	B.	Die Nichtigkeit der Ehe		244
		a. Ihr Sinn und Umfang		244
		b. Ihr Grund und ihre Wirkung		246
		aa. Bei nicht gesetzlicher Form der Eheschließung		246
		bb. Bei Verstoß gegen ein Eheverbot		248
		α. Im Nankinger BGB		248
		β. Im Pekinger EheG		249

  C. Die Anfechtung der Ehe —————————————— 250
    a. Die Anfechtungsgründe und der Anfechtungsberechtigte — 250
    b. Die Wirkung der Eheanfechtung ———————— 273
  D. Die Entschädigung bei Nichtigkeit oder Anfechtung
    der Ehe ———————————————————————— 273

Zusammenfassende Betrachtung

I. Grundlegende Beziehungen zwischen Ehe, Familie und Staat im chinesischen Eherecht ————————————————— 275
II. Eigenständigkeit der chinesischen Eheschließungsform ——— 278
III. Beispiele der Modernisierung in der heutigen Ehegesetzgebung — 279
  A. Freier Rücktritt und keine Zwangserfüllung des Eheversprechens ————————————————————————— 279
  B. Einschränkung des Bereichs des verwandtschaftlichen Eheverbots ———————————————————————— 280
  C. Die Wartezeit der Frau unter neuem Gesichtspunkt ———— 281
  D. Abschaffung des Nebenfrauensystems und das Doppeleheverbot gestern und heute ——————————————— 281
IV. Schlußwort ————————————————————— 282

Anhang

Wirkungen der Eheschließung

I. Personenrechtliche Wirkungen — 285
   A. Ehepartner — 285
   B. Hausgenossen — 286
   C. Schwägerschaft — 288
   D. Verwandtschaftsverhältnisse zu den ehelichen oder unehelichen Kindern — 290
   E. Ehehindernisse — 290
      a. Ehehindernis wegen des Personenstandes, der durch Heirat von Mann und Frau geschaffen wird — 290
      b. Ehehindernis nach Auflösung der Ehe — 291
II. Vermögensrechtliche Wirkungen — 291
   A. Im Erbrecht — 291
   B. Im Ehegüterrecht — 292
III. Rechte und Pflichten aus der Eheschließung – Die Wirkungen der Eheschließung im engeren Sinne – — 293
   A. Die "Allgemeinen Wirkungen der Ehe" — 293
      a. Namensrecht — 294
      b. Die Pflicht zum Zusammenleben — 296
      c. Die Pflicht zur Begründung eines gemeinsamen Wohnsitzes — 301
      d. Gegenseitiges Vertretungsrecht der Ehegatten in den täglichen häuslichen Geschäften — 302
   B. Weitere Rechte und Pflichten aus der Eheschließung — 306
      a. Gegenseitige Unterhaltspflicht — 306
      b. Geschlechtliche Treuepflicht — 307
      c. Pflicht der Ehegatten zur gemeinsamen Annahme an Kindes Statt — 308
      d. Zustimmungsrecht des Ehepartners eines Anzunehmenden — 310
      e. Gegenseitige Vormundschaft bei Entmündigung des Ehepartners — 312
IV. Rechte und Pflichten der Ehegatten gegenüber ihren Kindern – Die Wirkungen der Eheschließung im weiteren Sinne – — 313
   A. Schutz, Unterhalt und Erziehung der Kinder — 316
   B. Bestrafung der Kinder — 317

C. Gesetzliche Vertreter der Kinder —————————————— 320
   a. Notwendigkeit der gesetzlichen Vertretung minderjähriger Kinder und gesetzliches Vertretungsrecht der Eltern — 320
   b. Gesetzliche Vertretung bei vermögensrechtlichen und personenrechtlichen Rechtsgeschäften ————————— 322
   c. Zweiseitige Betrachtung des Vertretungsrechts und seine Übertragbarkeit ————————————————————— 326

V. Zusammenfassung ————————————————————— 327

Nachwort ———————————————————————————— 331

Rückdenken ————————————————————————————— 333

Adresse des Verfassers ——————————————————————— 335

Abkürzungs- und Literaturverzeichnis

ABGB	Das Allgemeine Bürgerliche Gesetzbuch vom 1.6.1811 der Bundesrepublik Österreich.
Abendpost (456[1]) *	Abendpost, Nachtausgabe, Frankfurt/M.
Abendzeitung (AZ) (297)	Abendzeitung, 8 Uhr-Blatt, Nürnberg.
Adoptionsgesetz	Gesetz über die Annahme als Kind und zur Änderung anderer Vorschriften vom 2.7.1976 (BGBl. I 1749).
a.F.	alte Fassung
Althaus (43, 294)	Paul Althaus: Von Liebe und Ehe, Göttingen 1949.
Amira-Eckhardt (533)	Karl von Amira - Karl August Eckhardt: Germanisches Recht, Bd. II, Berlin 1967.
Ansorg (28)	Linda Ansorg u.a.m. (Autorenkollektiv): Familienrecht, Lehrbuch, Berlin 1972.
Arnold (297)	Egon Arnold: Angewandte Gleichberechtigung im Familienrecht, Ein Kommentar zu der Rechtssituation seit dem 1. April 1953, Berlin und Frankfurt 1954.
Aubier (35)	Catherine Aubier: Chinesische Tierkreiszeichen, Hahn, Deutsche Erstveröffentlichung München 1983, Original französisch: Zodiaque chinois, le coq, Paris 1982.
AVO	Ausführungsverordnung
AVO EheG (BritZ)	Verordnung der Zentraljustiz für die Britische Zone zur Ausführung des Ehegesetzes vom 2.2.1946 (vom 12.7.1948).
Balsdon (128, 231, 251[1], ...)	Dacre Balsdon: Die Frau in der römischen Antike, München 1979.
Bayernkurier (BK) (605)	Bayernkurier, Deutsche Wochenzeitung für Politik, Wirtschaft und Kultur, München.

* Die unter der Abkürzung angegebenen Zahlen ( ) beziehen sich auf die Anwendung der Literatur in den betreffenden Anmerkungen.

Beijing Rundschau	s. Peking Rundschau
Beitzke (127, 260, 284, ...)	Günther Beitzke: Familienrecht (Kurzlehrbuch), München 1985.
Bergmann/Ferid (27, 58¹, 59, ...)	Alexander Bergmann (begründet) und Murad Ferid (fortgeführt): Internationales Ehe- und Kindschaftsrecht, Frankfurt/M., Ergänzungsloseblattform.
Beyer (28)	Karl-Heinz Beyer u.a.m. (Verfasserkollektiv): Das Familienrecht der DDR, Kommentar, Berlin 1970.
BGB (Nankinger BGB)	Bürgerliches Gesetzbuch der Republik China (Bez.: Nankinger BGB). Buch 1 vom 23.5.1929; Buch 2 vom 22.11.1929; Buch 3 vom 30.11.1929; Buch 4 und 5 vom 26.12.1930.
BGBl.	Bundesgesetzblatt der Deutschen Bundesrepublik
BGH	Bundesgerichtshof der Deutschen Bundesrepublik
Binder (144, 381, 519)	Hans Binder: Die Geisteskrankheit im Recht, Zürich 1952.
Bökenkamp (59)	Werner Bökenkamp: Scheidung in Frankreich künftig weniger kostspielig und langwierig, in der Zeitung "Frankfurter Allgemeine" vom 5.9.1974.
Bosch (96)	F.W. Bosch: Familienrechtsreform, Siegburg 1952.
Boschan (139, 377, 406, ...)	Siegfried Boschan: Europäisches Familienrecht, München 1972.
Braga (560)	Sevold Braga: Die Ausgleichsforderung im künftigen Ehegüterrecht, in FamRZ 1955, S. 1-6.
BRD	Bundesrepublik Deutschland
BT Drucks.	Drucksache(n) des Deutschen Bundestages
Buck, Pearl S. (362)	Pearl S. Buck: Ostwind-Westwind, Titel des amerikanischen Originals "Eastwind-Westwind", Deutsch von Richard Hoffmann, Hamburg 1952.
Bünger 1934 (313, 341, 388, ...)	Karl Bünger: Zivil- und Handelsgesetzbuch, sowie Wechsel- und Scheckgesetz von China, Marburg 1934.

Bünger 1935 (460)	Karl Bünger: Die Familie in der chinesischen Rechtsprechung, aus Sinica, X. Jahrgang 1935.
Bünger 1950 (2)	Karl Bünger: Die Rezeption des europäischen Rechts in China, in der Sonderveröffentlichung der RabelsZ 15 (1949/50): "Deutsche Landesreferate zum III. internationalen Kongreß für Rechtsvergleichung in London 1950", Tübingen 1950.
Bünger 1951 I (22, 23)	Karl Bünger: Verfassungstexte der Chinesischen Volksrepublik von 1949, in ZaöRV, Bd. XIII, Nr. 4, 1951, S. 837-858.
Bünger 1951 II (26, 272, 353, ...)	Karl Bünger: Das Ehegesetz der Volksrepublik (China) von 1950, in RabelsZ 16 (1950/51) S. 112-126.
Bünger 1951 III (4)	Karl Bünger: Die Verfassung der chinesischen Nationalregierung von 1947, in ZaöRV, Bd. XIII, Nr. 4, 1951, S. 808-836.
Capra (35)	Fritjof Capra: Das Tao der Physik, aus dem Amerikanischen übertragen von Fritz Lahmann und Erwin Schuhmacher, München 1984.
Central Daily News (5, 21, 40, ...)	Tageszeitung "Central Daily News" (中央日報 国際版), International Edition, Taipeh/Taiwan.
Chang (5, 7, 13, ...)	Chang, Shen (張鉎): Das chinesische Eherecht (中国女昏姐法綜論), Shanghai 1936.
Chang/Herrfahrdt (91)	Das chinesische Strafgesetzbuch, die deutsche Übertragung von Chang, Chung-Kong und H. Herrfahrdt, Bonn 1938.
Chang, Hsin-Ch'eng (154, 187, 188, ...)	Chang, Hsin-Ch'eng (張心澂): Untersuchungen über Bücherfälschung (偽書通考), Shanghai 1957.
Chang, Hsi-T'ang (157, 178, 209)	Chang, Hsi-T'ang (張西堂): Sammlung aus sechs Abhandlungen über das "Buch der Lieder" (詩経六論), Shanghai 1957.
Chao (20, 46, 54, ...)	Chao, Feng-Chieh (趙鳳喈): Familienrecht des Bürgerlichen Gesetzbuches (民法親属編), Taipeh 1968.

XXI

Ch'en
(25, 88, 109, ...)

Ch'en, Ch'i-Yen
(200, 311[1], 325[1], ...)

Ch'en/Ch'iu
(93, 105, 340, ...)

Ch'en, Ku-Yüan
(63, 65, 69, ...)

Ch'en, Ku-Yüan 1978
(56[1], 304, 328, ...)

Ch'en, Li-Fu
(578[1])

Ch'en, Shih-K'o
(105, 189[1], 190)

F.T. Cheng
(6, 55, 61, ...)

Ch'eng, Shu-Teh
(8, 52, 53, ...)

Cheng, Yü-Po
(61, 483, 516, ...)

Chiang, Kai-Shek
(258)

Ch'in, Mu
(60)

Ch'en, Yung-Fu (陳揆甫): Das neue demokratische Ehesystem (新民主義的婚姻制度), Shanghai 1951.

Ch'en, Ch'i-Yen (陳棋炎): Familienrecht des Bürgerlichen Gesetzbuches (民法親屬), Taipeh 1970.

Ch'en, Kuo-Fu (陳果夫) und Ch'iu, P'ei-Hao (邱培豪): Das Neue Buch über Sitte und Brauchtum (通禮新編), Erscheinungsort nicht angegeben, 1950.

Ch'en, Ku-Yüan (陳顧遠): Geschichte der Heirat des alten China (中國古代婚姻史), Taipeh 1964.

Ch'en, Ku-Yüan (陳顧遠): Die Geschichte der chinesischen Ehe (中國婚姻史), Taipeh 1978.

Ch'en, Li-Fu (陳立夫): Der rechte Weg der Hausregel in der heutigen Zeit (現代齊家之道), in "Central Daily News", 12.3.1985, S. 4.

Ch'en, Shih-K'o (陳士琦): Bemerkungen und Textbeweise zum Buch "Hausgespräche des Meisters K'ung" (孔子家語疏證), Taipeh 1976.

F.T. Cheng (鄭天錫): China, das Werk des Konfuzius (孔子模型之中國人—華道西光—), aus dem Englischen übertragen von Anita Wiegand, Zürich 1949.

Ch'eng, Shu-Teh (程樹德): Untersuchungen zu den Gesetzen von neun Dynastien (九朝律考), Shanghai 1955.

Cheng, Yü-Po (鄭玉波): Grundriß des römischen Rechts (羅馬法要義), Taipeh 1958.

Chiang, Kai-Shek: Sowjetrußland in China, deutsche Ausgabe aus dem Amerikanischen übersetzt von Credo, Bonn 1959.

Ch'in, Mu (錢穆): Die Beziehung des Chinesen zum T'ao – Weg – (中國人的巳樂道), in "Central Daily News", 11.1.1985, S. 4.

China im Bild (327[1], 343, 365[3], …)	Die illustrierte Monatszeitung "China im Bild", Beijing (Peking).
China News (21, 55, 62, …)	Die Tageszeitung "China News" (中國新聞), Hongkong.
Chinesische Akademiker im Ausland (65, 83[5], 139, …)	Die Monatszeitschrift "Chinesische Akademiker im Ausland" (海外學人), Taipeh.
Chinesische Sitten und Gebräuche im Bereich des Zivilrechts (337, 340[1])	"Chinesische Sitten und Gebräuche im Bereich des Zivilrechts" (中國民事習慣大全), aus der "Buchreihe über Geschichtsmaterial der chinesischen Neuzeit" (中國現代史料叢書), Taipeh 1962.
Ching, Chih-Jen (542)	Ching, Chih-Jen (荊知仁): "Richtiges behalten und an Neues anpassen" (守經與應變), "Central Daily News" vom 11.1.1986, S. 2.
Chou, Ch'i (341)	Chou, Ch'i (周浩): Die Ehe im chinesischen BGB (中國民法婚姻論), Taipeh 1976.
Chung-Hua-Ta-Tzu-Tien (80, 170)	Chung-Hua-Ta-Tzu-Tien (中華大字典), "Chung-Hua Großes Wörterbuch" (Chung-Hua = Verlagsname), Hongkong 1965.
Dai Kauwajiten (337)	Dai Kauwajiten (大漢和辭典), Großes Chinesisch-Japanisches Wörterbuch von Morohashi Tetsuji, Tokio 1958.
Damian-Knight (43)	Guy Damian-Knight: I Ging der Liebe, Das altchinesische Orakel für Partnerschaft und Ehe, übersetzt aus dem Englischen von Inge Uffelmann, Niedernhausen/Ts. 1986.
"Das Beste" aus Reader's Digest (44)	"Das Beste" aus Reader's Digest, deutsche Ausgabe, Jahrgang 41, Nr. 478, Juni 1988, Stuttgart.
DDR	Deutsche Demokratische Republik
Denecke (213)	Bernward Denecke: "hochzeit", München 1971.
Dieckmann (345)	Albrecht Dieckmann: Die Handschuhehe deutscher Staatsangehöriger nach deutschem internationalen Privatrecht, Bielefeld 1959.
Diederichsen (477, 553)	Uwe Diederichsen: Familienrecht, Schaeffers Grundriß Verlag, Heidelberg 1984.

Dölle Bd. I. (27, 478, 588)	Hans Dölle: Familienrecht, Bd. I, Karlsruhe 1964.
Dölle Bd. II. (608, 618, 619)	Hans Dölle: Familienrecht, Bd. II, Karlsruhe 1965.
dt. BGB	deutsches Bürgerliches Gesetzbuch vom 18.8.1896.
dt. EheG	deutsches Ehegesetz vom 20.2.1946.
dt. StGB	deutsches Strafgesetzbuch vom 15.5.1871.
dt. StPO	deutsche Strafprozeßordnung vom 1.2.1877.
dt. ZPO	deutsche Zivilprozeßordnung vom 30.1.1877.
Dukor (143)	Benno Dukor: Das schweizerische Eheverbot für Urteilsunfähige und Geisteskranke, Zürich 1939.
1. DVO EheG	Verordnung des Reichsministers der Justiz zur Durchführung und Ergänzung des Gesetzes zur Vereinheitlichung des Rechts der Eheschließung und der Ehescheidung im Lande Österreich und im übrigen Reichsgebiet vom 27.7.1938.
von Eckardt (67, 385)	Hans von Eckardt: Die Macht der Frau, Stuttgart 1949.
1.EheG (Pekinger 1.EheG)	Ehegesetz der Volksrepublik China vom 1.5.1950.
EheG (Pekinger EheG)	Ehegesetz der Volksrepublik China vom 10.9.1980.
1. EheRG	"Erstes Gesetz zur Reform des Ehe- und Familienrechts" vom 14.6.1976 (der BRD).
EltSorgRG	Gesetz zur Neuregelung des Rechts der elterlichen Sorge vom 18.7.1979 (BGBl. I, S. 1061).
Engelmann (10, 46, 49, ...)	Herbert Engelmann: Das chinesische Eherecht, Diss. Breslau-Uni., Sonderabdruck aus der Zeitschrift für vergleichende Rechtswissenschaft, XLIII. Band, Ferdinand Enke Verlag, Stuttgart 1928.
Entwurf der SPD (298)	"Entwurf eines Gesetzes zur Anpassung des Familienrechts an Art. 3 Abs. 2 GG" von der Sozialdemokratischen Partei Deutschlands (SPD), Bonn 1952.
Erkes (68)	Eduard Erkes: Das Problem der Sklaverei in China, Berlin 1952.

Erlanger Nachrichten* (od. EN) (474)	Die Tageszeitung "Erlanger Nachrichten", Erlangen.
Erlanger Tagblatt* (od. ET) (59, 165, 235, ...)	Die Tageszeitung "Erlanger Tagblatt", Erlangen.
Escarra (146)	Jean Escarra: Das chinesische Familienrecht in der alten Gesetzgebung und in der neuen Kodifikation, in der Zeitschrift "Sinica," VIII (1933).
Europe Journal (617)	" 欧洲日报 ", "Europe Journal" (eine chinesische Tageszeitung in Europa), Paris.
Exner (135)	M.J. Exner: Die ideale Ehe, englische Originalausgabe mit dem Titel "The Sexual Side of Marriage", ins Deutsche übertragen von Heinz Kotthaus, Stuttgart 1953.
FamRÄndG	Gesetz zur Vereinheitlichung und Änderung deutscher familienrechtlicher Vorschriften (Familienrechtsänderungsgesetz) vom 11.8.1961.
FamRZ (28, 45[1], 92, ...)	Ehe und Familie, Zeitschrift für das gesamte Familienrecht – Ehe und Familie im privaten und öffentlichen Recht –, Bielefeld.
Fan (5, 19)	Fan, Wen-Lan (范文阁): Grundriß der chinesischen Geschichte (中国区史简 编), Peking 1965.
Feldmann (27, 45[1], 121, ...)	H. Feldmann, H. von Franqué und B. Hamelbeck: Bürgerliches Recht, Familienrecht: I. Ehe-Personenrecht und Ehe-Güterrecht, aus der Buchreihe "Das Recht in Grundrissen" (herausgegeb. von Horst Feldmann), Heft 5/I, Essen/ Kettwig 1948.
FGB	Familiengesetzbuch der Deutschen Demokratischen Republik vom 20. Dez. 1965.
Forke 1927 (227)	Alfred Forke: Geschichte der alten chinesischen Philosophie, Abhandlungen aus dem Gebiete der Auslandskunde der Universität Hamburg, Hamburg 1927.
Forke 1934 (84)	Alfred Forke: Geschichte der mittelalterlichen Philosophie, Abhandlungen aus dem Gebiete

---

* Die Zeitung "Erlanger Tagblatt" ist ab Januar 1981 unter dem Haupttitel "Erlanger Nachrichten" erschienen. Der Titel "Erlanger Tagblatt" bleibt als Untertitel bestehen. Es stellt keinen Bruch mit der Tradition des "ET" dar.

Frankfurter Allgemeine Zeitung (od. FAZ) (1, 21, 59, ...)	der Auslandskunde der Universität Hamburg, Hamburg 1934. Frankfurter Allgemeine Zeitung, Frankfurt.
v. Friesen/Heller (263, 411)	Marie Elisabeth von Friesen/Wolfgang Heller: Das Familienrecht in Mitteldeutschland, Bonn 1967.
Fürholzer (75)	Edmund Fürholzer: China – Land und Volk, Frankfurt a.M. 1954.
Gernhuber (609)	Joachim Gernhuber: Lehrbuch des Familienrechts, München 1980.
Gerold (395, 454, 493, ...)	Wilhelm Gerold: Ehegesetz, Kommentar, Stuttgart 1950.
GesEinhG	Gesetz zur Wiederherstellung der Gesetzeseinheit auf dem Gebiete des deutschen Bürgerlichen Rechts vom 5.3.1953.
GG	Grundgesetz für die Bundesrepublik Deutschland vom 23. Mai 1949.
GleichberG	Gleichberechtigungsgesetz, Gesetz über die Gleichberechtigung von Mann und Frau auf dem Gebiete des deutschen Bürgerlichen Rechts vom 18. Juni 1957 (BGBl. I 609).
Göppinger (357)	Horst Göppinger: Die Befreiung vom Erfordernis der Ehemündigkeit aus FamRZ 1961, 463-465.
Gorbatschow (576[1])	Michail Gorbatschow: "Perestroika", deutsche Übersetzung aus dem Amerikanischen von Gabriele Burkhardt, Reiner Pfleiderer, Wolfram Ströle, München 1987.
Grandke (355[1])	"Familienrecht", Lehrbuch, von einem Autorenkollektiv unter Leitung von Prof. Dr. Anita Grandke, Berlin (Ost) 1972.
Granet (229)	Marcel Granet: Etudes sociologiques sur la Chine, Paris 1953.
Grundprobleme im Zivilrecht der Volksrepublik China (131[1], 272)	Grundprobleme im Zivilrecht der Volksrepublik China (中国人民共和国民法基本問題) vom Zivilrechtlichen Institut der zentralen politischen und rechtlichen

	Kaderschule (中央政法幹部學校民法教研室編著), Peking 1958.
Grünewald (95[1])	Hans I. Grünewald: Die Lehre Israels, München 1970.
Günther (67, 171, 173)	Hans F.K. Günther: Formen und Urgeschichte der Ehe, Göttingen 1951.
Habscheid/Meyer (298, 584, 591)	Walter J. Habscheid und Klaus Meyer: Neues Familienrecht, Bd. I, Bielefeld 1957.
Haff (435)	Karl Haff: Institution des deutschen Privatrechts, Bd. II: Familienrecht, Stuttgart 1947.
Hänisch (75)	E. Hänisch: Lehrgang der chinesischen Schriftsprache, Leipzig 1949.
Han-Te-Tz'u-Tien (19, 45, 117, …)	Han-Te-Tz'u-Tien (漢德詞典), Chinesisch-Deutsches Wörterbuch, Peking 1959.
Hedemann (45[1])	Justus Wilhelm Hedemann: Die Rechtsstellung der Frau, Vergangenheit und Zukunft, Berlin 1952.
Heller (119[1])	Julius Heller: Arzt und Eherecht, die ärztlich wichtigen Rechtsbeziehungen der Ehe in der Rechtsprechung, Berlin und Köln 1927.
Ho, Pei-Sheng (17)	Ho, Pei-Sheng (何培生): Allgemeiner Teil des Bürgerlichen Gesetzbuches (民法總則詳論), Taipeh/Taiwan 1960.
Ho, Su-Hsing (423)	Ho, Su-Hsing (賀思興): Anmerkungen und Erläuterungen zu den Büchern "San Tzu Ching" (三字經), "Das Buch mit Sätzen zu jeweils drei Wörtern" und "Pe Chia Sing" (百家姓), "Das Buch über die hundert Familiennamen", Taipeh/Taiwan 1976.
Hoang (83[1], 83[2], 85, …)	Le P. Pierre Hoang: Le mariage chinois au point de vue légal (大清律大昏姻門律例註釋), Shanghai 1898, in der Zeitschrift "Variétés Sinologiques", No. 14.
von Hollander (45)	Walther von Hollander: "Geht die Ehe unter?", als Beitrag zu dem Buch "Moderne Eheprobleme" von Helmut Gottschalk, Elenburg 1951.
Homberger (527, 609[1])	A. Homberger: Das Schweizerische Zivilgesetzbuch, Zürich 1943.
Hsieh, Jau-Wei (83)	Hsieh, Jau-Wei (謝幼偉): Charakteristik der chinesischen Kultur und ihre Beziehung

	zur westlichen Kultur (中国文化的特徵及其與西方文化的関係), aus der Wochenschrift "Kritik über Politik" (政論月刊), Taipeh/Taiwan 1957 Nr. 150.
Hsieh, Kuan-Sheng (10)	Hsieh, Kuan-Sheng (謝冠生): Untersuchung über verlorene und erhaltene chinesische Strafgesetzbücher verschiedener Dynastien (歷代刑法書存佚考), in Sammlung über die Grundkenntnisse des modernen Staatsbürgers, 4. Reihe: Sammlung der Abhandlungen über die Geschichte der chinesischen Wissenschaft, Bd. III, Taipeh/Taiwan 1956.
Hsieh, Ta-Huang (37, 135)	Hsieh, Ta-Huang (謝大荒): Erläuterungen allgemein verständlicher Art zum Buch I-Ging (易經語解), Taipeh 1976.
Hsü 1958 (45)	Hsü, Tao-Lin (徐道鄰): Einführung in das T'ang-Gesetz (唐律通論), Taipeh/Taiwan 1958.
Hsü 1961 (11)	Hsü, Tao-Lin (徐道鄰): Grundriß der Entwicklung des chinesischen Rechtssystems (中國法制史論略), Taipeh/Taiwan 1961.
Hsü, Chao-Yang (19, 177, 190, ...)	Hsü, Chao-Yang (徐朝陽): Untersuchungen über den Ursprung des chinesischen Familienrechts (中國親屬法溯源), Taipeh/Taiwan 1968.
Hsü, Chao-Yang (Strafrecht) (91)	Hsü, Chao-Yang (徐朝陽): Untersuchungen über den Ursprung des chinesischen Strafrechts (中國刑法溯源), Taipeh/Taiwan 1969.
Hsü, Chia-Ch'eng (178, 182)	Hsü, Chia-Ch'eng (許家成): Kommentar und Übersetzung (ins moderne Chinesisch) des "Buch der Lieder" (言文對照語文注釋:詩經), Hongkong 1968.
Hsü, T'en-Lin (361)	Hsü, T'en-Lin (徐天麟): Das Wesen der frühen Han-Dynastie (西漢會要), Peking 1955.
Hu (46, 56, 58^2, ...)	Hu, Ch'ang-Ch'ing (胡長清): Familienrecht des chinesischen Bürgerlichen Gesetzbuches (中國民法親屬論), Taipeh/Taiwan 1972.

Hu, K'ai-Ch'eng (329, 332, 334,...)	Hu, K'ai-Ch'eng (胡開誠): Familienrecht des Bürgerlichen Gesetzbuches (民法親屬要義), Taipeh/Taiwan 1966.
Hu und Steenberg (360³)	Hu, Hsiang-fan (胡湘帆) und Carla Steenberg: Auf die Weisheit unseres Körpers hören, Verlag Bonz, Fellbach/Oeffingen 1986.
Hua-Te-Tzu-Tien (45, 151, 170, ...)	Hua-Te-Tzu-Tien (華德字典): Chinesisch-Deutsches Wörterbuch, 1939, Verfasser und Erscheinungsort nicht angegeben.
Huang (58¹, 67, 200, ...)	Huang, Yu-Ch'ang (黃右昌): Kommentar zum Familienrecht des Bürgerlichen Gesetzbuches (民法親屬釋義), Shanghai 1937.
Huang, Teh-Shih (83)	Huang, Teh-Shih (黄得時): "Das Buch über die Pietät" in modernes Chinesisch übersetzt und erläutert (孝經今註今譯), Taipeh 1979.
I-Ging 1949 (37)	I-Ging, Das Buch der Wandlung, übersetzt von Mario Schubert, Zürich 1949.
I-Ging 1951 (37, 194)	I-Ging (Der französische Text mit dem Titel: Le Maître Yüan Kuang. Méthode pratique de divination chinoise par le "Yi-King". Der französische Text stammt aus der Feder von Tschu-Hua und Charles Canone), die deutsche Übertragung besorgte Fritz Werle, München-Planegg 1951.
I-Ging 1974 (37, 194)	I-Ging, Das Buch der Wandlung, übersetzt und erläutert von Richard Wilhelm, Düsseldorf-Köln 1974.
I-Ging 1976 (135, 194)	I-Ging, interpretiert und herausgegeben von Peter H. Offermann, Olten und Freiburg im Breisgau 1976.
Jacoby (151)	Hans Jacoby: Handschrift und Sexualität, Berlin 1932.
j. BGB od. jap. BGB	japanisches Bürgerliches Gesetzbuch vom 22.12.1947.
Jen Min Jih Pao (366)	Jen Min Jih Pao (人民日報): Die Volkstageszeitung, Peking.
JR (97, 564)	Juristische Rundschau, Berlin.

K'ang, Yu-Wei (154)	K'ang, Yu-Wei (康有為): Untersuchungen über Fälschungen der "Klassischen Bücher" in der Hsin-Zeit (8-23 n.Chr.) – 新學偽經考 –, Peking 1956.
Kao (196)	Kao, Heng (高亨): Einige Abhandlungen über das Buch "I-Ging" (周易雜論), Ch'i-Lu-Verlag (齊魯書社), Erscheinungsort nicht angegeben, 1981.
Kapfer 1951 (596)	Das Allgemeine bürgerliche Gesetzbuch (Manzsche Taschenausgabe der österreichischen Gesetze, Bd. 1), herausgegeben von Hans Kapfer, Wien 1951.
Kapfer 1980 (421, 596)	Das Allgemeine bürgerliche Gesetzbuch (Manzsche Taschen-Ausgabe – neue Reihe – der österreichischen Gesetze, Bd. 2), herausgegeben von Hans Kapfer, Wien 1980.
Karlgren (174, 176, 181[1], ...)	Bernhard Karlgren: Kommentar zum "Buch der Lieder" (高本漢: 詩經註釋), Original Englisch, ins Chinesische übertragen von Tung, T'ung-Ho (董同龢), Taipeh/Taiwan 1960.
Katalog "Nofret" (60, 97)	Katalog zur Ausstellung "Nofret Die Schöne", Die Frau im Alten Ägypten, München 15.12.1984-10.2.1985.
Kirby (104)	E. Stuart Kirby: Einführung in die Wirtschafts- und Sozialgeschichte Chinas, die englische Originalausgabe unter dem Titel "Introduction to the Economic History of China", London 1954 (erste Auflage), die deutsche Übersetzung von Grete Felten unter Mitwirkung von Walther Stromeyer, München 1955.
Kisch (44)	H. Kisch: Die sexuelle Untreue der Frau: I. Die Ehebrecherin, Berlin 1930.
Knecht (128, 243)	August Knecht: Handbuch des katholischen Eherechts, Freiburg im Breisgau 1928.
Ko, Hsi-Ning (188, 203)	Ko, Hsi-Ning (葛西寧): Die Geschichte der chinesischen Gedichte (中國詩史), Taipeh/Taiwan 1956, in der 4. Reihe der "Sammlung über die Grundkenntnisse des modernen Staatsbürgers".

Kommentar zur Strafrechtsgeschichte der Ch'ing-Dynastie (10, 13, 73)	Kommentar zur Strafrechtsgeschichte der Ch'ing-Dynastie (清史稿刑法註解) vom Institut für Rechtsgeschichte des Ausschusses zur Abfassung von Gesetzen des Staatsrats der Pekinger Regierung, Peking 1957. Die genannte Strafrechtsgeschichte von Chao Erh-Sun (趙爾巽) verfaßt und im Jahre 1927 in Peking veröffentlicht.
Konfuzius (104)	Konfuzius (Die amerikanische Originalausgabe erschien 1938 unter dem Titel "The Wisdom of Confucius" bei Random House, Inc., New York. Deutsche Übersetzung von Gerolf Coudenhove), herausgegeben von Lin Yutang, Frankfurt/ Main 1957.
Ku-Chin-T'u-Shu-Chi-Ch'eng (331, 332, 335, ...)	"Ku-Chin-T'u-Shu-Chi-Ch'eng" (古今圖書集成), "Systematische Zusammenstellung für verschiedene Fachgebiete aus alter und neuer Literatur Chinas", nach Fotokopien der alten Originale, Wen-Hsing Verlagsbuchhandlung, Taipeh 1964.
Kuo, Mo-Jo (104, 203)	Kuo, Mo-Jo (郭沫若): Die zehn kritischen Abhandlungen über alte chinesische Philosophen (十批判書), Peking 1954.
Kuo, Mo-Jo 1955 (196, 340[1])	Kuo, Mo-Jo (郭沫若): Studien über die Entwicklung der Gesellschaftsstruktur des alten China (中國古代社會研究), Peking 1955.
Kuttner (9)	Stephan Kuttner: Altes und neues Strafrecht in China, in Sinica, VII. Jahrgang (1932).
Kwangtung Pictorial (241)	Kwangtung Pictorial (廣東畫報), Monthly, Kanton 1959.
Lacey (100, 243, 269, ...)	W.K. Lacey: Die Familie im Antiken Griechenland, übersetzt von Ute Winter aus dem Englischen, Mainz/Rhein 1983 (Original: The family in classical Greece, London 1968).
Ladstätter/Linhart (5, 104)	Ladstätter/Linhart: China und Japan, Die Kulturen Ostasiens, Wien 1983.
Lange (33)	Rudolf Lange: Thesaurus Japonicus, Bd. II, Berlin 1919.
Laotse (360[2])	Laotse: "Tao-Te-King", "Das Buch des Alten vom Sinn und Leben", aus dem Chinesischen

	verdeutscht und erläutert von Richard Wilhelm, Düsseldorf und Köln, Copyright 1921 by Eugen Diederichs Verlag in Jena.
Leclercq (217, 447)	Jacques Leclercq: Die Familie, deutsche Bearbeitung von Jakob David, Zürich 1955.
Legge (157, 174, 176, ...)	James Legge: The Chinese Classics with a Translation, Critical and Exegetical Notes, Prolegomena, and Copious Indexes, Vol. IV. Part I: The First Part of the She-King, or the Lesson from the States; and the Prolegomena, Hongkong 1871.
Lehmann/Henrich (414)	Heinrich Lehmann und Dieter Henrich: Deutsches Familienrecht (Lehrbuch), Berlin 1967.
Leitner (70)	Martin Leitner: Lehrbuch des katholischen Eherechts, Paderborn 1920.
Lewandowski (34)	Herbert Lewandowski: Römische Sittengeschichte, Stuttgart 1964.
LG	Landesgericht
Li (6, 46, 47, ...)	Li, I-Shen (李宜琛): Eherecht und Eheproblem (婚姻法與婚姻問題), 3. Aufl., Shanghai 1947.
Li 1946 (18)	Li, I-Shen (李宜琛): Allgemeiner Teil des Bürgerlichen Gesetzbuches (民法總則), Shanghai 1946.
Li 1966 (192, 196, 200, ...)	Li, I-Shen (李宜琛): Gegenwärtiges Familienrecht (現行親屬論), Taipeh 1966.
Li, Ch'ang-Chih (157, 174, 176, ...)	Li, Ch'ang-Chih (李長之): Probeübertragung in modernes Chinesisch von dem "Buch der Lieder" (詩經試譯), Shanghai 1956.
Li, Chia-Fu (139)	Li, Chia-Fu (李甲孚): "Kulturgeschichtliche Beiträge", 4. Folge: "Die Zeremonie der Bekappung des Mannes und die Haartracht der Frau in der West-Chou-Dynastie", (文化史話, 4: 西周的冠冕髮笄) in der Monatszeitschrift "Chinesische Akademiker im Ausland", Nr. 152 vom 31.3.1985.
Li Gi (52, 53, 55, ...)	Li Gi, Das Buch der Sitte, verdeutscht (Ausgewähltes) und erläutert von Richard Wilhelm, Jena 1930.

Li, I-Chih (李一之): Übertragung der 300 Lieder von dem "Buch der Lieder" in modernes Chinesisch (诗三百篇试译), Taipeh 1964.

Li, Tsu-Yin (李祖蔭): Historische Betrachtung über Heirat zwischen "Piao"-Geschwistern (中表女婚的歷史观), in "Nachschlagematerialsammlung zu Ehefragen", Shanghai 1950, Bd. I, S. 99-102.

Li, Yu (李攸): Das Wesen der Sung-Dynastie (宋朝事实), Peking 1955.

Liang, Ch'i-Ch'ao (梁啟超): Untersuchungen über die Echtheit und das Alter historischer Bücher Chinas (古書真偽及其年代), Peking 1955 (Vorlesungen an der Yen-Ching-Universität, Peking, aus dem Jahre 1927).

Liang, Ch'i-Ch'ao (梁啟超): Die Entwicklung der geschriebenen chinesischen Gesetze (中国成文法编制之沿革), Taipeh 1957.

"Liang Shan-Pe und Chu Ying-T'ai" (梁山伯與祝英台), neu bearbeitet vom Institut Hua-Tung für Opern- und Theaterforschung (華東戲曲研究院), Peking 1955.

Lin, Tsiu-Sen: Familienleben in China, Erlenbach/Zürich 1943.

Lin, Yutang: Mein Land und mein Volk, aus dem Englischen übertragen von W.E. Süskind, Stuttgart 1946.

Lin, Yutang: Weisheit des lächelnden Lebens, aus dem Englischen übertragen von W.E. Süskind, Stuttgart 1949.

Liu, Ch'ing-Po (劉清波): Studium über die Rechtsverhältnisse der Adoptivtochter, der Doppelehe und des Ehebruches (養女重婚通姦之法律研究), Taipeh 1972.

Liu, Teh-K'uan (刘得宽): Allgemeiner Teil des Bürgerlichen Gesetzbuches (民法總則), Taipeh 1982.

Liu, Wei-Min (刘伟民): Studium der chinesischen Ehesitten in der Volkskunde (中国婚俗之民俗学的研究), Sonder-

Lo (76, 80, 82, ...)	druck aus "Journal des Kollegs Lien-Ho", Bd. VII, Hongkong 1970.
	Lo, Ting (羅鼎): Grundriß des Erbrechts (繼承法要論), Shanghai 1946.
Lou, Tzu-K'uang (337)	Lou, Tzu-K'uang (婁子匡): Schilderung von Sitte und Brauchtum der Heirat (in China) – 婚俗志 –, Taipeh 1975.
Lu-Fa-Li-Yu-P'an-Chiai-Hui-Pien (30)	"Lu-Fa-Li-Yu-P'an-Chiai-Hui-Pien" (六法理由判解彙編), Sammlung der Entscheidungen und Erklärungen des Reichsgerichtshofes (Ta-Li-Yüan) von 1911 bis 1926, Sammlung der Entscheidungen des Obersten Gerichtshofes (Tsui-Kao-Fa-Yüan) und Sammlung der Erklärungen des Justizamtes (Su-Fa-Yüan) von 1927 bis 1933, herausgegeben von Kuo Wei (郭衛), Shanghai 1933, insgesamt 6 Bände.
Lü Shih Ch'un Ch'iu (83)	"Lü Shih Ch'un Ch'iu" (呂氏春秋), "Frühling und Herbst des Lü Bu-Wei", aus dem Chinesischen übersetzt von Richard Wilhelm, Jena 1928.
Lü, Shu-Hsiang (29, 170)	Lü, Shu-Hsiang (呂叔湘): Die Partikel der chinesischen Schriftsprache (文言虛字), Peking 1955.
Lun Yü (183, 185, 203, ...)	Kungfutse: Gespräche, Lun Yü, verdeutscht und erläutert von Richard Wilhelm, Druck in Weimar 1945 (Copr. 1921 Eugen Diederichs Verlag in Jena).
Maßfeller/Reinicke (628)	Franz Maßfeller und Dietrich Reinicke: Das Gleichberechtigungsgesetz, mit Erläuterungen, Köln 1958.
Mathews (19, 33, 167[1], ...)	R.H. Mathews: Chinese-English Dictionary, Cambridge, Massachusetts/USA 1956.
Mei, Chung-Hsieh (104)	"Die Rechtswissenschaft" (法律學), aus der Schriftenreihe "Die Sozialwissenschaft im 20. Jahrhundert" – 二十世紀之社會學 –, Bd. I, von mehreren Verfassern, Redakteur Mei, Chung-Hsieh (梅仲協), Taipeh 1962.
Meijer (81, 538)	M.J. Meijer: Marriage Law and Policy in the Chinese People's Republic (中華人民共和

	国婚姻法及大婚姻政策), Hongkong University Press 1971.
von Mertens (151)	Elisabeth von Mertens: Wunder der Handschrift, Berlin 1949.
Michelsen (13, 14)	Erich Michelsen: Vorbemerkung der deutschen Übersetzung zum "Entwurf des chinesischen Strafgesetzbuches" in "Chinesisch-Deutsche Gesetzsammlung", Abt. IV. No. 2, Tsingtau 1913.
Mitteis (28, 133, 477)	Heinrich Mitteis: Familienrecht (Lehrbuch), Berlin 1949.
von Möllendorff (58, 61, 69, ...)	P.G. von Möllendorff: Das chinesische Familienrecht, Shanghai 1895.
Mong Dsi (72, 77, 135, ...)	Mong Dsi (Mong Ko), verdeutscht und erläutert von Richard Wilhelm, Jena 1921.
Müller-Freienfels (145)	Wolfram Müller-Freienfels: Ehe und Recht, Tübingen 1962.
Müller-Freienfels 1969 (24, 59, 110, ...)	Wolfram Müller-Freienfels: Zur revolutionären Familiengesetzgebung, insbesondere zum Ehegesetz der Volksrepublik China vom 1.5.1950, Sonderdruck aus "Jus Privatum Gentium", Festschrift für Max Rheinstein, Tübingen 1969.
Nachschlagematerialsammlung zu Ehefragen (224, 389, 390, ...)	Nachschlagematerialsammlung zu Ehefragen (婚姻问题参考资料汇编), Bd. I, vom "Juristischen Ausschuß des Staatsrates der Zentralvolksregierung", Shanghai 1950.
Naef (143)	Kurt Naef: Die Entmündigung von Geisteskranken, Bern 1951.
NEhelG	Das deutsche "Gesetz über die rechtliche Stellung der nichtehelichen Kinder" vom 19.8.1969.
n.F.	neue Fassung
Noll (51)	Peter Noll: Jesus und das Gesetz – Rechtliche Analyse der Normenkritik in der Lehre Jesu –, aus der Sammlung gemeinverständlicher Vorträge und Schriften aus dem Gebiet der Theologie und Religionsgeschichte, Heft 253, Tübingen 1968.

XXXV

Nordbayerische Zeitung (NZ) (365³)	Nordbayerische Zeitung, Nürnberg
OLG	Oberlandesgericht
Palandt (357)	Beck'sche Kurz-Kommentare, Bd. 7: Palandt: Bürgerliches Gesetzbuch, 47. Auflage, München 1988.
P'an, Lang (215)	P'an, Lang (潘朗): Liebe und Ehe in der neuen Gesellschaft (新社会的恋爱與婚姻), Hongkong 1949.
Peking (Beijing) Rundschau (1, 26¹, 74², ...)	Die Wochenschrift "Peking Rundschau" (北京周报), Peking. Ab 1. Jan. 1979 ist die Umschrift des Namens dieser Wochenschrift "Beijing Rundschau".
Pernitzsch (81)	M.G. Pernitzsch: Einige Sonderfälle des chinesischen Eherechts, aus "Mitteilungen der Ausland-Hochschule an der Universität Berlin", früher "Seminar für Orientalische Sprachen", 1938.
P'i, Hsi-Shui (230, 472)	P'i, Hsi-Shui (皮錫瑞): Untersuchungen zu den fünf Klassischen Büchern (經學通論), Peking 1954.
Piper (42, 63, 149, ...)	Otto A. Piper: Die Geschlechter, Hamburg 1954.
Hartmut Piper (233)	Hartmut Piper: Die Gesetze der Weltgeschichte: Der gesetzmäßige Lebenslauf der Völker Chinas und Japans, Leipzig 1929.
Placzek (516)	Siegfried Placzek: Freundschaft und Sexualität, Berlin 1927.
Planitz (430)	Hans Planitz: Deutsches Privatrecht, Wien 1948.
Pohl (129)	Volker Pohl: Familienrecht, Frankfurt/M. 1979.
Post (223)	Alb. Herm. Post: Die Geschlechtsgenossenschaft der Urzeit und die Entstehung der Ehe, Oldenburg 1875.
Pressel (216)	Wilhelm Pressel: "Darf man den heiraten, den man liebt, oder muß man den heiraten, den die Eltern wünschen", aus der Buchreihe "Wir antworten" (Herausgeber Richard Eckstein), München 1955.

PStG (PersStG)	Personenstandsgesetz in der Fassung vom 8.8.1957. (Dieses PStG geht auf PStG vom 3.11.1937 zurück.)
Quistorp (181)	Martin Quistorp: Männergesellschaft und Altersklassen im alten China, Diss., Leipzig 1913.
RabelsZ (2, 26, 353, ...)	Zeitschrift für Ausländisches und Internationales Privatrecht, begründet von Ernst Rabel, Berlin und Tübingen.
Redmann (92)	Günther Redmann: Über die rechtliche Relevanz des Geschlechtsunterschiedes (zugleich zum Mannesvorrang im Höferecht), aus FamRZ 1961, 409-420.
Rosenthal 1955 (299)	Walther Rosenthal, Richard Lange und Arwed Blomeyer: Die Justiz in der sowjetischen Besatzungszone, aus "Bonner Berichte aus Mittel- und Ostdeutschland", herausgegeben vom Bundesministerium für gesamtdeutsche Fragen, Bonn 1955.
Rosenthal 1968 (448)	"Strafrechtsreform der SED" mit einer Einführung von Walther Rosenthal, herausgegeben vom Bundesministerium für gesamtdeutsche Fragen, Bonn 1968.
RSFSR	Russische Sozialistische Föderative Sowjetrepublik
Rüdenberg (31, 332)	Werner Rüdenberg: Chinesisch-Deutsches Wörterbuch, Hamburg 1936.
Ruete (9, 13)	Hans-Hellmuth Ruete: Der Einfluß des abendländischen Rechtes auf die Rechtsgestaltung in Japan und China, Diss., Marburg 1940.
Sammlung der Entscheidungen des Obersten Gerichtshofes (30, 615)	Sammlung der Entscheidungen des Obersten Gerichtshofes in Hauptpunkten (最高法院判例要旨) von 1927 bis 1951, herausgegeben vom Obersten Gerichtshof, Taipeh 1954 (?), 2 Bände und 1 Fortsetzungsband von 1952 bis 1953 mit Anhang der Sammlung von Beratungsprotokollen der Zivil- und Strafsenate des Obersten Gerichtshofes von 1928 bis 1954.

Sammlung ausgewählter Gesetze und Verordnungen der Volksrepublik China (83³, 83⁴, 110, ...)

Sammlung ausgewählter Gesetze und Verordnungen der Volksrepublik China (中華人民共和国法規彙編), herausgegeben vom Justizministerium der Volksrepublik China, Peking 1957.

Sammlung der Beratungsprotokolle der Zivil- und Strafsenate des Obersten Gerichtshofes (425)

Sammlung der Beratungsprotokolle der Zivil- und Strafsenate des Obersten Gerichtshofes (最高法院民刑庭会议决议録), als Anhang des Fortsetzungsbandes der Sammlung der Entscheidungen des Obersten Gerichtshofes (insgesamt 3 Bände), herausgegeben vom Obersten Gerichtshof, Taipeh 1954 (?).

Sammlung der Erklärungen des Hohen Richterkollegiums (615)

Sammlung der Erklärungen des Hohen Richterkollegiums vom Justizamt (司法院大法官会议解释彙編), herausgegeben vom Sekretariat des Justizamtes, Taipeh 1956.

Sammlung der Erkärungen des Justizamtes (258, 615)

Sammlung der Erklärungen des Justizamtes (司法院解釋彙編), herausgegeben vom Sekretariat des Justizamtes, Taipeh 1954.

Sammlung von Gesetzen und Verordnungen aus der SBZ (500)

Sammlung von Gesetzen und Verordnungen aus der sowjetischen Besatzungszone Deutschlands, als ständige Beilage der Zeitschrift "SBZ"-Archiv, Köln.

SBZ

Sowjetische Besatzungszone Deutschlands

SBZ-Archiv (357, 459, 461, ...)

Die Zeitschrift "SBZ-Archiv": Dokumente, Berichte, Kommentare zu gesamtdeutschen Fragen, Köln.

Scherr (45)

Johannes Scherr: Deutsche Kultur- und Sittengeschichte, ungekürzte Ausgabe von 1852/53, Bearbeitung von Wolfram Gramowski, Agrippina Verlag, Köln, Nachdrucksjahr nicht angegeben.

Schi-King (156, 157, 174, ...)

Schi-King, Das Kanonische Liederbuch der Chinesen, aus dem Chinesischen übersetzt und erklärt von Victor von Strauss, Heidelberg 1880, unveränderter reprographischer Nachdruck, Darmstadt 1969.

Schmidbauer-Jurascheck (94)	Bodo Schmidbauer-Jurascheck: Arbeitsphysiologische Probleme im Betrieb, Wiesbaden 1961.
Schmitt (35, 130, 148, ...)	Erich Schmitt: Die Grundlage der chinesischen Ehe, aus der Zeitschrift der Deutschen Morgenländischen Gesellschaft in Kommission b. F.A. Brockhaus, Leipzig 1927.
Schnitzer (8)	Adolf F. Schnitzer: Vergleichende Rechtslehre, Basel 1945.
Schnorr von Carolsfeld (97, 564)	Ludwig Schnorr von Carolsfeld: Über das Problem der rechtlichen Gleichstellung von Mann und Frau nach der Bonner Bundesverfassung, aus der Zeitschrift "Juristische Rundschau", Berlin 1950, S. 417-420.
Schönsterner (125)	Ferdinand Schönsterner: Grundriß des kirchlichen Eherechts, Wien 1937.
Schwab (576)	Karl Heinz Schwab: Ehe und Familie im Licht des Gleichberechtigungsgesetzes, eine Folge aus "Erlanger Universitätsreden", Erlangen 1958.
Schwind (421)	Fritz Schwind: Kommentar zum österreichischen Eherecht, Wien 1951.
Seagle (104)	Wilhelm Seagle: Weltgeschichte des Rechts, München 1958.
SED	Sozialistische Einheitspartei Deutschlands
Seidl (128, 376, 577, ...)	Erwin Seidl: Römisches Privatrecht (aus der Reihe "Erlanger Vorlesungshefte"), herausgegeben von H.J. Riegner, Erlangen 1948.
Shih, Ch'i-Yüan (Nebenfrau) (74)	Shih, Ch'i-Yüan (施绣雲): Studium über die Nebenfrau im chinesischen Rechtssystem der Neuzeit (關於吾國近代法制上的妾之研究), aus der "Zeitschrift der Sozialwissenschaft" (社會科學論叢), herausgegeben von der juristischen Fakultät der Universität Taiwan, Taipeh/ Taiwan, Bd. VII, 1956, S. 137-175.
Shih, Ch'i-Yüan (Kinderehe) (130)	Shih, Ch'i-Yüan (施绣雲): Juristisches Studium über die chinesische Kinderehe in der Neuzeit (吾國近代童養媳之法律學的研究), aus der "Zeitschrift der Sozialwissenschaft" (社會學論叢),

	herausgegeben von der juristischen Fakultät der Universität Taiwan, Taipeh/Taiwan, Bd. VI, 1955, S. 91-137.
Shih San Ching Chu Shu (19, 34, 36, …)	"Shih San Ching Chu Shu" (十三經註疏), Anmerkungen und Erläuterungen zu den dreizehn Klassischen Büchern von Cheng, Su-Nung (鄭司農) und K'ung, Ying-Ta (孔頴達), Ed. Wu-Ying-Tien (武英殿), 1871, insgesamt 110 Hefte.
Shih, Shang-K'uan (46, 59, 200, …)	Shih, Shang-K'uan (史尚寬): Familienrecht (親屬法論), Taipeh 1969.
Shuo Wen (33, 34, 60, …)	"Shuo Wen Chiai Tzu Tuan Chu", Kommentar zum Buch "Shuo Wen" von Tuan, Yü-Ts'ai (說文解字段注), Ed. Ching Yüan Lou (經韻樓刊本), Druck vom Chung-Hua Verlag in Shanghai (Druckjahr nicht angegeben), insgesamt 16 Hefte.
Siebert/Vogel (121, 133, 260, …)	Siebert und Vogel: Familienrecht (Kommentar), Köln 1954.
Sieh, Ping-Ying (360³)	Sieh, Ping-Ying (謝冰瑩) u.a.: Neue Übersetzung von ausgewählten alten chinesischen Aufsätzen (新譯古文觀止), Taipeh 1974.
Sieh, Yün-Sheng (177, 222)	Sieh, Yün-Sheng (薛允升): Zusammenstellung der Gesetze der T'ang- und Ming-Dynastie (唐明律合編), Taipeh 1977.
Sinica (9, 146, 460)	Zeitschrift für Chinakunde und Chinaforschung, Hersg. Richard Wilhelm, Frankfurt/Main.
Sin Tzu Tien (38, 39, 41, …)	"Sin Tzu Tien", Neues Wörterbuch (新字典), Shanghai 1933.
Sin Tz'u Tien (40)	"Sin Tz'u Tien", Neues Stichwörterbuch (新辭典), Shanghai 1951.
Sohm (100, 105, 330)	Rudolph Sohm: Trauung und Verlobung, Weimar 1876.
Sonntagsblatt (Erlangen) (474)	Sonntagsblatt, Evangel. Wochenzeitung für Bayern, Ausgabe Erlangen
Sowjetisches Zivilrecht Bd. II (92, 365¹, 401, …)	"Sowjetisches Zivilrecht" vom Unioninstitut der Rechtswissenschaften beim Ministerium der Justiz der UdSSR. Bd. II unter der Redaktion von S.N. Bratus. Herausgeber der Über-

Stahl (42)	setzung: Deutsches Institut für Rechtswissenschaft, Berlin 1953. Friedrich Julius Stahl: Die Philosophie des Rechts, Tübingen 1926.
v. Staudinger (111)	J. v. Staudinger: Kommentar zum Bürgerlichen Gesetzbuch mit Einführungsgesetz und Nebengesetzen, Bd. IV: Familienrecht, Berlin 1975.
StGB (Nankinger StGB)	Strafgesetzbuch der Republik China vom 1.1.1935 (Bez. Nankinger StGB).
StPO (Nankinger StPO)	Strafprozeßordnung der Republik China vom 1.1.1935, n.F. vom 28.1.1967 (Bez.: Nankinger StPO).
Strafrechtsreform der SED (448)	"Strafrechtsreform der SED" mit einer Einführung von Walther Rosenthal, herausgegeben vom Bundesministerium für gesamtdeutsche Fragen, Bonn 1968.
1. StrRG	"Erstes Gesetz zur Reform des Strafrechts" vom 25.6.1969 (der BRD).
Stübel 1937 (241)	Hans Stübel: Die Li-Stämme der Insel Hainan, Berlin 1937.
Stübel 1952 (241)	Hans Stübel: Die nichtchinesischen Völker Chinas, aus der Zeitschrift "Sociologus", Berlin, N.F. Jahrg. 2, 1952.
Stuttgarter Biblisches Nachschlagewerk (34)	Stuttgarter Biblisches Nachschlagewerk (von Privileg. Württemb. Bibelanstalt), Stuttgart 1950.
Stutz (121)	Ulrich Stutz: Die Rechtsnatur des Verlöbnisses nach deutschem bürgerlichen Recht, Tübingen 1900.
Surany (35, 194)	Marguerite de Surany: I-Ging und Kabbala, Ein Orakel- und Weisheitsbuch, Freiburg i. Breisgau 1982.
SZ (300)	Tageszeitung "Süddeutsche Zeitung", München.
Ta Ch'ing Lü Li (oder Ch'ing-Gesetzbuch) (50, 80, 83^2, ...)	"Ta Ch'ing Lü Li Hui T'ung Sin Tsuang" (大清律例會通新纂), Das Gesetzbuch der Ch'ing-Dynastie, Ed. Wu Ying Tien (武英殿本), vom 12. Regierungsjahr des Kaisers T'ung Ch'ih (1873 n.Chr.), Fotodruck, Yung-Ho-Chên/Taipeh 1964.

Tai (54, 134, 138, …)	Tai, Yen-Hui (戴炎輝): Das chinesische Familienrecht (中国親屬法), Taipeh 1970.
Tai 1962 (45, 55, 60, …)	Tai, Yen-Hui (戴炎輝): Grundriß der Entwicklung des chinesischen Rechtssystems (中国法制史提要), Taipeh 1962.
Tai 1964 (60, 222, 258[1], …)	Tai, Yen-Hui (戴炎輝): Allgemeiner Teil des T'ang-Gesetzbuches (唐律通論), Taipeh 1964.
Tai 1965 (168, 222, 222[1])	Tai, Yen-Hui (戴炎輝): Besonderer Teil des T'ang-Gesetzbuches (唐律各論), Taipeh 1965.
T'ang Lü Shu I (45)	"T'ang Lü Shu I", Kommentar zum Gesetzbuch der T'ang-Dynastie (唐律疏義), von Ch'ang-Sun, Wu-Chi (長孫無忌), Wiederdruck in Shanghai 1934.
T'ang-Shih (45, 331, 332)	"Neue Übersetzung von 300 Gedichten aus der T'ang-Zeit – 618 bis 907 – " (新譯唐詩三百首) von Ch'iu, Shieh-Yu (邱燮友註譯), Taipeh/Taiwan 1976. Abkürzung: "T'ang-Shih".
Tappe (162, 186)	Friedrich Tappe: Soziologie der japanischen Familie, Münster/Westf., 1955.
Teng, Ying-Chao (24, 353)	Teng, Ying-Chao: On the Marriage Law of the People's Republic of China, ein Anhang zu dem Buch der englischen Übersetzung "The Marriage Law of the People's Republic of China", Foreign Languages Press, Peking 1950.
TestG	Gesetz über die Errichtung von Testament und Erbverträgen vom 31.7.1938.
T'ien, Han (224)	T'ien, Han (田漢): "Zweierlei Ehen" (兩種婚姻), aus "Nachschlagematerialsammlung zu Ehefragen", (Bd. I) Shanghai 1950, S. 40-54.
Timotheus (243)	P. Timotheus: Das Eherecht, nach dem Codex Juris Canonici, Münster/Westf. 1924.
Tso Tchouan (151, 249)	Tch'ouen Ts'iou et Tso Tchouan, La Chronique de la Principauté de Lou, übersetzt und erläutert von Séraphin Couvereur, Leiden (Holland), 1951.

Tsui, Chi (19)	Tsui, Chi (崔骥): Geschichte Chinas und seiner Kultur, aus dem Englischen übertragen von Wilhelm M. Treichlinger, Zürich 1946.
Tung, Shuo (66)	Tung, Shuo (董说): Wesensstudium über die "Sieben Kämpfenden Staaten" (七国考), Peking 1956.
Tuor (129)	Peter Tuor: Das schweizerische Zivilgesetzbuch, Zürich 1948.
Tz'u-Hai (12, 19, 38, ...)	"Tz'u-Hai", Chinesisches erklärendes Wörterbuch (辞海), Shanghai 1948.
Tz'u-Yüan (6, 12, 32, ...)	"Tz'u-Yüan", Chinesisches erklärendes Wörterbuch (辞源), Ch'ing-Kuang Verlag, Shanghai, Erscheinungsjahr nicht angegeben, aber z.B. nach der Erklärung auf Seite 898 unter dem Ausdruck "Juden" (Jews) mit Angabe: Begründung des Staates Israel nach Erlöschen des britischen Mandats über Palästina am 16. Mai 1948, ist Herausgabe nicht vor Mai 1948.
Tz'u-Yüan (Shang-Wu) (52, 62, 63,...)	"Tz'u-Yüan", Chinesisches enzyklopädisches Wörterbuch (辞源), Shang-Wu Verlag, Taipeh/Taiwan 1979.
UdSSR	Union der Sozialistischen Sowjetrepubliken = Sowjetunion
Vernekohl (67)	Wilhelm Vernekohl: Die kleine Bilderbuch-Reihe, Bd. 2: Die Wiedertäufer in Münster, Text von Wilhelm Vernekohl, Münster/Westf. 1960.
Visser (43)	Hendrikus A. Visser: Der Ring um Mann und Frau, Berlin 1953.
Vorträge zur Erläuterung des neuen EheG (202^1, 365^2, 530, ...)	"Vorträge zur Erläuterung des neuen Ehegesetzes" – von 1980 – (新婚姻法讲话), Textausgabe zur Sendereihe des Pekinger Zentralvolksrundfunks (中央人民广播电台编), Peking 1980.
Waley (157, 176)	Arthur Waley: Chinese Poems, London 1948; verdeutscht von Franziska Meister mit dem Titel "Chinesische Lyrik" aus zwei Jahrtausenden, Hamburg 1951.
Wang, Pang-Hsung (40)	Wang, Pang-Hsung (王邦雄): "Natürliche Beziehung und Schicksal" (缘与命)

Wang, P'u (93, 248, 250, ...) — Wang, P'u (王溥): Das Wesen der T'ang-Dynastie (唐会要), Peking 1955.

Warneyer Kommentar (121) — Warneyer Kommentar: Das Bürgerliche Gesetzbuch für das Deutsche Reich, Kommentar von Otto Warneyer begründet, 11. Auflage von Heinrich Bohnenberg, Berlin 1950.

Wichtige Dokumente der Bewegung zum Wirksammachen des EheG (487, 520) — Wichtige Dokumente der Bewegung zum Wirksammachen des EheG (贯澈婚姻法運動的重要之件), herausgegeben vom Jen-Min Verlag, Peking 1953.

Wiefels (61, 483) — J. Wiefels: Römisches Recht, Stuttgart 1979.

Wilhelm (148) — Richard Wilhelm: Chinesische Lebensweisheit, Tübingen 1950.

Wissing (121) — Gerhard Wissing: Die Rechtsnatur des Verlöbnisses, Diss. Saarbrücken 1967.

Wolff (78, 596) — Karl Wolff: Grundriß des Österreichischen Bürgerlichen Rechts, Wien 1948.

Wörterbuch der alten chinesischen Sprache (170) — "Wörterbuch für häufig verwendete Wörter in der alten chinesischen Sprache", (古漢語常用字字典), Shang-Wu Verlag, Peking (Beijing) 1979.

Wu (531) — Wu, T'zu-Su (吳自甦): "Chinesisches Ehesystem" (中囯家庭制度), Taipeh/Taiwan 1973.

Yang (7, 12, 13, ...) — Yang, Hung-Lieh (楊鴻烈): Die Geschichte der Rechtsentwicklung Chinas (中國法律發達史), Shanghai 1933.

Yang 1978 (44, 95, 96) — Yang, Hung-Lieh (楊鴻烈): Die Geschichte des chinesischen Rechtsdenkens (中國法律思想史), Taipeh 1978.

Yang, K'uan (66) — Yang, K'uan (楊寬): Über die Rechtsreform von Shang Yang (商鞅變法), Shanghai 1955.

Yang, Liu-Ch'iao (360²) — Yang, Liu-Ch'iao (楊柳橋): Laotse – Moderne Übersetzung (老子譯话), Peking 1958.

in der Tageszeitung "Central Daily News", Taipeh/Taiwan vom 7.-9.; 11.-14. und 17. Nov. 1984 sowie vom 2.4.1987, jeweils S. 4.

Yang, Yu-Chiung (9, 10, 16)	Yang, Yu-Chiung (楊幼炯): Die geschichtliche Entwicklung der chinesischen Kodexe (中国法典編纂沿革史), in der Sammlung über die Grundkenntnisse des modernen Staatsbürgers (现代国民基本知識叢書), 4. Reihe: Sammlung der Abhandlungen über die Geschichte der chinesischen Wissenschaft, Bd. III, Taipeh 1956.
Yang, Yu-Chiung 1966 (20[1])	Yang, Yu-Chiung (楊幼炯): Geschichte der chinesischen Gesetzgebung der Neuzeit (近代中国立法史), Taipeh 1966.
Yang, Yü-Ling (139[1])	Yang, Yü-Ling (楊與齡): Übersicht zum Allgemeinen Teil des Bürgerlichen Gesetzbuches (民法總則大意), Taipeh 1983.
Yang, Yung-Kuo (83)	Yang, Yung-Kuo (楊榮国): Geschichte der Ideologie des alten China (中国古代思想史), Peking 1955.
Yao, Shui-Kuang (498, 499, 499[1])	Yao, Shui-Kuang (姚瑞光): Zivilprozeßrecht (民诉事诉讼法谕), Taipeh 1973.
Yao, Yen-Ch'ü (139, 457)	Yao, Yen-Ch'ü (姚彥渠): Das Wesen der "Frühling- und Herbst"-Periode (春秋会要), Peking 1955.
Yü, Pei-Lin (360[2])	Yü, Pei-Lin (余培林): Laotse, Lesebuch in neuer Übersetzung in modernes Chinesisch (新译老子讀本), Taipeh 1973.
Yü, Yung-Ling (516)	Yü, Yung-Ling (裕容齡): Bruchstückhafte Diensterinnerungen an die kaiserlichen Paläste der Ch'ing-Dynastie (清宫鎖記), Peking 1957.
Yüan, Ch'ang-Jui I (290)	Yüan, Ch'ang-Jui (阮昌锐): Mythisches und Gebräuche der Heirat in der Unterwelt (冥婚的傳奇與習俗), in der Monatszeitschrift "Chinesische Akademiker im Ausland", Nr. 141 vom 30.4.1984, S. 52 ff.
Yüan, Ch'ang-Jui II (340[1])	Yüan, Ch'ang-Jui (阮昌锐): Heiratsgebräuche des Mutterrechts vom "A-Mei"-Volksstamm (母系阿美族的女子婚姻習俗), in der Monatszeitschrift "Chinesische Akademiker im Ausland", Nr. 142 vom 31.5.1984, S. 48 ff.

Yüan, Ch'ang-Jui III (65, 389)	Yüan, Ch'ang-Jui (阮昌鋭): Ehesystem in der Bevölkerung von Taiwan (台灣民間的婚制), in der Monatszeitschrift "Chinesische Akademiker im Ausland", Nr. 143 vom 30.6.1984, S. 66 ff.
Yüan, I-Ch'eng (9, 104)	Yüan, I-Ch'eng (阮毅成): Der durch Gesetz regierende Geist im alten China (中國古代的法治精神), in der Sammlung über die Grundkenntnisse des modernen Staatsbürgers (現代國民基本知識叢書), 4. Reihe: Sammlung der Abhandlungen über die Geschichte der chinesischen Wissenschaft, Bd. IV, Taipeh 1956.
ZaöRV (früher Bruns Z) (4, 22, 23)	Zeitschrift für ausländisches öffentliches Recht und Völkerrecht, begründet von Viktor Bruns, Stuttgart.
ZGB	Schweizerisches Zivilgesetzbuch vom 10.12.1907.
ZPO (Nankinger ZPO)	Zivilprozeßordnung der Republik China vom 1.2.1935, n.F. vom 17.11.1971 (Bez.: Nankinger ZPO).

EINLEITUNG

I. Derzeitiger Rechtszustand in China und die in der Arbeit behandelten Gesetze

Es gibt zur Zeit zwei gültige Ehegesetzgebungen in China. Die Nationalregierung in Nanking, jetzt in Taipeh, Taiwan, sieht sich als rechtmäßige Regierung für ganz China an und hat am 28. April 1952 einen für das ganze chinesische Festland gültigen Friedensvertrag mit Japan abgeschlossen, obwohl die im Jahre 1949 in Peking neu gebildete Volksrepublik schon bestand.[1] Die Pekinger Regierung faßt aber ihrerseits die Insel Taiwan als Teil der chinesischen Volksrepublik auf und hat die bestehenden Gesetze der

---

[1] Auf Einladung vom Premier des Staatsrates der Pekinger Regierung, Chou En-Lai, stattete der Premierminister Japans, Kokuei Tanaka, der Volksrepublik China vom 25. bis 30. Sept. 1972 einen Besuch ab. Am 29. d.M. haben beide Seiten eine gemeinsame Erklärung veröffentlicht. Am Tage der Veröffentlichung dieser Erklärung haben die Volksrepublik China und Japan diplomatische Beziehungen miteinander aufgenommen. Japan hat sich der chinesischen Grundforderung gefügt, indem es die zwischenstaatlichen Beziehungen zu National-China in Taiwan mit diesem Tage abbrach und den 1952 abgeschlossenen Friedensvertrag kündigte. "Der Friedensvertrag mit National-China", erklärte schlicht der japanische Außenminister Ohira anschließend vor Journalisten, "hat den Grund für seine Existenz verloren und ist beendet". Die Regierung Japans erkennt die Pekinger Regierung als rechtmäßige Regierung Chinas an und die Regierung der Volksrepublik China erklärt erneut, daß Taiwan ein untrennbarer Teil des chinesischen Territoriums sei (vgl. "Frankfurter Allgemeine Zeitung", FAZ, Frankfurt, vom 30. Sept. 1972 und die Wochenschrift "Peking Rundschau", Peking, vom 10. Okt. 1972, S. 13). Diesen Friedensvertrag hatte Japan mit National-China im Jahre 1952 abgeschlossen, obwohl die Volksrepublik China zu dieser Zeit schon mit gleichem Territorium wie jetzt bestand. Somit will die japanische Regierung nur ihren bisherigen Standpunkt ändern. Die Realität der beiden chinesischen Regierungen, von denen sich jede als für ganz China zuständig ansieht, bleibt jedoch bestehen. Selbst bei Abschluß eines Friedensvertrages zwischen Japan und der Volksrepublik China wird sich der Zustand des Vorhandenseins zweier chinesischer Gesetzgebungen nicht ändern.

Nankinger Regierung außer Kraft gesetzt.[2] Die Nankinger Regierung hat jedoch die neue Pekinger Gesetzgebung ignoriert. Tatsächlich gibt es also zwei Regierungen, deren Gesetze und Verordnungen für ganz China gelten, wodurch die rechtlichen Verhältnisse dieser Jahre in China charakterisiert sind.

Demnach muß man von diesen Gegebenheiten ausgehen und die beiden zur Zeit gültigen Ehegesetzgebungen in dieser Arbeit behandeln, und zwar erstens das Eherecht im Buch IV "Familienrecht" vom 26.12.1930 des Bürgerlichen Gesetzbuches (BGB) der Nankinger Regierung (eine Anzahl von Artikeln dieses Familienrechts ist neu gefaßt und am 3.6.1985 in Kraft getreten)[3], welche kein spezielles Ehegesetz erlassen hat, und zweitens das Ehegesetz der Pekinger Regierung vom 10.9.1980.

---

[2] Der Artikel 17 der "Allgemeinen Richtlinien" des Politischen Volksrates vom 29. Sept. 1949, die das Grundgesetz der neuen Regierung in Peking sind, lautet: "Sämtliche Gesetze und Verordnungen sowie das Justizsystem der reaktionären Kuomintang-Regierung, die das Volk unterdrücken, werden aufgehoben" (Karl Bünger: Die Rezeption des europäischen Rechts in China, in der Sonderveröffentlichung der RabelsZ 15, 1949/50: Deutsche Landesreferate zum III. internationalen Kongreß für Rechtsvergleichung in London 1950, Tübingen 1950, S. 166, Anmerkung 1).

[3] Die fünf Bücher des Nankinger BGB sind nicht zur gleichen Zeit entstanden:
   1. Buch: Allgemeiner Teil vom 23.5.1929;
                In diesem "Allgemeinen Teil" des BGB ist am 4.1.1982 eine Anzahl von Artikeln neu gefaßt, die am 1.1.1983 in Kraft treten.
   Im Einführungsgesetz zum "Allgemeinen Teil" des BGB sind am 4.1.1982 auch einige Artikel neu gefaßt, die am 1.1.1983 in Kraft treten.
   2. Buch: Schuldrecht vom 22.11.1929 und 3. Buch: Sachenrecht vom 30.11.1929;
                Ursprünglich war die Erarbeitung von Neufassungen für alle Bücher des BGB in der Reihenfolge ihrer Numerierung geplant. Nach Vorschlag aus Fachkreisen wurden aber nun wegen besonderer Vordringlichkeit vor dem 2. und 3. Buch die Neufassungen für das 4. Buch "Familienrecht" in Angriff genommen.
   4. Buch: Familienrecht vom 26.12.1930;
                Am 24.5.1985 wurde eine Anzahl von Artikeln des Familienrechts und seines Einführungsgesetzes neu gefaßt, die am 3.6.1985 veröffentlicht wurden und am gleichen Tage in Kraft treten.
   5. Buch: Erbrecht vom 26.12.1930.
                Kurz vor dem Beschluß zur Neufassung einer Anzahl von Artikeln des Familienrechts am 24.5.1985, wurde am 21.5.1985 im Erbrecht und in seinem Einführungsgesetz schon eine Anzahl von Artikeln neu gefaßt, die ebenso wie die des Familienrechts, am 3.6.1985 veröffentlicht und am gleichen Tage in Kraft gesetzt wurden.
   In dieser Arbeit wurden jeweils die oben genannten neuen Fassungen des BGB verwendet.

Zuweilen wird es auch nötig sein, auf frühere Ehegesetze einzugehen, die von wesentlicher Bedeutung für das Verständnis der gegenwärtigen eherechtlichen Institutionen sind.

II. Aufgabe der Arbeit

Die vorliegende Arbeit behandelt als Hauptpunkt die gegenwärtigen chinesischen Gesetze über Verlobung und Eheschließung. Um die Unterschiede zwischen den beiden betreffenden Gesetzgebungen, dem Nankinger Eherecht (im Familienrecht des Nankinger BGB) und dem Pekinger Ehegesetz, denen unterschiedliche Gesellschaftsordnungen zugrunde liegen, erkennen zu lassen, werden sie im Vergleich miteinander besprochen.

Zur Erläuterung der heutigen Gesetze muß oft weit in die geschichtliche Entwicklung des Eherechts zurückgegriffen und von Sitten und Gebräuchen berichtet werden, die mit dem eigentlichen Eherecht nicht immer unmittelbar zusammenhängen. Auch soll dem Europäer eine Vorstellung davon übermittelt werden, welche Bedeutung der Ehe in China zukam. Denn die Grundgedanken über die Ehe, die man z.B. aus den alten Sittenbüchern und auch aus den chinesischen Schriftzeichen, die als Ausdruck chinesischen Empfindens gebildet wurden, entnehmen kann, sind nicht ohne Einfluß auf die Ehegesetzgebung geblieben.

Die seit alters her geltenden, für die Heirat so entscheidenden Heiratsregeln "der Eltern Wille", "Fu-Mu-Chih-Ming" und "der Vermittler Worte", "Mei-Sho-Chih-Yen" mußten zur Beseitigung falscher Auffassungen bis in ihre Grundelemente untersucht und der eigentliche Sinn dieser Regeln herausgestellt werden.

Auch die heute sehr aktuelle Frage der Gleichberechtigung von Mann und Frau wird im Grundgedanken der alten Sittenbücher und Gesetze dargelegt, um oft darüber herrschende Mißverständnisse zu beseitigen.

Da meist keine volle Klarheit über das früher vorhandene System der Nebenfrauen besteht, ist es hier auch zu erläutern, ebenso ist die vielleicht weniger bekannte Sitte der zwei sogenannten gleichberechtigten Hauptfrauen zu erwähnen.

Schließlich möchte diese Arbeit dem Kulturaustausch zwischen den Völkern von Ost und West dienen!

ERSTES KAPITEL

Zur Entstehung der beiden Eherechtsordnungen

I. Das vierte Buch "Familienrecht" des Nankinger Bürgerlichen Gesetzbuches vom Jahre 1930[4]

Wie in vielen Ländern die Entstehung der Eherechtsnormen meist schon früh einsetzt, so war dies auch in China der Fall.[5] Bereits zur Zeit der Chou-Dynastie (1122-255 v.Chr.) wurden sechs Heiratsriten angeordnet.[6] Man kann für diese Zeitperiode von einem annähernd geschlossenen System der Heirat

---

4 Die Nankinger Nationalregierung schuf fünf höchste Behörden: Das Exekutivamt, Hsing-Cheng-Yüan; das Gesetzgebungsamt, Li-Fa-Yüan; das Justizamt, Szu-Fa-Yüan; das Prüfungsamt, K'ao-Shih-Yüan und das Zensoramt, Chien-Ch'a-Yüan. Eine solche Teilung der Regierungsaufgabe ist gemäß Doktor Sun Jatsen's Lehre von der Verfassung der fünf Gewalten, Wu-Chüan-Hsien-Fa (五權憲法), gebildet. Diese fünf Amtsbezeichnungen enthalten alle den chinesischen Ausdruck "Yüan", der "Hof" oder "Amt" bedeutet. So kann z.B. "Hsing-Cheng-Yüan" mit "Exekutivhof" oder "Exekutivamt" übersetzt werden. Hier ist die deutsche Bezeichnung "Amt" nach der Übersetzung von Karl Bünger verwendet worden (s. Karl Bünger: Die Verfassung der chinesischen Nationalregierung von 1947 in ZaöRV, Bd. XIII, Nr. 4, 1951, S. 822 ff). Das Gesetzgebungsamt hatte am 26. Dezember 1930 das Familienrecht verkündet und dieses ist seit dem 5. Mai 1931 in Kraft. Nunmehr ist eine Anzahl von Artikeln dieses Familienrechts neu gefaßt und am 3.6.1985 in Kraft getreten.
5 Chang Shen: Das chinesische Eherecht, Shanghai 1936, S. 13 und 15. Schon einer der legendären Kaiser, Kaiser Fu-Hsi, soll die Ehe eingeführt haben (Ladstätter/Linhart: "China und Japan", Die Kulturen Ostasiens, Wien 1983, S. 23). Nach Ansicht des Historikers Fan Wen-Lan (范文澜) hat Kaiser Fu-Hsi (2852-2737 v.Chr.) tatsächlich gelebt (vgl. Fan Wen-Lan: Grundriß der chinesischen Geschichte, Peking 1965, Bd. I, S. 88 f). Vom Kaiser Fu-Hsi ist nach einem Bericht der Hongkonger Tageszeitung Wen Hui Pao vom 5.5.1987 jetzt auch die Grabstätte aufgefunden worden, und zwar 1,5 km nördlich der Kreisstadt Huai Yang (淮陽), Prov. Honan (s. die Tageszeitung "Central Daily News", International Edition, Taipeh/Taiwan vom 8.5.1987, S. 6). Nach einer Konferenz von chinesischen Geologen Mitte September d.J. (1986) in Shen-Yang, Prov. Liao-Ning, läßt sich nach Ausgrabungen die 5000-jährige Kultur Chinas auch bestätigen (s. die Tageszeitung "Central Daily News" vom 25.9.1986, S. 6: Bericht über die Konferenz der chinesischen Geologen in Shen-Yang Mitte Juni 1986).
6 Die sechs Heiratsriten schlossen sich in folgender Reihenfolge aneinander an:
a) Heiratswunschbesuch, Na-Ts'ai (納采): Man bittet einen Heiratsvermittler, Mei-Sho (媒妁), bei der Familie des Mädchens einen Höflichkeitsbesuch zu machen und anzufragen, ob sie die Zustimmung zur Heirat gibt.

sprechen.⁷ Ein Kodex, der auch das Eherecht umfaßt, wurde aber erst während der Han-Dynastie (206 v.Chr. bis 220 n.Chr.) aufgestellt.⁸ Das Privatrecht, wie es in Europa besteht, war im alten China noch nicht sehr stark ausgeprägt. So waren die Bestimmungen des Zivil- und Strafrechts in einem Gesetzbuch enthalten. Alles Recht des Gesetzbuches hatte strafrechtlichen Charakter.⁹ Deshalb sind im Han-Kodex Ehe- und Strafrecht gleichsam zu finden. Später haben die Dynastien T'ang (618-907), Sung (960-1277), Yüan (1277-1368), Ming (1368-1644) und Ch'ing (1644-1911) den alten Han-

---

Hier muß noch gesagt werden, daß sich der chinesische Ausdruck "Mei-Sho" nicht genau übersetzen läßt. Wörtlich heißt er "Heiratsvermittler" oder "Mittelsperson". Beide Wörter werden im Deutschen in einem engeren Sinn gebraucht als im Chinesischen und decken sich damit nicht ganz (vgl. F.T. Cheng: China, das Werk des Konfuzius, aus dem Englischen übertragen von Anita Wiegand, Zürich 1949, S. 301 ff). Trotzdem soll, da in der Literatur allgemein üblich, von "Heiratsvermittler" gesprochen werden, wenn im Chinesischen "Mei-Sho" steht.

b) Erkundung des Mädchennamens, Wen-Ming (問名): Der Heiratsvermittler erfragt bei einem erneuten Höflichkeitsbesuch den Namen und das Geburtsdatum des Mädchens.

c) Schicksalsbefragung für die Ehe, Na-Chi (納吉): Der Heiratsvermittler überbringt den Heiratsentschluß, nachdem durch kultische Handlungen, Schafgarben- oder Schildkrötenschalenorakel, die Gewißheit einer glücklichen Zukunft erkundet worden ist.

d) Brautgeschenk, Na-Cheng (納徵) oder Na-Pi (納幣): Man überbringt ein Brautgeschenk.

e) Hochzeitsdatumfestlegung, Ch'ing-Ch'i (請期): Man teilt das Hochzeitsdatum mit und erbittet die Zustimmung der Frau.

f) Abholung der Braut durch den Bräutigam, Ch'in-Yin (親迎): Am Hochzeitstag zeigt der Bräutigam seine Höflichkeit dadurch, daß er seine Braut zur Hochzeitsfeier abholt (vgl. "Tz'u-Yüan"), Chinesisches erklärendes Wörterbuch, Shanghai, Erscheinungsjahr nicht angegeben, S. 81, 186, 1080, 1303 und 1329 sowie Li I-Shen: Eherecht und Eheproblem, Shanghai 1947, S. 44).

Eine Ehe, die nicht nach diesen 6 Riten vollzogen war, wurde nicht als sittengerecht anerkannt.

7 Chang, S. 15 und Yang Hung-Lieh: Die Geschichte der Rechtsentwicklung Chinas, Shanghai 1933, S. 33.
8 a) Adolf F. Schnitzer: Vergleichende Rechtslehre, Basel 1945, S. 264.
   b) Das Vorwort des Buches "Untersuchungen zu den Gesetzen von neun Dynastien", angefangen von der Dynastie Han (206 v.Chr.-220 n.Chr.) bis zur Dynastie Sui (589-618), von Ch'eng Shu-Teh, Shanghai 1955.
9 a) Yang Yu-Chiung: "Die geschichtliche Entwicklung der chinesischen Kodexe" (in "Sammlung über die Grundkenntnisse des modernen Staatsbürgers", 4. Reihe: "Sammlung der Abhandlungen über die Geschichte der chinesischen Wissenschaft", Bd. III, Taipeh 1956, S. 9).

Kodex teilweise ergänzt, ohne aber das Eherecht vom Kodex zu trennen.[10] Es gab jedoch in der Rechtspflege während der T'ang-Zeit (618-907) schon eine

---

b) Hans Hellmuth Ruete: Der Einfluß des abendländischen Rechtes auf die Rechtsgestaltung in Japan und China, Diss. Marburg 1940, S. 7: Diese patriarchalische Staatstheorie kannte daher notwendigerweise auch keine Trennung von Verwaltung und Justiz. Desgleichen mußte dem chinesischen Recht eine Unterscheidung von öffentlichem und privatem Recht unbekannt bleiben.

c) Stephan Kuttner: Altes und neues Strafrecht in China, in Sinica, VII. Jahrgang (1932), S. 136: "Es ist für die alte chinesische Rechtsauffassung charakteristisch, daß die Begriffe 'Gesetz' und 'Strafe' ursprünglich identisch sind, damit kommt deutlich zum Ausdruck, daß man als spezifisch rechtliche Regelung eben nur das Strafrecht empfindet. Nicht zufällig ist das Privatrecht bis zur Revolution von 1911 nahezu unkodifiziert geblieben, ist alles 'Recht' bis 1911 fast ausschließlich Strafrecht gewesen".

d) Yüan I-Ch'eng ist aber der Auffassung, daß die Zivil- und Strafrechte Chinas schon in früherer Zeit in getrennter Form vorhanden waren, und zwar regierte der Staat durch "Li" (Sitte, Etikette, Zeremonie oder die vernunftgemäße Sozialordnung) = durch Zivilrecht. Es war nur so: Was gesetzlich verboten war, war auch sittenwidrig und was sittenwidrig war, war auch strafbar. Daher wurden viele rein zum Zivilrecht gehörige Dinge auch dem Strafrecht unterstellt (Yüan I-Ch'eng: Der durch Gesetz regierende Geist im alten China, in "Sammlung über die Grundkenntnisse des modernen Staatsbürgers", 4. Reihe: "Sammlung der Abhandlungen über die Geschichte der chinesischen Wissenschaft", Bd. IV, Taipeh 1956, S. 2 f).

10 Die Gesetzbücher Chinas trugen gewöhnlich den Namen der jeweiligen Dynastie. Mit Beginn einer neuen Dynastie wurde jeweils ein neues Gesetzbuch herausgegeben, das aber meist dem der alten Dynastie nachgebildet war. Es hatte sich in der T'ang-Dynastie ein umfangreiches und vollständiges Gesetzbuch entwickelt, das den Namen "T'ang-Lü" (唐律), Gesetz der T'ang-Dynastie, trug. In der Folgezeit entstand das Gesetzbuch der Sung-Dynastie, "Hsing-T'ung" (刑統), das eine Nachbildung des T'ang-Lü war; so wie das der Yüan-Dynastie "Ta-Yüan-Sheng-Cheng-Tien-Chang" (大元聖政典章) dem Hsing-T'ung und das der Ming-Dynastie "Ming-Lü" (明律) dem Ta-Yüan-Sheng-Cheng-Tien-Chang nachgebildet war. Nachdem die Mandschu ihre neue Dynastie "Ch'ing" ausgerufen hatten (1644), gab der erste Kaiser der Dynastie den Justizbeamten den Befehl, das "Ming-Lü" in die Mandschu-Sprache zu übersetzen, um daraus ein neues Gesetzbuch auszuarbeiten. Das neue Gesetzbuch wurde unter dem Namen "Ta-Ch'ing-Lü-Chi-Chiai-Fu-Li" (大清律集解附例), d.h. Gesetz mit Präzedenzfällen der Ch'ing-Dynastie im Jahre 1646 verkündet. Nach fortlaufenden Revisionen wurde dieser Name im Jahre 1740 in die kürzere Form "Ta-Ch'ing-Lü-Li" (大清律例) geändert, der bis zum Ende der Ch'ing-Dynastie, der letzten Dynastie Chinas, blieb (vgl. Herbert Engelmann: Das chinesische Eherecht, Diss. Universität Breslau, Sonderabdruck aus der Zeitschrift für vergleichende Rechtswissenschaft, XLIII. Bd., Stuttgart 1928, S. 14 f.; Yang Yu-Chiung, S. 5; Kommentar zur Strafrechtsgeschichte der Ch'ing-Dynastie vom Institut für Rechtsgeschichte des Ausschusses zur Abfassung von Gesetzen des Staatsrats der Pekinger Regierung, Peking 1957, S. 13 f. und Hsieh Kuan-Sheng: "Untersuchung über verlorene und erhal-

gewisse Kompetenzentrennung zwischen dem Rechtsrat für zivilrechtliche und dem Rechtsrat für strafrechtliche Angelegenheiten im Justizamt. Die Wesensunterschiede zwischen Privatrecht und Strafrecht wurden also auch früh in China erkannt.[11]

Zur Zeit der Ch'ing-Dynastie im Jahre 1903, das ist das 28. Jahr der Regierungszeit des Kaisers Kuang-Hsü (光緒), wurde ein "Amt für Gesetzreform und Gesetzvorbereitung" (修訂法律館) gebildet. Dieses Amt revidiert das alte Ch'ing-Gesetzbuch "Ta-Ch'ing-Lü-Li". Die Neubearbeitung wird "Gegenwärtiges Strafgesetzbuch", "Ta-Ch'ing-Hsien-Hsing-Shing-Lü" (大清現行刑律) genannt. Auch hier ist das Privatrecht noch nicht vom Strafrecht getrennt.[12]

---

tene chinesische Strafgesetzbücher verschiedener Dynastien", in "Sammlung über die Grundkenntnisse des modernen Staatsbürgers", 4. Reihe: "Sammlung der Abhandlungen über die Geschichte der chinesischen Wissenschaft", Bd. III, Taipeh 1956, S. 39).

11 a) Näheres s. Hsü Tao-Lin: Grundriß der Entwicklung des chinesischen Rechtssystems, Taipeh 1961, S. 57.

b) Bei archäologischen Ausgrabungen in der Nähe der jetzigen Stadt Ching Men (荊門), Provinz Hopeh, wurden kürzlich in der Grabstätte eines Justizministers, etwa 16 km entfernt von der ehemaligen Hauptstadt Chi-Nan (紀南) des Königstaates Ch'u (楚) aus dem Zeitbereich der "Kämpfende-Staaten"-Periode (476-221 v.Chr.) über 400 Bambusstäbchen mit beschriebenen chinesischen Gesetzestexten in systematischer Trennung von Zivilprozeß- und Strafprozeßordnung, gefunden. Damit wird die in China doch schon früh vorhandene Trennung von Zivil- und Strafrecht eindeutig bestätigt. Näheres s. Bericht der Agentur "Sin Hua" (新華社), Peking vom 24.6.1987, in der Tageszeitung "Central Daily News", Taipeh/Taiwan vom 28.6.1987, S. 6.

12 Die Entscheidung des Reichsgerichtshofes (Ta-Li-Yüan) Nr. Shangtzu 304 aus dem dritten Jahr der Republik (1914) erklärt: Das Bürgerliche Gesetzbuch der Republik ist noch nicht verkündet. Das "Gegenwärtige Strafgesetzbuch" der Ch'ing-Dynastie behält daher bis auf weiteres Gültigkeit mit Ausnahme derjenigen Artikel, die wider das Staatssystem der Republik sind (vgl. den am 11.3.1911 veröffentlichten Befehl des vorläufigen Staatspräsidenten der Republik, s. folgende Anmerkung 14). Trotz seines Namens das "Gegenwärtige Strafgesetzbuch" enthält es aber neben dem Strafrecht auch Zivil- und Handelsrecht (Yang, S. 1057).

Das "Gegenwärtige Strafgesetzbuch" der Ch'ing-Dynastie enthält insgesamt 15 eherechtliche Paragraphen (Yang, S. 891).

Am Rande soll hier etwas zu den beiden verschiedenen Namen für den chinesischen Obersten Gerichtshof gesagt werden:

1. *Ta-Li-Yüan*, der Reichsgerichtshof.

Der oben genannte Reichsgerichtshof = Ta-Li-Yüan (大理院) war das erste oberste Gerichtsorgan der Republik China in Peking (1911-1926).

Der Ausdruck Ta-Li aus dem Ausdruck Ta-Li-Yüan war eigentlich die historische Bezeichnung für den hohen Richter. Gegen Ende der Ch'ing-Dynastie verwendet man

Das Verfassungsedikt der Regentschaft ausübenden Kaiserwitwe Tz'u Hsi (慈禧) vom 27. August 1908 setzte fest, daß dieses "Gegenwärtige Strafgesetzbuch" im 2. Regierungsjahr des Kaisers Hsüan-T'ung (宣统), das ist im Jahre 1910 der christlichen Zeitrechnung, verkündet werden und im Jahre 1913 in Kraft treten soll.[13] Der Termin des Inkrafttretens wurde nach dem

---

den Namen Ta-Li-Yüan für das oberste Gerichtsamt und zwar bis zum 16. Jahr der Republik China ("Tz'u-Hai", Chinesisches erklärendes Wörterbuch, Shanghai 1948, S. 352 und Tz'u-Yüan, S. 258). Das Zeichen "Yüan" bedeutet wörtlich "Hof". Also Ta-Li-Yüan = der oberste Gerichtshof.
2. *Tsui-Kao-Fa-Yüan*, der Oberste Gerichtshof.
Später, im Jahre 1927, ändert die neugebildete Regierung der Republik China in Nanking den Namen "Ta-Li-Yüan" (Reichsgerichtshof) in "Tsui-Kao-Fa-Yüan" (最高法院), "Oberster Gerichtshof", mit gleichem Funktionsbereich wie früher (Tz'u-Hai, S. 653). Der Ausdruck Tsui-Kao bedeutet höchst, oberst, der Ausdruck Fa-Yüan bedeutet Gerichtshof.
Zur Unterscheidung der Namen der beiden Gerichtshöfe verwenden wir in dieser Arbeit den Namen "Reichsgerichtshof" für "Ta-Li-Yüan" und den Namen "Oberster Gerichtshof" für "Tsui-Kao-Fa-Yüan", so wie auch deutsche Übersetzer diese beiden chinesischen Gerichtshöfe meist bezeichnen.
13 a) Kaiser Hsüan T'ung wurde schon im Jahre 1908, nach dem Tode des Kaisers Kuang-Hsü, im Alter von drei Jahren gekrönt. Die Rechnung seiner Regierungsjahre beginnt aber erst mit dem Jahre 1909. Das Jahr 1908 gilt noch als letztes Regierungsjahr des Kaisers Kuang-Hsü = sein 34. Regierungsjahr ("Kommentar zur Strafrechtsgeschichte der Ch'ing-Dynastie", S. 122).
b) Der Zeitpunkt der Verkündung des "Gegenwärtigen Strafgesetzbuches" wird verschieden angesetzt:
1. Chang, S. 15: "Man nennt dieses neu entstandene Gesetzbuch das 'Gegenwärtige Strafgesetzbuch', verkündet im April des dritten Regierungsjahres des Kaisers Hsüan-T'ung (1911)."
2. Yang:
aa) Seite 887: Chiang Yung sagt: "Man nennt dieses Gesetz 'Gegenwärtiges Strafgesetzbuch' und es wird im ersten Regierungsjahr des Kaisers Hsüan-T'ung verkündet (1909)."
bb) Seite 892: "Am 7. April des zweiten Regierungsjahres des Kaisers Hsüan-T'ung (1909) wurde ein Edikt erlassen, das folgenden Befehl enthält: 'Das Gesetz soll gedruckt und außerhalb der Hauptstadt (gleich im ganzen Reiche) verkündet werden.' Aber nach gut einem Jahr brach die Revolution aus, so daß das Gesetz tatsächlich nie in Kraft getreten ist."
3. Ruete, S. 16: "Im Jahre 1908 wurde eine allgemeine Durchsicht des Ta-tsing-lü-li vorgenommen, aus der die letzte Ausgabe des Gesetzbuches im Jahre 1910 unter dem Titel Ta-tsing-hien-hing-hing-lü (das Gegenwärtige Strafgesetzbuch der Ch'ing-Dynastie) in revidierter Form hervorging."
4. Erich Michelsen berichtet hierüber ausführlich in seiner Vorbemerkung der deutschen Übersetzung zum "Entwurf des chinesischen Strafgesetzbuches" in "Chinesisch-

abgeänderten Reformprogramm auf den 18. Februar 1912 vorverlegt. De facto ist dieses sogenannte "Gegenwärtige Strafgesetzbuch" nie in Kraft getreten, denn unmittelbar darauf erfolgte die Revolution, welche die Ch'ing-Dynastie im Jahre 1911 stürzte.

Die neue Regierung der Republik China übernahm aus Mangel an einem eigenen Strafgesetzbuch vorläufig das "Gegenwärtige Strafgesetzbuch" der abgeschafften Ch'ing-Dynastie, mit Ausnahme derjenigen Paragraphen, die dem Gedanken der Republik entgegenstehen. Dieses Strafgesetzbuch trug dann den Titel: "Vorläufig geltendes neues Strafgesetzbuch", "Chan-Hsing-Hsin-Hsing-Lü" (暫 行 新 刑 律) oder in Kurzform "Chan-Hsing-Hsing-Lü" (暫 行 刑 律), "Vorläufiges Strafgesetzbuch".[14]

Das gegen Ende der Ch'ing-Dynastie begründete "Amt für Gesetzreform und Gesetzvorbereitung", welches die Neubearbeitung des Strafgesetzbuches vornahm, hatte daneben nach dem Prinzip der Trennung von Privatrecht und Strafrecht auch schon Entwürfe ausgearbeitet für das Bürgerliche Gesetzbuch, das Handelsgesetz, das Strafgesetzbuch u.a.m.[15] Im ersten Regierungsjahr des Kaisers Hsüan-T'ung (1909) hatten Kao, Ch'ung (高 和) und Chu,

---

Deutsche Gesetzsammlung", Abt. IV, No. 2, Tsingtau 1913: "Der Entwurf (Entwurf I), mit Motiven versehen, wurde in den Monaten September, Oktober 1907 dem Thron vorgelegt...". Die Veröffentlichung des letzten Gesetzentwurfs (Entwurf IV) "durch das Justizministerium zögerte sich noch einige Zeit hin. Erst im Dezember 1911 kam das Gesetz heraus..."
"Die hereinbrechende Revolution (Oktober 1911) ließ es zu einer nochmaligen Durchberatung des Gesetzes im Reichsausschuß nicht mehr kommen. So geschah es, daß der Entwurf (Entwurf IV) zum Gesetz erhoben wurde, als das chinesische Reich sich in eine Republik umwandelte."

14 Näheres siehe Yang, S. 1032 f. und eben erwähnte Vorbemerkung der deutschen Übersetzung zum "Entwurf des chinesischen Strafgesetzbuches" von E. Michelsen: Das Interimsblatt vom 11. März 1912 brachte folgende Verordnung des vorläufigen Präsidenten vom 10. März 1912: "Da zur Zeit Gesetze der Republik noch nicht beschlossen und verkündet sind, sollen bis auf weiteres die früher in Kraft gewesenen Gesetze und das neue Strafgesetzbuch angewendet werden, mit Ausnahme derjenigen Bestimmungen, welche der republikanischen Staatsform zuwiderlaufen und deshalb außer Kraft treten müssen."
Auf diese Verordnung hin stellte das Justizministerium in einem Bericht an den Präsidenten die erforderlichen Streichungen und textlichen Veränderungen zusammen. Die Vorschläge des Ministeriums wurden unter dem 30. März 1912 vom Präsidenten genehmigt (Interimsblatt vom 3. April 1912). Eine Neuredaktion des Strafgesetzes, das die Bezeichnung "Vorläufig geltendes neues Strafgesetzbuch" (暫 行 新 刑 律) erhielt, wurde indessen nicht vorgenommen.

15 Vgl. Yang, S. 893-916.

Hsien-Wen (朱獻文) begonnen den ersten Entwurf des Familienrechts auszuarbeiten und ihn noch im gleichen Jahre fertiggestellt. Im dritten Regierungsjahr des Kaisers Hsüan-T'ung (1911) hatte das "Amt für Gesetzreform und Gesetzvorbereitung" schließlich den Entwurf des gesamten bürgerlichen Gesetzbuches ausgearbeitet, er heißt "Entwurf des Bürgerlichen Gesetzbuches der Ch'ing-Dynastie", "Ta Ch'ing Min Lü Ts'ao An" (大清民律草案). Hierin war nun erstmalig eine Trennung des Zivilrechts vom Strafrecht herbeigeführt worden.[16] Dieser Entwurf ist aber nicht zum Gesetz erhoben worden.[17]

Demnach gab es zu Anfang der Republik China noch kein Bürgerliches Gesetzbuch. Es wurde vorläufig noch nach dem oben genannten "Gegenwärtigen Strafgesetzbuch" der Ch'ing-Dynastie verfahren, bei dem die Trennung von Strafrecht und Privatrecht noch nicht vollzogen war.[18]

Es wurde aber die Gesetzgebungsarbeit auf dem Gebiete des Familienrechts wieder aufgenommen. Im fünfzehnten Jahr der Republik (im Jahre 1926) arbeitete Kao, Ch'ung seinen ersten Entwurf des Familienrechts zu einem zweiten Entwurf um. In diesem zweiten Entwurf blieb aber mehr oder weniger noch das jahrtausendalte "Tsung-Fa"-System (宗法制度), Familienstammsystem erhalten.[19] Bis zum Juli 1928 hatte der Referent des Amtes zur

---

16 Chang, S. 15; Yang, S. 905-916 und Yang Yu-Chiung, S. 9-10.
17 Ho Pei-Sheng: Allgemeiner Teil des Bürgerlichen Gesetzbuches, Taipeh 1960, S. 13.
18 a) Siehe Anmerkung 12 und 14.
   b) Li I-Shen berichtet, daß in der Anfangszeit der Republik als Standard für gerichtliche Entscheidungen sogar noch die in der Republik vertretbaren zivilrechtlichen Vorschriften des Kodexes der Ch'ing-Dynastie (Ta-Ch'ing-Lü-Li) gebraucht wurden (Li I-Shen: Allgemeiner Teil des Bürgerlichen Gesetzbuches, Shanghai 1946, S. 16).
19 Das chinesische "Tsung-Fa"-System charakterisiert z.B. besonders den unterschiedlichen Personenstand der Söhne, und zwar mit "Ti-Tzu" (嫡子), den ältesten Sohn der Hauptfrau und mit "Shu-Tzu" (庶子), die jüngeren Brüder von Ti-Tzu und die Söhne der Nebenfrau. Wörtlich bedeutet der Ausdruck "Shu-Tzu" alle anderen Söhne, d.h. diejenigen Söhne, die außer dem ältesten (ersten) Sohn (Ti-Tzu) von der Haupt- und Nebenfrau stammen. Diese Unterscheidung wird später aber etwas geändert, und zwar bezeichnet man alle Söhne der Hauptfrau mit "Ti-Tzu" und die der Nebenfrau mit "Shu-Tzu" (s. Tz'u-Hai: S. 412).
Nur der älteste Ti-Tzu kann den Thron des Herrschers und die Stelle als Stammvater der Familie erben und einnehmen. Auch hat nur er allein das Recht und die Pflicht, Opfer im Ahnentempel darzubringen. So wird er "Nachkomme des Vaters", Fu-Hou (父後) genannt (vgl. Yang, S. 43 und 139; "Shih San Ching Chu Shu", Anmerkungen und Erläuterungen zu den dreizehn Klassischen Büchern von Cheng Su-Nung und K'ung Ying-Ta, Ed. Wu-Ying-Tien, 1871, Heft 62: "Li Gi", Bd. 32 über das Trauergewand).

Abfassung von Gesetzen (法制局), Yen Shu-T'ang (嚴樹棠) noch einen weiteren familienrechtlichen Entwurf fertiggestellt. Dieser Entwurf zeichnete sich gegenüber dem zweiten Entwurf und dem Entwurf des Bürgerlichen Gesetzbuches der Ch'ing-Dynastie durch eine systematischere Ordnung der Bestimmungen aus.[20] Er wurde noch einmal vom "Gesetzgebungs-

---

Den Ausdruck "Tsung-Fa" kann man nur schwer genau ins Deutsche oder Englische übertragen. R.H. Mathews hat in seinem "Chinese-English Dictionary", Cambridge/Massachusetts, USA 1956, S. 1016 für diesen Ausdruck kein englisches Wort gegeben, sondern nur erklärt: the classification of the various branches of a clan. Um den Sinn des Tsung-Fa-Systems in einen Kurzbegriff zu fassen, könnte man ihn wohl mit "Familienstamm"-System übersetzen, da es sich dabei um die Fortsetzung des Familienstammes handelt (s. Tz'u-Hai: S. 412), oder man verwendet wie im Han-Te-Tz'u-Tien, Chinesisch-Deutschen Wörterbuch, Peking 1959, S. 780 für diesen Ausdruck die Übertragung "Patriarchalismus", da dieses System manche Ähnlichkeit mit dem "Tsung-Fa"-System hat.

Näheres zum Wesen des chinesischen Tsung-Fa-Systems vgl. Tsui Chi: Geschichte Chinas und seiner Kultur, aus dem Englischen übertragen von Wilhelm M. Treichlinger, Zürich 1946, S. 49 f. und Fan, Bd. I, S. 37 ff. und 135 ff. sowie Hsü Chao-Yang: Untersuchungen über den Ursprung des chinesischen Familienrechts, Taipeh 1968, S. 157 ff.

20 a) Yang, S. 1019.

b) Chang Shen und Chao Feng-Chieh berichten noch, daß man in diesem sogenannten III. Entwurf endgültig das alte Tsung-Fa-System abgeschafft hat und erklären dazu, daß der Bereich der Verwandtschaft (im weiteren Sinne), Ch'in-Shu (親屬) nicht mehr wie früher gemäß dem Tsung-Fa-System in die vier Gruppen unterteilt war:
  1. Tsung-Ch'in (宗親), Stammverwandtschaft;
  2. Ch'i-Ch'in (妻親), Verwandtschaft durch die Frau;
  3. Wai-Ch'in (外親), Verwandtschaft durch die Mutter und durch den Gatten der Tochter und
  4. Fu-Ch'i (夫妻), Mann und Frau.
Unterschieden wird nun nur noch in:
  1. Hsüeh-Ch'in (血親), Blutsverwandtschaft und
  2. Yin-Ch'in (姻親), Schwägerschaft.

(Chang, S. 16 und Chao Feng-Chieh: Familienrecht des Bürgerlichen Gesetzbuches, Taipeh 1968, S. 4)

Jedoch kann man aus diesem III. Entwurf des Familienrechts, Kap. 4 noch die dem Tsung-Fa-System entstammende Unterscheidung der sogenannten "Ti-Tzu", Söhne der Hauptfrau und der "Shu-Tzu", Söhne der Nebenfrau erkennen (s. Yang, S. 1070). Auch die Punkte 1 und 7 der Stellungnahme zum vorgeplanten Entwurf des Familienrechts, welches das 4. Buch des gegenwärtigen Nankinger BGB bildet, behandeln das Problem der Abschaffung der Verwandtschaftsgruppen von Tsung-Ch'in, Ch'i-Ch'in und Wai-Ch'in sowie das Problem der Abschaffung der Nebenfrau (Beschluß der 236. Sitzung des politischen Ausschusses des Zentralkomitees der Kuomintang vom 23.7.1930, s. Chao, S. 245 und 256).

hof" (auch bezeichnet mit "Gesetzgebungsamt"), "Li-Fa-Yüan" (立法院) überarbeitet und als viertes Buch des Bürgerlichen Gesetzbuches am 26. Dezember 1930 von der Nankinger Regierung veröffentlicht. Gesetzeskraft erlangte es am 5. Mai 1931 und gilt bis zum heutigen Tage. Der starke Einfluß des Tsung-Fa-Systems, der in dem früheren Entwurf des Familienrechts noch vorhanden war, ist nun nicht mehr spürbar.[20/1] Nach etwa 50-jähriger Anwendung dieses Familienrechts wurde aber manche Änderung nötig. Deshalb ist am 12.8.1982 ein Entwurf zur Neufassung einer Anzahl von Artikeln dieses Familienrechts vom Exekutivamt erarbeitet worden, der am 24. Mai 1985 nach der 3. Lesung vom Gesetzgebungsamt mit einigen Abänderungen als Gesetz beschlossen, am 3.6.1985 veröffentlicht und am gleichen Tage in Kraft gesetzt wurde.

II. Das Ehegesetz der Pekinger Regierung von 1980

Da das Pekinger Ehegesetz von 1950 Vorläufer des neuen Pekinger Ehegesetzes von 1980 ist,[20/2] sollte man sich vor dem Befassen mit der Entstehung des neuen Pekinger Ehegesetzes zuerst über die Entwicklung des ersten Ehegesetzes von 1950 informieren, um einen Gesamtüberblick über die beiden Ehegesetze der Volksrepublik China zu erhalten.

Die Geschichte des ersten Ehegesetzes der Pekinger Regierung von 1950 reicht nicht sehr weit zurück. Wohl hat die "Sowjetrepublik China", die damals nur in dem von kommunistischen Truppen besetzten Gebiet der Provinz Kiangsi ihren Sitz hatte, eine "Verordnung über die Ehe" (婚姻條例) erlassen (Dezember 1931), und es ergingen seit dem Verteidigungskrieg gegen die japanische Aggression (Juli 1937 – August 1945) in den verschie-

---

Dieser III. Entwurf war der Vorläufer des gegenwärtigen Nankinger Familienrechts. Da sich der politische Ausschuß des Zentralkomitees der Kuomintang noch mit den oben erwähnten Problemen zur Abschaffung des Tsung-Fa-Systems (Verwandtschaftsgruppen und Nebenfrau) beschäftigt, wird deutlich, daß dieses System noch nicht restlos aus dem III. Entwurf des Familienrechts entfernt ist.

20/1 Näheres über die Entwicklung des Familienrechts vgl. auch Yang Yu-Chiung: Geschichte der chinesischen Gesetzgebung der Neuzeit, Taipeh 1966, S. 73, 372-374 und 379 f.

20/2 Siehe die Erklärung vom 2. September 1980 des Vizevorsitzenden Wu, Sin-Yü (武新宇) der "Kommission zur Abfassung von Gesetzen des Ständigen Ausschusses des Nationalen Volkskongresses" in der 3. Tagung des V. Nationalen Volkskongresses über den neuen Entwurf zur Ergänzung des 1. Ehegesetzes der Volksrepublik China (von 1950) und über den Entwurf des Staatsangehörigkeitsgesetzes der Volksrepublik China.

denen zuerst von den Japanern besetzten und später von den kommunistischen Truppen eingenommenen Gebieten nach und nach über zehn weitere, ähnliche Verordnungen über die Ehe.[21] Aber alle diese Verordnungen dienten diesem Ehegesetz nur als Material, sie sind nicht als Vorläufer des genannten Ehegesetzes zu werten.

Die eigentliche Vorgeschichte dieses ersten Pekinger Ehegesetzes umfaßt nur etwas mehr als ein Jahr. So berief im Herbst 1948 das Zentralkomitee der chinesischen kommunistischen Partei aus den verschiedenen von ihren Truppen besetzten Gebieten "die Beauftragten für Frauenarbeit" (婦女工作者) zu einer Versammlung ein, welche im Kreis Chien-P'ing (建屏) der Provinz Hopei stattfand. Hier wurde beschlossen, einheitliche Normen über die Ehe zu erlassen. Gemäß dieses Beschlusses wurde dann von der "Juristischen Kommission des Zentralkomitees der chinesischen Kommunistischen Partei" (中共中央法律委員會) und der "Kommission der Frauenbewegung" (婦女運動委員會) eine solche neue Verordnung entworfen. Längere Erörterungen und Diskussionen sowie mehrfache Ergänzungen gingen diesem Entwurf der Eheverordnung voraus. Beteiligt daran waren das Zentralkomitee der kommunistischen Partei Chinas (中共中央), der Zentralvolksregierungsausschuß (中共人民政府委員會), die Politisch-Juristische Kommission (政法法律委員會), der Ausschuß zur Abfassung von Gesetzen des Regierungshofes, Cheng-wu-yüan (政務院法制委員會),[22] die Ver-

---

21 Über diesen Krieg zwischen China und Japan haben der japanische Ministerpräsident Sato und Außenminister Fukuda in einer Fragestunde im Parlament eine Erklärung abgegeben. Darin haben sie sich offiziell dafür entschuldigt, daß Japan im Jahre 1937 China den Krieg erklärt hatte. Sie könnten keine Worte finden, sagten sie, ihre Reue auszudrücken ("Frankfurter Allgemeine Zeitung" vom 30.10.1971, AFP-Bericht vom 29.10.1971 aus Tokio).
Seit dem Tode des japanischen Kaisers 裕仁 (Hirohito) am 7. Januar 1989 kommt wieder die Frage der Angriffskriegverantwortung Japans auf. Der in dieser Zeit amtierende Ministerpräsident Japans 竹下登 (Noboru Takeshita) hat wieder versucht den Angriffskrieg Japans zu vertuschen. So erklärte er im japanischen Parlament, die Beantwortung der Frage, ob der Krieg Japans als Angriffskrieg zu bezeichnen sei, sei erst den Historikern zu überlassen. Dieses Verhalten rief erneut starke Proteste von Bevölkerung und Regierungen der seinerzeit von Japan angegriffenen asiatischen Länder hervor. Der japanische Ministerpräsident Noboru Takeshita hat unter diesem Druck seine frühere Erklärung bedauert und zugegeben, daß Japan doch einen Aggressionskrieg geführt habe. (s. die Tageszeitung "Central Daily News" vom 22.2.1989, S. 2; 24.2.1989, S. 1; 27.2.1989, S. 4 sowie die Tageszeitung "China News", Hongkong, vom 27.2.1989, S. 3 und 5, 28.2.1989, S. 8.)
22 Karl Bünger: "Verfassungstexte der Chinesischen Volksrepublik von 1949", in ZaöRV, Bd. XIII, Nr. 4, 1951, S. 837, Anmerkung 6: "In dem chinesischen Ausdruck (Cheng-wu-yüan) bedeutet yüan 'Hof' = Amtsbehörde. Das Wort yüan ist der Terminologie von

sammlung für politische Angelegenheiten des Regierungshofes (政务院政务委员会), die Justizorgane der verschiedenen Stufen, der Zentralausschuß des Politischen Konsultativrates des Volkes (人民政治协商会议全国委员会), der Demokratische Frauenverein (民主妇女联合会) und andere Volksvereine.²³

Am 29. September 1949 wurden in der ersten Vollversammlung des Politischen Konsultativrates des Volkes die "Allgemeinen Richtlinien" (共同纲领) festgelegt. Der sechste Artikel dieser "Allgemeinen Richtlinien" bestimmt: "Die chinesische Volksrepublik beseitigt das feudalistische System der Knebelung der Frau. Die Frauen haben im politischen, wirtschaftlichen, kulturellen, erzieherischen und sozialen Leben in jeder Hinsicht die gleichen Rechte wie die Männer. Die Freiheit der Heirat für Männer und Frauen wird verwirklicht".²⁴

Die Grundgedanken des späteren Gesetzentwurfes sind diesem Artikel entnommen. Daneben untersuchte man auch das Ehesystem in der chinesischen Geschichte, die Ursachen der Ehescheidung, das Heiratsalter, stellte Überlegungen an über Fragen der Vererbungslehre und der Eugenik bei der "Verheiratung von Piao-Geschwistern" (中表婚), Kindern der Schwestern des Vaters und Kindern der Geschwister der Mutter. Außerdem wurden als weitere Quellen das sowjetrussische "Gesetz über Ehe, Familie und Vormundschaft", die Eherechte anderer kommunistischer Staaten, gerichtliche Urteile

---

Sun Jatsen entnommen und kommt in der Verfassung der Nationalregierung in den Bezeichnungen für die fünf höchsten Reichsämter (Exekutivamt, Gesetzgebungsamt usw.) vor."

23 Übersetzung der Bezeichnung der Organisationen etwa nach Bünger, s. Bünger 1951 I, S. 837 ff.

24 Teng Ying-Chao sagt, daß die Chinesen heute in einer Periode des Übergangs von der alten zur neuen Gesellschaft leben. Vorerst sei es wichtig, in positiver Weise ein neues Eherecht einzuführen, um zur Bildung einer neuen Familienordnung anzuregen und das alte Ehesystem zu zerstören. Das Ehegesetz der chinesischen Volksrepublik stellt ein neues demokratisches Eherecht dar, das den gegenwärtigen Erfordernissen des Landes angepaßt ist (Teng Ying-Chao: "On the Marriage Law of the People's Republic of China", ein Anhang zu dem Buch der englischen Übersetzung "The Marriage Law of the People's Republic of China", Foreign Languages Press, Peking 1950, S. 28).

Man sagt sogar, daß das Pekinger EheG nicht nur die Frau aus dem alten Familiensystem lösen will, sondern vielmehr kommt es ihm auf die nähere Ausbildung und Festigung der gegenüber früher grundlegend gewandelten Stellung der Frau an, so daß das Gesetz denn auch vielfach überhaupt als "Frauengesetz" angesprochen wurde (Wolfram Müller-Freienfels: Zur revolutionären Familiengesetzgebung, insbesondere zum Ehegesetz der Volksrepublik China vom 1.5.1950, Sonderdruck aus Jus Privatum Gentium – Festschrift für Max Rheinstein –, Tübingen 1969, S. 862).

und Forschungsurkunden über Eheangelegenheiten und endlich noch diesbezügliche Mitteilungen sowie Statistiken der Städte Peking, Tientsin, Shanghai, Mukden usw. herangezogen.²⁵

Der Entwurf wurde am 13. April 1950 von der siebenten Sitzung des Zentralvolksregierungsausschusses als Gesetz beschlossen und erhielt den Namen "Ehegesetz der chinesischen Volksrepublik" (中華人民共和国婚姻法). Am 1. Mai 1950 veröffentlichte die Zentralvolksregierung in Peking dann dieses Gesetz und am gleichen Tage trat es in Kraft.²⁶ Seit der "Versammlung der Beauftragten für Frauenarbeit" also, auf welcher der Vorschlag für den Entwurf einer einheitlichen Verordnung über das Eherecht eingebracht wurde (Herbst 1948), bis zum 1. Mai 1950, dem Tage seines Inkrafttretens, war die Zeit von nur etwa ein einhalb Jahren verstrichen.

Dieses erste Pekinger Ehegesetz von 1950 ist seit seinem Inkrafttreten etwa 30 Jahre in Anwendung gewesen. Um das Gesetz den veränderten heutigen sozialen Verhältnissen, denen es nicht mehr entsprach, anzupassen, bedurfte es nun eines neuen Ehegesetzes. Die Initiative hierfür ging aus vom "Allchinesischen Frauenverband" (全国婦女联合会) in Verbindung mit dem "Höchsten Volksgerichtshof" (最高人民法院), der "Höchsten Volksstaatsanwaltschaft" (最高人民検察院), dem "Ministerium des Innern" (民政部), dem "Ministerium für Gesundheit" (衛生部), der "Leitungsgruppe für Geburtenplanung" (計劃生育領導小組), dem "Politischen Ressort der Befreiungsarmee" (解放軍総政治部), der "Gesamtchinesischen Arbeitervereinigung" (全国総工会) und der "Zentrale der Kommunistischen Jugend" (共青団中央). Diese Institutionen bildeten das Gremium für die Abgrenzung und Neuherausgabe des Pekinger Ehegesetzes, wofür die 30-jährige Erfahrung mit dem bisherigen (Pekinger) Ehegesetz unter Berücksichtigung der neuen Situation und neuer Fragen zugrundegelegt wurde.

Im Rahmen der Ergänzungsarbeit wurden viele diesbezügliche Untersuchungen durchgeführt und Statistiken erstellt. Dreimal wurden aus ganz China Meinungsvorschläge für das neue Ehegesetz eingeholt, darüber diskutiert und Verbesserungen vorgeschlagen. Im April 1980 lag dann der Entwurf des neuen Ehegesetzes von der "Kommission zur Abfassung von Gesetzen des Ständigen Ausschusses des Nationalen Volkskongresses" in der 14. Sit-

---

25 Näheres über die Entwicklungsgeschichte des ersten Pekinger EheG s. Ch'en Yung-Fu: Das neue demokratische Ehesystem, Shanghai 1951, S. 24 f.
26 Karl Bünger nimmt dagegen in seiner Veröffentlichung "Das Ehegesetz der Volksrepublik (China) von 1950" (in RabelsZ 16 – 1950/51 – S. 112-126) an, daß am "13. April 1950" das Gesetz verkündet und in Kraft getreten sei. S. RabelsZ 16 – 1950/51 – S. 112 und 121.

zung des "Ständigen Ausschusses des V. Nationalen Volkskongresses" zur Begutachtung vor. Der vervielfältigte Entwurf kam im ganzen Land zur Stellungnahme zur Verteilung. Die "Kommission zur Abfassung von Gesetzen des Ständigen Ausschusses des Nationalen Volkskongresses" und der "Allchinesische Frauenverband" haben aus den gesammelten Meinungsäußerungen der zuständigen Institutionen und des "Politischen Konsultativrates des Volkes" den bisherigen Entwurf entsprechend bearbeitet und diesen sonach in der 15. Sitzung des "Ständigen Ausschusses des V. Nationalen Volkskongresses" zur Begutachtung eingereicht. Dieser Entwurf wurde am 10. September 1980 in der 3. Tagung des V. "Nationalen Volkskongresses" zum jetzigen Pekinger Ehegesetz beschlossen und am gleichen Tage veröffentlicht. Das Gesetz wurde am 1. Januar 1981 in Kraft gesetzt.[26/1] Ab diesem Zeitpunkt verliert das erste Pekinger Ehegesetz von 1950 seine Gültigkeit.

26/1 S. die Erklärung vom 2. September 1980 des Vizevorsitzenden Wu, Sin-Yü der "Komission zur Abfassung von Gesetzen des ständigen Ausschusses des Nationalen Volkskongresses" in der 3. Tagung des V. Nationalen Volkskongresses über den neuen Entwurf zur Ergänzung des 1. EheG der Volksrepublik China (von 1950) und über den Entwurf des Staatsangehörigkeitsgesetzes der Volksrepublik China sowie den Artikel "Verantwortliche des Frauenverbandes über das neue Ehegesetz" in der Wochenschrift "Peking (Beijing) Rundschau" Nr. 11 vom 17. März 1981, S. 21.

ZWEITES KAPITEL

Das Wesen der Ehe

I. Grundgedanken über die Ehe aus den chinesischen Schriftzeichen

Weder im gegenwärtigen Nankinger Familienrecht noch im heutigen Pekinger Ehegesetz findet man eine klare Definition des Begriffes "Ehe". Auch in vielen anderen Staaten fehlt eine solche Begriffsbestimmung in den entsprechenden Gesetzen.[27] Die meisten Gesetzgeber sind nämlich der Ansicht, daß die Bedeutungsbreite dieser Kulturerscheinung nicht gesetzlich definiert werden kann und darf.[28]

---

27 Z.B. findet man im schweizerischen Familienrecht in der 1. Abteilung "Das Eherecht" keine Definition über den Begriff "Ehe". Und in dem Buch über das deutsche "Familienrecht" aus der Buchreihe "Das Recht in Grundrissen" (herausgegeben von Horst Feldmann), Heft 5/I, von H. Feldmann, H. von Franqué und B. Hamelbeck, Essen/Kettwig 1948, S. 54 wird folgendes gesagt: "Der Begriff der Ehe ist im Ehegesetz wie früher im BGB nicht bestimmt". Hierzu s. auch Hans Dölle: Familienrecht, Bd. I, Karlsruhe 1964, S. 52.
Allerdings enthält das chilenische BGB in Art. 102 die folgende Begriffsbestimmung über die Ehe: Die Ehe ist ein feierlicher Vertrag, durch den sich ein Mann und eine Frau endgültig und unlöslich für das ganze Leben vereinigen, um zusammen zu leben, sich fortzupflanzen und sich gegenseitig zu unterstützen (Alexander Bergmann/Murad Ferid: Internationales Ehe- und Kindschaftsrecht, Chile, 1970, S. 16).
28 a) Vgl. Heinrich Mitteis: Familienrecht, Berlin 1949, S. 14.
b) Auch die kirchliche Ostkonferenz vertritt in ihrer Stellungnahme zu dem Entwurf des Familiengesetzbuches der DDR die Auffassung, man solle sich über die Aufgabe des Gesetzgebers auf dem Gebiete des Eherechts der Begriffsbestimmung enthalten: "Es kann aber nicht Aufgabe des Staates sein, dem Ehe- und Familienleben seiner Bürger bestimmte politische Ziele zu setzen und die Gesetzgebung dementsprechend zu gestalten. Aus diesem Grunde müssen wir eine Legaldefinition der Ehe, wie sie in den beiden ersten Paragraphen des Entwurfs versucht wird, ablehnen; denn damit überschreitet der Staat die Grenzen, die ihm für seine Gesetzgebung gezogen sind. Eine solche Überschreitung wirkt sich zwangsläufig zerstörend auf das Ehe- und Familienleben aus" (Ehe und Familie, Zeitschrift für das gesamte Familienrecht, Bielefeld 1954, S. 181). – Dieses Familiengesetzbuch (FGB) ist in überarbeiteter Form am 1.4.1966 in Kraft getreten und enthält doch in § 5 I eine Begriffsbestimmung über die Ehe: "Mit der Eheschließung begründen Mann und Frau eine für das Leben geschlossene Gemeinschaft, die auf gegenseitiger Liebe, Achtung und Treue, auf Verständnis und Vertrauen und uneigennütziger Hilfe füreinander beruht". Dazu erläutern das Buch

Wenn man sich mit dem Wesen der Ehe bei den Chinesen auseinandersetzen will, so wird man sich zunächst einmal die Schriftzeichen dafür ansehen, um dem Sinn der Ehe von dieser Seite her näherzukommen. Die chinesischen Schriftzeichen wurden als Ausdruck chinesischen Empfindens gebildet und geben nicht, wie die Wortzeichen des Abendlandes, mehr oder weniger eine bloße phonetische Umschrift des gesprochenen Wortes wieder. Man kann daher oft schon aus der äußeren Form eines Schriftbildes erkennen, welche Bedeutung es hat und welche Gedanken es ausdrücken soll. Andererseits ist auch von Bedeutung zu erfahren, wie der in den Schriftzeichen festgelegte Sinn sich auf die Familien- und Ehegesetzgebung ausgewirkt und die diesbezüglichen Sitten beeinflußt hat.

Die in China allgemein gebräuchlichen Zeichen für "Ehe" sind "Fu^a-Fu^b" (Die beiden Zeichen " 夫 " und " 夫 " haben die gleiche Umschrift "Fu". Es wird daher in diesem Falle "Fu^a" und "Fu^b" zur besseren Unterscheidung gegeben. In den später erwähnten Fällen und zwar für die Zeichen " 婚 , Hun^a" und " 昏 , Hun^b"; die Zeichen " 姻 , Yin^a" und " 因 , Yin^b" und die Zeichen " 妻 , Ch'i^a" und " 齊 , Ch'i^b" sowie " 妾 , Ch'ieh^a" und " 妾 , Ch'ieh^b" wird auch dieselbe Unterscheidungsmethode durch Hinzufügen von "a" und "b" gewählt.) oder "Fu^a-Ch'i^a".[29] Dabei heißt "Fu^a" alleinstehend "Ehemann" und "Fu^b" oder "Ch'i^a", "Ehefrau".

Auch wenn der Ausdruck "Fu^a-Fu^b" oder "Fu^b-Ch'i^a" für Ehe im chinesischen Eherecht oder im gerichtlichen Urteil verwendet wird,[30] gebraucht man jedoch für den Ausdruck "Ehegesetz oder -recht" gewöhnlich den chinesischen Ausdruck "Hun^a-Yin^a-Fa" und nicht "Fu^a-Fu^b-Fa" oder "Fu^a-Ch'i^a-Fa". Das Zeichen "Fa" (法) bedeutet Gesetz oder Recht.

"Das Familienrecht der DDR", Kommentar, Verfasserkollektiv von Karl-Heinz Beyer u.a.m., Berlin 1970, S. 48 f. und das Lehrbuch "Familienrecht", Autorenkollektiv von Linda Ansorg u.a.m., Berlin 1972, S. 39 f. und S. 118 f.

29 Den Ausdruck "Fu^a-Fu^b" hat man früher mehr in der Schriftsprache gebraucht und den Ausdruck "Fu^a-Ch'i^a" verwendet man jetzt in der Umgangssprache. S. Lü Shu-Hsiang: Die Partikel der chinesischen Schriftsprache, Peking 1955, S. 179.

30 Z.B.:
a) Den Ausdruck "Fu^a-Ch'i^a" in Gesetzen: Art. 9 u.a.m. Pekinger EheG und Art. 1001 u.a.m. Nankinger BGB.
b) Den Ausdruck "Fu^a-Fu^b":
1. In Urteilen des Reichsgerichtshofes: Shangtzu Nr. 303 und 1009 vom Jahre 1918 und Shangtzu Nr. 872 vom Jahre 1916. Siehe "Lu-Fa-Li-Yu-P'an-Chiai-Hui-Pien", "Sammlung der Entscheidungen und Erklärungen des Reichsgerichtshofes (1911-1926), Sammlung der Entscheidungen des Obersten Gerichtshofes und Sammlung der Erklärungen des Justizamtes (1927-1933)", herausgegeben von Kuo Wei, Shanghai

Der deutsche Ausdruck "Ehegesetz" oder "Eherecht" entspricht aber nicht ganz dem entsprechenden chinesischen Ausdruck "Hun[a]-Yin[a]-Fa". Die beiden ersten Zeichen "Hun[a]-Yin[a]", können zwar auch mit "Ehe" übersetzt werden,[31] haben aber im allgemeinen Sprachgebrauch mehr den Sinn von "Heirat". Auch für sich allein haben die Zeichen "Hun[a]" und "Yin[a]" die Bedeutung von Heirat;[32] es hat sich aber eingebürgert, die beiden Zeichen zusammen zu verwenden. Die Bedeutung des chinesischen Ausdruckes "Hun[a]-Yin[a]-Fa" kommt also dem englischen Wort "Marriage Law" näher als dem deutschen Ausdruck "Ehegesetz", während inhaltlich in allen drei Gesetzen etwa das gleiche Rechtsgebiet behandelt wird.

Die Ideogramme der beiden Zeichen "Hun[a]" und "Yin[a]", die wie oben erwähnt, "Heirat" bedeuten, zeigen beide das Zeichen "Nü" (女) als linken Bestandteil. "Nü" heißt "Weib" oder "weiblich". Damit wird angezeigt, daß etwas über das Weib oder das Weibliche ausgesagt werden soll; zugleich wird dadurch auf die Beziehung der Geschlechter untereinander hingewiesen.

Das erste Zeichen "Hun[a]" (婚) des Ausdruckes "Hun[a]-Yin[a]" hat außerdem noch als rechten Bestandteil "Hun[b]" (昏), der wiederum aus den Zeichen "Ti" (氐 oder 氏) und "Jih" (日) zusammengesetzt ist.

Das Zeichen "Ti" hat sich aus einem älteren, heute obsolet gewordenen Zeichen entwickelt, das ein Piktogramm war und eine am Boden festgewachsene Wasserpflanze abbildete. In der heutigen Form des Zeichens ist von dem alten Bilde kaum noch etwas zu erkennen, allein der untere waagerechte Strich, der sich in Schreibvarianten zu einem Punkt zusammenziehen kann, deutet noch den Grund und Boden an, in dem die Wasserpflanze wurzelt. Dieser waagerechte Strich des Zeichens "Ti" bedeutet weiterhin auch "Horizont". (Der übrige Teil des Zeichens "Ti" hat über die Zeiten hinweg seinen Symbolcharakter bewahrt und tritt als Stammname auf. Die Verzweigungen der ursprünglichen Wasserpflanze werden nun als Verzweigungen im Baum des Familienstammes verstanden.) Das Zeichen "Jih" heißt "Sonne". Die Komposition "Hun[b]" meint demnach die Zeit, da die Sonne hinter dem Hori-

---

1933, Bd. 2: IV. Familienrecht: S. 22 und 35.
2. In Urteilen des Obersten Gerichtshofes: Shangtzu Nr. 960 und 1097 von 1929 und Shangtzu Nr. 1128 von 1930. Siehe Sammlung der Entscheidungen des Obersten Gerichtshofes in Hauptpunkten (1927-1951), herausgegeben vom Obersten Gerichtshof, Taipeh 1954 (?), Bd. I, S. 201 und 202.
31 Werner Rüdenberg: "Chinesisch-Deutsches Wörterbuch", Hamburg 1936, S. 300 und 625.
32 Tz'u Yüan: S. 289 und 292.

zont verschwunden ist. In der heutigen Schreibweise des Zeichens "Hun^b" ist der Strich "-" zwischen "Ti" und "Jih" weggefallen.³³

Der rechte Teil "Hun^b" von dem Zeichen "Hun^a" des Ideogramms deutet also an, daß im alten China das Hochzeitszeremoniell am Abend nach Sonnenuntergang stattfand.³⁴ Zu dieser Zeit nämlich läßt sich "Yang" (陽), ein Zeichen für die Sonne und das männliche Prinzip, zu "Yin" (陰), ein Zeichen für den Abend oder Mond und das weibliche Prinzip, herab und vereinigt sich mit ihm.³⁵ So heißt es auch im "Li-Gi" über den Sinn der Ehe

---

33 Rudolf Lange: "Thesaurus Japonicus", Bd. II, Berlin 1919, S. 340; vgl. auch den Kommentar von Tuan Yü-Ts'ai zum Buch "Shuo Wen Chiai Tzu" (Fotodruck vom Chung-Hua Verlag in Shanghai, nach Ed. Ching Yüan Lou), Bd. 12 II, S. 24: Erklärung zum Zeichen " 氐 (Ti)". Das Buch Shuo Wen ist ein etwa im Jahre 100 n.Chr. zusammengestelltes Wörterbuch, das den Charakter der chinesischen Zeichen erklärt (vgl. Mathews, S. 844).

34 a) K'ung Ying-Ta kommentiert über die Bedeutung des Zeichens "Hun^b" aus dem Buch "I-Li", daß das Hochzeitszeremoniell sich zur Abenddämmerung vollzieht, darum verwendet man dieses Zeichen "Hun^b" = Abenddämmerung für Heirat oder Hochzeit (Shih San Ching Chu Shu: Heft 43, I-Li, Bd. 2, S. 88; Shuo Wen, Bd. 12 II, S. 6: Erklärung zum Zeichen "Hun^a").

b) Die Hochzeit am Abend findet man auch als Sitte beim Volk Israel, wie z.B. "zehn Jungfrauen, die ihre Lampen nahmen und gingen aus, dem Bräutigam entgegen... und die bereit waren, gingen mit ihm hinein zur Hochzeit..." (Matth. 25, 1-10) – Vgl. "Stuttgarter Biblisches Nachschlagewerk", von Privileg. Württemb. Bibelanstalt, Stuttgart 1950, S. 165: "Die Hochzeitsfeier".

Auch bei den Römern wurde die Hochzeitsfeier vorwiegend am Abend begangen. So berichtet Herbert Lewandowski in seinem Buch "Römische Sittengeschichte", Stuttgart 1964, S. 168: "Um die Braut in das Haus des zukünftigen Gatten zu führen, wurde der Abend bevorzugt, bei dem man ihnen mit Fackeln heimleuchten konnte".

35 a) Erich Schmitt: "Die Grundlage der chinesischen Ehe" aus der Zeitschrift der Deutschen Morgenländischen Gesellschaft in Kommission b. F.A. Brockhaus, Leipzig 1927, S. 57.

b) Die symbolhaften Bedeutungen der erwähnten Ausdrücke "Yang" und "Yin" lassen sich aus den ursprünglichen chinesischen Zeichen noch besser erkennen. Das Zeichen Yang "陽" deutet auf der linken Seite eine Steinmauer an, auf der rechten Seite eine Sonne, die sich über den Horizont erhebt und Lichtstrahlen in die vier Himmelsrichtungen aussendet. Das Prinzip des Lichthaften, Aktiven, Männlichen. Das Zeichen Yin "陰" zeigt auf der linken Seite ebenfalls eine Steinmauer, rechts sieht man Dampfwolken unter einer Bedachung. Das Prinzip des Dunklen, Passiven, Weiblichen. (Siehe Marguerite de Surany: "I-Ging und Kabbala", Ein Orakel- und Weisheitsbuch, Freiburg i. Breisgau 1982, S. 11)

Auch in dem alten chinesischen Symbol "T'ai-chi T'u" ☯, "Diagramm des Allerhöchsten Prinzips", wird der Charakter von Yin und Yang illustriert. Dieses Diagramm ist eine symmetrische Anordnung des dunklen Yin und des hellen Yang, aber die Sym-

(Hun^b-I), daß Kaiser und Kaiserin mit Sonne und Mond vergleichbar seien.^{36} Derartige symbolische Wendungen stammen aus dem uralten Buch "I-Ging" (易經), dem "Buch der Wandlung".^{37}

---

metrie ist nicht statisch. Es ist eine Rotationssymmetrie. Näheres s. das Buch von Fritjof Capra "Das Tao der Physik", aus dem Amerikanischen übersetzt von Fritz Lahmann und Erwin Schuhmacher, München 1984, S. 111. Und nach dem Buch "Zodiaque Chinois Le Coq" ("Chinesische Tierkreiszeichen, Hahn") von Catherine Aubier werden die Symbole für Yin (Frau) und Yang (Mann) im Sinne der Gleichberechtigung von Mann und Frau kurz und leicht verständlich u.a. in folgender Weise erklärt: "Yin und Yang haben keinerlei 'moralische' Qualität. Keins ist dem anderen überlegen oder unterlegen. Ihre Gegensätzlichkeit ist notwendig und genausowenig konfliktträchtig wie die linke und rechte Hand, die sich zum Applaus vereinen." (s. das Buch "Chinesische Tierkreiszeichen, Hahn" – Original französisch – von Catherine Aubier unter Mitarbeit von Josanne Delangre, Deutsche Erstveröffentlichung München 1983, S. 21)

36 Shih San Ching Chu Shu, Heft 71: Li-Gi, Bd. 61 II "Hun-I", S. 22.

37 a) Über Geschichtliches zum I-Ging s. das von Yüan-Kuang erläuterte Buch "I-Ging" (Der französische Text mit dem Titel: Le Maître Yüan Kuang. Méthode pratique de divination chinoise par le "Yi-King". Der französische Text stammt aus der Feder von Tschu-Hua und Charles Canone), die deutsche Übersetzung besorgte Fritz Werle, München-Planegg 1951 (s. unter Abkürzung: I-Ging 1951), S. 18 f.

b) Was besagt dieses Buch "I-Ging", "Buch der Wandlung"?

1. Mario Schubert erklärt im Vorwort zu dem vom ihm übersetzten Buch "I-Ging" (s. unter Abkürzung: I-Ging 1949) folgendes: "Es ist sowohl ein Orakel- wie ein Weisheitsbuch und die acht Zeichen, die ihm ursprünglich zugrunde liegen, sind als Bilder von Wandlungszuständen aufzufassen, denn im alten China herrschte die Anschauung, daß alles, was sichtbar geschieht, die Auswirkung eines Bildes im Unsichtbaren ist... Aus den ursprünglichen acht Zeichen wurden später durch Kombination vierundsechzig Zeichen entwickelt,..."

"Den Grundtext des Buches der Wandlung bilden, wie erwähnt, 64 Hexagramme, deren jedes aus sechs teils ungebrochenen, teils gebrochenen Linien besteht. Sie bringen bildlich den uralten, naturphilosophischen Dualismus zum Ausdruck, der alles Bestehende auf zwei entgegengesetzte kosmische Urkräfte, das Yang und Yin zurückführt. Die ungeteilten Linien entsprechen dem männlichen, lichten, zeugenden Prinzip des Yang, die geteilten dem weiblichen, dunklen, empfangenden Prinzip des Yin."

2. Richard Wilhelm erläutert in der Einleitung zu dem von ihm verdeutschten und erläuterten Buch "I-Ging" (s. unter Abkürzung: I-Ging 1974): "Diese acht Zeichen wurden als Bilder dessen, was im Himmel und auf Erden vorging, aufgefaßt,... Sie stellen ferner eine Familie von Vater, Mutter, drei Söhnen, drei Töchtern dar, nicht in mythologischem Sinn, wie etwa der griechische Olymp von Göttern bevölkert ist, sondern ebenfalls in jenem sozusagen abstrakten Sinn, daß nicht Dinge, sondern Funktionen dargestellt werden..." (S. 11).

3. Eingehendere Erläuterungen über den Sinn und die Wirkung der Lehre "I-Ging" vgl. auch das Buch: "Erläuterungen allgemein verständlicher Art zum Buch I-Ging" von Hsieh Ta-Huang (謝大荒), Taipeh/Taiwan 1976, S. 1-12

Des Ausdruckes "Hun[a]-Yin[a]" zweites Zeichen "Yin[a]" (女因) für "Ehe" oder "Heirat" hat auch, wie das erste Zeichen "Hun[a]", zwei Bestandteile, von denen der linke Bestandteil "Nü" in der beschriebenen Bedeutung "Weib oder weiblich" und der rechte Bestandteil das Zeichen "Yin[b]" (因) ist. Dieses Zeichen "Yin[b]" bedeutet "Grund, Ursache" und kann auch mit der Umschreibung "eine natürliche Beziehung" wiedergegeben werden.[38]

Etwa gleichbedeutend mit "Yin[b]" ist das Zeichen "Yüan" (緣), das ebenfalls "Ursache" und "natürliche Beziehung" heißen kann.[39] Im heutigen Sprachgebrauch setzt man die Zeichen "Yin[b]" und "Yüan" zusammen und bildet das Binom "Yin[b]-Yüan", das die gleiche Bedeutung hat.[40]

Neben "Yin[b]-Yüan" gibt es auch "Yin[a]-Yüan". Während "Yin[a]-Yüan" "natürliche Beziehung zur Ehe" heißt,[41] gebraucht man "Yin[b]-Yüan" dann ganz allgemein für "natürliche Beziehung". Dieser Ausdruck "Yin[b]-Yüan" schließt also als übergeordneter Begriff das erste "Yin[a]-Yüan" mit ein. Die Beschränkung des "Yin[a]-Yüan" auf "natürliche Beziehung zur Ehe" wird durch das zusätzliche "Nü" = "Weib" in "Yin[a]" deutlich gemacht. Dieser Sinninhalt ist im vorliegenden Falle aus dem Zeichen "Yin[b]" übernommen. Das Zeichen "Yin[b]" auf der linken Seite in Verbindung mit dem Zeichen "Nü" (Weib), kann einfach durch "heiraten" übersetzt werden. Das Zeichen "Yin[a]" dient hier dazu, das weitläufigere "Yin[b]" einzuengen und näher zu bestimmen.

Das Zeichen "Yüan" verwendet man auch in einem Hochzeitsspruch, der Neuvermählten am Hochzeitstage gesagt zu werden pflegt; er heißt: "Eine gute, natürliche Ehebeziehung ist geknüpft und ein glückliches Paar ist vom Himmel vereint", "Liang Yüan Su T'i, Chia Ngou T'ien Ch'eng" (良緣夙締, 佳偶天成).[42] Wenn man überlegt, daß im Chinesischen "Himmel", "T'ien" (天) oft sinngemäß wie "Gott" verstanden wird, dann erinnert man sich unwillkürlich an den Text des Matthäus Evangeliums 19,6,

---

38 "Sin Tzu Tien", "Neues Wörterbuch", Shanghai 1933, S. 58 f. und "Tz'u-Hai", S. 301.
39 Tz'u Hai, S. 1053; Sin Tzu Tien, S. 312 und Tz'u Yüan, S. 1103-1104.
40 a) Tz'u-Yüan, S. 210; "Sin Tz'u Tien", Neues Stichwörterbuch, Shanghai 1951, S. 460.
   b) Der Ausdruck "Yin[b]-Yüan" für "natürliche Beziehung" wird ausführlich behandelt in einem Zeitungsartikel "Yüan und Ming", "Natürliche Beziehung und Schicksal" (緣與命) von Wang Pang-Hsung (王邦雄) in der Tageszeitung "Central Daily News", Taipeh/Taiwan vom 7.-9.; 11.-14. und 17. Nov. 1984 sowie vom 2. April 1987, jeweils auf Seite 4.
41 Sin Tzu Tien, S. 366 und Tz'u Yüan, S. 289.
42 a) Vgl. Tz'u-Yüan, S. 42 und 1185 und Sin Tzu Tien, S. 159 und 230.
   b) Was der Chinese unter "natürlicher Beziehung zur Ehe" versteht, ist ähnlich der biblischen Anschauung, wie Otto A. Piper im folgenden ausführt: "Wohl aber können wir

worin es heißt, daß Gott die Ehe "zusammengefügt", hat, und was von Gott zusammengefügt, soll der Mensch "nicht scheiden".[43]

II. Gedanken über die Unlösbarkeit der Ehe und ihre Auswirkung auf Sitte und Gesetz

Den oben im Text des Matthäus Evangeliums im weiteren erwähnten Gedanken über die Unlösbarkeit der vom Himmel vereinten Ehe enthält auch bereits das alte "Buch der Sitte", "Li Gi", worin es heißt: "Ist eine Frau eine

---

sagen, daß in jeder ehelichen Vereinigung die beiden Gatten göttliche Gaben erhalten..., und so bewußt sie die göttlichen Gaben ergreifen können, die ihnen von Gott in ihrer Ehe angeboten werden... Die Ehe ist immer ein Wagnis, denn man weiß nicht, was auf einen wartet. Das Ehegelöbnis beruht ja nicht darauf, daß man 'füreinander paßt'. Natürlich sucht man sich einen Partner, mit dem man in Harmonie ist. Aber weder kann man voraussehen, was man selbst in fünf oder in fünfundzwanzig Jahren sein wird, noch hat man eine Ahnung, was aus dem Partner werden wird. So ist es eine göttliche Gnade, wenn zwei Menschen trotz dieser bedenklichen Ungewißheit sich lebenslängliche Treue geloben" (Otto A. Piper: Die Geschlechter, Hamburg 1954, S. 192 ff).

Und F.J. Stahl erklärt auch folgendermaßen: "Ähnlich ist ja auch die Ehe eine Ordnung Gottes, und obwohl auch hier von Gott weder vorgeschrieben noch sichtbar gefügt ist, daß eine Jungfrau den Jakob oder den Wilhelm eheliche: so wie sie den Jakob geheiratet, so ist gerade ihr eheliches Band zu Jakob Gottes Ordnung und Gebot". (Friedrich Julius Stahl: Die Philosophie des Rechts, Tübingen 1926, S. 140)

43 a) Paul Althaus gab eine ausführliche Erklärung zu diesem Text in seinem Vortrag "Von Liebe und Ehe", Göttingen 1949, S. 6-8.

b) Diesen biblischen Gedanken zur Ehe hat Hendrikus A. Visser in seinem Buch "Der Ring um Mann und Frau", Berlin 1953, erläutert: Die Bibel stellt "die Liebe niemals als eine rein menschliche Angelegenheit dar". Die Bibel sagt aus, "daß das Verhältnis zweier Verlobten zu einander das Verhältnis von Gott zu seiner Gemeinde widerspiegelt; so sollen wir von und in der Verlobung denken – und sie kann dann für uns keineswegs mehr der zufällige Entschluß zweier Menschen sein, irgendwann einmal zu heiraten". (S. 34 f.)

c) In der Ungewißheit über die Wahl des Ehepartners befragt man auch das Buch I-Ging. Guy Damian-Knight hat aus dem Buch I-Ging speziell die Aspekte, die sich auf Liebe, Freundschaft und Partnerschaft beziehen, sondiert und betitelt sein Buch sogar mit "I Ging der Liebe", mit dem Untertitel "Das altchinesische Orakel für Partnerschaft und Ehe". Er sieht und deutet jedes der 64 Hexagramme in Bezug auf die geeignete Wahl des Partners: 1. Ist dieser Mensch der geeignete Partner für mich; 2. Liebt mich mein Partner; 3. Haben wir eine gemeinsame Zukunft. ... (Guy Damian-Knight: I Ging der Liebe, Das altchinesische Orakel für Partnerschaft und Ehe, übersetzt aus dem Englischen von Inge Uffelmann, Niedernhausen/Ts. 1986, S. 15 f.)

Ehe eingegangen, so soll sie ihr ganzes Leben mit ihrem Mann zusammenbleiben und auch nicht wieder heiraten, falls ihr Mann stirbt."⁴⁴ Von hier aus fand dieser Gedanke Eingang in das allgemeine chinesische Rechtsdenken. So übernimmt ihn z.B. Ch'ang-Sun, Wu-Chi für einen Kommentar zu Art. 189 des T'anggesetzbuches über das Verbot der Verstoßung der Frau, die auf keinem gesetzlichen Grund beruht, und erklärt: "Der Sinn der Ehe ist, daß sich die Ehepartner pflichtgemäß ein gemeinsames Grab wünschen. Wenn sie sich zur Ehe vereinigt haben, so sollen sie ihr ganzes Leben zusammenbleiben" (伉儷之道，義期同穴，一與之齊，終身不改．————).⁴⁵ Auch in Europa hat sich der Gedanke von der Unlösbarkeit der Ehe im Gesetz nieder-

---

44 a) Shih San Ching Chu Shu, Heft 60: Li Gi, Bd. 26, S. 41. Der hier angegebene Text aus dem Buch "Li Gi" wurde zuweilen auch mißverstanden, und zwar so, daß sich die Forderung nur auf die Frau beziehen sollte. Der dieser Stelle vorhergehende Text im Buch "Li Gi" lautet aber: "Wenn sich Mann und Frau zur Ehe vereinigt haben, sollen sie ihr ganzes Leben zusammen bleiben und diesen Zustand nicht ändern. Wenn also der Ehemann stirbt, dann soll die Ehefrau nicht wieder heiraten" (一與之齊，終身不改，故夫死而不嫁). Aus dem Zusammenhang des Textes ergibt sich also, daß die Forderung beide Ehepartner in gleicher Weise betrifft; der oben angegebene Fall ist nur als Beispiel angeführt. Eine solche Auslegung hat auch Yü Cheng-Hsieh (俞正燮) zur Zeit der Ch'ing-Dynastie (1644-1911) gegeben, näheres s. "Die Geschichte des chinesischen Rechtsdenkens" von Yang Hung-Lieh, Taipeh 1978, Bd. II, S. 270 f.

b) In Europa hatten die alten Germanen auch eine hohe Auffassung von den sittlichen Pflichten der Ehe und von ihrer Bedeutung. "Sie betrachten den gemeinsamen Bund zwischen Gatten und Gattin als einen für das ganze Leben unlösbar gültigen Vertrag, der die Gemeinsamkeit des Herdes und des Besitzes beinhaltete, gegenseitige Liebe und Treue in sich schloß". (H. Kisch: Die sexuelle Untreue der Frau, I. Die Ehebrecherin, Berlin 1930, S. 142) Daß es auch heute noch die Auffassung von der Unlösbarkeit der Ehe gibt mit Gattentreue und dem Wunsch des Zusammenlebens bis zum gemeinsamen Tode, bezeugt folgende Begebenheit: Als beim Untergang des Luxusdampfers "Titanic" im April des Jahres 1912 die Frauen Rettungsboote besteigen konnten, lehnte dies Frau Ida Straus ab, weil sie lieber bei ihrem Mann, dem Chef der bekannten Kaufhauskette Macy, Isidor Straus bleiben und mit ihm sterben wollte (Aus "Das Beste" aus Reader's Digest, deutsche Ausgabe, Jahrgang 41, Nr. 478, Juni 1988, Stuttgart, S. 158/159).

45 a) Siehe "T'ang Lü Shu I", "Kommentar zum Gesetzbuch der T'ang-Dynastie" (618-907) von Ch'ang-Sun, Wu-Chi zu Art. 189. Das T'ang-Gesetzbuch ist der älteste noch vollständig vorhandene Kodex Chinas (vgl. Liang Ch'i-Ch'ao: Die Entwicklung der geschriebenen chinesischen Gesetze, Taipeh 1957, S. 22; Tai Yen-Hui: Grundriß der Entwicklung des chinesischen Rechtssystems, Taipeh 1962, S. 1 f. und Hsü Tao-Lin: Einführung in das T'ang-Gesetz, Taipeh 1958, S. 6 f.).

b) Chang Shen berichtet in seinem Buch "Das chinesische Eherecht" S. 26, Anmerkung 3, daß es in den Kreisen Sui-Te (綏德) und Ch'ing-Chien (清澗), Provinz Shensi, die

geschlagen, so heißt es z.B. im "Allgemeinen Preußischen Landrecht" von 1794: Die Eheleute müssen vereint miteinander leben und dürfen ihre Verbindung eigenmächtig nicht aufheben; auch wegen Widerwärtigkeiten dürfen sie einander nicht verlassen,[45/1] und im dt. BGB vom 18.8.1896 besagte zwar § 1353 schon, daß die Ehegatten zur ehelichen Gemeinschaft verpflichtet sind, aber zur Verstärkung des Grundsatzes der Unlösbarkeit der Ehe wurde

> Sitte gibt, daß eine Witwe, die ihre Kinder nicht ernähren kann, wieder heiraten darf und in ihrem Heiratsvertrag festlegt, daß sie nach ihrem Tode mit ihrem ehemaligen Ehemann in einem gemeinsamen Grab beerdigt wird. Diesen Vertrag nennt man dort "Hui-T'ou-Yo". Das Zeichen "Hui" heißt zurück, zurückkehren; "T'ou" Kopf, Haupt (sinngemäß hier als Person) und "Yo" versprechen, vereinbaren und Vertrag (Han-Te-Tz'u-Tien, S. 245 und 721; Hua-Te-Tzu-Tien, Chinesisch-Deutsches Wörterbuch, 1939, S. 815). Diese eheliche Sitte geht wohl auch auf die hier erwähnten Ehegedanken zurück.
>
> "In ältester Zeit nämlich folgte die deutsche Witwe, wie bis in unsere Tage herein die indische, dem Gatten ins Grab, ein Brauch, der sich im Norden viel länger erhielt als in Deutschland" (Johannes Scherr: Deutsche Kultur- und Sittengeschichte, Bearbeitung von Wolfgang Gramowski, Köln, Erscheinungsjahr nicht angegeben, S. 30). Eine sichtbare Bestätigung eines solchen Ehebrauches war für den Verfasser augenscheinlich durch eine Fernsehsendung (dt. Fernsehen, 2. Programm, 2. Nov. 1986, 16.35 Uhr: "Die Seidenstraße", 3. Folge) von Ausgrabungen in der Wüste Taklamakan, in der jetzigen chinesischen Provinz Sin Kiang: Ein indisches Ehepaar fand sich Hand in Hand vereint in einem gemeinsamen Sarg, etwa 1000 Jahre alt. Dem Brauch, daß die Witwe ihrem Ehemann im Tode folgt, wurde in China sogar hohes Lob zuteil, wie aus dem bekannten Gedicht "Lob der keuschen Witwe (烈女操)" von Meng Chiao (孟郊) – 751 bis 814 – hervorgeht: "Die Dryandrabäume erwarten eine gleichlange Lebenszeit, das Mandarinenpärchen möchte gleichzeitig sterben, die keusche Witwe will ihrem Mann im Tode folgen, so wie die Dryandrabäume und das Mandarinenpärchen gemeinsam in den Tod gehen. ..." ("梧桐相待老,鴛鴦會雙死,貞婦貴殉夫,捨生亦如此。———————————") Siehe "Neue Übersetzung von 300 Gedichten aus der T'ang-Zeit – 618 bis 907 –" von Ch'iu Shieh-Yu, Taipeh/Taiwan 1976 (unter Abkürzung "T'ang-Shih"), S. 59.
>
> c) Der Ehegedanke des Zusammenlebens der Ehegatten über ihr ganzes Leben, wie er in China herrscht, entspricht auch der Auffassung von Walther von Hollander, wonach ein gemeinsames Lebensende der Ehepartner ein allgemein menschlicher Wunsch ist (s. Walther von Hollander: "Geht die Ehe unter?", als Beitrag zu dem Buch "Moderne Eheprobleme" von Helmut Gottschalk, Elenburg 1951, S. 424).

45/1 a) Justus Wilhelm Hedemann: Die Rechtsstellung der Frau, Vergangenheit und Zukunft, Berlin 1952, S. 4.

b) Ähnliches führt der deutsche Bundesgerichtshof zum Wesen der Ehe (Urteil vom 18.6.1955, IV ZR 71/55) aus: "Die Ehe besteht ihrem sittlichen Wesen nach, wie es auch das geltende Eherecht trotz der von ihm vorgesehenen Scheidungsmöglichkeiten zugrunde legt, in der Begründung und fortwährenden Verwirklichung einer bis zum Tode eines der Ehegatten fortdauernden und zur Familiengemeinschaft sich

durch die Neufassung durch Erstes Gesetz zur Reform des Ehe- und Familienrechts vom 14.6.1976 (Inkrafttreten am 1.7.1977) dieser Grundsatz im gleichen § 1353 nun noch deutlicher hervorgehoben: Die Ehe wird auf Lebenszeit geschlossen.

Wie ernst in China der Gedanke von der Unlösbarkeit der Ehe genommen wurde, zeigen auch seine Auswirkungen auf Sitten und Gebräuche. So bildete sich z.B. die Sitte "Kuo-Men-Shou-Chen" (過門守貞) heraus, d.h. nach dem Tode des Verlobten konnte die Braut in die Familie des Bräutigams aufgenommen werden und zwar mit allen Rechten und Pflichten, die einer Witwe zukamen.[46] Die Verlobung kommt also in diesem Fall einer Eheschließung gleich. Es fehlte eben lediglich die Hochzeitszeremonie. Das enge Verhältnis von Bräutigam und Braut kommt auch in den Schriftzeichen zum Ausdruck. Der Bräutigam heißt in China "Wei Hun[a] Fu[a]" (未婚夫) und

---

erweiternden Lebensgemeinschaft, dies zu verwirklichen, ist demgemäß auch der Inhalt des Ehegelöbnisses. Nach diesem ihrem Wesensbild ist die Ehe grundsätzlich unlöslich,..." (FamRZ 1955, S. 289 f).

Die frühere russische Eheschließungsformel war nach dem Gesetz von 1917 auch: "Ich nehme Dich zum Ehegatten, bis der Tod..." (Feldmann, S. 68).

46 a) Engelmann, S. 52; Li, S. 78 f. und Shih Shang-K'uan: Familienrecht, Taipeh 1969, S. 80 f.

b) Die beiden ersten Zeichen aus dem oben genannten Ausdruck "Kuo-Men-Shou-Chen" bilden für sich den selbständigen Ausdruck "Kuo-Men" für die "Verheiratung der Frau" mit der wörtlichen Bedeutung "Zur anderen Tür hingehen" (Kuo = hinübergehen; Men = Tür). Die beiden letzten Zeichen "Shou-Chen" bedeuten als selbständiger Ausdruck "die Keuschheit behalten" (Shou = behalten; Chen = Keuschheit). D.h. hat eine Frau eine Ehe versprochen, so soll sie nicht mehr mit einem anderen Mann die Ehe eingehen.

Die Sitte "Kuo-Men-Shou-Chen" nennt man auch "Kuo-Men-Kua". Das letzte Zeichen "Kua" (寡) heißt "die Witwe". Also bedeutet "Kuo-Men-Kua" wörtlich "die zur anderen Tür hinübergehende Witwe". Diese Heiratssitte war vom Ch'inggesetz anerkannt (Chao, S. 46). Hu Ch'ang-Ch'ing ist aber der Meinung, daß eine Frau, die nach dem Tode ihres Bräutigams als Witwe in der Familie des Bräutigams lebt, doch keine echte Ehefrau darstellt, wenn auch am Sarg oder vor der Totentafel des verstorbenen Bräutigams eine symbolische Eheschließungszeremonie stattgefunden hat. Demnach kann sie nicht als Verwandte der Familie des verstorbenen Bräutigams gelten, sondern nur als Hausgenossin, die in dauernder Lebensgemeinschaft in der Hausgemeinschaft ihres verstorbenen Bräutigams lebt. Hu stützt seine Meinung auf die Erklärung des Justizamtes Chiai-Tzu Nr. 560 vom Jahre 1931, nach der eine solche Frau nur als Hausgenossin gilt (Hu Ch'ang-Ch'ing: Familienrecht des chinesischen Bürgerlichen Gesetzbuches, Taipeh 1972, S. 358 und 359, Anmerkung 3).

Im Gegensatz dazu steht das Motiv der Frau, die mit ernstlicher Bekundung des Entschlusses eine dauernde Verbindung mit der Familie des verstorbenen Bräutigams ein-

die Braut "Wei Hun^a Ch'i^a" (未 婚 妻).⁴⁷ Die beiden ersten Zeichen (Wei Hun^a) jedes Ausdruckes besagen "noch nicht zur Hochzeit gekommen". Die jeweils letzten Bestandteile bedeuten Ehemann (Fu^a) und Ehefrau (Ch'i^a). Die Verbindungen lauten also in wörtlicher Übersetzung: "Der noch nicht zur Hochzeit gekommene Ehemann" und "die noch nicht zur Hochzeit gekommene Ehefrau".⁴⁸

Welch strenge Auswirkung der oben erwähnte Gedanke von der Unlösbarkeit der Ehe auf das Verlobungsrecht hatte, zeigt z.B. Art. 175 Abs. 3 des T'ang-Gesetzbuches (T'ang-Dynastie 618-907): "Wenn eine Frau (nach ihrer Verlobung) noch einem anderen Mann die Ehe verspricht, erhält sie hundert Holzbrettschläge".⁴⁹ Ebenso war die Regelung des Gesetzbuches der letzten

---

gehen und als Angehörige der Familie gelten will. Würde sie nur als Hausgenossin gelten, wäre für sie dieses Leben nicht in dem von ihr beabsichtigten Sinne, nämlich Angehörige der Familie ihres verstorbenen Bräutigams zu sein. Nach dem "Gegenwärtigen Strafgesetzbuch" aus der Endperiode der Ch'ing-Dynastie (1644-1911), welches eine im Jahre 1903 durch das Amt für Gesetzänderung und Gesetzgebung etwas modernisierte Form des alten Ch'inggesetzes darstellt und worin das Privatrecht noch nicht vom Strafrecht getrennt ist, nennt man diese Frau im Zusammenhang mit dieser Sitte ausdrücklich "Schwiegertochter" der Familie des verstorbenen Bräutigams (Hu, S. 358). Hierin wird auch ihre verwandtschaftliche Stellung zur Familie des Bräutigams zum Ausdruck gebracht. So ist das Hinübergehen der Frau in die Familie des Bräutigams nicht nur als sittenmäßig, sondern auch als rechtmäßig anzusehen.

47 Li, S. 29.
48 Die beiden Ausdrücke zusammen: "Wei Hun^a Fu^a" und "Wei Hun^a Ch'i^a" bedeuten "Brautpaar".
Im Art. 307 Ziff. 1 der Nankinger Zivilprozeßordnung wird der Ausdruck "Wei Hun^a P'ei Ngou" (未婚配偶) für "Brautpaar" verwendet. Der Ausdruck "P'ei Ngou" für sich allein bedeutet eigentlich "Ehepaar". Der Ausdruck "Wei Hun^a", wie gesagt, bedeutet "noch nicht zur Hochzeit gekommen" (im alten Gesetz wird der Ausdruck "Wei Cheng Hun^a" – 未成婚 –verwendet; der Ausdruck "Wei Hun^a" ist also eine abgekürzte Form). Also verbindet man im Gesetz den Ausdruck "Wei Hun^a" mit dem Ausdruck "P'ei Ngou" zu dem Ausdruck "Wei Hun^a P'ei Ngou" für "noch nicht zur Hochzeit gekommenes Brautpaar" (Verlobte).
49 a) Prügel mit 10-50 Brettschlägen (Hieben) heißt Ch'ih (笞). Sie wurden noch in der Zeit der Han-Dynastie (206 v.Chr.-220 n.Chr.) mit dem Bambusbrett bei Verbrechern angewandt; in der Zeit der T'ang-Dynastie (618-907) gebrauchte man schon ein Holzbrett.
b) Prügel mit 60-100 Brettschlägen heißt Chang (杖). Vgl. Kommentar zu den Art. 1 und 2 des T'ang-Gesetzbuches und Tz'u-Yüan, S. 1054.
Herbert Engelmann übersetzt die beiden folgenden Ausdrücke des Ch'inggesetzes: 1. Ch'ih: Prügel mit leichtem Stock; 2. Chang: Prügel mit schwerem Stock (Engelmann,

Dynastie Chinas, der Ch'ing (1644-1911), in Lü 1 Abs. 2.⁵⁰ Ein Unterschied bestand nur in der Strafe von 50 leichten Stockschlägen gegenüber den früheren 100 Holzbrettschlägen.

Um die Ehe vor der Willkür der Auflösung zu schützen, waren sieben Verstoßungsgründe festgelegt. Diese Gründe gab es bereits in früher Zeit, z.B. sind sie in dem Buch "Li Gi", "Buch der Sitte", schon geregelt. Im Gesetzbuch der T'ang-Dynastie (618-907), dem ersten noch vollständig erhaltenen Gesetzbuch Chinas, sind in Art. 189 diese Verstoßungsgründe auch aufgenommen.⁵¹ Sie sind bekannt unter dem Namen "Ch'i Ch'u Chih T'iao" (七出之條), "die sieben Verstoßungsgründe der Gattin", und lauten folgendermaßen:

S. 26). Aber nach dem Kommentar des Ch'inggesetzes ist Ch'ih Prügel mit einem kleinen Bambusbrett und Chang Prügel mit einem großen Bambusbrett.

50 Es wurde die Textübersetzung des Gesetzbuches der Ch'ing-Dynastie nach der Dissertation von Herbert Engelmann, S. 142-168, als Nachschlagewerk verwendet. Die in dieser Übersetzung angegebenen Gesetznummern von "Lü" entsprechen nicht den Originalnummern des Ch'ing-Gesetzbuches, da Engelmann seine Numerierung erst mit dem 10. Band (oder Abschnitt) "Familiengesetze: Ehe" des Ch'ing-Gesetzbuches begann. "Lü" bedeutet hier "Artikel" oder "Paragraph". Die in der vorliegenden Arbeit angewendete Numerierung der "Lü" erfolgt nach der Übersetzung von Engelmann, während sich die Numerierung der "Artikel" auf die Numerierung des originalen Ch'ing-Gesetzbuches bezieht.

Die zu den einzelnen Artikeln gehörenden "T'iao Li" (Supplemente) hat Engelmann in fortlaufender Weise numeriert. Im Gesetz gibt es aber nur eine Numerierung der "T'iao Li" zu dem jeweiligen Artikel, vgl. "Ta Ch'ing Lü Li Hui T'ung Sin Tsuang", Ed. Wu Ying Tien vom 12. Regierungsjahr des Kaisers T'ung Ch'ih (1873 n.Chr.), Fotodruck, Yung-Ho-Chên/Taipeh 1964, S. 1011 ff. und Inhaltsverzeichnis des Gesetzbuches.

51 So wie es auch in den heute geltenden Gesetzbüchern gefordert ist, daß die Ehegatten einander Liebe, Treue und Beistand schulden bis ans Ende des Lebens, nach der Auslegung der Jesusworte von Peter Noll zu Matthäus 19,6: "Was nun Gott zusammengefügt hat, das soll der Mensch nicht scheiden" (Peter Noll: "Jesus und das Gesetz" – "Rechtliche Analyse der Normenkritik in der Lehre Jesu", aus der "Sammlung gemeinverständlicher Vorträge und Schriften aus dem Gebiet der Theologie und Religionsgeschichte", Heft 253, Tübingen 1968, S. 16), waren schon die Forderungen in den hier angeführten Bestimmungen des T'ang-Gesetzes.

1. Unvermögen der Frau zur Geburt eines Sohnes.
   Der Grund hierfür ist im chinesischen Familiensystem zu suchen, wonach die Familienlinie wegen Fehlens eines Sohnes nicht unterbrochen werden soll.
2. Untreue der Frau (Hang zum Ehebruch).
   Sie birgt die Gefahr der Blutsvermischung in sich und bringt dadurch den Stamm in Unordnung.
3. Unehrerbietiges Verhalten gegenüber den Schwiegereltern.
   Dies stellt einen Verstoß gegen die Tugend dar. Die Frau muß den Schwiegereltern mit derselben Pietät entgegenkommen wie ihren leiblichen Eltern. Dies ist der Beweis, auf welch fester, dauerhafter Basis die Familie aufgebaut ist.
4. Schwatzhaftigkeit.
   Hierdurch wird allerlei Zank, Streit und Uneinigkeit in die Familie hineingetragen.
5. Diebstahl.
   Ein solches Verhalten gilt als Ehrverletzung der Familie.
6. Neid und Eifersucht.
   Der Familienfrieden wird dadurch gestört.
7. Bösartige Krankheit.
   Hierdurch ist die Frau unrein, so daß sie den Mann nicht bei der Darbringung der Ahnenopfer unterstützen kann.[52]

Demgegenüber standen die sogenannten "San-Pu-Ch'ü," (三 不 去), die drei Fälle, in denen es dem Mann verboten war, seine Ehefrau zu verstoßen, selbst dann, wenn ihm einer der besagten sieben Verstoßungsgründe zugebilligt werden mußte. Diese drei Fälle sind:

1. Die Frau hat den Tod ihrer Schwiegereltern drei Jahre betrauert.
2. Sie hat mit ihm zusammen Armut und Niedrigkeit getragen, und er ist nun reich und vornehm geworden.
3. Sie hat keine Familie mehr, bei der sie Unterkunft finden kann.[53]

Schon im Gesetzbuch der T'ang-Dynastie (618-907) bezeichnet der Artikel 189 eine Mißachtung der sieben Verstoßungsgründe als strafbare Handlung (Sogar schon in dem verschollenen Kodex der Han-Dynastie, 206 v.Chr. -

---

52 Vgl. Engelmann, S. 88 ff.; Ch'eng Shu-Teh, S. 115 und Li Gi, das Buch der Sitte, verdeutscht von Richard Wilhelm, Jena 1930, S. 248. Das Buch Li Gi ist eine Sammlung von Aufzeichnungen über die Sitte von Schülern des Konfuzius und anderen Gelehrten. Als "Buch der Sitte" wurde es von Liu-Hsiang (76-6 v.Chr.) zusammengestellt (vgl. Liang Ch'i-Ch'ao: Untersuchungen über die Echtheit und das Alter historischer Bücher Chinas, Peking 1955, S. 127 f.; Tz'u-Yüan, Chinesisches enzyklopädisches Wörterbuch, Shang-Wu Verlag, Taipeh/Taiwan 1979, S. 1550).
53 Vgl. Engelmann, S. 91; Li Gi, S. 248 und Ch'eng Shu-Teh, S. 115.

220 n.Chr., gab es eine solche Anordnung.);[53/1] ebenso findet man noch im Gesetzbuch der letzten Dynastie Chinas, der Ch'ing (1644-1911), eine ähnliche Bestimmung in Lü 34 (Lü = Artikel oder §). Nach Art. 189 des T'ang-Gesetzbuches ist jemand, der seine Ehefrau außer nach den sieben Gründen verstößt, mit ein einhalb Jahren Gefängnis zu bestrafen (nach Lü 34 des Ch'inggesetzes mit 80 schweren Hieben); liegt eine Verstoßung der Frau nach einem der sieben Gründe vor, die aber im Widerspruch steht zu einer der oben erwähnten drei Vorschriften, wonach eine Verstoßung ausgeschlossen ist, wird der Mann mit 100 Stockschlägen (nach Lü 34 des Ch'inggesetzes mit 60 schweren Hieben) bestraft und ist obendrein verpflichtet, die verstoßene Frau wieder aufzunehmen. Gesetzlich gesehen wird also diese Verstoßung nicht anerkannt und ist von Anfang an ungültig, womit zur Erhaltung der grundsätzlichen Unlösbarkeit der Ehe hingewirkt wird.

Die sieben gesetzlich festgelegten Gründe, nach denen der Ehemann sein Weib verstoßen darf, sollen ein Schutz für die Frau gegen die Willkür ihres Mannes sein.[54] Durch die drei eine Verstoßung ausschließenden Fälle wird das Recht des Mannes auf Verstoßung noch weiter eingeschränkt. Darum vergleicht man auch diese zuletzt genannten Fälle mit einer "zweiten Front", die der Mann durchbrechen muß, ehe er seine Frau verstoßen kann. Trotzdem könnte man der Ansicht sein, daß jene sieben Verstoßungsgründe und auch die drei eine Verstoßung der Gattin ausschließenden Fälle mehr auf ein Recht zugunsten des Mannes hinauslaufen. So werden die sogenannten sieben Verstoßungsgründe der Frau aus dem T'ang- und Ch'inggesetz häufig als Scheidungsgründe der Ehe und auch als Ausdruck der Nichtgleichberechtigung von Mann und Frau bei der Scheidung angesehen. Hierzu ist klarzustellen, daß die Verstoßung nicht mit einer Ehescheidung gleichgesetzt werden kann. Daher spricht das Gesetz auch ausdrücklich von "Verstoßung" der Frau und nicht von "Scheidung". Das verwendete Wort "Verstoßung" für das chinesische Wort "Ch'u" - 出 - in dem Ausdruck "Ch'i Ch'u Chih T'iao" aus Art. 189 des T'anggesetzes und Lü 34 des Ch'inggesetzes ist eigentlich etwas zu stark. Das Zeichen "Ch'u" bedeutet mehr "hinausgehen, weggehen", sinngemäß ist gemeint: Die Frau geht zurück in ihr Elternhaus. Art. 117, Abs. 4 des Ch'inggesetzes erklärt ebenso, daß die im Gesetz genannte "Trennung der Ehepartner, 離異者 ", gleichzeitig auch die Rückkehr der Frau in ihr Elternhaus einschließt. Der Kommentar zu Lü 34 erklärt es auch so.

Ursachen der Verstoßung sind vorwiegend Ehrverletzung oder Beeinträchtigung der Harmonie in der Familie der Eltern des Mannes, wie sich etwa aus

---

53/1 Ch'eng Shu-Teh, S. 115.
54 Tai Yen-Hui: Das chinesische Familienrecht, Taipeh 1970, S. 147 und Chao, S. 104.

den folgenden Gründen zu erkennen gibt: "Unehrerbietiges Verhalten gegenüber den Schwiegereltern", "Schwatzhaftigkeit" sowie "Neid und Eifersucht" in der Familie. In diesen Fällen soll die Beziehung der Frau zur Familie des Mannes abgebrochen werden, d.h. die Frau wird verstoßen. Denn die Ehe ist nicht alleinige Angelegenheit des Ehepaares, sondern auch der Familie. Außerdem wurde der Pietät noch größere Wichtigkeit beigemessen als der Ehe. So heißt es z.B. im "Buch der Sitte": "Ein Sohn und seine Frau, die pietätvoll und ehrfürchtig sind, werden die Befehle der Eltern des Mannes ohne Widerspruch und Nachlässigkeit erfüllen ... Wenn ein Sohn mit seiner Frau sehr zufrieden ist, aber sie gefällt den Eltern nicht, so entläßt er sie. Wenn der Sohn mit seiner Frau nicht zufrieden ist, aber die Eltern sprechen: 'Sie dient uns gut', so wird der Sohn die Sitte von Gatte und Gattin weiterhin erfüllen und wird sie bis zum Tod nicht gering halten."⁵⁵

---

55 a) Li Gi, S. 353.

b) Tai Yen-Hui ist auch der Ansicht, bei den sieben Verstoßungsgründen der Frau richtiger von Verstößen gegen die Harmonie der Familie der Eltern des Mannes, als von Verstößen gegen das Zusammenleben der Eheleute zu sprechen (Tai 1962, S. 54).

c) Zum Pietätsgehorsam im Zusammenhang mit der Ehe werden auch noch folgende Beispiele gegeben. Der bekannte chinesische Dichter 陸游, Lu Yü (1125-1210) zu dessen Geburtstag jetzt nach 860 Jahren in seiner Heimatgemeinde im Kreis Shao-Hsing, Provinz Che-Chiang (浙江紹興) eine öffentliche Feier stattfand und für den das durch sein Gedicht bekannte Gartenhaus als Gedenkstätte "Ch'eng-Yüan" (沈園) restauriert wurde, lebte an sich mit seiner Frau in harmonischer Ehe. Er hat sie jedoch verstoßen, da sie seiner Mutter nicht gefiel (s. "Central Daily News", 1. März 1984 und die Tageszeitung "China News", Hongkong, 15. November 1985). In dem zweiten Beispiel kommt durch Pietätsgehorsam gegenüber der Mutter aber eine Ehe zustande, und zwar geschah dieses in der Zeit der "Drei Reiche" (220-265 n.Chr.). Damals "beabsichtige Sun Chuan, der ungekrönte König des Staates Wu, seinen Rivalen für den Thron des Kaisers, Lew Bei zu eliminieren. Der letztere, ein Witwer, wurde nach Wu gelockt unter dem Vorwand des Sun Chuan, er würde als Freier für seine jüngere Schwester willkommen sein. Es war geplant, Lew Bei nach seiner Ankunft in Wu gewisse territoriale Forderungen zu stellen und, sollte er diese ablehnen, ihn gefangen zu nehmen. Entgegen der Absicht des Sun Chuan, erreichte jedoch die Nachricht über dieses geplante Familienereignis die 'königliche' Mutter, welche ihm als ihrem eventuellen Schwiegersohn bei seiner Ankunft in Wu eine Audienz gewährte. Da er ihre Zuneigung gewann, nahm sie ihn unter ihren Schutz. In Anbetracht dieser unerwarteten Situation war Sun Chuan einfach gelähmt, weil er nichts tun konnte noch wollte, was die Gefühle seiner Mutter verletzt haben würde". Das solchermaßen offenbarte Gefühl ist umso bemerkenswerter, da hier die Heiligkeit der elterlichen Beziehung sogar in einer politischen Situation respektiert wurde (s. F.T. Cheng, S. 271-272). Es ist hier

Allerdings ist man allgemein der Ansicht, die sieben Verstoßungsgründe seien zu streng und zu einseitig auf die Frau bezogen.[56] Diese allgemeine Rechtsinstitution war auf den vorherrschenden Normalfall ausgerichtet, daß die Frau durch die Heirat in die Familie des Mannes aufgenommen wurde und diente auch nur als gesetzliches Beispiel. In dem umgekehrten, selteneren Falle, bei dem der Mann in die Familie der Frau einheiratet, besteht die Forderung der Pietät und der Familienharmonie für den angeheirateten Schwiegersohn genauso wie für die angeheiratete Schwiegertochter. Verstößt ein angeheirateter Ehemann gegen die Forderungen der Pietät oder der Familienharmonie, wie z.b. genannt als Verstoßungsgründe der Frau "unehrerbietiges Verhalten gegenüber den Schwiegereltern", "Hang zum Ehebruch" oder "Diebstahl", kann er von der Frau aus deren Familie verstoßen werden (eine solche Verstoßung wird bezeichnet mit "Ch'ü-Fu[a], 去夫 ", wörtlich "Verstoßung des Ehemannes").[56/1] Dies geht auch hervor aus dem Kommentar zu Art. 189 des T'anggesetzes, wonach ein Verstoßungsgrund vorliegt, wenn die Frau die Eltern des Mannes oder der Mann die Eltern der Frau schlägt. D.h. für den Mann und für die Frau gilt das gleiche Verstoßungsrecht. Noch eindeutiger besagt der Kommentar des Ch'inggesetzes zu Art. 337 über die "Übertretung der verwandtschaftlichen Rangstellung und die Verletzung des Pflichtgefühls" (Kan Ming Fan I, 干名犯義), daß der angeheiratete Ehemann wegen "ehelicher Pflichtverletzung, I-Chüeh" (義絶)[57] von seiner Frau aus deren Familie verstoßen werden kann, wenn er sie geschlagen hat. Die "eheliche Pflichtverletzung" gilt nach Art. 189 des T'anggesetzes und Lü

---

    noch zu sagen, daß kindliche Pietät nicht blinder Gehorsam gegenüber den Eltern, z.B. bis zur Ausführung von etwas Ungerechtem bedeuten soll (s. F.T. Cheng, S. 264). Auch ist die Lehre der kindlichen Pietät nicht als Werkzeug elterlicher Tyrannei zu verstehen. Im allgemeinen sind die Formen der Pietät eine Sache des Gewissens, die Liebe der Eltern ist eine Zuneigung, die nicht befohlen werden kann (s. F.T. Cheng, S. 261).

56 Hu Ch'ang-Ch'ing und Chao Feng-Chieh sind z.B. der Meinung, daß die sieben Verstoßungsgründe der Frau ein einseitiges Scheidungsrecht des Mannes darstellen (Hu, S. 183 und Chao, S. 104).

56/1 Vgl. Ch'en Ku-Yüan: Die Geschichte der chinesischen Ehe, Taipeh 1978, S. 243.

57 Im Kommentar zu Art. 189 des T'anggesetzes (kann auch gelten für Lü 34 des Ch'inggesetzes) angegebene sogenannte "eheliche Pflichtverletzungen" sind etwa folgende:
1. Tätlichkeit des Ehemannes gegenüber den Großeltern und Eltern der Frau und Töten der Großeltern der Frau mütterlicherseits sowie Onkel, Tanten der Frau väterlicherseits (= Brüder und Schwägerinnen ihres Vaters), Geschwister der Frau, Tanten der Frau väterlicherseits (= Schwestern ihres Vaters).

34 des Ch'inggesetzes ebenso wie die "sieben Verstoßungsgründe" als Grund für die Verstoßung des Ehepartners. Das Schlagen des Ehepartners ist eine "eheliche Pflichtverletzung".

Die eben erwähnte Verstoßung wegen sogenannter "ehelicher Pflichtverletzung" (I-Chüeh) hat ihren Grund vor allem in Störung der Familienharmonie oder Pietätlosigkeit, wie oben schon gesagt.[58]
Im Falle der "ehelichen Pflichtverletzung" versteht das Gesetz gemäß Art. 190 des T'anggesetzes bzw. Lü 35 des Ch'inggesetzes unter "Verstoßung" die "Trennung der Ehe" (Li-Chih). Diese Anordnung mit dem Ausdruck "Trennung der Ehe" läßt noch den Grundsatz der Unlösbarkeit der Ehe verspüren.[58/1] Das T'ang- und das Ch'inggesetz enthalten unterschiedliche Bestim-

---

2. Gegenseitiges Töten zwischen Großeltern väterlicherseits der beiden Ehepartner und zwischen Eltern der beiden Ehepartner sowie zwischen Großeltern mütterlicherseits der beiden Partner, ferner zwischen Onkeln und Tanten väterlicherseits der beiden Ehepartner (= Brüdern und Schwägerinnen des Vaters beider Ehepartner), zwischen Geschwistern der beiden Ehepartner, des weiteren zwischen Tanten väterlicherseits (= Schwestern des Vaters) der beiden Partner.
3. Schlagen und Beschimpfen der Großeltern väterlicherseits und der Eltern des Mannes durch die Ehefrau und Töten oder Verletzen durch die Ehefrau die Großeltern des Mannes mütterlicherseits und die Onkel und Tanten des Mannes (= Brüder und Schwägerinnen seines Vaters), Geschwister des Ehemannes, ferner Tanten des Mannes (= Schwestern seines Vaters).
4. Ehebruch der Frau mit nahen Verwandten des Ehemannes oder Ehebruch des Ehemannes mit seiner Schwiegermutter.
5. Beabsichtigtes Umbringen des Ehemannes durch die Ehefrau.
Die oben angeführten ehelichen Pflichtverletzungen stellen nur Beispiele dar. Da im Ch'inggesetz der übergeordnete Begriff der "ehelichen Pflichtverletzung" fehlt, wird aber in den betreffenden Artikeln jeweils auf den einzelnen Fall der "ehelichen Pflichtverletzung" hingewiesen.

58 "Das chinesische Familienleben mit seiner geschlechtlichen Reinheit in Verbindung mit der kindlichen Verehrung der Eltern hat viel zur Erhaltung des chinesischen Staates beigetragen. Alles dreht sich um die Familie als Mittelpunkt und der Familienkreis mit seinem konservativen Charakter hat einen wohltätigen Einfluß nach außen ausgeübt" (P.G. von Möllendorff: Das chinesische Familienrecht, Shanghai 1895, S. 1).
58/1 Deshalb gibt es weder im T'ang- noch im Ch'inggesetz den Ausdruck "離婚" (Li-Hun), "Ehescheidung" (vgl. Chang, S. 170 und Huang Yu-Ch'ang: Kommentar zum Familienrecht des Bürgerlichen Gesetzbuches, Shanghai 1937, S. 122). Eine solche Vorstellung von der Unlösbarkeit der Ehe zeigt sich auch aus Art. 306, alte Fassung, des belgischen BGB, worin statt "Scheidung", "körperliche Trennung" der Ehepartner genannt ist. In der Neufassung des gleichen Artikels vom 20.7.1962 wird anstelle von "körperliche Trennung" die jetzt allgemein gebräuchliche Bezeichnung "Trennung von Bett und Tisch" verwendet (Bergmann/Ferid: Belgien, 1984, S. 34).

mungen, und zwar gibt es nach dem T'anggesetz in diesem Falle nur die "Pflicht zur Trennung der Ehe", aber nach dem Ch'inggesetz gibt es außer der Pflicht zur Trennung der Ehe, noch die "Trennung der Ehe nach eigenem Ermessen". Zum Beispiel:
1. *Pflicht zur Trennung der Ehe*: Nach Art. 367 Abs. 1 des Ch'inggesetzes muß die Frau die Trennung ihrer Ehe vollziehen, wenn sie der Mann zur Unzucht gezwungen hat.
2. *Trennung der Ehe nach eigenem Ermessen*: Nach Art. 315 Abs. 1 des Ch'inggesetzes kann der Mann die Trennung seiner Ehe verlangen, wenn ihn seine Frau geschlagen hat. (Aber nach dem T'anggesetz, Art. 326, mußte die Ehe getrennt werden in diesem Falle.)

Trotz der grundsätzlichen Unlösbarkeit der Ehe, gab es doch eine Möglichkeit der freiwilligen Trennung der Ehepartner, wenn die eheliche Harmonie verloren gegangen war. So bestimmt Art. 190 des T'anggesetzes (auch Lü 35 des Ch'inggesetzes), daß eine Trennung mit beiderseitigem Einverständnis der Ehepartner vollzogen werden kann, und zwar darf weder der Mann noch die Frau die Trennung einseitig herbeiführen. Der Gesetzestext verwendet für "Trennung" (der Ehepartner) das Zeichen "Li, 剝住". Dieses Zeichen kann andernfalls auch "scheiden" bedeuten. Späterhin hat man das Zeichen "Li" in diesem zweiten Sinne als "scheiden" verstanden[58/2] und die jetzige Rechtsinstitution der Ehescheidung mit beiderseitigem Einverständnis des Nankinger BGB, Art. 1049, sagt man, habe sich vom T'anggesetz her erhalten.[59] Auch

---

58/2 Hu, S. 181.
59 a) Siehe Chao, S. 109; Hu, S. 188; Chang, S. 175 und Shi Shang-Kuan, S. 414.
b) In Frankreich wurde erst nach der Revolution die "einverständliche Scheidung" durch das französische Scheidungsgesetz vom Jahre 1792 (Art. 2) eingeführt (Müller-Freienfels 1969, S. 889).
Das französische Scheidungsgesetz aus dem Jahre 1884, das liberalere Bestimmungen aus der Zeit der Revolution und sogar aus dem napoleonischen Code civil vom 5.3.1803 abschaffte, beruht aber dann eindeutig auf dem Prinzip einer Schuld, die in einem Prozeß festgestellt wird mit einer entsprechenden Maßregelung für den Schuldigen. Jedoch plant der französische Justizminister wieder eine einschneidende Reform des Scheidungsrechts, die im Frühjahr 1975 dem Parlament vorgelegt werden soll: eine Scheidung in gegenseitigem Einverständnis (der Ehepartner). Siehe "Erlanger Tagblatt" vom 20.8.1974 "Frankreich: Scheidung vereinfachen" und einen Bericht aus Paris von Werner Bökenkamp "Scheidung in Frankreich künftig weniger kostspielig und langwierig" in "Frankfurter Allgemeine Zeitung" vom 5.9.1974. Nun kann gemäß Art. 229 (n.F. am 1.1.1976 Inkrafttreten) Code civil die Ehescheidung in Frankreich im Falle des gegenseitigen Einverständnisses ausgesprochen werden (Bergmann/Ferid: Frankreich, 1982, S. 43).

das jetzige Pekinger EheG, Art. 24, ist nicht anders und lautet folgendermaßen: Die von beiden Ehegatten gewünschte Ehescheidung ist zu gewähren. Zur Vermeidung beiderseits einverständlicher Scheidung, bewirkt durch Leichtsinn, Täuschung oder Drohung, hat dieser Art. 24 des Pekinger EheG sorgfältig ausgearbeitete Bedingungen der Gewährung solcher Ehescheidung vorausgeschickt: "Beide Parteien sollen beim Registrierungsamt für Eheangelegenheiten einen Antrag auf Scheidung stellen. Sobald festgestellt ist, daß die Scheidung von beiden Seiten gewünscht wird und daß angemessene Maßnahmen hinsichtlich der Versorgung der Kinder und des Besitzes getroffen wurden, sollen die Scheidungsurkunden ausgestellt werden".

Zu freizügig waren die Bedingungen der beiderseits einverständlichen Ehescheidung nach Art. 1050 Nankinger BGB, der nur die Niederschrift der Ehescheidung mit Unterschrift von mindestens 2 Zeugen forderte (siehe amtliche Erklärung). Bei der teilweisen Neufassung des Familienrechts des BGB vom 3.6.1985 ist dem Art. 1050 BGB ein zweiter Halbsatz hinzugefügt worden, daß die beiderseits einverständliche Ehescheidung amtlich zu registrieren ist.

III. Gleichberechtigung von Mann und Frau

Aus den obigen Darlegungen ersieht man, daß dem Gedanken der Gleichberechtigung von Mann und Frau in China schon in frühen Zeiten Raum gegeben wurde. Dafür kann man weiter anführen, daß der Ehemann seit alters her seine Ehefrau (Hauptfrau) "妻 , Ch'i[a]" nennt, seine Nebenfrau dagegen mit "妾 , Ch'ieh[a]" bezeichnet.

Die Bedeutung des Zeichens "Ch'i[a]" wird im Chinesischen als etymologisch verwandt mit dem Zeichen "Ch'i[b] (齊), gleich" erklärt und mit folgendem Satz umschrieben: "Ch'i[a]-Che-Ch'i[b]-Yeh" (妻者齊也), wörtlich etwa: "Die Hauptgemahlin das ist die Seinesgleichen".[60] Dies bedeutet sinn-

---

Auch wird im deutschen Scheidungsrecht das Schuldprinzip durch das Zerrüttungsprinzip ersetzt. Der übereinstimmende Wille der Ehegatten begründet eine tatsächliche Vermutung dafür, daß die Ehe gescheitert ist. Der übereinstimmende Scheidungswille ersetzt dann die gesetzlichen Tatbestandsmerkmale (vgl. Drucksache des Deutschen Bundestages 7/650 S. 111 und §§ 1565, 1566 I dt. BGB, neugefaßt mit Wirkung vom 1.7.1977 durch "Erstes Gesetz zur Reform des Ehe- und Familienrechts" – 1. EheRG – vom 14. Juni 1976).

60 Kommentar zum Zeichen Ch'i[a] im Buch Li Gi. Das Zeichen Ch'i[a] kommt auch in einem Wort "Ch'i[b]" vor, Ch'i[a]-Chih-Yen-Ch'i[b]-Yeh (Shih San Ching Chu Shu, Heft 53: Li Gi, Bd. 4, S. 53). Vgl. auch Shuo-Wen, Bd. 12 II, S. 7: Erklärung zum Zeichen Ch'i[a].

gemäß: Ehemann und Ehefrau sind gleichberechtigt. So erklärt auch eine Stelle aus dem Buch "Li Gi", daß die Vermählungszeremonie "Kung Lao Ho Chin" (共牢合졸), mit dem gemeinsamen Essen und Trinken von Braut und Bräutigam bedeutet, daß Mann und Frau gleichberechtigt (wörtlich in gleichem Rang) sind.[61] Auch zwei jetzt noch übliche Sprüche, die Neuver-

---

Tai Yen-Hui hat über den etymologisch erklärenden Satz "Ch'i[a]-Che-Ch'i[b]-Yeh" ("die Hauptgemahlin, das ist die Seinesgleichen") eine andere Auffassung, danach lebte die Frau im Verhältnis zum Mann nicht in "separate existence scheme", sondern in "coverture scheme" (s. Tai Yen-Hui: Allgemeiner Teil des T'anggesetzbuches, Taipeh/Taiwan 1964, S. 61 und Tai 1962, S. 50).
Der bekannte chinesische Historiker Ch'in Mu (錢穆) hat jedoch in einem Vortrag innerhalb eines 1-wöchigen Philosophie-Forums an der Universität Tung-Wu (東吳), Taipeh/Taiwan, zum Ausdruck gebracht, daß es die Höherbewertung des Mannes gegenüber der Frau (重男輕女) in China, wie die heutige Meinung ist, eigentlich für den Chinesen niemals gegeben habe (s. "Central Daily News" vom 11.1.1985, S. 4).
Auch im Alten Ägypten war die Frau gleichrangig mit dem Mann, wie sich aus vielen Darstellungen von Mann und Frau auf Reliefs und Skulpturen erkennen läßt, so ist z.B. in der Familiengruppe des Schepsi aus der Zeit um 2400 v.Chr. der Mann proportional deutlich größer als seine Frau dargestellt, aber die Frau erreicht als Standfigur dieselbe Kopfhöhe wie der sitzende Mann, um die Gleichstellung der Geschlechter anzuzeigen. (Näheres vgl. den Katalog zur Ausstellung "Nofret – Die Schöne", Die Frau im Alten Ägypten, München 15.12.1984-10.2.1985, S. 12, 14 und 44 f.)

61 Shih San Ching Chu Shu, Heft 60: Li Gi, Bd. 26, S. 43 und Heft 71: Li Gi, Bd. 61, S. 8. Über die sogenannte Hochzeitszeremonie "Kung Lao Ho Chin" hat F.T. Cheng in seinem Buch "China, das Werk des Konfuzius" folgende Schilderung gegeben: Ist die Zeremonie der Ankunft der Braut im Haus des Bräutigams beendet, wird das Paar von den Gehilfinnen ins Brautgemach geführt, wo die beiden aus der Liebesschale trinken und am "Bankett des warmen Hochzeitsbettes" (in Kanton nennt man es so, in anderen Gegenden Chinas wird es unter anderem Namen bekannt sein, wie das "Bankett der Harmonie") teilnehmen. Richtig gesprochen besteht die Liebesschale aus zwei Gefäßen, die aus einem getrockneten in zwei Hälften geschnittenen Kürbis geformt sind. Aber heutzutage werden allgemein eigens hergestellte Schalen benützt, deren Form das Zusammenfügen zu einem Stück gestattet. In jede Hälfte wird etwas Wein gegossen und die eine der Braut, die andere dem Bräutigam gereicht. Der junge Mann trinkt einen Schluck aus der einen, während eine der dienenden Frauen die der Braut zugedachte ihr an die Lippen hebt, da sie selbst zu scheu und verlegen ist, dies zu tun. (S. 304 f.)
Cheng hat aber hier nicht berichtet, daß das Brautpaar im Brautgemach noch ein gemeinsames Essen einnimmt, das auch zu der "Kung Lao Ho Chin"-Zeremonie gehört. Das erste Zeichen "Kung" aus diesem Ausdruck "Kung Lao Ho Chin" bedeutet "gemeinsam oder zusammen". Und das zweite Zeichen "Lao" bedeutet eigentlich Haustier (s. Tz'u Yüan, S. 887). Also heißt "Kung Lao" ein "gemeinsames Fleischessen". In der Heimat des Verfassers verwendet man manchmal auch ein rot gefärbtes

mählten dargebracht werden, bringen die gegenseitige Hochachtung und damit den ihr innewohnenden Zug der Gleichberechtigung zwischen den Ehepartnern zum Ausdruck. Der eine Spruch heißt: "Chü-An-Ch'i-Mei" (舉案齊眉), "hebt die Reisschale bis zu den Augenbrauen hoch", was bedeutet, daß sich Ehepaare auch beim Essen mit gegenseitiger Ehrerbietung begegnen sollen.[62] Der andere Spruch lautet: "Hsiang-Ching-Ju-Pin" (相敬如賓), dies besagt, daß sich Eheleute gegenseitig hochachten sollen wie einen geschätzten Gast.[63]

Ei, das man in zwei Hälften teilt. Der Bräutigam nimmt die eine Hälfte und reicht sie seiner Braut dar, und die Braut tut das entsprechende. Das dritte Zeichen "Ho" dieses Ausdrucks "Kung Lao Ho Chin" heißt wieder "zusammen, gemeinsam oder harmonisch". Das letzte Zeichen "Chin" ist die "Hochzeitsweinschale". Also bedeutet "Ho Chin" "gemeinsames Trinken". Dieses gemeinsame Essen und Trinken soll die Gleichwertigkeit von Mann und Frau in der Ehe und die Harmonie ihres Zusammenlebens symbolisieren.
Näheres über Sinn und Zweck der Zeremonie "Kung Lao Ho Chin" s. auch Shih San Ching Chu Shu, Heft 71: Li Gi, Bd. 61, S. 10.
Im römischen Recht gab es auch eine Vermählungszeremonie, bei der Braut und Bräutigam dem Jupiter ein Opferbrot (panis farreus) darbrachten und es gemeinsam aßen, um anzudeuten, daß Mann und Frau von nun an ein (gutes) Zusammenleben pflegen wollen (Cheng Yü-Po: Grundriß des römischen Rechts, Taipeh 1958, S. 106 und J. Wiefels: Römisches Recht, Stuttgart 1979, S. 119). P.G. von Möllendorff erwähnt in seinem Buch "Das chinesische Familienrecht", S. 26, Anmerkung "✝" als Vermählungszeremonie im Mittelalter den germanischen Brauttrunk.
62 Der bekannte Hochzeitsspruch "Chü-An-Ch'i-Mei" entstammt dem Geschichtsbuch der späten Han-Dynastie (25 v.Chr.-219 n.Chr.), worin berichtet wird über das vorbildliche Zusammenleben eines Ehepaares, des gelehrten Mannes Liang Hung (梁鴻) und der Frau Meng Kuang (孟光), die eine erstmals in der chinesischen Geschichte erwähnte hervorragende Gewichtheberin war (Näheres s. "Tz'u-Yüan" – Shang-Wu –, S. 1757; Tz'u-Hai, S. 1114 und "China News" vom 24.10.1987, S. 3).
63 a) Tz'u-Yüan (Shang-Wu), S. 1493; Tz'u-Hai, S. 946 und Ch'en Ku-Yüan: Geschichte der Heirat des alten China, Taipeh, Taiwan, 1964, S. 95.
b) Hier zeigt sich eine gewisse Ähnlichkeit mit dem christlichen Eheverhältnis, so schreibt z.B. Otto A. Piper: "Verhältnismäßig selten genannt und doch von grundlegender Wichtigkeit für die christliche Ehe ist die gegenseitige Ehrfurcht der Gatten voreinander". (Piper, S. 253)

IV. Zulässigkeit von Nebenfrauen unter dem gesetzlichen Einehesystem

Für die Nebenfrau bestand nicht nur, wie eben gesagt, ein Unterschied in der Bezeichnung gegenüber der Hauptfrau (Ch'ieh^a = Nebenfrau und Ch'i^a = Hauptfrau), sie war auch nach dem Gesetz niemals der Hauptfrau gleichgestellt. Aus einer Stelle im 20. Kapitel des Gesetzes der Ming-Dynastie (1368-1644) über die Schlägerei ist dies z.b. klar zu ersehen. Dort heißt es: "Schlägt der Ehemann seine Ehefrau (Hauptfrau) mit Todesfolge, so wird er mit dem Tode bestraft. Geschieht dasselbe bei einer Nebenfrau, so wird er mit 100 Stockhieben und 3 Jahren Gefängnis bestraft."[64]

Daß die Stellung der Haupt- sowie der Nebenfrau eindeutig festgelegt war, ergibt sich z.B. auch aus Lü 10 des Gesetzbuches der Ch'ing-Dynastie (1644-1911): "Wer seine Hauptfrau zur Nebenfrau macht, wird mit 100 Stockhieben bestraft. Wer seine Nebenfrau zu Lebzeiten der Hauptfrau zur Hauptfrau macht, wird mit 90 Stockhieben bestraft. Der bisherige Zustand ist wieder herzustellen."

Es ist also nicht richtig, wenn behauptet wird, daß ein Chinese mehrere Ehefrauen besitzen dürfe.[65] So findet man im ältesten vollständigen chinesi-

---

64 Yang, S. 829.
65 a) Ch'en Ku-Yüan vertritt in seinem Buch "Geschichte der Heirat des alten China" nach der Anzahl der Frauen, die sich ein adliger Mann nehmen konnte, die Ansicht, man könne hier nicht mehr von einem Einehesystem sprechen. Andererseits schreibt er kurz darauf, daß früher tatsächlich doch nur das Einehesystem vorhanden war, wofür er viele Beispiele anführt und dazu erklärt, immer würde nur eine Frau als Ehefrau gelten, die anderen Frauen wären nur Nebenfrauen. So herrschte das Einehesystem unter dem Mehr-Nebenfrauensystem (Näheres s. Ch'en Ku-Yüan, S. 54-61; vgl. auch Li, S. 68 f). Ch'en hat also bei seiner anfänglichen Beurteilung nur die Anzahl der Frauen berücksichtigt, nicht ihren Rangunterschied. Yüan Ch'ang-Jui schreibt, daß das Urmodell der Ehe allgemein die Einehe (Monogamie) sei und diese sei auch die übliche Eheform (Yüan Ch'ang-Jui: Ehesystem in der Bevölkerung von Taiwan, in der Monatszeitschrift "Chinesische Akademiker im Ausland", Nr. 143 vom 30.6.1984, S. 68). So ist er in Übereinstimmung mit der oben von Ch'en Ku-Yüan erwähnten Auffassung, daß früher in China tatsächlich doch nur das Einehesystem vorhanden war.
b) Richard Wilhelm gibt folgende Bemerkung zu dem Satz aus dem Buch Li Gi "Wenn die Hauptfrau abwesend oder gestorben ist, wagen es die Nebenfrauen nicht, ihren Abend zu besetzen": "Der Mann aus dem Volk lebt in China ebensowenig polygam wie in Europa. Mann und Frau aus dem Volk hießen Pi-Fu und Pi-Fu (Der zweite Ausdruck Pi-Fu hinzugefügt vom Verfasser. Die chinesischen Zeichen für Ehemann ' 夫 ' und Ehefrau ' 妇 ' sind verschieden, aber die Umschrift ist für beide gleich Fu), das heißt der 'gepaarte' Mann, die 'gepaarte' Frau, woraus die Paarung (Monogamie) schon deutlich hervorgeht. Wenn namentlich von seiten der Mission die heidnische Vielweiberei in China aus propagandistischen Gründen immer wieder abgeurteilt wird, so ist das

schen Kodex, "Fa-Ching" (法经) genannt, der von Li K'uei (李悝 , 455 bis 395 v.Chr.) abgefaßt wurde, für den Staat Wei zur Zeit der Herrschaft des Fürsten Wen von Wei (魏 文侯 , 445 bis 396 v.Chr.) folgende Bestimmungen: Wenn ein bürgerlicher Ehemann zwei Ehefrauen besitzt, so steht darauf die Todesstrafe. Auch eine Ehefrau, die einen zweiten Gatten hat, wird bestraft, und zwar mit Einkerkerung.[66] Lü 11 des Gesetzbuches der letzten Dynastie Chinas, der Ch'ing-Dynastie (1644-1911) bringt dies auch klar zum Ausdruck: "Wer bei noch bestehender Ehe eine neue Ehe eingeht, wird mit 90 Stockhieben bestraft. Die zweite Ehefrau soll sich von dem Mann trennen und zu ihrer Familie zurückkehren".

Neben dem System der gesetzlichen Einehe war aber ein Nebenfrauensystem zulässig.[67] Welche Vorstellung der Chinese von der Nebenfrau hatte, läßt sich schon aus dem chinesischen Schriftzeichen "Ch'ieh[a]" für "Nebenfrau" erkennen. Charakterisiert wird das Zeichen "Ch'ieh[a]" durch die Komposition "Li" (立), "stehen" und "Nü" (女), "Weib, Frau". Eine "Ch'ieh[a]" ist demnach eine Frau, die neben der Hauptfrau steht und dies besagt damit, daß

---

nichts weiter als pharisäische Heuchelei. Dieselben Geistlichen, die in Europa – wo sich Gelegenheit bot – stets vom Einfluß der fürstlichen Mätressen für ihre kirchlichen Zwecke gerne Gebrauch gemacht haben, sprechen über die weit kultiviertere Einrichtung Chinas als finsteres Heidentum." (Li Gi, S. 358)
c) Man setzt oft das frühere chinesische Nebenfrauensystem mit dem mohammedanischen Mehrfrauensystem gleich. Von der juristischen Seite her gesehen ist das letztgenannte System jedoch anders als das chinesische. Nach dem mohammedanischen Recht, wofür das ottomanische Recht zuständig ist, darf ein Mann nicht mehr heiraten, wenn er bereits 4 Frauen hat (s. Bergmann/Ferid: Israel, 1987, S. 111: Ottomanisches Familiengesetz: Eheschließung und Ehescheidung von 1333 = Oktober 1917 n.Chr., Art. 14).
66 Siehe Tung Shuo: Wesensstudium über die "Sieben Kämpfenden Staaten" (Sieben Kämpfende Staaten-Periode 479-229 v.Chr.), Peking 1956, S. 366 und Yang K'uan: Über die Rechtsreform von Shang Yang, Shanghai 1955, S. 17 f.
67 a) Chang, S. 10; Chao, S. 54 f. und Huang, S. 39.
b) Auch in Europa findet sich eine ähnliche Erscheinung, wenn auch nur für die Zeit der alten christlichen Kirche, in welcher es kein Verbot gegen den Konkubinat gab. Z.B. "Noch ein Nationalkonzil zu Mainz im neunten Jahrhundert erklärte den dauernden Konkubinat als 'eine des Christen nicht unziemliche Verbindung'..." (Hans von Eckardt: Die Macht der Frau, Stuttgart 1949, S. 182).
Im Jahre 1534 wurde in Münster, als die christliche Sekte der Wiedertäufer zur Herrschaft gelangte, sogar die Vielweiberei wieder eingeführt. "Drei Tage wurde auf dem Domplatz die Vielweiberei gepredigt" und mit der Bibel begründet. (s. Die kleine Bilderbuch-Reihe, Band 2 "Die Wiedertäufer in Münster", Text von Wilhelm Vernekohl, Münster/Westfalen 1960, S. 4)

sie eine Nebenfrau des Mannes ist.[67/1] Das Zeichen "Ch'ieh[a]" kann auch mit "Ch'ieh[b]" (接), "empfangen, aufnehmen" zusammenhängen.[68] Damit wird ausgesagt, daß man eine Nebenfrau nicht heiratet, sondern eben nur "aufnimmt", ohne die verpflichtende Hochzeitszeremonie zu vollziehen.[69] Es gibt in China auch eine gebräuchliche Redensart: "Ch'ü-Ch'i[a]-Na-Ch'ieh[a]" (娶妻 納妾) "Man heiratet eine Ehefrau, eine Nebenfrau nimmt man auf".[70]

Allerdings berichtet Hans F.K. Günther in seinem Buch "Formen und Urgeschichte der Ehe" (Göttingen 1951), daß die Auslegung der Jesusworte als Gebot der Einehe nicht überzeugend ist, und die Worte eine Entscheidung, wie sie von den Theologen erstrebt wird, nicht zulassen. Ausführliche Erläuterungen zu dieser Frage s. S. 119 ff. dieses Buches.

67/1 Vgl. Liu Ch'ing-Po: Studium über die Rechtsverhältnisse der Adoptivtochter, der Doppelehe und des Ehebruches, Taipeh 1972, S. 173.

68 a) Ein Kommentar von Cheng Su Nung zu dem Buch "Li Gi": "Die Bedeutung von Ch'ieh[a], Nebenfrau ist gleich der von Ch'ieh[b], empfangen, nehmen", "Ch'ieh[a]-Ch'ieh[b]-Yeh" (Shih-San-Ching-Chu-Shu, Heft 53: Li Gi, Bd. 4, S. 53).
b) Eduard Erkes: "Das Problem der Sklaverei in China", Berlin 1952, S. 16, Anmerkung 3: "... für Ch'ie (ts'iap), 'Nebenfrau', das mit Chieh (Tsiap) 'nehmen' ... zusammenhängt, also die vom Manne Genommene bezeichnet."

69 Li Gi, S. 362: "Findet eine Hochzeit statt, so wird das Mädchen Hauptfrau; wenn sie ohne Feier Aufnahme findet, so wird sie Nebenfrau". Es gab früher auch Fälle, in denen ein Mann eine Nebenfrau hatte, ohne eine Hauptfrau zu besitzen (Ch'en Ku-Yüan, S. 107).
In ähnlicher Weise vollzog man bei den Juden die Hochzeit mit der Hauptfrau durch Hochzeitszeremonie und Ehevertrag, die Konkubine aber wurde aufgenommen ohne beides (v. Möllendorff, S. 28, Anmerkung '+').

70 Martin Leitner: Lehrbuch des katholischen Eherechts, Paderborn 1920, S. 164: "Der Ausdruck 'concubinatus' bedeutet eine dauernde Geschlechtsverbindung ohne Ehewillen..."
Den Ausdruck "Konkubine" erläutert auch eine Anmerkung zu Art. 230 des belgischen BGB: "D.h. eine Frau, welcher der Ehemann seine Zuneigung zugewendet und mit welcher er wiederholt Verkehr gehabt hat. Macht der Ehemann sich eines solchen Ehebruchs schuldig, ohne die Konkubine in die gemeinsame Wohnung aufzunehmen, so begeht er 'injures graves' im Sinne des Artikels 231, sofern darin nach den Umständen für die Frau eine öffentliche Beleidigung liegt. Einzelne wiederholte Ehebrüche des Ehemannes in der gemeinschaftlichen Wohnung mit verschiedenen Frauen erfüllen gleichfalls höchstens den Tatbestand des Art. 231." Der Art. 230 des belgischen BGB lautet: "Die Frau kann wegen Ehebruchs des Mannes Scheidung verlangen, wenn er seine Konkubine in die gemeinsame Wohnung aufgenommen hat." Art. 231 des gleichen BGB lautet: "Jeder Ehegatte kann wegen Mißhandlungen, Ausschreitungen oder schwerer Beleidigungen seitens des anderen Scheidung verlangen." (Bergmann/Ferid: Belgien, 1971, S. 34 f.) Art. 230 des belgischen BGB durch Gesetz vom 28.10.1974 aufgehoben (Bergmann/Ferid: Belgien 1978, S. 33 und Belgien 1984, S. 32).

Es ist nun noch zu klären, wer berechtigt war, eine oder mehrere Nebenfrauen zu nehmen.

Nach dem Kommentar von Tuan Yü-Ts'ai (1735-1815) zum Buch "Shuo-Wen", das ein etwa im Jahre 100 n.Chr. zusammengestelltes Wörterbuch ist, durften die einfachen Bürger in früherer Zeit der Sitte nach eigentlich keine Nebenfrau nehmen.[71] Nach Li I-Shen ist zwar keine schriftliche Regelung auffindbar, die dem einfachen Bürger eine Nebenfrau gestattet, doch kann man aus dem Buch "Mong Dsi" entnehmen, daß manche Bürger des Staates Ch'i (齊) eine Hauptfrau und eine Nebenfrau besaßen. Daraus kann man schließen, daß für die allgemeinen Bürger in früherer Zeit ein Nebenfrauensystem vorhanden war.[72] Es gibt auch eine direkte gesetzliche Bestimmung, die eindeutig die Erlaubnis zur Aufnahme von Nebenfrauen zeigt. So bestimmte das eben erwähnte, von Li K'uei (455 bis 395 v.Chr.) kodifizierte älteste Gesetzbuch "Fa-Ching", daß ein bürgerlicher Ehemann keine zwei Nebenfrauen besitzen dürfe.

Im ältesten noch vollständig erhaltenen Kodex Chinas, im Gesetzbuch der T'ang-Dynastie (618-907) findet man keine gesetzliche Beschränkung in der Anzahl der Nebenfrauen, obwohl darin die Stellung von Haupt- und Nebenfrau schon geregelt war.

Das Gesetzbuch der Ming-Dynastie (1368-1644) enthält aber schon direkte Angaben über die Anzahl von Nebenfrauen, die je nach Rang und Stand zulässig war, und zwar in einem "Supplement zu dem ersten Buch Ming-Li-Lü" (名例律附例),[73] nämlich: Einem Prinzen ersten Ranges, Ch'ing-Wang (親王), kann in jedem Falle gestattet werden, bis zu 10 Nebenfrauen zu nehmen. Ein Prinz zweiten Ranges, Chün-Wang (郡王), kann 4 Nebenfrauen haben, ein General, Chiang-Chün (將軍), drei und ein Ober-

---

71 Vgl. Shuo-Wen, Bd. 12 II, S. 39: Kommentar zum Zeichen P'ing (妌) und Ch'eng Shu-Teh, S. 67.
72 a) Li, S. 63.
   b) Vom Buch Mong Dsi sind uns heute 7 Bücher erhalten. Die ersten 3 Bücher entstammen der eigenen Feder des Meisters Mong Dsi (= Menzius, 372-289 v.Chr.). Die späteren Teile des Werkes sind Aufzeichnungen seiner Schüler, von denen es heißt, daß sie gemeinsam mit ihm die Redaktion besorgt haben. (Vgl. S. XVII der Einleitung zu dem von Richard Wilhelm verdeutschten und erläuterten Buch "Mong Dsi", Jena 1921 und Liang Ch'i-Ch'ao, S. 149.)
   c) Der Staat Ch'i ist einer der 7 Staaten der sogenannten "Kämpfenden Staaten"-Periode der chinesischen Geschichte (403-221 v.Chr.). Vgl. Tz'u-Yüan, S. 491.
73 Der Titel "Ming-Li-Lü" bedeutet etwa "Allgemeiner Teil" des modernen Strafgesetzbuches (Yang, S. 351 und "Kommentar zur Strafrechtsgeschichte der Ch'ing-Dynastie", S. 16, Anm. 1).

leutnant, Chung-Wei (中尉), zwei, und zwar verhält es sich folgendermaßen: Wird dem Prinzen zweiten Ranges bis zur Vollendung des 25. Lebensjahres von seiner Hauptfrau kein Sohn geboren, so kann er zwei Nebenfrauen nehmen. Erhält er nun in der Folgezeit entweder von der Hauptfrau oder einer Nebenfrau einen Sohn, so darf er von seinem oben erwähnten Recht, vier Nebenfrauen zu haben, keinen Gebrauch machen. Wird ihm bis zu seinem 30. Lebensjahr kein Nachkomme geboren, so kann er die restlichen beiden Nebenfrauen nehmen. Ein General und ein Oberleutnant können je eine Nebenfrau nehmen, wenn sie 30 Jahre alt sind und noch keinen Sohn haben. Erhalten sie nun je, entweder von der Nebenfrau oder Hauptfrau, einen Sohn, so bleibt es bei dieser einen Nebenfrau. Wird dem General oder dem Oberleutnant bis zum 35. Lebensjahr kein Sohn geboren, dann kann sich der General bis zu drei Nebenfrauen nehmen, der Oberleutnant zwei. Ein Bürger darf sich eine Nebenfrau nehmen, sobald er über 40 Jahre alt ist und noch keinen Sohn hat. Die Annahme einer Nebenfrau und die Geburt eines von ihr geborenen Sohnes mußten bei der Behörde registriert werden zur Kontrolle, ob ein Annahmerecht besteht.[74]

Im Gesetzbuch der letzten Dynastie Chinas, der Ch'ing-Dynastie (1644-1911), bestand praktisch die gleiche Ordnung über das Nehmen von Nebenfrauen wie im Gesetzbuch der Ming-Dynastie.[74/1]

Für die heutigen chinesischen Gesetze ist die Frage der Nebenfrau nur von untergeordneter Bedeutung, und zwar spricht die Entscheidung des Obersten Gerichtshofes Shangtzu Nr. 2846 vom Jahre 1929 aus: Das Nebenfrauensystem ist gegen die Gleichheit der Geschlechter, und der Klage einer Nebenfrau auf Trennung von ihrem Mann soll ohne weiteres zugestimmt werden. D.h. das Nebenfrauensystem ist gänzlich abgeschafft. Artikel 2 des 1. Pekinger EheG von 1950 sprach sich noch eindeutiger gegen die Aufnahme von Nebenfrauen aus: "Die Doppelehe und das Nehmen einer Nebenfrau sind verboten". Im gegenwärtigen Pekinger EheG von 1980 ist eine solche Bestimmung überflüssig, da der Zustand der Nebenfrau nicht mehr existiert.[74/2]

---

74 a) Yang, S. 852 ff.
　　b) Ausführlichere Angaben über die Anzahl von aufnehmbaren Nebenfrauen verschiedener Volksschichten in einigen Dynastien aus alter Literatur s. "Studium über die Nebenfrau im chinesischen Rechtssystem der Neuzeit" von Shih Ch'i-Yüan aus der "Zeitschrift der Sozialwissenschaft" (herausgegeben von der juristischen Fakultät der Universität Taiwan, Taipeh/Taiwan), Bd. VII, 1956, S. 140.
74/1 S. Hu, S. 55.
74/2 a) Vgl. Interview mit der Vizevorsitzenden des Allchinesischen Frauenbundes Luo Qiong, s. Peking (Beijing) Rundschau Nr. 11, 1981, S. 21.
　　b) Allerdings wird in der der Volksrepublik China nahestehenden Tageszeitung Ta-Kung-Pao (大公報) vom 18.12.1986 berichtet, daß seit einigen Jahren in der Pro-

V. Gründe für die Aufnahme von Nebenfrauen

Im folgenden soll nun erläutert werden, warum man sich eigentlich in China eine oder mehrere Nebenfrauen nahm. Für diese Einrichtung kann wohl als wichtigster Grund angeführt werden, daß die Nebenfrau männliche Nachkommen für die Ahnenverehrung zur Welt bringen soll. Denn China ist seit alters her ein Staat, in dem die Ahnenverehrung und der Ahnendienst einen breiten Raum im Denken der Menschen einnehmen.[75] Da nach dem Tsung-

---

vinz Kwangtung in manchen Orten wieder die Aufnahme von Nebenfrauen üblich geworden ist, sogar mit Abhalten von Feierlichkeiten, beispielsweise ist dies bei den autonomen Volksgruppen des Li (黎)- und Miao (苗)-Stammes auf der Insel Hainan der Provinz Kwangtung der Fall. In den Jahren 1984/85 wurden von den Prozeßfällen der Doppelehe 74 % durch Aufnahme von Nebenfrauen verursacht. Die Aufnahme von Nebenfrauen wird mit dem Fehlen eines Sohnes oder dem Vorhandensein von nur einem Sohn begründet (s. die Tageszeitung "Central Daily News", Taipeh, vom 21.12.1986).

75 a) Mit welchem Ernst die Chinesen den Ahnenkult pflegen, geht auch aus einer Schilderung hervor, nach der ein über 70 Jahre alter Mann, Li Tan (李鄲), es ablehnte, sich die Opfergefäße für das Ahnenopfer von anderen reinigen zu lassen, da er sonst nicht herzlich genug sich nach den lieben Vorfahren sehnen möchte (s. E. Hänisch: Lehrgang der chinesischen Schriftsprache, Leipzig 1949, Bd. III, S. 10).
b) Der Europäer sieht in der chinesischen Ahnenverehrung eine Form des Aberglaubens. Dieses europäische Denken verhallte in China nicht ohne Echo. Man griff hier tief in das Empfinden des chinesischen Volkes ein. Edmund Fürholzer berichtet in seinem Buch "China – Land und Volk", Frankfurt a.M. 1954, S. 15:
"Im Jahre 1692 gewährte Kaiser K'ang Hsi in einem feierlichen Staatserlasse volle Freiheit für die Verkündigung des Christentums. Doch schon ein Jahr später begannen die Angehörigen verschiedener christlicher Ordensgemeinschaften heftige Angriffe gegen die Duldung der Ahnenverehrung durch die Jesuiten nach Rom zu richten, das in der Folge einige Bräuche des Aberglaubens verbot. Kaiser K'ang Hsi empfand diese Verdächtigung des Ahnenkults als Angriff auf echt chinesisches Denken und Empfinden und als schwere Beleidigung seiner Vorfahren. Er widerrief das Toleranz-Edikt. Von 1707-1842 wurde jede Missionierung verfolgt und unter Strafe gestellt. 1939 hob Papst Pius XII die alten Verbote auf. ..."
c) Lin Yutang erklärt in seinem Buch "Weisheit des lächelnden Lebens" (Deutsche Übersetzung von W.E. Süskind, Stuttgart 1949): "Die Ahnenverehrung der Chinesen ist von manchen Autoren auch schon als Religion bezeichnet worden. ... Nicht religiös ist am Ahnendienst jedoch das Fehlen oder die jedenfalls sehr geringe Bedeutung des Übernatürlichen...
Vor allem faßt man die Ahnengeister nicht so sehr als Götter auf, sondern als menschliche Wesen, denen nur weiterhin, wie in den Jahren ihres Greisenalters, von ihren Nachkommen Dienste erwiesen werden." (S. 207-208)

Fa-System, Familienstammsystem, nur Söhne diese Ahnenopfer fortsetzen können, ist es für die Familie und Sippe äußerst wichtig, männliche Nachkommen zu haben.[76] Dementsprechend heißt es schon bei Menzius (372-289 v.Chr.), lateinisierte Form von Mong Dsi: "Es gibt drei pietätlose Dinge: das Schlimmste davon ist, ohne Nachkommen (männliche) zu sein" (不孝有三，無後為大).[77] So war es die wichtigste Aufgabe der chinesischen Ehe, Söhne zu zeugen, um den Familienstamm fortzusetzen.[78]

Aus diesem Grunde durfte sich nun ein Mann, dessen Hauptfrau nach längerer Zeit noch keinen Sohn geboren hatte, auch eine Nebenfrau nehmen. Falls aus dieser Verbindung ebenfalls keine männlichen Nachkommen hervorgingen, waren ihm weitere Nebenfrauen gestattet, wie oben dargelegt.

Es muß hier noch eine Nebenwirkung erwähnt werden: Durch Aufnahme einer Nebenfrau konnte eine Verstoßung der Ehefrau nach dem ersten der

---

76 a) Lo Ting: "Grundriß des Erbrechts", Shanghai 1946, S. 2, 7 und 24.
    b) Nur ein männlicher Nachkomme ist befähigt, den Seelen der Verstorbenen die Opfer in der richtigen Weise darzubringen, so berichtet H. Engelmann in seiner Diss. "Das chinesische Eherecht", S. 88.

77 a) Die drei Pietätlosigkeiten sind folgende: "Durch parteiische Schmeicheleien die Eltern vom rechtem Weg abbringen und sie dadurch gefährden: ist die erste Pietätlosigkeit; wenn die Familie arm, die Eltern alt sind, nicht um Lohn ein Amt zu übernehmen: ist die zweite Pietätlosigkeit; nicht zu heiraten und durch Kinderlosigkeit die Ahnenopfer zum Stillstand zu bringen: ist die dritte Pietätlosigkeit" ("Mong Dsi", S. 84).
    b) Seit der Han-Dynastie (206 v.Chr.-220 n.Chr.) bis zur Tsin-Dynastie (265-419) war es sogar zulässig, daß die Frau eines Häftlings zur Beiwohnung in das Gefängnis durfte, falls der Häftling noch keinen männlichen Nachkommen hatte (Ch'eng Shu-Teh, S. 116).

78 Im Buch Li Gi heißt es: "Die Ehe ist die harmonische Vereinigung von Personen verschiedener Namen. Ihr Zweck ist einmal, den Ahnenkult zu pflegen und dann Erben zu erzeugen...", (Engelmann, S. 29; vgl. auch Li Gi, S. 197).
Nach der älteren römischen Ansicht war das Ziel der Ehe auch nur Kinder zu erzeugen (v. Möllendorff, S. 6).
Karl Wolff meint auch, es gehört zu den wesentlichen Merkmalen der Ehe, daß sie "zum Zweck der Fortpflanzung..." geschlossen wird (Karl Wolff: Grundriß des Österreichischen Bürgerlichen Rechts, Wien 1948, S. 300).
Man hat sogar den Kaiser T'ai Wu der "Späteren Wei"-Dynastie in seinem 5. Regierungsjahr (428 n.Chr.) gebeten, ein Dekret zu erlassen, daß ein Mann wegen Pietätswidrigkeit bestraft wird, wenn er keine Nebenfrau nimmt, falls ihm seine Hauptfrau keinen Sohn geboren hat. Es bedeutete, daß er keinen männlichen Nachkommen haben wollte, um das Ahnenopfer darzubringen (Ch'eng Shu-Teh, S. 374).

oben genannten sieben Verstoßungsgründe wegen "Unvermögen der Frau zur Geburt eines Sohnes" unterbleiben.[79]

VI. Die sogenannten zwei gleichberechtigten Hauptfrauen (P'ing-Ch'i)

An dieser Stelle soll auch noch auf eine besondere Rechtssituation eingegangen werden, die sich sowohl vom System der Einehe als auch von dem der Nebenfrauen abhebt. Es war nämlich durchaus möglich und ist in der Tat des öfteren geschehen, daß der einzige Sohn einer Familie zugleich von einem Onkel väterlicherseits, der selbst keinen Sohn besaß, adoptiert wurde, d.h. im Chinesischen "Chien-T'iao" (兼祧). An sich durfte nach dem Ch'ing-Gesetz der einzige Sohn einer Familie nicht adoptiert werden. Nur zur Fortführung der Familienlinie eines Bruders des Vaters, der keinen Sohn hatte, wurde die Erlaubnis zu einer solchen Adoption mit dem Dekret des Kaisers Ch'ien-Lung in seinem 40. Regierungsjahr (1775 n.Chr.) gegeben. Später wurde diese Erlaubnis in T'iao-Li (Supplement) 5 zu Art. 78 des Ch'ing-Gesetzbuches über Gesetzübertretung bei der Einsetzung einer Person als ältesten Sohn der legitimen Hauptfrau und als Haupterben verankert.[80] Durch

---

79 Unvermögen der Frau zur Geburt eines Sohnes berechtigte den Mann, die Frau zu verstoßen. Die Verstoßung war erst möglich, wenn die Frau 50 Jahre alt war (vgl. Kommentar zum Art. 189 des T'anggesetzes). Hatte die Nebenfrau einen Sohn, trat dieser an die Stelle des erwarteten Sohnes der Hauptfrau. So kam es im allgemeinen wegen Unvermögens der Frau zur Geburt eines Sohnes nicht zu einer Verstoßung. (Vgl. Art. 158 und Kommentar zu diesem Artikel des T'anggesetzes; vgl. auch Engelmann, S. 88 f., allerdings hat Engelmann die Verstoßung der Frau der Ehescheidung gleichgesetzt.) Im Kommentar zum Buch "Li Gi" von Ch'eng Su-Nung über die Verstoßung der Frau heißt es auch, daß Kaiser und Fürsten von der Verstoßung ihrer Ehefrau keinen Gebrauch machten, wenn sie ihnen keinen Sohn gebar (Ch'eng Shu-Teh, S. 115).

80 a) Vgl. die von Yang Hung-Lieh angegebene Entscheidung Shangtzu Nr. 186 des Reichsgerichtshofes (s. Yang, S. 1233); Ta Ch'ing Lü Li, S. 881 f. und 883 f. unter Randbemerkung zu Art. 78 des Ch'ing-Gesetzbuches und "Chung-Hua-Ta-Tzu-Tien", "Chung-Hua Großes Wörterbuch" (Chung-Hua = Verlagsname), Hongkong 1965, S. 1699.

b) Für diese Adoption ist Voraussetzung, daß
1) dieser Adoptivsohn der einzige Sohn seines leiblichen Vaters ist;
2) sein leiblicher Vater und sein Adoptivvater Brüder sind;
3) der Sohn, sein Vater und sein Enkel mit der Adoption einverstanden sind und
4) der Adoptionsvertrag von den Mitgliedern der Sippe anerkannt wird oder vom Gericht bestätigt wird.
(Lo, S. 26 f.)

eine solche Adoption ergab sich dann, daß der Sohn einerseits eine Frau heiratete, um die väterliche Linie fortzupflanzen und andererseits eine weitere Frau, um die Linie des Adoptivvaters weiterzuführen. Diese zweite Frau wurde im Volk nicht als Nebenfrau angesehen und deshalb mit "P'ing-Ch'i" (平妻) bezeichnet, d.h. "gleichberechtigte Hauptfrau".[81]

Der Ehemann der beiden Frauen wird nun, obgleich er nur einen Körper besitzt, auf Grund seiner Adoption zwei Personen gleich erachtet, da er gemäß dem "Tsung-Fa-System" (Familienstammsystem, Patriarchalismus), das die Sicherung der Ahnenopfer durch männliche Nachkommen und damit die Aufrechterhaltung einer ununterbrochenen Familienlinie verlangt, verpflichtet ist, zwei Generationslinien fortzuführen.[82] Und andererseits nimmt

---

81 a) Li I-Shen erwähnt, es sei seit der Ch'ing-Dynastie (1644-1911) möglich gewesen, daß ein Sohn zwei Ahnenschreine besitzt (= Chien T'iao) und diese Sitte schützte ihn, wenn er zwei Frauen als gleichberechtigte Hauptfrauen heiratete, die man bezeichnete mit "Shuang Ch'i" (雙妻), d.h. "Doppel-Ehefrauen" oder "Erh Ti" (二嫡), d.h. "Zwei legitime Hauptfrauen" (s. Li, S. 68 f).
b) Auch M.J. Meijer berichtet in seinem Buch "Marriage Law and Policy in the Chinese People's Republic", Hongkong University Press 1971, S. 13, daß jemand im Fall "Chien T'iao" zwei Hauptfrauen heiraten durfte als Ausnahme des Verbotes der Doppelehe.
c) M.G. Pernitzsch gibt ein Beispiel für die gerichtliche Anerkennung der möglichen Annahme zweier gleichberechtigter Hauptfrauen durch "Chien T'iao" in seiner Abhandlung "Einige Sonderfälle des chinesischen Eherechts", und zwar schildert er einen vor dem gemischten Gericht (Mixed Court) in Shanghai verhandelten Fall, der sich einige Jahre vor Kriegsausbruch, also noch zur Zeit des alten Rechts ereignete und bei dem er selbst anwesend war, in folgender Weise: "Das Gericht bestand aus dem chinesischen Richter und mir als Beisitzer; als Klägerin trat eine Frau auf, die ihre Ehe mit dem Beklagten mit der Begründung anfocht, daß dieser ihr ausdrücklich erklärt habe, sie zur Hauptfrau zu nehmen, er sei aber schon verheiratet gewesen, sie sei also nur Nebenfrau, Beklagter habe sie arglistig getäuscht. Demgegenüber behauptete und bewies Beklagter, daß es sich um einen der Fälle des "Chien T'iao" handle. Der chinesische Richter setzte die Rechtslage nach dem damals bestehenden Recht auseinander, wonach Beklagter im Recht war. Die nunmehr zufriedengestellte Klägerin zog ihre Klage zurück, die andernfalls abgewiesen worden wäre". (M.G. Pernitzsch: Einige Sonderfälle des chinesischen Eherechts, aus "Mitteilungen der Ausland-Hochschule an der Universität Berlin", früher "Seminar für Orientalische Sprachen", 1938, S. 2)
82 Erbt der einzige Sohn den Ahnenschrein des leiblichen Vaters und des Adoptivvaters, so kann (oder können) sein Sohn (oder seine Söhne) der Nachkomme beider Väter sein. Wenn er aber keinen Sohn hat, dann kann er einen Sohn als Nachkommen seiner beiden Väter adoptieren, er kann auch zwei Söhne adoptieren, einen als Nachkommen seines leiblichen Vaters, einen für seinen Adoptivvater (vgl. Entscheidung des Reichsgerichtshofes Shangtzu Nr. 76 und 267 vom Jahre 1919 und Lo, S. 27).

er aus Pietät gegenüber den beiden Eltern (leibliche Eltern und Adoptiveltern) die beiden gleichberechtigten Ehefrauen auf. Denn die Pietät spielt in China eine große Rolle. So lautet ein chinesisches Sprichwort: "Die Pietät ist die erste (höchste) aller Tugenden", "Pe Hsing (Shan) Hsiao Wei Sien" , " 百 行 (善) 孝 為 先 " [83] und ein Ausspruch von Menzius (372-289 v. Chr.), wie schon erwähnt: "Es gibt drei pietätlose Dinge: Das Schlimmste davon ist, ohne Nachkommen (männliche) zu sein". Unter diesem Aspekt erhält diese Doppelehe nun auch einen anderen Charakter als die allgemeine Doppelehe.[83/1]

---

83 a) Das im Haupttext verwendete chinesische Sprichwort "Pietät ist die erste (höchste) aller Tugenden" entstammt dem Ausspruch von Konfuzius "   ", "Die Pietät ist die Wurzel der Tugend" (s. "Das Buch über die Pietät" in modernes Chinesisch übersetzt und erläutert von Huang Teh-Shih, Taipeh 1979, S. 1 und vgl. auch Tz'u-Hai, S. 932).
b) Es heißt im Buch "Urkunden von Shang" (Shang-Dynastie 1783-1122 v.Chr.) auch: "Es gibt dreihundert Strafen, aber der Sünden größte ist die Unehrerbietigkeit" (aus dem von Richard Wilhelm übersetzten Buch: "Lü Shih Ch'un Ch'iu", "Frühling und Herbst des Lü Bu-Wei", Jena 1928, S. 177. Lü Bu-Wei starb im Jahre 235 v.Chr.).
c) Yang Yung-Kuo berichtet auch in seinem Buch "Geschichte der Ideologie des alten China", Peking 1955, daß schon die Shang-Dynastie (1783-1122 v.Chr.) die Pietätsgedanken zugrunde gelegt hatte, um die Stellung ihrer Familie zu erhalten (S. 12). Und in der Chou-Dynastie (1122-255 v.Chr.) wurden auch schon die Staatsbeamten nach dem Maß ihrer Pietät zum Dienst berufen (S. 31).
d) Hsieh Jau-Wei schreibt in seinem Artikel "Charakteristik der chinesischen Kultur und ihre Beziehung zur westlichen Kultur" aus der Wochenschrift "Kritik über Politik", Nr. 150 von 1957, Taipeh/Taiwan, daß seiner Meinung nach, der Wesenskern der chinesischen Kultur in der Pietät liegt. Sie steht selbstverständlich in engem Zusammenhang mit dem chinesischen Familienleben. Aber der höchste Sinn der Pietät ist nicht nur die Erhaltung und Weiterführung des Familiensystems, sondern die Pietät ist Ursprung aller Tugend und der chinesischen Kultur überhaupt.
e) Die in China langher gepflegte Pietätslehre findet jetzt auch ihre gesetzliche Verankerung. So wird in dem am 3.6.1985 neu gefaßten Art. 1084 BGB bestimmt, die Kinder sollen ihren Eltern Pietät entgegenbringen.
Zur leichteren Verwirklichung der Pietätspflicht gemäß Art. 1084 Abs. 1 BGB ist die neue Urlaubsverlängerung für Beamte nach dem Entwurf der Urlaubsverordnung vom 12.2.1987 zu sehen, und zwar beträgt danach der Urlaub insgesamt 21 Tage bei Todesfall der Eltern, Adoptiveltern sowie Stiefeltern und insgesamt 14 Tage bei Todesfall der Schwiegereltern (s. die Tageszeitung "Central Daily News" vom 19.2.1987, S. 2).
83/1 Vgl. Le P. Pierre Hoang "Le mariage chinois au point de vue légal" in der Zeitschrift "Variétés Sinologiques", Nr. 14, Shanghai 1898, S. 104 II oder S. 106 II.

Obwohl ein Dekret des Kaisers Tao-Kuang (1821-1851) aus seinem 19. Regierungsjahr (1839) ausdrücklich besagt, daß ein Sohn, der nach dem etwa 60 Jahre früher erlassenen Dekret des Kaisers Ch'ien-Lung zur Fortsetzung zweier Familienlinien zwei Ahnenschreine erben kann, der gesetzlichen Einehe wegen nur eine Hauptfrau und eine Nebenfrau nehmen darf, aber nicht zwei Hauptfrauen,[83/2] wurde diesem Dekret kaum Bedeutung beigemessen und die Institution "P'ing-Ch'i" ausgehend von "Chien-T'iao" blieb weiterhin fest verankert.

Eine solche Sitten- und Rechtsinstitution wurde aber doch mit Beginn der Republik vom Gericht aberkannt, und zwar stellte der Reichsgerichtshof in der Erklärung T'ungtzu Nr. 42 vom Jahre 1913 fest, daß vor Inkrafttreten des "Vorläufigen Strafgesetzbuches" ("Chan Hsieng Hsien Lü", das noch zivilrechtliche Vorschriften enthält), d.h. vor der Begründung der Republik im Jahre 1912, jemand, der zwei Ahnenschreine besitzt, zwei Hauptfrauen heiraten durfte. Aber nach diesem Zeitpunkt geschlossene Ehen mit zwei Hauptfrauen wurden als Doppelehe behandelt. Dieses Heiratsverbot findet man später noch in den Entscheidungen des gleichen Gerichtshofes Shangtzu Nr. 1167 vom Jahre 1916 und Shangtzu Nr. 852 vom Jahre 1917 sowie in der Entscheidung des Obersten Gerichtshofes Shangtzu Nr. 145 aus dem Jahre 1931.

Wenn auch nach dem Dekret des Kaisers Tao-Kuang vom Jahre 1839 und seit der Zeit der Republik nach gerichtlicher Erklärung und gerichtlichen Entscheidungen die Aufnahme zweier Hauptfrauen nicht erlaubt war, blieb diese Institution im Volk noch tief verwurzelt, wie die beiden dem Verfasser in Erinnerung gebliebenen Fälle aus der Praxis zeigen: Im Jahre 1938 erfuhr der Verfasser durch einen Brief von seinem früheren Lehrer, daß der Sohn des Lehrers zwei Hauptfrauen genommen habe zur Fortsetzung zweier Familienlinien. Aus dem gleichen Grunde hat auch der ehemalige Ministerpräsident der Provinz Kwangtung zwei Hauptfrauen genommen, wie er etwa im Jahre 1943 im Gespräch mit dem Verfasser in Chungking sagte.

Auch das Gericht stand noch immer unter dem Einfluß der Institution der "zwei gleichberechtigten Ehefrauen", "P'ing-Ch'i", wie z.B. aus den folgenden beiden Entscheidungen und der folgenden Erklärung hervorgeht, obwohl offiziell die zweite Frau seit Beginn der Republik vom Reichsgerichtshof als Nebenfrau anzusehen ist. So wurde die zweite Frau öfter noch mit "Ch'i" (妻) oder "Fu" (夫婦) bezeichnet, was "Hauptfrau" oder "Ehefrau" bedeutet. Außer der Bezeichnung als "Hauptfrau" (Ch'i) oder "Ehefrau" (Fu) wurden der zweiten Frau auch gewisse Rechte, die einer Ehefrau zustanden, eingeräumt. So stand der später geheirateten Ehefrau (Fu) nach der Entscheidung des Reichsgerichtshofes Shangtzu Nr. 1240 vom Jahre 1919 gegen ihren Ehemann ein Unterhaltsanspruch zu und die Entscheidung Shangtzu Nr. 341 vom Jahre 1924 besagt, daß die später geheiratete Hauptfrau (Ch'i), für den Adoptivvater ihres Mannes einen Sohn zur Fortsetzung der Familienlinie des Adoptivvaters adoptieren konnte. Ferner besagt die Erklärung T'ungtzu Nr. 1188 vom Jahre 1920 des gleichen Gerichtshofes, daß eine Frau, die mit einem Mann, der durch "Chien-T'iao" schon zwei "Hauptfrauen" (Ch'i) besitzt, ein Verlöbnis abgeschlossen hat, dieses lösen soll; falls sie sich von Anbeginn an aber als "Nebenfrau" (Ch'ieh, 妾) verspricht, gilt dieses Versprechen nur dafür, und nicht als "Versprechen für

---

83/2 Siehe Ta Ch'ing Lü Li, S. 1026, Randbemerkung zu Art. 103 des Ch'inggesetzbuches über Änderung der Rangfolge von Hauptfrau und Nebenfrau; vgl. auch Hoang, S. 104 II oder S. 106 II.

die Ehe" (Ting-Hun, 訂 忭). Hieraus erkennt man, daß das Gericht wiederum die zwei Hauptfrauen durch die Gegebenheit des "Chien-T'iao" offiziell anerkennt.

Obwohl auch aus der Antwort 3 der offiziellen "Antworten auf Fragen zur Ehe" vom Juristischen Ausschuß des Staatsrates der Pekinger Zentralvolksregierung eindeutig hervorgeht, daß die Ehen mit zwei Hauptfrauen gemäß der bisherigen Rechtsinstitution "Chien-T'iao" nach Inkrafttreten des 1. Pekinger EheG von 1950 nicht mehr erlaubt sind, da sie gegen das Verbot der Doppelehe verstoßen (Art. 2 EheG),[83/3] erhebt sich die Frage, ob solche Ehen, die vor Inkrafttreten des EheG abgeschlossen wurden, ihre Gültigkeit behalten. Hierüber gibt die genannte Antwort 3 auf Fragen zur Ehe keine Auskunft. In diesem Falle könnte man nur gemäß der Antwort 1 des oben genannten Ausschusses verfahren und solche Ehen als allgemeine Doppelehen, die dem Verbot von Art. 2 des 1. Pekinger EheG entgegenstehen, behandeln. Hiernach kann das Gericht dem Scheidungsantrag der Frau ohne weiteres zustimmen. Erfolgt kein Scheidungsantrag der Frau, so kann das Zusammenleben in diesen Ehen mit zwei Hauptfrauen weiterhin fortgeführt werden.[83/4] Mit anderen Worten, diese, vor Inkrafttreten des 1. Pekinger EheG von 1950 entstandenen Doppelehen, sind nicht von Anfang an ungültig.

Aus Obigem geht hervor, daß Theorie und Praxis in der gesetzlichen Beurteilung der Institution der "zwei gleichberechtigten Hauptfrauen" in wechselhafter Anwendung waren. Nun ergab sich in Taiwan in dieser Hinsicht ein neuer Fall, in dem nicht nach der gerichtlichen Theorie, sondern nach der Praxis entschieden wurde. Es liegt dort eine Sondersituation vor. So hatte ein Herr "Teng Yüan-Chen, 鄧 元 貞 " in Taipeh/Taiwan ein zweites Mal geheiratet obwohl er auf dem chinesischen Festland bereits eine gültige Ehe geschlossen hatte. Die Frau der ersten Ehe hatte nun, nach der jetzt gegebenen Möglichkeit des Schriftverkehrs zwischen den beiden chinesischen Territorien, die Anfechtungsklage gegen die zweite Ehe ihres Mannes erhoben. Der Oberste Gerichtshof der Nationalregierung in Taiwan entschied, daß beide Ehen des Herrn "Teng" gesetzlich gültig seien. Die Begründung für diese Entscheidung ist die Ausnahmesituation, die sich aus der Flucht nach Taiwan ergeben hat und die zeitlich geringe Hoffnung auf baldiges Wiederzusammenkommen mit der ersten Ehefrau. Theoretisch wäre die zweite Ehe des Herrn "Teng" in Taiwan als Doppelehe anzusehen. In diesem Falle würde das Leben seiner später gebildeten Familie mit bereits vorhandenen Kindern und Enkeln in große Unsicherheit gebracht und deren Sozialordnung sehr gestört. Deshalb hat man der vorhandenen Praxis gegenüber und in Anbetracht der sehr vielen derartigen Fälle, Zugeständnisse gemacht und diese eingegangenen zweiten Ehen als gültig anerkannt. Die erste und die zweite Ehefrau gelten nun als "zwei gleichberechtigte Hauptfrauen", so z.B. besitzen beide Ehefrauen Erbrecht gegenüber dem Ehemann. Diese gesetzliche Entscheidung gilt jedoch nur in der

---

83/3 Siehe "Sammlung ausgewählter Gesetze und Verordnungen der Volksrepublik China", herausgegeben vom Justizministerium der Volksrepublik China, Peking 1957, S. 276.

83/4 Siehe "Sammlung ausgewählter Gesetze und Verordnungen der Volksrepublik China", S. 275.

Ausnahmesituationszeit (der Nation) für Zweiteheschließungen bis zum 3.6.1985, d.h. bis zum Inkrafttreten der teilweisen Neufassung des Familienrechts des Nankinger BGB.[83/5]

VII. Mißverständnisse über die Erläuterungen zur Ehe der Bücher "Li-Gi" und "Po-Hu-T'ung"

Weiterhin soll über einige Mißverständnisse betreffend die Erläuterungen zur Ehe der Bücher "Li-Gi" und "Po-Hu-T'ung" (白虎通) gesprochen werden.[84] Es wird nämlich hierzu die Meinung vertreten, daß neben Stellen, die auf eine Gleichberechtigung der Frau in der Ehe hindeuten, sich auch solche finden, die das Gegenteil beschreiben. So liest man z.B. im Buch Li-Gi: "Ein Staat hat nicht zwei Herren, eine Familie hat nicht zwei Oberhäupter, d.h. es kann nur einer regieren. Und um zu zeigen, daß es 'keine zwei Oberhäupter in der Familie' gibt, wird für die verstorbene Mutter nur ein Jahr das Trauergewand 'Ch'i-Shuai-Ch'i' (齊衰期) getragen, wenn der Vater noch lebt."[85]

83/5 Näheres s. die Tageszeitung "Central Daily News" vom 11.5.1989, S. 2 und die Monatszeitschrift "Chinesische Akademiker im Ausland" Nr. 203 vom 30.6.1989, S. 50.

84 Das Buch "Po-Hu-T'ung" ist eine Gemeinschaftsarbeit chinesischer Gelehrter zur Han-Zeit (Han-Dynastie 206 v.Chr. bis 220 n.Chr.), die im Auftrag des Kaisers die "Fünf klassischen Bücher" diskutierten. Die gesammelten Protokolle aus den Sitzungen wurden unter dem Titel "Po-Hu-T'ung-Te-Lun" = "Allgemeine Aussprache über die Tugend in der Weißen Tigerhalle" zusammengefaßt. Im Auftrag des Kaisers ordnete Pan-Ku (32-92 n.Chr.) später das Material und veröffentlichte es unter dem Titel "Po-Hu-T'ung-I" = "Allgemeine Ansicht in der Weißen Tigerhalle". Durch Weglassen des "I" entstand der heutige Name "Po-Hu-T'ung".

Da zur Han-Zeit die "Fünf klassischen Bücher" sehr geachtet waren, wurden die darin gegebenen Vorschriften streng befolgt. Dabei waren natürlich die Erklärungen der alten Zeichen durch das Buch "Po-Hu-T'ung" von großer Bedeutung. Vgl. Tz'u-Yüan (Shang-Wu): S. 1469 und Alfred Forke: Geschichte der mittelalterlichen Philosophie, Abhandlungen aus dem Gebiete der Auslandskunde der Universität Hamburg, Hamburg 1934, S. 137.

85 a) Shi San Ching Chu Shu, Heft 71: Li Gi, Bd. 63, S. 27. Vgl. auch die Textübertragung des Li Gi von Richard Wilhelm S. 246.
b) Die Trauerzeit: Die Trauerzeit ist nach dem Grad der Verwandtschaft genau angegeben, und zwar unterscheiden sich folgende Stufen:
  1. Stufe: Chan-Shuai. Drei Jahre Trauerzeit für Kinder beim Tode der Eltern.
  2. Stufe: Ch'i-Shuai. Drei Monate bis ein Jahr Trauerzeit. Z.B. ein Jahr für den Enkel beim Tode der Großeltern, fünf Monate für den Urenkel beim Tode der Urgroßeltern und drei Monate für den Ururenkel beim Tode der Ururgroßeltern.

Obwohl beide Elternteile den gleichen Verwandtschaftsgrad gegenüber den Söhnen aufweisen, hat der Ehemann jedoch als einziges Oberhaupt der Familie besondere Vorrechte. So äußert auch Chang Shen in seinem Buch "Das chinesische Eherecht", der Unterschied in der Stellung von Mann und Frau bahne sich schon im Buch "Po-Hu-T'ung" sehr deutlich an, worin man im Kapitel "Die Heirat" (嫁娶篇) folgende Erklärung über das Verhältnis von Mann und Frau in der Ehe findet: "Was ist ein Ehemann (Fu^a) und eine Ehefrau (Fu^b)? Der Ehemann stellt eine Hilfe (扶 , Fu^c) dar. Er hilft der Frau den Weg des rechten Tun und Lassens zu gehen (扶以人道者也). Die Ehefrau ist zum (Haus-) 'Dienst' (服 , Fu^d) bestimmt, sie soll sich der Hausangelegenheiten annehmen und für die Familienangehörigen sorgen (服以家事事人者也)."[86]

Die Äußerung Chang Shen's deutet bereits auf ein Mißverständnis über den Text hin. Der fast allgemein falsch verstandene Sinn des Textes ist außerdem noch durch die folgenden, anderen Bedeutungen der Zeichen Fu^c und Fu^d entstanden. Das Zeichen "Fu^c", (Hilfe) heißt außerdem auch "unterstützen, schützen". Die Ehefrau wird also von ihrem Gatten sowohl unterstützt als auch geschützt. Und das Zeichen "Fu^d" (Dienst) bedeutet auch "gehorsam sein, unterworfen sein"; die Ehefrau hat demnach ihrem Manne zu gehorchen. Als solche nimmt sie eine unselbständige Stellung ein. In diesem Sinne faßt man auch mißverständlicherweise die drei Folgeleistungen der Frau, die sogenannten "San Ts'ung" (三從) aus dem Buch Li-Gi auf: "In der Jugend folgt sie dem Vater und dem älteren Bruder; nach ihrer Verheiratung folgt sie dem Ehemann; nach dem Tod des Gatten folgt sie dem ältesten Sohn".[87] Ch'en Yung-Fu schreibt in seinem Buch "Das neue demokratische

---

    3. Stufe: Ta-Kung. Neun Monate Trauerzeit. Z.B. beim Tode des Vetters.
    4. Stufe: Siao-Kung. Fünf Monate Trauerzeit. Z.B. beim Tode der Schwägerin.
    5. Stufe: Su-Ma. Drei Monate Trauerzeit. Z.B. für Urgroßeltern beim Tode des Urenkels.
Näheres s. Engelmann, S. 22 ff. und Chao, S. 8 Tabelle 1 über die Trauerzeit und S. 14, Tabelle 8 über die Trauerkleidung, ferner Hoang: Annotations aux Tableaux du Deuil d'après les lois chinoises, S. 1, § I.
86 Chang, S. 119 f.
87 a) Shih San Ching Chu Shu, Heft 60: Li Gi, Bd. 26, S. 43.
   b) Die mißverstandene Auffassung der drei Folgeleistungen der Frau kommt auch bei der Übersetzung von Richard Wilhelm stark zum Ausdruck: "Darum hat sie nicht das Recht auf selbständige Entscheidung, sondern die Pflicht zu dreifachem Gehorsam. Zu Hause ist sie dem Vater unterworfen, in der Ehe dem Gatten und nach dem Tode des Gatten dem ältesten Sohn". (Li Gi, S. 247)
   c) Auch in einem alten indischen Gesetz findet man die gleichen drei Folgeleistungen der Frau wie im Li Gi. Welche dieser "Drei-Folgeleistungen" älter ist, darüber muß noch weiter geforscht werden, äußert Tai Yen-Hui; näheres s. Tai 1962, S. 84.

Ehesystem" auch darüber, daß die drei Folgeleistungen der Frau für sie die Abhängigkeit für ihr ganzes Leben bedeuten würden.[88]

VIII. Auswirkungen der oben erwähnten Mißverständnisse über die Erläuterungen der Bücher "Li-Gi" und "Po-Hu-T'ung" auf die Gesetzgebung

Aus den oben erwähnten Stellen der Bücher "Li-Gi" und "Po-Hu-T'ung" hat man offenbar die Unterordnung der Frau verstanden. Die Auswirkung einer solchen mißverstandenen Auffassung läßt sich in den älteren chinesischen Gesetzen deutlich erkennen. So heißt es z.B. im 20. Kapitel "Schlägerei" des Kodexes der Ming-Dynastie (1368-1644): "Wer seine Frau geschlagen hat, ohne ihren Körper dabei zu verletzen, wird nicht bestraft. Wenn dagegen eine Frau ihren Mann geschlagen hat, sind ihr 100 Hiebe mit dem schweren Prügel zu verabfolgen.[89]

Nach Art. 325 des Gesetzbuches der T'ang-Dynastie (618-907) wurde die Frau in einem solchen Falle sogar mit einem Jahr Gefängnis bestraft.

Im gleichen Fall war nach dem Gesetz der Ch'ing-Dynastie (1644-1911) die Strafe wie nach dem Ming-Gesetzbuch.[90]

Die Auswirkung der mißverstandenen Auffassung über die ungleichen Rechte von Mann und Frau auf die frühere Gesetzgebung zeigt auch ein weiteres Beispiel: Nach Art. 408 des T'ang-Gesetzbuches wurde ein Ehemann, der die Ehe brach, mit ein einhalb Jahren Gefängnis, eine Ehefrau dagegen mit zwei Jahren Gefängnis bestraft, wenn sie mit einer anderen Person die Ehe brach.[91]

---

88 Ch'en, S. 5.
89 Yang, S. 779 und 786.
90 a) Chang, S. 120; Yang, S. 941.
   b) Im gegenwärtigen Nankinger StGB, Art. 277 bis 287 über "Körperverletzung" findet man aber schon keine unterschiedliche Bestrafung mehr von Mann und Frau, so z.B. besagt Art. 277 StGB: Wer den Körper eines Menschen verletzt oder die Gesundheit eines Menschen schädigt, wird mit...bestraft.
91 a) Aber nach Art. 239 des gegenwärtigen Nankinger StGB wird derjenige Ehepartner mit einem Jahr Gefängnis bestraft, der mit einer anderen Person Ehebruch begangen hat. D.h. die beiden Ehegatten sind nun bei gleicher Straftat der gleichen Strafe unterworfen.
"Die Einführung der Strafbarkeit des Ehebruchs des Mannes war einer der schärfsten Streitpunkte beim Zustandekommen des Strafgesetzes von 1935. In weiten Kreisen des chinesischen Volkes gilt das Halten einer Nebenfrau aus Gründen des Ahnendienstes

IX. Klärung der oben erwähnten Mißverständnisse über die Erläuterungen der Bücher "Li-Gi" und "Po-Hu-T'ung"

A. *Zur Frage der zwei Oberhäupter in der Familie*

Die Angabe im Buch "Li-Gi", daß es keine zwei Oberhäupter in einer Familie gibt, ist nur im Sinne einer Arbeitsteilung von Mann und Frau in den Familienangelegenheiten zu verstehen. Sie beruht auf technischen Gründen, um bei der Ausübung der Familiengeschäfte eine Überschneidung zu vermeiden. Sie bedeutet keine Monopolstellung des Mannes in den häuslichen Geschäften, sondern ist vielmehr im Sinne des im Sprachgebrauch üblichen Ausdruckes "primus inter pares" = "der Erste unter Gleichen" zu verstehen.[92]

Bevor es im Buch "Li-Gi" heißt, daß das Trauergewand für die verstorbene Mutter nur ein Jahr lang getragen wird, wenn der Vater noch lebt (Allgemein beträgt die Trauerzeit für die Eltern drei Jahre.), um zu zeigen, daß es keine zwei Oberhäupter in der Familie gibt, spricht es bereits an der gleichen Stelle von der grundsätzlichen Gleichstellung der Frau (Mutter); danach soll der Sohn der Mutter genauso wie dem Vater dienen, da die Liebe der Mutter und

---

als sittlich geboten, wenn aus der Ehe kein Sohn hervorgegangen ist. Entscheidend für den Sieg der neuen Auffassung war, daß die Gleichberechtigung der Geschlechter ein Programmpunkt der Kuomintang und in Art. 6 der Verfassung von 1931 ausgesprochen ist." (Das chinesische Strafgesetzbuch, die deutsche Übertragung von Chang Chung-Kong und H. Herrfahrdt, Bonn 1938, S. 60, Anmerkg. 3)

b) An sich hat schon der erste Kaiser der Chin-Dynastie, Chin Shi-huang-ti (221-210 v. Chr.), ein Dekret als eine in Stein gehauene Inschrift anbringen lassen, in dem es heißt: Um allgemein Unzucht zu unterdrücken, wird fest geregelt, daß jeder Ehegatte berechtigt ist, seinen ehebrecherischen Partner zu töten, so kann die Ehefrau oder der Ehemann den Ehepartner, der Ehebruch begangen hat, straflos töten (s. Hsü Chao-Yang: Untersuchungen über den Ursprung des chinesischen Strafrechts, Taipeh 1969, S. 142). Das bedeutet, Mann und Frau sind gleichberechtigt.

92 a) So ist das Verhältnis von Mann und Frau in der chinesischen Ehe doch ganz anders, wie das in der russischen Ehe nach Art. 107, Bd. X, Teil 1 des Gesetzbuches des früheren russischen Reiches, der lautet: Die Frau ist verpflichtet, ihrem Mann als Familienoberhaupt Gehorsam zu leisten, in Liebe, Achtung und unbedingtem Gehorsam zu ihm zu verbleiben und ihm jede Gefälligkeit und Ergebenheit als Hausfrau zu erweisen (Sowjetisches Zivilrecht, Herausgeber der Übersetzung: Deutsches Institut für Rechtswissenschaft, Berlin 1953, Bd. II, S. 453).

b) Moderne Aspekte zu den Fragen der Arbeitsteilung zwischen Mann und Frau und der Gleichberechtigung von Mann und Frau siehe in der Abhandlung von Günther Redmann "Über die rechtliche Relevanz des Geschlechtsunterschiedes (zugleich zum Mannesvorrang im Höferecht)", aus FamRZ 1961, S. 409-420.

des Vaters zum Sohne gleich ist; es heißt dann weiter: der Himmel hat keine zwei Sonnen, ein Land keine zwei Fürsten, ein Staat keine zwei Könige und eine Familie keine zwei Oberhäupter (oder Herren), die sie regieren. Darum trägt man zu Lebzeiten des Vaters für die verstorbene Mutter nur das einjährige Trauergewand, welches andeutet, daß es keine zwei Oberhäupter (in der Familie) gibt. (Textübersetzung vgl. auch "Li-Gi", S. 246)

Das einjährige Tragen des Trauergewandes für die Mutter bildet nur eine Ausnahme. Auch in diesem Falle bleibt die sogenannte dreijährige "Herzenstrauer", "Hsin-Sang" (心 裹), d.h. die dreijährige innere Trauer für die Mutter, bestehen.[93] Das Zeichen "Hsin" heißt Herz, herzlich, innerlich und

---

93 a) Näheres über Sinn und Zweck der "Herzenstrauer" s. Shih San Ching Chu Shu, Heft 48: I Li, Bd. 11, S. 52: Kommentar.

b) Die sogenannte dreijährige Herzenstrauer (Hsin-Sang) bedeutet, daß die Söhne für die verstorbene Mutter in Wirklichkeit auch wie für den verstorbenen Vater die dreijährige Trauerzeit einhalten. Nur wurde die Ausnahme des einjährigen Trauergewandtragens für die verstorbene Mutter zu Lebzeiten des Vaters oft als Ausdruck der Ungleichberechtigung von Mann und Frau (Vater und Mutter) empfunden, besonders von den Frauen. So hat z.B. die Kaiserin Wu Tse-T'ien (武 則 天) am 27. Dezember (nach dem Mondkalender) des 1. Regierungsjahres Shang-Yüan von Kaiser Kao Tsung (高 宗 , 650-683 n.Chr.) = im Jahre 674 n.Chr. ein Gesuch an den Kaiser (Kao Tsung) gerichtet, um eine Änderung des Trauergewandtragens für die verstorbene Mutter von einem Jahr auf drei Jahre zu erbitten.

Das Gesuch wurde bewilligt, die Änderung trat aber anfangs nicht in Kraft.

Erst im Jahre 685 n.Chr. wird die Änderung als Verordnung aufgenommen und tritt im Jahre 688 n.Chr. in Kraft.

Im Jahre 718 n.Chr. bat Lu Li-Ping (盧 履 冰) aber den Kaiser Hsüan Tsung (玄 宗) um die Wiedereinführung des alten einjährigen Trauergewandtragens für die verstorbene Mutter. Angeregt durch dieses Gesuch (von Lu) ließ der Kaiser die zuständigen Behörden darüber diskutieren.

T'ien Tsai-Szu (田 再 思) war nicht für eine Änderung. Da der Kaiser diese Frage noch nicht entschieden hatte, schickte Lu Li-Ping ein zweites Gesuch, worin er die Bitte um Wiedereinführung der Regel des einjährigen Trauergewandtragens für die Mutter wiederholt.

Als der Kaiser sein Gesuch nicht beantwortet, wiederholt er sein Gesuch ein drittes Mal. Auch Yüan Hsing-Ch'ung (元 行 沖ｼ) vertrat die gleiche Meinung wie Lu.

Im Jahre 720 n.Chr. stimmte der Kaiser Hsüan Tsung dann den Vorschlägen von Lu und Yüan zu.

13 Jahre später wird durch Siao Sung (蕭 嵩), der sich mit der Ergänzung des Sittenbuches der T'ang-Dynastie (618-907) befaßte, erneut der Wunsch laut nach Wiedereinführung des dreijährigen Trauergewandtragens für die verstorbene Mutter, wie es im Jahre 674 n.Chr. bewilligt worden war.

Der Kaiser Hsüan Tsung entspricht dem Wunsch, die Regelung wird wieder im Sittenbuch (der T'ang-Dynastie) festgelegt und tritt in Kraft (Das Wesen der T'ang-Dynastie

das Zeichen "Sang" bedeutet Trauer. Also wird die dreijährige Trauer für die verstorbene Mutter grundsätzlich nicht abgekürzt.

B. Über den Sinn des Wortes Ehemann = Hilfe

In der Erklärung des Buches "Po-Hu-T'ung" über das Wort "Ehemann" = "Hilfe" heißt es weiter, daß der Ehemann seiner Frau helfen soll, den Weg des rechten Tun und Lassens zu gehen. Diese Erklärung besagt, daß der Ehemann durch die seinem Geschlecht eigene körperlich stärkere Konstitution seiner Frau, als dem schwächeren Geschlecht, Hilfe und Beistand leisten soll, um eine gemeinsame gute Ehe zu schaffen und zu unterhalten.[94] Es bedeutet aber nicht, daß der Mann die Frau unterwerfen kann oder darf.[95] Daraufhin

---

von Wang P'u, Peking 1955, S. 675-678). Vermutlich wurde die Trauerzeit (hier gleich der Zeit des Trauergewandtragens) in der Anwendung nicht ganz nach dieser Festlegung im Sittenbuch der T'ang-Dynastie befolgt, sondern weiter nach dem früheren "Buch der Sitte" angewandt, wonach für die verstorbene Mutter, wenn der Vater noch lebte, nur die ein-jährige Trauerzeit eingehalten wurde (sonst für die Mutter dreijährige Trauerzeit). Die ungleiche Trauerzeit für den Vater und die Mutter kam im 7. Regierungsjahr des Kaisers Hung Wu (洪武, 1374 n.Chr.) der Ming-Dynastie (1368-1644) erneut zur Diskussion, und zwar durch den Kaiser selbst beim Tode der Kaiserin Sun Kuei-Fei (孫貴妃) im 11. Monat dieses Regierungsjahres (1374 n.Chr.). Er fand den Unterschied zwischen der Trauerzeit für den Vater 3 Jahre und für die Mutter 1 Jahr zu groß, so legte er in einem Erlaß fest, alle Kinder sollten für jeden Elternteil in gleicher Weise 3 Jahre trauern. Der Erlaß wurde später in dem im Jahre 1397 n.Chr. in Kraft tretenden Ming-Gesetzbuch verankert (Yang, S. 791). Auch das folgende Ch'ing-Gesetzbuch übernahm diese Regelung, die noch bis jetzt Gültigkeit besitzt (Chao, S. 8, Tabelle 1 über die Trauerzeit und "Das Neue Buch über Sitte und Brauchtum" von Ch'en Kuo-Fu und Ch'iu P'ei-Hao, Erscheinungsort nicht angegeben, 1950, S. 63).

94 Die Ursache der andersgearteten Leistungsfähigkeit der Frau ist auch physiologischer Art, vor allem ergeben sich grundlegende somatische Unterschiede gegenüber dem Mann. Erklärungen zu wissenschaftlichen Untersuchungen über diese Frage vergleiche Bodo Schmidbauer-Jurascheck: Arbeitsphysiologische Probleme im Betrieb, Wiesbaden 1961, S. 139 ff.

95 a) Der bekannte moderne Jurist Tung K'ang (董康) hat geäußert, daß die in dem Buch "Po-Hu-T'ung" für das Wortzeichen "Ehemann" (Fu[a]) gegebene Erklärung "Hilfe" (Fu[c]) ihren rechten Sinn habe, sie besage nicht, die Frau sei Unterworfene des Mannes. Näheres s. Yang 1978, Bd. II, S. 371.

b) F.T. Cheng meint auch: "Der römische Begriff des manus, das heißt, die Kollektiv-Macht oder Rechte eines Gatten über seine Frau, sofern die Trauung in bestimmten gesetzlichen Formen – wie dem coemptio oder dem confarreatio – erfolgte, hat noch weniger Raum im chinesischen System; denn das römische Recht stellt die Frau unter

stellt auch die Frau eine Hilfe für den Mann dar. Eine ebensolche Auffassung enthält auch der biblische Schöpfungsbericht: "Ich will ihm eine Gehilfin machen, die um ihn sei". D.h. die Frau ist nicht dem Manne untergeben, sie ist vielmehr seine "andere Hälfte", Mann und Frau in ihrem Zusammenwirken werden "eins" genannt.[95/1] Im gleichen Sinne erläutert dies der Korintherbrief 7,3: "Der Mann leiste dem Weibe die schuldige Freundschaft, desgleichen das Weib dem Manne".

Wie die oben erwähnte gemeinsame gute Ehe beschaffen sein soll, erläuterte, praktisch ebenso wie früher, auch das Pekinger EheG von 1950 in Art. 8: Die Ehegatten sind verpflichtet, sich gegenseitig zu lieben und zu achten, sich gegenseitig beizustehen, friedlich zusammenzuleben und gemeinsam nach Glück und Wohl für die Familie zu streben.

C. Über den Sinn des Wortes Ehefrau = zum (Haus-) Dienst

In der im Buch "Po-Hu-T'ung" gegebenen Erklärung über die Bedeutung des Wortes "Ehefrau" = "zum (Haus-) Dienst" bestimmt, wird weiter erläutert, daß die Ehefrau sich der Hausangelegenheiten annehmen und für die Familienangehörigen sorgen soll. In dieser Erklärung ist berücksichtigt, daß die Veranlagung des männlichen und weiblichen Geschlechtes unterschiedlich ist. Deshalb verpflichten sich Mann und Frau unterschiedliche, ihrem Geschlecht entsprechend angepaßte Arbeit zu leisten (Funktionsteilung). Es heißt im "Li-Gi" über "Die Hausregel" auch schon, daß der Mann nicht nach den häuslichen Angelegenheiten und die Frau nicht nach den außerhäuslichen Angelegenheiten fragen soll.[96] Die Bedeutung des Wortes "Ehefrau" = "zum (Haus-) Dienst" hat also mit der Frage der Gleichberechtigung von Mann und Frau nichts zu tun.

---

immerwährende Vormundschaft, wogegen nach dem chinesischen System Mann und Frau gleichwertig sind. ... Der Unterschied zwischen den beiden Systemen besteht im Grunde in der Tatsache, daß die Römer sich durch das Gesetz auszeichneten, während die Chinesen sich in Li, der Sittenlehre des korrekten Betragens übten" (F.T. Cheng, S. 255).

95/1 Näheres s. Hans I. Grünewald: Die Lehre Israels, München 1970, S. 32.

96 a) Shih San Ching Chu Shu: Heft 61: Li Gi, Bd. 27, S. 6.
b) Charakteristisch ist das Zeichen Fu[b] (妇) = Frau oder Ehefrau für den Sinn der Arbeitsteilung in den häuslichen Angelegenheiten. Die linke Seite des Zeichens Fu[b] enthält das Zeichen "Nü" für Weib oder Frau; die rechte Seite des Zeichens Fu[b] enthält das Zeichen "Chou" mit dem Sinn = Besen und dieses Zeichen "Chou" setzt sich wieder zusammen aus dem oberen Teil "Shou" = Hand (alte Schreibform) und dem

Würden Mann und Frau ohne Berücksichtigung der Geschlechtsunterschiede in allem gleichgesetzt, dann wäre das nur eine Gleichmacherei und nicht im echten Sinne der Gleichwertigkeit oder Gleichberechtigung von Mann und Frau.[97]

---

unteren Teil "Chin" = Hand- oder Wischtuch. Also ist das Zeichen Fu^b eine perspektivische Abbildung einer der Natur der Frau entsprechende Aufgabe (vgl. Shuo-Wen, Bd. 12 II: Erklärung zum Zeichen Fu^b).
Die in dem Buch "Po-Hu-T'ung" gegebene Erklärung für das Wortzeichen "Ehefrau" (Fu^b) = "zum Hausdienst" entspricht nach Meinung von Tung K'ang auch dem rechten Sinn, sie besage nicht, die Frau sei als Dienerin anzusehen. Näheres s. Yang 1978, Bd. II, S. 371.
Die in dem Buch "Po-Hu-T'ung" gegebene Erklärung über die Aufgabe der Frau deckt sich etwa mit der christlichen Auffassung, so z.B. schreibt F.W. Bosch in seinem Buch "Familienrechtsreform", Siegburg 1952, S. 65: "Die erste Pflicht, die erste Verantwortung der Ehefrau liegt im Hause; das ist alte abendländisch-christliche Tradition". Dieser Einfluß über die Aufgabe der Frau ist auch in dem Gedicht "Das Lied von der Glocke" (1799) von Friedrich v. Schiller (1759-1805) erkennbar: "Und drinnen waltet die züchtige Hausfrau, die Mutter der Kinder und herrschet weise im häuslichen Kreise und..."
c) Ebenso charakteristisch weist das Zeichen Nan (男) für Mann oder Ehemann auf das dem Mann zugedachte Arbeitsgebiet hin. Das Zeichen Nan besteht aus dem oberen Zeichen "T'ien" und dem unteren Zeichen "Li". Das Zeichen T'ien heißt Feld, Acker, Land und das Zeichen Li heißt Kraft, Stärke, streben nach, sich anstrengen. Das bedeudet auch nichts anderes, als daß der Mann die außerhäuslichen Angelegenheiten übernehmen soll (vgl. Shuo-Wen, Bd. 13 I, S. 66: Erklärung zum Zeichen Nan). In diesem Sinne spricht auch "Das Lied von der Glocke" von Friedrich v. Schiller dies aus: "Der Mann muß hinaus ins feindliche Leben, muß wirken und streben und pflanzen und schaffen, erlisten, erraffen, muß wetten und wagen, das Glück zu erjagen."

97 a) Ludwig Schnorr von Carolsfeld vertritt auch diese Meinung in seiner Abhandlung "Über das Problem der rechtlichen Gleichstellung von Mann und Frau nach der Bonner Bundesverfassung": Was soll es eigentlich bedeuten, wenn Männer und Frauen gleichberechtigt sein sollen? Eine Grenze liegt eben in der Natur der beiden Geschlechter. Wollten wir solche leugnen, so wäre es besser sich von nun an des Wortes "Mensch" statt der Ausdrücke Mann und Frau zu bedienen. Das besondere jedes der Geschlechter ist wertvollstes Gut. Soll dies nur wegen des doktrinären Grundsatzes der Gleichbehandlung geopfert werden? Ist es nicht besser einen schönen harmonischen Gleichklang zweier verschiedener Töne herbeizuführen, als zwei vorhandene Stimmen durch Zwängen und Quetschen zu einer dann gleich unmelodischen Tongebung zu drängen? Soll man wirklich durch öde Gleichmacherei die Schönheit der Ergänzung des männlichen Naturells durch das einer Frau ausschalten oder den Mann feminin machen? Wir glauben, daß Derartiges wohl kein zweckmäßig denkender Mensch wünscht (s. "Juristische Rundschau", Berlin 1950, S. 417).

D. Über den Sinn der "drei Folgeleistungen der Frau"

Das letzte hier noch zu klärende Mißverständnis über die Ehe betrifft die im Buch "Li-Gi" genannten "drei Folgeleistungen der Frau". Der Sinn zur Anordnung dieser Folgeleistungen der Frau liegt auch darin, ihr wegen der körperlich schwächeren Konstitution eine Hilfe zu geben, das ist dem Sinne nach ebenso wie die Bedeutung des oben erörterten Wortes Ehemann = Hilfe. Diese Hilfe ist also im Unterschied der Geschlechter begründet, besagt aber nichts über eine Ungleichwertigkeit der Geschlechter.[98] Man kann das auch einfach von der dritten genannten Folgeleistung der Frau aus verstehen, welche besagt, daß die Frau nach dem Tode des Mannes ihrem Sohne folgt. Würde man annehmen die drei Folgeleistungen der Frau stellten eine Unterdrückung der Frau von seiten des Mannes dar oder es gäbe keine Gleichberechtigung der Geschlechter, dann wäre zumindest die dritte Folgeleistung der Frau (der Mutter) zu ihrem Sohn unerklärlich, denn diese Folgeleistung ergibt sich schon aus der natürlichen Beziehung der Mutter- und Kindesliebe. Die Frage der nicht gleichen Rechte oder der Unterordnung der Frau steht also mit diesem Falle nicht in Zusammenhang.[99]

---

b) Auch im Alten Ägypten wurden, trotz genereller Gleichrangigkeit von Mann und Frau, die Geschlechtsunterschiede nicht verleugnet (s. Katalog "Nofret", S. 45).

98 Es heißt am Anfang des Buches "Chung Yung" (Richard Wilhelm übersetzt "Maß und Mitte") auch: "Was der Himmel (dem Menschen) bestimmt hat, ist sein Wesen. Was dieses Wesen (zum Rechten) leitet, ist der Weg" (s. Li Gi, S. 3).

99 F.T. Cheng meint, daß die sogenannte "Dreifolgeleistung" der Frau oft von den mehr mit dem römischen Recht als mit chinesischen Institutionen Vertrauten mißdeutet wird, denn sie glaubten darin das römische "manus" zu erkennen, das die Frau unter ständige Vormundschaft stellt. Er erklärt dazu: Diese römische Verordnung hat aber in China nie existiert. Nach dem Lehrsatz der kindlichen Pietät ist es immer der Sohn, der die Wünsche der Mutter achten sollte. Die "Dreifolgeleistung" der Frau ist daher einfach eine Ermahnung an die ratsuchende Frau, sich je nach dem Fall zuerst dem Vater oder älteren Bruder, dann ihrem Gatten und zuletzt ihrem Sohn als ihrem "nächsten Freund" zuzuwenden (F.T. Cheng, S. 280).
Zur 3. Folgeleistung der Frau erklärt Tai Yen-Hui, daß sich diese Folgeleistung nur auf das Gebiet der Wirtschaft bezieht, das heißt, die Frau soll in wirtschaftlichen Angelegenheiten die Meinungen ihres volljährigen Sohnes nach dem Tode ihres Mannes berücksichtigen. In gleicher Weise soll der Sohn aber auch die Meinungen seiner Mutter berücksichtigen. Da sich der volljährige Sohn nach dem Gesetz der T'ang- oder der Ch'ing-Dynastie dem Mandat und der Belehrung seiner Mutter unterwerfen soll, bedeutet die 3. Folgeleistung der Frau nicht, daß sie nach dem Tode ihres Mannes in einem unselbständigen Zustand ihrem Sohne folgen soll (Tai 1962, S. 84).

X. Zusammenfassung

Aus den obigen Darlegungen lassen sich folgende Merkmale des chinesischen Ehewesens erkennen:

Der Grundgedanke der Ehe ist die vom Himmel gestiftete Beziehung beider Partner, wie sie sich in dem Hochzeitsspruch "eine gute, natürliche Ehebeziehung ist geknüpft" und "ein glückliches Paar ist vom Himmel vereint" kundtut.

Seit alters her gibt es nur das Einehesystem, Nebenfrauen waren früher aber zulässig.

Die Auffassung über das Verhältnis zwischen Mann und Frau in der Ehe bemißt sich nach dem Grundsatz: "Ch'i[a]-Che-Ch'i[b]-Yeh" = die Gemahlin, das ist die Seinesgleichen. D.h. die Frau ist gegenüber ihrem Mann gleichberechtigt.

Zur Anpassung der natürlichen Unterschiede der Geschlechter versteht man dann die Wichtigkeit der gegenseitigen Hilfeleistung von Mann und Frau für ein harmonisches Zusammenleben in der Ehe und Familie.

Die eheliche Arbeitsteilung gemäß der natürlichen Veranlagung von Mann und Frau bedeutet nicht eine Überordnung des Mannes oder eine Unterdrückung der Frau, sondern eine eheliche Institution in Form des "primus inter pares".

DRITTES KAPITEL

Das Verlöbnis

I. Die Stellung des Verlöbnisses im chinesischen Eherecht

Früher war das Verlöbnis nach dem germanisch-romanischen Recht für die Eingehung einer Ehe sehr wichtig, so wurde zuweilen "nicht bloß in Deutschland, sondern im ganzen Abendlande, soweit die germanisch-romanische Rechtsentwicklung reicht, 'verloben' und 'verheiraten' gleichbedeutend gebraucht" und "das Band der Ehe durch die Verlobung und nur durch die Verlobung erzeugt". Auch wurde "die Verlöbnisscheidung als Ehescheidung, die Entführung der Braut als gleich strafbar mit der Entführung einer Ehefrau behandelt".[100]

In China beinhalten die Worte "verloben" und "verheiraten" nicht dasselbe. Es kann nicht der eine Ausdruck für den anderen gebraucht werden. Wenn man aber an die im Kapitel "Das Wesen der Ehe" erwähnte gesetzmäßige Sitte "Kuo Men Shou Chen" denkt, daß die Braut in die Familie des verstorbenen Bräutigams aufgenommen werden konnte, und zwar mit allen Rechten und Pflichten, die einer Witwe zukamen,[101] so ist doch eine gewisse Parallele zum germanisch-romanischen Rechtskreis festzustellen. Die Braut galt nun schon als Witwe, und die Brüder des verstorbenen Bräutigams durften sie nicht mehr heiraten.[102] Hierzu bringt Herbert Engelmann folgendes Beispiel: "Die Verlobung schafft nun im weiten Umfang ein Verwandtschaftsverhältnis zwischen den Beteiligten, was sich am besten durch Wie-

---

100 a) Rudolph Sohm: Trauung und Verlobung, Weimar 1876, S. 12 und 32.
   b) W.K. Lacey berichtet in seinem von Ute Winter aus dem Englischen übersetzten Buch "Die Familie im Antiken Griechenland" (S. 214) auch, daß die vorhandenen historischen Heiratsfälle ehegesetzlich voraussetzen, daß den Hochzeiten eine Verlobung vorausgegangen war.
101 Nach dem Urteil des Reichsgerichtshofes Shangtzu Nr. 937 aus dem Jahre 1919 soll die folgende Angelegenheit nach den Vorschriften für Wiederheirat der Witwe behandelt werden, und zwar wenn von einem Mädchen, welches von ihren Eltern einem Mann als Braut versprochen war und das bereits vor der Eheschließung im Hause der Familie des Bräutigams lebt, der Bräutigam gestorben ist und sie eine andere Ehe eingehen will.
102 Lü 23, Satz 2 des Ch'inggesetzes: "Heiratet jemand beim Tode des älteren oder jüngeren Bruders dessen Frau, so werden beide mit Erdrosselung bestraft."

dergabe einer gerichtlichen Entscheidung beweisen läßt. Ein gewisser Su-tsung-te hatte seine Tochter Su-ta-ko an den Liu-pa verlobt. Letzterer war nach einiger Zeit verschollen, und nach Ablauf von 8 Jahren verlobte der Vater seine Tochter an einen Bruder des Liu-pa. Nachdem die Ehe geschlossen war, wurde sie für nichtig erklärt, da ein formelles Verlöbnis schon die Verwandtschaft begründe und niemand die Witwe seines Bruders innerhalb der Trauerstufen heiraten könne ...".[103] Aus diesen Beispielen ersieht man, daß die Verlobung fast die Wirkung einer Eheschließung hatte.

Zur Zeit der Dynastien Hsia (2205-1783 v.Chr.), Shang (1783-1122 v.Chr.) und Chou (1122-255 v.Chr.) wurde "Li" (禮, Sitte, Etikette, Zeremonie oder vernunftgemäße Sozialordnung) mit gesetzartigem Charakter angewandt.[104] Dem Verlöbnis kam seit der Chou-Dynastie (1122-255 v.Chr.),

---

103 Engelmann: S. 49 f.
104 a) Ch'en Shu-Te, S. 11; F.T. Cheng, S. 31; Yüan I-Ch'eng, S. 2 und Yang, S. 360.
b) Kuo Mo-Jo erklärt in seinem Buch "Die zehn kritischen Abhandlungen über alte chinesische Philosophen", Peking 1954, etwa nach der Auffassung des Klassensystems, daß früher "Li" im engeren Sinne für höhere Bürger und im weiteren Sinne mit gesetzartigem Charakter für die übrige Bevölkerung der Kaufleute, Bauern und Arbeiter angewandt wurde (S. 227).
c) Wilhelm Seagle: Weltgeschichte des Rechts, München 1958, S. 154: "Wir wissen auch, daß es in der ältesten Zeit der chinesischen Geschichte schon geschriebene Gesetze gab". Zu dieser Stelle bemerkt Seagle folgendes: "Als ältestes chinesisches Gesetzbuch gilt der Chow-Li aus der Zeit um 1100 v.Chr.. Es wird vermutet, daß dieses Werk von Tan, dem Herzog von Chow und Bruder des Gründers der Chow-Dynastie, stammt".
Das von Seagle erwähnte Buch "Chou (Chow)-Li" wird mit den Büchern "I-Li" und "Li-Gi (Chi)" das Buch "San-Li = Die drei Li-Bücher" genannt (s. Liang Ch'i-Ch'ao: S. 119).
d) Das Wort "Li" (禮), kann man schwer eindeutig ins Deutsche übersetzen. Z.B. wurde das Buch "Li-Gi" von Richard Wilhelm ins Deutsche übersetzt mit "Buch der Sitte" (Jena 1930), in dem Buch "Einführung in die Wirtschafts- und Sozialgeschichte Chinas" von E. Stuart Kirby (Die englische Originalausgabe ist unter dem Titel "Introduction to the Economic History of China" erschienen, London 1954. Die deutsche Übersetzung besorgte Grete Felten unter Mitwirkung von Walther Stromeyer, München 1955.), S. 35 wird es aber mit "Buch der Riten" übersetzt. Näheres über die verschiedenen Bedeutungen des Zeichens Li vgl. F.T. Cheng, S. 31-42; außerdem "Konfuzius" (Die amerikanische Originalausgabe erschien 1938 unter dem Titel "The Wisdom of Confucius" bei Random House, Inc., New York. Deutsche Übersetzung von Gerolf Coudenhove.), herausgegeben von Lin Yutang, Frankfurt/Main 1957, S. 16 ff. und "Die Rechtswissenschaft" (aus der Schriftenreihe "Die Sozialwissenschaft im 20. Jahrhundert", Bd. I) von mehreren Verfassern, Redakteur Mei Chung-Hsieh, Taipeh 1962, S. 350, Anmerkung 1, ferner Ladstätter/Linhart, S. 43.

welche die sechs Heiratsriten angeordnet hatte (s. Anm. 6), eine entscheidende Bedeutung zu. Dies zeigt ein Beispiel: Die Eltern von Konfuzius (551-479 v.Chr.) hatten die damals geltenden Verlobungsriten (1. Heiratswunschbesuch, 2. Erkundung des Mädchennamens, 3. Schicksalsbefragung durch kultische Handlung und 4. Brautgeschenk, innerhalb der sechs Heiratsriten) nicht ganz befolgt und schon geheiratet. Deshalb ist der Historiker Szu Ma-Ch'ien (180-60 v. Chr.) der Meinung, daß Konfuzius aus einer wilden, aber eigentlich nur formfehlerhaften Ehe hervorgegangen sei.[105]

Seit der T'ang-Dynastie (618-907) bis zur letzten Dynastie Chinas, der Ch'ing-Dynastie (1644-1911), war das Verlöbnis ein gesetzlicher Bestandteil der Eheschließung und seine inhaltlich ähnlichen Bedingungen waren z.B. nach dem Ch'ing-Gesetz folgende: Ist man zur Verlobung geneigt, setzt man mit dem Heiratsvermittler den Ehebrief auf (Hun[a]-Shu) und schickt der Sitte gemäß Brautgeschenke (Lü 1 Abs. 1 des Ch'ing-Gesetzbuches und Kommentar zu diesem Abs. 1). Das Verlöbnis ist auch gültig, wenn kein Ehebrief vorhanden ist, die Brautgeschenke aber angenommen worden sind (Lü 1 Abs. 3).

Diese gesetzlichen Verlobungsakte sind in ähnlicher Weise bereits in den Vorschriften des Buches "Li-Gi" (Buch der Sitte) enthalten, worin es heißt, daß eine Frau über die Verlobung die Ehe eingeht, nur dann ist sie rechtmäßige Ehefrau (聘則為妻). Ist sie ohne die sechs Heiratsriten, von denen vier für die Verlobung waren, die Ehe eingegangen, so gilt sie nur als Nebenfrau (奔則為妾).[106]

Bis in die ersten Jahre der neu gegründeten chinesischen Republik (1. Januar 1912) kam bei Formmangel der Verlobungsriten keine wirksame Ehe zustande. Das geht z.B. hervor aus einer Entscheidung des Reichsgerichtshofes im siebenten Jahr der Republik (1918), Shangtzu Nr. 1018: Die

---

105 a) Vgl. das Vorwort von Wu Ching-Heng zu "Das Neue Buch über Sitte und Brauchtum" von Ch'en Kuo-Fu und Ch'iu P'ei-Hao. Obwohl die Eltern des Meisters K'ung (Konfuzius) die Heiratsriten nicht ganz der Regel entsprechend vollzogen haben, hat der wichtigste Heiratsritus zur Erlangung des Standes der legitimen Ehefrau, die Zeremonie des "Ahnentempelbesuches", "M'iao-Chieng" (廟見) nach dem Buch "Hausgespräche des Meisters K'ung" doch stattgefunden (vgl. Ch'en Shih-K'o: Bemerkungen und Textbeweise zum Buch "Hausgespräche des Meisters K'ung", Taipeh 1976, S. 235). – Auf die alten vollständigen Heiratszeremonien wird im Kapitel "Die Eheschließung" ausführlich eingegangen.
b) Auch im germanischen Recht war es so: durch die Verlobung unterschied sich die eheliche von der außerehelichen Lebensgemeinschaft (Sohm, S. 33).
106 a) Shih San Ching Chu Shu, Heft 71: Li Gi, Bd. 61 II, S. 47.
b) R. Wilhelm hat diese Sätze aber folgendermaßen ins Deutsche übertragen: Findet eine Hochzeit statt, so wird das Mädchen Hauptfrau; wenn sie ohne Feier Aufnahme findet, so wird sie Nebenfrau (Li Gi, S. 362).

Eheschließung ist nicht die einzige Bedingung einer wirksamen Ehe, wenn nicht zuvor die Verlobungsriten befolgt wurden.

Infolge dieses über Jahrhunderte bestehenden, von Sitte und Gesetz geforderten Verlobungsvorgangs konnte das gegenwärtige, am 5. Mai 1931 in Kraft getretene Familienrecht des chinesischen Bürgerlichen Gesetzbuches nicht sofort nach der modernsten Richtung der Gesetzgebung ohne den Bestandteil "Verlöbnis" auskommen.[107]

Aber das Verlöbnis ist heute gesetzlich nicht mehr wie früher ein untrennbarer Bestandteil der Eheschließung, d.h. Verlöbnis und Eheschließung stellen jetzt im Familienrecht zwei voneinander unabhängige Akte dar. Man kann heute zur Eheschließung schreiten, ohne eine Verlobung einzugehen, und auf Grund des Verlöbnisses kann heute nicht mehr wie früher zwangsweise Erfüllung verlangt werden (Art. 975 des BGB), wie z.B. nach Lü 1 Abs. 2 des Ch'ing-Gesetzbuches: Hat eine Frau dem Ehebrief entsprechend zugesagt, bereut es dann aber plötzlich, so wird sie mit fünfzig leichten Stockschlägen bestraft. Der Kommentar bemerkt hierzu noch: Die Frau muß bei ihrem Bräutigam bleiben.[108]

Das Pekinger Ehegesetz erwähnt das Verlöbnis nicht mehr. Ch'en Yung-Fu erklärt aber, man könne den Verlobungsakt weiter vornehmen.[109] Der "Ausschuß für die Abfassung von Gesetzen des Staatsrates der Zentralvolksregierung" hat auf die Frage, ob die Verlobung ein notwendiger Akt der Eheschließung ist, geantwortet: "Die Verlobung ist kein notwendiger Akt. Irgendeine Verlobung durch Zwang ist aber ungültig. Mann und Frau dürfen sich jedoch freiwillig verloben".[110] Damit hat dieser Ausschuß fast ein Supplement über das Verlöbnis in das Ehegesetz eingeführt.

---

107 Chao, S. 58.
108 H. Engelmann übersetzt diesen Kommentar als Gesetzestext (Engelmann, S. 143).
109 Ch'en, S. 33.
110 a) S. "Sammlung ausgewählter Gesetze und Verordnungen der Volksrepublik China", herausgegeben vom Justizministerium der Volksrepublik China, Peking 1957, S. 278: Antwort auf Frage 11.

b) Vorher gab es noch Verlöbnisvorschriften aus verschiedenen vorläufigen Eherechtsbestimmungen der von den kommunistischen Truppen besetzten Gebiete. So z.B. berichtet W. Müller-Freienfels folgendes: "Die revidierten vorläufigen Eherechtsbestimmungen der Grenzgebiete von Shansi, Chahar und Hopei (Chin-Ch'a-Chi-Grenzgebiet) vom 4.2.1943 erklären, daß das Verlöbnis keine unerläßliche Voraussetzung der Ehe sei (Art. 6); die entsprechenden Paragraphen der revidierten vorläufigen Eheregelungen der Grenzgebiete von Shansi, Hopei, Shangtung und Honan vom 5.1.1942 bzw. 29.9.1943 enthalten sogar Vorschriften über den Abschluß von Verlöbnissen, die sie einem Registrierzwang unterwarfen (Art. 6), während die Regelungen für die Shen-Kan-Ning-Grenzgebiete vom 20.3.1944 (Art. 6) vorsehen, daß

II. Die Bedeutung des Verlöbnisses

Im Pekinger ersten und gegenwärtigen Ehegesetz ist kein Artikel über das Verlöbnis enthalten. Das Nankinger Familienrecht und die Gesetze der früheren Dynastien behandeln zwar das Verlöbnis, geben aber keine Definition über den Begriff Verlöbnis.[111]

Der Sinn des Verlöbnisses läßt sich jedoch aus dem oben genannten Lü 1 des Ch'inggesetzes herauslesen. Hier heißt es außer den schon erwähnten Bedingungen (Ausstellung des Ehebriefes und Zusendung von Brautgeschenken), daß "jeder Partner bei einer Verlobung nach freiem Ermessen handeln soll" = "Ko-Ts'ung-So-Yüan" (各 從 所 願).

Das Verlöbnis ist also eine Handlung nach freiem Ermessen der Partner und nach dem sittengemäßen Ehebrief oder den sittengemäßen Brautgeschenken ein gültiges Eheversprechen.[112]

Im Chinesischen nennt man dieses Eheversprechen auf der Mannesseite "P'ing[a]-Ting[a] (聘 定)" (Die Zufügung von a geschah wegen der gleichen Umschrift dieser beiden Zeichen mit den später genannten Zeichen P'ing[b], 娉 und Ting[b], 訂), auf der Frauenseite "Hsü-Chia (許 嫁)".[113]

Das Zeichen P'ing[a] heißt "besuchen oder fragen". Das Zeichen Ting[a] heißt "festsetzen, entscheiden, beschließen, versprechen oder einen Vertrag machen".[114]

---

falls einer der Verlobten die Eheschließung ablehnt, dieser bei der Regierung die Aufhebung des Verlöbnisses beantragen kann und gegebenfalls die Parteien dann jegliche Geschenke sich zurückzugeben haben" (Müller-Freienfels 1969, S. 876, Anmerkung 152).

111 a) Auch im deutschen Familienrecht findet man keine Begriffsbestimmung für das Verlöbnis (J. v. Staudinger: Kommentar zum Bürgerlichen Gesetzbuch mit Einführungsgesetz und Nebengesetzen, Bd. IV: Familienrecht, Berlin 1975, S. 31).

b) Allerdings besagt § 5 III FGB der DDR über das Verlöbnis, daß vor der Eheschließung die Partner ernsthaft prüfen sollen, ob von ihren Charaktereigenschaften, Auffassungen und Interessen sowie ihren gesamten Lebensumständen her, die Voraussetzungen gegeben sind, einen Bund fürs Leben zu schließen und eine Familie zu gründen. Der Wille zu dieser Prüfung kann durch ein Verlöbnis zum Ausdruck gebracht werden.

112 Z.B. nach den Urteilen des Reichsgerichtshofes Shangtzu Nr. 215 vom Jahre 1913 und Nr. 227 vom Jahre 1919 sind der Ehebrief und das Brautgeschenk die unbedingte Form der Verlobung. Vgl. auch die Urteile des Reichsgerichtshofes Shangtzu Nr. 1388 vom Jahre 1919 und Nr. 64 vom Jahre 1920.

113 Vgl. Lü 1 des Ch'inggesetzbuches.

114 Shuo-Wen, Bd. 12 I, S. 24: Erklärung zum Zeichen P'ing[a]; Tz'u-Yüan, S. 318 und 1143.

Nach dem Kommentar von Tuan Yu-Ts'ai (1735-1815) zu dem Buch "Shuo Wen" enthielt die linke Seite des Zeichens P'ing^a ursprünglich nicht das Zeichen "Erh (耳), Ohr", sondern das Zeichen "Nü (女), Weib".[115] Dieses ursprüngliche Zeichen "P'ing^b" (女平) diente speziell für "Besuch bei Frauen".[116] Man gebrauchte den Ausdruck P'ing^b-Ting^a an und für sich nur für die Verlobung des Mannes. So entspricht das gerade dem ersten Heiratsritus, wonach der Mann vor der Verlobung einen Heiratsvermittler zu einem Höflichkeitsbesuch bei dem Mädchen schickte, um zu bitten und anzufragen, ob es zur Heirat geneigt sei.

Das erste Zeichen "Hsü" vom Ausdruck "Hsü-Chia" für die Verlobung der Frau heißt "versprechen, zugeben, erlauben", und das zweite Zeichen "Chia" vom gleichen Ausdruck heißt "verheiraten" von der Frau aus gesehen. Also bedeutet dieser Ausdruck "Hsü-Chia" einfach das "Heiratsversprechen" oder das "Eheversprechen" von seiten der Frau.

Wenn sich ein Mann und eine Frau verloben, nennt man es allgemein "Yo Hun^a" (約女昏) oder "Ting^a Hun^a" (定 女昏).

Das erste Zeichen "Yo" vom Ausdruck "Yo Hun^a" bedeutet "versprechen, abmachen, das Abkommen oder der Vertrag".[117] Das zweite Zeichen des gleichen Ausdrucks bedeutet, wie schon erwähnt, "Ehe" oder "Heirat". Also heißt der Ausdruck "Yo Hun^a" "die Ehe versprechen (= verloben)" oder "einen Vertrag auf zukünftige Eingehung der Ehe schließen".

Die Bedeutung des ersten Zeichens "Ting^a" vom Ausdruck "Ting^a Hun^a" ist, wie schon gesagt, "festsetzen, versprechen, entscheiden, beschließen, entschließen oder einen Vertrag machen". Vom zweiten Zeichen "Hun^a" ist ebenso schon bekannt, daß es "Heirat oder Ehe" bedeutet. Also heißt der Ausdruck "Ting^a Hun^a" auch nichts anderes als "versprechen die Ehe einzugehen oder verloben", und zwar enthält diesen Ausdruck "Ting^a Hun^a" bereits der T'ang-Kodex (s. Art. 188), der erste noch vollständig vorhandene Kodex Chinas (T'ang-Dynastie 618 -907).[118]

Im gegenwärtigen Nankinger Familienrecht gebraucht man für die Verlobung oder für das Verlöbnis den Ausdruck "Hun^a Yo" (Art. 972 BGB). Dieser ist vom vorher genannten Tätigkeitswort "Yo Hun^a, verloben" zum Hauptwort geworden.

---

115 Man kann solche Zeichen z.B. noch in Art. 175 II und Art. 193 II des Gesetzbuches der T'ang-Dynastie (618-907) finden.
116 Shuo-Wen, Bd. 12 II, S. 29: Kommentar zum Zeichen P'ing^b.
117 Han-Te-Tz'u-Tien, S. 721.
118 Chang Shen schreibt in seinem Buch "Das chinesische Eherecht", S. 44, dieser Ausdruck sei erstmalig im Kodex der Ming-Dynastie (1368-1644) gebraucht worden. Dies scheint ein Irrtum zu sein.

Man kann aber auch vor das Hauptwort "Hun^a Yo, Verlobung" ein anderes Tätigkeitswort setzen, das aus zwei Zeichen besteht, nämlich "Ting^b Ting$^{a'}$" (訂定) = "festsetzen, entscheiden oder versprechen", um den Sinn des Tätigkeitswortes "verloben" zu erhalten. Also heißt dann das Tätigkeitswort "verloben" "Ting^b Ting^a Hun^a Yo" (vgl. Art. 972 Nankinger BGB).

Die Zeichen Ting^b und Ting^a sind ungefähr gleichbedeutend.[119] Sie sind hier nur tautologisch verwendet. Man kann sie auch einzeln anwenden, nämlich in "Ting^b Hun^a Yo" oder "Ting^a Hun^a Yo", was beides "verloben" bedeutet.

Die modernen chinesischen Juristen stimmen größtenteils darin überein, daß das Verlöbnis ein vertragsmäßiges Versprechen von Mann und Frau zur künftigen Eingehung der Ehe (= Eheversprechen) ist.[119/1]

Wenn auch beide Partner (Brautleute) ihr Eheversprechen halten sollen, kann man die Erfüllung dieses Versprechens nicht zwangsweise vollziehen (Art. 975 BGB), wie bei einem allgemeinen Vertrag (Art. 154 Abs. 1 BGB). Deshalb ist dieses Versprechen nicht als Vertrag der Eheschließung anzusehen.[120]

In China fällt das Verlöbnis unter das Familienrecht. Nach der familienrechtlichen Vertragstheorie ist das Verlöbnis "ein Vertrag des Personenrechts oder ein personenrechtliches Gemeinschaftsverhältnis. Danach besteht zwar eine Rechtspflicht zur Eheschließung, jedoch nicht im schuldrechtlichen Sinne. Die allgemeinen Vorschriften können nur insoweit Anwendung finden, als sie nicht den Bestimmungen des Verlöbnisrechts entgegenstehen oder dem Wesen des Verlöbnisses widersprechen".[121] Danach könnte man

---

119 Tz'u-Yüan, S. 318 und 1312.
119/1 Das frühere deutsche Reichsgericht "erblickte in der Verlobung als einem von Mann und Frau gegenseitig gegebenen und angenommenen Eheversprechen einen Vertrag und in dem durch die Verlobung begründeten Verhältnis ein Vertragsverhältnis. (RG. 61, 267. JW. 06, 9^3 u.a.)" – S. Julius Heller: Arzt und Eherecht, die ärztlich wichtigen Rechtsbeziehungen der Ehe in der Rechtsprechung, Berlin und Köln 1927, S. 11. So ähnelt die Auffassung der chinesischen Juristen dieser Entscheidung des deutschen Reichsgerichts.
120 a) Vgl. § 145 dt. BGB.
b) Chao, S. 56; Chang, S. 43 f.; Li, S. 20 f.
121 Feldmann, S. 38; vgl. auch Siebert/Vogel: Familienrecht (Kommentar), Köln 1954, S. F 3 f.; Ulrich Stutz: Die Rechtsnatur des Verlöbnisses nach deutschem bürgerlichen Recht, Tübingen 1900, S. 37 und "Das Bürgerliche Gesetzbuch für das Deutsche Reich", Kommentar von Otto Warneyer begründet, neubearbeitet von Heinrich Bohnenberg, Berlin 1950, Bd. II, S. 768 und Gerhard Wissing: Die Rechtsnatur des Verlöbnisses, Diss. Saarbrücken 1967, S. 26 ff.

vielleicht annehmen, daß das Verlöbnis nach der familienrechtlichen Vertragstheorie als familienrechtlicher Vertrag betrachtet wird. Ob diese Annahme zutrifft, ist aber nach früherem und jetzigem Recht unterschiedlich zu beurteilen und läßt sich aus folgendem erkennen.

Der Brautstand begründete früher dem Gesetz und der Sitte nach ein Verwandtschaftsverhältnis. Z.B. sollte nach dem Gesetz der Ch'ing-Dynastie (1644-1911) die Braut als Witwe bzw. Schwiegertochter einen Sohn adoptieren, wenn ihr Bräutigam vor der Eheschließung starb.[122] Es bestand auch, wie im Kapitel "Das Wesen der Ehe" erwähnt, die folgende Sitte: Wenn die Braut vor dem festgesetzten Hochzeitstage stirbt, geht der Bräutigam im "Ch'i-Shuai" Trauergewand, das den Grad der Verwandtschaft zu der Verstorbenen anzeigt, zur Beerdigung. Das Verlöbnis begründet also schon das Verhältnis der Familienangehörigkeit zwischen Braut und Bräutigam. Man könnte demnach sagen, daß das Verlöbnis als ein familienrechtlicher Vertrag galt.[123]

Im gegenwärtigen Nankinger Familienrecht haben die Brautleute überhaupt keine verwandtschaftlichen Beziehungen mehr. Somit kann man wohl nicht mehr wie vorher sagen, das Verlöbnis sei ein familienrechtlicher Vertrag, nur weil es im Familienrecht geregelt ist. Chang Shen meint deshalb, daß es sich beim Verlöbnis um einen Vertrag im allgemeinen Sinne handelt, wenn durch zwei Personen eingewilligt worden ist und wenn privatrechtliche Wirkungen in der Abmachung enthalten sind.[124] Mit anderen Worten, das Verlöbnis sei ein Vorvertrag, wenn es dem Vertrag der Eheschließung gegenübergestellt wird. Man könne es aber deshalb nicht einfach als familienrechtlichen Vertrag ansehen.[125]

Da, wie gesagt, das chinesische BGB keine Definition für den Begriff "Verlöbnis" enthält, wie ausländische Ehegesetzgebungen, beispielsweise das griechische BGB in Art. 1346, der besagt, daß das Verlöbnis ein Vertrag für die künftige Ehe ist, oder das englische "Law Reform (Miscellaneous Provision) Art 1970" in Sec. 1, wonach ein Verlöbnis nicht mehr als Vertrag angesehen wird,[125/1] wird verständlich, daß unter den chinesischen Juristen diese unterschiedlichen Meinungen über die Rechtsnatur des Verlöbnisses herrschen.

---

122 Lo, S. 24, Ziff. 2 b; vgl. auch die Erklärung des Reichsgerichtshofes T'ungtzu Nr. 937 vom Jahre 1919.
123 Vgl. Chang, S. 44.
124 Chang, S. 45; vgl. auch Art. 153 BGB.
125 a) Chang, S. 45 f.
 b) Ferdinand Schönsterner ist der gleichen Meinung (Ferdinand Schönsterner: Grundriß des kirchlichen Eherechts, Wien 1937, S. 99).
125/1 Bergmann/Ferid : Griechenland, 1984, S. 16; Großbritannien, 1986, S. 32 und 84.

III. Begründung des Verlöbnisses

A. Das Verlöbnis als persönliche Handlung der Partner

"Das Verlöbnis muß vom Mann und von der Frau als Parteien persönlich eingegangen werden" heißt es in Art. 972 Nankinger BGB.[126] Demnach ist das Verlöbnis eine rein private Rechtsgestaltung, welche das Gesetz dem Willen der Beteiligten überläßt, und ein sogenanntes höchst persönliches Rechtsgeschäft, bei dem eine Stellvertretung ausgeschlossen ist. Ähnlich wie Art. 972 Nankinger BGB drücken es z.B. Art. 98 des chilenischen, Art. 110 des columbianischen und Art. 81 des uruguayischen BGB aus.[127]

In China hat Artikel 972 BGB eine große Bedeutung. Früher war es oft so, daß die Eltern durch Mißverständnis der alten Heiratsregel "der Eltern Wille", worauf später noch näher eingegangen wird, ohne Wissen der Kinder die Ehepartner für sie auswählten und diese sich dann verloben ließen. Dieser Artikel hat also den Zweck, eine solche Praxis zu vermeiden und den Schutz der Heiratsfreiheit zu gewährleisten. Deshalb betont Art. 4 des Einführungsgesetzes zum Nankinger Familienrecht, welches am 5. Mai 1931 in Kraft getreten ist, daß der Artikel 972 BGB auch vor der Zeit vom 5. Mai 1951, in welcher also das Familienrecht rückwirkend in Kraft tritt, gilt. Daher sollte das Verlöbnis theoretisch ungültig sein, wenn die Eltern ihre Kinder in der Verlobung vertreten haben.

Um aber eine zu starke Änderung der vorhandenen Anschauungen und Tatsachen zu vermeiden und in die sozialen Verhältnisse keine Unruhe kommen zu lassen, sollten die Kinder an solche Verlöbnisse gebunden sein, wenn sie volljährig geworden sind und ihre Zustimmung dazu geben, wie aus der Entscheidung Shangtzu Nr. 1082 vom Jahre 1932 hervorgeht.[127/1]

Diese nachträgliche Zustimmung der Kinder widerspricht an sich dem Grundsatz der Heiratsfreiheit.[127/2] Deshalb fällte der Oberste Gerichtshof im Jahre 1934 die Entscheidung Shangtzu Nr. 1893 und gab das Justizamt im gleichen Jahre die Erklärung Yüantzu Nr. 1174 ab, daß ein solches Verlöbnis

---

126 In Art. 4 Pekinger EheG heißt es auch: "Die Ehe muß von beiden Teilen, vom Mann und von der Frau persönlich... geschlossen werden". Obwohl dieser Artikel nicht über die Verlobung spricht, betrifft er im Grunde genommen auch die Eheversprechung.
127 Chang, S. 46; Günther Beitzke: Familienrecht, München 1985, S. 25; Feldmann, S. 40 und Bergmann/Ferid: Chile, 1975, S. 15; Columbien, 1977, S. 18 und Uruguay, 1969, S. 9.
127/1 Siehe Chao, S. 58 und S. 59, Anm. 14.
127/2 Siehe Chao, S. 59, Anm. 14.

von Anfang an ungültig sein sollte. Die spätere Zustimmung der Kinder bei Volljährigkeitseintritt gilt demnach nur als neue Eingehung einer Verlobung.

B. Die Verlobungsfähigkeit

a) Das Mindestalter der Verlöbnispartner

Weder im ältesten noch vollständig vorhandenen Kodex Chinas, dem Kodex der T'ang-Dynastie (618-907), noch im Kodex der letzten Dynastie Chinas, dem Kodex der Ch'ing-Dynastie (1644-1911) war die Eingehung des Verlöbnisses an ein bestimmtes Alter gebunden. Man konnte sich also bereits im Kindesalter, wie auch im römischen Recht, die Ehe versprechen.[128]

Heute bestimmt das Gesetz nicht nur das Mindestalter für die Eheschliessung, sondern auch für die Verlobung. Nach Art. 973 BGB kann ein Mann nicht vor Vollendung des 17. Lebensjahres, eine Frau nicht vor Vollendung des 15. Lebensjahres ein Verlöbnis eingehen.[129] Demzufolge kann also der Minderjährige einerseits nicht mehr allzufrüh eine Ehe versprechen, andererseits sind die der Sitte nach noch üblichen von den Eltern abgegebenen Eheversprechungen "unter Hinzeigen auf den Mutterleib" oder "Abschneiden des

---

128 Siehe Chang, S. 48; August Knecht: Handbuch des katholischen Eherechts, Freiburg i. Breisgau 1928, S. 146 und 164 und Erwin Seidl: "Römisches Privatrecht" (aus der Reihe "Erlanger Vorlesungshefte"), herausgegeben von H.J. Riegner, Erlangen 1948, S. 11. Vgl. Dacre Balsdon: Die Frau in der römischen Antike, München 1979, S. 197.

129 Es gibt auch die Auffassung, daß man das Mindestalter für das Verlöbnis nicht als allzu wichtig ansieht, da ja das Mindestheiratsalter gesetzlich festgelegt ist. So findet man z.B. im deutschen BGB und im schweizerischen ZGB kein Mindestalter für das Verlöbnis. Vgl. Feldmann, S. 40 und Peter Tuor: Das schweizerische Zivilgesetzbuch, Zürich 1948, S. 123.

Jedoch erklärt Volker Pohl in seinem Buch "Familienrecht", Frankfurt/M. 1979, S. 7 f., über die Wirksamkeit des Verlöbnisses nach dem deutschen Recht: Um sich rechtgültig verloben zu können, muß der Verlobte grundsätzlich geschäftsfähig sein. Minderjährige oder sonst Geschäftsbeschränkte benötigen die Zustimmung der Eltern oder ihres sonstigen gesetzlichen Vertreters. Verlobt sich der 17jährige (nach § 2 BGB tritt Volljährigkeit mit Vollendung des 18. Lebensjahres ein) Sohn ohne Wissen seiner Eltern, so ist das Verlöbnis "schwebend unwirksam". Geschäftsunfähige (z.B. Kinder bis zu 7 Jahren, entmündigte Geisteskranke) können sich überhaupt nicht verloben.

Kleideraufschlages" (指腹割衫襟為親者) damit ausgeschlossen.¹³⁰ Um zu vermeiden, daß der gesetzliche Vertreter das ihm nach Art. 974 BGB zustehende Zustimmungsrecht, z.B. für Verlobungen von nicht verlobungsfähigen Kindern mißbraucht, wurde Art. 973 BGB geschaffen, der das Mindestalter für die Verlobung festsetzt. Wenn ein Verlöbnis gegen Art. 973 BGB verstößt, wird es nach Art. 71 BGB von Anfang an als ungültig angesehen, es sei denn, daß es vor Inkrafttreten des Familienrechts vorhanden war (Art. 4 des Einführungsgesetzes zum Familienrecht). Diese Ungültigkeit kann auch nicht wie bei einem allgemeinen Vertrag gemäß Art. 77 und 79 BGB durch vorherige Einwilligung oder durch spätere Genehmigung des gesetzlichen Vertreters geheilt werden.¹³⁰/¹

Obwohl schon das 1. Pekinger EheG vom April 1950 keinen Artikel über das Verlöbnis enthielt, gab der Ausschuß für die Abfassung von Gesetzen des Staatsrates der Zentralvolksregierung im Juni 1950 doch hierfür eine Erklärung über das Mindestalter für die Verlöbnispartner heraus, wonach sich der Mann mit dem 19., die Frau mit dem 17. Lebensjahr verloben konnte, d.h. Mann und Frau konnten jeweils ein Jahr vor Erreichen ihres Mindestheiratsalters (für den Mann das 20. und für die Frau das 18. Lebensjahr) eine Verlobung eingehen.¹³¹ Wenn die obige Erklärung des Staatsrates der Zentralvolksregierung auch für das gegenwärtige Pekinger EheG von 1980 Gültigkeit haben sollte, fragt es sich, ob die darin angegebenen Mindestalter für die Verlobung von Mann und Frau gleich gültig für das gegenwärtige EheG geblieben sind oder ob sie, wie die Mindestalter für die Heirat nach dem neuen EheG von 1980, jeweils um 2 Jahre höher liegen werden (Mindestheiratsalter des Mannes das vollendete 22. Lebensjahr, der Frau das vollendete 20. Lebensjahr), darüber ist dem Verfasser kein Material greifbar.

---

130 a) Schmitt, S. 94 f.; Engelmann, S. 44 und 146; Yang, S. 628; Chang, S. 31 und 39 und die Entscheidung des Reichsgerichtshofes Shangtzu Nr. 536 vom Jahre 1915 sowie T'iao-li 2 zu Art. 101 des Ch'inggesetzes.
b) Die Sitte der Kinderehe geht zurück etwa bis auf die Zeit "San Kuo" (222-265), "Die drei (König-)Reiche", schriftliche Angaben darüber im Gesetz findet man aber erst in der Yüan-Dynastie (1277-1368). Näheres s. "Juristisches Studium über die chinesische Kinderehe in der Neuzeit" von Shih Ch'i-Yüan aus der "Zeitschrift der Sozialwissenschaft" (herausgegeben von der juristischen Fakultät der Universität Taiwan, Taipeh/Taiwan), Bd. VI, 1955, S. 93.
130/1 Chao, S. 59.
131 Ch'en, S. 46.

Die Volljährigkeit in der Volksrepublik China tritt mit dem vollendeten 18. Lebensjahr ein.[131/1] Normalerweise ist der Volljährige rechtsfähig, so wie es das belgische BGB in Art. 488 ausdrückt: "Mit diesem Alter wird die Fähigkeit zu allen Handlungen des bürgerlichen Lebens" erlangt. (Im gleichen Sinne s. Art. 12 und 13 Nankinger BGB). Nach der eben erwähnten Erklärung des Staatsrates der Pekinger Zentralvolksregierung betreffend das Mindestalter für die Verlobung durfte sich der volljährige Mann (mit vollendetem 18. Lebensjahr), aber nicht unter dem Mindest-Verlobungsalter (19. Lebensjahr) verloben. So stand diese Festlegung des Verlobungsmindestalters mit der durch die Volljährigkeit erlangten Rechtsfähigkeit hier nicht in Einklang.[131/2] Dies wäre auch in noch stärkerem Maße der Fall, falls die Verlobungsmindestalter von Mann und Frau nun um jeweils 2 Jahre höher festgelegt worden sein sollten und es würde sogar auch die Frau betreffen.

Trotzdem nach oben Gesagtem im Bereich des Pekinger EheG Verlobungen im Kindesalter eindeutig verboten sind, ist die alte Sitte der Verlobung von Kindern nach einer gewissen Zeit der Zurückhaltung nach Einführung des EheG vom 1950, nun wieder erneut aufgelebt. So wird in der Tageszeitung "China News" vom 21. Nov. 1986 aus dem Bezirk Shih-Chia-Chuang (石家莊), Provinz Hopeh (河北) berichtet, daß von 47 Schülern (etwa 9 Jahre alt) der 3. Volksschulklasse im Kreis Kao-Ch'eng (藁城), Provinz Hopeh, schon 36 Schüler durch Bestimmung ihrer Eltern verlobt sind.

Auch nach einem Bericht des Frauenvereins im Bezirk Shih-Chia-Chuang sind in dem 2160 Einwohner zählenden Dorf Shuang Miao (雙廟) etwa

---

131/1 S. "Grundprobleme im Zivilrecht der Volksrepublik China" vom Zivilrechtlichen Institut der zentralen politischen und rechtlichen Kaderschule, Peking 1958, S. 65 und s. auch Bergmann/Ferid: China, 1969, S. 34.
131/2 Äußerlich gesehen ergibt sich eine gewisse Ähnlichkeit zwischen der Rechtslage nach der Erklärung des Staatsrates der Zentralvolksregierung und der nach Art. 488 des belgischen BGB (Fassg. v. 15.12.1949), wonach volljährige Kinder (Volljährigkeit gemäß Art. 488 belgisches BGB mit vollendetem 21. Lebensjahr) "vor Eingehung einer Ehe durch eine ehrerbietige und förmliche Anfrage den Rat ihres Vaters und ihrer Mutter einholen" müssen (gemäß Art. 151 belg. BGB, Fassg. vom 14.7.1953). (Dies kommt etwa der chinesischen Heiratsregel "Der Eltern Wille" gleich, worüber später noch ausführlich gesprochen wird.) In Wirklichkeit kann man aber die beiden Rechtsinstitutionen nicht gleich setzen, da sich nach dem belgischen BGB der Volljährige grundsätzlich verloben oder verheiraten kann, nach der Erklärung des Staatsrates der Pekinger Zentralvolksregierung jedoch, darf sich der 18-jährige Volljährige bis zum Erreichen des 19. Lebensjahres überhaupt nicht verloben. Allerdings ist Art. 151 des belg. BGB durch Gesetz vom 15.1.1983 aufgehoben (Bergmann/Ferid: Belgien, 1984, S. 23).

80% der dortigen 12- bis 17-jährigen Jugendlichen, ein Drittel davon noch Schüler, bereits verlobt. Die so frühen Verlobungen zeigten jedoch auch negative Auswirkungen auf die verlobten Jugendlichen, was den Eltern nicht verborgen geblieben ist; durch Ausführung längerer Verlobungszeremonien sowie Kontaktaufnahme und Kontaktpflege mit der neuen Verwandtschaft werden die Jugendlichen oft nervlich und seelisch überfordert, so daß die schulischen Leistungen nachlassen, z.T. die Schule ganz aufgegeben wird (s. "China News" vom 21.11.1986; vgl. auch "Central Daily News" vom 26.11.1986, S. 6).

Dieses Wiederaufleben der alten Gewohnheit der Kinderverlobung entspricht dem chinesischen Sprichwort "Chi-Chung-Nan-Fan," (積重難返), "Eine tief eingewurzelte Gewohnheit verändert sich nur schwer".

b) Einwilligung des gesetzlichen Vertreters zum Verlöbnis des Minderjährigen

Nach Art. 77 BGB bedarf ein beschränkt Geschäftsfähiger zur Abgabe und zum Empfang einer Willenserklärung der Einwilligung seines gesetzlichen Vertreters. Zwar kann ein Mann mit Vollendung des 17. Lebensjahres und eine Frau mit vollendetem 15. Lebensjahr ein Verlöbnis eingehen (Art. 973 BGB), sie sind aber beide als Minderjährige immer noch in der Geschäftsfähigkeit beschränkt (Art. 12 und 13 BGB). Zur Vermeidung einer leichtfertigen Verlobung schreibt Art. 974 BGB, entsprechend Art. 77 BGB, deshalb vor: "Ein Minderjähriger bedarf zur Eingehung eines Verlöbnisses der Zustimmung (Einwilligung) des gesetzlichen Vertreters". Diese Vorschrift ist zwingend, d.h. es gibt keine Ausnahme hiervon.

Nun erhebt sich die Frage, ob man unbedingt vor der Verlobung die Zustimmung des gesetzlichen Vertreters haben muß oder ob man diese auch nachträglich einholen kann. Nach Chao Feng-Chieh's Meinung ist diese Zustimmung nur eine Bedingung zum wirksamen Verlöbnis und nicht zur Entstehung der Verlobung.[132] Chang Shen meint auch, daß für das Verlöbnis, wie bei einem allgemeinen Vertrag, nach Art. 79 BGB eine Zustimmung (Genehmigung) vom gesetzlichen Vertreter nachgeholt werden kann.[133]

---

132 a) Chao, S. 60.
  b) Ähnlich drückt es Art. 90 Abs. 2 des schweizerischen ZGB aus: Unmündige oder entmündigte Personen werden ohne die Genehmigung der gesetzlichen Vertreter durch ihre Verlobung nicht verpflichtet.
133 a) Chang, S. 49.
  b) Im dt. BGB findet man keinen ähnlichen Artikel wie Art. 974 Nankinger BGB. Zur Frage, ob der Minderjährige vor der Verlobung die Einwilligung des gesetzli-

Nach Li I-Shen's Ansicht ist der Sinn des Artikels 974 BGB, die Eltern (als gesetzliche Vertreter) an der Eheversprechung der Kinder teilnehmen zu lassen. Darüber hinaus meint er, daß der Minderjährige vor dem Verlöbnis die Zustimmung der gesetzlichen Vertreter einholen soll. Auch Tai Yen-Hui vertritt den Standpunkt, daß die minderjährigen Brautleute zuerst die Zustimmung des gesetzlichen Vertreters erhalten haben müssen, ehe sie sich die Ehe versprechen dürfen.[134]

Zur Klärung dieser Frage soll etwas näher auf den Text der Vorschrift eingegangen werden. Art. 79 BGB lautet: "Ein Vertrag, der von einem Beschränkt-Geschäftsfähigen ohne Einwilligung des gesetzlichen Vertreters abgeschlossen wird, ist von Anfang an wirksam, wenn der gesetzliche Vertreter später die Genehmigung erteilt". Der Sinn dieses Artikels ist doch der, daß die Genehmigung des gesetzlichen Vertreters eine Handlung ist, die nach Abschluß des Vertrages auf diesen einwirkt. Der Sinn dieses Art. 79 BGB wird noch klarer, wenn man den folgenden Art. 80 BGB liest: "Im Falle des vorhergehenden Artikels kann der Vertragsgegner dem gesetzlichen Vertreter eine Frist von mindestens einem Monat setzen, innerhalb der die Antwort, ob er genehmigt oder nicht, erfolgen muß".

Wenn man nun auch der Ansicht ist, daß der Fall des Art. 974 BGB genau so liegt wie der des Art. 79 BGB, dann wäre die Vorschrift des Art. 974 BGB überflüssig. In Wirklichkeit geht aber der Sinn des Art. 974 BGB ganz eindeutig aus dem Wortlaut des Artikels hervor: "Zur" Eingehung des Verlöbnisses bedarf es der Zustimmung des gesetzlichen Vertreters, es heißt nicht "nach" Eingehung des Verlöbnisses. Das bedeutet, ohne vorherige Zustimmung des gesetzlichen Vertreters darf sich der Minderjährige überhaupt nicht verloben.

Der Grund dieser Beschränkung für den Minderjährigen ist, den Mißbrauch der Verlobungsfreiheit der Art. 972 und 973 BGB zu vermeiden.

---

chen Vertreters haben muß, meint Heinrich Mitteis: Wenn der beschränkt Geschäftsfähige sich ohne Zustimmung seines gesetzlichen Vertreters verlobt hat, ist zu prüfen, ob er die nötige Einsicht in das Wesen des Verlöbnisses und der Ehe besessen hat. Wird dieses bejaht, so ist das Verlöbnis nicht wegen der beschränkten Geschäftsfähigkeit unwirksam (Mitteis, S. 19).

Siebert und Vogel vertreten aber die Meinung, daß das Verlöbnis den allgemeinen Vorschriften über Rechtsgeschäfte und über Verträge untersteht, daher bedarf der beschränkt Geschäftsfähige der Zustimmung des gesetzlichen Vertreters. Genehmigung durch den unbeschränkt geschäftsfähig gewordenen Verlobten mit rückwirkender Kraft ist möglich, sofern das Verlöbnis noch schwebend wirksam ist (Siebert/Vogel, S. F 3 f).

134 Li, S. 27 und Tai, S. 41.

Denn die gesetzlichen Vertreter, meist Eltern, Großeltern oder Hausälteste (Art. 1086, 1094, 1098 BGB) können durch ihre Erfahrung und elterliche Fürsorge das Vorhaben besser übersehen als der Minderjährige. Das meint auch Menzius (372-289), wenn er sagt: "Wird ein Knabe geboren, so wünscht man ihm ein Weib, wird ein Mädchen geboren, so wünscht man ihm einen Mann: diese elterlichen Gefühle haben alle Menschen. Wenn nun aber die jungen Leute, ohne der Eltern Wille und der Vermittler Worte abzuwarten, Löcher in die Wand bohren, um einander zu erspähen oder über die Mauern klettern, um beieinander zu sein, so werden sie von den Eltern und Mitbürgern insgesamt verachtet".[135] So wird Art. 974 BGB der alten Heiratsregel "der Eltern Wille", die in China immer noch üblich ist, anzupassen sein.[136]

Erläuternd dazu kann noch das Ergebnis einer Befragung von jungen Leuten in bezug auf drei Blickpunkte bei der Gattenwahl angeführt werden, um die Berechtigung dieses Artikels zu zeigen:

---

135 a) Mong Dsi, S. 64.
   b) Diese elterlichen Gefühle, wie Menzius sie schildert, sind auch jetzt von wissenschaftlicher Seite her erwiesen, so heißt es z.B. in dem Buch "Die ideale Ehe" von M.J. Exner (englische Originalausgabe mit dem Titel "The Sexual Side of Marriage", ins Deutsche übertragen von Heinz Kotthaus, Stuttgart 1953): "Kinder zu haben bringt reichen Lohn in den Jahren, in denen sie den Eltern schwere Entbehrungen und Verpflichtungen auferlegen. Den reichsten Lohn aber bringt es, wenn die Kinder erwachsen sind, auf eigenen Füßen stehen, heiraten und selbst eine Familie gründen. Dann sind alle Opfer vergessen, dann herrscht reines Glück" (S. 200 f).
   c) Wie Menzius sagt, daß sich einander zugeneigte junge Leute auf anständige Art und Weise begegnen sollen, so geht es auch schon aus dem alten Weisheitsbuch I-Ging mit dem Naturzeichen "Kua (卦)", dem Hexagramm "Hsien (咸)" hervor, welches lehrt: Es hängt vom standhaft korrekten Vorgehen ab, wenn du die junge Frau heiratest und nur so wird es Glück bringen (s. I-Ging, interpretiert und herausgegeben von Peter H. Offermann, Olten und Freiburg im Breisgau 1976, S. 119) und vgl. auch Hsieh Ta-Huang, S. 224 f.

136 Durch das langjährige Bestehen der Heiratsregel "der Eltern Wille" ist diese Regel jetzt noch im Volk eingewurzelt, und so kann man noch oft Verlobungs- oder Heiratsanzeigen in der Zeitung lesen, worin es heißt, daß wir (Brautpaar), die Zustimmung von unseren Eltern erhalten haben, und unsere Verlobung oder Vermählung am Tage N in Saal N stattfinden wird, obwohl die beiden Brautpartner volljährig sind (Li, S. 27) und nach dem gegenwärtigen Gesetz keine Zustimmung von den Eltern einzuholen brauchten. (Urteil des Obersten Gerichtshofes Shangtzu Nr. 16 vom Jahre 1932)

1. Nahezu alle sind gegen eine Bestimmung des Ehepartners durch die Eltern oder Hausältesten.
2. Fast Zweidrittel wollen ihre Ehepartner nicht allein bestimmen.
3. Die meisten sind für eigene freie Gattenwahl, holen dazu aber die Einwilligung der Eltern oder des Hausältesten ein.[137]

Es soll nun noch eine Frage erörtert werden, die sich aus folgendem, angenommenen Fall ergibt: Ein Minderjähriger hat mit Zustimmung des gesetzlichen Vertreters geheiratet (Art. 981 BGB) und ist demnach gemäß Art. 13 Abs. 3 BGB geschäftsfähig. Wird er später geschieden und will wieder eine neue Ehe versprechen, ohne daß er schon volljährig geworden ist, so erhebt sich die Frage, ob er dann nochmals der Zustimmung des gesetzlichen Vertreters gemäß Art. 974 BGB bedarf.

Das ist im Gesetz nicht geregelt. Tai Yen-Hui ist der Meinung, daß der Minderjährige, der nach der Ehescheidung eine neue Ehe versprechen will, doch wieder die Zustimmung des gesetzlichen Vertreters benötigt. Denn er ist nach Art. 13 Abs. 3 BGB nur für allgemeine vermögensrechtliche Rechtsgeschäfte geschäftsfähig, nicht aber für ein personenrechtliches Rechtsgeschäft wie das Verlöbnis.[138]

Wenn auch das personenrechtliche und das vermögensrechtliche Rechtsgeschäft wesensverschieden sind, kann man in diesem Falle vielleicht doch sagen, daß Art. 13 Abs. 3 auch für dieses personenrechtliche Rechtsgeschäft (das Verlöbnis) gelten sollte. Denn erstens ist ohnedies die Zeitspanne zwischen dem Mindestalter für die Heirat und der Volljährigkeit nicht groß. Sie beträgt für den Mann im Höchstfall zwei Jahre (Mindestalter für die Heirat mit Vollendung des 18. Lebensjahres, Beginn der Volljährigkeit mit Vollendung des 20. Lebensjahres), für die Frau im Höchstfall vier Jahre (Mindestalter für die Heirat mit Vollendung des 16. Lebensjahres, Beginn der Volljährigkeit auch mit Vollendung des 20. Lebensjahres). Zum andern war im Mindestalter für die Heirat, für die man bereits einmal die Erlaubnis gab, genügend Reife vorausgesetzt. Weiterhin kam durch die erste Ehe auch ausreichende Lebenserfahrung hinzu. Danach sollte man für diesen Fall Minderjährigen zugestehen, allein die neue Ehe zu versprechen, um die gemäß Art. 13

---

137 In welchem Jahre diese Befragung stattfand, kann nicht genau angegeben werden. Sie ist erwähnt in dem Buch "Eherecht und Eheproblem" (verfaßt im Jahre 1943) von Li I-Shen, S. 27. Li gründet seine Angabe auf das Buch "Moderne chinesische Sozialprobleme" von Sun Pen-Wen, das für den Verfasser nicht greifbar ist.
138 Tai, S. 41.

Abs. 3 BGB erworbene Rechtsstellung, entsprechend dem Prinzip "Heirat macht mündig" nicht zu ändern.[139]

Zu der Frage, ob der Minderjährige nach Auflösung seiner Ehe weiterhin mündig bleibt, sollen noch zwei unterschiedliche Situationen behandelt werden, und zwar im ersten Fall bei Auflösung der Ehe durch Ehescheidung oder durch den Tod eines Partners und im zweiten Fall bei der Eheanfechtung. Nach den Meinungen von Liu Teh-K'uan und Yang Yü-Ling solle im ersten

---

[139] a) Für diese Auffassung findet man auch in den ausländischen Gesetzgebungen Unterstützung. Z.B. nach dem isländischen Sondergesetz zum Familienrecht "Gesetz über die Mündigkeit" vom 5.6.1947, § 4 macht Heirat mündig in allen Fällen, vorausgesetzt, daß die Mündigkeit nicht entzogen ist (Siegfried Boschan: Europäisches Familienrecht, München 1972, S. 230).

§ 8 Abs. 2 des tschechoslowakischen BGB vom 26.2.1964 hat es noch genauer formuliert, daß ein Minderjähriger der Großjährigkeit auch nicht durch Auflösung oder Ungültigkeitserklärung der Ehe verlustig geht (Bergmann/Ferid, Tschechoslowakei, 1985, S. 22).

b) Allerdings machte im alten China sogar schon die Verlobung mündig; das geht aus dem folgenden Beispiel hervor: Im Juli des 9. Regierungsjahres des Herzogs Hsi (僖公) von Lu (658-625 v.Chr.) stirbt die Prinzessin Pe-Chi (伯姬). Obwohl sie noch nicht volljährig und noch nicht verheiratet war, erhielt sie jedoch die Trauerzeremonie einer Volljährigen, nur auf Grund ihrer Verlobung. Näheres s. Yao Yen-Ch'ü: Das Wesen der "Frühling- und Herbst" -Periode (diese Periode: 722-479), Peking 1955, S. 110.

Es war auch damals während der Chou-Dynastie (1122-255 v. Chr.), in die auch die Regierungszeit des Herzogs Hsi von Lu fällt, allgemein Sitte, daß ein Mädchen im Alter von 15 Jahren verlobt werden sollte. Stirbt das Mädchen nach der Verlobung, wird ihr die Beerdigungezeremonie einer volljährigen Person zuteil, da sie durch Vollzug der Verlobungszeremonie bis zur Vollendung des vierten Ritus "Brautgeschenk, Na-Cheng", bereits den Stand einer "Ehefrau, die noch nicht zur Hochzeit gekommen ist", erworben hat (s. Li Chia-Fu: "Kulturgeschichtliche Beiträge", 4. Folge: "Die Zeremonie der Bekappung des Mannes und die Haartracht der Frau in der West-Chou-Dynastie – 1134-771 v.Chr. -", in der Monatszeitschrift "Chinesische Akademiker im Ausland", Nr. 152 vom 31.3.1985, S. 58). Von dieser Ehestandsbildung leitet sich auch der als Volljährigkeit angesehene Zustand ab (wie nach dem Prinzip "Heirat macht mündig") und dadurch ergibt sich auch in diesem Falle "Verlobung macht mündig". Ausgehend von diesen Gedanken verwendet man auch heute noch die Ausdrücke für Braut "Wei Hun^{a}Ch'i^{a}" (未婚妻) und für Bräutigam "Wei Hun^{a}Fu^{a}" (未婚夫) in der wörtlichen Bedeutung von "noch nicht zur Hochzeit gekommene Ehefrau" und "noch nicht zur Hochzeit gekommener Ehemann" sowie für Brautpaar "Wei Hun^{a}Fu^{a}Ch'i^{a}" (未婚夫妻), "noch nicht zur Hochzeit gekommenes Ehepaar". So wird auch verständlich, daß noch nach dem Gesetz der letzten Dynastie Chinas, der Ch'ing, das Bereuen einer abgeschlossenen Verlobung nach Lü 1 unter Strafe gestellt wurde (50 Hiebe).

Fall die Mündigkeit erhalten bleiben, jedoch nicht im zweiten Fall. Die Begründung zum ersten Fall ist von der Erklärung Yüantzu Nr. 468 vom Jahre 1931 des Justizamtes abgeleitet, worin es heißt, daß die Frau ihre Mündigkeit nicht durch den Tod ihres Mannes verliert und zum zweiten Fall solle eine Ausnahme bestehen gegenüber Art. 998 BGB, der besagt, daß die Eheanfechtung keine rückwirkende Kraft hat. D.h. in diesem Fall gelte die Ehe als nicht geschlossen und es wäre die Mündigkeit nicht erworben.[139/1] So kann der Minderjährige nur nach Auflösung seiner Ehe durch Scheidung oder Tod des Partners zufolge der obigen Auffassung zum ersten Falle ohne Einwilligung des gesetzlichen Vertreters allein eine neue Verlobung eingehen.

c) *Ist ein Entmündigter verlobungsfähig?*

Ob ein Entmündigter verlobungsfähig ist, darüber sagt das Nankinger BGB nichts aus. Es besteht aber die Meinung, das schweizerische Zivilgesetzbuch Art. 90 Abs. 2 sei als Beispiel anwendbar, wonach entmündigte Personen ohne die Genehmigung der gesetzlichen Vertreter durch ihre Verlobung nicht verpflichtet werden.[140] D.h. der Entmündigte kann ein Eheversprechen abgeben, wenn er die Genehmigung seines gesetzlichen Vertreters erhalten hat.

Diese Auffassung ist aber noch zu prüfen. Nach Art. 14 Nankinger BGB gelten als entmündigte Personen nur Geisteskranke oder Geistesschwache. Dagegen versteht Art. 90 Abs. 2 des schweizerischen ZGB unter Entmündigten nur solche Personen, die nach Art. 370 ZGB wegen Verschwendung, Trunksucht u.a. entmündigt wurden. Gemäß Art. 369 ZGB entmündigte Geisteskranke oder Geistesschwache behandelt das schweizerische ZGB gesondert im Art. 97 Abs. 2, der besagt, daß sie "in keinem Falle ehefähig" sind. Es entsprechen also die verlobungsfähigen Entmündigten nach Art. 90 Abs. 2 ZGB nicht den Entmündigten in Art. 14 Nankinger BGB. Daher ist Art. 90 Abs. 2 ZGB im chinesischen Recht nicht anwendbar.

Außerdem ist nach Art. 15 Nankinger BGB "ein Entmündigter geschäftsunfähig", nicht jedoch, wie in der Schweiz, beschränkt geschäftsfähig (Art. 19 und 90 Abs. 2 sowie Art. 99 ZGB), und nach Art. 75 BGB ist die Willenserklärung eines Geschäftsunfähigen nichtig. Deshalb ist die Willenserklärung des Entmündigten zum Eheversprechen grundsätzlich ungültig.

139/1 Liu Teh-K'uan: "Allgemeiner Teil des Bürgerlichen Gesetzbuches", Taipeh 1982, S. 73 und Yang Yü-Ling: "Übersicht zum Allgemeinen Teil des Bürgerlichen Gesetzbuches", Taipeh 1983, S. 39.
140 Chang, S. 49.

Weiterhin unterscheidet sich das Nankinger BGB vom schweizerischen ZGB wie folgt: Nach Art. 76 BGB kann ein Geschäftsunfähiger "bei Abgabe und Empfang einer Willenserklärung von seinem gesetzlichen Vertreter vertreten" werden, nicht aber bei dem Verlöbnis, das nach Art. 972 BGB von Mann und Frau "als Parteien persönlich eingegangen werden" muß. Art. 76 BGB ist also nur für allgemeine Rechtsgeschäfte anwendbar, nicht bei einem höchst persönlichen Rechtsgeschäft, wie dem Verlöbnis. Daraus wird verständlich, daß man Art. 90 Abs. 2 ZGB nicht als Beispiel nehmen kann.[141]

Chang Shen vertritt die Meinung, der Entmündigte solle nach Art. 15 und 75 BGB keine Verlobungsfähigkeit haben, und erklärt dazu, daß dies dem eugenischen Zweck des Eherechts entspreche.[142]

Ob der Gesetzgeber mit diesen Artikeln wirklich eugenische Zwecke verfolgt hat, ist fraglich. Wenn auch Geistesschwäche und Geisteskrankheit nach Art. 14 BGB Gründe zur Entmündigung sind, berührt dies lediglich die Fähigkeit, allgemeine Rechtsgeschäfte vorzunehmen, nicht aber die Ehefähigkeit, wie es Art. 97 Abs. 2 ZGB zum Ausdruck bringt, der deutlich sagt, daß Geisteskranke von der Eheschließung ausgeschlossen sind. Hiervon ausgehend kann man vielleicht sagen, daß der schweizerische Gesetzgeber rassenhygienische Gesichtspunkte berücksichtigt. Benno Dukor schreibt im Vorwort zu seinem Buch "Das schweizerische Eheverbot für Urteilsunfähige und Geisteskranke" auch: "Mit der Schaffung der Gesetzesbestimmung des Art. 97 ZGB dürfte die Schweiz vor 27 Jahren fast das erste europäische Land gewesen sein (nur Bulgarien ist uns anscheinend in Europa darin vorausgegangen), das ein nicht nur rein privatrechtlich, sondern auch sozialhygienisch tendiertes Eheverbot für Geisteskranke einführte, ein Eheverbot, das somit nicht nur den im Rechtssinn 'urteilsunfähigen' ('handlungsunfähigen', 'geschäftsunfähigen') Geisteskranken trifft, sondern den Geisteskranken schlechthin und das, nach den Absichten des schweizerischen Gesetzgebers, insbesondere auch rassenhygienischen Zielen dienen soll". Dukor bringt noch einen Beweis hierzu: "Es hat freilich bei den parlamentarischen Verhandlungen der französischen Berichterstatter der Kommission im Nationalrat (GOBAT, Sten. Bull. 15, 501) auch in der Begründung von Art. 97 Abs. 1 auf rassenhygienische Gesichtspunkte Bezug genommen".[143] Auch "zur

---

141 a) Chang , S. 49.
  b) Nach dem deutschen Gesetz ist Stellvertretung im Willen beim Eheversprechen auch ausgeschlossen, "so kann der gesetzliche Vertreter keine Verlobung für einen entmündigten Geisteskranken eingehen". (Feldmann, S. 19)
142 Chang, S. 49.
143 a) Benno Dukor: Das schweizerische Eheverbot für Urteilsunfähige und Geisteskranke, Zürich 1939, S. 5 und S. 84, Anmerkung 35.

Erfassung des Zwecks von Art. 97 Abs. 2 ist die Auslegung immer wieder von Erläuterungen Eugen Herbers ausgegangen, aus denen sich ergibt, daß der Gesetzgeber sich bei Art. 97 Abs. 2 erstens von eugenischen Erwägungen und zweitens von Rücksichten auf das Ehe- und Familienleben leiten ließ".[144]

Art. 97 Abs. 1 ZGB besagt: "Um eine Ehe eingehen zu können, müssen die Verlobten urteilsfähig sein". "Urteilsfähig im Sinne dieses Gesetzes ist ein jeder, dem nicht ... infolge von Geisteskrankheit, Geistesschwäche, Trunkenheit oder ähnlichen Zuständen die Fähigkeit mangelt, vernunftgemäß zu handeln" (Art. 16 ZGB). Geisteskrankheit und Geistesschwäche sind Entmündigungsgründe (vgl. Art. 369 Abs. 1 und Art. 374 Abs. 2 ZGB). Also ist der rassenhygienische Gesichtspunkt in Art. 97 Abs. 2 ZGB für denjenigen Entmündigten, der wegen Geisteskrankheit entmündigt worden ist, auch inbegriffen.[145]

d)   Harmonieren der "Acht Zeichen" (Pa-Tzu) vom Geburtsdatum der Brautleute

Es ist vielleicht nicht uninteressant, wenn man hier beiläufig noch etwas über die sogenannte "P'ai-Pa-Tzu" (排 八 字), "Anpassung der Acht Zeichen" der Geburtsdaten der Brautleute in bezug auf die Verlobungsfähigkeit spricht. Im Gesetz ist darüber nichts zu finden und auch die Entscheidung des Reichsgerichtshofes Shangtzu Nr. 215 vom Jahre 1913 hat ausgeführt, daß man die "Acht Zeichen der Geburtsdaten" der Brautleute beim Verlöbnis nicht unbedingt anzugeben brauche.

Das war aber früher der Sitte gemäß sehr wichtig.[146] Der dritte Heiratsritus "Na Chi, die Schicksalsbefragung" kam in den sogenannten sechs Heiratsri-

---

b) Näheres zu dieser Frage vgl. auch "Die Entmündigung von Geisteskranken" von Kurt Naef, Bern 1951, S. 62.

144 Hans Binder: Die Geisteskrankheit im Recht, Zürich 1952, S. 131.

145 Die biologischen Ehehindernisse, aufgestellt als gesichertes Ergebnis moderner medizinischer Forschung, sollten als vorbeugende, generelle Schutzmaßnahme schon die Eingehung unglücklicher Ehen verhindern. ... Eine zuverlässige Beurteilung, ob eine Ehe aus medizinischen oder eugenischen Gründen unglücklich wird, ist freilich sehr schwierig. Aber es ist auch nicht gerechtfertigt, die Erkenntnisse der modernen Wissenschaft deswegen völlig zu übergehen (Wolfram Müller-Freienfels: Ehe und Recht, Tübingen 1962, S. 281 f).

146 a) "Ein anerkanntes Gewohnheitsrecht existiert noch unter dem Namen des Austausches der 8 (zyklischen) Zeichen (des Jahres, Monats, Tages und der Stunde der Geburt), mit Hilfe deren man das Horoskop der Ehegatten stellt" (Jean Escarra: "Das chinesische Familienrecht in der alten Gesetzgebung und in der neuen Kodifikation", in der Zeitschrift "Sinica" VIII, 1933, S. 100); vgl. auch Ch'en, S. 32.

ten nach dem zweiten Heiratsritus "Wen-Ming", Erkundung des Namens. Beim zweiten Heiratsritus erfuhr man das Geburtsdatum des Mädchens durch acht Zeichen nämlich die 4 Paare zyklischer Zeichen, 2 für das Jahr, 2 für den Monat, 2 für den Tag und 2 für die Stunde. Entsprechend dem dritten Ritus "Schicksalsbefragung" ging man dann zum Astrologen, der nun daraus das Horoskop stellte, um zu erfahren, unter welchem Tierkreis Bräutigam und Braut geboren sind. Er berechnete, ob beider Schicksale miteinander harmonieren, d.h. ob die Tiere des Tierkreises sich nicht gegenseitig vernichten.[147] Folgende Regel hat dabei Geltung: "Das schwarze Schwein fürchtet den Affen, das weiße Pferd den schwarzen Ochsen; wenn die Schlange den Tiger sieht, ist sie wie mit dem Messer zerschnitten; Huhn und Hund zusammen verursachen Tränen; sobald Schaf und Ratte sich sehen, werden sie zugrunde gehen; der fliegende Drache zusammen mit dem Hasen werden nicht lange leben". "Verlobungen zwischen Personen, die unter diesen feindlichen Tierzeichen geboren sind, werden nicht abgeschlossen".[148] So sind die beiden Brautleute in diesem Falle wie naturgegeben verlobungsunfähig.

Man wird heute zwar sagen, daß es abergläubisch ist die Verlobungsfähigkeit durch "P'ai-Pa-Tzu" zu ermitteln, ursprünglich hatte es aber eine Bedeutung durch den Glauben an die Fügung des Schicksals, wie schon im Kapitel

---

b) Wie die der Sitte nach übliche sogenannte "Anpassung der Acht Zeichen" der Geburtsdaten der Brautleute in bezug auf die Verlobungsfähigkeit wichtig ist, zeigt das folgende Beispiel: Herr Lai T'ien-Ting (賴添丁) und Fräulein Yang Hua-Kuei (楊華貴) aus der Stadt Tai-Chung/Taiwan hatten am 20. Juli 1976 geheiratet. Diese Heirat sollte aber wiederholt werden, da beide Eltern meinten, daß dieses Heiratsdatum nicht nach der Harmonie der "Acht Zeichen" der Geburtsdaten der Brautleute ausgewählt worden war und diese Ehe später nicht glücklich werden würde. Deswegen wurde diese Ehe am 20. August d.J. vor Gericht zum Schein geschieden und nach Schicksalsbefragung durch die "Acht Zeichen" der Geburtsdaten der Brautleute am 13. September d.J. die Ehe wieder geschlossen (s. die Monatszeitschrift "Chinesische Akademiker im Ausland", Taipeh/Taiwan, Nr. 53 vom Okt. 1976, S. 62). Wenn die "Acht Zeichen" der Geburtsdaten der Brautleute nicht harmonieren, wird man sicher nicht heiraten. Denn die Auswahl des glücklichen Heiratsdatums hängt mit den "Acht Zeichen" der Geburtsdaten der Brautleute zusammen, ohne zueinander passende Geburtsdaten der Brautleute wird auch keine Verlobung eingegangen, obgleich ohne juristischen oder physiologischen Grund.

147 Vgl. F.T. Cheng, S. 297 und 299.
148 Schmitt, S. 54. Vgl. auch Richard Wilhelm: Chinesische Lebensweisheit, Tübingen 1950, S. 88. Näheres über die Entstehung der 12 Tierkreise des Jahres und die Entstehung der Schicksalsbefragung für die Ehe in Beziehung mit diesen Tierkreisen siehe die Monatszeitschrift "Chinesische Akademiker im Ausland", Nr. 163 vom 28.2.1986, S.58-63.

"Das Wesen der Ehe" erwähnt: "Liang-Yüan-Su-T'i und Chia-Ngou-T'ien-Ch'eng, eine gute natürliche Ehebeziehung ist geknüpft und ein glückliches Paar ist vom Himmel vereint".

Dieser Gedanke erscheint vielleicht nicht mehr so abergläubisch, wenn z.B. ein Christ wie Otto A. Piper schreibt: "Ehen werden wirklich im Himmel geschlossen: Dieser Satz gilt ausnahmslos".[149]

Es war eben so, daß man den Willen des Himmels durch die Astrologie, die in China schon sehr früh intensiv entwickelt war, zu ergründen suchte. Deshalb zog man die Astrologie auch bei der Eheschließung heran, um zu erfahren, ob die beabsichtigte Wahl des Ehepartners mit dem Willen des Himmels in Einklang stand.[150] So z.B. ließ schon Hien-Koung, der Prinz von Tsin, in der Zeit der "Frühling- und Herbst"-Periode (722-479 v.Chr.) die Schafgarbe befragen wegen der zukünftigen Heirat von Ki, seiner älteren Tochter, mit dem Prinzen Ts'in.[151]

---

149 Piper, S. 193.

150 Otto A. Piper schreibt auch: "Vom praktischen Gesichtspunkte aus wäre weiter zu fragen, wer denn eigentlich in der Lage sei zu entscheiden, wann eine Ehe eine bloß menschliche Angelegenheit gewesen sei und wann sie von Gott geschlossen worden sei" (Piper, S. 226).

151 a) Näheres darüber siehe im Buch "Tch'ouen Ts'iou et Tso Tchouan, La Chronique de la Principauté de Lou", übersetzt und erläutert von Séraphin Couvereur, Leiden (Holland), 1951, Bd. I, S. 304 ff.
b) Früher nahm man den Stiel der Schafgarbe zum Zweck der Schicksalsbefragung (Tz'u-Yüan, S. 1226). Die Schafgarbe heißt chinesisch "Shih" (蓍). Im "Hua-Te-Tzu-Tien" übersetzt man dieses Wort einfach mit "Wahrsagekraut" (S. 668).
c) In Europa wird das Horoskop manchmal auch zum Eheberatungszweck herangezogen. Man hält die Astrologie noch nicht für ganz unwissenschaftlich, und es erscheinen auch diesbezügliche Fachschriften.
Übrigens ist in Europa der graphologische Handschriftenvergleich bei der Eheberatung ähnlich der Methode der "Anpassung der Acht-Zeichen" der Geburtsdaten von Mann und Frau bei der Verlobung in China. Hans Jacoby schreibt z.B. in seinem Buch "Handschrift und Sexualität", Berlin 1932 folgenderweise: "Daß unser Verhalten selbst in Hinsicht auf einen speziellen Bereich wie die Ehe, im wesentlichen charakterologisch bestimmt ist..." (S. 89). "Die Ehe, als eine dem Menschen gleichsam von außen dargebotene Form des Lebens, verlangt vom Menschen eine um so stärkere Anpassung, je eigenartiger der persönliche Charakter ist." (S. 90) "Die Anwendung für die Eheberatung ist wohl die verantwortungsvollste Anwendung der Graphologie überhaupt... Werden diese Gesichtspunkte in den Vordergrund gestellt, so ist auch die graphologische Eheberatung imstande, den Ratsuchenden wertvolle Hilfe zu sein." (S. 91) Die Anwendung der Graphologie für die Eheberatung vgl. auch: "Wunder der Handschrift" von Elisabeth von Mertens, Berlin 1949, S. 177 ff.

C. Die Heiratsregeln "der Eltern Wille" (= Fu-Mu-Chih-Ming) und "der Vermittler Worte" (= Mei-Sho-Chih-Yen)

Die beiden bekannten chinesischen Heiratsregeln "der Eltern Wille", "Fu-Mu-Chih-Ming" (父母之命) und "der Vermittler Worte", "Mei-Sho-Chih-Yen" (媒妁之言) hat man meistens (selbst in China) mißverstanden.[152] Obwohl diese beiden früher sittlichen und gesetzlichen Heiratsregeln[153] im gegenwärtigen Nankinger BGB und im Pekinger EheG nicht mehr vorhanden sind,[153/1] sind sie doch noch tief im Volk eingewurzelt und hängen mit dem chinesischen Heiratswesen, vor allem mit der Begründung des Verlöbnisses, unmittelbar zusammen. Deshalb ist es nicht unwichtig, noch darüber zu sprechen, um den eigentlichen Sinn dieser Regeln zu erläutern und vorhandene Mißverständnisse zu beseitigen.

Die beiden Heiratsregeln stehen in engem Zusammenhang mit den folgenden zwei Versen über alte chinesische Heiratsbräuche aus dem Lied "Nan-

---

Falls Mann und Frau nach der Handschriftdeutung keinen zueinander passenden Charakter besitzen und sie vom Ergebnis der Handschriftdeutung überzeugt sind, werden sie sich nicht verloben. So ist es fast wie eine Präexistenz der Unfähigkeit der Verlobung, obgleich dies keine juristische Bedeutung hat.

152 Die deutschen Übersetzungen für die zwei chinesischen Heiratsregeln sind nach Richard Wilhelm (Mong Dsi, S. 64). Es ist dazu noch zu erklären, daß Richard Wilhelm das Wort "Willen" in dem Ausdruck "der Eltern Willen" gebraucht hat. Es wird aber hier nach der üblichen Sprachform "der Eltern Wille" für den chinesischen Ausdruck "Fu-Mu-Chi-Ming" geschrieben.
Nach Anita Wiegands Übersetzungen aus dem Buch "China, das Werk des Konfuzius" von F.T. Cheng: "Die Zustimmung der Eltern" für "Fu-Mu-Chih-Ming" und "Die Vereinbarung eines Vermittlers", für "Mei-Sho-Chih-Yen" (F.T. Cheng, S. 295). Die Übersetzung "die Vereinbarung eines Vermittlers" vom Ausdruck "Mei-Sho-Chih-Yen" ist nicht so wortgetreu wie die Richard Wilhelms. Denn das Wort "Yen" (言) aus diesem Ausdruck heißt wörtlich "das Wort; die Rede; sprechen; ausdrücken" (Han-Te-Tz'u-Tien, S. 669).

153 Vgl. Ch'eng Shu-Teh, S. 11; Art. 193 des T'ang-Gesetzbuches; Kommentar zu Lü 1 und T'iao-li (Supplement) 1 des Ch'ing-Gesetzbuches; Urteile des Reichsgerichtshofes Shangtzu Nr. 336 vom Jahre 1914 und Nr. 504 vom Jahre 1916 und vorige Anmerkung 136.

153/1 Aber Bestimmungen gegen die mißbräuchliche Anwendung dieser Heiratsregeln sind im jetzigen Nankinger BGB (Art. 972) und Pekinger EheG (Art. 3 und 4) vorhanden.

Shan (南山)" vom "Buch der Lieder", einem der glaubwürdigsten Bücher über die alte chinesische Kulturgeschichte,[154] die lauten:
1. "Ein Weib zu frei'n, wie fängt man's an? –
man geht darum die Eltern an" (娶妻如之何？必告父母).[155]
2. "Ein Weib zu frei'n, wie fängt man's an? –
Ohne Werberin wird's nicht dein eigen" (娶妻如之何？匪媒不得).[156]
Im gleichen Sinne sagt deshalb Menzius (372-289 v.Chr.), wie erwähnt: "Wenn nun aber die jungen Leute, ohne der Eltern Wille und der Vermittler Worte abzuwarten, Löcher in die Wände bohren, um einander zu erspähen, oder über die Mauern klettern, um beieinander zu sein, so werden sie von den Eltern und Mitbürgern insgesamt verachtet".[157]

Die obigen Zitate zeigen, daß schon in früher Zeit in China "Elternwille" und "Vermittlerworte" im Heiratswesen nicht unwichtig waren. Viele moderne chinesische Juristen, z.B. Li I-Shen, Chao Feng-Chieh u.a. haben dieses chinesische Heiratswesen aber als ein System elterlichen Zwangs

---

154 Tz'u-Yüan, S. 1320; K'ang Yu-Wei: Untersuchungen über Fälschungen der "Klassischen Bücher" in der Hsin-Zeit (8-23 n.Chr.), Peking 1956, S. 395 f. und Chang Hsin-Ch'eng: Untersuchungen über Bücherfälschung, Shanghai 1957, S. 251, 271 und 323.
Die gesammelten Lieder im "Buch der Lieder" entstanden im Zeitraum zwischen Anfang der Chou-Dynastie (1122-255 v. Chr.) und kurz vor der Geburt von Konfuzius (551 v.Chr.). Näheres s. Liang Ch'i-Ch'ao, S. 109 ff.
155 Übersetzung nach Richard Wilhelm (Mong Dsi, S. 99).
156 Übersetzung nach Victor v. Strauss: "Schi King", Das Kanonische Liederbuch der Chinesen, Darmstadt 1969 (unveränderter reprographischer Nachdruck der Ausgabe Heidelberg 1880), S. 181; Herbert Engelmann verwendet auch diese Übersetzung (s. Engelmann, S. 35, Anm. 2). Es ist hier die Übersetzung "Werberin" verwendet für das chinesische Wort "Mei", welches auch "Werber" bedeutet.
157 Zu dieser Stelle kann man noch das Lied "Chiang Chung Tzu (將仲子)" aus dem "Buch der Lieder", worin gesagt wird, daß eine Ehe auf anständige Art und Weise zustande kommen soll, als Beispiel geben. Dieses Lied heißt:
   I. Ich bitte dich, Chung Tzu,
     Steige nicht mehr in unsere Hofstatt,
     Und brich nicht die Weidenbäume,
     die wir gepflanzt.
     Nicht, daß mir Weidenbäume etwas bedeuten,
     Doch ich fürchte Vater und Mutter.
     Ich liebe dich, Chung Tzu,
     Doch, was Vater und Mutter sagen,
     Fürchte ich sehr.

angesehen.[158] Was jedoch der wirkliche Sinn und Zweck dieser Regeln war, soll im folgenden ausführlicher erläutert werden.

> II. Ich bitte dich, Chung Tzu,
> Steige nicht mehr über die Mauer
> Und brich nicht die Maulbeerbäume,
> die wir gepflanzt.
> Nicht, daß mir Maulbeerbäume etwas bedeuten,
> Doch ich fürchte meine Brüder.
> Ich liebe dich, Chung Tzu,
> Doch was meine Brüder sagen,
> Fürchte ich sehr.
> III. Ich bitte dich, Chung Tzu,
> Steige nicht mehr in unseren Garten
> Und brich nicht die Sandelbäume,
> die wir gepflanzt.
> Nicht, daß mir Sandelbäume etwas bedeuten,
> Doch ich fürchte die Leute und ihr Gerede.
> Ich liebe dich, Chung Tzu,
> Doch was die Leute sagen,
> Fürchte ich sehr.

Übersetzung aus "Chinese Poems" von Arthur Waley, London 1948; verdeutscht von Franziska Meister mit dem Titel "Chinesische Lyrik" aus zwei Jahrtausenden, Hamburg 1951, S. 17.

Die Worte "Chung und Tzu" (仲子) aus diesem Gedicht hat Arthur Waley hier nicht übersetzt und sie zusammen nur als Eigennamen gebraucht. Ebenso hat auch V. v. Strauss keine Übertragung dieses Ausdrucks vorgenommen, s. "Schi-King", S. 154.

James Legge hat aber das Wort "T'zu" mit "Herr" und das Wort "Chung" als Eigennamen übertragen (James Legge: The Chinese Classics with a Translation, Critical and Exegetical Notes, Prolegomena, and Copious Indexes, Hongkong 1871, Bd. IV, S. 125).

Li Ch'ang-Chih übersetzt aber "Chung-Tzu" mit dem Ausdruck "老二" = "Lao-Erh" (Li Ch'ang-Chih: Probeübertragung in modernes Chinesisch von dem "Buch der Lieder", Shanghai 1956, S. 52). Das Wort "Lao" verwendet man als höfliche Anrede wie das Wort "Tzu" = Du oder Herr (Han-Te-Tz'u-Tien, S. 776; Tz'u-Yüan, S. 299). Das Wort "Erh" bedeutet "zwei oder der zweite", wie das Wort "Chung", das auch "der zweite" bedeutet (Tz'u-Yüan, S. 34). Also bedeutet der Ausdruck "Lao-Erh" hier im Sprachgebrauch der "zweite Sohn" einer Familie. Auch Li I-Chih übersetzt "Chung-Tzu" mit "Lao-Erh" (Li I-Chih: Übertragung der 300 Lieder von dem "Buch der Lieder" in modernes Chinesisch, Taipeh 1964, S. 63).

Chang Hsi-T'ang und Li Ch'ang-Chih sind der Meinung, daß dieses Gedicht "Chiang Chung Tzu" eine Klage gegen die Unfreiheit der Gattenwahl ist (Chang Hsi-T'ang: Sammlung aus sechs Abhandlungen über das "Buch der Lieder", Shanghai 1957, S. 30; Li Ch'ang-Chih, S. 52). An sich hat das Gedicht mit der Frage einer freien Entscheidung bei der Eheeingehung nichts zu tun, sondern es wird darin nur zum Ausdruck gebracht, daß eine Ehe auf anständige Art und Weise zustande kommen soll.

a) *"Der Eltern Wille"*

aa) *Gründe und Bedeutung der Heiratsregel "der Eltern Wille" wie auch der Heiratsregel "man geht darum die Eltern an" (Pi-Kao-Fu-Mu)*

Wie gesagt, waren Eheversprechen und Eheschließung in China untrennbar. Der Ausdruck "ein Weib zu frei'n" ist also wohl gleichermaßen im Sinne des Verlöbnisses als auch der Eheschließung zu verstehen. Die Heiratsregel "man geht darum die Eltern an" = "Pi-Kao-Fu-Mu" (必告父母) ist selbstverständlich auch beim Verlöbnis zu beachten.

Die Frage ist nun, ob diese Heiratsregeln, "man geht darum die Eltern an" sowie "der Eltern Wille", den Eltern das Recht geben, willkürlich die Eheangelegenheiten ihrer Kinder zu bestimmen. Darauf ist zu sagen, daß Sinn und Zweck dieser Regeln mehr in der Kindesliebe (Pietät) zu suchen sind, als in der Ausübung elterlicher Willkür.[159] Die Pietät macht es selbstverständlich, daß man die Eltern befragt, wenn man ein Weib zu freien gedenkt; dies entspricht auch der Ansicht von Menzius (372-289 v.Chr.), daß man "der Eltern Wille" abwarten soll. Im Buch Li-Gi findet man hierzu: "Ein ehrfurchtsvoller Sohn ist geschickt in seiner Anpassung an die Eltern; darum fühlen sie sich wohl durch ihn" und "worüber die Eltern sich freuen, darüber freut er sich auch".[160]

Darüber hinaus war die Heirat nicht nur eine persönliche Angelegenheit der Brautleute, sondern auch eine Angelegenheit der Familie.[161] Deshalb

---

158 Z.B. Li, S. 10, 25, 28; Chao, S. 52, 55-56, 58, 68, 70; Chang, S. 10, 44, 47, 73-74, 77-78 und Ch'en, S. 8, 10, 17.
159 Vgl. F.T. Cheng, S. 258-261, 264-266.
160 Li Gi, S. 117.
161 Herbert Engelmann sucht auch den Ursprung und Grund des chinesischen "Heiratsvollzieher-Systems", worüber später noch gesprochen wird, in der Kindesliebe (Hsiao) und in der Auffassung, daß die Ehe nicht nur eine Angelegenheit der Brautleute ist, sondern das Wohl der ganzen Familie betrifft (Engelmann, S. 36). Der Grundgedanke des Heiratsvollzieher-Systems geht wieder auf die Heiratsregel "der Eltern Wille" zurück.
Daß die Heirat allgemein als Angelegenheit der Familie angesehen wurde, geht auch daraus hervor, daß z.B. nach dem Gesetz der Tsin-Dynastie (265-419) die Verwandten des Bräutigams zur Teilnahme an seiner Hochzeit um Urlaub bitten konnten, und zwar konnten seine Brüder und Vettern fünf Urlaubstage, seine Neffen einen Urlaubstag beanspruchen (Ch'eng Shu-Teh, S. 307).

spielt das Eheversprechen eine große Rolle für die Familie und es ist selbstverständlich, daß man vor der Verlobung die Eltern angeht und "der Eltern Wille" abwartet.[162]

Wenn man auch "der Eltern Wille" vor der Heirat abwarten sollte, war der freie Wille der Kinder nicht unterbunden. So heißt es z.B. in Lü 1 Abs. 1 des Gesetzbuches der Ch'ing-Dynastie (1644-1911) und auch schon im Gesetzbuch der Ming-Dynastie (1368-1644): "Ko-Ts'ung-So-Yüan (各 從 所 願)", "Jeder Teil soll (zu Beginn einer Verlobung) nach freiem Ermessen handeln".

Leider hat der Kommentar des Ch'inggesetzes (auch des Minggesetzes) infolge des allgemein mißverstandenen Gedankens von der Heiratsregel "der Eltern Wille" oder vom System der "Heiratsvollziehung" (Chu-Hun-Chih, 主 婚 制), einem früher üblichen Vorgang der Eheschließung (worauf noch eingegangen wird), diesem grundsätzlichen Sinn des Gesetzes zu wenig Beachtung geschenkt.[163] Liest man diesen Kommentar des Ch'inggesetzes, den Herbert Engelmann meistens zusammen mit den Gesetztexten unterschiedslos ins Deutsche übersetzt hat, so wird man meinen, daß es früher in China nur die gesetzlich von den Eltern bestimmten Ehen gab. In Lü 1 des Ch'inggesetzes, welches mit gleichem Wortlaut schon im Gesetz der Ming-Dynastie-vorhanden war und dieses wiederum größtenteils schon in Art. 175 des Gesetzbuches der T'ang-Dynastie (618-907), deutet aber nichts darauf hin, daß die Eltern die Heirat ihrer Kinder allein bestimmt haben und auch

---

162 Diesen Gedanken haben wohl auch die Japaner von China aufgenommen, und zwar heißt es z.B. in einem japanischen Schullehrbuch für den Moralunterricht folgendermaßen: "Besonders in unserem Lande, wo die Eheschließung eine wichtige Angelegenheit nicht nur der Brautleute, sondern auch des Hauses ist, ist es Sitte, großen Wert darauf zu legen, die Zustimmung der Eltern und die Einwilligung der älteren Familienmitglieder zu erhalten. Für jemanden, der die Eheschließung als eine wichtige Angelegenheit ansieht, ist es selbstverständlich, daß er so handeln muß" (Friedrich Tappe: Soziologie der japanischen Familie, Münster/Westf. 1955, S. 37).
163 Der Kodex der Ch'ing-Dynastie wurde vom Justizminister Wu Ta-Hai im 3. Regierungsjahr des ersten Kaisers Shun-Shih (1646 n.Chr.) der Ch'ing-Dynastie aus den Gesetzbüchern der T'ang-Dynastie (618-907) und der Ming-Dynastie (1368-1644) als Grundlage neu kodifiziert und trat im 4. Regierungsjahr dieses Kaisers (1647 n.Chr.) in Kraft. Der vorwiegend aus diesen beiden alten Gesetzbüchern übernommene Text ist zuweilen schwer verständlich. Unklare Stellen wurden daher kurz kommentiert. Diesen Kommentaren wurde Gesetzeskraft beigemessen. Die Grundgedanken des Kommentars des Ch'inggesetzes sind weitgehend aus dem Kommentar des Minggesetzes übernommen.

über den "Heiratsvollzieher" (Chu-Hun-Jin, 主婚人), von dem der Kommentar spricht, wird nichts gesagt.[164]

Im Originaltext von Lü 1 des Ch'inggesetzes heißt es ausdrücklich, wie eben gesagt, daß Mann und Frau zu Beginn einer Verlobung nach ihrem freien Ermessen handeln sollen und auch Abs. 2 von Lü 1 zeigt unzweideutig die alleinige Verantwortlichkeit der Partner für ihr Eheversprechen und zwar heißt es dort: "Wenn die zur Heirat versprochene Frau dem Heiratsvorhaben schriftlich zugestimmt hat und Parteieinverständnis bestand (有私約 , Yu Szu Yo), dann aber ihren Entschluß plötzlich bereut, so wird sie mit 50 leichten Stockhieben (T'anggesetz mit 60 schweren Stockhieben) bestraft" (若許嫁女，已報婚書及有私約而輒悔者, 笞五十).[165]

---

164 Unter einem Heiratsvollzieher versteht man an sich auch nur denjenigen, der die Eheschließung der Brautleute vollzieht, aber nicht vor der Eheschließung die Ehe der Brautleute bestimmt. So besagt T'iao-li 1 zu Art. 101 des Ch'inggesetzes über die Aufgabe des Heiratsvollziehers auch nur: Für die Eheschließung sind die Großeltern oder Eltern Heiratsvollzieher. Wenn Großeltern oder Eltern nicht mehr vorhanden sind, so folgen die übrigen Agnaten als Heiratsvollzieher. Hieraus wird auch deutlich, daß dem Heiratsvollzieher keineswegs die Bestimmung der Brautleute zur Ehe zustand, da nach dem Kommentar zu Art. 117 des Ch'inggesetzes (über Vergehen der Heiratsvollzieher) unter Agnaten auch niedriger stehende Verwandte, z.B. der Neffe, zu verstehen sind. Näheres s. Hoang, S. 2-5 und S. 14, I, Ziff. 2°-4°.

Die Ursache für das Mißverständnis über das System der Heiratsvollziehung geht auch auf die wortmäßige Bedeutung des chinesischen Ausdruckes zurück. Die Heiratsvollziehung heißt "Chu-Hun", und der Heiratsvollzieher heißt "Chu-Hun-Yin". Das Zeichen "Chu" (主) aus dem Ausdruck "Chu-Hun" und "Chu-Hun-Yin" kann außer "vollziehen" auch heißen: herrschen, regieren, leiten, verwalten, bestimmen und arrangieren. Im allgemeinen hat man der Bedeutung vollziehen, herrschen, bestimmen den Vorrang gegeben. So kam wohl die mißverständliche Auffassung und Anwendung dieses Heiratssystems zustande.

165 a) Das römische Recht bestrafte auch eine zweite Verlobung mit Infamie (v. Möllendorff, S. 24, Anmerkung "§").

b) Der modernen Vorstellung wird die alte chinesische Rechtsinstitution der Bestrafung bei Bereuen einer Verlobung unverständlich sein. Jedoch gibt es nun in Afrika wiederum eine etwas ähnliche Rechtsinstitution. Nach einem Zeitungsbericht aus dem Inselstaat Sansibar wird nach dem von der dortigen Regierung veröffentlichten Heiratsgesetz jedes unverheiratete Mädchen, ähnlich wie im alten China, bei Bereuen des Heiratsversprechens mit Gefängnisstrafe bedroht, wenn es ein Heiratsangebot ausschlägt (es sei denn, der Mann ist betrunken oder vorbestraft). Der Grund für die Einführung dieses Gesetzes des demokratisch-sozialistischen Staates ist jedoch weniger moralischer Art, wie im alten China, sondern offensichtlich realistischer Art, um den Strom der von Sansibar auf das Festland abwandernden Mädchen zu stoppen. So

Infolge der mißverstandenen Auffassung vom System der "Heiratsvollziehung" und von der Heiratsregel "der Eltern Wille" versteht der Kommentar des Ch'inggesetzes den ersten Ausdruck "Hsü-Chia-Nü" (許嫁女), die zur Heirat versprochene Frau, von Lü 1 Abs. 2 so, daß die Eltern ihre Tochter jemandem zur Ehe versprechen würden oder der Tochter die Erlaubnis für ein Eheversprechen geben würden. Der eigentliche Sinn von Lü 1 Abs. 2 ist aber ein anderer, und zwar ist danach das Eheversprechen von der Frau selbst und nicht von ihren Eltern (Heiratsvollziehern) abgegeben, infolgedessen trifft diese Strafe auch nur die Frau, die die Heirat versprochen hat, dann aber plötzlich bereut. Es ist also die Auslegung des Kommentars des Ch'inggesetzes falsch, wenn er für diesen Fall annimmt, daß der "Heiratsvollzieher der Frau" mit 50 leichten Stockhieben bestraft wurde.

Um dem wirklichen Sinn des Gesetzes näherzukommen, ist es wichtig, die Bedeutungen der einzelnen chinesischen Zeichen aus diesem Text zu erfahren. In dem eben erwähnten Ausdruck "Hsü-Chia-Nü" haben die einzelnen Zeichen folgende Bedeutungen:

Das Zeichen "Hsü" (許) heißt "versprechen, erlauben", das Zeichen "Chia" (嫁) bedeutet "heiraten (von der Frau)", und das Zeichen "Nü" (女) kann bedeuten "Frau, Weib, Mädchen, Tochter",[166] hier aber einfach Frau, nicht Tochter. Im Zusammenhang heißt dann dieser Ausdruck "Hsü-Chia-Nü" = "die zur Heirat versprochene Frau".

Der Kommentar hat das Zeichen "Nü" nur in der Bedeutung von "Tochter" genommen, daher kommt er zu der falschen Auslegung.

Außerdem hat der Kommentar wohl den Grundsatz "jeder Teil soll nach freiem Ermessen handeln" = "Ko Ts'ung So Yüan" (各從所願), der bereits am Anfang von Lü 1 Abs. 1 über die Eingehung einer Verlobung zu finden ist, nicht berücksichtigt und den in Lü 1 Abs. 2 folgenden Text "Yu-Szu-Yo (有私約)", "es besteht Parteieinverständnis" zwischen Mann und Frau,[167] nicht mehr mit dem obigen Grundsatz in Zusammenhang gebracht.

---

darf z.B. kein Mädchen die Insel verlassen, bevor der Bräutigam nicht die obligatorische Brautsteuer in Höhe von (umgerechnet) 35.000 DM bezahlt hat (Näheres s. "Erlanger Tagblatt" vom 4. August 1970).

166 Han-Te-Tz'u-Tien, S. 271, 422 und 657.

167 Wie gesagt, geht Lü 1 des Ch'inggesetzes im Wortlaut auf die inhaltlich entsprechende Stelle des Minggesetzes zurück. Nach dem Kommentar des Minggesetzes bedeutet der Ausdruck "Szu-Yo" aus dem Gesetzestext "Yu-Szu-Yo", entsprechend Lü 1 Abs. 2 des Ch'inggesetzes, Mann und Frau verwenden keinen Heiratsvermittler und versprechen sich selbst (die Ehe). So geht daraus hervor, daß das Kennenlernen von Mann und Frau und das gegenseitige Eheversprechen nicht unbedingt durch einen Heiratsvermittler zustande kommen muß. Will man aber eine Verlobung eingehen, dann soll man gemäß den Heiratsriten einen Heiratsvermittler heranziehen. Z.B.

Wie gesagt, geht der Gesetzestext von Lü 1 des Ch'inggesetzes größtenteils auf Art. 175 des T'anggesetzes zurück. Der Kommentar des T'anggesetzes gibt dem Text "Hsü-Chia-Nü, I-Pao-Hun-Shu" (許 嫁 女 已 報 婚 書) aus diesem Artikel (Lü 1 Abs. 1 hat gleichen Wortlaut) aber folgenden richtigen Sinn: "Nan-Chia-Chi-Shu-Li-Ch'ing-Nü-Shih, Ta-Shu-Hsü-Ch'i" (男家致書禮請女氏, 答書許訖/).

Der Ausdruck "Nan-Chia" (男家) aus diesem Kommentar bedeutet einfach "der Mann oder von seiten des Mannes" und der Ausdruck "Nü-Shih" (女 氏) "die Frau".[167/1]

Diese Kommentarstelle heißt dann wörtlich: "Der Mann schickt der Frau den sittengemäßen Heiratsbittbrief und die Frau verspricht die Heirat oder sagt der Heirat zu."[168]

Hieraus erkennt man also, daß die Frau selbst das Versprechen zur Ehe abgibt und nicht ihre Eltern.

Wenn aber der Ausdruck "Nan-Chia" "die Familie des Mannes" (wörtlich Nan = der Mann und Chia = die Familie) und der Ausdruck "Nü-Shih" "die Familie der Frau" (wörtlich Nü = die Frau und wie im "Hua-Te-Tzu-Tien" S. 521 angegeben: Shih = Familie) bedeuten sollen, wie der Kommentar des Ch'inggesetzes annimmt, dann erhält dieser Kommentar einen anderen Sinn, und zwar besagt er, daß die Familie des Mannes und die Familie der Frau, statt der Brautleute, die Verlobungshandlung vollziehen. So ist dieser Kommentar unverständlich, da man den folgenden Text dieses Artikels 175 Abs. 1 des T'anggesetzes (= Lü 1 Abs. 2 des Ch'inggesetzes) "Yu-Szu-Yo", der das "bestehende Parteieinverständnis" von Mann umd Frau bedeutet, nicht mehr

---

besagt der Kommentar zu der Stelle "Ko-Tsung-So-Yüan", "nach freiem Ermessen", aus Lü 1 Abs. 1 des Ch'inggesetzes auch nur, daß man einen Heiratsvermittler verwenden soll, wenn man zur Verlobung gewillt ist.

167/1 Man findet für den Ausdruck "Nan-Chia" in Mathews' Wörterbuch S. 647 "the husband" und für das Zeichen "Shih" aus dem Ausdruck "Nü-Shih" im Tz'u-Yüan (Shang-Wu), S. 1173 "Fu-Jen", die Frau oder das Weib. Das Zeichen "Nü" bedeutet eigentlich auch "die Frau" oder "das Weib". Also ist der Ausdruck "Nü-Shih" nur tautologisch (mehrfach ausgedrückt) zu verstehen.

168 Die Interpunktion in diesem Kommentartext ist anders in dem Buch "Besonderer Teil des T'ang-Gesetzbuches" von Tai Yen-Hui, Taipeh 1965, S. 82: "Nan-Chia-Chih-Shu-Li-Ch'ing, Nü-Shih Ta-Shu-Hsü-Ch'i" (Das Satzzeichen "," steht hier vor dem Ausdruck "Nü-Shih", nicht nach diesem Ausdruck, wie im obigen Haupttext). So ist hier die Übersetzung: Der Mann schickt (der Frau) den sittengemäßen Heiratsbittbrief und die Frau verspricht die Heirat oder sagt der Heirat zu. Es bewirkt also die unterschiedliche Interpunktion dieses Kommentars keine direkte Inhaltsveränderung, sie stellt nur eine andere Aussageform dar.

widerspruchslos erklären kann. Der Kommentar des T'anggesetzes gibt jedoch zu dem Ausdruck "Yu-Szu-Yo" folgende richtige Erklärung: "Mann und Frau, die sich schon sehr gut kannten, waren einander sehr zugeneigt und haben sich die Ehe versprochen" (宿相諳委兩情具愿私有契約).

Der Kommentar des Ch'inggesetzes geht auch fehl in der Auslegung der beiden folgenden Gesetzesstellen von Lü 2 Abs. 1 und 2 des Ch'inggesetzes (Lü 2 entstammt Art. 175 Abs. 3 des T'anggesetzes):

1. Nach der Bemerkung des Kommentars zu Lü 2 Abs. 1 ergibt sich folgender Gesetzesinhalt: Der "Heiratsvollzieher der Frau" wird mit 70 schweren Stockhieben bestraft, falls die schon jemandem zur Heirat versprochene Frau noch einem anderen Manne zugesagt hat, die Ehe aber noch nicht zustandegekommen ist; ist aber die Ehe zustandegekommen, beträgt die Strafe 80 schwere Stockhiebe.

Hierzu ist zu sagen: In dem betreffenden Gesetzestext wird der Ausdruck "Heiratsvollzieher" überhaupt nicht erwähnt. Das Gesetz bestimmt nur, daß die Frau mit 70 schweren Stockhieben (T'anggesetz mit 100) bestraft wird, wenn sie nochmals einem anderen Manne die Ehe versprochen hat, diese aber nicht zustandegekommen ist; ist aber die Ehe zustandegekommen, beträgt die Strafe 80 schwere Stockhiebe.

2. Nach der Erklärung des Kommentars zum ersten Teil von Lü 2 Abs. 2 lautet der Gesetzesinhalt wie folgt: War der Umstand der zweitmaligen Verlobung dem "Heiratsvollzieher des zweiten Bräutigams" bekannt, so erleidet er dieselbe Strafe wie der "Heiratsvollzieher der Frau" gemäß obigem Abs. 1 von Lü 2 (ist die Ehe nicht zustande gekommen, 70 schwere Stockhiebe, ist sie aber zustande gekommen, 80 schwere Stockhiebe).

Der Gesetzestext des ersten Teils von Lü 2 Abs. 2 lautet eigentlich: "Hou-Ting-Ts'ü-Che, Chih-Ch'ing, Yü-T'ung-Tsui" (後定娶者，知情與同罪). In diesem Text spielen die letzten 3 Zeichen "Yü-T'ung-Tsui" für den Sinn des Gesetzes eine wesentliche Rolle. Das erste Zeichen "Yü" (與) aus diesem Text bedeutet "und, zusammen, mit". Das zweite Zeichen "T'ung" (同) heißt "gleich, dasselbe" und das letzte Zeichen "Tsui" (罪) heißt "Strafe, Sünde, Verbrechen".[169] Die wörtliche Übersetzung dieses Textes ist also: "zusammen die gleiche Strafe". Gemeint ist hier, daß der Mann genau wie die Frau bestraft wird. Der vollständige Text des ersten Teils von Lü 2 Abs. 2 lautet also in der richtigen Deutung: "War der Umstand der zweitmaligen Verlobung dem zweiten Bräutigam der Frau bekannt, so erleidet er dieselbe Strafe wie die Frau".

Es besagt also auch der Text dieser Gesetzesstelle (Lü 2 Abs. 2), daß nur der Mann, nicht aber der Heiratsvollzieher bestraft wird.

---

169 Tz'u-Yüan, S. 1178 und Han-Te-Tz'u-Tien, S. 713.

Eventuell könnte man die Auslegung des Kommentars des Ch'inggesetzes für richtig halten, da im zweiten Teil von Lü 2 Abs. 2 noch der folgende Text steht: "Ch'i-Nü-Jeng-Ts'ung-Hou-Fu" (其 女 仍 從 後 夫). Das erste Zeichen "Ch'i" (其) aus diesem Text kann "sein, seine, sein" oder "dieser, diese, dieses" bedeuten und das zweite Zeichen "Nü" (女) kann "Tochter oder Frau" heißen.[170] Wenn man nun die Bedeutung des Zeichens "Ch'i" "sein, seine, sein" verwendet und den mißverstandenen Sinn des Systems der Heiratsvollziehung hineinkommentiert, dann könnte dieser Text bedeuten: "Die Tochter des Heiratsvollziehers (wörtlich: seine Tochter = Ch'i-Nü) bleibt weiter bei dem späteren Gatten" (eigentlich zweiten Bräutigam). Würde diese Bedeutung für den Ausdruck "Ch'i-Nü" des obigen Textes wirklich zutreffen, so wäre die Auslegung des Kommentars zu dem ersten Teil von Lü 2 Abs. 2, wonach nur die Heiratsvollzieher bestraft werden, verständlich.

Dem Sinn des Gesetzes entsprechend ist der obige Text "Ch'i-Nü-Jeng-Ts'ung-Hou-Fu" jedoch anders zu verstehen, und zwar ergibt sich als gesamter Text für den zweiten Teil von Lü 2 Abs. 2 der folgende, unzweideutige Inhalt: War der Umstand der zweitmaligen Verlobung dem zweiten Bräutigam nicht bekannt, so wird er nicht bestraft. Die Brautgeschenke sind ihm zurückzugeben und die Frau fällt dem früheren (ersten) Bräutigam zu. Zeigt dieser kein Interesse mehr für sie, so ist das Duplum der Brautgeschenke zurückzuerstatten (dem ersten Bräutigam). Die (oder diese) Frau bleibt dann endgültig bei ihrem zweiten Bräutigam (= Ch'i-Nü-Jeng-Ts'ung-Hou-Fu).

Dieser wirkliche Sinn des Textes "Ch'i-Nü-Jeng-Ts'ung-Hou-Fu" hängt tatsächlich nur von der Deutung der beiden oben genannten Zeichen "Ch'i" und "Nü" ab. Das Zeichen "Ch'i" heißt hier "dieser, diese, dieses", aber nicht "sein, seine, sein" und das Zeichen "Nü" bedeutet "die Frau, das Weib", aber nicht "die Tochter".[170/1] Der vollständige Text lautet also, wie oben angegeben: "Die (oder diese) Frau bleibt dann endgültig bei ihrem zweiten Bräutigam".

---

170 Zum Wort " 其 " (Ch'i) siehe: Tz'u-Yüan, S. 82; Tz'u-Hai, S. 162; Han-Te-Tz'u-Tien, S. 447; Hua-Te-Tzu-Tien, S. 83; Chung-Hua-Ta-Tzu-Tien, S. Tzu-Chi 99; Lü Shu-Hsiang, S. 7 ff. und Mathews, S. 68. Grammatische Anwendung des Wortes "Ch'i" in verschiedener Bedeutung, s. das "Wörterbuch für häufig verwendete Wörter in der alten chinesischen Sprache", Shang-Wu Verlag, Peking 1979, S. 193 und 418-422. Zum Wort " 女 " (Nü) siehe: Tz'u-Yüan, S. 278; Han-Te-Tz'u-Tien, S. 422; Hua-Te-Tzu-Tien, S. 210.

170/1 Der Ausdruck "Ch'i-Nü" in der Bedeutung "die(se) Frau" kommt auch in einem kaiserlichen Dekret (aus Sammlung von Dekreten zur Zeit des Kaisers Chia-Ch'ing, 1818, 嘉慶會典) vor und dieses ist wiedergegeben in dem Buch von Le P.

Nach der Richtigstellung des obigen Textes (von Lü 2 Abs. 2 des Ch'inggesetzes) bleibt noch zu sagen, daß darin der Ausdruck "Heiratsvollzieher" ebenso wie in Lü 2 Abs. 1, nicht verwendet wird.[170/2]
Hans F.K. Günther bejaht in seinem Buch "Formen und Urgeschichte der Ehe" eigentlich schon die Freiheit der Gattenwahl in der früheren Zeit. Leider schreibt er über die chinesische Eheschließung, es sei hier ganz anders als bei den anderen Völkern: "Die Unfreiheit der Jugendlichen in der Wahl der Ehegatten, wie sie in China vorherrscht, stellt eine Ausnahme dar".[171] Diese Vorstellung ist darauf zurückzuführen, daß die Heiratsregel "der Eltern Wille" seit langer Zeit in China mißverstanden wurde und daß diese Regel auch in diesem falschen Sinn gehandhabt wurde.[172]

Aber auch die Chinesen besaßen die gleiche Heiratsregel wie sie G.E. Howard allgemein für die anderen Völker schildert, wonach die Heirat "zu

---

Pierre Hoang in dem folgenden Text: Wenn sich ein Ehemann wegen Zwietracht von seiner Ehefrau scheiden läßt, erhält "die(se) Frau" (Original: Ch'i-Nü) ihre Kleidung, Schmuck und die Mitgift, die sie noch besitzt, in Anwesenheit einer vermittelnden Person zurück (Hoang, S. 118, I 3°; vgl. auch S. 110, I 3° und Anmerkung 4 und 5).

170/2 Obwohl Herbert Engelmann und Le P. Pierre Hoang den Ausdruck "Ch'i-Nü" in diesem Satz "Ch'i-Nü-Jeng-Ts'ung-Hou-Fu" von Lü 2 Abs. 2 richtig übersetzen in folgender Weise "Das Weib bleibt weiter bei dem späteren Gatten" (Engelmann) und "La femme resterait avec le second fiancé" (Hoang), verwenden sie aber in der Übersetzung des Anfangssatzes von Lü 2 Abs. 1 den nicht im Gesetz (aber im Kommentar) angegebenen Ausdruck "Heiratsvollzieher", bzw. "l'auteur du contrat". Dies läßt erkennen, daß die Übersetzungen nach dem bereits erwähnten falsch ausgelegten Gesetzes-Kommentar ausgerichtet sind. So übersetzt Engelmann diesen Text: "Sagt man die Frau nochmals einem anderen Manne zu, und ist die Ehe noch nicht zustande gekommen, so erhält der Heiratsvollzieher der Familie der Frau 70 schwere Stockschläge..." und Hoang übersetzt den gleichen Text folgendermaßen: "Si le mariage n'avait pas encore été célébré, l'auteur du contrat recevrait 70 coups de bâton; ..." (Engelmann, S. 142; Hoang, S. 29).

171 Günther, S. 229 f.

172 Die Ursache für das Mißverständnis über die Heiratsregel "der Eltern Wille" steht wohl mit der wortmäßigen Bedeutung der chinesischen Zeichen in Zusammenhang. Die Heiratsregel "der Eltern Wille" heißt "Fu Mu Chih Ming". Das Zeichen "Ming" (命) aus diesem Ausdruck kann außer "Wille" oder "Zustimmung" auch "Befehl" heißen. Daher wurde dieser Ausdruck "Fu Mu Chih Ming" oft wörtlich in der Bedeutung "Befehl der Eltern" verstanden. Der eigentliche Sinn dieser Regel ist, die Zustimmung der Eltern vor der Heirat abzuwarten, wie es F.T. Cheng (S. 295) auch ausdrückt.

Beginn der eigentlich menschlichen Geschichte der Heirat aus der gegenseitigen Einwilligung der Partner hervorging".[173]

Nun zwei Beispiele aus dem historisch glaubwürdigen "Buch der Lieder", die erkennen lassen, daß die Heirat in China in früher Zeit nicht durch einseitigen Zwang vollzogen wurde, sondern auf Grund freier Gattenwahl zustande kam:

Das erste Beispiel findet sich im Lied "Hsing-Lu" (行露), das eine Ablehnung des Eheversprechens unter einseitigem Zwang zeigt, und lautet:[174]

    I. Feucht liegt der Tau auf dem Wege,
       hätte ich nicht im frühen Morgengrauen
       dort gehen können?
       Aber ich meinte, da war allzu viel
       Tau auf dem Stege.[175]

---

173 a) Günther, S. 229.

b) Die früheste Art der Heirat (Eheeingehung) im alten China soll die Raubehe, später die Kaufehe gewesen sein, möglicherweise war die Reihenfolge auch umgekehrt, so schreibt Ch'en Ku-Yüan. Auch Liu Wei-Min ist nicht sicher, welche dieser beiden Arten der Heirat zuerst entstand, eine dieser beiden Arten wäre jedoch die älteste in China gewesen. Er zählt im allgemeinen 7 Heiratsarten der Länder der Welt auf, so die Raubehe, die Kaufehe, die frei gewählte Ehe usw. Nicht erwähnt hat er, ab wann es die frei gewählte Ehe in China gibt, in seiner Aufzählung der verschiedenen Arten der Heirat steht diese an letzter Stelle, es ist zu vermuten, daß somit die frei gewählte Ehe in der Entwicklung der Heiratsarten in China die letzte Stufe darstellt (Liu Wei-Min: Studium der chinesischen Ehesitten in der Volkskunde, Sonderdruck aus: Journal des Kollegs Lien-Ho, Bd. VII, Hongkong 1970, S. 66 ff).

174 Für die deutsche Übertragung dieses Liedes, ebenso auch für die des nächsten Liedes "Meng", dienten:

    a) Li I-Chih, S. 12 und 47-48,
    b) Li Ch'ang-Chih, S. 9 f. und 35 f.,
    c) Legge, S. 27 und 97 f.,
    d) Kommentar zum "Buch der Lieder" von Bernhard Karlgren, Original Englisch, ins Chinesische übertragen von Tung T'ung-Ho, Taipeh 1960, S. 46 und 174 ff.,
    e) die Kommentare zu den Liedern (s. Shih San Ching Chu Shu, Heft 15, Mao Shih: Bd. 2, S. 33-40 und Heft 17, Mao Shih: Bd. 5, S. 24-28) und
    f) Schi-King, S. 83 und 133 ff.

175 Hier wird zu vieler Tau als Vorwand des Nichtgehenkönnens im frühen Morgengrauen angegeben zum Vergleich der im nächsten Vers erwähnten ungenügenden Verlobungsriten als Vorwand der Nichteheeingehung.

II. Wer sagt denn, der Sperling habe
keinen Schnabel?
Wie hätte er sonst mein Haus durchbohren können?
Wer sagt denn, Du hättest mir das
Brautgeschenk nicht gegeben (Gemeint ist: er hat
sich mit ihr verlobt, da das Brautgeschenk angenommen
wurde, allerdings unfreiwillig.)?[176]
Wie hättest Du mich sonst vor's Gericht
bringen können?
Wenngleich Du mich aber vor's Gericht
gezwungen hast,
waren die Verlobungsriten dennoch
ungenügend (Gemeint ist: unfreiwillige Annahme
des Brautgeschenks trotz Heranziehen eines
Heiratsvermittlers.).[177]

---

[176] Ein Kommentar zu diesem Satz, der im Original lautet: "Shui Wei Ju Wu Chia" (誰謂女無家), besagt, daß das Brautgeschenk schon abgegeben wurde. James Legge übersetzt deshalb direkt mit "verlobt" (Legge, S. 27). Ähnlich übersetzt auch V. v. Strauss: "Wer sagt, du dachtest nie um mich zu frein?" (Schi-King, S. 83). Nach der Übertragung in modernes Chinesisch von Li I-Chih besagt dieser Satz "Ni-Huan-Mo-Ch'ing-Mei-Chiai" (你還沒請媒介), "Du hast aber keinen Heiratsvermittler gehabt". Li Ch'ang-Chih überträgt in modernes Chinesisch aber mit "Cheng Kuo Chia" (成過家) = "verheiratet" (Han-Te-Tz'u-Tien, S. 70) und kommentiert, daß dieses Gedicht von einer Frau erzählt, die keinen verheirateten Mann heiraten wollte und die auch keine Furcht hatte vor der Androhung gerichtlichen Zwangs, sondern um ihr eigenes freies Gattenwahlrecht zu kämpfen (verteidigen) bereit war. Arthur Waley übersetzt auch ins Englische "Who can say that you have no family?" (s. Karlgren, Vorwort: S. 13). Die unterschiedlichen Übertragungen dieses Satzes werden durch das letzte Wort "Chia" verursacht. Das Wort "Chia" kann heiraten oder Familie bedeuten.
Obwohl es verschiedene Auslegungen zu diesem Satz gibt, stimmt man aber doch darin überein, daß dieses Lied vom Vorhandensein der freien Gattenwahl schon in früher Zeit berichtet.

[177] Zu dem letzten Satz des zweiten Verses "Shih Chia Pu Tsu" (室家不足), gibt es verschiedene Auslegungen: Z.B. besagt eine, daß das Brautgeschenk ungenügend ist und dadurch Andeutung gibt über ungenügende Verlobungsriten, vgl. Sieh Yün-Sheng: "Zusammenstellung der Gesetze der T'ang- und Ming-Dynastie", Taipeh 1977, S. 280; eine andere Auslegung besagt, daß das Brautgeschenk nicht zu der sittenmäßig entsprechenden Zeit abgegeben wurde und wieder eine andere besagt, daß das Brautgeschenk unfreiwillig angenommen worden ist. Li Ch'ang-Chih hat in seiner Übersetzung in modernes Chinesisch diesen Satz übersetzt mit "Ngo-Ye-Pu-Hui-

III. Wer sagt denn, die Ratte habe
keine Nagezähne?
Wie hätte sie sonst
meine (Haus-) Wand durch-
bohren können?
Wer sagt denn, Du hättest mir das
Brautgeschenk nicht gegeben?
Wie hättest Du mich sonst zu
diesem Gerichtsverfahren
zwingen können?
Wenngleich du einen Prozeß
geführt hast,
werde ich Dir doch nicht
folgen.[178]

Ken-Ni" (我也不会跟你) = "Ich werde Dir doch nicht folgen". Li I-Chih übersetzt mit "Ngo-Ye-Pu-Neng-Kou-Ho" (我也不能苟合) = "Ich möchte nicht mit Dir in wilder Ehe leben".
Der eigentliche Sinn des obigen Satzes "Shih Chia Pu Tsu" ist nur der Vorwand, eine unfreiwillige Eheeingehung zu verweigern.
Nach dem jetzigen Sinn bedeutet der Ausdruck "Shih Chia" aus dem Satz "Shih Chia Pu Tsu" "Familie, Mann und Frau = die Ehe" (Tz'u-Hai, S. 417; Tz'u-Yüan, S. 322; Han-Te-Tz'u-Tien, S. 268 und Kommentar zu Lü 4 des Ch'ing-Gesetzes). Der Ausdruck "Pu Tsu" aus dem gleichen Satz bedeutet "nicht genug oder nicht genügend". Also könnte der Ausdruck "Shih Chia" im Ableitungssinn mit dem Wort "Heiraten" statt mit dem Wort "Ehe" übertragen werden. Dieser Satz "Shih Chia Pu Tsu" heißt dann: Zum Heiraten reicht es doch nicht, wenngleich das Heranziehen eines Heiratsvermittlers erfolgte. Ähnlich übersetzt V. v. Strauss auch: "Das reicht nicht hin, mein Mann zu sein" (Schi-King, S. 83). Auch Hsü Chao-Yang versteht den Satz "Shih Chia Pu Tsu" so, daß früher der Sitte nach eine Frau durch den Heiratsvermittler heiraten sollte, jedoch nicht durch ihn heiraten mußte (s. Hsü Chao-Yang, S. 100).

178 a) Im Zusammenhang erläutert der Kommentar zum Lied "Hsing-Lu": Die Ehe soll mit freiem Willen und nach den sittenmäßigen Heiratsriten geschlossen werden, deshalb hatte die Frau keine Angst vor dem Gericht, denn selbst dieses könnte sie auch nicht durch die Klage, die aus einer zwangsweisen Abgabe des Brautgeschenks ein Verlöbnis begründet hat, zur Eheeingehung zwingen. Das Hausdurchbohren mit dem Schnabel des Sperlings, das Durchbohren der Wand mit den Nagezähnen der Ratte und die Klage wegen der Abgabe des Brautgeschenks haben nur äußerlich gesehen eine gewisse Ähnlichkeit in der Angabe der Ursachen, die aber doch unterschiedlichen Charakter zeigen, da die beiden ersten nur Sachschaden anrichteten, während die zuletzt genannte eine Ehrverletzung darstellt. Deshalb kommt eine Verlobung selbstverständlich nicht in Frage.

Das zweite Beispiel steht im Lied "Meng" (氓), das eine Verlobung mit freiem Eheversprechen der Brautleute schildert:

I. Ein aufrichtiger[179] Mann
brachte Stoff[180] zu mir,
um gegen Seide ihn einzutauschen.
Doch wollte er keine Seide eintauschen,
sondern mit mir die Heirat bereden.[181]
Ich begleite Dich durchschreitend den Fluß Ch'i
bis hin zum Hügel Tun.[181/1]

---

b) Chang Hsi-T'ang schreibt in seinem Buch "Sammlung aus sechs Abhandlungen über das Buch der Lieder" über den Inhalt dieses Liedes, daß ein Mann wegen seiner Armut noch nicht heiraten wollte; daraufhin verklagte ihn seine Braut wegen Heiratsverzögerung (S. 34). Hsü Chia-Ch'eng faßt aber den Inhalt des Liedes anders auf. Hiernach will der Mann die aus einer reichen Familie stammende Frau nicht unter Zwang heiraten (s. Hsü Chia-Ch'eng: Kommentar und Übersetzung ins moderne Chinesisch des "Buch der Lieder", Hongkong 1968, S. "Chia-T'ing" 25). Die Auslegungen von Chang und Hsü scheinen dem eigentlichen Sinn des Liedes nicht zu entsprechen.

179 Der chinesische Ausdruck "Chih Chih" (蚩蚩) kann zum ersten "dumm, einfältig" oder zum zweiten "aufrichtig, ehrlich, nett" bedeuten (Tz'u-Yüan, S. 1253). Von zwei Kommentaren zu diesem Gedicht nimmt der eine die erste, der andere die zweite Bedeutung für diesen Ausdruck. Li Ch'ang Chih verwendet die erste Bedeutung in seiner Übertragung (vom alten Chinesisch ins moderne Chinesisch). V. v. Strauss übersetzt ebenso den Satz, der diesen Ausdruck enthält, in folgender Weise: "Ein roher hergelaufener Fant" (Schi-King, S. 133). Logischerweise verwendet man besser die zweite Bedeutung, da dieses Lied andeutet, daß der Mann der Frau gut gefallen hat und sie sich in ihn verliebt hat. Von seiten der Frau wird also der Mann sicher als nett und aufrichtig angesehen.

180 Der chinesische Text verwendet hier das Wort "Pu" (布). Ein Kommentar erklärt zu dem Wort "Pu", daß es ein früheres Währungsgeld war, ein anderer Kommentar erklärt aber, daß es Stoff bedeutet. Diese Erklärung entspricht mehr der früheren Tauschwirtschaft und Li Ch'ang-Chih verwendet deshalb auch diese Bedeutung in seiner Übertragung.

181 Die Schilderung des Gedichtes entspricht auch der Forschung über das Leben im alten China. Damals betrieben die Frauen den Handel auf dem Markt; dort kamen sie mit anderen zusammen und schlossen auch Bekanntschaften, die zur Ehe führten. "Nach Chou-Li 5, 8a lag der primitive Marktverkehr auch in den Händen der Frauen: Bei der Gründung der Stadt errichtet also der König den Palast, die Königin établiert den Markt und regelt den Verkehr" (Martin Quistorp: Männergesellschaft und Altersklassen im alten China, Diss., Leipzig 1913, S. 50 f).

181/1 Der Ausdruck "Hügel Tun" stammt vom Ausdruck "Tun-Ch'iu" (頓丘). Victor v. Strauss, Li Ch'ang-Chih und Li I-Chih verwenden diesen Ausdruck "Tun-Ch'iu" als Ortsnamen (Schi-King, S. 133, Li Ch'ang-Chih, S. 35 und Li I-Chih, S. 48). B. Karlgren berichtet in einem Kommentar seines Buches aber, daß das Wort "Ch'iu"

"Nicht ich habe die Heirat hinausgeschoben,
Du aber hast keinen Heiratsvermittler.
Ich bitt' Dich, sei nicht ärgerlich
und laß im Herbst die Hochzeit sein".
II. Ich bestieg die verfallene Mauer
um Ausschau gen "Fu-Kuan" zu halten.[182]
Als ich Dich nicht kommen sah,
da weinte ich gar bitterlich.
Doch als ich Dich erspähte,
da lachte ich und plauderte dann mit Dir.
Du hast befragt die Schildkrötenschalen
und das Schafgarbenorakel
und in ihren Antworten war nichts Ungünstiges.
"So komm nur mit Deinem Wagen,
ich werde Dir mit aller meiner Habe
entgegengehen."
III. ...

Als gegenteilige Beispiele könnten die folgenden Fälle gelten.
1. Kaiser Yao (2357-2255 v.Chr.) hatte von der Tugendhaftigkeit Shuns, seines späteren Nachfolgers (2255-2205 v.Chr.), gehört, ihn zu sich gerufen und ihm seine Tochter Huang (媓) zur Ehe gegeben.[182/1]
2. Meister K'ung (Konfuzius, 551-479 v.Chr.) sagte von seinem Schüler Gung-Ye, Tschang: "Man kann ihm eine Frau zur Ehe geben; obwohl er in Banden liegt, ist es doch nicht seine Schuld." So gab er ihm seine Tochter

---

der "Hügel" und der Ausdruck "Tun-Ch'iu" "Hügel Tun" bedeuten (Näheres s. Karlgren, S. 176). Hier wird also "Hügel Tun" verwendet.
182 Nach dem ersten Kommentar: Der Ausdruck "Fu-Kuan" (復關) kann als Ortsname gedeutet werden, und kann ebenso symbolisch als ein Ort, aus dem nur ein anständiger Mann kommen kann, gedeutet werden. Die Frau möchte hier zeigen, daß sie doch nur mit einem anständigen, aufrichtigen Mann verkehren möchte, um den Stand ihrer Persönlichkeit zu wahren.
Ein anderer Kommentar besagt, daß "Fu-Kuan" auch "Wiederkehr zum Grenzpaß" heißen kann. Er deutet die beiden Zeichen "Fu" mit "zurückkehren, wiederkommen" und "Kuan" mit "Grenzpaß, Grenzzollstation, Vorstadt von einer Stadt". Diese Auslegung könnte auch gut dem Sinn des Liedes entsprechen, meint B. Karlgren, da die Hochzeit für den Herbst verabredet war und die Frau in dieser Zeit verständlicherweise nach dem Verlobten Ausschau halten wird, um zu sehen, ob er termingemäß wiederkehrt (siehe Karlgren, S. 177). – Auch wenn man den Ausdruck "Fu-Kuan" als Ortsnamen verwendet, bleibt praktisch der gleiche Sinn, Ausschauhalten der Braut nach einem Ort der Rückkehr ihres Bräutigams, erhalten.

zur Frau. Meister K'ung sagte von seinem Schüler Nan, Yung: "Wenn das Land wohl geleitet ist, so wird er nicht beiseite gesetzt werden. Wenn das Land schlecht geleitet ist, so wird er wenigstens einer Bestrafung und Hinrichtung entgehen." Und so gab er ihm die Tochter seines älteren Bruders zur Ehe.[183]

Nach diesen Beispielen könnte man zu dem Schluß kommen, daß Kaiser Yao und Meister K'ung willkürlich die Ehen ihrer Töchter bestimmten.[184] Bei genauerer Prüfung wird man jedoch zu anderen Folgerungen kommen. Wie eben gesagt, ist es letztlich wegen der Tugendhaftigkeit Shuns, der Schuldlosigkeit des Gung-Ye, Tschang (Kung-Yeh, Ch'ang) und des beständigen Charakters des Nan, Yung,[185] daß Kaiser Yao und Meister K'ung der Ansicht waren, man könnte ihnen die Frauen zur Ehe geben. Es handelt sich also mehr um eine Wahl und Beratung der Eltern, als um eine willkürliche Bestimmung des Ehepartners.[185/1]

Li Ch'ang-Chih verwendet den Ausdruck "Fu-Kuan" einfach als Ortsnamen ohne Erklärung in seiner Übertragung (Li Ch'ang-Chih, S. 35), ebenso auch James Legge, V. v. Strauss und Li I-Chih (Legge, S. 97, Schi-King, S. 133 und Li I-Chih, S. 48). Hsü Chia-Ch'eng erklärt sogar, "Fu-Kuan" sei ein Grenzpaß, der jetzt noch im Kreis "Lin-Ho" (臨河) der Provinz Sui-Yüan existiere (s. Hsü Chia-Ch'eng, S. "Chia-T'ing" 42).

182/1 a) Chao, S. 55.

b) Von den chinesischen Kaisern Yao und Shun sind nach einem Bericht der in Hongkong herauskommenden Tageszeitung Wen Hui Pao (文匯報) vom 5.5.1987 die Grabstätten ermittelt worden, und zwar die Grabstätte von Kaiser Yao hoch im Norden Chinas, 70 km entfernt von der Kreisstadt Fen Yang (汾陽), Prov. Shansi und die Grabstätte von Kaiser Shun tief im Süden Chinas, in dem Dorf Chiu I (九疑), Kreis Ning Yüan (寧遠), Prov. Hunan (s. "Central Daily News" vom 8.5.1987).

183 Kungfutse: Gespräche ("Lun Yü"), verdeutscht und erläutert von Richard Wilhelm, Druck in Weimar 1945 (Copr. 1921 Eugen Diederichs Verlag in Jena), S. 38 (im Abkürzungsverz. unter "Lun Yü").

184 Z.B. Chang, S. 10; Chao, S. 55.

185 Näheres s. Lun Yü, S. 38, Anmerkg. 1.

185/1 Der Gelehrte Ch'en Han-Chen (陳翰珍) hat ausführlich über die Wahl des Schwiegersohnes von Konfuzius geschrieben, daß die Mutter von Konfuzius für ihre heiratsfähige Enkeltochter Ausschau hielt nach einem geeigneten Gatten und dabei eventuell an einen seiner Schüler dachte. Nach sorgfältigem Überlegen von Konfuzius über die mögliche Eignung eines seiner Schüler als Gatten für seine Tochter blieb nur Gung-Ye, Tschang als passender Schwiegersohn. So wird erkennbar, daß die Wahl eines Ehegatten für das Kind doch eindeutig aus der Elternliebe und Elternsorge um das Wohl des zukünftigen Eheglücks des Kindes hervorgeht. (Näheres s. "Central Daily News" vom 19.11.1988, S. 5)

Sicher haben die Töchter selbst zugestimmt, obwohl man darüber nichts aus den Schriften entnehmen kann, und ebenso findet man auch kein Wort darüber, daß die Töchter von ihren Eltern zu dieser Heirat gezwungen wurden.[186]

Menzius (372-289 v.Chr.) hat gesagt, daß alle Menschen elterliche Gefühle hätten und Weise, wie Kaiser Yao und Meister K'ung haben sicher ebenso empfunden und werden ihre Töchter nicht zur Ehe gezwungen haben. Meister K'ung wußte ja um das Wesentlichste, die Harmonie in der Ehe, da er das "Buch der Lieder" bearbeitet hatte.[187] Als er in dem Lied "Ch'ang Ti" (常棣) "Zwischen Mann und Frau soll Harmonie bestehen, wie zwischen Harfen- und Lautenklang" und "dies bringt Glück und Wohl dem Hause", gelesen hatte, war er sogar voller Lob darüber und sagte, auch die Eltern würden bei einer solch harmonischen Ehe ihrer Kinder Freude und Zufriedenheit empfinden.[187/1] Beruht die Eheschließung aber nicht auf dem freien Willen der Eheleute, wie können die Eltern dann ihren Kindern eine solche Harmonie garantieren?

Andererseits könnte man jedoch auch annehmen, daß sich bei der Zwangsehe die Eltern gar nicht mehr fragten, ob sie menschlich auch zuträglich sei, wenn die Heiratsregel "der Eltern Wille" schon als diktatorisches Ehesystem üblich geworden ist.

Nach den Untersuchungen von Liang Ch'i-Ch'ao und Chang Hsin-Ch'eng ist das "Buch der Lieder" keine Fälschung, und die in diesem Buch angegebe-

---

186 Nach der katholischen Sittenlehre sind die Eltern "die von Gott bestellten natürlichen Berater der Kinder", und die Kinder haben die sittliche Pflicht, auch wenn sie schon großjährig sind, "im allgemeinen, d.h. wenn nicht besondere Umstände entschuldigen, die Eltern vor der Heirat, auch bezüglich der Wahl der Gattin bzw. des Gatten, um ihren Rat zu fragen und um ihre Einwilligung zu bitten, und zwar nicht nur um sich weniger der Gefahr eines Fehlgriffes auszusetzen, also aus Klugheit und geordneter Selbstliebe, sondern auch aus Pietät gegen die Eltern, die sich mit Recht gestoßen fühlten, wenn sie übergangen würden" (Tappe, S. 139).
Die Beratung vom Vater und die Zustimmung der Töchter Kaiser Yao's und Meister K'ung's bei der Heirat waren also ähnlich charakterisiert wie bei der katholischen Sittenlehre.
In Spanien waren volljährige Kinder vor ihrer Eheschließung noch gesetzlich verpflichtet, den Rat ihres Vaters und, wenn sie vaterlos waren, den der Mutter einzuholen. (Art. 46, Fassung vom 24. April 1958 des spanischen BGB. Näheres s. Bergmann/Ferid: Spanien, 1975, S. 14.) Art. 46 (n.F. vom 7.7.1981) erwähnt von der bisherigen Verpflichtung der Kinder nichts mehr (Bergmann/Ferid: Spanien, 1982, S. 19).
187 Chang Hsin-Ch'eng, S. 270.
187/1 Vgl. Li Gi, S. 7 f. und Schi-King, S. 260.

nen Sitten und Gebräuche sind glaubwürdig.[188] Demnach sind auch die hier aus den Liedern "Hsing-Lu" und "Meng" erwähnten Beispiele, die für die freie Gattenwahl in der früheren Zeit sprechen, glaubwürdige Geschehnisse, nicht aber nur Vermutungen.

Haben nun die Eltern die Aufgabe, bei der Heirat zu beraten und Vorschläge zu machen, dann bedeutet der Ausdruck "der Eltern Wille" (oder nach F.T. Cheng's Übersetzung "die Zustimmung der Eltern"), nicht, wie angenommen, ein willkürliches Bestimmungsrecht. (Darüber wird unten noch ausführlich gesprochen.)

Die Wortwendung "seine Tochter jemandem zur Frau geben", die man in den oben erwähnten Texten findet, bedeutet in diesem Zusammenhang auch nichts anderes als "die Einwilligung der Eltern", und das entspricht dem Sinn der Regel "der Eltern Wille".

Für die oben gegebene Erläuterung über die Heirat der Töchter von Kaiser Yao und Meister K'ung durch eigene freie Entscheidung der Töchter nach Beratung der Eltern, kann auch das folgende Beispiel zusätzlich angeführt werden. In dem Buch "Die Hausgespräche des Meisters K'ung (Konfuzius)" wird über die Heirat der Eltern des Meisters K'ung berichtet:[189]

> Der Großvater des Meisters K'ung mütterlicherseits, Herr Yen, sagte zu seinen drei Töchtern: Der Herr Minister von Chou, Shu Liang-Ho (Name des Vaters des Meisters K'ung),[189/1] ist schon über 70 Jahre alt und möchte wieder heiraten. Er ist ein Nachfahre einer Adelsfamilie und ein stattlicher Herr; auch hat er einen guten Charakter. Will ihn nicht eine von Euch heiraten?

---

188 Liang Ch'i Ch'ao, S. 109 ff; vgl. auch Chang Hsin-Ch'eng, S. 251 ff. und Ko Hsi-Ning: Die Geschichte der chinesischen Gedichte, Taipeh 1956, Bd. I, S. 23, in der 4. Reihe der "Sammlung über die Grundkenntnisse des modernen Staatsbürgers".

189 Chang Hsin Ch'eng sieht nach einer zusammenfassenden Betrachtung von Untersuchungen verschiedener Autoren das Buch "Die Hausgespräche des Meisters K'ung" als Fälschung an. D.h. das Buch wäre nicht, wie angegeben, von Meister K'ung selbst geschrieben. Inhaltsmäßig wären die Gespräche zwar echt, sie wären aber nur aus verschiedenen anderen Büchern dieser Zeit später zusammengefaßt worden (Chang Hsin-Ch'eng, S. 731).

189/1 Konfuzius führte nicht den Namen seines Vaters, welcher "Shu" (叔) als Familiennamen hatte. Aber die Vorfahren seines Vaters hatten "K'ung" (孔) als Familiennamen. Bei diesem Namen "K'ung" handelt es sich um einen adligen Lehensnamen, der später entfiel, da die Familie wegen Streit mit dem Familienstamm "Fa" (華) und der Gefahr der Vernichtung durch die Stammfeinde "Fa" in das Königreich "Lu" fliehen mußte. Nach der zweiten Generation in "Lu" änderte die Familie ihren Namen in "Shu" (叔) und der Vater des Meisters K'ung hieß dann Shu Liang-Ho (叔梁紇). Später nahm die Familie wieder den alten Namen "K'ung" (孔) an und seitdem führt die Familie des Konfuzius diesen Namen "K'ung".

Die beiden älteren Töchter gaben keine Antwort, aber die jüngste Tochter, Yen Cheng-Tsai, sagte zum Vater: Ja, ich möchte ihn nach Deinem Rat heiraten.
So gab sie hiermit freiwillig ihre Zustimmung zur Heirat mit Herrn Minister von Chou, Shu Liang-Ho.[190]

Dieses Beispiel beweist einerseits, daß die Eltern bei der Heirat der Kinder nur eine beratende Rolle spielten und andererseits, daß die Zustimmung der Kinder für die Wahl des Ehepartners entscheidend war.

Hsü Chao-Yang hat eine andere Auffassung, und zwar meint er: Früher hatten die Hausältesten die Heiratsvollzugsmacht für die Heirat ihrer Kinder und konnten auch für die Hausangehörigen die Ehepartner bestimmen, obwohl auch manche Hausälteste die Meinung der Kinder erfragten. Die Zustimmung der Kinder zum Heiratsvorschlag der Eltern sei aber allgemein mehr eine Sitte des Gehorsams der Kinder gegenüber den Eltern, als eine freie Meinungsäußerung gewesen, auf die sie damit freiwillig verzichteten. Zur Unterstützung seiner Ansicht gibt er als Beispiel dafür die eben geschilderte Vorgeschichte der Heirat der Mutter des Meisters K'ung an.[191]

Es ist aber nicht richtig, wenn man sagt, daß es nur eine Formalität war, wenn der Hausälteste nach der Zustimmung der Kinder vor ihrer Heirat fragte. Denn auch in dem obigen Beispiel konnte Herr Yen erst seine Zustimmung zur Heirat seiner jüngsten Tochter mit Herrn Minister von Chou geben, als er die Einwilligung seiner Tochter erhalten hatte.

Es ist auch nicht richtig, wenn man sagt, daß die Heiratszustimmung der jüngsten Tochter nur unter dem Druck des Sittengehorsams zustande kam. Es ist sicher, daß die drei Töchter Kenntnis hatten von der Freiheit der Wahl des Ehepartners. So lehnten die beiden älteren Töchter den Heiratsvorschlag des Vaters ohne Bedenken mit ihrem Schweigen ab.

Vielleicht wird man einwenden, das "Schweigen" deutet hier nicht unbedingt auf "Ablehnung" des Heiratsvorschlags hin. Nimmt man jedoch dies an, so bedeutet es mindestens eine "Zögerung", ein "Überlegen", d.h. die beiden älteren Töchter besaßen die Freiheit den Heiratsvorschlag des Vaters abzulehnen oder ihm zuzustimmen; hier dürfte dem Schweigen die Bedeutung der Ablehnung zukommen, sonst würde die jüngste Tochter, Yen Cheng-Tsai, auf eine Antwort ihrer beiden älteren Schwestern gewartet haben und nicht sofort nach dem Schweigen ihrer Schwestern dem Heiratsvorschlag freiwillig zugestimmt haben. Die Reaktion des Heiratsvorschlags bei der dritten Tochter Yen Cheng-Tsai war anders als bei ihren beiden Schwestern, und zwar benutzte sie ihre Freiheit der Gattenwahl und äußerte frei ihre Zustimmung zum Heiratsvorschlag ihres Vaters, aber weder unter Zwang des sog. Sittengehorsams noch unter Verzicht ihrer freien Meinungsäu-

---

Tatsächlich entstammt die Familie "K'ung" der Familie des letzten Kaisers der "Shang-Dynastie" (1766-1122 v.Chr.). (Näheres s. Ch'en Shih-K'o, S. 234-235) Einer der Nachkommen des Meisters K'ung (nun über 70. Generation) lebt in Taiwan und ist Präsident des höchsten Amtes für das Prüfungswesen (考試院院長).
190 Näheres s. Ch'en Shih-K'o, S. 235 und Shi San Ching Chu Shu, 53. Heft: Li Gi, Bd. 6, S. 21 und Hsü Chao-Yang, S. 101.
191 Hsü Chao-Yang, S. 101.

ßerung. Denn davon, daß die jüngste Tochter gezwungen wurde Herrn Minister von Chou zu heiraten, ist nirgends die Rede. So steht die Heiratsablehnung der beiden älteren Schwestern mit dem Prinzip der Freiheit der Ehepartnerwahl in Einklang.

Chao Feng-Chieh und Li I-Shen meinen aber, daß die Voraussetzung des Einverständnisses der Heiratspartner nur vor der Zeit der Chou-Dynastie (1122-255 v.Chr.) galt, wozu man viele Beispiele im "Buch der Wandlung" und im "Buch der Lieder" fände. Aber in den Büchern "Li-Gi", "I- Li" und "Chou-Li", in denen die Sitten und Gebräuche sowie das Verwaltungssystem der Chou-Dynastie festgehalten wurden, und in den Gesetzen der verschiedenen Dynastien ab der Chou-Dynastie sei von einer solchen Voraussetzung zur Verlobung oder Heirat nichts mehr erwähnt; maßgebend wäre nun nur noch die Meinung der Eltern, nicht mehr die Meinung des Heiratspartners gewesen. Li I-Shen führt als Beweis für seine Ansicht folgende Beispiele an, und zwar auch aus dem "Buch der Lieder" "ein Weib zu frei'n, wie fängt man's an? Man geht darum die Eltern an" und aus dem Geschichtsbuch "Tung-Tien" von Tu Yu (735-812) "vor der Heirat geht man die Eltern an".[192] Li verwendet das "Buch der Lieder" also als Beweismaterial für die von ihm angegebenen gegensätzlichen Heiratssysteme vor und während der Chou-Dynastie.

Für den früheren Grundsatz des Einverständnisses der Partner zur Heirat sprechen nach Chao Feng-Chieh jedoch auch in den Gesetzen nach der Chou-Dynastie noch die beiden folgenden Gesetzesfälle, aber dies wären Ausnahmen gewesen. Wurde z.B. eine Witwe, die im Hause der Familie ihres verstorbenen Mannes weiter leben wollte, von den Schwiegereltern zu einer zweiten Ehe gezwungen, so forderte das Gesetz die Bestrafung der Schuldigen (Schwiegereltern) mit 80 schweren Hieben (vgl. Lü 15 des Ch'inggesetzes und auch Art. 184 des T'anggesetzes). Ferner, wenn eine Braut in ihrer Verlobungszeit mit einem anderen Mann eine neue Verlobung eingeht, so kann der erste Bräutigam die Rückerstattung des Brautgeschenkes verlangen, wenn er sie nicht mehr heiraten will (vgl. Art. 175 III des T'anggesetzes und Lü 2 II des Ch'inggesetzes).[193] Das besagt, daß die erste Verlobung weiter gilt und der erste Bräutigam die Entscheidungsfreiheit besitzt, ob die Verlobung weiter besteht oder nicht. Im umgekehrten Falle hat die Braut das gleiche Recht wie der Bräutigam im eben genannten Falle. Nur sind die Brautgeschenke vom Bräutigam nicht zurückzufordern (vgl. T'anggesetz Art. 175 III und Ch'inggesetz Lü 2 III).

---

192 Chao, S. 68 und Li I-Shen: Gegenwärtiges Familienrecht, Taipeh 1966, S. 51.
193 Näheres s. Chao, S. 68.

Die Heirat der Eltern des Meisters K'ung (551-479 v.Chr.) durch Parteieinverständnis erfolgte noch während der Zeit der Chou-Dynastie (1122-255 v.Chr.). In dieser Zeit galt die Zustimmung des Partners zur Heirat noch prinzipiell und die Meinung der Eltern hatte nur die Funktion der Beratung. Die Auffassung Chao Feng-Chieh's und Li I-Shen's, zur Zeit der Chou-Dynastie wäre den Eltern bei der Heirat mehr Entscheidungsrecht zugekommen als den Partnern selbst, scheint nicht sehr richtig zu sein. Das von Li I-Shen zur Erhärtung seiner Auffassung, der Bestimmung der Ehepartner durch die Eltern, angeführte Beispiel aus dem "Buch der Lieder", "Ein Weib zu frei'n, wie fängt man's an? Man geht darum die Eltern an", bedeutet in Wirklichkeit nicht die willkürliche Bestimmung der Ehepartner durch die Eltern, wie bereits eingehend erläutert. Andererseits sprechen auch verschiedene Fälle aus dem "Buch der Lieder" eindeutig für die freie Gattenwahl, wie aus den oben angegebenen Beispielen der Lieder "Hsing-Lu" und "Meng" hervorgeht. Auch Li I-Shen hat zuerst angegeben, daß viele Beispiele im "Buch der Lieder" für den Grundsatz des Einverständnisses der Heiratspartner stehen.

Den von Chao Feng-Chieh erwähnten zwei Gesetzesbeispielen, die nach seiner Auffassung nur Ausnahmen darstellen von der allgemein seit der Chou-Dynastie geltenden Bestimmung, wonach das Parteieinverständnis keine ausdrückliche Heiratsvoraussetzung mehr gewesen sei, lassen sich z.B. die folgenden Gesetzestexte aus dem Eherecht des Gesetzbuches der T'ang-Dynastie (618-907), dem ältesten noch vollständig erhaltenen Gesetzbuch Chinas und dem Eherecht des Gesetzbuches der Ch'ing-Dynastie (1644-1911), der letzten Dynastie Chinas, entgegenstellen. Im T'ang-Gesetz besagt Art. 175 ausdrücklich, daß die Verlobung von Mann und Frau auf "beiderseitigem Parteieinverständnis" beruhen soll, und zwar bedeutet "Parteieinverständnis" nach dem Kommentar, wie bereits erwähnt, daß Mann und Frau, die sich schon gut kannten und einander sehr zugeneigt waren, sich die Ehe versprechen. Auch heißt es im Ch'ing-Gesetzbuch in Lü 1 eingangs grundsätzlich, daß jeder Partner zu Beginn einer Verlobung nach freiem Ermessen handeln soll. So wird aus beiden Gesetzesstellen deutlich, die Heirat der Kinder soll prinzipiell "durch Parteieinverständnis" und "nach freiem Ermessen" der Partner erfolgen, nicht allein nach Meinung und Bestimmung der Eltern. Somit fallen die von Chao Feng-Chieh erwähnten beiden Beispiele auch unter diesen allgemeinen Heiratsgrundsatz und gelten nicht als Ausnahmen.

Chao Feng-Chieh und Li I-Shen begründen ihre Annahme, daß die Voraussetzung des Einverständnisses der Heiratspartner nur vor der Chou-Dynastie (1122-255 v.Chr.) galt, mit dem Kommentar zu dem Naturzeichen "Kua" (卦), dem Hexagramm "Hsien" (咸) aus dem "Buch der Wandlung", "I-Ging". Hiernach besteht dieses Hexagramm "Hsien" aus dem unteren männlichen starren Naturzeichen, Trigramm "Gen" (艮) und aus dem oberen weiblichen schwächeren Naturzeichen, Trigramm "Dui" (兑). So ist das Wesen dieses Hexagramms "Hsien" die Ernsthaftigkeit des Männlichen, das die Frau anzieht, die ihm mitfühlend antwortet,[194] d.h. die Ehe begründet sich auf das Einverständnis der Heiratspartner.[195] Nach der bereits erwähnten Ansicht von Chao und Li liege die Entstehungszeit des Hexagramms "Hsien" und des Kommentars zum Hexagramm "Hsien" vor der Zeit der Chou-Dynastie oder auf jeden Fall gehe der in diesem Hexagramm behandelte Inhalt auf die Zeit vor der Chou-Dynastie zurück.[196] Nach den Untersuchungen von Liang Ch'i-Ch'ao haben sich aus den acht Trigrammen der ursprünglichen Naturzeichen (acht ursprüngliche "Kua") vom "Buch der Wandlung" erst Ende der Shang-Dynastie (1783-1122) und Anfang der Chou-Dynastie (1122-255) bis zur "Frühling- und Herbst"-Periode (722-479) im mittleren Zeitbereich der Chou-Dynastie die vierundsechzig Hexagramme (64 "Kua") entwickelt.[197] So ist auch das Hexagramm "Hsien" in diesem Zeitbereich entstanden und sein Kommentar ist sicher erst nach dem Entstehen des Hexagramms "Hsien" hinzugefügt worden, und zwar schreibt man ihn dem Meister K'ung (551-479) zu.[198] Somit kann man das Vorhandensein der erwähnten Heiratsvoraussetzung wohl mindestens noch für die Zeit der Chou-Dynastie annehmen, nicht wie Chao und Li meinen, nur vor der Zeit der Chou-Dynastie, beweisbar mit der oben gegebenen Schilderung der Heirat der Mutter von Meister K'ung (551-479) und mit den oben erwähnten beiden Liedern "Hsing Lu" und "Meng" aus dem "Buch der Lieder", welches nach den Untersuchungen von Liang Ch'i-Ch'ao etwa im Zeitbereich des Anfangs der Chou-Dynastie (1122-255) bis kurz vor der Geburt des Meisters K'ung (551 v.Chr.), etwa in der ausgehenden Mitte der Chou-Dynastie, entstanden ist.[199]

---

194 Näheres s. I-Ging 1951, S. 20 f. und 189 ff.; I-Ging 1974, S. 125 und 484 f.; I-Ging 1976, S. 119 sowie Surany, S. 313 f.
195 Chao, S. 68.
196 a) Chao, S. 68 und Li 1966, S. 51.
   b) Kuo Mo-Jo äußert sich über das "Buch der Wandlung", welches die Hexagramme in gesammelter Form enthält, auch in der Weise, daß der Inhalt einen Einblick in die früheren aktuellen Lebensverhältnisse vermittelt, wie sie sicherlich gewesen sind (Kuo Mo-Jo: Studien über die Entwicklung der Gesellschaftsstruktur des alten China, Peking 1955, S. 31). Das "Buch der Wandlung" entstand etwa vor 3000 Jahren, näheres s. Kao Heng: Einige Abhandlungen über das Buch "I-Ging", Ch'i-Lu-Verlag (Erscheinungsort nicht angegeben), 1981, S. 13, 32 und 70.
197 Liang Ch'i-Ch'ao, S. 83 f.
198 Liang Ch'i-Ch'ao, S. 82; Chang Hsin-Ch'eng, S. 111, 117, 120 f. und Tz'u-Yüan, S. 422.
199 Liang Ch'i-Ch'ao, S. 111.

Leider hat man aber in der Praxis die alte Heiratsregel "der Eltern Wille" der immer eine große Bedeutung bei der Heirat zukam, in mißverstandener Auffassung so gedeutet, daß die Bestimmung der Ehepartner durch die Eltern als Prinzip gelte.[200] Z.B. zurückgehend auf das für die freie Gattenwahl im echten Sinne der Heiratsregel "der Eltern Wille" angegebene Beispiel der Heirat der Tochter des Meisters K'ung, ist die völlig andere Meinung von Ch'en Ku-Yüan zu erwähnen. Er sieht eine solche Verheiratung der Tochter zuerst als eine Art Kaufehe an, wobei nach dem alten Familiensystem und der Heiratsregel "der Eltern Wille" der Hausälteste danach trachtete, durch seine Autorität in der Familie für die Söhne eine geeignete Eheverbindung zu suchen, die Töchter aber wie eine Ware mit jemandem verehelichte, etwa entsprechend der Form einer Kaufehe. Interessanterweise erkennt Ch'en Ku-Yüan aber in seiner weiteren Erklärung an, daß bei vernunftgemäßer Betrachtung die Suche nach einem Partner für die Eheschließung des Kindes doch eine Pflicht der Eltern und durchaus nicht im Sinne einer Kaufehe anzusehen sei. Jedoch beharrt er mehr auf seiner ersten Auffassung als objektive Betrachtung.[201] So kann er sich nicht von seiner Behauptung lösen, daß die frühere Eheform die Kaufehe gewesen sei und diese in engem Zusammenhang mit der Heiratsregel "der Eltern Wille" stehe.[202]

Die vielerseits in ihrer Bedeutung mißverstandenen Heiratsregeln "der Eltern Wille" und "man geht darum die Eltern an" haben in der sozialistischen Volksrepublik China doch Anerkennung gefunden. Dies geht hervor aus den "Vorträgen zur Erläuterung des neuen Pekinger Ehegesetzes (von 1980)" im Pekinger Rundfunk zum Art. 4 dieses Ehegesetzes betreffend die Freiheit der Heirat. Es wurde erklärt, daß in der so wichtigen Angelegenheit der Heirat, der Rat der Eltern erfragt werden kann, ja sogar erfragt werden soll. Da bei den Eltern Liebe und fürsorgliches Interesse für das Wohl ihrer Kinder im Vordergrund stehen, ist der gutgemeinte Rat der Eltern eine große Hilfe in der Heiratsfrage der Kinder. Dies sei keine Einmischung in die Eheangelegenheit der Kinder und stehe auch nicht im Gegensatz zur gesetzlich geforderten Freiheit der Heirat.[202/1]

---

200 Z.B. Li 1966, S. 35 und 37; Hu, S. 77 und 81; Ch'en Ku-Yüan, S. 23 ff.; Ch'en Ch'i-Yen: Familienrecht des Bürgerlichen Gesetzbuches, Taipeh 1970, S. 55; Tai, S. 38 f.; Huang, S. 21; Shih Shang-K'uan, S. 102 und 105 und Hsü Chao-Yang, S. 71 und 101.
201 Ch'en Ku-Yüan, S. 23 ff.
202 Ch'en Ku-Yüan, S. 18 ff und 70 ff.
202/1 Näheres s. "Vorträge zur Erläuterung des neuen Ehegesetzes (von 1980)", Textausgabe zur Sendereihe des Pekinger Zentralvolksrundfunks, Peking 1980, S. 9 und 26.

bb) Die Entwicklung der Heiratsregel "der Eltern Wille" und des Systems der "Heiratsvollziehung"

Es ist fraglich, ob die Heiratsregel "man geht darum die Eltern an" zur Zeit der Kaiser Yao (2357-2255) und Shun (2255-2205) schon existierte.[203] Wan Chang fragte Menzius (372-289 v.Chr.) einmal: Wenn die Heiratsregel "man geht darum die Eltern an" wirklich bestanden hat, so sollte man doch annehmen, daß Kaiser Shun am ehesten danach gehandelt hätte. Wie kommt es, daß Shun geheiratet hat, ohne es seinen Eltern anzuzeigen?[204]

Zu dieser Frage, ob die Heiratsregel "man geht darum die Eltern an", zur Zeit der Kaiser Yao und Shun wirklich schon vorhanden war, kann man das 58. Kapitel des Geschichtsbuches "Tung Tieng" (通典) von Tu Yu (杜佑 , 735-812) anführen, wonach diese Heiratsregel sogar schon in der Zeit

---

203 Kuo Mo-Jo ist sogar der Meinung, daß Kaiser Yao und Shun nur in der Vorstellung des Volkes lebende Himmelsgötter seien, aber von den Historikern als reale Reichskaiser geschildert wurden. Er bedauert jedoch, daß es bis jetzt nicht genügend geschichtliches Material gibt, um diese Frage wissenschaftlich zu entscheiden (Kuo Mo-Jo, S. 3). Richard Wilhelm übersetzte die Namen "Yao Ti" und "Shun Ti" für Kaiser Yao und Kaiser Shun auch mit "Gott Yao" und "Gott Shun" (Lun Yü, Einleitung S. IV). Nach dem Studium von Lo Pin-Ch'i (駱賓基) lassen sich bereits auf alten Bronzetafeln (金鼎文) schriftliche Aufzeichnungen über die alte Zeit der "Fünf Kaiser" (2852-2255 v.Chr.) finden. Er hat festgestellt, daß es schon etwa um 2400 v.Chr. Schriftzeichen gab. Lo Pin-Ch'i meint, die Ansicht, daß die ältesten schriftlichen Aufzeichnungen der chinesischen Geschichte die auf Schildkrötenschalen seien, sei unwissenschaftlich. Tatsächlich wurden die Inschriften auf Schildkrötenschalen (甲骨文) früher aufgefunden, als die auf Bronzetafeln, daher entstand die falsche Ansicht, die erstgefundenen seien die ältesten. Auch würde um 2000 v.Chr. nicht mehr das Steinzeitalter geherrscht haben, denn zu dieser Zeit war die Bronzebearbeitung schon weit entwickelt und Glocken und Dreifußopfergefäße wurden bereits mit Inschriften versehen, aus denen man nun auch Näheres über die Geschichte der "Fünf-Kaiser"-Zeit erfahren kann (s. "Central Daily News" vom 2.9.1987, S. 6). Auch Miu Ch'üan-Chih (繆全吉) berichtet, daß bei neuen Ausgrabungen (1987) sogar etwa 8000 Jahre alte Schriftzeichen, ähnlich denen auf Schildkrötenschalen, aufgefunden wurden, woraus sich die noch ältere chinesische Schriftkultur als die der "Fünf-Kaiser"-Zeit ergibt (s. "Central Daily News" vom 29.9.1988, S. 4). Somit gibt es nun doch genügend wissenschaftliches Material, um die historische Existenz der Kaiser Yao und Shun zu beweisen, welches Kuo Mo-Jo noch bedauerte.
Für Ko Hsi-Ning ist auch die historische Existenz der beiden Kaiser Yao und Shun glaubwürdig (Ko Hsi-Ning, Bd. I, S. 2 f). Außerdem s. auch die Anmerkungen 5 und 182/1b.
204 Mong Dsi, S. 99.

der sogenannten "Fünf Kaiser" = "Wu-Ti" (2853-2513), also bereits vor Lebzeiten Kaiser Yao's und Shun's üblich war.[205]

Der eigentliche Grund der Frage von Wan Chang ist aber doch weniger die Unklarheit über die historische Wahrheit der Heiratsregel "man geht darum die Eltern an", als zu erfahren, warum Kaiser Shun vor der Heirat nicht seine Eltern befragte. Dies geht aus seinem weiteren Gespräch mit Menzius klar hervor: "Warum Shun heiratete, ohne es seinen Eltern anzuzeigen, darüber habe ich nun Belehrung empfangen".

Zur Frage: Warum hat Kaiser Shun geheiratet, ohne es seinen Eltern anzuzeigen, erklärt Menzius: Hätte er es seinen Eltern angezeigt, so hätten sie die Heirat in böser Absicht vereitelt.[206] Nun ist das Zusammenleben von Mann und Frau in der Ehe die wichtigste aller menschlichen Beziehungen. Hätte Shun seinen Eltern Anzeige gemacht, so hätte er diese wichtigste aller menschlichen Beziehungen versäumen müssen und sich dadurch auch den Unwillen der Eltern zugezogen. Darum hat er ihnen auch keine Anzeige gemacht.[207]

Die Heirat hängt auch mit dem Wunsch nach Nachkommen zusammen, worin die Pflicht der Kindesliebe zur Fortsetzung der Familie zu erfüllen ist. So erklärt Menzius zu Shun's Heirat an anderer Stelle noch: Drei Dinge gehen gegen die Pflicht der Kindesehrfurcht: Keine Nachkommen zu haben ist das Schlimmste davon. Shun hat, ohne seinen Eltern Anzeige gemacht zu haben, geheiratet, weil er sonst keine Nachkommen bekommen hätte. Der Edle schätzt das geradeso, als hätte er Anzeige gemacht.[208]

Man braucht also die Heiratsregel "man geht darum die Eltern an" nur bei gutem Einvernehmen zwischen Eltern und Kindern zu befolgen. Wenn die Eltern z.B. die Heiratsangelegenheiten der Kinder in böser Absicht verhindern wollen, dann wird die volle Heiratsfreiheit der Kinder prinzipiell berücksichtigt, in diesem Falle verstößt die allein getroffene Gattenwahl dann auch nicht gegen die Pflicht der Kindesehrfurcht oder die Regel "man geht darum die Eltern an".

---

205 Chao, S. 55 f.
206 "Shun's Eltern waren so böse, daß sie ihn am Heiraten gehindert hätten" (Mong Dsi, S. 84, Anmerkg. 34). Lin Tsiu-Sen berichtet hierzu in seinem Buch "Familienleben in China", Erlenbach/Zürich 1943, S. 18: Der Kaiser Shun ertrug "mit kindlicher Geduld alle Leiden, die ihm seine Stiefmutter, und durch sie der eigene schwache Vater, sowie ein böswilliger Stiefbruder bereiteten. Weit und breit kannte man die Leiden Shun's und bedauerte ihn". Wie böse Shun's Eltern und sein Stiefbruder waren, s. Mong Dsi, S. 100.
207 Mong Dsi, S. 99.
208 Mong Dsi, S. 84.

Nach den alten Sittenregeln sollte man vor der Heirat zuerst die Eltern angehen und auch der Eltern Wille abwarten. Aus diesen beiden Heiratsregeln entwickelte sich das sogenannte System der "Heiratsvollziehung" (Chu-Hun-Chih). Dieses System existierte schon sehr früh. In dem etwa zwischen 481 und 135 v.Chr. geschriebenen Buch "Kung-Yang-Ch'uan" (公羊傳) heißt es z.B.,[209] daß bei der Heirat von Töchtern der Kaiser oder Fürsten in alter Zeit die Fürsten oder Staatsminister die Eheschließung vollzogen.

Später in der T'ang-Zeit (618-907), ist das System der Heiratsvollziehung z.B. schon enthalten in den Artikeln 181 und 195 des T'ang-Kodexes, des ältesten, noch vollständig vorhandenen Gesetzbuches Chinas. Es galt bis zur letzten chinesischen Dynastie, der Ch'ing-Dynastie (1644-1911), und zwar als streng gehandhabte gesetzliche Heiratsregel. So wird z.B. im T'iao-li 1 zu Art. 101 des Ch'inggesetzes bestimmt: "Für alle Eheschließungen sind die Großeltern oder die Eltern Heiratsvollzieher. Wenn Großeltern und Eltern nicht vorhanden sind, so folgen die übrigen Agnaten als Heiratsvollzieher".

Der lange Bestand des Systems der "Heiratsvollziehung" zeigt sich auch darin, daß es heute noch eine allgemeine Gewohnheit ist, bei jeder Hochzeit einen Platz für den Heiratsvollzieher zu reservieren, obgleich sich dieses System im jetzt geltenden Recht nicht mehr findet.[210] Es ist auch noch üblich, daß der Heiratsvollzieher auf die Heiratsurkunde seinen Namen setzt,[211] und entsprechend der Heiratsregel "der Eltern Wille" findet man heutzutage bei Verlobungs- und Vermählungsanzeigen in der Zeitung noch oft den Satz:

---

209 Das Buch "Kung-Yang-Ch'uan" ist ein Erläuterungsbuch zu dem Buch "Ch'un-Ch'iu" ("Frühling und Herbst") von Konfuzius (551-479 v.Chr.). Es wurde etwa zwischen 481-136 v.Chr. von mehreren Schülern der Konfuzianischen Schule zum Studium des Buches "Ch'un-Ch'iu" verfaßt (s. Liang Ch'i-Ch'ao, S. 138 und Chang Hsi-T'ang, S. 470).

210 a) Li, S. 47 und Chao, S. 80.
b) Aber in Art. 10 der früheren "Eheverordnung für Armee, Marine und Luftwaffe zur Zeit der Unterdrückung des Aufruhrs" vom 5. Jan. 1952 der Nankinger National-Regierung heißt es, daß der dem Grade nach höherstehende Verwandte der Heiratsvollzieher bei der Hochzeit eines Soldaten sein soll. Falls es an solchen Verwandten fehlt, ist sein zuständiger Vorgesetzter Heiratsvollzieher. So gab es wiederum ein gesetzliches System der Heiratsvollziehung für einen beschränkten Personenkreis und für eine bestimmte Zeit. Das bedeutet, daß dieses System seine Wichtigkeit hatte. Stattdessen gilt jetzt die gleichlautende Bestimmung der gegenwärtigen "Eheverordnung für Militärangehörige zur Zeit der Unterdrückung des Aufruhrs" in der neuen Fassung vom 21.12.1974, Artikel 8. Der in der Verordnung verwendete Begriff "Aufruhr" bezieht sich auf die kommunistische Besetzung des chinesischen Festlandes, die von der Nationalregierung in Taiwan als Rebellenbewegung angesehen wird.

211 Li, S. 48.

"Wir haben bereits die Zustimmung unserer Eltern erhalten", auch wenn Braut und Bräutigam schon volljährig sind und die Zustimmung der Eltern nach geltendem Gesetz nicht mehr benötigt wird.

Die jetzige Pekinger Regierung hat die aus dem alten System der Heiratsvollziehung noch üblichen Bräuche nicht offiziell verboten. Man sieht sie jedoch nicht mehr gern. So kritisiert Ch'en Yung-Fu: "Die Förmlichkeit der Eheschließung ist jetzt in der Stadt äußerlich nach der modernen Heiratszeremonie des kapitalistischen Staates ausgerichtet. Man kann aber immer noch nicht die überkommenen Bräuche vergessen. So steht noch auf den Vermählungsanzeigen oder den Einladungskarten zur Hochzeit: 'Wir sind gewillt die Ehe einzugehen', ... und ferner: 'Wir haben auch die Zustimmung der Eltern erhalten'. ... Dies wirkt aber nunmehr lächerlich."[212]

cc) Bedeutung und Wirkung des Systems der "Heiratsvollziehung" und seine Beziehung zu der Heiratsregel "man geht darum die Eltern an" oder "der Eltern Wille"

Was bedeutet nun das System der "Heiratsvollziehung" wirklich und welche Beziehung besteht zu der Regel "der Eltern Wille"?

Man kann wohl sagen, die Institution des Heiratsvollzugs und die Heiratsregeln "man geht darum die Eltern an" sowie "der Eltern Wille" haben im Grunde gleiche Bedeutung und Wirkung. Es handelt sich dabei um eine rein ethische Auffassung vom Zustandekommen der Ehe, nicht um eine religiöse, wiederum doch um eine ähnliche Auffassung wie in der römisch-katholischen Sittenlehre, nach der die Eltern "die von Gott bestellten natürlichen Berater der Kinder" überhaupt und damit selbstverständlicherweise auch in Eheangelegenheiten sind.[213]

Nach chinesischer Auffassung ist die Heiratsregel "man geht darum die Eltern an" oder "der Eltern Wille" einfach eine Schutzmaßnahme für die Kinder gegenüber den Gefahren einer heimlichen Liebe. Menzius (372-289 v.Chr.) sagt deshalb, wie bereits zitiert: "Wenn nun aber die jungen Leute, ohne der Eltern Wille abzuwarten, Löcher in die Wände bohren, um einander

---

212 Ch'en, S. 32.
213 a) s. Anmerkg. 186.
b) Als bezeichnend für die Auffassung der evangelischen Reformatoren in ihrem Kampf gegen die heimlichen Verlöbnisse und Ehen darf eine Stelle aus den "Nürnberger Ratsverlässen" des 16. Jahrhunderts gelten, nach der Personen, die sich gegen ihrer Eltern Willen und das Vierte Gebot verehelichen, nicht von Gott, sondern vom Widerpart, vom Satan, zusammengefügt sind (Bernward Denecke: "hochzeit", München 1971, S. 23).

zu erspähen, oder über die Mauern klettern, um beieinander zu sein, so werden sie von den Eltern und Mitbürgern insgesamt verachtet".

Die Institution der Heiratsvollziehung ist damit letztlich identisch mit den beiden geschilderten Regeln "der Eltern Wille" und "man geht darum die Eltern an". Der Heiratsvollzug ist auch begründet in der natürlichen Liebe der Eltern, die mehr aus einer Pflichtauffassung als aus einer Rechtsgesinnung heraus ihre Kinder schützen wollen.[214] Auch P'an Lang der eine neue Gesellschaftsmoral fordert, spricht sich positiv gegenüber der Regel "der Eltern Wille" aus: "Auf der ganzen Welt liebt jeder seine Kinder ... Aus dieser Seelenlage der Elternliebe heraus wird sich die Mutter schnell mit dem Problem der Heirat der Kinder beschäftigen. Die Ursache hierzu liegt letztlich in der Elternliebe und den alten sozialen Tugenden. Daher können wir sie auch nicht auf Grund des neuen moralischen Maßstabes tadeln".[215] Wilhelm Pressel ist ebenfalls der Meinung, man könne nicht von diktatorischer Ausübung eines Rechts sprechen, wenn man spüre, daß die Eltern aus lauter Liebe und Sorge kein Einverständnis zur Ehewahl ihrer Kinder geben.[216]

Die Chinesen lebten seit alters her unter dem System der Großfamilie. In dieser bilden die Eltern das Familienoberhaupt (Hausälteste) und sind damit verpflichtet, für alle Familienmitglieder zu sorgen, die Hausangelegenheiten zu regeln und damit auch die Ehefragen. Es handelt sich hier nicht etwa um ein Recht ähnlich dem des römischen "pater familias", der nach Paulus Diaconus ursprünglich "der Herr seiner famuli, seiner Sklaven" war, wobei die familia das Eigentum an Personen war, ganz einerlei, "ob diese Personen kriegsgefangene Sklaven oder gedingte Knechte oder die eigenen Kinder waren". Und ebenso hieß "pater nicht etwa Erzeuger", "es war vielmehr synonym mit den Worten rex, anax, basileus und bedeutete Herrscher".[217]

---

214 Vgl. Hsü Chao-Yang, S. 100.
215 a) P'an Lang: Liebe und Ehe in der neuen Gesellschaft, Hongkong 1949, S. 67.
b) Über die Pflichten der Eltern bezüglich der Verheiratung ihrer Kinder erwähnt v. Möllendorff auch ein chinesisches Sprichwort: "Erl-Ch'eng-Chuang, Nü-Ch'eng-Tui, I-Sheng-Ta-Shih-I-Wan (兒成雙, 女成對 , 一生大事已完), Wenn Söhne und Töchter verheiratet sind, ist die Hauptpflicht des Lebens erfüllt" (v. Möllendorff, S. 45).
216 Wilhelm Pressel: "Darf man den heiraten, den man liebt, oder muß man den heiraten, den die Eltern wünschen", aus der Buchreihe "Wir antworten" (Herausgeber Richard Eckstein), München 1955, S. 214. Vgl. auch F.T. Cheng, S. 300.
217 a) Jacques Leclercq: Die Familie, Zürich 1955, S. 360.
b) F.T. Cheng sagt auch: "In modernen juristischen Publikationen findet man manchmal Versuche, die chinesische Familie derjenigen der Römer mit all ihren Begriffen von potestas und manus anzugleichen. Solche Assimilation kann nur irreführen. Wohl haben die Chinesen ihren Familienrat; aber dessen Oberhaupt nimmt nicht die Stellung des römischen pater-familias ein" (näheres s. F.T. Cheng, S. 254 f).

Die große Verantwortung und Verpflichtung des Heiratsvollziehers gegenüber den Eheangelegenheiten der Kinder ersieht man z.B. aus Lü 40 des Gesetzbuches der Ch'ing-Dynastie (1644-1911): "Kommt eine gesetzwidrige Ehe zustande und waren Großeltern, Eltern, ein Onkel väterlicherseits, dessen Frau, eine Tante väterlicherseits, ein älterer Bruder oder eine ältere Schwester oder Großeltern mütterlicherseits als Heiratsvollzieher tätig, so sind nur diese zu bestrafen".[218] Die Ehegatten werden in diesem Falle also nicht bestraft. Lü 40 ist dabei eine Fortführung des fast gleichen Artikels 195 Abs. 1 des Kodexes der T'ang-Dynastie (618-907), in dem aber nur die Großeltern und Eltern als Heiratsvollzieher genannt sind.

Wenn man weiter Lü 41 des Ch'inggesetzes verfolgt, wird ersichtlich, daß das Heiratsvollzugssystem kein diktatorisches System für die Heirat der Kinder war. In Lü 41 des Ch'inggesetzes über gesetzwidrige Heirat heißt es: "Waren der Mann und die Frau von den Heiratsvollziehern bei der Heirat eingeschüchtert und in der Willensbildung nicht frei, oder ist der Mann noch nicht 20 Jahre alt, oder handelt es sich um eine Frau, die sich noch im elterlichen Hause (wörtlich)[218/1] befindet, dann werden auch die Heiratsvollzieher allein bestraft; der Mann und die Frau bleiben straflos".[219] Lü 41 entstammt ebenfalls Art. 195 Abs. 2 des Kodexes der T'ang-Dynastie, worin jedoch das Alter des Mannes mit 18 statt 20 Jahren angegeben war.

Wenn Chang Shen nun sagt, die Kinder konnten sich nach den alten Gesetzen nur gemäß dem Willen der Eltern und Großeltern verloben, wobei diese den Willen der Kinder nicht berücksichtigten,[220] und wenn Li I-Shen schreibt,

---

218 Zu dieser Stelle erklärt der Kommentar des Ch'ing-Gesetzbuches "die Ehegatten werden nicht bestraft". Herbert Engelmann hat aber diesen Kommentar als Gesetzestext ins Deutsche übersetzt, und zwar lautet seine Übersetzung zu dieser Stelle: "..., dann werden nur diese (Heiratsvollzieher: Großeltern, Eltern, usw.) und nicht die Ehegatten bestraft". An sich ist dieser Kommentar nicht unbedingt notwendig, da der Gesetzestext "so werden nur diese bestraft" schon ganz eindeutig ist. Im Kommentar zum Art. 195, Abs. 1 des T'ang-Gesetzbuches ist zu dieser Gesetzesstelle keine solche Erklärung gegeben.

218/1 Das im Text verwendete "im elterlichen Hause" ist die wörtliche Übersetzung des Ausdruckes "在室" (Tsai-Shih). Es ist hiermit gemeint, daß die Frau noch nicht die nötige Reife besitzt, wie auch der Mann unter 20 Jahren noch nicht als geschäftsfähig gilt. S. Kommentar zu Lü 41 des Ch'inggesetzes.

219 Herbert Engelmann hat die chinesischen Zeichen Nan und Nü aus dem Gesetzestext von Lü 41 für Mann oder Ehemann und Frau oder Ehefrau im Anfang- und Endsatz von Lü 41 mit "die Ehegatten" schon richtig ins Deutsche übersetzt, aber im Mittelsatz dieses Gesetzes (Lü 41) mit "Sohn" für Nan und "Mädchen" für Nü. Wir verwenden hier aber doch auch für Nan = Mann und Nü = Frau.

220 Chang, S. 47.

die Ehe der Kinder konnte der Sitte gemäß nur von den Eltern oder anderen Verwandten vollzogen werden, wobei die Kinder nicht gehört wurden und damit unter Zwang standen,[221] so geht daraus hervor, daß die alten Heiratsregeln und die alten Gesetze mißverstanden wurden.

Leider kann man auch wirklich einige Stellen des Ch'ing- und T'anggesetzes leicht mißverstehen, so besonders Lü 6 des Ch'inggesetzes: "Haben die Großeltern, die Eltern, der Onkel und die Tante väterlicherseits, eine Schwester des Vaters, ein älterer Bruder oder eine ältere Schwester für einen dem Grade oder dem Alter nach niedrigerstehenden Verwandten, der entweder in Staatsdiensten oder im Handel abwesend ist, eine Verlobung abgeschlossen, so verhält es sich wie folgt: Ist der Verwandte inzwischen eine Ehe eingegangen, so soll diese von ihm selbst gewählte Ehe bestehen bleiben. Ist aber noch keine Ehe zustande gekommen, so ist der von den dem Grade oder Alter nach höherstehenden Verwandten abgeschlossenen Verlobung nachzukommen. Bei Zuwiderhandlungen (entweder der dem Grade oder Alter nach höherstehenden Verwandten, die die Trennung der schon bestehenden Ehe erzwingen wollen, oder des im Grade oder Alter niedrigerstehenden Verwandten, der der von den höherstehenden Verwandten abgeschlossenen Verlobung nicht nachkommt) tritt jeweils eine Strafe von 80 Hieben ein.[221/1]

Lü 6 ist praktisch eine Wiederholung von Artikel 188 des T'anggesetzes, nur waren dort 100 statt 80 Hiebe angedroht.

Aus dieser Bestimmung des Ch'ing- oder T'anggesetzes könnte man bei einseitiger Betrachtung schließen, daß die Eltern oder die anderen dem Grade oder dem Alter nach höherstehenden Verwandten über die Durchführung der Ehe ihrer Kinder oder ihrer dem Grade oder dem Alter nach niedrigerstehenden Verwandten willkürlich bestimmen durften.

Bei einer solchen Betrachtungsweise entstünde ein Widerspruch zu der erwähnten grundsätzlich freien Gattenwahl der Kinder, der elterlichen Liebe und der daraus entspringenden Schutzmaßnehmen.

Der Gesetzgeber wollte mit dieser Bestimmung nur die Pietätspflicht der Kinder gegenüber den Eltern berücksichtigt wissen und nicht die Ehefreiheit der Kinder einschränken. Liest man dazu noch einmal Lü 6 des Ch'inggesetzes, in dem es heißt: Wenn die Ehe zustande gekommen ist, so soll sie weiter als Ehe gelten, und Art. 188 des T'anggesetzes, worin es zu diesem Falle sogar heißt, daß diese Eheschließung gesetzmäßig ist, so wird hieraus deutlich, daß die Gattenwahl der Kinder nicht ungültig und nicht absolut von

---

221 Li, S. 25.
221/1 Siehe Hoang, S. 34, I, 1°, c und S. 37, I, 1°.

den Eltern abhängig war. Nach obiger Erklärung zum letzten Satz von Lü 6 des Ch'inggesetzes werden die Eltern wegen Verletzung der Freiheit der Gattenwahl der Kinder mit 80 Hieben bestraft, falls sie die Ehe ihrer Kinder nicht anerkennen oder verhindern. Mit anderen Worten, die freie Gattenwahl der Kinder hat den Vorrang vor der Gattenwahl durch die Eltern. Das Prinzip der freien Gattenwahl der Kinder gilt sogar auch im Falle einer Eheschließung entgegen den Anordnungen der dem Grade oder Alter nach höherstehenden Verwandten: d.h. auch solche Ehen bleiben gültig, da das Gesetz keine Ungültigkeit oder Trennung dieser Ehen anordnet,[222] sondern nur Bestrafung wegen Pietätsverletzung gegenüber den Eltern, und zwar wegen Nichteinhaltung der Heiratsregeln "man geht darum die Eltern an" und "der Eltern Wille" sowie wegen Nichtausübung des Heiratsvollzugs durch die Eltern, fordert. Allerdings sei nach Meinung von Tai Yen-Hui schon Art. 348 des Gesetzbuches der T'ang-Dynastie (618-907) für den vorgenannten Fall heranziehbar, wonach bei Verstoß gegen Belehrung und Erziehung der Eltern (違反教令) eine Bestrafung von 2 Jahren zu erfolgen hat.[222/1] Die Nichteingehung der Verlobung gemäß den Anordnungen der Eltern oder der anderen höherstehenden Verwandten sei als Verstoß gegen diese Bestimmung anzusehen. Das Ch'inggesetz (Ch'ing-Dynastie 1644-1911) ordnet im Art. 338 in fast gleichlautendem Text wie Art. 348 des T'anggesetzes auch eine Bestrafung an, jedoch von nur 100 Hieben. Es ist erkennbar, daß sich in beiden Gesetzen die Strafansetzung in gleicher Weise auf die Pietätsverletzung gegenüber den Eltern oder den anderen höherstehenden Verwandten gründet.

Dieses Gesetz wurde aber doch oft mißverstanden, und zwar ungefähr in der Weise, wie es Alb. Herm. Post bei einseitiger Betrachtung der Dinge schildert: "In China sind die Eltern und die Familie allein befugt, für den Sohn oder die Tochter über eine Frau oder einen Mann zu unterhandeln, und die Kinder sind gezwungen, sich demgemäß zu verheiraten".[223]

Es werden die Heiratsregel "der Eltern Wille" und die Institution des Heiratsvollzugs auch heute noch oft mißdeutet und mißbraucht.

---

222 Daß Ehen, die entgegen den Anordnungen der dem Grade oder Alter nach höherstehenden Verwandten geschlossen wurden, gültig bleiben, diese Meinung äußert auch Tai Yen-Hui zu Art. 188 des T'ang-Gesetzes (Tai 1964, S. 179, Anmerkung 1 und Tai 1965, S. 91), aus dem Lü 6 des Ch'ing-Gesetzes fast inhaltsgleich hervorgegangen ist. Vgl. auch Sieh Yün-Sheng, S. 279.
222/1 Tai 1965, S. 91.
223 Alb. Herm. Post: Die Geschlechtsgenossenschaft der Urzeit und die Entstehung der Ehe, Oldenburg 1875, S. 143.

Z. B. werden in dem Gedicht "Zweierlei Ehen" (兩種婚姻) von T'ien Han (田漢) die folgenden zwei Ehegeschichten geschildert:[224]

1. Im Jahre 1948 hatte sich in einem Dorf namens Chiang Li (匠禮) im Kreis Yang Ch'eng (陽城) in der Provinz Shan-si ein Fräulein Yang Hsiao-Lin (楊小林) in einen gewissen Yüan Hsiao-T'u (袁小土) verliebt und beide wollten heiraten. Fräulein Yangs Vater hatte sie aber schon einem anderen Mann versprochen. Als sie nun zu ihrem Vater kam, um die Erlaubnis zu erbitten, den Yüan zu heiraten, wurde er ärgerlich und fuhr sie an: "Du bist ein nichtsnutziges Kind. Ich betrachte dich nicht mehr als meine Tochter und du sollst mich auch nicht mehr Vater nennen".
2. Die zweite Ehegeschichte geschah in der Kreis-Stadt Tzu Kun (自貢), Provinz Szu-Ch'uan im Juli 1947. Die Tochter eines Großgrundbesitzers und der Sohn eines anderen studierten zusammen an der Universität Chungking und verliebten sich ineinander. Der Vater des Mädchens war damit nicht einverstanden. Das Mädchen wollte jedoch nur diesen Mann ihrer Wahl heiraten und kehrte deshalb nicht mehr nach Hause zurück. Darüber ärgerte sich der Vater noch mehr, und als sie doch einmal nach Hause kam, schalt er sie: "Die Tochter, die ihre Familie in so schlechten Ruf bringt und so pietätlos ist, darf keine Verzeihung erhoffen". In der Folgezeit quälte der lieblose Vater die eigene Tochter zu Tode.

Opern und Theaterstücke spielen in China für die Erziehung des Volkes eine große Rolle, so daß Lin Tsiu-Sen sagen kann: "Die einfache Frau erwirbt sich umfangreiche Kenntnis der chinesischen Bildung bei den Volkserziehern und durch die Theaterstücke".[225]

Aus diesem Grunde wollte es auch der Verfasser nicht versäumen, die folgende Operntragödie als Beispiel dafür zu geben, wie sehr in China Eheprobleme auch die Oper und das Theater beschäftigen, und weiter als Beispiel für den Mißbrauch der Heiratsregel "der Eltern Wille" und des Systems der "Heiratsvollziehung".

Die bekannte alte chinesische Tragödie "Liang Shan-Pe und Chu Ying-T'ai" (梁山伯與祝英台), die in wesentlich unterschiedlichen Aufführungsarten der lokalen Opern, z.B. Peking, Shanghai, Kanton, gespielt wird, hat etwa folgenden Inhalt:

Der Student Liang Shan-Pe und die Studentin Chu Ying-T'ai wollen heiraten. Chu's Vater ist gegen diese Heirat, da er sie schon einem gewissen Ma Wen-Ts'ai (馬文才) versprochen hatte. Liang sah die Hoffnungslosigkeit der Lage ein, wurde krank und starb. Das Mädchen, daß Herrn Ma erst nicht heiraten wollte, mußte sich nun aber dem väterlichen Zwang beugen. Sie machte aber zur Bedingung, daß sie auf dem Wege zum zukünftigen Gatten das Grab Liang Shan-Pe's besuchen dürfe.

---

224 Das Gedicht aus "Nachschlagematerialsammlung zu Ehefragen" (I. Bd.) vom "Juristischen Ausschuß des Staatsrates der Zentralvolksregierung", Shanghai 1950, S. 40-54.
225 Lin Tsiu-Sen, S. 13.

Am Grabe ihres Geliebten Liang Shan-Pe ruft sie: "Nun kann ich nur noch Dein Grab sehen und bin unsäglich traurig. Ich will meinen Schwur halten und Herrn Ma auf keinen Fall heiraten. Da es uns nicht vergönnt ist zusammen zu leben, möchte ich doch mit Dir im Tode vereint sein". Beim letzten Wort blitzt es, das Grab öffnet sich und das Mädchen springt hinein. Ihre Begleiterin will sie zurückhalten, aber es ist zu spät. Nur ein paar Fetzchen ihres Kleidersaumes hält sie in der Hand, die sich in Schmetterlinge verwandeln. Damit soll gesagt werden, daß die beiden Geliebten nun so glücklich wie Schmetterlinge miteinander sind.[226]

Aus dieser Tragödie läßt sich viel Richtiges und viel Falsches über die Bedeutung der Heiratsregel "der Eltern Wille" und des Systems der "Heiratsvollziehung" entnehmen. Was hier geschildert wurde, ist nur die negative Seite.

b) *"Der Vermittler Worte"*

aa) *Die Funktion der Heiratsregel "der Vermittler Worte"*

Im "Buch der Lieder" heißt es: "Ein Weib zu frei'n, ... ohne Werberin wird's nicht dein eigen". Dies ergibt sich auch aus den ersten vier der sechs Heiratsriten, z.B. dem ersten Ritus "Na-Ts'ai", Heiratswunschbesuch durch den Vermittler; dem zweiten Ritus "Wen-Ming", der Heiratsvermittler erfragt Namen und Geburtsdatum des Mädchens; dem dritten Ritus "Na-Chi", nach Schicksalsbefragung durch das Schafgarben- oder Schildkrötenschalenorakel übermittelt der Vermittler den Heiratsentschluß und dem vierten Ritus "Na-Cheng", der Heiratsvermittler überbringt ein Brautgeschenk.

Es sollte also ohne den Vermittler kein Eheversprechen geben.

Daraus entstanden aber auch übertrieben strenge Auffassungen. So heißt es z.B. im Buch "Chan Kuo Tse" (戰國策), daß auch ein älteres Fräulein keine Absicht zeigte zu heiraten, wenn es keinen Heiratsvermittler fand. Und im Buch "Kuan Tzu" (管子) steht, daß ein Mädchen, das ohne Heiratsver-

---

226 a) Als der Verfasser dieser Arbeit noch Kind war, hörte er diese Liebesgeschichte gern und oft und hat sie in der vom Institut Hua-Tung (華東) für Opern- und Theaterforschung neu bearbeiteten Buchfassung gleichen Namens, Peking 1955, jetzt auch gelesen. Liang Shan-Pe und Chu Ying-T'ai sind historische Gestalten. Die Heimat von Liang ist K'uai-Chi (會稽), die von Chu ist Shang-Jü (上虞), beide Provinz Che-Chiang. Sie lebten in der Zeit der Ost-Tsin-Dynastie (317-419). Vgl. Tz'u-Yüan, S. 673.

mittler heiraten wollte, von den anderen Menschen verachtet wurde und das Ganze als häßlich und unverschämt angesehen wurde.[227]

Im Gegensatz dazu steht die jetzige abendländische Anschauung, nach der man eine etwaige Ehevermittlung so geheim wie möglich hält, und man beispielsweise folgende Anzeigen lesen kann: "Diskrete Eheanbahnung" oder "Diskretion zugesichert".

Zur Zeit der Chou-Dynastie (1122-255) gab es bereits ein Heiratsamt,[228] das den Namen "Mei-Shih" (媒 氏) trug, was wörtlich "Heiratsvermittlung" heißt (sinngemäß: Das Amt für Heiratsangelegenheiten). So hat es auch schon Marcel Granet übersetzt.[229] Im Buch "Chou-Li", dem Buch über das Beamten- und Verwaltungssystem der Chou-Dynastie, heißt es, das Amt "Mei Shih" hat die Aufgabe, die zwei Hälften des Volkes zu verwalten (掌 萬 民 之 判).[230] Unter den "beiden Hälften" verstand man in China die beiden Geschlechter, die durch das Heiratsamt zusammengeführt werden sollten.

Es war aber nicht so, daß das Amt "Mei Shih" ein Heiratsinstitut im europäischen Sinne darstellte und geschäftsmäßig betrieben wurde.

Gegen Ende der Chou-Dynastie verlor dieses Amt an Bedeutung, und den privaten Heiratsvermittlern, deren Tätigkeit durch das "Mei Shih" anschei-

---

b) Die angeführte chinesische Tragödie "Liang Shan-Pe und Chu Ying-T'ai" läßt unwillkürlich an den weltbekannten Epos "Romeo und Julia" von William Shakespeare denken: Romeo und Julia, die beiden Fürstenkinder aus Verona/Italien, haben sich geliebt, aber sie konnten nicht zueinander kommen, weil es die strengen Eltern nicht wollten. Erst im Tode fanden die Liebenden ihren Frieden.

227 a) Chang, S. 11 und 44 und vgl. auch Hsü Chao-Yang: S. 98 f.
b) "Chan Kuo Tse" ist ein Geschichtsbuch über die "Kämpfenden Staaten"-Periode (403-221), herausgegeben von Liu Shang (80-9 v.Chr.).
c) "Kuan Tzu" ist ein Buch über die Lehre des Philosophen Kuan Tzu, der eigentlich Kuan Chung (管 仲) hieß. Kuan Chung "starb im Jahre 645 v.Chr.. Sein Geburtsdatum ist nicht genau bekannt. Da er schon im Jahre 686 Prinzenerzieher war und als solcher doch wohl schon wenigstens 30 Jahre zählte – vorher hatte er schon dreimal einen Beamtenposten bekleidet – dürfte er ungefähr um 715 geboren sein" (Alfred Forke: Geschichte der alten chinesischen Philosophie, Abhandlungen aus dem Gebiete der Auslandskunde der Universität Hamburg, Hamburg 1927, S. 70).

228 Aber das Heiratsvermittlungssystem war vermutlich schon zur Zeit des Kaisers Fu-Hsi (2852-2737 v.Chr.) üblich. Näheres s. Hsü Chao-Yang, S. 80 f. Vgl. auch Anmerkg. 5.

229 Marcel Granet: Etudes sociologiques sur la Chine; Paris 1953, S. 31.

230 a) Shih San Ching Chu Shu, 32. Heft: Chou-Li, Bd. 14, S. 26.
b) Das Buch "Chou-Li" heißt eigentlich "Chou-Kuan" (s. Liang Ch'i-Ch'ao, S. 119 und P'i Hsi-Shui: Untersuchungen zu den fünf Klassischen Büchern, Peking 1954, Bd. III, S. 47 f). Das Wort "Kuan" bedeutet "der Beamte, amtlich, behördlich oder offiziell" (Han-Te-Tz'u-Tien, S. 198). Näheres s. Anmerkung 472 b.

nend nicht behindert oder beschränkt worden war, oblag wieder allein die Ehevermittlung.[231] Diese spielten auch weiterhin bei der Eheversprechung und Eheschließung eine große Rolle. Sollten doch nach dem Kommentar zu Lü 1 des Kodexes der Ch'ing-Dynastie (1644-1911) Mann und Frau mit dem Heiratsvermittler den Ehebrief (Hun[a]-Shu, 婚書) aufsetzen, falls sie zur Heirat geneigt waren. Auch eine Frau, die einen Adoptivschwiegersohn für ihre Eltern anheiraten wollte, mußte gemäß T'iao-li 3 dieses Kodexes zur Abfassung des Ehebriefes einen Heiratsvermittler heranziehen. Sogar noch in der Anfangszeit der Republik findet man eine Entscheidung des Reichsgerichtshofes, aus der man ersehen kann, welch wichtige Rolle der Heiratsvermittler in den Eheangelegenheiten gespielt hat. Diese Entscheidung, Shangtzu Nr. 504 aus dem Jahre 1916, lautet: Die Verlobungsurkunde ist gültig, wenn sie mit dem Heiratsvermittler zustande gekommen ist.

Im gegenwärtigen Nankinger Familienrecht (vom 22.12.1930 in der Fassung vom 3.6.1985) findet sich weder ein Wort über die Vorrangstellung des Heiratsvermittlers noch das Wort Heiratsvermittler überhaupt. Dies bedeutet jedoch nicht, daß das Gesetz die Vermittlung beim Eheversprechen und der Eheschließung verbietet oder nicht wünscht. So schreibt man z.B. noch oft bei Verlobungs- oder Vermählungsanzeigen dem alten Gesetz entsprechend: "Durch die Vermittlung von Herrn Soundso und (oder) Frau Soundso verloben (oder: vermählen) wir uns", obwohl sich die Brautleute persönlich kennengelernt hatten. Noch oft wird auch bei der Hochzeitszeremonie von beiden Seiten ein Platz für den Heiratsvermittler freigehalten und die Heiratsurkunde von diesem unterschrieben, auch wenn dies nach dem geltenden Recht nicht mehr erforderlich ist.[232]

Allerdings im Bereich der Pekinger Regierung ist neuerdings eine halbamtliche Einrichtung der Heiratsvermittlung ins Leben gerufen worden, die eine Hilfe zur Partnersuche geben soll (unter der Bezeichnung "Brücke für junge Leute"). Seit Herbst 1980 sind etwa innerhalb eines halben Jahres in 24 von 29 Provinzen ganz Chinas viele derartige Einrichtungen erstellt worden.[232/1]

---

231 a) Heiratsvermittler sind in China meistens Freunde oder Verwandte, die es für eine angenehme Pflicht halten, an der Herbeiführung glücklicher Begebenheiten mitzuwirken (vgl. F.T. Cheng, S. 300).
b) Auch im antiken Rom war es nicht anders: "Suchten Eltern oder der Vormund für ein junges Mädchen einen passenden jungen Mann, wandten sie sich häufig an Freunde um Rat" (Balsdon, S. 194).
232 Vgl. Urteil des Obersten Gerichtshofes Shangtzu Nr. 135 vom Jahre 1942.
232/1 Näheres s. Peking (Beijing) Rundschau Nr. 18 vom 5. Mai 1981, S. 27 f.

bb) Grund und Bedeutung der Heiratsregel "der Vermittler Worte"

Aus welchem Grunde benötigte man früher einen Heiratsvermittler und warum gab es darüber hinaus noch das Heiratsamt "Mei Shih"? Der wichtigste Grund läßt sich vielleicht aus der Sitte über die Trennung zwischen Mann und Frau in der Gesellschaft ersehen, die auch aus dem folgenden Gespräch erkennbar ist. Shun-Yü, Kun (淳于髡) fragte Menzius (372-289): "Ist es wahr, daß die Sitte verlangt, daß ein Mann und eine Frau, wenn sie sich etwas reichen, sich nicht mit der Hand berühren dürfen?" Menzius antwortete: "So ist es Sitte".[233]

Bestand nun diese strenge Trennung zwischen Mann und Frau in der Gesellschaft, so ergibt sich die Schwierigkeit: "Ein Weib zu frei'n, wie fängt man's an?" Darum ist der Vermittler oder das Heiratsamt "Mei-Shi" auf Grund dieser Sitte nötig, um leichter eine sittengemäße Ehe zustande zu bringen.[233/1]

---

233 a) Mong Dsi, S. 81.
  b) Vermutlich war diese Sitte schon zur Zeit Menzius' (372-289) nicht mehr allgemein üblich oder wurde nicht mehr so streng eingehalten, sonst wäre Shun-Yü, Kun nicht zu dieser Frage gekommen. Aber in der späteren Zeit wurde dieses Gespräch von den Anhängern der Menziusschule (Menzius verficht "als Nachfolger des Konfuzius..." – s. Die Gesetze der Weltgeschichte von Hartmut Piper: Der gesetzmäßige Lebenslauf der Völker Chinas und Japans, Leipzig 1929, S. 13) ganz wörtlich genommen und diese Sitte führte in China zu einer strengen Trennung von Mann und Frau in der Gesellschaft, so daß sogar auch Ehegatten nicht Hand in Hand oder Arm in Arm gingen.
  F.T. Cheng erklärt zu dieser Sitte, daß die konventionellen Formen die Behütung der Frau empfehlen und das freie Zusammentreffen von Frauen und Männern mißbilligen. Wenn chinesische Sitten darauf ausgehen, in gesellschaftlichem Umgang zwischen Männern und Frauen einen "moralischen Kordon" zu ziehen, so werden sie häufig von Leuten, die mit der chinesischen Kultur nicht vertraut sind, für ein Zeichen der Minderwertigkeit der Frau gehalten. Tatsächlich betrachten die Chinesen in ihrer großen Ehrfurcht vor der Weiblichkeit als der Quelle der zukünftigen Generationen, die weibliche Reinheit als etwas Heiliges, in dem sie die Frauen mit makellosem Jade vergleichen. Schon in der Kinderstube wird die Frau gelehrt, sich stets anstandsgemäß zu benehmen (Li). Das chinesische Wort für die Wohnung einer Frau ist "Kwei" (閨), welches aus zwei Worten besteht: Jade (圭) und Tür (門), von denen das erste vom zweiten eingeschlossen ist. Diese Auffassung von der Weiblichkeit samt den sie begleitenden Anstandslehren bleibt nicht ohne heilsamen Erfolg (F.T. Cheng, S. 283 f).
233/1 Vgl. Hsü Chao-Yang, S. 98.

Im "Buch der Sitte" heißt es: "Solange Mann und Mädchen (Frau) keinen Ehevermittler haben, kennen sie gegenseitig nicht ihre Namen".[234] Eine solche strenge Regelung dient nur dazu, eine nicht gesellschaftsmäßige Begegnung von Mann und Frau zu vermeiden, wie es weiter oben ein Zitat von Menzius darlegte.[235]
Allerdings braucht man diese Zitate aus dem "Buch der Sitte" nicht so wörtlich zu nehmen; d.h. Mann und Frau dürfen sich natürlich zuerst in aller Anständigkeit kennenlernen. Nur wenn sie heiraten wollen, brauchen sie der Sitte gemäß einen Heiratsvermittler. Ein Beweis dafür: man benötigt nach dem Kommentar zu Lü 1 des Ch'inggesetzes erst dann den Heiratsvermittler, wenn Mann und Frau zur Heirat geneigt sind. Außerdem ist das oben erwähnte Lied "Meng" hierzu nochmals lesenswert.

Wenn gesagt wird, die Institution der Ehevermittlung störe die Freiheit der Gattenwahl der Kinder, so ist dies nicht ganz richtig. Nach dem oben Gesagten war es durchaus möglich, den Ehepartner selbst zu wählen. Ein Zwang wurde aber auch bei Hinzuziehen eines Heiratsvermittlers nicht ausgeübt,[236] im Gegenteil, der Vermittler trug geradezu die Verantwortung für die freie Entscheidung bei der Gattenwahl. Wurde aber doch eine Ehe geschlossen, bei der "die beiden Gatten von den Heiratsvollziehern eingeschüchtert und in der Willensbildung nicht frei" waren, so traf nach Lü 43 des Ch'inggesetzes nicht nur den Heiratsvollzieher, sondern auch den Heiratsvermittler eine gegenüber dem Heiratsvollzieher um einen Grad ermäßigte Strafe, wenn er von der gesetzwidrigen Heirat Kenntnis hatte.

---

234 Schmitt, S. 21 und Hsü Chao-Yang, S. 98.
235 a) Chang Shen ist als Jurist ebenfalls der Meinung, daß es nicht richtig sei und auch nicht vom Gesetz geschützt werde, wenn die jungen Leute "Löcher in die Wände bohren, um einander zu erspähen oder über die Mauern klettern, um beieinander zu sein" (Chang, S. 4). So pflichtet Chang Shen der Ansicht von Menzius bei.
b) Die Institution des Heiratsvermittlers ist immer noch wichtig und nötig, wenn wir an die kommerziellen Heiratsinstitute oder andere Ehevermittlungsanstalten der westlichen Welt denken. Obwohl es dort den freien Verkehr zwischen Männern und Frauen gibt, war in der Zeitung zu lesen, daß man in den USA sogar Elektronengehirne als sogenannte "Ehevermittlungshollerithmaschinen" in den Dienst der Ehevermittlung gestellt hat (Näheres s. den Artikel "Moderne Ehevermittlung – künftig vollautomatisch" in der Zeitung "Erlanger Tagblatt" vom 10. Okt. 1953).
Die Institution der europäischen Eheanbahnung ist jedoch nicht der chinesischen Heiratsregel "der Vermittler Worte" gleichzusetzen.
236 So sagte man früher, daß eine Frau durch einen Heiratsvermittler heiraten sollte, jedoch nicht durch ihn heiraten müßte (s. Hsü Chao-Yang, S. 100).

Betrachtet man die beiden Zeichen vom Ausdruck "Heiratsvermittler", so wird dessen Sinn und Zweck noch verständlicher. Heiratsvermittler heißt "Mei-Sho" (媒 妁), auch nur "Mei" oder "Sho".[237] Der Ausdruck "Mei-Sho" in der Bedeutung "Heiratsvermittler" ist also tautologisch. Die Heiratsregel "der Vermittler Worte" heißt "Mei-Sho-Chih-Yen" (媒 妁 之 言), wörtlich "die Worte des Heiratsvermittlers". Nach dem alten Wörterbuch "Shuo-Wen" haben die Zeichen "Mei" und "Sho", die neben dem Grundzeichen "Nü", 女 = "Weib, weiblich" stehen,[238] folgende Bedeutung:

1. Mei (媒): Die Bedeutung dieses Zeichens wird als etymologisch verwandt mit dem Zeichen "Mou" (謀) = planen oder überlegen, angegeben.[239] Danach ist der Heiratsvermittler eigentlich ein "Heiratsplanmacher", der überlegt und plant, wie Mann und Frau von verschiedenen Sippen eine harmonische Ehe eingehen können.

2. Sho (妁): Dieses Zeichen ist etymologisch verwandt mit dem Zeichen "Cho" (酌) = erwägen, einschenken, überlegen.[240] Aus der Bedeutung des Zeichens "Cho" = erwägen, ergibt sich für den Heiratsvermittler die Aufgabe, zu erwägen, ob Mann und Frau aus zwei verschiedenen Sippen sich einander richtig anpassen können.

Aus diesen Erläuterungen zur Bedeutung der chinesischen Zeichen kann man nicht nur entnehmen, was ein Heiratsvermittler ist, sondern auch, was die Regel "der Vermittler Worte" bedeutet.

cc) Ausnahme von der Heiratsregel "der Vermittler Worte"

Die Heiratsregel "der Vermittler Worte" kennt eine Ausnahme, und zwar heißt es im Buch "Chou-Li" an der Stelle über das Heiratsamt "Mei Shih" wie folgt: Das Amt bestimmt den mittleren Frühlingsmonat und gestattet, daß sich Männer und Frauen zu dieser Zeit ungestört treffen. Wer dann heiraten will, braucht sich nicht unbedingt nach den gebräuchlichen Heiratsriten zu richten.[241] D.h. "ein Weib zu frei'n", "ohne Werberin wird's" auch "dein eigen".

---

237 Sin Tzu Tien, S. 344 und 374.
238 Shuo-Wen, Bd. 12 II, S. 5 und 6.
239 Hua-Te-Tzu-Tien, S. 708.
240 Hua-Te-Tzu-Tien, S. 767.
241 a) Shih San Ching Chu Shu, 32. Heft: Chou-Li, Bd. 14, S. 32.
    b) Heute findet man solche Sitten bei den Chinesen auf dem Festland kaum mehr. Es hat sich aber etwas Ähnliches bei dem Volksstamm der "Ba-sa-dung-li" auf der Insel Hainan in der Provinz Kwangtung erhalten, was vielleicht auf die ältere chinesische Sitte zurückzuführen ist. Hans Stübel berichtet darüber folgendes: "Die Verlobungs-

Warum darf man nun zu dieser Zeit heiraten, ohne die strengen Heiratsriten einhalten zu müssen? Der Kommentator vom Buch Chou-Li erklärt zu obiger Stelle: "Im mittleren Frühlingsmonat zeigt sich eine große Zuneigung zwischen männlichen und weiblichen Wesen. Den Gesetzen der Natur entsprechend soll man in dieser Zeit die Hochzeit ohne die Heiratsriten vollziehen können. Dies ist aber nur eine Ausnahme."

Es gibt hierfür auch konservative Auslegungen. So wird z.B. gesagt: "Das Mädchen hört des jungen Mannes Vorschläge an, folgt ihm zur Frühlingszusammenkunft und läßt ihn dann zurück, und mittels eines Vermittlers bittet er im Herbst um ihre Hand".[242]

Die letzte Auslegung, die ein Beharren in der traditionellen Heiratsregel erkennen läßt, wonach ein Heiratsvermittler unerläßlich ist, scheint nicht ganz dem eigentlichen Text zu entsprechen, denn es wäre unverständlich, wenn man auch nach dieser Ausnahmeregel einen Heiratsvermittler brauchte, obwohl sich Mann und Frau schon vor der Öffentlichkeit nach der Regelung des Heiratsamtes kennengelernt haben. Der Sinn der Ausnahmeregel, nach der man direkt heiraten kann, wäre verfehlt.

---

sitten haben schon etwas von ihrer Ursprünglichkeit eingebüßt. Von der ursprünglichen Sitte hörte ich noch in Ya-bing-tsuin. Hier finden am 15. des dritten Monats (Frühlingsvollmondfest) hauptsächlich die Verlobungen statt. Zu diesem Fest wird gegessen, viel getrunken und gesungen, wobei die jungen Burschen und Mädchen sich gegenseitig ansingen. Hat der Bursche dem Mädchen ein Lied zugesungen, so reicht er ihr einen Schluck Wein und umgekehrt. Hat er die Absicht, sich zu verloben, so bewegt er sich tanzend auf die Geliebte zu; diese singt dann entweder ein zustimmendes oder ein abweisendes Lied. In ersterem Falle verbringt das Paar eine Nacht zusammen im Walde und tauscht dabei die Gürtel aus. Der Verlust eines solchen Gürtels würde als ein großes Unglück gelten. Wenn dann der Freier mit der Hochzeitsgabe in das Haus der Schwiegereltern kommt, dient ihm der Gürtel, den ihm seine Braut gegeben hat, gewissermaßen als Ausweis" (Hans Stübel: Die Li-Stämme der Insel Hainan, Berlin 1937, S. 76).
Vgl. auch den Artikel "Die nichtchinesischen Völker Chinas" vom gleichen Verfasser (Hans Stübel) aus der Zeitschrift "Sociologus", Berlin, N.F. Jahrg. 2, 1952, S. 93 ff.
Es wird auch im "Kwangtung Pictorial" (Monthly), Kanton 1959, Nr. 3, S. 20 ein solches Frühlingsfest in einem illustrierten Bild dargestellt und erläutert, daß Männer und Frauen der "Li-Stämme der Insel Hainan" sich traditionell am 3. des dritten Monats (Mondkalender) in jedem Jahre in einem Ort irgendwo im Lande treffen und tanzen und singen, um die Liebe zu unterhalten und um den Partner der Ehe frei zu suchen.
242 Schmitt, S. 77.

D. Die Verlobungsförmlichkeit

Nach Artikel 972 Nankinger BGB ist das Verlöbnis wirksam, wenn sich Mann und Frau die Ehe versprechen. Es genügt also die bloße Abgabe der Willenserklärung, miteinander die Ehe eingehen zu wollen. Es gibt demnach kein unbedingt notwendiges förmliches Erfordernis für die Verlobung und auch der Ringtausch oder die Verlobungsanzeige bildet kein solches.

Früher war dies anders, so sollten z.B. nach Lü 1 des Ch'inggesetzes Mann und Frau den Ehebrief (Hun^a-Shu) aufsetzen, wenn sie zur Ehe geneigt waren. In T'iao-li 3 des gleichen Gesetzes heißt es auch, daß man einen Ehebrief aufsetzen muß, wenn eine Frau einen Adoptivschwiegersohn für ihre Eltern anheiraten will.[243]

Das Pekinger EheG enthält keine Vorschrift über das Verlöbnis. In den vorhergehenden Eheregelungen, und zwar in den verschiedenen vorläufigen Eheregelungen der von den kommunistischen Truppen besetzten Gebieten (z.B. in der vorläufigen Eheverordnung der Grenzgebiete von Shansi, Hopei, Shantung und Honan vom 5. Jan. 1942 oder 29. Sept. 1943) gab es aber noch Vorschriften über die Verlobungsförmlichkeiten, so z.B. besagt Art. 6 dieser beiden Verordnungen, daß man den Abschluß eines Verlöbnisses registrieren lassen soll und die Eheverordnung für die Shen-Kan-Ning-Grenzgebiete vom 20. März 1944, Art. 6, bestimmt, daß man die Aufhebung des Verlöbnisses bei der Behörde beantragen kann, wenn einer der Verlobten die Eheschließung ablehnt.[244]

---

[243] a) Ähnlich war es auch im kanonischen Gesetz. Z.B. erklärt P. Timotheus in seinem Buch "Das Eherecht nach dem Codex Juris Canonici", Münster i.W. 1924, S. 41: Einseitig oder beidseitig verpflichtendes Eheversprechen ist ungültig sowohl für die äußere Form, als auch für den Gewissensbereich, wenn es nicht schriftlich beurkundet ist
    1. von den Kontrahenten und
    2. entweder vom Pfarrer oder vom Ortsordinarius oder wenigstens 2 Zeugen (Can. 1017, § 1).
Vgl. auch Knecht, S. 136.
b) Auch im antiken Athen forderte das Gesetz, daß der Heirat ein Verlobungsvertrag voranging. Das Eheversprechen war förmlich und beide Seiten stellten Zeugen (Lacey, S. 108).

[244] Vgl. Müller-Freienfels 1969, S. 876, Anmerkg. 152.

IV. Das Verlobungsverbot

A. Nach dem Nankinger BGB und dem Pekinger EheG

Weder im Nankinger BGB noch im Pekinger Ehegesetz findet sich eine Bestimmung über ein Verbot der Verlobung. Theoretisch ergibt sich aber aus einem Eheverbot indirekt auch eine Art Verlobungsverbot,[245] und zwar besonders dann, wenn man daran denkt, daß im alten chinesischen Recht Eheversprechen und Eheschließung untrennbar miteinander verbunden waren. Schließlich ist der Zweck der Verlobung doch die Eheschließung, und wer sich gegen die Bestimmungen des Eheverbots verlobt, darf nicht heiraten. Damit wäre eine solche Verlobung sinnlos. Deshalb sind die Eheverbote der Artikel 3 und 6 des Pekinger Ehegesetzes und der Artikel 983 bis 986 des Nankinger BGB, worauf noch ausführlich eingegangen wird, auch als Verlobungsverbote anzusehen.

Allerdings gibt es auch Ausnahmefälle. Z.B. stellt das zeitlich begrenzte Eheverbot gemäß Art. 987 BGB, wonach eine Frau innerhalb von 6 Monaten nach Erlöschen ihrer Ehe keine neue Ehe eingehen darf, kein Verbot der Verlobung dar, denn
1. das Gesetz verlangt nicht, daß die Heirat schon innerhalb von 6 Monaten nach der Verlobung erfolgt, und
2. eine Eheschließung ist nach Artikel 987 BGB innerhalb der Wartezeit von 6 Monaten sowieso nicht möglich.[246]

Hat die Frau jedoch vor ihrer neuen Eheschließung schon sechs Monate von ihrem ersten Mann getrennt gelebt, so kann sie nach ihrer Ehescheidung sofort ein neues Eheversprechen abgeben oder eine neue Ehe schließen. Dem Zweck der Wartezeit, die nur der Klarstellung des Erzeugers bei der eventuellen Geburt eines Kindes dienen soll, ist dann Genüge getan.[247]

B. Nach dem Gesetz der Ch'ing-Dynastie (1644-1911) sowie dem Gesetz der T'ang-Dynastie (618-907)

Da, wie vorher gesagt, Eheverbote indirekt auch eine Art Verlobungsverbote darstellen, werden nun beiläufig die wichtigsten Eheverbote des Ch'ing-Gesetzes sowie auch des T'ang-Gesetzes, die dem Europäer im allgemeinen wenig bekannt sind, erwähnt.

---

245 Chao, S. 60.
246 Tai, S. 42.
247 Chao, S. 76.

a) Heirat während der Trauerzeit

Lü 13 des Ch'ing-Gesetzes: Geht ein Sohn oder eine Tochter während der Trauerzeit für die Eltern eine Ehe ein, so steht darauf eine Strafe von 100 schweren Hieben (nach Art. 179 des T'ang-Gesetzes 3 Jahre Gefängnis). Die Ehe wird in jedem Falle geschieden.[248]

b) Heirat während Gefängnishaft der Eltern

Lü 16 des Ch'ing-Gesetzes: Wenn ein Sohn oder ein Enkel eine Ehe eingeht, während Eltern oder Großeltern im Gefängnis sind wegen eines Verbrechens, das mit Todesstrafe bedroht ist, dann wird der Sohn oder der Enkel mit 80 schweren Hieben (nach Art. 180 des T'ang-Gesetzes mit 1 1/2 Jahren Gefängnis) bestraft.

Haben jedoch die in Haft befindlichen Großeltern oder Eltern die Anweisung zu dieser Eheschließung gegeben, so tritt die Strafe nicht ein (diese Befreiung entstammt dem Kommentar zu Art. 180 des T'anggesetzes). Es ist aber in einem solchen Falle unstatthaft, Hochzeitsfeierlichkeiten abzuhalten. (Dieses Verbot entstammt ebenfalls dem Kommentar zu Art. 180 des T'anggesetzes, und zwar handelt es sich bei dem Verbot um einen kaiserlichen Befehl.) Zuwiderhandlungen werden nach dem Kommentar zu dieser Stelle mit 80 schweren Hieben bestraft.

c) Heirat zwischen Partnern gleichen Familiennamens

Lü 17 des Ch'ing-Gesetzes: Heiratet jemand eine Frau gleichen Familiennamens, so werden beide Ehepartner mit 60 schweren Hieben bestraft (nach Art. 182 des T'anggesetzes mit 2 Jahren Gefängnis) und ihre Ehe wird

---

248 Die Trauerzeit des Sohnes für die Eltern dauerte 3 Jahre. Eine solche Zeitspanne erschien manchem jedoch als zu lang, so daß in der T'angzeit zuweilen auch schon vor Ablauf dieser Zeit geheiratet wurde. Näheres s. Wang P'u, S. 439.

248/1 Dieses Eheverbot wurde gegen Ende der Regierungszeit des Kaisers Kuang Hsü (1875-1908) abgeschwächt, und zwar betraf das Verbot nur noch die Angehörigen, die einen gemeinsamen Stammvater (T'ung-Tsung, 同宗) hatten, beweisbar durch das Sippenbuch und nicht mehr pauschal alle Personen gleichen Familiennamens (vgl. Shih Shang-K'uan, S. 172).

geschieden.[248/1] Dieses Eheverbot entstammt einer alten Sitte, die sich zur Zeit der Chou-Dynastie (1122-255) entwickelte.[249]

In übertriebener Weise trafen in der Zeit der T'ang-Dynastie (618-907) auch manche Familien ungleichen Familiennamens miteinander Abmachungen, daß ihre Kinder niemals untereinander heiraten sollten, um zu verdeutlichen, daß die freundschaftliche Beziehung zwischen den beiden Familien so nahe sei wie die zwischen namensgleichen Familien.[250] Auch kam es z.B. zur Zeit der "Späteren Chou-Dynastie" (951-960) vor, daß ein Mann eine Frau nicht heiraten durfte, die den gleichen Familiennamen wie seine Mutter (Geburtsnamen) trug.[251]

d) Heirat mit einer Bürgersfrau des Amtsbezirks

Lü 27 des Ch'inggesetzes: Wer als Präfektur-, Distrikts- oder Kreisbeamter mit der unmittelbaren Verwaltung betraut ist und während der Dauer seines Amtes eine Frau aus dem Volke seines Bezirkes zur Frau oder Nebenfrau nimmt, wird mit 80 schweren Hieben bestraft.

Wer aber als Amtsleiter oder -inspektor eine Frau, Nebenfrau oder eine Tochter eines seinem Bezirk angehörigen Bürgers zur Frau oder Nebenfrau nimmt, wird mit 100 schweren Hieben bestraft. Die gleiche Strafe trifft die Frau. Die Frau bzw. Nebenfrau wird von dem Mann getrennt und die Tochter ihren Eltern zurückgegeben.

Art. 186 des T'anggesetzes trifft eine ähnliche Regelung.[251/1]

---

249 a) Shih San Ching Chu Shu, 66. Heft: Li Gi, Bd. 34, S. 16.
     b) Vor der Chou-Dynastie (1122-255), in der Shang-Dynastie (1783-1122), war es noch erlaubt, eine Frau gleichen Familiennamens zu heiraten, wenn die Verwandtschaft über die 5. Generation hinausging (s. Shih San Ching Chu Shu, 62. Heft: Li Gi, Bd. 33, S. 4: Kommentar).
     c) Im Buch "Tso-Tchouan" heißt es: Ich höre sagen, daß man vermeiden soll, eine Frau in den Serail zuzulassen, die den gleichen Familiennamen wie der Prinz trägt. Ihre Kinder würden nicht am Leben bleiben (Tso-Tchouan, Bd. III, S. 34).
250 Wang P'u, S. 1528.
251 Ch'eng Shu-Teh, S. 421.
251/1 In der römischen Antike gab es ein ähnliches Heiratsverbot in einer bestimmten Zeitperiode, das sich aber nur auf die Frau bezog: Ehe Septimus Severus das Gesetz änderte, durfte eine Römerin, wenn sie in einer der Provinzen lebte, keinen der dort eingesetzten Verwaltungsbeamten heiraten (Balsdon, S. 195).

V. Die Wirkungen des Verlöbnisses

A. Die personenrechtlichen Wirkungen

a) Kein Heiratszwang durch das Verlöbnis

Nach Artikel 975 BGB kann aus dem Verlöbnis nicht zwangsweise Erfüllung verlangt werden. Der Grund für diese Regelung mag wohl darin zu suchen sein, daß eine erzwungene Heirat kaum zu einer harmonischen Ehe führen wird, nachdem auf einer oder beiden Seiten das frühere Interesse an der Eingehung dieser Ehe erloschen ist.[252]

Was besagt nun Art. 975 BGB, wenn es darin heißt: "Aus dem Verlöbnis kann nicht zwangsweise Erfüllung verlangt werden"? Heißt es, daß man aus dem Verlöbnis überhaupt nicht auf Eingehung der Ehe klagen kann oder bedeutet es, daß eine solche Klage wohl zulässig, aber das daraufhin ergehende Urteil nicht vollstreckbar ist?

Eine Erklärung des Justizamtes (Szu-Fa-Yüan) Yüantzu Nr. 135 vom Jahre 1934 hilft uns diese Frage beantworten. Es heißt darin, daß eine Klage auf zwangsweise Erfüllung aus dem Verlöbnis zurückzuweisen ist.[253]

Im alten China dagegen konnte eine Ehe auch dann geschlossen werden, wenn einer der Verlobten sich später weigerte, diese Ehe einzugehen. Denn aus dem Verlöbnis konnte auf Eingehung der Ehe geklagt werden.[254] Außerdem wurde die Nichteingehung der Ehe nach vollzogener Verlobung mit Strafe belegt. So heißt es etwa in Lü 1 Abs. 2 des Ch'inggesetzes: Wenn die zur Ehe versprochene Frau dem Heiratsvorhaben schriftlich zugestimmt hat und plötzlich kein Interesse mehr an der Eheschließung hat, so wird sie mit 50 leichten Stockhieben (nach dem T'anggesetz mit 60) bestraft und der Kommentar zu dieser Stelle bemerkt, daß die Frau zu ihrem Bräutigam zurückkehren soll, d.h. das Verlöbnis bleibt in einem solchen Falle weiter bestehen.

---

252 Chao, S. 95, Chang, S. 53, Li, S. 30 und die Entscheidung des Obersten Gerichtshofes Shangtzu Nr. 155 vom Jahre 1930.
253 Art. 43 des spanischen BGB besagt auch: Kein Gericht darf eine Klage zulassen, durch welche die zwangsweise Erfüllung des Verlöbnisses verlangt wird (s. Bergmann/Ferid: Spanien, 1975, S. 13). Das Gleiche besagt Art. 42 des Gesetzes nach der Neufassung vom 7.7.1981 (Bergmann/Ferid: Spanien, 1984, S. 18).
254 Engelmann, S. 48.

Die Braut erhält ferner nach Lü 2 des Ch'inggesetzes 70 schwere Stockhiebe (nach dem T'anggesetz 100), wenn sie nach ihrer Verlobung einem weiteren Mann die Ehe verspricht. Zudem muß sie bei ihrem ersten Bräutigam bleiben.

b) Das Verlöbnis begründet kein Verwandtschaftsverhältnis

Im alten China begründete die Verlobung nicht nur eheähnliche Beziehungen zwischen den Verlobten,[255] sondern auch ein Verwandtschaftsverhältnis zwischen der Braut und den Angehörigen des Bräutigams.[256]

Das gegenwärtige Nankinger BGB erkennt eine solche Rechtsfolge nicht mehr an. Die Brautleute sind nach dem geltenden Recht nur Partner des Verlöbnisses (Art. 976, 978 BGB). Die Erklärung Yüantzu Nr. 959 des Justizamtes vom Jahre 1933 besagt auch, daß die Braut in keinem Verwandtschaftsverhältnis zu den Eltern des Bräutigams steht. Die Brautleute haben nur gemäß Art. 307 Ziff. 1 Nankinger ZPO und Art. 180 Ziff. 2 Nankinger StPO eine eheähnliche Stellung zueinander und damit ein Zeugnisverweigerungsrecht. Ein solches Recht erkennt auch die deutsche ZPO in § 383 Ziff. 1 und die StPO in § 52 Ziff. 1 an.

Auch das deutsche BGB gibt den Verlobten in einigen Bestimmungen eine eheähnliche Stellung, so z.B. 1. beim Erbvertrag (§§ 2279, 2290 BGB), 2. beim Erbverzicht (§§ 2347, 2351, 2352 BGB) und 3. bei letztwilligen Verfügungen (§ 2077 BGB).[257]

Eine solche Berücksichtigung des Verlöbnisses findet sich aber weder im chinesischen BGB noch im chinesischen StGB. Dort kommt den Brautleuten keine so wichtige Stellung zu wie in den entsprechenden deutschen Vorschriften. Lediglich in Art. 8 der ehemaligen "Verordnung zum Eheschutz für die Armeeangehörigen in der Zeit des Verteidigungskrieges (gegen Japan)" vom 30.7.1943 (出征抗敵軍人婚姻保障條例) heißt es, die Braut oder Frau eines kriegsversehrten Armeeangehörigen kann sich ohne Einverständnis des Bräutigams bzw. Ehemannes nicht entloben oder scheiden lassen.

---

255 Daß die Verlobung fast die Wirkung einer Eheschließung hatte, geht z.B. hervor aus einem Supplement (T'iao-li) des Ch'inggesetzes zum Artikel 285 über "die Tötung des Ehebrechers", wonach der Bräutigam einen Mann, der mit seiner Braut Unzucht getrieben hatte und den er auf frischer Tat ertappte, töten konnte. Er blieb in diesem Falle gemäß Art. 285 des Ch'inggesetzes straflos wie ein Ehemann, der einen Ehebrecher in dieser Situation tötete.
256 Ein Beispiel s. Engelmann, S. 49 f.
257 Feldmann, S. 44.

Und Art. 9 der gleichen Verordnung besagt, daß eine Ehefrau oder eine Braut eines im Verteidigungskrieg stehenden Armeeangehörigen, die mit jemandem Geschlechtsverkehr hatte, mit Gefängnis bestraft wird, und zwar erhält die Ehefrau bis zu 3 Jahren, die Braut bis zu 6 Monaten Gefängnis.[258] In diesen Fällen wurden Verlöbnis und Ehe gleich gesetzt, nur die Strafe war unterschiedlich. Auch nach Art. 9 Abs. 1 der gegenwärtigen "Eheverordnung für Militärangehörige zur Zeit der Unterdrückung des Aufruhrs" (勘乱時期軍人婚姻条例) in der Fassung vom 21.12.1974 können sich Verlobungspartner nicht einseitig entloben während des Front- oder Befehlseinsatzes des Verlobten im Kampfgebiet. Und nach Art. 10 Abs. 1 der gleichen Verordnung in der gleichen Situation dürfen Ehepartner in dieser Zeit ihre Ehe nicht scheiden lassen. Nach Art. 13 derselben Verordnung erhält der auch in der gleichen Militärsituation (im Front- oder Befehlseinsatz) stehende Armeeangehörige oder sein Ehepartner eine um die Hälfte höhere Strafe als gemäß Art. 239 StGB, falls er Ehebruch begangen hat. So ist im Grunde genommen doch keine große gesetzliche Veränderung eingetreten in der gegenwärtigen Verordnung im Vergleich zu der alten Verordnung.

c) Die Gültigkeit des Verlöbnisses bei arglistiger Täuschung

Was man unter arglistiger Täuschung beim Eheversprechen versteht, gibt z.B. der Kommentar zu Lü 4 des Ch'ing-Gesetzes an: wenn eine gebrechliche Frau die Ehe eingehen will und betrügerischerweise ihre gesunde Schwester unter ihrem Namen zur Vorstellung schickte. In dem eben gegebenen Beispiel muß nach Lü 4 des Ch'ing-Gesetzes das von der Schwester unter dem Namen der gebrechlichen Frau abgegebene Eheversprechen eingehalten werden, das bedeutet, die Schwester ist nun echte Braut und muß nach "ursprünglicher Abmachung" (仍依原定) die Ehe eingehen. Mit der ge-

---

258 a) Siehe Li 1966, S. 184 f.
b) In dem Gesetzverzeichnis der "Sammlung der Erklärungen des Justizamtes", herausgegeben vom Sekretariat des Justizamtes, Taipeh 1954, Bd. I, S. 19 ist dieser Eheschutzverordnung das Kennzeichen für Ungültigkeit beigegeben, aber das Datum der Ungültigkeit fehlt. Nach der Erklärung des Justizamtes Nr. Yüan-Chiai-Tzu 3281 vom 24. Okt. 1946 bezieht sich die in dieser Verordnung genannte Zeitspanne auf die Zeitdauer des Verteidigungskrieges gegen Japan. Weitergehende Armeedienstzeit fällt nicht mehr in die in der Verordnung genannte Zeitdauer des Verteidigungskrieges (s. eben genannte Sammlung Bd. III, S. 639). Die Beendigung dieses Verteidigungskrieges war am 10. August 1945 nach der japanischen Kapitulation (Chiang Kai-Shek: Sowjetrußland in China, deutsche Ausgabe aus dem Amerikanischen übersetzt von Credo, Bonn 1959, S. 153). Nach dieser Zeit war diese Verordnung gegenstandslos und ist aufgehoben worden.

brechlichen Frau ist keine Verlobung zustande gekommen. "Die Brautgeschenke müssen zurückgegeben werden." Ist die Ehe geschlossen worden, so "erhält die Frau 80 schwere Hiebe" und "die Ehe wird getrennt (wörtlich: Li-I, 離異)".[258/1] Hieraus läßt sich erkennen, daß unter dem oben genannten Zustand geschlossene Verlobungen und Eheschließungen nach Lü 4 des Ch'inggesetzes von Anfang an ungültig sind. Tai Yen-Hui vertritt für diese Fälle in bezug auf Art. 176 des T'anggesetzes die gleiche Ansicht.[259] Lü 4 des Ch'inggesetzes geht auf Art. 176 des T'anggesetzes zurück.

Im geltenden Nankinger BGB findet sich keine Bestimmung über das unter arglistiger Täuschung zustande gekommene Verlöbnis. Man könnte diesen Fall aber unter folgenden Gesichtspunkten behandeln:

1. Entsprechend dem obigen Beispiel zu Lü 4 des Ch'inggesetzes ist das unter arglistiger Täuschung der gebrechlichen Frau abgeschlossene Verlöbnis unwirksam.

   Auch von seiten des Art. 972 BGB aus betrachtet, wird dieses Verlöbnis als unwirksam angesehen. Das Verlöbnis soll danach grundsätzlich auf völliger Bereitwilligkeit beruhen. Bei der zur Täuschung vorgegebenen gesunden Schwester liegt aber keine echte Bereitwilligkeit zum Eheversprechen vor. Hiernach müßte dieses Rechtsgeschäft von Anfang an ungültig sein.[260]

2. Nach Art. 86 BGB. Danach ist eine Willenserklärung "nicht deshalb nichtig, weil der Erklärende bei der Abgabe insgeheim die Absicht hat, die abgegebene Willenserklärung nicht zu wollen,..." Ein solcher Fall liegt vor, wenn die gesunde Schwester statt ihrer gebrechlichen Schwester betrügerischerweise die Ehe verspricht, in Wirklichkeit aber keine Ehe eingehen will. So kann man mit Lü 4 des Ch'inggesetzes sagen, es bleibt bei der "ursprünglichen Abmachung", d.h. dieses Verlöbnis ist wirksam.

258/1 Der Ausdruck "Li-I" ist ein früher gesetzlicher Terminus technicus für "Ehetrennung" oder "Eheungültigkeit" (vgl. Tai 1964, S. 168 f). Dieser Ausdruck "Li-I" bedeutet wörtlich "trennen".

259 a) Tai 1964, S. 168.
   b) Zum Verständnis vgl. auch Art. 42 des jugoslawischen Grundgesetzes über die Ehe vom 3.4.1946, der lautet: "Nichtig ist die Ehe, die im Irrtum mit Bezug auf die Persönlichkeit des Ehepartners geschlossen ist, wenn man glaubte, daß man mit einer Person die Ehe geschlossen hat, in Wirklichkeit aber mit einer anderen die Ehe eingegangen ist, oder wenn die Ehe mit einer bestimmten Person geschlossen wurde, die aber nicht die Person ist, für welche sie sich ausgegeben hat." (Bergmann/Ferid: Jugoslawien, 1986, S. 43)

260 Günther Beitzke ist auch der Meinung, daß das Verlöbnis unter geheimem Vorbehalt unwirksam ist (Beitzke S. 26). Vgl. auch Siebert/Vogel, S. F 4.

3. Chang Shen ist der Ansicht, daß die arglistige Täuschung ein Grund zum Rücktritt vom Verlöbnis gemäß Art. 976 I Ziff. 9 BGB ist.[261]
4. Verständlich wäre auch die Anwendung von Art. 92 BGB (entprechend § 123 Abs. 1 dt. BGB): Der Erklärende kann die Willenserklärung anfechten, die er infolge arglistiger Täuschung abgegeben hat.

So kann man erkennen, daß ein durch arglistige Täuschung entstandenes Verlöbnis von verschiedenen gesetzlichen Gesichtspunkten aus gesehen, unterschiedliche Wirkungen hervorruft.

d) Die Rechtsstellung der Brautkinder

aa) Die Eigenschaften der Brautkinder

Wie bereits ausgeführt, sind Eheversprechen und Eheschließung nach geltendem Recht völlig voneinander getrennte Angelegenheiten. Sind nun zwei Menschen verlobt und leben miteinander, ohne nach den Erfordernissen des Artikels 982 BGB "öffentlich und vor mindestens zwei Zeugen" getraut zu sein, so stellt dies keine legale eheliche Gemeinschaft dar, wenn auch die Umwelt dies oft als solche ansehen mag.[262] Wird nun während der Zeit des Zusammenlebens der Brautleute ein Kind geboren, so wird dieses nicht als eheliches, sondern als sogenanntes Brautkind angesehen. (Was ein eheliches Kind ist, definiert Art. 1061 BGB folgendermaßen: "Ein Kind, das auf Grund einer Empfängnis in der Ehe geboren ist".)

---

261 a) Chang, S. 60.
   b) Art. 976 I BGB lautet: Wenn in der Person einer der Parteien einer der folgenden Umstände vorliegt, so kann der andere Teil vom Verlöbnis zurücktreten:
   1. ...
   ,
   ,
   ,
   ,
   9. Bei Vorliegen eines anderen wichtigen Grundes.
   So ist die arglistige Täuschung nach Chang Shen's Ansicht ein hier genannter "wichtiger Grund" für den Rücktritt vom Verlöbnis.
262 Lo, S. 68 f.

Das Brautkind wird jedoch dann ehelich, "wenn der natürliche Vater mit der natürlichen Mutter die Ehe schließt" (Art. 1164 BGB),[263] desgleichen, "wenn der natürliche Vater es anerkennt" (Art. 1065 BGB).
Im Verhältnis zu seiner natürlichen Mutter gilt das Brautkind allerdings als ehelich. Eine Anerkennung ist hier nicht erforderlich (Art. 1065 Abs. 2 BGB).
Im Pekinger EheG ist das Verlöbnis nicht erwähnt und damit auch nichts über Brautkinder gesagt. Man kann sich aber der Sitte nach verloben. Wenn nun die Brautleute nicht als Eheleute zusammen leben und Kinder erzeugen, dann sind diese Kinder im Brautstand ihrer Eltern erzeugt und somit Brautkinder oder nichteheliche Kinder. Nach Art. 19 I EheG genießen diese Kinder die gleichen Rechte wie eheliche umd bedürfen keiner Anerkennung. So haben die sogenannten Brautkinder im Pekinger EheG keine Bedeutung mehr.
Wenn die Brautleute aber als Eheleute in nichtregistrierter Ehe miteinander leben, so ist ihre Ehe nach Art. 7 EheG nicht gültig und ihre Kinder gelten nicht als eheliche. Dagegen war nach Art. 6 des 1. EheG von 1950 eine solche Ehe nicht ungültig.[264] Da allerdings die nach diesem Artikel faktische

---

263 In der Deutschen Demokratischen Republik entwarf man im Herbst 1954 aber ein Familiengesetzbuch, nach dem nichteheliche Kinder eheliche Rechtsstellung haben, nicht erst durch Heirat ihrer natürlichen Eltern (§ 60 dieses Gesetzentwurfes, der nicht Gesetz wurde).
Auf ihrem VI. Parteitag (15.-21.Jan. 1963) hatte die Sozialistische Einheitspartei Deutschlands (SED) beschlossen, ein neues Familienrecht auszuarbeiten und nach der marxistisch-leninistischen Rechtsauffassung gehört das Familienrecht nicht zum eigentlichen Zivilrecht, weil ihm keine "Ware-Geld-Beziehungen" zugrunde liegen. So wurde dem neuen Entwurf des Familiengesetzbuches am 26. Nov. 1965 vom Staatsrat der DDR grundsätzlich zugestimmt und am 20. Dez. d.J. erhob die Volkskammer der DDR diesen Gesetzentwurf einmütig zum Gesetz. In formeller Hinsicht kommt die Beseitigung der Diskriminierung des unehelichen Kindes nun dadurch sogar zum Ausdruck, daß sich das FGB vom Begriff des "unehelichen Kindes" gelöst hat; es spricht jetzt z.B. nach § 46 FGB nur von dem "Kind, dessen Eltern bei seiner Geburt nicht miteinander verheiratet" waren. Auch im § 9 des Einführungsgesetzes vom FGB vom 20. Dez. 1965 kommt diese neue Richtung zum Ausdruck: "Ein Kind, das außerhalb der Ehe geboren wurde, erbt beim Tode seines Vaters oder seiner Großeltern väterlicherseits, solange es minderjährig ist, wie ein während der Ehe geborenes Kind" (Marie Elisabeth v. Friesen/Wolfgang Heller: Das Familienrecht in Mitteldeutschland, Bonn 1967, S. 15-16; 67 und 126).
264 So z.B. lautete auch Art. 9 des revidierten EheG der chinesischen Sowjetrepublik Kiangsi vom 8.4.1934 "In allen Fällen, in denen ein Mann und eine Frau zusammenleben, sollen sie so betrachtet werden, als haben sie eine Ehe geschlossen, unabhängig davon, ob sie ihre Ehe registriert haben oder nicht" (s. Müller-Freienfels 1969, S. 878).

Ehe in der chinesischen Volksrepublik gemäß Art. 7 des jetzigen Ehegesetzes wie in der UdSSR nach dem Unionsdekret Stalins von 1944 unter Ablehnung fällt,[265] könnte man die Kinder einer solchen Ehe wieder Brautkinder nennen. Nach Art. 19 I EheG (auch nach Art. 15 I des 1. EheG) sind diese nichtehelichen Kinder mit den ehelichen Kindern gleichberechtigt, somit haben diese sogenannten Brautkinder im Gesetz wiederum keine Bedeutung.

bb) Die verwandtschaftlichen Verhältnisse zwischen Brautkindern und ihren natürlichen Eltern und deren Verwandten

Wie eben gesagt, gelten gemäß Art. 1065 Abs. 2 BGB die Brautkinder im Verhältnis zu ihrer natürlichen Mutter als ehelich. Damit besteht zwischen ihnen ein Verwandtschaftsverhältnis wie zwischen einer ehelichen Mutter und ihrem Kind.

Fraglich kann nun aber sein, ob dieses Verwandtschaftsverhältnis auch zwischen dem Kind und den Verwandten der Mutter besteht. Man könnte dies entsprechend dem Sinn und Zweck des Art. 1065 Abs. 2 BGB bejahen. Auch Chao Feng-Chieh ist dieser Ansicht, meint aber doch für das vermögensrechtliche Erbrecht eine Einschränkung machen zu müssen.[266] Eine Begründung gibt er dafür nicht. Vielleicht wollte er damit eine Art Sanktion gegen die Eltern schaffen, da diese ja gegen die guten Sitten verstoßen haben. Ist er dieser Ansicht, dann bleibt unerklärlich, warum diese Strafe die unschuldigen Brautkinder treffen soll.

Möglicherweise wollte er aber auch auf das ähnliche Beispiel des Ch'inggesetzes hinweisen, nach dem der Erbteil des durch Ehebruch vom Vater erzeugten Sohnes = Chien Sheng Tzu (姦 生 子) die Hälfte dessen des ehelichen betrug.[267]

Vielleicht glaubte Chao auch in Art. 1142 Abs. 2 Nankinger BGB ein analoges Vorbild zu haben, worin es heißt: "Der Erbteil eines Adoptivkindes beträgt die Hälfte dessen eines ehelichen Kindes". Diese Bestimmung ist eigentlich eine Ergänzung zu Art. 1077 BGB: "Das Verhältnis des Adoptivkindes zu den Adoptiveltern ist das gleiche wie das eines ehelichen Kindes, soweit das Gesetz nichts anderes bestimmt".

Es ist aber in Art. 1065 BGB keine solche Ausnahme vorgesehen wie in Art. 1077 (2. Halbsatz) und auch im Erbrecht findet sich keine entsprechende Einschränkung, wie sie Art. 1142 BGB für die Adoption brachte, d.h. Art. 1065 BGB steht mit Art. 1142 BGB nicht in Zusammenhang. Nun ist Art.

---

265 Vgl. Müller-Freienfels 1969, S. 878.
266 Chao, S. 144 f.
267 Siehe das 1. Supplement (T'iao-li) zum Art. 88 des Ch'ing-Gesetzbuches.

1142 BGB ab 3.6.1985 im Zuge der vollen Gleichstellung des Adoptivkindes mit dem ehelichen Kind entfallen und dadurch die eben vorgenommene Heranziehung dieses Artikels als analoges Vorbild für die Begründung der Halbierung des vermögensrechtlichen Erbes des Brautkindes nicht mehr gegeben.

Ob Verwandtschaft besteht zwischen den Brautkindern und den Verwandten der Mutter, ist auch nach der teilweise vorgenommenen Neufassung des Familienrechts des BGB vom 3.6.1985 ungeklärt, da Art. 1065 BGB unverändert blieb. Es wäre besser, wenn das Gesetz diese Frage eindeutiger regelte, etwa wie das deutsche BGB unter dem 6. Titel "Rechtliche Stellung der unehelichen Kinder" in § 1705 (a.F.): "Das uneheliche Kind hat im Verhältnis zu der Mutter und zu den Verwandten der Mutter die rechtliche Stellung eines ehelichen Kindes".[268]

Andererseits ist aber ein uneheliches Kind, das nicht durch die Heirat seiner natürlichen Eltern gemäß Art. 1064 BGB oder durch die Anerkennung durch den natürlichen Vater gemäß Art. 1065 Abs. 1 BGB die rechtliche Stellung eines ehelichen Kindes erhält, mit seinem natürlichen Vater und dessen Verwandten nicht verwandt.[269] D.h. die Blutsverwandtschaft wird hier nicht als Verwandtschaft im Rechtssinne gewertet. Es wäre eine Anpassung des Gesetzes an die moderne Rechtsauffassung nötig, wie sie das deutsche Gesetz nun verwirklicht hat, und zwar gelten danach die unehelichen Kinder durch "Gesetz über die rechtliche Stellung der nichtehelichen Kinder" vom 19.8.1969 (NEhelG) ab 1. Juli 1970 mit ihrem natürlichen Vater als blutsver-

---

268 Überschrift des 6. Titels und § 1705 dt. BGB neu gefaßt durch "Gesetz über die rechtliche Stellung der nichtehelichen Kinder" vom 19.8.1969. Diese Überschrift des 6. Titels und § 1075 dt. BGB geändert mit Wirkung vom 1.1.1980 durch Art. 9 § 2 "Gesetz zur Neuregelung des Rechts der elterlichen Sorge" vom 18.7.1979 (BGBl. I S. 1061).

269 Ganz anders war Art. 1463 II des griechischen BGB vom 15.3.1940: "Das uneheliche Kind gilt, soweit im Gesetz nichts anderes bestimmt ist, nicht als Blutsverwandter seines Vaters, der es anerkannt hat." Diese strenge Ablehnung des griechischen BGB der blutsverwandtschaftlichen Beziehung des unehelichen Kindes zu seinem Vater, ging vielleicht auf das alte athenische Gesetz zurück, wonach ein Kind von einem Athener, der ein Verhältnis mit einer athenischen Bürgerin hatte, die nicht seine Frau war, keinen Anspruch auf seinen Besitz, die Familie oder religiöse Verbindungen hatte und auch keinen Anspruch auf Bürgerrecht geltend machen konnte (s. W.K. Lacey, S. 117). Art. 1463 des griechischen BGB wurde neu gefaßt am 18.2.1983. Danach gelten nun 2 Personen als untereinander blutsverwandt in gerader Linie, wenn der eine vom anderen abstammt (Bergmann/Ferid: Griechenland, 1984, S. 26).

wandt.[270] Aber nach der teilweisen Neufassung des Familienrechts des Nankinger BGB vom 3.6.1985 ist in den Art. 1064 und 1065 BGB keine Änderung vorgenommen worden. Jedoch wird in der Neufassung durch Änderung von Art. 1067 BGB für das uneheliche Kind eine Möglichkeit zur Erlangung der Verwandtschaftsbeziehung zu seinem natürlichen Vater durch eigenen Antrag auf Anerkennung gegeben, der bisher nur durch seine Mutter oder seinen gesetzlichen Vertreter gestellt werden konnte.

Im Pekinger Ehegesetz besteht im verwandtschaftlichen Verhältnis zwischen unehelichen Kindern und ihren natürlichen Eltern gemäß Art. 19 I EheG kein Unterschied zu der für eheliche Kinder getroffenen Regelung: "Uneheliche Kinder genießen die gleichen Rechte wie eheliche Kinder. Niemand darf sie benachteiligen oder geringer achten". Deshalb wird man diesen Art. 19 Abs. 1 EheG auch ähnlich wie Art. 63 des rumänischen Familiengesetzes vom 29.12.1953 (in der Fassung des Gesetzes vom 29.3.1956) auffassen können, in dem es heißt, daß das uneheliche Kind dem festgestellten Elternteil und dessen Verwandten gegenüber dieselbe Rechtsstellung wie ein eheliches Kind hat.[271]

Das Bestreiten des Lebensunterhalts oder die Erziehung gilt im Pekinger EheG nicht als Anerkennung unehelicher Kinder. Dies läßt sich folgern aus Art. 19 Abs. 2 EheG: "Der Vater eines unehelichen Kindes muß für einen Teil oder die gesamten Unterhalts- und Ausbildungskosten des Kindes aufkommen, bis das Kind selbst seinen Lebensunterhalt bestreiten kann".[272] Diese Vorschrift regelt demnach nur die Unterhalts- und Erziehungspflicht auf Grund der natürlichen Abstammung, aber nicht die Anerkennung. Art. 1065 Abs. 1 Nankinger BGB dagegen geht davon aus, daß "die Erziehung durch den natürlichen Vater als Anerkennung" gilt.

---

270 Siehe Art. 1 Ziff. 3 zu § 1589 II dt. BGB und Art. 12, § 27 dieses Gesetzes (NEhelG).
271 Bergmann/Ferid: Rumänien, 1983, S. 22.
272 Art. 15 des nun außer Kraft gesetzten 1. Pekinger EheG vom Jahre 1950 war in bezug auf die Dauer der Unterhaltsleistung und der Erziehungspflicht etwas anders, und zwar: Weist die uneheliche Mutter den unehelichen Vater durch Urkundenbeweis nach, so hat dieser die Kosten für den notwendigen Lebensunterhalt und die Erziehung des Kindes bis zu dessen 18. Lebensjahr ganz oder teilweise zu tragen. In dem Buch "Grundprobleme im Zivilrecht der Volksrepublik China" vom Zivilrechtlichen Institut der zentralen politischen und rechtlichen Kaderschule (S. 65) heißt es, daß das in Art. 15 des 1. Pekinger EheG von 1950 genannte 18. Lebensjahr die Volljährigkeit des Bürgers bedeutet. Siehe auch Bergmann/Ferid: China, 1981, S. 35.

cc) Name und Wohnsitz der Brautkinder

Name und Wohnsitz der Brautkinder richteten sich zufolge der nun außer Kraft gesetzten Art. 1059 Abs. 1 und 1060 Abs. 1 BGB nach dem des Vaters, wenn sie gemäß Art. 1064 oder 1065 BGB (d.h. durch Heirat der Eltern oder durch Anerkennung des Vaters) die Stellung ehelicher Kinder erhalten haben. Nach der Neufassung des Art. 1059 Abs. 1 BGB vom 3.6.1985 erhält das vom Vater anerkannte Brautkind grundsätzlich den Familiennamen des Vaters. Der Wohnsitz des Brautkindes ist gemäß dem neugefaßten Art. 1060 BGB vom 3.6.1985 der seiner Eltern, falls es ehelich geworden ist.

Bleiben die Brautkinder aber unehelich, so richten sich beide (Name und Wohnsitz) gemäß Art. 1065 Abs. 2 BGB nach denen ihrer natürlichen Mutter. Dies ergibt sich aus der Auslegung dieses Absatzes, der lautet: "Im Verhältnis zu seiner natürlichen Mutter gilt ein uneheliches Kind als ehelich; eine Anerkennung ist nicht erforderlich".[273]

Haben die Brautleute den gleichen Familiennamen, so macht es für ihr Kind äußerlich keinen Unterschied, nach welchem der beiden Elternteile sich dessen Name richtet, dem Gesetz nach ist dies aber der der Mutter.

Ein solcher Fall trat zur Zeit der früheren Gesetze kaum ein, denn z.B. nach Lü 17 des Ch'ing-Gesetzes oder nach Art. 182 des T'ang-Gesetzes war die Heirat zwischen Partnern gleichen Familiennamens verboten. Ein Kommentar zum Art. 368 des Ch'ing-Gesetzes über Vergehen der Unzucht zwischen Verwandten sagt noch strenger dazu: "Kinder, die von einem Mann und einer Frau des gleichen Familienstammes erzeugt wurden, dürfen nicht in das Familienstammbuch eingetragen werden und dürfen auch nicht mit ihren natürlichen Eltern zusammen wohnen".[274] So galten diese Kinder nicht nur als unehelich, sie durften auch weder den Familiennamen ihrer Eltern tragen, noch deren Wohnsitz ohne weiteres teilen.

Im gegenwärtigen Pekinger EheG ist die Frage des Namens und des Wohnsitzes der Brautkinder nicht erwähnt. Aber nach Art. 15 Abs. 2 des nun außer Kraft gesetzten 1. EheG von 1950, in dem es heißt "Mit Zustimmung der unehelichen Mutter kann der uneheliche Vater das Kind zum Aufziehen

---

273 a) Vgl. auch Chao, S. 143 f.
   b) In der deutschen Gesetzgebung ist dies aber in § 11 (a.F.) dt. BGB direkt ausgesprochen: Ein uneheliches Kind teilt den Wohnsitz der Mutter und in § 1706 (a.F.): Das uneheliche Kind erhält den Familiennamen der Mutter. § 11 und 1706 sind neu gefaßt mit Wirkung vom 1. Juli 1970 durch NEhelG vom 19.8.1969; näheres s. Art. 1, Ziff. 1 zum § 11 und Ziff. 25 zum § 1706 dieses NEhelG. Den Familiennamen des nichtehelichen Kindes regelt jetzt § 1617 dt. BGB in ähnlicher Weise.
274 Chao, S. 144.

erhalten", war das Recht der Mutter gegenüber dem unehelichen Kind stärker als das des Vaters, und Name und Wohnsitz des Kindes richteten sich so auch grundsätzlich nach dem der natürlichen Mutter.[275]

e) Treuepflicht der Verlobten

Wie bereits oben ausgeführt, unterliegen die Verlobten keinem Zwang, die Ehe auf Grund des Verlöbnisses einzugehen (Art. 975 BGB). Art. 976 BGB verhindert aber eine leichtfertige Lösung des einmal gegebenen Eheversprechens. Denn nach der Vorschrift des Art. 976 BGB ist derjenige zum Schadenersatz verpflichtet, der vom Verlöbnis zurücktritt, ohne daß einer der in Art. 976 BGB genannten Rücktrittsgründe vorliegt.

Im alten chinesischen Recht war die Treuepflicht der Brautleute noch stärker ausgeprägt. So wurde die Braut oder der Bräutigam z.B. gemäß Lü 2 des Ch'ing-Gesetzes mit 70 leichten Stockhieben bestraft, wenn sie die Ehe nicht mehr eingehen wollten, nach Verlobung mit einem Dritten.

In der Frage der Treuebewahrung bezüglich des Geschlechtsverkehrs unterscheidet sich das geltende Recht jedoch nicht wesentlich von dem alten Ch'ing-Gesetz. Art. 976 Abs. 1 Ziff. 7 des heutigen Nankinger BGB lautet: Hat ein Teil der Brautleute nach Abschluß des Verlöbnisses mit einem Dritten Geschlechtsverkehr, so ist der andere Teil berechtigt, vom Verlöbnis zurückzutreten. Auch nach Lü 3 des Ch'ing-Gesetzes war Unzucht mit Dritten schon ein Auflösungsgrund für die Verlobung.

B. Die vermögensrechtlichen Wirkungen

Da der Brautstand noch keine Ehe darstellt, regeln sich die vermögensrechtlichen Beziehungen der Brautleute allgemein nach dem Schuldrecht, es sei denn, daß das Gesetz etwas anderes bestimmt. Die Verlobten können zwar nach Art. 1004 BGB schon vor der Eheschließung vertraglich einen Güterstand vereinbaren; die Vereinbarung wird jedoch erst mit der Eheschließung rechtswirksam. Aus diesem Grunde lassen sich die vermögensrechtlichen

---

275 Vgl. NEhelG, Art. 1 Ziff. 1 zum § 11 dt. BGB (n.F.): "Ein minderjähriges Kind teilt den Wohnsitz der Eltern; es teilt nicht den Wohnsitz eines Elternteils, dem das Recht fehlt, für die Person des Kindes zu sorgen. Steht keinem Elternteil das Recht zu, für die Person des Kindes zu sorgen, so teilt das Kind den Wohnsitz desjenigen, dem dieses Recht zusteht. Das Kind behält den Wohnsitz, bis es ihn rechtsgültig aufhebt."

Beziehungen zwischen den Brautleuten nicht nach dem Familienrecht beurteilen.[276]

Durch das Eheversprechen treten aber in der vermögensrechtlichen Situation der Verlobten in mancher Hinsicht doch einige Änderungen ein. Diese Änderungen werden im folgenden behandelt.

a) Die Unterhaltskosten zusammenlebender Brautleute

Das Verlöbnis begründet an sich keine Unterhaltspflicht der Verlobten untereinander, auch bestehen keinerlei vermögensrechtliche Bindungen, insbesondere treten keine güterrechtlichen Wirkungen ein.

Wie aber steht es mit dem Bestreiten der Unterhaltskosten, wenn die Brautleute schon vor der Eheschließung zusammenleben? Diese Frage behandelt kein Artikel des BGB.

In Ermangelung einer gesetzlichen Regelung könnte man geneigt sein, die Verlobten als Hausgenossen zu behandeln, da sie ja in häuslicher Gemeinschaft zusammenleben; denn Art. 1123 Abs. 3 lautet: "Wer ohne verwandt zu sein, zum Zweck der dauernden Lebensgemeinschaft in einer Hausgemeinschaft wohnt, gilt als Hausgenosse." In diesem Sinne könnte man auch Art. 1114 Ziff. 4 "die Verpflichtung zum Unterhalt zwischen dem Hausältesten und den Hausgenossen" anwenden, um die Frage der Verpflichtung zum Tragen der Unterhaltskosten zu regeln.

Eine solche Regelung bezieht sich allerdings nur auf das Verhältnis vom Hausältesten zu jedem Teil der Verlobten, die in derselben Hausgemeinschaft und unter dem Hausältesten, entweder des Bräutigams oder der Braut, zusammen wohnen.[277]

Andererseits leben manche volljährigen Verlobten ohne vollzogene Vermählung wie in der Ehe mit auf dauernde Lebensgemeinschaft gerichtetem Willen, getrennt von den Hausältesten, zusammen. Sie sehen ein solches Zusammenleben nicht als wilde Ehe an. Nach Art. 982 BGB muß aber die Eheschließung öffentlich und vor mindestens zwei Zeugen erfolgen; und gemäß Art. 988 BGB ist die Ehe nichtig, falls die Form nach Art. 982 nicht gewahrt ist, auch wenn die Verlobten eine auf Dauer berechnete Lebensgemeinschaft haben. Eine solche Lebensgemeinschaft kann nicht als rechtmäßige Ehe anerkannt werden, und man kann infolgedessen auch die Art. 1026, 1037, 1047 Abs. 2 und Art. 1048 BGB über den ehelichen Aufwand bei einem solchen Zusammenleben nicht anwenden.

---

276 Vgl. Feldmann, S. 44 Ziff 3.
277 Vgl. die Entscheidung des Obersten Gerichtshofes Shangtzu Nr. 3096 vom Jahre 1934.

Nach dem ersten Pekinger EheG von 1950, Art. 6 konnte ein Zusammenleben von Mann und Frau auch ohne die offizielle Form der Eheschließung, die Eheregistrierung, als Ehe angesehen werden.[278] Ein solches Zusammenleben entsprach dann nicht mehr dem von Brautleuten, sondern von Eheleuten und so sollte ihr ehelicher Aufwand nach der Regel der ehelichen Unterhaltspflicht behandelt werden (vgl. Art. 10 des 1. EheG).

Aber nach dem gegenwärtigen Pekinger EheG von 1980, Art. 7, ist die nicht-registrierte Ehe ungültig. Somit besteht für zusammenlebende Brautleute keine eheliche Unterhaltspflicht (vgl. Art. 14 EheG).

b) Das Verlöbnis in bezug auf das Erbrecht

aa) Die erbrechtliche Stellung der Verlobten

Das Verlöbnis begründet keine eheliche und verwandtschaftliche Beziehung, daher können sich die Verlobten auch nicht nach Art. 1138 und 1144 BGB gegenseitig beerben.

Früher gab es aber für die Braut eine Möglichkeit "vorläufig" zu erben, und zwar, wenn sie als verwitwete Schwiegertochter in der Familie ihres verstorbenen Bräutigams lebte, wie es nach der im vorhergehenden Kapitel "Das Wesen der Ehe", beschriebenen Sitte "Kuo-Men-Shou-Chen" üblich war. Danach galt sie nun als Witwe und der Präzedenzfall des Gesetzes der Ch'ing-Dynastie (1644-1911) war anwendbar, wonach eine Witwe, die keinen Sohn hat, den Nachlaß ihres verstorbenen Mannes erben konnte. Dies bedingte aber, daß die Frau später einen Adoptivsohn annahm, der dann diese Erbschaft endgültig übernahm.[279] Denn nach dem Ch'ing-Gesetz konnten nur männliche Nachkommen erben, die Ehegatten selbst hatten kein gegenseitiges Erbrecht.[280]

---

278 Vgl. Müller-Freienfels 1969, S. 878.
279 a) Ta Ch'ing Lü Li, S. 878; T'iao Li 2 zu Art. 78; vgl. auch Lo, S. 20 und 24 f. und Chang, S. 118.
b) Aber nach den Entscheidungen des Obersten Gerichtshofes Shangtzu Nr. 486 vom Jahre 1937 und Shangtzu Nr. 641 vom Jahre 1944 gilt das von einer Witwe für ihren verstorbenen Mann und das von den Eltern für ihren verstorbenen Sohn angenommene Kind (Sohn oder Tochter) nicht als rechtmäßiges Adoptivkind, da eine Adoption nur durch den Adoptierenden selbst erfolgen kann.
280 Lo, S. 10 und 20 ff.

So hatte diese "Brautfrau" gemäß dem Ch'ing-Gesetz doch kein eigenes Erbrecht gegenüber ihrem Mann (Bräutigam), sondern besaß nur das Recht auf vorläufige Verwaltung seines Erbes.[281]

bb) Gegenseitige testamentarische Erbeinsetzung der Brautleute

Nach dem gegenwärtigen Erbrecht (5. Buch des Nankinger BGB) haben die Brautleute kein gegenseitiges Erbrecht.

Bis vor kurzem konnte man jedoch in Art. 1143 BGB eine Möglichkeit sehen, daß sich Verlobte gegenseitig als Erben einsetzen. Danach kann derjenige, der keine Blutsverwandten der geraden absteigenden Linie hat, durch Testament einen Erben für sein gesamtes Vermögen oder einen Teil desselben einsetzen, soweit nicht die Vorschriften über den Pflichtteil entgegenstehen.

Der Bedingung des Art. 1143 BGB "ohne Blutsverwandten der absteigenden geraden Linie zu sein", entsprechen die Verlobten, falls eine der folgenden Situationen auf sie zutrifft:

---

281 a) Vgl. die Entscheidung des Reichsgerichtshofes Shangtzu Nr. 567 vom Jahre 1915.
b) Es ist nicht uninteressant beiläufig zu erwähnen, daß nach der schwedischen Gesetzgebung die Braut nach dem Tode ihres Bräutigams tatsächlich einen angemessenen Anteil seines Nachlasses, aber nicht mehr als die Hälfte, verlangen konnte, jedoch nur, wenn sie während der Verlobungszeit ein Kind geboren hatte oder die Eltern sich nach der Geburt des Kindes verlobten (§ 6 des 1. Kapitels des schwedischen Ehegesetzes vom 11. Juli 1920. Diese Bestimmung von Kapitel 1 § 6 ist nun aufgehoben durch Gesetz vom 14.12.1973 – Nr. 942, s. Bergmann/Ferid: Schweden, 1981, S. 9). Dem Charakter nach besteht aber zwischen dem Erbanspruch der Braut nach dem schwedischen EheG und dem nach dem Gesetz der Ch'ing-Dynastie (1644-1911) ein Unterschied. So ist in der schwedischen Gesetzgebung der Erbanspruch der Braut mit dem Vorhandensein eines Kindes begründet, in China aber mit dem Fehlen von Nachkommenschaft und der Voraussetzung der Adoption eines Sohnes zur Fortsetzung des Familienstammes (des Bräutigams). Obwohl im allgemeinen der Tod des Verlobten an sich die Auflösung des Verlöbnisses bewirkt, ergeben sich jedoch nicht gleiche Folgesituationen für die beiden obigen Fälle, und zwar kehrt in Schweden die Braut einfach wieder in ihren ursprünglichen Mädchenstand zurück durch Auflösung des Verlöbnisses nach dem Tod des Bräutigams, während in China der Tod des Bräutigams in diesem Falle ohne Auswirkung auf das Verlöbnis ist, so daß die Braut in die Familie des verstorbenen Bräutigams übergehen kann und nach einer symbolischen Vermählung vor dem Sarg oder der Totentafel ihres verstorbenen Bräutigams als Witwe ihres Mannes (eigentlich Bräutigams) bei ihren Schwiegereltern lebt (vgl. Shih Shang-K'uan, S. 715 und Hu, S. 358).

1. wenn sie noch nicht verheiratet waren; oder
2. wenn sie zwar verheiratet waren, aber kein Kind erzeugt haben; oder
3. wenn vor dem eigenen Tod die Kinder aus der früheren Ehe (Söhne, Töchter oder auch Enkel, Enkelinnen) gestorben sind.

Die Einschränkung der Erbeinsetzung gemäß Art. 1143 BGB "nicht gegen die Vorschriften über den Pflichtteil zu verstoßen" findet nur auf Ehepartner Anwendung, da diese wie ihre Kinder nach Art. 1144 Ziff. 1 BGB gleichzeitig Erbrecht haben. Mit anderen Worten trifft diese Situation bei der Erbeinsetzung der Brautleute nicht zu. Zudem ist nach Art. 1071 BGB das Verhältnis eines gemäß Art. 1143 BGB eingesetzten Erben zu dem Erblasser das gleiche wie das eines ehelichen Kindes, soweit das Gesetz nichts anderes bestimmt. Das Erbrecht der Eltern oder der Geschwister entfällt also im Falle der Erbeinsetzung, da in der Reihe der Erbfolge nach Art. 1138 BGB die Eltern oder die Geschwister hinter den Kindern kommen. Deshalb haben die Eltern oder die Geschwister auch keinen Anspruch auf den Pflichtteil gemäß Art. 1223 BGB.[282]

Außerdem ist in diesem Artikel 1143 BGB nicht gesagt, daß man an Stelle von Verwandten keine anderen Personen als Erben einsetzen darf.

Also könnten sich die Verlobten gegenseitig als Erben einsetzen, obwohl man im BGB keine Regelung findet wie in §§ 2077 II, 2279 II, 2290 III dt. BGB, daß die letztwillige Verfügung (testamentarische Erbeinsetzung) und der Erbvertrag von Verlobten gültig sind.

Hiergegen könnte man sagen, daß Art. 1071 BGB, der im dt. BGB keine entsprechende Norm hat, ein gewisses Hindernis gegen diese Annahme ist, da Art. 1143 BGB sich nicht nur auf das Vermögen als solches bezieht, sondern durch die Wirkung von Art. 1071 BGB indirekt auch ein persönliches Verhältnis "Eltern und Kinder" zwischen dem Erblasser und dem eingesetzten Erben erzeugt.[283] Die Verlobten haben sich erst für die zukünftige Ehe versprochen, daher können sie sich nun nicht für die Zukunft im Verhältnis "Eltern und Kinder" gegenseitig als Erben einsetzen; denn dies würde nach allgemeiner Ansicht gegen die gute Sitte verstoßen, so daß man die Möglichkeit einer gegenseitigen Erbeinsetzung zwischen Verlobten nach Art. 72 BGB verneinen sollte, worin es heißt: ein Rechtsgeschäft, das gegen die öffentliche Ordnung oder die gute Sitte verstößt, ist nichtig.

Diese Meinung übersieht jedoch, abgesehen von der Frage, ob dies wirklich gegen die gute Sitte verstößt, die gesetzlich feststehende Tatsache, daß das Verhältnis "Braut und Bräutigam" und das Verhältnis "Eltern und Kin-

---

282 Vgl. Lo, S. 36.
283 Chao, S. 178.

der" zeitlich nicht zusammenfallen können, sondern sich gegenseitig zeitlich ausschließen. Das Gesetz verbietet nicht, daß die jetzigen Verlobten nach dem Erlöschen ihres Verlöbnisses in ein neues Verhältnis, nämlich "Eltern und Kinder", treten.

Weiterhin wäre auch z.b. in folgender Situation die Möglichkeit einer solchen Erbeinsetzung nicht abzulehnen, wenn die Verlobten dem Alter nach wie Vater und Tochter zueinander stehen. Setzt in einem solchen Falle der (ältere) Verlobte seine Braut als Erbin ein, so entspricht dies Art. 1143 BGB und es entsteht auch altersmäßig das Verhältnis "Eltern und Kind". Wenn der Bräutigam stirbt, dann erlischt das Verlöbnis automatisch und das Testament tritt in Kraft. Die ehemalige Braut erbt nun den Nachlaß wie eine beliebige andere Person und steht nach Art. 1071 BGB nun zu ihrem ehemaligen Verlobten wie in einer natürlichen Verwandtschaftsbeziehung von "Tochter zum Vater", die nicht als Verstoß gegen die gute Sitte empfunden wird.

In diesem Zusammenhang ist noch der Fall zu erwähnen, daß die Verlobten ein uneheliches Kind erzeugt haben. Da dieses Kind im Verhältnis zu seiner natürlichen Mutter nach Art. 1065 Abs. 2 BGB als eheliches gilt, kann nun die Braut nicht mehr nach Art. 1143 BGB wegen Fehlens von Blutsverwandten der geraden absteigenden Linie ihren Bräutigam als Erben einsetzen. Dagegen kann der Bräutigam seine Braut nach Art. 1143 BGB als Erbin einsetzen, obgleich das uneheliche Kind ein echter Blutsverwandter der geraden absteigenden Linie von ihm ist. Das Brautkind gilt nämlich im Verhältnis zu seinem natürlichen Vater als unehelich und ist mit ihm im zivilrechtlichen Sinne (Art. 967 BGB) auch keineswegs verwandt, es sei denn, daß der natürliche Vater das Kind nach Art. 1065 BGB anerkennt oder nach Art. 1072 BGB adoptiert.[284]

Ob Art. 1071 BGB im Rechtsleben sinnvoll ist (d.h. ob zwischen Erblasser und Erben ein elterngleiches Verhältnis bestehen muß), darüber gingen die Meinungen seit jeher auseinander. Z.B. meinte Tai Yen-Hui, Art. 1071 BGB sei von Bedeutung für den traditionellen Ahnenkult, und zwar nennt er dieses Rechtsgeschäft der Erbeinsetzung "testamentarische Adoption" und den ein-

---

284 Obwohl im Nankinger BGB nicht etwa wie in § 1589 II dt. BGB, welcher durch NEhelG, Art. 1, Ziff. 3 vom 19.8.1969 weggefallen ist, ausdrücklich bestimmt ist, daß ein uneheliches Kind und dessen Vater nicht als verwandt gelten, kann man es jedoch der Gegenauslegung (argumentum e contrario) des Art. 1065 II BGB entnehmen, in dem es heißt: "Im Verhältnis zu seiner natürlichen Mutter gilt ein uneheliches Kind als ehelich; eine Anerkennung ist nicht erforderlich". Vgl. auch Chao, S. 144; Beitzke, S. 16.

gesetzten Erben "testamentarisches Adoptivkind".[284/1] Lo Ting ist aber der Ansicht, Artikel 1143 BGB sei nur zugunsten des Erblassers gedacht, um die Erben selbst bestimmen zu können. Er ist der Meinung, man täte besser daran, Artikel 1071 BGB zu ändern oder ganz abzuschaffen, um dem Erblasser völlig freie Hand in der Wahl des Erben zu lassen, d.h. ohne Berücksichtigung vom Alter des Erben zur Bildung eines elterngleichen Verhältnisses zwischen diesem und dem Erblasser.[285]

Nun aber, nach der teilweisen Neufassung des Familienrechts und des Erbrechts des BGB vom 3.6.1985 sind die Artikel 1071 und 1143 BGB aufgehoben, und zwar wurde durch die Abschaffung der Erbeinsetzungsmöglichkeit gemäß Art. 1143 BGB der mit diesem Artikel in Zusammenhang stehende Art. 1071 BGB, wonach das Verhältnis eines eingesetzten Erben zu dem Erblasser das gleiche ist wie das eines ehelichen Kindes, dann gegenstandslos. Durch Wegfall von Art. 1143 BGB werden sich die Verlobten statt als Erben, über die freie Verfügbarkeit des Nachlasses mittels Art. 1187 BGB in Form von Schenkung durch Testament gegenseitig einsetzen können (vgl. amtliche Erklärungen zum Wegfall von Art. 1071 und 1143 BGB).

cc) Können Verlobte, wenn zu Lebzeiten beider ein Teil den Lebensunterhalt des andern bestritt, einander beerben?

Artikel 1149 BGB lautet: "Der Familienrat muß den Personen, für deren Unterhalt der Erblasser zu seinen Lebzeiten dauernd gesorgt hat, unter Berücksichtigung des Umfangs der Unterhaltsleistungen und der sonstigen Verhältnisse von dem Nachlaß zuteilen". D.h. auch eine Person, welche an sich kein Erbrecht gegenüber dem Erblasser besitzt, hat die Möglichkeit, einen Anteil des Nachlasses zu erhalten.

Welche Personen einen solchen Nachlaßanteil erhalten können, legt dieser Artikel nicht ausdrücklich fest. Auf jeden Fall kommen aber diejenigen Personen nicht in Betracht, welche schon gesetzliche Erben sind.[286] Eine Begründung dafür, warum der Erblasser für den Lebensunterhalt dieser Person gesorgt hat, verlangt dieser Artikel nicht. Es genügt vielmehr die bloße Tatsache, daß er es getan hat.

Aus diesem Zusammenhang wird verständlich, daß die Verlobten einander beerben können, wenn zu Lebzeiten beider ein Teil den Lebensunterhalt des

---

284/1 a) Tai, S. 26 und 279 ff.
    b) Auch im alten Griechenland galt ein testamentarisch adoptierter Sohn ebenso wie ein Sohn, der zu Lebzeiten von einem Mann adoptiert worden war (s. Lacey, S. 94).
285 Lo, S. 36 f.
286 Lo, S. 68.

andern bestritten hat. Der Erbanspruch besteht jedoch nur wie bei anderen beliebigen Personen auf Grund der dauernden Unterhaltsgewährung durch den Erblasser, nicht aber auf Grund des Verlöbnisses.

Verschiedene Ursachen sind für die dauernde Unterhaltsgewährung durch den Erblasser möglich. Hier wird nur ein allgemeiner Fall angenommen, nämlich die oben schon erwähnte Situation, daß die Verlobten ohne Eheschließung schon wie Eheleute zusammenleben. Obwohl sie von der Allgemeinheit schon als Eheleute angesehen werden, gelten sie nach Art. 982 BGB doch nur als Brautleute.[287] Wenn nun z.B. in ihrem Zusammenleben der Bräutigam den dauernden Lebensunterhalt der Braut übernahm, so kann diese nach dem Tode des Bräutigams nach Art. 1149 BGB einen Anteil seines Nachlasses erhalten.

Es ist noch zu erwähnen, daß zum Erhalt dieses Nachlasses nach Art. 1149 BGB das Zusammenleben des Verlobten mit dem Erblasser nicht Voraussetzung ist.

Nach dem 1. Pekinger EheG von 1950 (ab 1.1.1981 außer Kraft), Art. 6 konnten zusammenlebende Verlobte als Eheleute gelten, da Art. 6 nur eine "Soll"-Vorschrift für die Registrierung der Eheschließung enthält. In diesem Falle konnten sie gemäß Art. 12 dieses Gesetzes das gegenseitige Erbrecht für Eheleute in Anspruch nehmen. Allerdings gilt dies nicht für Verlobte und somit steht dieser Erbanspruch (für Eheleute) nicht mit der hier zu behandelnden Frage, des gegenseitigen Erbanspruchs von Verlobten, in Zusammenhang.

Anders ist die Situation nach Art. 7 des jetzt geltenden Pekinger EheG von 1980. Da nun Registrierungspflicht für eine gültige Ehe besteht, können zusammenlebende Brautleute nicht mehr als Eheleute gelten und Art. 18, der Eheleuten gegenseitiges Erbrecht zugesteht, nicht auf sich anwenden. Ob es eine Möglichkeit der Nachlaßzuteilung gibt auf Grund bisheriger Unterhaltsgewährung durch den Partner, wie nach Art. 1149 Nankinger BGB, darüber ist im EheG nichts erwähnt. Theoretisch dürfte es aber auch diesen Anspruch wie das Nankinger BGB gewähren.

---

287 Lo, S. 69.

VI. Die Beendigung des Verlöbnisses

A. Durch den Tod eines der Verlobten

Wenn einer der Verlobten stirbt, erlischt das Verlöbnis automatisch.

Es gab früher in China aber die Sitte, daß die Braut nach dem Tode ihres Bräutigams in die Familie des Bräutigams aufgenommen wurde. Diese Sitte nennt man "Kou Men Kua" (過門寡). Das letzte Zeichen "Kua" heißt "Witwe". Der Ausdruck "Kou Men Kua" bedeutet wörtlich: "Die zur anderen Tür hinübergehende Witwe". Wenn auch ein solcher Todesfall das Verlöbnis nach damaliger Rechtsauffassung nicht unbedingt erlöschen ließ, so endete das Verlöbnis doch sofort, wenn die Braut in die Familie des Bräutigams eintrat. In diesem Falle konnte die Braut nach dem Gesetz der Ch'ing-Dynastie einen Adoptivsohn für sich und ihren verstorbenen Bräutigam annehmen. Dieser Adoptivsohn galt als ehelicher Sohn des Brautpaares.[288] So war die Braut in Wirklichkeit nicht mehr Braut, sondern Frau des verstorbenen Bräutigams und Mutter des Adoptivsohnes.

Außerdem kam es auch vor, daß die Brautleute, selbst wenn beide verstorben waren, von ihren Familien noch posthum verehelicht wurden. Die beiden Familien der verstorbenen Verlobten waren dann miteinander verwandt (im weiteren Sinne).[289]

Eine solche nachträgliche Eheschließung der verstorbenen Verlobten ist nach heutigem Recht allerdings nicht mehr statthaft (gemäß dem Prinzip von Art. 972 BGB). Warum aber gab es eine solche Sitte? Erstens glaubte man, daß die Seelen auch nach dem körperlichen Tode weiterleben, und daß die Ehe auch für die körperlose Seele des Menschen von großer Bedeutung sei. Man glaubte, daß die toten Brautleute, die in ihrem irdischen Leben nicht mehr heiraten konnten, sehr unglücklich sein müßten. Deshalb verehelichten die Familien der verstorbenen Verlobten ihre Angehörigen noch nachträglich miteinander.[290] Ferner lagen dieser Sitte wohl auch die so wichtigen Pietäts-

---

288 Chao, S. 165; Lo, S. 21, 23, 25 und 29.
289 Li, S. 78; Chang, S. 31; Ch'en Ku-Yüan, S. 112.
290 Siehe Li, S. 77 f.
  Daß auch heute noch diese alte chinesische Sitte im Volk verwurzelt ist, zeigt sich aus dem folgenden Zeitungsbericht: Zwei kurz vor der Verlobung stehende junge Leute verunglückten bei einem Motorradunfall tödlich. Die Eltern der beiden Verunglückten ließen einen Tag nach dem Unfall die Verlobung nachträglich stattfinden und am Tag der Beerdigung der beiden jungen Leute in einem gemeinsamen Grab wurde posthum die Verehelichung mit förmlicher Trauungs- und Beerdigungszeremonie durch einen evangelischen Pfarrer vollzogen. Siehe "Central Daily News", 24. Okt. 1983.

und Ahnenkultgedanken zugrunde, die ihren Niederschlag in dem schon im Kapitel "Das Wesen der Ehe" erwähnten chinesischen Sprichwort finden: "Unter allen Dingen ist die Pietät das erste" und in dem Ausspruch von Menzius (372-289 v.Chr.) "Es gibt drei pietätlose Dinge: das Schlimmste davon ist, ohne (männliche) Nachkommen zu sein". Daher war es früher üblich, daß die Familie des verstorbenen Bräutigams einen Adoptivsohn für den Toten annahm, um die Generation und den Ahnenkult fortzusetzen. In diesem Falle hätte der Adoptivsohn nur den verstorbenen Bräutigam als Adoptivvater, dagegen keine Adoptivmutter. So wurden der verstorbene Bräutigam und seine verstorbene Braut von ihren beiden Familien nachträglich verehelicht, um dem Adoptivsohn zu einer Adoptivmutter zu verhelfen. Schließlich war diese Sitte wohl auch in dem Wunsch der Familien der Brautleute begründet, ihre Freundschaft durch eine verwandtschaftliche Beziehung zu festigen. Denn Konfuzius sagte, als der Herzog Ai von Lu ihn über den Ausspruch "die feierliche Eheschließung ist das Höchste" fragte, daß die Heirat den Zweck habe, Freundschaft zu knüpfen zwischen zwei Stämmen.[291]

B. Durch die Eheschließung

Bei der Verlobung beabsichtigen die Verlobten, die Ehe miteinander zu schließen. Ist die Ehe einmal geschlossen, dann ist der Zweck des Verlöbnisses erreicht. Das Verlöbnis ist von diesem Zeitpunkt an automatisch beendet.

Die Frage ist nur, wenn die Eheschließung nichtig oder anfechtbar ist, ob dann auch das Verlöbnis hiervon ergriffen wird. Auf diese Frage wird im folgenden näher eingegangen.

a) Im Falle der nichtigen Ehe

Eine gemäß Art. 988 BGB nichtige Ehe ist vom Zeitpunkt der Eheschließung an ungültig.[292]

Hier ist nun das Problem zu erörtern, wie die Nichtigkeit der Eheschließung auf das Verlöbnis einwirkt. Dies sollte man je nach der Situation unterschiedlich entscheiden.

Weitere Information über Eheschließung nach dem Tode eines oder beider Partner siehe den Artikel "Mythisches und Gebräuche der Heirat in der Unterwelt" von Yüan Ch'ang-Jui in der Monatszeitschrift "Chinesische Akademiker im Ausland", Nr. 141 vom 30.4.1984, S. 52 ff.

291 Li, S. 78 und Li Gi, S. 197.
292 Chang, S. 87; Chao, S. 85.

aa) Wegen Formmangels der Eheschließung

Ist die Ehe wegen Mangels der Eheschließungsförmlichkeit (Art. 982 BGB) nach Art. 988 Ziff. 1 BGB nichtig, so sollte das Verlöbnis in diesem Falle nicht auch hinfällig sein, denn es ist ein selbständiges Rechtsgeschäft. Obwohl die Beendigung des Verlöbnisses normalerweise mit der Eheschließung eintritt, sollte man hier den zweiten Satz des Artikels 111 BGB anwenden: "Wenn es (das nichtige Rechtsgeschäft) aber auch ohne den betreffenden Teil vorgenommen werden könnte, so sind die übrigen Teile wirksam". Weil sich die Nichtigkeit allein auf die Eheschließung auswirkt, bleibt also das Verlöbnis als selbständiges Rechtsgeschäft weiter bestehen. Die Brautleute brauchten nun nur die nach Art. 982 BGB erforderliche Eheschließungsform nachzuholen, damit die Ehe gültig wird.

Ebenso dürfte auch nach dem Pekinger EheG bei einer unter Formmangel leidenden Eheschließung, die entgegen Art. 7 ohne Registrierung vorgenommen wurde, ein vorheriges Verlöbnis bestehen bleiben, da nur die Eheschließung, die entgegen der "Muß"-Vorschrift des Art. 7 EheG erfolgt, von Anfang an ungültig ist.

Anders war es nach Art. 6 des 1. Pekinger EheG von 1950 (ab 1.1.1981 außer Kraft). Da hiernach die Eheregistrierung nur eine "Soll"-Vorschrift war,[293] wies eine Eheschließung auch ohne Registrierung keinen Formmangel auf. Somit wurde in diesem Falle ein vorheriges Verlöbnis durch die Eheschließung beendet.

bb) Wegen eines Eheverbots

Wenn die Ehe wegen des verwandtschaftlichen oder schwägerschaftlichen Eheverbots (Art. 983 BGB) nach Art. 988 Ziff. 2 nichtig ist, dann muß auch die auf eine solche Ehe gerichtete Verlobung nichtig sein. Und zwar handelt es sich hierbei nicht um eine Auswirkung der Ehenichtigkeit auf das Verlöbnis, sondern um eine von Anfang an bestehende Nichtigkeit des Verlöbnisses (vgl. Art. 71 BGB).

Nach der teilweisen Neufassung des Familienrechts des BGB vom 3.6.1985 fällt durch Hinzufügung zu Ziff. 2 des Art. 988 BGB auch die Doppelehe gemäß Art. 985 BGB (Neufassung) unter Eheverbot. Eine auf eine Doppelehe hinzielende Verlobung ist ebenfalls nichtig.

---

293 Vgl. Müller-Freienfels 1969, S. 878 und 884.

b) Im Falle der anfechtbaren Ehe

Ob das Verlöbnis noch existent ist, wenn die eingegangene Ehe angefochten wird, ist zu prüfen.
Nach Art. 998 BGB hat die Anfechtung der Ehe keine rückwirkende Kraft. Dies stellt eine Ausnahme dar gegenüber Art. 114 BGB, wo es heißt: "Ein angefochtenes Rechtsgeschäft gilt von Anfang an als nichtig." Wenn auch Verlöbnis und Eheschließung voneinander getrennte Rechtsgeschäfte sind und die Wirkung der Eheanfechtung sich nur auf die Eheschließung bezieht, ist das Verlöbnis doch nicht mehr existent. Denn das Verlöbnis wird allgemein durch die Eheschließung beendet, auch in diesem Falle, weil die angefochtene Ehe von ihrer Schließung an bis zur Anfechtung gültig war.

C. Durch den Rücktritt

Die Verlobung ist eine Probezeit für das zukünftige eheliche Zusammenleben.[294] Ändert sich in dieser Zeit die persönliche Zuneigung der Brautleute, so wird dies nicht ohne Einfluß auf das Verlöbnis selbst sein. In letzter Konsequenz kann eine solche Veränderung der gegenseitigen Gefühle zum Rücktritt vom Verlöbnis führen.

a) Beiderseitig einverständlicher Rücktritt vom Verlöbnis

Das Verlöbnis ist ein Versprechen dahingehend, daß die Brautleute später die Ehe eingehen wollen. Wünschen die Brautleute in gegenseitiger Übereinstimmung vom Verlöbnis zurückzutreten, kann das Gesetz ihren Rücktritt nicht untersagen, da nach Art. 975 BGB die zwangsweise Erfüllung aus dem Verlöbnis nicht verlangt werden kann.
    In diesem Falle gibt es keinen gesetzlichen Schadenersatz, weil man nur im Falle des einseitigen Verlobungsrücktritts nach den Art. 977-979 BGB Schadenersatz vom Schuldigen verlangen kann. Man wollte mit dem Verlobungsrücktritt (Entlobung), der auf Grund gegenseitigen Einverständnisses erfolgt, eine Möglichkeit geben, die Schadenersatzpflicht, wie sie bei einseitigem Aufheben des Verlöbnisses eintritt, zu vermeiden.

---

294 Althaus, S. 14.

b) *Einseitiger Verlöbnisrücktritt*

aa) *Ohne gesetzlichen Grund*

Das Verlöbnis besteht in dem freiwilligen Einverständnis der Brautleute mit dem zukünftigen ehelichen Zusammenleben bis zum Tode. Ändert aber ein Partner in der Verlobungszeit seinen Entschluß, kann er seine Eheversprechung auch ohne ausdrückliche gesetzliche Regelung einseitig aufheben. Denn man kann aus dem Verlöbnis die Heirat nicht erzwingen.[295] In diesem Falle soll derjenige, welcher keinen gesetzlichen Rücktrittsgrund hat, zum Ersatz des dem anderen Teil dadurch entstehenden Schadens verpflichtet sein (Art. 978 BGB), und zwar "kann der Verletzte auch für nichtvermögenswerten Schaden eine angemessene Entschädigungssumme verlangen, sofern er unschuldig ist" (Art. 979 I BGB). Der Anspruch auf diesen Ersatz nichtvermögenswerten Schadens ist unübertragbar und unvererblich (Art. 979 Abs. 2 BGB), da ein solcher Anspruch ein höchst persönliches Recht darstellt. Wenn dieser Anspruch aber "vertraglich anerkannt oder Klage erhoben worden ist", dann ist es ein vermögenswerter Schaden und dieser ist infolgedessen übertragbar und vererblich (letzter Halbsatz des Art. 979 Abs. 2 und letzter Satz des Art. 195 Abs. 2 BGB). Dieser Schadenersatzanspruch ist nach der teilweisen Neufassung des Familienrechts des BGB durch Neuhinzufügung von Art. 979 b (Inkrafttreten ab 3.6.1985) auf nur 2 Jahre befristet.

Der Nichtvermögensschaden nach Art. 979 Nankinger BGB ähnelt dem sogenannten "Kranzgeld" nach § 1300 dt. BGB. Es besteht aber doch ein Unterschied zwischen den beiden Gesetzen. Denn nach § 1300 dt. BGB "kann nur die unbescholtene Braut, die ihrem Verlobten die Beiwohnung gestattete", einen Ersatz nichtvermögenswerten Schadens verlangen. Mit

---

[295] a) Tai, S. 50.

b) Günther Beitzke sagt, daß der Verlobungsrücktritt "als bedingungsfeindliches Gestaltungsgeschäft durch einseitige empfangsbedürftige Willenserklärung" erfolgt (Beitzke, S. 28).

c) Nach Art. 9 Ziff. 2 der früheren Nankinger "Verordnung zur Vergünstigung für die Armee und ihre Familienangehörigen in der Mobilmachungszeit" vom 26.9.1947 kann sich die Braut des Armeeangehörigen in seiner Militärdienstzeit überhaupt nicht entloben, ganz gleich, was für einen Grund sie hat. Aber nach Art. 9 der gegenwärtigen "Eheverordnung für Militärangehörige zur Zeit der Unterdrückung des Aufruhrs" in der Fassung vom 21.12.1974 können sich Verlobungspartner nicht einseitig entloben während des Front- oder Befehlseinsatzes des Verlobten im Kampfgebiet. Das war aber in der früheren Verordnung und ist in der jetzigen Verordnung nur eine zeitweilige Ausnahmeregelung zu Art. 975 BGB.

anderen Worten: "Auf Verlust der Unbescholtenheit durch seinen eigenen Geschlechtsverkehr kann der Bräutigam sich nicht berufen, auch nicht soweit der Verkehr vor der Verlobung liegt".[296] Nach Art. 979 Nankinger BGB dagegen haben die Braut und der Bräutigam das gleiche Recht auf Ersatz des Nichtvermögensschadens. Wenn deshalb in China eine Braut die Verlobung ohne gesetzlichen Grund einseitig aufhebt, nachdem die Verlobten bereits geschlechtlich verkehrt hatten, so kann sich der Bräutigam, im Gegensatz zum deutschen Recht, ebenfalls auf Verlust der Unbescholtenheit berufen.[297]

Die Sozialdemokratische Partei Deutschlands (SPD) und einige gerichtliche Entscheidungen in Deutschland vertraten die Auffassung, daß § 1300 dt. BGB dem Art. 3 Abs. 2 des Bonner Grundgesetzes "Männer und Frauen sind gleichberechtigt" widerspricht. Nach Meinung der SPD sollte man den § 1300 dt. BGB ändern, um eine für Mann und Frau gleiche Bestimmung zu schaffen, oder man sollte diesen Paragraphen ganz streichen. "Es soll also in Zukunft weder für die Frau, noch für den Mann einen Anspruch auf Kranzgeld geben".[298]

---

296 Feldmann, S. 46 und Siebert/Vogel, S. F 8.
297 a) In der amerikanischen Stadt Madison entschied erstmals ein Gerichtsurteil, daß ein Mann wegen Verletzung seiner geschlechtlichen Unbescholtenheit einen Schadenersatz, und zwar in Höhe von umgerechnet 430.000 Mark, bekommt. Seine Chefin beabsichtigte ihren Angestellten in einem Hotelzimmer zum geschlechtlichen Verkehr zu verführen, er war aber impotent. Obwohl dieser Fall nicht ganz unser Thema betrifft, da hier keine Verlobung vorliegt und auch kein Geschlechtsverkehr stattfand, wird aber doch die Schadenersatzpflicht bei Verletzung der geschlechtlichen Unbescholtenheit des Mannes gerichtlich anerkannt (s. Abendzeitung, 8 Uhr – Blatt, Nürnberg, 23.7.1982, Seite 5).
b) Es gibt allerdings auch die Auffassung, wonach die Unbescholtenheit im Sinne des § 1300 dt. BGB verneint wird. So z.B. berichtet Egon Arnold folgendes: "Der auf § 1300 gegründete Anspruch der entlobten Braut erscheint auch deshalb ungerechtfertigt, weil der Verlust der Jungfräulichkeit für sich allein keinen berücksichtigungswerten Schaden bedeutet. Auch verliert nach heutiger Auffassung die Braut, die ihrem Verlobten den Geschlechtsverkehr gestattet, nicht ihre Unbescholtenheit (so Hübner, S. 89; ähnlich auch Dölle, JZ 53, 356, der § 1300 für nicht mehr anwendbar erklärt)". Siehe Egon Arnold: Angewandte Gleichberechtigung im Familienrecht, Ein Kommentar zu der Rechtssituation seit dem 1. April 1953, Berlin und Frankfurt 1954, S. 21.
298 "Entwurf eines Gesetzes zur Anpassung des Familienrechts an Art. 3 Abs. 2 GG" von der "Sozialdemokratischen Partei Deutschlands" (SPD), Bonn 1952, S. 41 f. und Walter J. Habscheid und Klaus Meyer: Neues Familienrecht, Bielefeld 1957, Bd. I: Zum § 1300 dt. BGB.

Die Gesetzgebung der Deutschen Demokratischen Republik vertritt auch die Meinung: "Die verlassene Braut hat keinen Anspruch mehr auf Kranzgeld (§ 1300), denn wollte man ihr die entgangenen Heiratsaussichten ersetzen, so würde man sie als 'Person minderen Ranges' ansehen. Verlangt sie dagegen Ersatz für eine entgangene Versorgung, so steht diesem Verlangen Artikel 7 der Verfassung entgegen, der ausschließt, daß die Ehe 'zum Zweck der materiellen Lebensversorgung' geschlossen wird."[299] Deshalb enthält das am 1. Apr. 1966 in Kraft getretene Familiengesetzbuch der DDR auch keinen diesbezüglichen Artikel.

Das Bundesverfassungsgericht der Deutschen Bundesrepublik hat aber die stark umstrittene Frage des Kranzgeldanspruchs im März 1956 endgültig in dem Sinne entschieden (IV. ZS, Urteil vom 10.3.1956 – Aktenzeichen IV 315/55), daß die Bestimmung des § 1300 BGB "in ihrer Geltung durch den Grundsatz der rechtlichen Gleichstellung von Mann und Frau nicht berührt" wird.[300] Der § 1300 dt. BGB wird auch im "Gleichberechtigungsgesetz" vom 18.6.1957 (am 1.7.1957 in Kraft getreten) nicht erwähnt. D.h. er bleibt weiterhin gültig.

bb) Mit gesetzlichem Grund

Nach Art. 976 BGB kann man einseitig vom Verlöbnis zurücktreten, wenn man einen gesetzlichen Grund dafür hat. Die gesetzlichen Gründe des Art. 976 BGB sind hauptsächlich dem sogenannten "Gegenwärtigen Strafgesetzbuch" der Ch'ing-Dynastie (Ta-Ch'ing-Hsien-Hsing-Shing-Lü), das noch im Anfangsstadium der Republik bis zum Inkrafttreten des BGB in Anwendung war, entnommen.[301] In ihrem Ursprung gehen diese Entlobungsgründe wiederum vorwiegend auf die Gesetzbücher der T'ang- und Ch'ing-Dynastie zurück.

Die in Art. 976 I unter Ziffer 1 bis 8 geordneten Entlobungsgründe sind nur beispielsweise aufgeführt. Man kann sich aber auch nach Ziff. 9 des Art. 976 I BGB "bei Vorliegen eines anderen wichtigen Grundes" entloben.[302]

---

299 Siehe Walther Rosenthal, Richard Lange und Arwed Blomeyer: "Die Justiz in der sowjetischen Besatzungszone", aus "Bonner Berichte aus Mittel- und Ostdeutschland", Bonn, 1955, S. 115.
300 FamRZ 1956, S. 179, Nr. 359; vgl. auch "Süddeutsche Zeitung" vom 20./21.7.1974, S. 8, Bericht: "Das Grundgesetz schützt die Unschuld – Bundesgerichtshof bestätigt erneut: Das Kranzgeld ist verfassungsgemäß".
301 Chao, S. 61; Chang, S. 55.
302 Tai, S. 55; Chang, S. 60 und Chao, S. 64.

a) Die Arten der gesetzlichen Entlobungsgründe

Nach Art. 976 BGB kann der eine Teil vom Verlöbnis zurücktreten, falls in der Person des anderen einer der folgenden Umstände vorliegt:
1. *Wenn ein Verlobter ein anderes Verlöbnis oder eine Ehe eingeht:* Nach dem Gesetz der letzten Dynastie Chinas, der Ch'ing-Dynastie (1644-1911), war das Verlöbnis grundsätzlich nicht aufkündbar (Lü 1). Wenn sich z.B. die verlobte Frau nochmals einem anderen Manne verlobt, bleibt sie trotzdem an das erste Verlöbnis gebunden. Nur wenn der erste Bräutigam dieses Verlöbnis nicht mehr aufrechterhalten will, kann er es aufheben und den doppelten Wert der Brautgeschenke zurückverlangen (Lü 2 Abs. 2).
Das gleiche gilt, wenn sich der verlobte Bräutigam nochmals mit einer anderen Frau verlobt. D.h. dem obigen Fall entsprechend soll der Bräutigam grundsätzlich die erste Braut heiraten. Ist diese aber nicht mehr daran interessiert, kann sie gleichfalls vom Verlöbnis zurücktreten. In diesem Falle können die Brautgeschenke aber nicht zurückgefordert werden (Lü 2 Abs. 3).
Hieraus erkennt man, daß Braut und Bräutigam gleiches Rücktrittsrecht und im Grunde genommen gleichen Schadenersatzanspruch hatten.
Nach Art. 976 I Ziff. 1 des gegenwärtigen Nankinger BGB kann die Braut oder der Bräutigam aber grundsätzlich vom Verlöbnis zurücktreten, wenn einer von ihnen einem anderen Mann oder einer anderen Frau nochmals zusagt; die Braut und der Bräutigam haben auch gleiches Schadenersatzrecht (Art. 977-979 BGB).
2. *Wenn ein Verlobter absichtlich den Termin der Eheschließung nicht einhält:* Dieser Grund zum Rücktritt vom Verlöbnis hat sich nach dem folgenden Gesetzesbeispiel entwickelt: In T'iao-li 19 des Ch'inggesetzbuches heißt es, daß die Braut die Ausstellung eines Zeugnisses zur neuen Eheversprechung bei der zuständigen Behörde beantragen kann, wenn ihr Bräutigam innerhalb von fünf Jahren nach dem angegebenen Heiratstermin nicht zur Hochzeit schreitet.[303] Die Braut muß an der Verzögerung schuldlos sein.[304]

---

303 Hierzu allerdings schreibt Herbert Engelmann, daß "die normale Dauer der Verlobungszeit, d.h. die Maximalfrist zwischen Abschluß des Ehevertrages (gemeint: Ehebriefes – Verfasser) und dem Vollzug der Ehe... im allgemeinen fünf Jahre" betrage (Engelmann, S. 50, Ziff. 3). Er hat deshalb auch T'iao-li 19 folgendermaßen ins Deutsche übertragen: "Wird innerhalb von fünf Jahren nicht zur Hochzeit geschritten,... dann kann die zuständige Behörde um Ausstellung eines Zeugnisses ersucht werden, auf Grund dessen die Frau eine neue Ehe eingehen kann" (Engelmann, S. 165). Offenbar hat er den Ausdruck des Gesetzestextes "Ch'i Yo" (期約) mißverstanden.

Nach Ziff. 2 des Art. 976 I BGB dagegen gibt es keine Jahresbeschränkung für den Rücktritt nach Nichteinhalten des Termins der Eheschließung wie nach dem eben erwähnten T'iao-li 19. Es genügt hier schon, wenn eine Partei der Verlobten "absichtlich den Termin der Eheschließung nicht einhält"; die andere Partei kann dann sofort vom Verlöbnis zurücktreten.[305]

    Dieser Ausdruck bedeutet lediglich "der versprochene (Hochzeits-)Termin", aber nicht "die Maximalfrist zwischen Abschluß des Ehevertrages und dem Vollzug der Ehe" (vgl. Chao, S. 62). Ist ein bestimmter Termin für die Eheschließung vereinbart, aber nicht eingehalten worden, dann beginnt die erwähnte Fünfjahresfrist erst mit diesem nicht eingehaltenen Heiratstermin. Nicht etwa schon mit Abschluß des Verlöbnisses wird demnach diese Fünfjahresfrist in Lauf gesetzt, sondern erst der vorgesehene, aber überschrittene Eheschließungstermin bezeichnet den Fristbeginn. Für die Dauer dieser fünf Jahre ist die Frau also an das Verlöbnis gebunden und darf keine neue Ehe eingehen (vgl. Urteil Shangtzu Nr. 810 vom Jahre 1915 des Reichsgerichtshofes).

    Der Begriff "Ch'i Yo" ist auch in Lü 5 des Ch'inggesetzes enthalten, und zwar hatten hierfür sowohl der Reichsgerichtshof im Urteil Shangtzu Nr. 810 vom Jahre 1915 als auch der Oberste Gerichtshof im Urteil Shangtzu Nr. 3025 vom Jahre 1933 die gleiche Bedeutung (nämlich "der versprochene Heiratstermin") übernommen.

304 Herbert Engelmann hat den Ausdruck "Wu-Kuo (無過)" für "schuldlos" oder "ohne Schuld" aus dieser Textstelle in seiner deutschen Übertragung nicht erwähnt. Chang Shen zitiert diese Stelle mit Verwendung des Ausdrucks "Wu-Ku (無故)" = "ohne Grund" anstelle von "Wu-Kuo (無過)" = "ohne Schuld" in seinem Buch "Das chinesische Eherecht" (S. 56); auch Ch'en Ku-Yüan 1978, S. 159 zitiert mit dem gleichen Ausdruck "Wu-Ku". Der Verfasser besitzt 2 verschiedene Auflagen des Gesetzestextes mit jeweils dem gleichen Ausdruck "Wu-Kuo".
Chao Feng-Chieh hat den Ausdruck "Ku-Wei (故違)" statt "Wu-Kuo = ohne Grund" von T'iao-li 19 verwendet (Chao, S. 61). Der Ausdruck "Ku-Wei" bedeutet "absichtlich nicht einhalten" den (Hochzeits-) Termin. Daher konnte die Ansicht zu dieser Textstelle entstehen, daß auf seiten des Bräutigams die absichtliche Nichteinhaltung des Hochzeitstermins bestehen dürfte. So wird T'iao-li 19 ganz anders verstanden. Bei Zugrundelegung des Ausdrucks "Wu-Kuo = ohne Schuld" ergibt sich aber der folgende Sachverhalt für T'iao-li 19. Der Ausdruck "Wu-Kuo = ohne Schuld" bezieht sich nur auf die Braut, sie muß an der Tatsache, daß der Eheschließungstermin vom Bräutigam nicht eingehalten wurde, schuldlos sein. Ist sie nun schuldlos und sind seit dem nicht eingehaltenen Heiratstermin fünf Jahre verstrichen, so kann sie ohne weiteres die Ausstellung eines Zeugnisses bei der zuständigen Behörde beantragen, um ein neues Verlöbnis einzugehen, selbst dann, wenn der Bräutigam einen wichtigen Grund zur Nichteinhaltung des Hochzeitstermins hatte. Vgl. auch Hoang, S. 39 II 2° und 41 II 2°.
305 Hatten Bräutigam und Braut den Vermählungstermin schon vereinbart, hält aber z.B. die Braut den Termin ohne wichtigen Grund nicht ein, so liegt ein "absichtliches Nichteinhalten des Termins der Eheschließung" durch die Braut vor. In einem solchen Falle wurde die Braut nach Lü 5 des Ch'inggesetzes mit 50 leichten Hieben

Wenn die Verlobten keinen Heiratstermin vereinbart haben, und z.B. der Bräutigam nach der Eheversprechung lange Jahre hindurch die Ehe nicht eingeht, so kann die Braut nicht nach Ziff. 2, sondern nach Ziff. 9 des Art. 976 I BGB wegen "eines anderen wichtigen Grundes" vom Verlöbnis zurücktreten, da sie sonst ihre besten Jahre mit nutzlosem Warten verschwenden würde.[306]

3. *Wenn seit einem Jahre unbekannt ist, ob der Verlobte noch am Leben ist:* Dieser Entlobungsgrund hat den gleichen Zweck wie der obige: die Heiratschancen sollen nicht unnötig verloren gehen. Hier zeigt sich eine Ähnlichkeit mit dem im erwähnten T'iao-li 19 des Ch'inggesetzes angegebenen zweiten Grund des Rücktritts für die Braut: "…ist der Bräutigam seit drei Jahren abwesend, ohne zurückzukehren, dann kann die zuständige Behörde um Ausstellung eines Zeugnisses ersucht werden, auf Grund dessen die Braut eine neue Ehe eingehen kann".

Unterschiedlich ist nur, daß nach dem Ch'inggesetz die bloße dreijährige Abwesenheit des Bräutigams ein Rücktrittsgrund für die Braut ist, während nach Art.976 I Ziff.3 BGB die seit einem Jahre bestehende Unkenntnis vom Leben oder Tod des anderen ein Rücktrittsgrund für beide Verlobten darstellt.

4. *Wenn ein Verlobter eine schwere unheilbare Krankheit hat:* Nach dem Ch'inggesetz mußten beide Verlobten zu Beginn des Verlöbnisses einander mitteilen, ob "Gebrechen oder Verkrüppelung" vorliegen.[307] Hatte man

---

bestraft. Ob in dieser Situation ein Rücktrittsrecht vom Verlöbnis für den Bräutigam vorliegt, darauf gab Lü 5 keine klare Antwort. Nach Lü 1, Abs. 2 und Lü 2, Abs. 3 des Ch'inggesetzes durfte weder Bräutigam noch Braut das Verlöbnis bereuen und Lü 5 diente gerade deshalb dem Zweck der Erfüllung des Verlöbnisses, aber nicht einem Rücktritt vom Verlöbnis. Gegen die obigen strengen Vorschriften zur Erfüllung des Verlöbnisses hatte man später eine Ausnahme zugelassen, um eine Möglichkeit zu schaffen, bei dem im T'iao-li 19 vorkommenden Fall der Nichteinhaltung des Hochzeitstermins vom Verlöbnis zurücktreten zu können. Allerdings spricht T'iao-li 19 wörtlich nur aus, daß die Braut eine neue Ehe versprechen kann, es vermeidet aber den Ausdruck Rücktritt vom Verlöbnis, obwohl es sich sinngemäß doch darum handelt.

306 Chang, S. 56.
307 a) Im Ch'inggesetz wird nicht ausdrücklich unterschieden zwischen heilbarer und unheilbarer Krankheit. Jedoch soll es hier offenbar so verstanden werden, daß nur solche Leiden, die schwerer oder unheilbarer Natur sind, gemeint sind.
b) Die Mitteilungspflicht solcher Krankheiten an den Verlobten könnte sich wiederum vom Buch "Li Gi" herleiten. Dort heißt es: "Es gibt fünf Gründe, aus denen man ein Mädchen nicht heiratet: …ein Mädchen aus einer Familie mit üblen Krankheiten heiratet man nicht;…" (Li Gi, S. 247 f).

sich aber zum Verlöbnis entschlossen, den Verlobungsbrief aufgesetzt und Brautgeschenke geschickt, dann konnte man nicht mehr von der Verlobung zurücktreten. Eine solche Handlung wäre mit 50 leichten Stockschlägen bestraft worden (Lü 1 Abs. 2). Wurde die Krankheit, z.B. Gebrechen oder Verkrüppelung, vor der Verlobung dem anderen Partner gegenüber verschwiegen, dann handelt es sich hierbei nach Lü 4 des Ch'inggesetzes um eine durch "妄冒", "Wang-Mao" (= "arglistige Täuschung") zustande gekommene Verlobung. Eine solche Verlobung war nicht nur unwirksam, sondern auch strafbar.

Aber nach Ziffer 4 des Art. 976 I Nankinger BGB kann jeder Verlobte jederzeit das Verlöbnis aufheben, wenn der andere Teil "eine schwere unheilbare Krankheit hat", und zwar ohne Rücksicht darauf, ob die Krankheit vor oder nach der Verlobung entstanden ist. Es braucht nicht auf Art. 92 BGB zurückgegriffen zu werden: "Der Erklärende kann die Willenserklärung anfechten, die er infolge Täuschung oder Drohung abgegeben hat"

---

c) Hier ist Engelmanns Übersetzung zur diesbezüglichen Stelle des Ch'inggesetzes aber anders: "Zu Beginn einer Verlobung von Mann und Frau müssen beide Familien notwendigerweise genau Mitteilung machen, ob vorliegen: Gebrechen, Krankheit,..." Diese Übersetzung entspricht dem Sinn des Kommentars. Der Kommentar hat die beiden Zeichen des im Gesetz gebrauchten Ausdrucks "Ts'an-Chi" (殘疾), der eigentlich nur "Gebrechen oder Verkrüppelung" bedeutet, in zwei Wörter zerlegt. Und zwar steht das erste Zeichen "Ts'an" im Sinne von "Ts'an-Fei" (殘廢), das heißt "Gebrechen oder Verkrüppelung", und das zweite Zeichen "Chi" steht im Sinne von "Chi-Ping" (疾病), das heißt "Krankheit" (z.B. die Entscheidung des Obersten Gerichtshofes Shangtzu Nr. 23 vom Jahre 1928 und Chao Feng-Chieh in seinem Lehrbuch "Familienrecht des Bürgerlichen Gesetzbuches", S. 62, haben ebenso den Ausdruck "Ts'an-Chi" in "Ts'an-Fei" und "Chi-Ping" zerlegt und im Haupttext des Lü 1 verwendet). Daher ist hier schwer verständlich, was mit "Krankheit" gemeint ist. Wenn der Kommentator meint, daß schon eine leichte Krankheit vor dem Verlöbnis mitteilungspflichtig sei und wie allgemein angenommen Grund zum Rücktritt vom Verlöbnis gäbe, dann wäre das unverständlich und sinnlos.

Der aus zwei Zeichen bestehende Ausdruck "Ts'an-Chi" ist ein gebräuchliches Wort für "Gebrechen oder Verkrüppelung", und zwar bedeutet das erste Zeichen "Ts'an, schädigen, zerstören" und das zweite Zeichen "Chi" bedeutet "krank oder Krankheit" und damit ist "Gebrechen oder Verkrüppelung" gemeint.

Der Kommentator hat in der Anmerkung zu dem Satz "Yu-Szu-Yo" des gleichen Gesetzestextes von Lü 1 den Ausdruck "Ts'an-Chi" aber doch als ein Wort für "Gebrechen" gebraucht. Im gleichen Sinne findet man den Ausdruck z.B. in der Erklärung des Reichsgerichtshofes T'ungtzu Nr. 1248 vom Jahre 1920 und in Art. 976 I Ziff. 6 BGB. Engelmann übersetzt aber diesen Ausdruck "Ts'an-Chi" in der Anmerkung zum Satz "Yu-Szu-Yo" leider noch weiter mit "Gebrechen und Krankheit".

(vgl. auch Art. 997 BGB), weil Ziffer 4 des Art. 976 I BGB keinen Unterschied macht, ob man von der Krankheit Kenntnis hatte oder nicht, sondern lediglich auf das tatsächliche Vorliegen der Krankheit abstellt.[308]

Es besteht aber auch die Meinung, daß man nur von der Verlobung zurücktreten kann, wenn man vor der Verlobung keine Kenntnis von der schweren unheilbaren Krankheit des Partners hatte. Wenn man aber vor Abschluß der Verlobung von der schweren unheilbaren Krankheit des anderen Partners Kenntnis hatte, so herrschen hierüber gegensätzliche Meinungen unter den chinesischen Juristen bezüglich des Rücktrittsrechts von der Verlobung. Einerseits spricht man sich für den Rücktritt von der Verlobung aus mit Begründung der Erhaltung des persönlichen Glückes des gesunden Partners und andererseits gegen den Rücktritt, so auch Chao Feng-Chieh, begründet mit Lü 4 des Ch'inggesetzes über den Fall der durch "Wang-Mao" (妄冒), "arglistige Täuschung", zustande gekommenen Verlobung, womit gemeint ist, daß eine solche Verlobung gemäß Lü 4 nach "ursprünglicher Abmachung" (仍依原定) gültig ist, das bedeutet, von einer solchen Verlobung kann man nicht zurücktreten.[309] Diese Heranziehung von Lü 4 des Ch'inggesetzes von Chao Feng-Chieh zur Begründung des nicht mehr möglichen Verlobungsrücktritts bei Kenntnis der schweren unheilbaren Krankheit des Partners vor der Verlobung, ist aber noch zu diskutieren. Offenbar bezieht sich Chao auf den folgenden im Kommentar zu Lü 4 erwähnten Fall des Rücktritts bei einer arglistigen Täuschung ("Wang-Mao"): Ein Mann, der sich einem bestimmten Mädchen verbinden möchte, aber an einem Gebrechen oder einer Verkrüppelung leidet,[310] läßt an seiner Stelle betrügerischerweise seinen gesunden jüngeren oder älteren Bruder seiner zukünftigen Braut zur Besichtigung

---

308 Chang, S. 57; Huang, S. 27.
309 a) Chao, S. 62.
b) "Arglistige Täuschung" übersetzt vom Ausdruck "Wang-Mao (妄冒)" in Lü 4 des Ch'ing-Gesetzes nach Engelmann. Das Zeichen "Wang" bedeutet "falsch; irrig" und das Zeichen "Mao" bedeutet "sich verstellen; bedecken" (Hua-Te-Tzu-Tien, S. 84 und 213). Der Ausdruck "Wang-Mao" ist im jetzigen Gesetz nicht mehr gebräuchlich. Stattdessen verwendet man den Ausdruck "Cha-Ch'i (詐欺)", so z.B. in Art. 997 Nankinger BGB. Das Zeichen "Cha" heißt arglistig, betrügen, vortäuschen; das Zeichen "Ch'i" bedeutet auch betrügen, täuschen, hintergehen (Hua-Te-Tzu-Tien, S. 732 und 445).
310 Der Kommentator verwendet hier zu Lü 4 dennoch richtigerweise nur einen Ausdruck "Ts'an-Chi" (Gebrechen oder Verkrüppelung) des originalen Haupttextes von Lü 1, und nicht mehr wieder "Ts'an-Fei" (Gebrechen) und "Chi-Ping" (Krankheit) zwei doppelsinnige Ausdrücke wie im Kommentar zu Lü 1. Aber Herbert Engelmann

vorführen, um dem Mädchen die Verlobung mit einem völlig Gesunden vorzuspiegeln.
In einem solchen Fall ist die Verlobung nach Lü 4 eigentlich von vornherein nicht zustande gekommen, auch ein Rücktrittsgrund liegt nicht vor.[311]
Die hier getroffene Feststellung wird zuerst durch den folgenden Satz aus Lü 4 gestützt: "War das Heiratsvorhaben (mit dem Kranken) noch nicht zustande gekommen, so bewendet es nach wie vor bei der ursprünglichen Abmachung (mit dem substituierten Gesunden)". Das bedeutet also, daß die Verlobung zwischen der Frau und dem kranken Mann überhaupt nicht zustande gekommen ist. Zum anderen kann man das auch aus der Bestrafung des kranken Mannes schließen: nach Lü 4 wird der täuschende Kranke mit 90 schweren Hieben bestraft, und falls die Verlobung schon vollzogen worden ist, soll diese unwirksam sein (wörtlich: "Li-I", 離異 = "trennen"; hier sinngemäß: "unwirksam" oder "ungültig"). Das bedeutet also wiederum, daß das Gesetz diese Verlobung überhaupt nicht anerkennt.

Hier muß aber noch gesagt werden, daß die sogenannte "ursprüngliche Abmachung" auch kein Verlöbnis im gesetzlichen Sinne darstellt. Daher erklärt der Kommentar zu dieser Stelle, daß eine zur Täuschung substituierte Person, die bereits verlobt oder verheiratet ist, nicht an die "ursprüngliche Abmachung" gebunden ist. Mit anderen Worten, das Verlöbnis ist in einem solchen Falle wirkungs- oder bedeutungslos. Die sogenannte "ursprüngliche Abmachung", soll also nicht eine gültige Verlobung erzielen, sondern nur eine Ausnahmeregelung im Interesse der gutgläubigen Frau darstellen. Daher kann der substituierte Gesunde gar kein solches Recht auf die sogenannte "ursprüngliche Abmachung" beanspruchen. Eine solche unter arglistiger Täuschung zustande gekommene Verlobung ist

---

übersetzt hier das Wort "Ts'an-Chi" wie in Lü 1 wieder als zwei Worte "Gebrechen und Krankheit" ins Deutsche (Engelmann, S. 144).

311 Allgemein hat man aber bei einem solchen Täuschungsmanöver ein generelles Rücktrittsrecht des getäuschten Teils angenommen. Z.B. erklärten Chao Feng-Chieh und Huang Yu-Ch'ang, daß früher der Getäuschte von seinem Verlöbnis nach Lü 4 des Ch'ing-Gesetzes zurücktreten konnte (Chao, S. 62 und Huang, S. 26f).
Auch hatten der Reichsgerichtshof in einer Erklärung Chiaitzu Nr. 312 aus dem Jahre 1915 und in zwei Urteilen Shangtzu Nr. 780 und 1007 aus dem Jahre 1915 sowie der Oberste Gerichtshof im Urteil Shangtzu Nr. 23 aus dem Jahre 1928 (unter Verwendung verschiedener, nicht völlig synonymer Rechtsbegriffe) zum Ausdruck gebracht, daß man das durch "Wang-Mao" (= arglistige Täuschung) zustande gekommene Verlöbnis entweder anfechten oder von ihm zurücktreten kann.

also nicht mit einer allgemeinen Verlobung nach Lü 1 Abs. 2 zu vergleichen, nach dem Erfüllungsrecht des Verlobten besteht.
Eine Verlobung, die unter arglistiger Täuschung zustande gekommen ist, verstößt gerade gegen Abs. 1 von Lü 1, wonach jeder Verlobte zu Beginn der Verlobung dem anderen mitteilen muß, ob Gebrechen oder Verkrüppelung vorliegen, und ist dadurch auch von Anfang an ungültig. Lü 4 steht also in Einklang mit Lü 1.
Bei einer nicht zustande gekommenen oder bei einer von Anfang an ungültigen Verlobung, gibt es demnach überhaupt keine Rücktrittsfrage. Es sind also Lü 4 und Art. 976 I Ziff. 4 BGB grundsätzlich verschieden.
Sollte es sich jedoch so verhalten, daß das Mädchen genaue Kenntnis von dem Täuschungsmanöver hat, also weiß, daß der sich zur Besichtigung vorstellende Mann nicht ihr wirklicher Freier ist, und andererseits auch weiß, daß ihr tatsächlicher Freier an einem Gebrechen leidet, so ist sie nicht etwa mit dem substituierten Gesunden die Verlobung eingegangen, sondern vielmehr mit dem kranken Freier; denn von seiner Person und seinem Leiden hatte sie ja Kenntnis (= keine mangelhafte Willensbildung), selbst wenn auch eine Identitätstäuschung beabsichtigt war.[311/1] Mit anderen Worten verstößt diese Verlobung schon nicht mehr gegen Lü 1 Abs. 1 des Ch'inggesetzes, wonach Parteieinverständnis bestehen soll. Nun hat die Frau dem Heiratsvorhaben freiwillig zugestimmt und kann demzufolge nach Lü 1 Abs. 2 (aber nicht nach Lü 4) nicht mehr von dieser Verlobung zurücktreten. Wenn die Frau jedoch ihren Entschluß bereut, kann sie nicht Lü 4, wie allgemein angenommen wird, als Rücktrittsgrund anwenden, sondern wird nach Lü 1 Abs. 2 sogar mit 50 leichten Stockschlägen bestraft. Es ist also so, daß man Lü 4 des Ch'inggesetzes und Ziff. 4 des Art. 976 I BGB nicht analog anwenden kann.
Liegt der umgekehrte Fall des obigen Beispiels vor, d.h. begeht eine Frau dem Manne gegenüber eine gleiche Täuschung, so gilt das oben Gesagte

---

311/1 Ch'en Ch'i-Yen meint, daß eine nach dem jetzigen BGB unter Identitätsirrtum entstehende Ehe der des Lü 4 des Ch'ing-Gesetzes durch "Wang-Mao" entstehenden Ehe entspreche. Er übersetzt den Ausdruck "Wang-Mao" aber mit dem deutschen Wort "Personenverwechslung" (Ch'en Ch'i-Yen, S. 80), das nicht dem ursprünglichen Sinn dieses Ausdruckes entsprechen dürfte, da es sich bei "Wang-Mao" um eine von Anbeginn her unter Arglist vorgenommene Täuschung handelt. Der deutsche Ausdruck "Personenverwechslung" bezeichnet nur die Betrachtungsweise dieser Erscheinung von dritter Seite her, bringt aber den sachlichen Zusammenhang im juristischen Sinne nicht zum Ausdruck und von der getäuschten Seite her gesehen, liegt dem Sinne nach auch keine Personenverwechslung vor. Das Gesetz hat eine Personenverwechslung auch nicht anerkannt, denn danach bleibt es bei einer Verlobung in einem solchen Falle bei der "ursprünglichen Abmachung".

entsprechend, nur die Strafe beträgt dann gemäß Lü 4 des Ch'inggesetzes 80 schwere Hiebe, d.h. sie ist um einen Grad niedriger als für den Mann.
5. *Wenn ein Verlobter geschlechtskrank ist oder eine andere abschreckende Krankheit hat:* Schon der letzte Satz von Art. 189 des Gesetzbuches der T'ang-Dynastie (618-907) besagte, daß eine Frau, die an einer abschreckenden Krankheit leidet, verstoßen wird, selbst wenn sie durch die sogenannten drei Gründe von einer Verstoßung ausgeschlossen wäre. Selbstverständlich war abschreckende Krankheit der Braut auch ein Rücktrittsgrund vom Verlöbnis für den Bräutigam.

Ebenso wie im T'anggesetz gilt abschreckende Krankheit als Rücktrittsgrund vom Verlöbnis in Art. 976 I Ziff. 5 des gegenwärtigen Nankinger BGB. Unter der gleichen Ziffer 5 dieses Artikels sind zusätzlich noch Geschlechtskrankheiten unter den abschreckenden Krankheiten als Rücktrittsgrund vom Verlöbnis genannt. Allerdings ist nicht gefragt, ob die Krankheit vor oder nach dem Eheversprechen entstanden ist. Es ist auch gemäß Art. 976 I Ziff. 5 BGB bedeutungslos, ob der Bräutigam von der Krankheit seiner Braut vorher Kenntnis hatte oder nicht. Aber nach Art. 176 des T'anggesetzes war die Verlobung unwirksam zufolge "Wang-Mao" (= "Arglistige Täuschung"), falls die abschreckende Krankheit dem Partner vor der Verlobung verschwiegen wurde. Hier ist nicht die Rede vom Rücktritt von der Verlobung. Lü 4 des Ch'inggesetzes hat die Anordnung des T'anggesetzes als Vorbild genommen. Als abschreckende Krankheiten werden angegeben z.B. Lepra, Tuberkulose u.a..[312] Die Geschlechtskrankheiten oder abschreckende Krankheiten gefährden die Gesundheit und das Zusammenleben der Partner. Deshalb gelten sie als Grund zum Rücktritt vom Verlöbnis.
6. *Wenn ein Verlobter verkrüppelt oder verstümmelt wurde:*[313] Die Verlobten waren nach dem Ch'inggesetz verpflichtet, einander mitzuteilen, ob Gebrechen oder Verkrüppelung vorliegen (Lü 1 Abs. 1). Kannte man das Leiden schon und war dennoch geneigt, sich zu verloben, bereute man aber das Parteieinverständnis dann plötzlich, so wurde man mit 50 leichten Stockschlägen bestraft (Lü 1 Abs. 2). Man durfte in diesem Falle sonach nicht von seinem Verlöbnis zurücktreten.

---

312 Vgl. das Urteil des Obersten Gerichtshofes Shangtzu Nr. 4051 aus dem Jahre 1934.
313 Karl Bünger hat hier den Ausdruck des Textes von Art. 976 I, Ziff. 6 Nankinger BGB "Ts'an-Fei", der verkrüppeln oder verstümmeln bedeutet, nur mit "kränklich" ins Deutsche übersetzt (Bünger: Zivil- und Handelsgesetzbuch, sowie Wechsel- und Scheckgesetz von China, Marburg 1934, S. 244). Dies entspricht nicht ganz dem Sinn des Gesetzes.

Entstanden aber Verkrüppelung oder Gebrechen erst nach dem Eheversprechen, dann sollte man (wieder nach Lü 1 Abs. 1) dem anderen Teil dieses Ereignis sofort mitteilen. Falls der Partner mit der veränderten Lage nicht einverstanden war, konnte er die Verlobung aufheben (Kommentar zu Lü 1 Abs. 1).
Die jetzige Bestimmung des Art. 976 I Ziff. 6 BGB besagt auch nichts anderes.
Nur nach Art. 8 der ehemaligen "Verordnung zum Eheschutz für die Armeeangehörigen in der Zeit des Verteidigungskrieges (gegen Japan) vom 30.7.1943" konnte die Braut des Soldaten, der durch den Krieg verkrüppelt oder verstümmelt wurde, nicht von ihrem Verlöbnis zurücktreten, sofern sie keine Zustimmung von ihrem Bräutigam erhalten hatte. Wurde die Zustimmung des Bräutigams aber durch irgendeine Drohung oder arglistige Täuschung erreicht, dann wurde die Braut mit Haft oder mit Gefängnis bis zu drei Jahren bestraft.[314] Nach Art. 9 Abs. 1 der gegenwärtigen "Eheverordnung für Militärangehörige zur Zeit der Unterdrückung des Aufruhrs" in der Fassung vom 21.12.1974 können sich Verlobungspartner nicht einseitig entloben während des Front- oder Befehlseinsatzes des Verlobten im Kampfgebiet. So stellen Art. 8 der ehemaligen Eheverordnung und Art. 9 der gegenwärtigen Eheverordnung zeitweilige Ausnahmeregelungen gegenüber Art. 976 I Ziff. 6 BGB dar.

7. *Wenn ein Verlobter mit einem Dritten Geschlechtsverkehr hatte:* Diese Bestimmung hat sich wiederum aus dem Ch'inggesetz entwickelt. Dort heißt es in Lü 3: Wenn der Bräutigam oder die Braut vor dem Zustandekommen der Ehe Unzucht getrieben oder Eigentumsvergehen begangen hat, werden Lü 1 und 2, wonach den Verlobten ein Bereuen des Eheversprechens und ein zweites Eheversprechen untersagt sind, nicht angewendet. Der unbelastete Partner kann ohne weiteres einer anderen Person die Ehe versprechen.
Diese Rücktrittsgründe, Unzucht und Eigentumsvergehen, sind auch in Art. 976 I, Ziff. 7 und 8 BGB aufgeführt.
Der Unterschied zwischen dem Ch'inggesetz und dem gegenwärtigen BGB besteht darin, daß im Ch'inggesetz "Fan Chien" (犯姦), strafbarer Geschlechtsverkehr mit einem Dritten, den Rücktrittsgrund bildete. In Ziffer 7 des Art. 976 I BGB dagegen ist es "T'ung Chien" (通姦), d.h. Geschlechtsverkehr mit einem Dritten schlechthin. Die Verlobten können also nach dem jetzigen BGB die Verlobung auflösen, wenn einer der Part-

---

314 Li, S. 37-38 oder Li 1966, S. 184.

ner mit einem Dritten Geschlechtsverkehr hatte. Dabei ist nicht gefragt, ob diese Tat nach dem Strafgesetz oder nach einem anderen Gesetz strafbar ist.[315]

Warum ist aber der Geschlechtsverkehr mit einem Dritten ein Rücktrittsgrund?

Man kann es als Untreue eines Verlobten gegenüber dem anderen Teil ansehen.[316]

Abgesehen davon betrachtet Lü 3 des Ch'inggesetzes ein solches Verhalten auch als verbrecherisch-verwerfliche Handlung wie ein Eigentumsvergehen.

8. *Wenn ein Verlobter zu einer Gefängnisstrafe verurteilt wird:* Das Eigentumsvergehen eines Verlobten stellt nach Lü 3 des Ch'inggesetzes einen Rücktrittsgrund vom Verlöbnis dar. Dieser Rücktrittsgrund wurde von einer alten Sitte abgeleitet, nach der man eine Frau, deren Eltern bestraft wurden, nicht heiratete, da sie möglicherweise schlechte Charaktereigenschaften geerbt hat.[317] Während man sich gemäß der alten Sitte von vornherein nicht mit einer solchen Frau verloben sollte, kann nach dem Ch'inggesetz dagegen eine bereits geschlossene Verlobung aufgelöst werden, und zwar nur dann, wenn sich der andere Verlobte eines Eigentumsdelikts schuldig gemacht hat, nicht aber einer anderen Straftat. Nach dem Ch'inggesetz ist also nicht der eventuell von den Eltern ererbte schlechte Charakter maßgebend, sondern die durch das verwerfliche Eigentumsdelikt entstandene Ehrverletzung des anderen Partners.

Der nach Lü 3 des Ch'inggesetzes auf Grund Eigentumsdelikts gegebene Rücktrittsgrund ergibt sich auch aus Ziffer 8 des Art. 976 I BGB, wenn der Verlobte wegen des Vergehens zu einer Gefängnisstrafe verurteilt wird. Ein Unterschied zum Ch'inggesetz besteht darin, daß nach diesem Art. 976 I Ziff. 8 nicht nur ein Eigentumsdelikt als Grund für den Rücktritt vom

---

315 a) Chang, S. 59; Chao, S. 63.
　b) Nach Art. 9 Abs. 2 der ehemaligen "Verordnung zum Eheschutz für die Armeeangehörigen in der Zeit des Verteidigungskrieges (gegen Japan) vom 30.7.1943" wird die Braut des Soldaten mit Gefängnis oder Haft bis zu 6 Monaten oder mit Geldstrafe bis zu 1000 Yüan (chinesische Dollar) bestraft, wenn sie während der Militärdienstzeit ihres Bräutigams mit einem Dritten Geschlechtsverkehr hatte (Li, S. 37 oder Li 1966, S. 185).
316 Chao, S. 63.
317 a) Chang, S. 59.
　b) Im Buch "Li Gi" heißt es: Es gibt fünf Gründe, aus denen man ein Mädchen nicht heiratet. Ein Grund davon besagt, ein Mädchen aus einer Verbrecherfamilie heiratet man nicht, weil sie von den Menschen verworfen ist (Li Gi, S. 247 f).

Verlöbnis gilt, sondern alle Straftaten, deretwegen der Verlobte nach Abschluß des Verlöbnisses zu einer Gefängnisstrafe verurteilt wird.
9. *Bei Vorliegen eines anderen wichtigen Grundes:* Die erwähnten acht Rücktrittsgründe sind vom Gesetzgeber nur als Beispiele angeführt. Da man ohnehin auf Grund des Verlöbnisses nicht die Eheschließung erzwingen kann, wird in Ziffer 9 des Art. 976 I BGB noch ein weiterer, genereller Rücktrittsgrund gegeben. Was als anderer wichtiger Grund gilt, ist nach der besonderen Lage des Einzelfalles zu entscheiden und bleibt dem freien Ermessen des Richters überlassen. Wenn z.B. der Bräutigam seine Braut durch Schläge verletzt, ohne gerichtlich bestraft worden zu sein, so wird man diese Körperverletzung als einen solchen anderen wichtigen Grund gelten lassen müssen. Denn eine solche Mißhandlung würde nicht nur eine Ehrverletzung darstellen, sondern möglicherweise auch zu einer unglücklichen Ehe führen.

β) *Der Akt des Verlöbnisrücktritts bei Vorliegen der im Gesetz genannten Rücktrittsgründe*

Wenn man einen der oben genannten neun gesetzlichen Rücktrittsgründe vorzuweisen hat, kann man sein Rücktrittsrecht durch einseitige Willenserklärung gegenüber der anderen Partei ausüben (Art. 976 I BGB). Es ist nicht etwa so, daß die Ausübung des Rücktrittsrechts erst durch Gerichtsurteil oder mit Zustimmung der anderen Partei erfolgen kann.[318] Es ist auch nicht wie bei allgemeinen Verträgen, daß eine gegenüber einem Abwesenden abgegebene Willenserklärung erst wirksam wird, wenn die Mitteilung dem Gegner zugeht (Art. 95 BGB), oder wie nach Art. 97 BGB: "Weiß der Erklärende ohne eigenes Verschulden den Namen oder Aufenthaltsort seines Gegners nicht, so kann er gemäß den Vorschriften der Zivilprozeßordnung über öffentliche Zustellung die Mitteilung der Willenserklärung öffentlich zustellen". Es verhält sich vielmehr folgendermaßen: Wenn es bei Erfüllung einer der Rücktrittsbestimmungen des Art. 976 Abs. I BGB "tatsächlich unmöglich ist, dem anderen Teile gegenüber die Rücktrittserklärung abzugeben, so ist die Abgabe der Willenserklärung nicht erforderlich; von dem Zeitpunkt an, in dem Rücktritt zulässig ist, entfällt die Bindung an das Verlöbnis" (Art. 976 II BGB). So hat z.B. das Verlöbnis keine Bindungskraft mehr, wenn die Braut oder der Bräutigam nach der Verlobung seit einem Jahr verschollen ist. Denn einjährige Verschollenheit ist ein Rücktrittsgrund (Art. 976 Abs. 1 Ziff. 3) und der Rücktritt erfordert keine Erklärungspflicht (Art. 976 Abs. 2).[319]

---
318 Chang, S. 61 und Tai, S. 59.
319 Chang, S. 61.

Wenn sich ehemalige Brautleute wieder verloben wollen, brauchen sie nicht die abgegebene Rücktrittserklärung zu widerrufen. Da die Verlobten ihren Verlöbnisrücktritt bereits erklärt hatten, besteht zwischen ihnen keine Bindung mehr. Mit anderen Worten, sie gelten als von Anfang an nicht verlobt und können ohne weiteres ein neues Verlöbnis eingehen.[320]

Haben beide Verlobte nach Art. 976 BGB den gleichen Rücktrittsgrund oder hat jeder der Brautleute einen anderen Rücktrittsgrund, so kann jeder Verlobte sein eigenes Rücktrittsrecht geltend machen.[321]

Die Verlobten können aber auf ihr Rücktrittsrecht verzichten, d.h. die Ausübung des gesetzlichen Rücktrittsrechts bleibt dem freien Ermessen der Brautleute überlassen.

c) Die Auswirkungen des Rücktritts vom Verlöbnis

aa) Rückforderung der Geschenke nach dem Rücktritt

Die Brautgeschenke sind nach dem gegenwärtigen BGB zwar nicht mehr ein unbedingter Verlöbnisbestandteil, wie nach Lü 1 des Ch'inggesetzes, sie sind aber allgemein noch üblich. Diese Brautgeschenke bedeuten jedoch keinen Brautkaufpreis, sondern stellen ein Geschenk dar.[322]

Die Frage, ob man die Brautgeschenke oder überhaupt allgemein Verlobungsgeschenke zurückfordern kann, falls das Verlöbnis später aufgelöst wird, war im BGB bis vor kurzem nicht geregelt.[323] Hierfür war aber bisher Art. 179 BGB anwendbar: "Wer ohne rechtlichen Grund auf Kosten eines anderen einen Vorteil erlangt, hat diesen Vorteil herauszugeben. Das gleiche gilt, wenn der rechtliche Grund später wegfällt". Man konnte gleichzeitig auch nach Art. 419 Abs. 2 BGB seine Rückforderung geltend machen: "Nach dem Widerruf der Schenkung kann der Schenker Herausgabe der geschenkten Gegenstände nach den Vorschriften über ungerechtfertigte Bereicherung verlangen". Die Verlobungsgeschenke sind nur auf Grund des Verlöbnisses gemacht worden. Wenn nun das Verlöbnis aufgelöst worden ist, entfällt dieser Rechtsgrund, und man kann seine Geschenke zurückfordern. Nur wenn das Verlöbnis durch den Tod des Beschenkten aufgelöst wird, erlischt nach

---

320 Chang, S. 61 f.
321 Tai, S. 56.
322 Die Erklärung des Justizamtes Yüantzu Nr. 838 aus dem Jahre 1932.
323 Aber nach Lü 2 des Ch'inggesetzes ist das Duplum der Brautgeschenke zurückzuerstatten, wenn die Frau nochmals einem anderen Mann die Ehe versprochen hat. Die Brautgeschenke sind aber nicht zurückzufordern, wenn sich der Mann einer anderen Frau versprochen hat.

Art. 420 BGB das Recht zum Widerruf.[324] Die Gesetzeslücke im BGB betreffend die Rückforderung der Verlobungsgeschenke nach dem Verlobungsrücktritt ist nun geschlossen worden. So wird in dem neu geschaffenen Art. 979 a vom 3.6.1985 geregelt, daß jeder Verlobte nach dem Verlobungsrücktritt von dem anderen die Herausgabe der Verlobungsgeschenke gemäß den Vorschriften über die Herausgabe einer ungerechtfertigten Bereicherung zurückfordern kann. Zufolge der amtlichen Erklärung zu dem neu geschaffenen Art. 979 a erlischt (nach dem Grundsatz des Art. 420 BGB) bei Verlobungsauflösung durch Tod eines der Verlobten selbstverständlich das Recht auf Rückforderung der Verlobungsgeschenke. So besteht keine Notwendigkeit in diesem neuen Art. 979 a hierüber eine Erwähnung zu geben, wie dies z.B. in § 1301 des dt. BGB der Fall ist. Das in dem neu geschaffenen Art. 979 a angegebene Anspruchsrecht erlischt gemäß dem ebenfalls zum gleichen Zeitpunkt neu geschaffenen Art. 979 b nach zwei Jahren.

bb) Der Schadenersatz nach dem Rücktritt

α) Bei Rücktritt auf Grund beiderseitigen Einverständnisses

Es gibt keinen gesetzlichen Schadenersatzanspruch, wenn man ein beiderseitiges Einvernehmen über den Rücktritt vom Verlöbnis erzielt hat.

β) Bei einseitigem Verlöbnisrücktritt

Bei einseitigem Rücktritt vom Verlöbnis gibt es aber je nach den Rücktrittsgründen zwei Arten von Schadenersatz.

αα) Bei Rücktritt ohne gesetzlichen Grund

Dieser Schadenersatzanspruch ist in den Art. 978 und 979 BGB geregelt. Im Abschnitt zur Frage des Rücktritts ohne gesetzlichen Grund wurde schon darüber gesprochen.

---

324 a) Chang, S. 64; Li, S. 36 und Chao, S. 65; die Erklärung des Justizamtes Yüantzu Nr. 838 aus dem Jahre 1932.
b) Was hier erläutert wurde, ist in seinen Grundgedanken auch in § 1301 dt. BGB und in Art. 94 ZGB enthalten.

ββ) Bei Vorliegen von gesetzlichen Gründen für den Rücktritt

Nach Art. 977 BGB kann der unschuldige Teil vom schuldigen Teil Ersatz des ihm entstandenen Schadens verlangen, wenn ein Verlöbnis nach Art. 976 BGB infolge Vorliegens eines gesetzlichen Grundes aufgelöst wird. Ist z.b. der Bräutigam vom Verlöbnis zurückgetreten, weil seine Braut mit einem Dritten Geschlechtsverkehr hatte (gesetzlicher Rücktrittsgrund nach Art. 976 I Ziff. 7 BGB), so kann er von der Braut Schadenersatz verlangen für Unkosten (z.b. Anschaffung von Kleidung und Möbeln), die ihm in der sicheren Erwartung der baldigen Eheschließung entstanden, obwohl er selbst das Verlöbnis einseitig aufgelöst hat.

Dieser Ersatzanspruch bezog sich aber bis vor kurzem nur auf Vermögensschäden, übertragbar sowie vererbbar durch Umkehrschluß aus den Artikeln 978 und 979 BGB.[324/1]

Erlitt der unschuldige Verlobungspartner durch die Auflösung des Verlöbnisses möglicherweise auch einen nichtvermögenswerten Schaden (z.B. Verlust einer beruflichen Beförderung oder Beeinträchtigung der Gesundheit durch Körperverletzung), so kann er bislang nur nach allgemeinem Rechtsgrundsatz des Schuldrechts auch dafür Schadenersatz fordern und diese nichtvermögenswerten Schäden sind nicht übertragbar und nicht vererbbar, es sei denn, daß sie vertraglich anerkannt oder Klage erhoben worden ist (Art. 195 BGB).[325]

Die in Art. 977 BGB vorhandene Gesetzeslücke wird nun mit den am 3.6.1985 neu geschaffenen Absätzen 2 und 3 dieses Art. 977 BGB beseitigt, und zwar ist danach auch das Anspruchsrecht für nichtvermögenswerten Schaden, das nicht übertragbar und nicht vererbbar ist, es sei denn, daß es vertraglich anerkannt oder Klage erhoben worden ist, geregelt. Das angegebene Anspruchsrecht gemäß den neu geschaffenen Absätzen 2 und 3 zu Art. 977 BGB ist nach dem gleichzeitig am 3.6.1985 neu hinzugefügten Absatz 2 zu Art. 4 des Einführungsgesetzes zum Familienrecht auch gültig für Verlobungen, die vor Inkrafttreten der Neufassung von Art. 977 Abs. 2 und 3 entstanden.

γγ) Frist des Schadenersatzanspruches bei einseitigem Verlöbnisrücktritt

Für das in den Artikeln 977-979 BGB angegebene Anspruchsrecht auf Schadenersatz bei einseitigem Verlöbnisrücktritt bestand bis vor kurzem keine

---

324/1 Hu, S. 71 f.; Huang, S. 29.
325   Chang, S. 62; Chao, S. 65.

Zeitbefristung. Ch'en Shih-Yen und Shih Shang-K'uan aber meinten dazu, hierfür sei die für Schadenersatz bei unerlaubter Handlung nach dem Schuldrecht geltende Anspruchsfrist von 2 Jahren gemäß Art. 197 I BGB anzuwenden. Dagegen waren Chao Feng-Chieh und Lo Ting der Ansicht, die Frist für dieses Anspruchsrecht wäre nach der allgemeinen Vorschrift über die Verjährung von Ansprüchen des Allgemeinen Teils des BGB, Art. 125, zu behandeln, in dem eine Verjährungsfrist von 15 Jahren genannt ist.[325/1] Diese Unklarheit über die Zeitbefristung des Schadenersatzrechtes bei einseitigem Verlöbnisrücktritt wird nun aber mit Neuschaffung von Art. 979 b ab 3.6.1985 beseitigt, wonach die Verjährungsfrist für das Anspruchsrecht auf Schadenersatz der Art. 977-979 BGB 2 Jahre beträgt.

Nun ist noch zu erwähnen allgemein zur Situation des "Schadenersatzes nach dem Rücktritt vom Verlöbnis" der völlig andere Standpunkt des Pekinger EheG, der aus der bereits in diesem Kapitel zitierten Antwort des Ausschusses für die Abfassung von Gesetzen des Staatsrates der Zentralvolksregierung hervorgeht (s. Anmerkung Nr. 110 a). Hiernach wird das Verlöbnis nicht als rechtliche Angelegenheit angesehen und ein Rücktritt vom Verlöbnis zieht keine rechtliche Verpflichtung zum Schadenersatz nach sich.

Eine solche Regelung hat auch das chilenische Gesetz. Nach Art. 98 des chilenischen BGB ist das Verlöbnis auch eine rein private Angelegenheit, die keinerlei rechtliche Verpflichtungen erzeugt und nicht dazu benutzt werden kann, um Schadenersatz zu verlangen.[326]

325/1 Ch'en Ch'i-Yen, S. 73 f.; Shih Shang-K'uan, S. 144 und Chao, S. 66.
326 Bergmann/Ferid: Chile, 1975, S. 15.

VIERTES KAPITEL

Die Eheschließung

I. Die Stellung der Eheschließung innerhalb der verschiedenen Heiratsstadien

Die Heirat umfaßte früher in China drei Stadien:
1. Verlobung;
2. Ch'eng-Ch'i (成妻), Vermählung im engeren Sinne; }
3. Ch'eng-Fu (成婦), Vermählung im weiteren Sinne. } Eheschließung

Die zu diesen drei Heiratsstadien gehörenden Heiratszeremonien sind außer den folgenden, schon erwähnten sogenannten sechs Heiratsriten der Chou-Dynastie (1122-255 v.Chr.): 1. Heiratswunschbesuch, 2. Erkundigung des Namens und Geburtsdatums des Mädchens, 3. Schicksalsbefragung für die Ehe, 4. Brautgeschenk, 5. Festlegung des Hochzeitsdatums und 6. Abholung der Braut durch den Bräutigam, noch die Zeremonien nach Eintritt der Braut ins Haus des Bräutigams, nämlich das sogenannte "gemeinsame Essen und Trinken von Braut und Bräutigam" = "Kung Lao Ho Chin" (Näheres siehe Anmerkung 61) sowie am nächsten Tage die "Begrüßung der Schwiegereltern durch die Schwiegertochter" (Fu Chien Chiu Ku, 婦見舅姑) oder falls die Schwiegereltern nicht mehr leben, innerhalb von drei Monaten nach der Vermählung der "Ehrenbesuch zu den verstorbenen Schwiegereltern im Ahnentempel" (San Yüeh Miao Chien, 三月廟見) und ferner als letzte Zeromonie die "Opfergabe im Ahnentempel drei Monate nach der Vermählung" (San Yüeh Chi Hsing, 三月祭行) unabhängig davon, ob die Schwiegereltern noch leben oder nicht.[327]

Daß die Verlobung in früherer Zeit als erstes Eheschließungsstadium (Vollzug der ersten bis vierten oben genannten sechs Heiratsriten der Chou-Dynastie) sehr wichtig war, geht daraus hervor, daß keine wirksame Ehe geschlossen werden konnte, wenn nicht zuvor die Verlobungsriten befolgt wurden, wie bereits im letzten Kapitel "Das Verlöbnis" erläutert.

Vermählungszeremonien im engeren Sinne sind nur die "Abholung der Braut durch den Bräutigam" und das anschließende "gemeinsame Essen und

---

327 Chao, S. 79 und Ch'en Ku-Yüan, S. 82 f.

Trinken" der Brautleute.[327/1] Diese beiden Vermählungszeremonien nennt man "Ch'eng-Ch'i". D.h. wörtlich die Braut ist nun im Stande der Ehefrau.[328] Im Familienstammsystem bringt die Heirat nicht nur die Bindung der Ehebeziehung zwischen Mann und Frau zustande, sondern auch die Verwandtschaftsbeziehung zwischen Schwieger-eltern und -tochter.[329] Nach dem "Ch'eng-Ch'i"-Heiratsstadium war nur die erste Form der Eheschließung vollzogen. D.h. der "Ch'eng-Ch'i"-Ritus macht die Frau noch nicht zur endgültig legitimen Ehefrau in der Familie des Mannes.[330]

Es folgt hierauf als Vermählungszeremonie im weiteren Sinne der "Ch'eng-Fu"-Ritus als letztes Stadium der Eheschließung. Zum "Ch'eng-Fu"-Ritus gehörten die "Begrüßung der Schwiegereltern" am nächsten Tage nach der Vermählung ("Fu Chien Chiu Ku") oder der "Ehrenbesuch im Ahnentempel" innerhalb von drei Monaten nach der Vermählung, falls die Schwiegereltern nicht mehr leben ("San Yüeh Miao Chien"), und ferner die "Opfergabe im Ahnentempel" drei Monate nach der Vermählung ("San Yüeh Chi

---

327/1 Die Zeremonie des gemeinsamen "Essens und Trinkens" der Brautleute wurde von einem japanischen Brautpaar, und zwar des Komponisten Katsunori Fukai und der Braut Kimiko Otsuki, der chinesischen alten Heiratszeremonie zuliebe, an der Chinesischen Mauer bei Peking abgehalten (Illustrierte Wiedergabe s. "Peking Rundschau" vom 14. Mai 1985 und "China im Bild" Nr. 7 vom Juli 1985).

328 a) Vgl. Ch'en Ku-Yüan 1978, S. 160 f.
b) In dem Ausdruck "Ch'eng-Ch'i" bedeutet das Zeichen "Ch'eng" wörtlich "in den Stand bringen, gelingen, werden" und das Zeichen "Ch'i", "Ehefrau oder Frau" (Han-Te-Tz'u-Tien, S. 70 und 445). Sonach bedeutet der Ausdruck "Ch'eng-Ch'i" wörtlich "Ehefrau werden" oder "in den Stand der Ehefrau bringen".

329 Ch'en Ku-Yüan, S. 82 und Hu K'ai-Ch'eng: Familienrecht des Bürgerlichen Gesetzbuches, Taipeh 1966, S. 34.

330 a) Dies wird auch daraus deutlich, daß z.B. eine nach dem "Ch'eng-Ch'i"-Ritus neuvermählte Frau, die vor Vollzug des notwendigen "Ch'eng-Fu"-Ritus ("Begrüßung der Schwiegereltern oder Ehrenbesuch und Opfergabe im Ahnentempel") stirbt, nicht neben dem Grab ihrer Schwiegereltern beerdigt wird und auch keinen Platz hat im Ahnentempel ihres Mannes (Chang, S. 9; Shih San Ching Chu Shu, Heft 57: Li Gi, Bd. 18, S. 38).
b) Die Vermählung war in China aber nicht so unwichtig wie im älteren germanisch-deutschen Recht: "Es ist doch in hohem Grade auffallend und direkt ausschlaggebend gegen die Lehre, welche in der Trauung die Eheschließung finden will, daß keine einzige deutsche Quelle Ehe und Nicht-Ehe von der Vollziehung abhängig macht" (Sohm, S. 34). Denn die Trauung war "ebensowenig ein Rechtsgeschäft wie die Investitur, weil sie, gleich der Investitur, lediglich die Besitzübergabe war. Die Trauung wirkte rechtlich nicht selbständig als ein besonderes zweites Rechtsgeschäft, sondern nur accessorisch als die Ergänzung und Erfüllung eines vorausgegangenen Rechtsgeschäftes, der Verlobung" (Sohm, S. 35).

Hsing").³³¹ Erst nach Vollendung des "Ch'eng-Fu"-Ritus sind die erforderlichen Heiratsstadien abgeschlossen und die Frau ist endgültig anerkannte Schwiegertochter einerseits, und andererseits auch endgültig legitime Ehe-

---

331 a) Li, S. 45; Schmitt, S. 79; Shih San Ching Chu Shu, Heft 57: Li Gi, Bd. 18, S. 36 und Ch'en Ku-Yüan, S. 82 f.
b) Über die sogenannte erste Phase des "Ch'eng-Fu"-Ritus, den Ehrenbesuch der Frau im Ahnentempel innerhalb von drei Monaten nach der Vermählung, enthält der Kommentar des Buches "Li Gi" die beiden folgenden gegensätzlichen Auffassungen. Nach der ersten Auffassung ist diese Zeremonie nur erforderlich, wenn die Eltern des Mannes bei seiner Hochzeit nicht mehr leben. Sonst genüge zur Vollendung des "Ch'eng-Fu"-Ritus die Begrüßung der Schwiegereltern durch die Frau am nächsten Tage nach der Vermählung. Die andere Auffassung besagt, daß der Besuch im Ahnentempel, innerhalb von drei Monaten nach der Vermählung, auch zu vollziehen sei, wenn die Schwiegereltern noch leben (Shih San Ching Chu Shu, Heft 57: Li Gi, Bd. 18, S. 36 f).
Hu Ch'ang-Ch'ing ist der Meinung, daß die erste Auffassung des obigen Kommentars glaubwürdiger sei (Hu, S. 105, Anm. 3). Dafür spricht auch der folgende Text eines Gedichtes "近試上張水部", "Chin Shih Shang Chang Shui Pu", von Chu Ch'ing-Yü (朱慶餘) aus der T'ang-Zeit (618-907): "Gestern abend im Brautgemach brannten die roten Kerzen und heute morgen werde ich dann die Schwiegereltern in der Vorhalle begrüßen…" ("洞房昨夜停紅燭,待曉堂前拜舅姑"). Siehe "T'ang-Shih", S. 375.
Ch'en Ku-Yüan ist abgesehen von den obigen zwei Auffassungen der Ansicht, daß zum "Ch'eng-Fu"-Ritus außer der ersten Phase "Begrüßung der Schwiegereltern am nächsten Tage nach der Vermählung" oder "Ehrenbesuch zu den verstorbenen Schwiegereltern im Ahnentempel innerhalb von drei Monaten nach der Vermählung", noch unbedingt als zweite Phase des "Ch'eng-Fu"-Ritus "die Opfergabe im Ahnentempel drei Monate nach der Vermählung" gehöre. Diese zweite (letzte) Phase des "Ch'eng-Fu"-Ritus nennt man "San Yüeh Chi Hsing" (Ch'en Ku-Yüan, S. 83).
Während der Zeit der Sung-Dynastie (960-1277) führten die Schwiegereltern 3 Tage nach der Vermählung die Schwiegertochter (zuweilen der Sitte nach auch mit dem Bräutigam) zur Opfergabe im Ahnentempel. Diese Zeremonie fand ursprünglich drei Monate nach der Vermählung, nun aber zur Zeitabkürzung bereits 3 Tage nach der Vermählung statt (vgl. "Ku-Chin-T'u-Shu-Chi-Ch'eng", "Systematische Zusammenstellung für verschiedene Fachgebiete aus alter und neuer Literatur Chinas", nach Fotokopien der alten Originale, Wen-Hsing Verlagsbuchhandlung, Taipeh/Taiwan, 1964, Bd. 88, S. 250).
c) Der Grund für das Bestehen des "Ch'eng-Fu"-Ritus ist, der Frau den eigentlichen Zweck der Ehe, die Fortsetzung der Familie und den Dienst im Ahnentempel (Ahnenverehrung) näherzubringen (Li, S. 11 und 91).

frau.³³² Stirbt z.B. eine Ehefrau, so soll ihr Ehemann fünf Monate für sie trauern, die Trauerzeit beträgt aber nur drei Monate, wenn der "Ch'eng-Fu"-Ritus noch nicht vollzogen war.³³³

Während der unruhigen Zeiten der Wei-Dynastie (220-265) und der Tsin-Dynastie (265-419) wurden die Heiratsstadien zuweilen nicht mehr so streng eingehalten oder deren Reihenfolge verändert, um ein schnelleres Zustandekommen der Ehe zu erreichen. So konnte die Frau z.B. in Gefahren- oder Kriegszeiten die erste Phase der dem dritten Stadium der "Ch'eng-Fu" zugehörigen Zeremonie, die "Begrüßung der Schwiegereltern", die sie zur anerkannten Schwiegertochter und endgültigen Ehefrau macht, vorzeitig vollziehen. Die zweite Phase der "Ch'eng-Fu" zugehörigen Zeremonie, die "Opfergabe im Ahnentempel" drei Monate nach der Vermählung und das gesamte

---

332 a) Rüdenbergs Übersetzung des Ausdrucks "Ch'eng-Fu" (Rüdenberg: S. 551) "Heiraten (der Frau)" oder die nach Hua Te Tzu Tien (S. 319) "Heiraten (Frau werden)" scheint etwas ungenau zu sein. Der "Ch'eng-Fu"-Ritus ist eine Zeremonie zur Erlangung der Anerkennung als Schwiegertochter durch die Schwiegereltern, da das Zeichen "Fu" aus dem Ausdruck "Ch'eng-Fu" Schwiegertochter gegenüber den Schwiegereltern bedeutet (Tz'u-Yüan, S. 292). Das Zeichen "Ch'eng" heißt "in einen Stand bringen, zu etwas machen" (Tz'u-Yüan, S. 487 und Han-Te-Tz'u-Tien, S. 70). Der Ausdruck "Ch'eng-Fu" heißt demnach in den Stand der Schwiegertochter bringen oder zur Schwiegertochter machen (vgl. Shih San Ching Chu Shu, Heft 71: Li Gi, Bd. 61, S. 12: Anmerkung zum Satz "Ch'eng-Fu-Li" = "die Zeremonie Ch'eng-Fu"). So ist auch der Zweck der Verweilzeit von 3 Monaten bis zur Ausführung der "Opfergabe im Ahnentempel" für die Frau gemäß dem "Ch'eng-Fu"-Ritus, den Schwiegereltern die Möglichkeit des Kennenlernens der jungen Frau und ihrer Anpassungsfähigkeit als Schwiegertochter zu geben (vgl. das Buch "Ku-Chin-T'u-Shu-Chi-Ch'eng", Bd. 88, S. 308, über die Frage: Zu welcher Zeit soll die Zeremonie im Ahnentempel stattfinden). Charakterisiert ist dies auch in dem Gedicht "Die neuvermählte Ehefrau" (新嫁娘) von Wang Chien (王建) aus der T'ang-Zeit (618-907): "Am dritten Tage nach der Vermählung gehe ich in die Küche, wasche mir zuerst die Hände und koche eine Fleischsuppe mit Gemüse. Ich kenne aber den Geschmack meiner Schwiegermutter noch nicht, deshalb lasse ich erst die jüngere Schwester meines Mannes probieren." (三日入厨下,洗手作羹湯,未諳姑食性,先遣小姑嘗). Siehe "T'ang-Shih", S.335. Außerdem heißt das Zeichen "Fu" auch "Ehefrau oder Frau". Im Familienstammsystem hat der "Ch'eng-Fu"-Ritus mehr Gewicht als der "Ch'eng-Ch'i"-Ritus. Durch den "Ch'eng-Fu"-Ritus wird die Frau anerkannte Schwiegertochter und gleichzeitig auch ihre Stellung als legitime Ehefrau gefestigt (Ch'en Ku-Yüan, S. 82 f.; Ch'en Ku-Yüan 1978, S. 8 und Hu K'ai-Ch'eng, S. 34).

b) Eine ähnliche Form der Heiratszeremonie gab es in der römischen Antike: Die Ehefrau wurde erst Herrin des Hauses von dem Augenblick an, da sie am Morgen nach ihrer Hochzeitsnacht am Kultus ihrer neuen Familie teilgenommen hatte (Balsdon, S. 222).

333 Ch'en Ku-Yüan, S. 83 und Chao, S. 14, Trauertabelle 8.

erste und zweite Stadium der Eheschließung, die langwierigen sogenannten sechs Heiratsriten der Chou-Dynastie und der "Ch'eng-Ch'i"-Ritus, die sonst vor dem dritten Heiratsstadium "Ch'eng-Fu" stattfanden, konnten dann entfallen. Hier wirkt die erste Phase des dritten Heiratsstadiums des "Ch'eng-Fu"-Ritus "Begrüßung der Schwiegereltern" automatisch für das zweite Heiratsstadium den "Ch'eng-Ch'i"-Ritus mit und bildet die Beziehungen von Schwieger-eltern und -tochter sowie gleichzeitig auch von Ehe-mann und –frau (entsprechend dem vollzogenen "Ch'eng-Ch'i"-Ritus). Es lassen sich auch Hinweise dafür finden, daß bei einer solchen Heirat nach dem "Ch'eng-Fu"-Ritus noch der "Ch'eng-Ch'i"-Ritus folgen soll. Danach wäre nur die Reihenfolge des ursprünglich dritten Heiratsstadiums, des "Ch'eng-Fu"-Ritus, und des ursprünglich zweiten Heiratsstadiums, des "Ch'eng-Ch'i"-Ritus, vertauscht worden. Auch nach der oben genannten Abkürzung oder Änderung in der Reihenfolge der Heiratsriten wurde auf jeden Fall dem "Ch'eng-Fu"-Ritus eindeutig mehr Bedeutung zugemessen als dem "Ch'eng-Ch'i"-Ritus für die Bildung der legitimen Ehe. Die Abänderung und Abkürzung der Heiratszeremonien nennt man "Pai Shih Hun" (拜 時 婚), d.h. zeitlich vorgezogene Vermählungszeremonien. Diese waren aber auch in den unruhigen Zeiten nur Ausnahmeerscheinungen.[334]

Die ursprünglichen sechs Heiratsriten der Chou-Dynastie wurden in der Zeit der Sung-Dynastie (960-1277) dem Namen nach zuerst auf insgesamt vier Riten reduziert, und zwar wurde der zweite Ritus "Erkundigung des Namens und Geburtsdatums des Mädchens" mit dem ersten Ritus "Heiratswunschbesuch" und der fünfte "Hochzeitsdatumfestlegung" mit dem vierten Ritus "Brautgeschenk" zusammengelegt. Die übrigen Riten, der dritte Ritus "Schicksalsbefragung für die Ehe" und der sechste Ritus "Abholung der Braut durch den Bräutigam", blieben erhalten.[334/1]

Eine zweite Verringerung der Ritenanzahl, ebenfalls während der Zeit der Sung-Dynastie, erfolgte durch den bekannten Konfuzianisten Chu Hsi (1130-1200). Er hat im Sittenbuch seiner Familie den dritten Ritus "Schicksalsbefragung für die Ehe" auch mit dem vierten Ritus "Brautgeschenk" vereinigt. Von den sechs Heiratsriten der Chou-Dynastie blieben nun dem Namen nach nur noch die drei folgenden Riten "Heiratswunschbesuch", "Brautgeschenk" und "Abholung der Braut durch den Bräutigam".[334/2]

Tatsächlich handelt es sich hier nicht um eine echte Vereinfachung durch Wegfall von Ritenhandlungen, sondern nur um Zusammenlegungen einzelner

---

334 Li, S. 45 f.; Li 1966, S. 45; Hu, S. 104 und Hu K'ai-Ch'eng, S. 34.
334/1 Ch'en Ku-Yüan 1978, S. 152.
334/2 Ch'en Ku-Yüan 1978, S. 152.

Ritenhandlungen unter der genannten verringerten Anzahl von Ritenbezeichnungen.[334/3]

Die der ersten Phase des dritten Heiratsstadiums "Ch'eng-Fu" zugehörige "Begrüßung der Schwiegereltern durch die Schwiegertochter" (Fu Chien Chiu Ku) fand, noch wie normal, am nächsten Tage nach der Vermählung statt. Der noch dieser Phase (des "Ch'eng-Fu"-Ritus) zugehörige "Ehrenbesuch im Ahnentempel", falls die Schwiegereltern nicht mehr leben, normalerweise innerhalb von drei Monaten nach der Vermählung (San Yüeh Miao Chien), fand aber schon am dritten Tage nach der Vermählung statt.[334/4]

Die zweite Phase des "Ch'eng-Fu"-Ritus, "Opfergabe im Ahnentempel drei Monate nach der Vermählung" (San Yüeh Chi Hsing) unabhängig davon, ob die Schwiegereltern noch leben oder nicht, wurde dann aber auf den dritten Tag nach der Vermählung in der Zeitdauer abgekürzt. Z.B. erfährt man aus dem Sittenbuch der Familie Chu Hsi (1130-1200), daß zur Zeit der Sung-Dynastie (960-1277) die Schwiegereltern die Schwiegertochter drei Tage nach der Vermählung zur Opfergabe im Ahnentempel führten.[335]

So wurde der "Ch'eng-Fu"-Ritus tatsächlich zeitlich abgekürzt, aber die Anzahl der Zeremonienhandlungen blieb erhalten.[336]

In der darauf folgenden Dynastie Yüan (1277-1368) wurden dann weiter die "drei Heiratsriten" nach dem Sittenbuch von Chu Hsi (1130-1200) aus der Zeit der Sung-Dynastie (960-1277) verwendet, nur wurde den sogenannten "drei Riten" eine "Heiratsvorschlag-Besprechung", "I Hun" (議婚), vorgeschaltet, wie schon im Sittenbuch von Chu Hsi ursprünglich auch vorhanden, später zur Vereinfachung aber von ihm selbst weggelassen wurde. Es wurden hiermit das Heiratsalter und die Familienverhältnisse der Heiratsbewerber, ihr Gesundheitszustand und ihre sonstigen Fähigkeiten erkundet. Später, in der Dynastie Ming (1368-1644) bis hin zur letzten Dynastie Chi-

---

334/3 Ch'en Ku-Yüan 1978, S. 152.
334/4 Chao, S. 72.
335 a) Ku-Chin-T'u-Shu-Chi-Ch'eng, Bd. 88, S. 250.
  b) Zu dieser Stelle erklärt das Sittenbuch von Chu Hsi, daß früher die Schwiegertochter eigentlich erst drei Monate nach der Vermählung den "Ehrenbesuch im Ahnentempel", "Miao Chien", vollzog, aber wegen der zu langen Zeitspanne wurde nun diese Zeitdauer auf drei Tage abgekürzt.
  In dieser Textstelle des Sittenbuches von Chu Hsi ist irrtümlicherweise der Ausdruck "Miao Chien", "Ehrenbesuch im Ahnentempel" an Stelle des Ausdrucks "Miao Chi", "Opfergabe im Ahnentempel", verwendet worden. Der Ritus "Miao Chien", "Ehrenbesuch im Ahnentempel", ist hier nicht anwendbar, er fand nur statt, wenn die Schwiegereltern nicht mehr lebten. Die gleiche Meinung vertritt auch Ch'eng Ku-Yüan (Ch'eng Ku-Yüan 1978, S. 164).
336 Chao, S. 79; Li, S. 44; Li 1966, S. 45; Hu, S. 104 f. und Hu K'ai-Ch'eng, S. 34.

nas, der Ch'ing (1644-1911), waren vorwiegend die sogenannten "drei Riten" von Chu Hsi üblich, zuweilen auch mit der "Heiratsvorschlag-Besprechung", "I Hun". Sogar bis zur heutigen Zeit sind diese Riten dann und wann in Anwendung. Ferner blieb noch in jedem Falle nach Vollzug der "drei Riten" von Chu Hsi der "Ch'eng-Fu"-Ritus, wie üblich, als letztes Stadium der Eheschließung, wie auch im Familiensittenbuch von Chu Hsi bereits angeordnet.[337]

Allerdings waren im allgemeinen weder die sechs Riten der Chou-Dynastie (1122-255 v.Chr.) noch die drei Riten von Chu Hsi (1130-1200) in direkter strenger Form in Anwendung. Meistens war es üblich, daß die Brautleute nach der Erledigung des Ritus "Abholung der Braut durch den Bräutigam" am Abend nach Eintritt der Braut ins Haus des Bräutigams die Zeremonie "Ehrerbietung vor den Ahnen" (Pai-Tsu, 拜祖) vor der im Haus aufgestellten Ahnentafel vollzogen. Diese Zeremonie ähnelt weitgehend der zweiten Phase des dritten Heiratsstadiums "Ch'eng-Fu", "Opfergabe im Ahnentempel", die jedoch erst drei Monate nach der Vermählung im Ahnentempel stattfand (San Yüeh Chi Hsing), und unabhängig davon war, ob die Schwiegereltern noch leben oder nicht. Danach folgte am gleichen Abend die Zeremonie des "gemeinsamen Essens und Trinkens" (Kung Lao Ho Chin) der Brautleute. Daran schloß sich nun schon am gleichen Abend an die erste Phase vom dritten Heiratsstadium "Ch'eng-Fu", die "Begrüßung der Schwiegereltern" (Fu Chien Chiu Ku), sonst fand diese Zeremonie nach dem "Chu-Hsi"-Sittenbuch erst am nächsten Tage nach der Vermählung statt.[338] Die ebenfalls zur ersten Phase des "Ch'eng-Fu"-Ritus gehörige Zeremonie "Ehrenbesuch im Ahnentempel" innerhalb von drei Monaten nach der Vermählung (San Yüeh Miao Chien) war nur auszuführen, wenn die Schwiegereltern nicht mehr lebten. Sie kommt aber nun nicht mehr in Betracht, da die Zeremonie "Ehrerbietung vor den Ahnen" im gleichen Sinne schon am Abend der Vermählung vor der Ahnentafel im Hause stattfand.

Im Großen und Ganzen sind also diese obigen, im allgemeinen üblichen Heiratsriten wieder etwa den alten Heiratsregeln entsprechend mit "Abholung

---

[337] Vgl. Chao, S. 79; Ch'en Ku-Yüan 1978, S. 152 und 164; Ku-Chin-T'u-Shu-Chi-Ch'eng, Bd. 88, S. 247-250; Dai Kauwajiten, Großes Chinesisch-Japanisches Wörterbuch von Morohashi Tetsuji, Tokio 1958, S. 11044 (= Bd. X, S. 602); "Chinesische Akademiker im Ausland", Nr. 140 vom März 1984, S. 53 ff.; "Chinesische Sitten und Gebräuche im Bereich des Zivilrechts" aus der "Buchreihe über Geschichtsmaterial der chinesischen Neuzeit", Bd. VI, Taipeh 1962, S. 124: Die Heiratsrite "I Hun" im Kreis Nan-Feng (南豐), Provinz Chiangsi und Lou Tzu-K'uang: Schilderung von Sitte und Brauchtum der Heirat, Taipeh 1975, S. 207 f.
[338] Näheres s. Chao, S. 79 und Ch'en Ku-Yüan 1978, S. 152 und 164.

der Braut durch den Bräutigam", "Gemeinsames Essen und Trinken" der Brautleute, "Begrüßung der Schwiegereltern" sowie "Ehrenbesuch und Opfergabe im Ahnentempel", nur verlaufen sie zeitlich in gedrängterer Form.[339]

Wenn man auch den "Ch'eng-Fu"-Ritus nicht im bekannten Kodex der Dynastie T'ang (618-907) oder Ch'ing (1644-1911) findet, war er doch nach der Sitte eine lange Zeit hindurch üblich und ist auch jetzt noch zuweilen in Anwendung.[340]

Die oben angeführten Heiratsriten beziehen sich auf den Normalfall der Einheirat der Frau in die Familie des Mannes. Deshalb wird im "Ch'eng-Fu"-Ritus nur von der Ausführung der Zeremonienhandlungen der Frau, so der "Begrüßung der Schwiegereltern" und der "Opfergabe im Ahnentempel" der Familie des Mannes gesprochen. Tatsächlich obliegt auch dem Mann die Ausführung entsprechender Zeremonien, und zwar soll dieser auch am nächsten Tage nach der Vermählung die "Begrüßung der Eltern seiner Frau" vollziehen, die im Sittenbuch der Ch'ing-Dynastie "Ch'eng Hsü" (成婿　) genannt wird und deren Bedeutung die "Anerkennung als Schwiegersohn der Eltern der Frau" ist. Da der Mann im Normalfall nicht in die Familie der Frau einheiratet, entfallen für ihn selbstverständlich die für die Sippenbeziehung zu den Eltern der Frau erforderlichen Zeremonien des "Ch'eng-Fu"-Ritus "Opfergabe" oder "Ehrenbesuch im Ahnentempel". Heiratet aber der Mann in die Familie der Frau ein als sogenannter "Chui-Hsü" (聲婿　), "angeheirateter Schwiegersohn", dann hat er genau wie eine in die Familie des Mannes einheiratende Frau, alle Heiratszeremonien zu vollziehen bis zum letzten Ritus, dem "Ch'eng-Fu".[340/1] So sind die oben erläuterten Heiratszeremonien für Mann und Frau grundsätzlich gleichberechtigt ausgerichtet.

---

339 Chao, S. 79.
340 Vgl. Chao, S. 79 und Ch'en/Ch'iu, S. 25, Ziff. VIII.
340/1 a) Ku-Chin-T'u-Shu-Chi-Ch'eng, Bd. 88, S. 250; Ch'en Ku-Yüan 1978, S. 152 und 164 und "Chinesische Sitten und Gebräuche im Bereich des Zivilrechts", S. 118: Die Heiratsriten der Kreise "Kou-Ch'eng" (縠城　) und "Han-Yang" (漢陽　) der Provinz Hupeh bei Anheirat des Mannes in die Familie der Frau (贅婚　).
b) In einem Teil von Taiwan gibt es einen Volksstamm mit Namen "A-Mei" (阿美族), bei welchem noch das Mutterrecht herrscht und wo es der Normalfall ist, daß der Mann in die Familie der Frau einheiratet. Allerdings wird dieses Recht durch den jetzigen allgemein modernen Zug allmählich zurückgedrängt. Siehe den Artikel "Heiratsgebräuche des Mutterrechts vom A-Mei-Volksstamm" von Yüan Ch'ang-Jui in der Monatszeitschrift "Chinesische Akademiker im Ausland", Nr. 142 vom 31.5.1984, S. 48 ff.
Das Sozialsystem des Mutterrechts ist in Europa in der wissenschaftlichen Forschung erst Mitte des 19. Jahrhunderts bekannt geworden, in China hat man aber

Im gegenwärtigen Familienrecht des Nankinger BGB ist das Verlöbnis nicht mehr wie früher ein unbedingt erforderliches Stadium zur Ehebegründung, obwohl es noch einige Artikel (972-979 BGB) über das Verlöbnis enthält. So ist es möglich, daß ein Mann und eine Frau schon kurz nach dem Sichkennenlernen gemäß Art. 982 BGB durch eine einfache Trauungszeremonie, die öffentlich und vor mindestens zwei Zeugen erfolgt, die Ehe schließen.[341] Eine solche Eheeingehung begründet ohne weiteres eine gesetzlich gültige Ehe. Es ist im jetzigen Nankinger BGB also nicht vorgeschrieben, daß die Ehegatten wie früher, gemäß dem "Ch'eng-Fu"-Ritus, nach der Vermählung noch unbedingt die Zeremonien der "Begrüßung der Schwiegereltern" oder des "Ehrenbesuches im Ahnentempel" und der "Opfergabe im Ahnentempel" zur endgültigen rechtmäßigen Ehe vollziehen. So ist die oben erwähnte Trauungszeremonie, die öffentlich und vor mindestens zwei Zeugen erfolgen muß, nach dem Nankinger BGB das einzige Stadium der Eheschließung.[342]

Chao Feng-Chieh ist der Meinung, daß die Brautleute, die nach der alten sittengemäßen Trauung verfahren, erst dann in einer gesetzlichen Ehebeziehung leben, wenn die Frau die Begrüßung ihrer Schwiegereltern und der anderen dem Grade oder dem Alter nach höherstehenden Verwandten des Mannes vollzogen hat. Wenn aber die Vermählungszeremonie nach modernem Muster vorgenommen wird, dann ist die Ehe gesetzlich gültig geschlossen, nachdem die Reihenfolge der Zeremonien der Verbeugung vor den Eltern (Heiratsvollzieher) sowie Unterschreiben der Brautleute und der Heiratsvermittler auf der Heiratsurkunde, vollzogen ist (Chao, S. 80).

Nach der im "Neuen Buch über Sitte und Brauchtum" (von Ch'en Kuo-Fu und Ch'iu P'ei-Hao, S. 25) angegebenen Vermählungszeremonie ist die Reihenfolge der zur gültigen Ehe erforderlichen Handlungen die folgende: 1. Anfang der Vermählung. 2. Festmusik.

---

dieses System schon seit langem gekannt. Noch jetzt wird in China ein Fest zur Verehrung der Urmutter "女媧氏", "Nü Wa Shih", als Herrscherin (Kaiserin etwa 2800 v.Chr.) der Chinesen begangen, und zwar pilgern viele Chinesen am 16. Juni jedes Jahres (nach dem Mondkalender; entspricht im Jahre 1984: 15. Juli) zur Gedenkstätte, dem "Nü Wa-Tempel" auf dem Berg Li-Shan (驪山) in der Provinz Shansi (s. Kuo Mo-Jo 1955, S. 3 f; Mathews, S. 1165; "China News" vom 20. Juli 1984; Tz'u Yüan, S. 279 und Tz'u Yüan – Shang-Wu –, S. 562).

341 Karl Bünger übersetzt den Ausdruck "Erh Jen I Shang Chih Cheng Jen" (= 二人以上之證人) mit "mehr als zwei Zeugen" (s. Bünger 1934, S. 245). Er wird hier übersetzt mit "mindestens zwei Zeugen" (vgl. Hu K'ai-Ch'eng, S. 42 und Chou Ch'i: Die Ehe im chinesischen BGB, Taipeh 1976, S. 27).

342 Vgl. die Erklärungen des Justizamtes Yüantzu Nr. 859 und 955 aus dem gleichen Jahre 1933; Li, S. 45 und Chang, S. 78 f.

3. *Die Zeugen nehmen ihre Plätze ein.* 4. Die Vermittler nehmen ihre Plätze ein. 5. Die Gäste nehmen ihre Plätze ein. 6. Die Heiratsvollzieher und die Verwandten nehmen ihre Plätze ein. 7. Der Brautführer und die Brautjungfern führen den Bräutigam und die Braut zu ihren Plätzen. 8. Alle erheben sich von ihren Sitzen. 9. Ein Zeuge liest den Trauschein vor. 10. Die Brautleute unterschreiben. 11. Die Zeugen unterschreiben. 12. Die Vermittler unterschreiben. 13. Die Heiratsvollzieher unterschreiben. 14. Die Brautleute wechseln die Eheringe. 15. *Die Brautleute verbeugen sich dreimal zueinander.* 16. Festansprache eines Zeugen. 17. Ein Zeuge händigt den Trauschein aus. 18. Die Heiratsvollzieher führen die Brautleute zu den Zeugen und Vermittlern, um sich dankend dreimal zu verbeugen. 19. Der Brautführer und die Brautjungfern geleiten die Brautleute aus dem Saal. 20. Festmusik. 21. Ende der Zeremonien.

Nach Art. 982 BGB ist eine gesetzliche Ehe geschlossen nach Beendigung der 11. oben genannten Handlung. Aber nach einer Erklärung des Justizamtes Yüantzu Nr. 859 vom Jahre 1933 sind die Namen der Zeugen auf dem Trauschein nicht gesetzlich erforderlich. Als Zeugen gelten diejenigen, die bei der Vermählung zugegen waren und bereit sind, die öffentlich stattgefundene Vermählung pflichtgemäß zu bezeugen. Nach der Entscheidung des Obersten Gerichtshofes Shangtzu Nr. 135 aus dem Jahre 1942 verlangt das Gesetz nicht die Ausstellung eines Trauscheines. Also kommen nicht nur die 10. und 11. Handlung im Grunde genommen nicht in Anwendung, sondern auch die 9.-13. und 17. Handlung entfallen, wenn man bei der Eheschließung keinen Trauschein verwendet. In diesem Falle ist eine nach Art. 972 BGB gesetzlich gültige Ehe nach Vollendung der 15. Handlung, die die Zustimmung der Brautleute zur Eheschließung zum Ausdruck bringt, einerseits erreicht und andererseits die Forderung des Art. 982 BGB bereits mit der 3. Handlung erfüllt.

Das "Neue Buch über Sitte und Brauchtum" führt die oben genannten Handlungen nur als Vermählungszeremonien im engeren Sinne an. Im weiteren Sinne gehörten dazu die Zeremonie Brautabholung durch den Bräutigam vor der oben genannten Vermählungszeremonie und die Zeremonie Begrüßung der Schwiegereltern sowie die Verehrung der Ahnen nach der obigen Vermählungszeremonie. Nach Vollzug aller Zeremonien darf die Frau erst den Namen des Mannes führen und tritt die Pflicht des Zusammenlebens ein (Ch'en/Ch'iu, S. 24-26). D.h. die Frau ist nun gesetzlich anerkannte Ehefrau.

Daraus ersieht man, daß die neue Heiratszeremonie des oben genannten Buches im Grunde genommen keine wesentlichen Veränderungen aufweist gegenüber den früheren Heiratszeremonien, wonach die Frau auch erst nach Beendigung der letzten Zeremonie, des "Ch'eng-Fu"-Ritus, rechtmäßige Ehefrau wurde.

Das amtliche Muster für die Vermählungszeremonie des Innenministeriums der Nationalregierung in Taipeh/Taiwan vom 10. Oktober 1957 (neue Fassung vom 20. Juli 1964) unterscheidet sich von der oben genannten im "Neuen Buch über Sitte und Brauchtum" von Ch'en Kuo-Fu und Ch'iu P'ei-Hao angegebenen Heiratszeremonie darin, daß die Begrüßung der Schwiegereltern und die Verehrung der Ahnen nach der Vermählungszeremonie im engeren Sinne entfallen. (Näheres s. Anhang des Buches "Schilderung von Sitte und Brauchtum der Heirat", von Lou Tzu-K'uang, Taipeh 1975.)

Neuerdings werden in Taiwan die alten chinesischen Heiratsbräuche wieder neu gepflegt, da die Bevölkerung die vereinfachten, modernen Heiratszeremonien nicht als ausreichende und angemessene Form der Feierlichkeit der Eheschließung empfindet. Es werden in der Tageszeitung auch oft solche Hochzeiten im traditionellen Stil illustriert wiedergegeben.[342/1]

Auch im Pekinger EheG gibt es nicht mehr die drei Stadien der Eheschließung wie im früheren China. Da das EheG keinen einzigen Artikel über das Verlöbnis enthält, ergibt sich, daß das frühere erste Stadium der Eheschließung, das Verlöbnis, nicht mehr in Betracht kommt.

Nach Ansicht von Ch'en Yung-Fu sind die früher üblichen Heiratszeremonien in der kommunistischen Gesellschaft viel zu umständlich, ja fast sinnlos.[343] So ist das frühere dritte Stadium der Eheschließung, der langwierige "Ch'eng-Fu"-Ritus noch weniger erforderlich.

Eine Ehe ist gesetzlich geschlossen, wenn man Art. 7 Pekinger EheG folgt: "Für die Eheschließung müssen sich beide Teile, der Mann und die Frau, persönlich beim Registrierungsamt für Eheschließungen registrieren lassen. ... Mit Erhalt der Heiratsurkunde gilt die Ehe als geschlossen". Für die Eheschließung nach dem Pekinger EheG ist also ein Stadium zur Eheschließung genügend, die Eheregistrierung.

Aber nach Art. 6 des am 1.1.1981 außer Kraft gesetzten Pekinger EheG von 1950, galt dagegen eine vor der Eheregistrierung vorgenommene Vermählungszeremonie als Stadium der Eheschließung; die spätere Eheregistrierung galt nicht als zweites Stadium der Eheschließung, sie hatte allein eine deklarative Bedeutung für die Eheschließung, da Art. 6 dieses Gesetzes nur besagt, daß sich die Partner zur Eheschließung bei der örtlichen Volksregie-

---

342/1 Näheres s. die Tageszeitung "Central Daily News", Taipeh/Taiwan, vom 22.6.1985 und 29.6.1985: Wiederaufleben der alten chinesischen Heiratsbräuche. Die gleiche Zeitung vom 8.10.1985 und 30.3.1986 berichtet ausführlich bebildert über die erneute Anwendung der alten Heiratszeremonien in Taiwan. Ferner s. die Zeitschrift "Chinesische Akademiker im Ausland", Nr. 84 vom Juli 1968, worin illustriert über eine Ausstellung "Alte chinesische Heiratszeremonien in der Anfangszeit der Republik China", dargestellt mit entsprechend gekleideten Figuren und Requisiten, berichtet wird.

343 a) Ch'en, S. 32 f.
b) Jedoch die Bevölkerung der Volksrepublik China, insbesondere die völkischen Minderheiten, haben oft weiterhin, wie früher, die alten Heiratsbräuche gepflegt. So berichtet die illustrierte Zeitung "China im Bild", Peking, z.B. in der Ausgabe vom Juni 1985 über eine Hochzeit in traditioneller Art beim Volksstamm der Tujia (土家族). Auch in der Tageszeitung "China News", Hongkong (amtliche Zeitung der Volksrepublik China) vom 8.10.1985 wird begeistert von einer stattgefundenen Hochzeitszeremonie in traditioneller Form bei der völkischen Minderheit der Nationalität "傣 (Thai)", bei welcher mehrere Reporter anwesend waren, berichtet.

rung (des Bezirks oder der Landgemeinde) registrieren lassen sollen. Dies stellte also nur eine "Soll"-Vorschrift dar.

II. Die Voraussetzungen der Eheschließung

A. *Die materiellrechtlichen Voraussetzungen*

a) *Die Einwilligung der Brautleute*

Wenn auch das gegenwärtige Nankinger BGB nicht ausdrücklich bestimmt, daß die Eheschließung durch die Einwilligung der Brautleute bedingt ist, kann man jedoch aus Art. 972 BGB: "Das Verlöbnis muß vom Mann und von der Frau als Parteien persönlich eingegangen werden" und aus Art. 975 BGB: "aus dem Verlöbnis kann nicht die zwangsweise Erfüllung verlangt werden", entnehmen, daß die Einwilligung von Mann und Frau auch für die Eheschließung das wichtigste Erfordernis ist. Die Bestimmungen über die Eheschließung erwähnen über die Einwilligung nichts mehr, weil sie als selbstverständlich vorausgesetzt wird. Dies läßt auch schon die frühere Erklärung des Reichsgerichtshofes T'ungtzu Nr. 371 vom Jahre 1915 erkennen.[344]

Bei der Eheschließung ist die Einwilligung der Brautleute erst dann wirksam, wenn sich die Brautleute gegenseitig ausdrücklich ihren freien Heiratswillen erklärt haben. Es genügt nicht wie nach Art. 153 BGB bei der allgemeinen Willenserklärung, daß die Parteien sich gegenseitig stillschweigend

---

344 a) Nach dieser Erklärung muß für die Eheschließung grundsätzlich die Einwilligung von beiden Partnern abgegeben werden. Deshalb findet man darüber keinen besonderen Artikel im "Gegenwärtigen Strafgesetzbuch" (es ist das damalige sogenannte "Gegenwärtige Strafgesetzbuch", welches das Zivilrecht noch enthielt). Man könnte aber auch aus der Gesetzesvorschrift Hinweise dafür entnehmen, so z.B. darf eine Witwe nur dann wieder heiraten, wenn sie selbst dazu willens ist. Daraus läßt sich verallgemeinern, daß es für die Verheiratung der Jungfrau auch, genau wie für die Wiederverheiratung der Witwe, ihrer Einwilligung bedarf. Soweit die Erläuterung des Reichsgerichtshofes.
b) Es ist im Art. 146 des französischen Code civil aber klar gesagt: "Ohne Einwilligung gibt es keine Ehe", und zwar ist im Art. 180 desselben Gesetzes noch erläutert: "Eine Ehe, welche ohne freie Einwilligung beider Ehegatten oder eines derselben abgeschlossen ist, kann von den Ehegatten oder von demjenigen von ihnen, dessen Einwilligung nicht frei war, angefochten werden" (Bergmann/Ferid: Frankreich, 1982, S. 35 und 38).

ihren übereinstimmenden Willen erklären.³⁴⁵ Dies wird auch verständlich, wenn man Art. 982 BGB liest: "Die Eheschließung muß öffentlich und vor mindestens zwei Zeugen erfolgen". Obwohl die Brautleute hiermit ihren gegenseitigen Heiratswillen öffentlich zur Kenntnis geben,³⁴⁶ ist es gesetzlich noch deutlicher ausgedrückt, wenn es z.B. wie in § 14 dt. EheG heißt, der Standesbeamte soll bei der Eheschließung an die Verlobten einzeln und nacheinander die Frage richten, ob sie die Ehe miteinander eingehen wollen und, nachdem die Verlobten die Frage bejaht haben, aussprechen, daß sie rechtmäßig verbundene Eheleute sind. Diese letztgenannte Vermählungsform wie im deutschen EheG, ist jedoch keine chinesische und entspricht nicht der Empfindung des Chinesen, deshalb wurde sie weder vom Nankinger BGB noch vom Pekinger EheG aufgenommen, wenn auch die chinesischen Christen zuweilen die kirchliche Trauungsform nach europäischem Muster mit der Frage des Geistlichen nach dem "Ja-Wort" der Brautleute anwenden.

Wird eine Ehe entsprechend der Vorschrift des Art. 982 Nankinger BGB geschlossen, so ist diese Eheschließung gültig, auch wenn einer der Brautleute keinen echten Heiratswillen hatte oder aber beide Parteien ihre Willenserklärung im gegenseitigen Einverständnis nur "zum Schein" abgaben;³⁴⁷ denn Art. 988 BGB erkennt nur zwei Arten von Eheungültigkeit an:

---

345 a) Chang, S. 44; Chao, S. 68.
b) Die hier genannte gegenseitige ausdrückliche Erklärung des Heiratswillens bedeutet, daß eine Stellvertretung bei der Eheschließung ausgeschlossen ist. Es ist also nicht wie bei der sogenannten "Handschuhehe", die eine Heirat ermöglicht, "bei der die Verlobten am Trauungszeremoniell nicht teilzunehmen brauchen", um ihre Einwilligung abzugeben. Näheres s. Albrecht Dieckmann: Die Handschuhehe deutscher Staatsangehöriger nach deutschem internationalen Privatrecht, Bielefeld 1959, S. 13 f.
346 Vgl. Hu K'ai-Ch'eng, S. 36.
347 Über die Gültigkeit der Ehe bei nicht aufrichtiger Willenserklärung zur Eheschließung soll hier ein Beispiel aus der deutschen Rechtsprechung angeführt werden. Es handelt sich um das Urteil Nr. 3 U 7/56 des Oberlandesgerichts Braunschweig vom 23.12.1956: Ein Ehemann hatte die Ehe nur aus moralischer Verpflichtung mit Rücksicht auf die Schwangerschaft der Frau am 10.5.1952 geschlossen, ohne ernstlich gewillt gewesen zu sein, die eheliche Gemeinschaft später auch herzustellen. In diesem Falle hatte der Ehemann bei seiner im Jahre 1953 eingereichten Klage nicht die Ungültigkeit, sondern die Scheidung der Ehe nach § 48 dt. EheG wegen "Aufhebung der häuslichen Gemeinschaft" verlangt (FamRZ 1957, S. 216, Nr. 105). § 48 dt. EheG außer Wirksamkeit mit Wirkung vom 1.7.1977 durch "Erstes Gesetz zur Reform des Ehe- und Familienrechts" vom 14.6.1976.

1. Nichteinhaltung der Formvorschriften des Art. 982 Abs. 1;
2. Verstoß gegen ein im Art. 983 für Verwandte aufgestelltes Ehehindernis oder Verstoß gegen das Doppeleheverbot von Art. 985 BGB (Doppelehe erst nichtig durch Neufassung von Art. 988 BGB vom 3.6.1985, vorher nur anfechtbar).

In der Frage der Ehegültigkeit durch Abgabe der Willenserklärung, bei welcher die Braut oder der Bräutigam insgeheim die Absicht hat die Ehe nicht zu schließen oder die beiden Brautleute ihre Willenserklärung im gegenseitigen Einverständnis "zum Schein" abgegeben haben, sind manche chinesischen Juristen der Meinung, daß solche Eheschließungen ungültig sein sollten. Sie geben jedoch verschiedene Begründungen für diese Eheungültigkeit. Chang Shen meint z.B., daß die Ehe nach Art. 87 BGB ungültig sein soll, wenn die Willenserklärung zur Eheschließung von beiden Brautleuten im gegenseitigen Einverständnis "zum Schein" abgegeben wurde.[348]

Tai Yen-Hui hat aber zu den beiden oben diskutierten Fällen eine andere Ansicht, nämlich, daß die Eheungültigkeit nicht aus Art. 86 oder 87 BGB zu entnehmen ist,[349] sondern sich einfach daraus ergibt, daß die Willenserklärung der obigen Fälle gegen das Prinzip verstößt, demzufolge das personenrechtliche Rechtsgeschäft die Einwilligung beider Parteien erfordert, und daß man nicht den vermögensrechtlichen Rechtsgrundsatz der Art. 86 und 87 im Allgemeinen Teil des BGB, betreffend das personenrechtliche Rechtsgeschäft, auf das Familienrecht anwenden kann.[350]

In diesem Zusammenhang ist noch die weitere Frage, ob die Ehe anfechtbar oder ungültig ist, wenn einer der Brautleute die Willenserklärung "bei der Eheschließung im Zustande der Bewußtlosigkeit oder Geistesstörung" abgeben hat, zu erörtern. Art. 996 BGB erklärt unter solchen Umständen geschlossene Ehen für anfechtbar.

Die chinesischen Juristen beantworten die obige Frage unterschiedlich. Tai Yen-Hui und Chang Shen z.B. sprechen sich für die Ungültigkeit solcher Ehen aus.[351]

Huang Yu-Ch'ang ist aber mit der Bestimmung des Art. 996 einverstanden. Seiner Meinung nach ist die Eheschließung eine vollendete Tatsache,

---

348 a) Chang, S. 71.
b) In Artikel 87 BGB heißt es: Eine Willenserklärung, die der Erklärende im Einverständnis mit dem Vertragsgegner zum Schein abgibt, ist nichtig.
349 Art. 86 BGB lautet: "Eine Willenserklärung ist nicht deshalb nichtig, weil der Erklärende bei der Abgabe insgeheim die Absicht hat, die abgegebene Willenserklärung nicht zu wollen..."
350 Tai, S. 91.
351 Chang, S. 71; Tai, S. 69.

und nicht mehr wie ein allgemeines Rechtsgeschäft zu behandeln. Würde eine solche Ehe plötzlich für ungültig erklärt, so hätte dies eine starke Rechtsunsicherheit in den menschlichen Beziehungen zur Folge. Deshalb wäre der Art. 996 BGB eingefügt, um eine Ausnahmemöglichkeit zu schaffen vom allgemeinen Prinzip des Art. 75 BGB, welches lautet: "Die Willenserklärung eines Geschäftsunfähigen ist nichtig. Das gleiche gilt von der Willenserklärung eines Geschäftsfähigen, die er im Zustand der Bewußtlosigkeit oder Geistesstörung macht".[352]

Zur Frage der Willenserklärung der Brautleute zur Eheschließung bestimmt Art. 4 des Pekinger EheG folgendes: "Die Ehe muß von beiden Teilen, vom Mann und von der Frau, persönlich und in vollkommener Bereitwilligkeit geschlossen werden".[353] Ob eine Eheschließung ungültig oder nur anfechtbar ist, wenn man entgegen dieser Bestimmung geheiratet hat, darüber findet man im EheG keine klare Antwort.[354] Diese Frage, welche Sanktionen bei einer Zuwiderhandlung eintreten, bleibt auch nach Meinung von Müller-Freienfels betreffend Art. 3 des 1. Pekinger EheG von 1950, der aber praktisch den gleichen Wortlaut enthält wie Art. 4 des jetzt geltenden EheG, weitgehend unbeantwortet. Er führt dazu folgendes an: "Die Verwendung des Wortes 'muß' im Rahmen der Vorschrift über den von Mann und Frau persönlich und in voller Freiheit (im Originaltext heißt es: in vollkommener 'Bereitwilligkeit' – Verfasser) zu vollziehenden Eheschluß legt allerdings die Folgerung nahe, daß ohne diese persönliche Einigung der Parteien gar keine Ehe zustande kommt."[355] Demzufolge wäre z.B. eine Willenserklärung zur Eheschließung im Zustand der Geistesstörung keine echte vollkommene Bereitwilligkeit und somit ist eine solche Eheschließung gemäß Art. 4 EheG ungültig. Auch in der im Staatssystem ähnlichen sozialistischen DDR fällt nach dem Familiengesetzbuch (FGB) § 35 I eine im Zustand der Geistesschwäche eines Partners vollzogene Eheschließung unter Nichtigkeit.[355/1]

---

352 Huang, S. 48 f.
353 Karl Bünger übersetzt in Art. 3 des 1. Pekinger EheG von 1950, der inhaltsgleich mit Art. 4 des jetzt geltenden Pekinger EheG von 1980 ist, den Textausdruck "Tzu-Yüan (自 願), Bereitwilligkeit, Einwilligung, freie Willensentscheidung" mit dem Wort "Freiheit" = "Tzu Yu, 自 由 " (s. Bünger 1951 II, S. 121). Bei der englischen Übersetzung von "Foreign Languages Press", Peking 1950 hat man diesen Ausdruck mit dem Wort "willingness" (= Bereitwilligkeit) übersetzt (Teng Ying-Chao, S. 2).
354 Ebenso war es schon nach dem 1. Pekinger EheG von 1950.
355 Müller-Freienfels 1969, S. 884.
355/1 Vgl. "Familienrecht", Lehrbuch, von einem Autorenkollektiv unter Leitung von Prof. Dr. Anita Grandke, Berlin (Ost) 1972, S. 132.

b) Das Heiratsalter

Da bei einer zu frühen Heirat die geistigen und wirtschaftlichen Voraussetzungen zur Führung einer Ehe und Gründung einer Familie meistens nicht vorhanden sind, gibt es eine Bestimmung zur Verhinderung solcher Eheschließungen und zwar in Art. 980 BGB, der als Mindestalter der Heirat für den Mann die Vollendung des 18. Lebensjahres und für die Frau die des 16. Lebensjahres festsetzt.

Dieses Mindestalter für die Heirat ist nach dem allgemeinen Entwicklungszustand von Mann und Frau in China festgelegt worden.[356] Diese Heiratsalterfestlegung ist uneingeschränkt gültig, es gibt keine Ausnahme hiervon (bei Zuwiderhandlung ist die Ehe anfechtbar), wie etwa in Deutschland oder in Holland, wo man eine Sondererlaubnis des Vormundschaftsgerichts oder des Königs erlangen kann (d.h. eine sogenannte Befreiung vom Erfordernis der Ehemündigkeit).[357]

---

356 Chao, S. 69 f.
357 a) Siehe § 1 II dt. EheG (§ 1 II dt. EheG neu gefaßt mit Wirkung vom 1. Jan. 1975 durch "Gesetz zur Neuregelung des Volljährigkeitsalters" vom 31. Juli 1974) und Art. 31 II des niederländischen BGB (Bergmann/Ferid: Niederlande, 1986, S. 53).
In der DDR gilt aber statt des alten § 2 dt. BGB das Gesetz vom 17. Mai 1950 (GBl DDR 437) über Herabsetzung des Volljährigkeitsalters von 21 Jahren. Danach tritt Volljährigkeit (§ 1) und damit auch Ehemündigkeit (§ 2) mit Vollendung des 18. Lebensjahres ein (in Kraft seit 22. Mai 1950). Nach § 5 IV des am 1. Apr. 1966 in Kraft getretenen FGB der DDR ist das Mindestalter der Heirat von Mann und Frau auch unverändert das vollendete 18. Lebensjahr. Die Ehemündigkeit fällt auch mit der Volljährigkeit zusammen und die Altersnachsicht der Heirat ist nicht mehr möglich und auch nicht erforderlich (vgl. Beck'sche Kurz-Kommentare, Bd. 7: Palandt: Bürgerliches Gesetzbuch, 47. Auflage, München 1988, S. 9 und die Zeitschrift "SBZ-Archiv": Dokumente, Berichte, Kommentare zu gesamtdeutschen Fragen, Heft 2 vom 25. Jan. 1956, Köln, S. 31).
b) Nach dem deutschen Gesetz in der BRD bedeutet die Befreiung vom Erfordernis der Ehemündigkeit die Erlaubnis, eine Ehe einzugehen. Der Antragsteller oder die Antragstellerin wird also nicht für ehemündig erklärt. Das Gesetz spricht in § 1 II dt. EheG ausdrücklich von der Befreiung von einem Erfordernis, während in § 3 dt. BGB (§ 3 dt. BGB aufgehoben durch Gesetz zur Neuregelung des Volljährigkeitsalters vom 31.7.1974 – der Verfasser) von der Volljährigkeitserklärung die Rede ist. "Dieser Unterschied ist wohlbegründet und sachlich gerechtfertigt: mit der Volljährigkeitserklärung erlangt der Minderjährige einen neuen Status; er ist dem, der das 21. Lebensjahr vollendet hat, gleichgestellt. Die Befreiung vom Erfordernis der Ehemündigkeit bedeutet nicht die Zuteilung eines neuen Status, eines anderen Rechtsstandes; vielmehr bleibt der Antragsteller bzw. die Antragstellerin bis zur Erreichung des Ehemündigkeitsalters an sich eheunmündig" (Horst Göppinger: Die Befreiung vom Erfordernis der Ehemündigkeit, aus FamRZ 1961, 465). Die Parteien des deut-

Allgemein ist das Heiratsalter des Mannes wegen der späteren körperlichen Reife höher als das der Frau. Wie groß aber die Differenz zwischen dem Heiratsalter von Mann und Frau sein soll, dafür gibt es keine bestimmte Zahl und Regel. Man weiß nur, daß es besser ist, wenn die Altersdifferenz nicht allzu groß ist,[358] und zwar hat man im Ausland auch statistisch festgestellt, daß das Heiratsalter der Frau am günstigsten die Hälfte des Alters des Mannes plus 7 Jahre betragen soll.[359] Nach Art. 980 BGB soll der Mann mindestens 18 und die Frau mindestens 16 Jahre alt sein. Dieses Heiratsalter der Frau ergibt sich auch nach der aus der Statistik gewonnenen Formel, die demnach lautet: (18 : 2) + 7 = 16.

Es wird hier noch etwas über das Heiratsalter im früheren China gesagt, um zu zeigen, daß das in Art. 980 BGB bestimmte Mindestheiratsalter von Mann und Frau auch dem alten gemäß ist, z.B. aus der "mystischen Zahlentheorie", deren Kombinationen und Begründungen mit westlicher Logik und Erkenntnis nicht zu erklären sind. Im Buch "Po-Hu-T'ung" Kap. 4, a. fol. 10 a. ff. heißt es: Sieben Jahre sind eine Yang-Zahl, acht Jahre eine Yin-Zahl. 7 + 8 = 15, also eine Zahl aus Yin und Yang und in vollkommener Weise das Symbol einer Paarbildung. Deswegen sagt das Buch Li Gi: dem Mädchen ist es mit 15 Jahren erlaubt zu heiraten.[360]

Und im Buch "Tung-Tien" von Tu Yu (735-812), Kapitel 59 heißt es: Fürst Ai von Lu sprach einmal zu Konfuzius und fragte: Ist der Knabe 16 Jahre alt, so ist er zeugungsfähig und das Mädchen mit 15 Jahren imstande zu gebären. Da dem so ist, können sie Kinder zeugen. Aber nach dem Li muß der Mann 30 Jahre und das Mädchen 20 Jahre alt sein. Sollte das nicht zu spät sein? Konfuzius antwortete: Das Li spricht davon als von der Höchstgrenze; diese soll nicht überschritten werden. Der Mann bekommt mit 20 Jahren die Mannbarkeitskappe; das ist der Anfang, um Vater zu werden. Das Mädchen wird mit 15 Jahren in die Ehe versprochen; das ist "das Tao der legitimen Gattin" = "Shih Jen Chih

---

    schen Bundestages stimmten zuerst im Prinzip darin überein, daß nach der Herabsetzung des Wahlalters auch die Volljährigkeit allgemein bei 18 und nicht wie bisher bei 21 Jahren beginnen soll. Am 22. März 1974 hat der deutsche Bundestag mit großer Mehrheit ein Gesetz verabschiedet, wodurch das Volljährigkeitsalter von 21 auf 18 herabgesetzt wird. Es tritt am 1. Jan. 1975 in Kraft. Diese Vorschrift legt gleichzeitig das Ehemündigkeitsalter von Mann und Frau einheitlich auf 18 Jahre fest. Bei Zustimmung des Vormundschaftsgerichts können aber junge Leute schon mit 16 Jahren eine Ehe eingehen, wenn der andere Partner volljährig (also 18 Jahre) ist.

358 Als Beispiel dafür, daß der Altersunterschied zwischen Mann und Frau nicht allzu groß sein soll, kann man auch die Entscheidung des OLG Düsseldorf anführen (3. ZS, Beschluß vom 5.10.1960 – W 222/60): Die Eltern verweigern die Zustimmung zur Eheschließung mit triftigem Grund, wenn ihre erst 19-jährige Tochter einen 16 Jahre älteren Mann heiraten will. (FamRZ 1960, S. 80, Nr. 22)

359 Li, S. 52.

360 Schmitt, S. 56.

Tao.³⁶⁰/¹ Das Wort "Tao (道)" ist von Erich Schmitt so ins Deutsche übernommen, – also gar nicht übersetzt worden. Man sollte es aber übersetzen und die Bedeutung ist dann: Der Weg, die Richtigkeit oder "es ist so". Also wird man den Satz "Shih Jen Chih Tao" (道人之道) etwa folgendermaßen übersetzen: Das ist der richtige Weg für die Heirat der Frau. Das Wort "Tao" wird von Europäern oft mehr im Verständnis der Lehre von Laotse nach dem Buch "Tao-Te-King" (道德經) in mystischer Bedeutung gesehen und deshalb unübersetzt wiedergegeben.³⁶⁰/² Das Wort "Tao" hat aber im allgemeinen Sprachgebrauch die Bedeutung wie oben angewendet.³⁶⁰/³

Man findet aber in den alten Gesetzen, weder im T'anggesetzbuch (T'ang-Dynastie 618-907), dem ersten vollständig erhaltenen Kodex Chinas, noch im Gesetzbuch der Ch'ing-Dynastie (1644-1911), welche die letzte Dynastie Chinas war, eine Mindestaltersgrenze für die Heirat von Mann und Frau.

Jedoch im Erlaß des Kaisers Chen-Kuan (627-650) der T'ang-Dynastie war festgelegt, daß zur Erlangung der entsprechenden Reife für die Heirat der Mann das 20. Lebensjahr und die Frau das 15. Lebensjahr erreicht haben sollte; im "Sittenbuch der Ch'ing-Dynastie" (Ta-Ch'ing-T'ung-Li) war das entsprechende Heiratsalter vom Mann das 16. Lebensjahr und von der Frau das 14. Lebensjahr, und zwar war dieses Heiratsalter schon in der Zeit des Kaisers Chia Ting (1208-1225) der Sung-Dynastie und der Zeit des ersten Kaisers Hung Wu (1368-1399) der Ming-Dynastie so festgelegt.³⁶¹

360/1 Schmitt, S. 60-61; vgl. auch Shih San Ching Chu Shu, 32. Heft: Chou-Li, Bd. 14, S. 29.
360/2 Näheres s. das Buch "Tao-Te-King" von Laotse, aus dem Chinesischen verdeutscht und erläutert von Richard Wilhelm, Eugen Diederichs Verlag, Jena 1921, S. XIV-XXIII; Yang Liu-Ch'iao: "Laotse – Moderne Übersetzung", Peking 1958, S. 2-6 und Yü Pei-Lin: "Laotse, Lesebuch in neuer Übersetzung in modernes Chinesisch", Taipeh 1973, S. 7-15.
360/3 Näheres s. den Aufsatz "Allgemeine Bedeutung des Wortes Tao" – 元道 – von Han Yü – 韓愈, 768-824 n.Chr. – im Buch "Neue Übersetzung von ausgewählten alten chinesischen Aufsätzen" von Sieh Ping-Ying u.a., Taipeh 1974, S. 389 ff.
Sehr gut erklärt ist das Wort "Tao" auch in dem Buch: "Auf die Weisheit unseres Körpers hören" von Hu Hsiang-fan und Carla Steenberg im Kapitel "Einführung in chinesische Denkweisen", Fellbach-Oeffingen 1986, S. 9-10.
361 a) Vgl. Chang, S. 72 f.
b) Beiläufig ist auch zu erwähnen, daß es im alten China umgekehrt noch ein "Muß"-Heiratsalter in möglichst jungen Jahren gegeben haben soll. So ist z.B. aus dem Erlaß des Kaisers Hui (惠帝, 194-188 v.Chr.) der Han-Dynastie zu ersehen, daß eine Frau, die vom 15.-30. Lebensjahr noch nicht verheiratet war, eine 5-fache Kopfsteuer zahlen mußte (vgl. Yang, S. 138; Hsü T'en-Lin: Das Wesen der frühen Han-Dynastie, Peking 1955, S. 519). Auch gab der Kaiser Wu der Tsin-Dynastie (晉武帝, 265-290) in seinem 9. Regierungsjahr einen Erlaß heraus, daß eine

Der kaiserliche Erlaß und das Sittenbuch hatten in China im allgemeinen Gesetzeskraft. Daher wurde das Heiratsalter weder im T'ang- noch im Ch'ingkodex geregelt.

Menzius (372-289 v.Chr.) sagte, wie bereits erwähnt: "Es gibt drei pietätlose Dinge: das Schlimmste davon ist, ohne Nachkommen zu sein". Dieses starke Pietätsgefühl führte dazu, daß man in manchen Fällen Kinderehen einging, um möglichst früh Nachkommen zu haben.[362]

Wenn auch früher keine gesetzliche Bestimmung eine Mindestaltersgrenze für die Eheschließung enthielt, waren solche Kinderehen keineswegs in Übereinstimmung mit dem Ch'inggesetz; denn T'iao-li 2 zum Art. 101 dieses Gesetzes bestimmt ausdrücklich, daß "Mann und Frau bei Eingehung der Ehe ihre natürliche Reife haben müssen. Sollte es etwa vorkommen, daß 'unter Hinzeigen auf den Mutterleib' und 'Abschneiden des Kleideraufschlags' Verlobungen (Ungeborener) geschlossen werden, so ist das zu verbieten".

In neuerer Zeit neigen vor allem die intellektuellen jungen Leute immer mehr zu größerer Selbständigkeit und denken erst an Heirat, wenn sie ihre Berufsausbildung beendet haben. Dies kann man einer Statistik entnehmen über die Meinungen der Jugend zur Frage des Heiratsalters aus dem Buch "Chinesische Familienfragen" von P'an Kuang-Tan. Von den befragten

---

Tochter, die 17 Jahre alt geworden ist, von der zuständigen Behörde verehelicht wird, falls sie ihre Eltern noch nicht heiraten lassen (Yang, S. 232). Der Kaiser Chen-Kuan (良規) der T'ang-Dynastie (618-907) hat in seinem ersten Regierungsjahr, 627 n.Chr., mit einem Erlaß verfügt, die zuständige Behörde soll auch den jungen Witwer und die junge Witwe zur Wiederheirat veranlassen. Hat aber der Witwer sein 60. Lebensjahr und die Witwe ihr 50. Lebensjahr vollendet oder die junge Witwe bereits Kinder und will weiter bei der Familie ihres verstorbenen Mannes bleiben, dann kann eine Wiederheirat nicht mehr gefordert werden (Wang P'u, S. 1527).

362 a) So erzählt Pearl S. Buck in ihrem Buch "Ostwind-Westwind", Hamburg 1952, S. 33 auch: "Diese Generation ist die letzte in der Linie meines Vaters, da mein Großvater außer meinem Vater keinen Sohn hatte. Auch starben die anderen Söhne meiner Mutter in jungen Jahren, und daher ist es notwendig, daß mein Bruder so rasch wie möglich einen Sohn zeuge, auf daß die meiner Mutter den Ahnen gegenüber obliegende Pflicht erfüllt werde. Aus diesem Grunde ist er seit seiner Kindheit der Tochter Lis verlobt".

b) Was also Hans F.K. Günther in seinem Buch "Formen und Urgeschichte der Ehe" (S. 51) als Gründe der Kinderehe aufgezählt hat, ist für die chinesische Ehe nicht zutreffend. Günther führt aus, daß Kinderverlöbnisse sich bei einzelnen Stämmen daraus erklären, "daß die Familie des jungen Verlobten die Keuschheit des Mädchens sichern will; bei anderen Stämmen erklären sie sich aus einem Frauenmangel und somit der Absicht, den heranwachsenden Jünglingen Bräute zu sichern, oder bei Stämmen mit Vielweiberei aus der Absicht, einem Manne mehrere Bräute zu sichern".

(männlichen und weiblichen) Personen waren 86,5 % dafür, daß ein Mann erst im Alter von 25 Jahren, eine Frau erst im Alter von 20 Jahren heiraten solle. Nur 16,4 % der Befragten vertraten die Ansicht, daß der Mann bereits mit 20 Jahren, die Frau schon mit 15 Jahren heiraten könne.[363]

Auch aus dem Gesetz läßt sich diese allgemeine Tendenz zu einer Heirat in nicht allzu jungen Jahren ablesen: Das Mindestalter ist nach dem Nankinger Familienrecht vom 26.12.1930 für den Mann das 18. vollendete Lebensjahr, für die Frau das vollendete 16. Lebensjahr (Art. 980 BGB).[364] Nach Art. 4 des 1. Pekinger EheG von 1950 durfte ein Mann erst mit 20 Jahren, eine Frau erst mit 18 Jahren heiraten. Das Mindestheiratsalter von Mann und Frau war somit im 1. Pekinger EheG um je 2 Jahre höher als im Nankinger Familienrecht. Aber das Mindestheiratsalter nach Art. 5 des jetzt geltenden Pekinger EheG von 1980 liegt nun noch höher, und zwar ist es für den Mann das vollendete 22. Lebensjahr und für die Frau das vollendete 20. Lebensjahr und gemäß Satz 2 dieses Artikels ist sogar die Spätheirat (im Alter über dem Mindestheiratsalter) zu fördern.

Es gibt auch eine andere Richtung bezüglich des Heiratsalters von Mann und Frau, die nach dem Grundsatz der Gleichberechtigung der Geschlechter die Ehefähigkeit mit dem gleichen Lebensjahr ansetzt. Z.B. sind Mann und

---

363 Diese Statistik ist erwähnt in dem Buch "Eherecht und Eheproblem" (verfaßt im Jahre 1943, s. Li, S. 181) von Li I-Shen, S. 50. Li gründet seine Angabe auf das Buch "Chinesische Familienfragen" (中國之家庭問題) von P'an Kuang-Tan (潘光旦), das für den Verfasser nicht greifbar ist.

364 Die Tendenz zur Festsetzung eines wesentlich höheren Mindestheiratsalters hatte im folgenden Fall auch eine Grenze. Z.B. nach Art. 7 Abs. 1 Ziff. 4 der früheren "Eheverordnung für Armee, Marine und Luftwaffe zur Zeit der Unterdrückung des Aufruhrs" vom 5.1.1952 der Nankinger Zentralregierung (z.Z. in Taipeh/Taiwan) kann ein im Militärdienst stehender Mann nicht heiraten, wenn er noch nicht das 28. Lebensjahr vollendet hat, obwohl er nach Art. 12 des Nankinger BGB mit Vollendung des 20. Lebensjahres mündig ist. Für die Frau gilt diese Beschränkung des Heiratsalters aber nicht. Gemäß Art. 3 der "Eheverordnung für Militärangehörige zur Zeit der Unterdrückung des Aufruhrs" vom 13.8.1959 (1. Fassung) darf der männliche Militärangehörige vor Vollendung des 25. Lebensjahres und die weibliche Militärangehörige vor Vollendung des 20. Lebensjahres nicht heiraten. Das war aber nur eine zeitweilige Ausnahmeregelung zu Art. 980 des Nankinger BGB. Also ist in der "neuen (2.) Fassung" dieser "Eheverordnung für Militärangehörige zur Zeit der Unterdrückung des Aufruhrs" vom 21.12.1974 das in Art. 3 der 1. Fassung angegebene Heiratsalter im gleichen Art. 3 weggelassen worden, d.h. das allgemein gültige Heiratsalter des Art. 980 BGB ist auch für Militärangehörige wieder maßgebend.

Frau nach Art. 21 I des jugoslawischen Ehegrundgesetzes vom 3.4.1946 (n.F. vom 28.4.1965) mit Vollendung des 18. Lebensjahres ehemündig.[365]

Eine solche Rechtsinstitution der Ehefähigkeit ist meistens nach der Gesetzgebung der Sowjetunion ausgerichtet. Die Ehemündigkeit in der Sowjetunion beginnt z.b. "nach den Gesetzen der RSFSR und der meisten anderen Unionsrepubliken für Mann und Frau mit dem 18. Lebensjahr".[365/1]

Das Pekinger EheG folgt in bezug auf das Heiratsalter der neuen Tendenz in China, nicht in allzu jungen Jahren zu heiraten. Andererseits berücksichtigt das Gesetz auch die unterschiedliche körperliche Reife von Mann und Frau und setzt das Heiratsalter in unterschiedlicher Höhe an. Z.B. beginnt die Volljährigkeit von Mann und Frau in der Volksrepublik China mit Vollendung des 18. Lebensjahres. Jedoch gemäß Art. 4 des 1. Pekinger EheG von 1950 trat die Ehemündigkeit des Mannes erst zwei Jahre später ein und nach Art. 5 des gegenwärtigen Pekinger EheG von 1980 ist, wie gesagt, das Mindestheiratsalter des Mannes das vollendete 22. Lebensjahr und das der Frau das vollendete 20. Lebensjahr. Obwohl das sozialistische System der Pekinger Regierung dem sowjetischen ähnlich ist, entspricht die Pekinger Gesetzgebung hier nicht ganz der sowjetischen, nach der Beginn der Volljährigkeit und Ehemündigkeit zusammenfallen.

Die angestrebte Spätheirat in der Volksrepublik China steht mit der in den Artikeln 2 III und 12 Pekinger EheG geforderten Familienplanung (Geburtenplanung) in Zusammenhang.[365/2] Diese Forderung ist auch in der neuen Verfassung der Volksrepublik China vom 4. Dezember 1982 (Veröffentlichung und Inkrafttreten am gleichem Tage) in den Artikeln 25 und 49 II nachträglich verankert.[365/3]

---

365 Bergmann/Ferid: Jugoslawien, 1986, S. 41.
365/1 Sowjetisches Zivilrecht, Bd. II, S. 458; vgl. auch Bergmann/Ferid: UdSSR-RSFSR, 1986, S. 56.
365/2 Nähere Ausführungen hierzu finden sich in den "Vorträgen zur Erläuterung des neuen Ehegesetzes" von 1980, S. 26 f.
365/3 Nach einer Mitteilung der "Nordbayerischen Zeitung", Nürnberg, vom 25.1.1983 droht man sogar mit drastischen Geldbußen, wenn die Richtlinien der Regierung zur Familienplanung nicht befolgt werden. So fordert man z.B. in der Kommune Zhongtan in der Provinz Guangdong (Kwangtung) für jedes Kind, das über der erlaubten Quote liegt, eine Geldstrafe bis zu 4000 Yüan (fast 5000 DM). Bestraft werden auch schwangere Frauen, die sich der behördlichen Kontrolle zu entziehen versuchen. Jede schwangere Frau, die nicht im Besitz einer Geburtserlaubnis ist, soll sich den Bestimmungen zufolge in "Kursen" von der Notwendigkeit eines Schwangerschaftsabbruchs überzeugen lassen.

In der jetzigen Republik China, in Taiwan, zeigt sich in den letzten Jahren durch Verbesserung der Lebensverhältnisse und durch Verlängerung der schulischen Ausbildung der Bevölkerung eine große Tendenz zur Spätheirat, so ergibt sich aus der kürzlich vom Innenministerium veröffentlichten Statistik der Bevölkerungsanzahl und Heiratsanzahl folgendes für das Jahr 1985:

1. Männer:
   Durchschnittliches Heiratsalter: 28,4 Jahre
   Heirat unter 25 Jahren   20,73 %
   Heirat von 25-34 Jahren   73,73 %
   Heirat über 35 Jahren   5,54 %
                                  100,00 %

2. Frauen:
   Durchschnittliches Heiratsalter: 24,9 Jahre
   Heirat unter 25 Jahren   55,51 %
   Heirat von 25-34 Jahren   42,97 %
   Heirat über 35 Jahren   1,52 %
                                  100,00 %

Das durchschnittliche Heiratsalter von Männern und Frauen liegt im Vergleich zum Heiratsalter von vor 10 Jahren in jedem Falle um 2 Jahre höher.[365/4] Diese Tendenz zur Heirat in höherem Lebensalter (Spätheirat) wird nicht durch gesetzliche Anordnung bewirkt, wie in der Volksrepublik China,

---

Bei einem Interview des Vorsitzenden der Staatlichen Familienplanungskommission Qian Xinzhong, dem der UNO-Bevölkerungspreis von 1983 verliehen wurde, antwortete dieser betreffend die Kontrolle des Bevölkerungswachstums in China auf die Frage, unter welchen Umständen ein zweites Kind erlaubt ist, folgendes: Es gibt drei Bedingungen für ein zweites Kind, 1. wenn das erste Kind behindert ist, ausgenommen angeborene Fehler; 2. wenn eine Seite (besonders die Frau) zum ersten Mal heiratet und 3. falls wegen Unfruchtbarkeit ein Kind adoptiert wurde, später aber die Krankheit geheilt wird (Die illustrierte Monatszeitung "China im Bild", Juni 1983, S. 3-4, Peking). Allerdings hat der Referent der staatlichen Geburtenplanungskommission (国家節肓委員会主管员) bekannt gegeben, daß im Jahre 1986 die Zuwachsrate 2,8 pro 100 Geburten betrug gegenüber derjenigen der vorhergehenden 4 Jahre und erklärt, daß die Aufgabe der Beschränkung des Bevölkerungszuwachses außerordentlich schwierig sei und die Maßnahmen hierzu noch verstärkt werden müßten (Näheres s. die Tageszeitung "China News" vom 15.6.1987, S. 8, auch die Tageszeitung "Central Daily News" vom 7.5. und 2.8.1987, jeweils S. 6).
365/4 "Central Daily News" vom 8.10.1986, S. 8.

denn das gesetzliche Mindestheiratsalter nach dem Nankinger BGB (Art. 980) ist für den Mann noch das vollendete 18. Lebensjahr und für die Frau noch das vollendete 16. Lebensjahr.

c) *Zustimmung des gesetzlichen Vertreters*

Nach Art. 981 BGB bedarf ein Minderjähriger zur Eingehung der Ehe der Zustimmung seines gesetzlichen Vertreters. Ist also der Mann erst 18-20 Jahre und die Frau 16-20 Jahre alt (= die Differenz zwischen der Ehefähigkeit und der Volljährigkeit nach Art. 12 und 980 BGB), dann benötigen sie zur Eheeingehung die Zustimmung des gesetzlichen Vertreters. Dies dient einerseits dem Zweck, mit dem Prinzip des Artikels 79 BGB in Einklang zu bleiben: "Ein Vertrag, der von einem beschränkt Geschäftsfähigen ohne Einwilligung des gesetzlichen Vertreters abgeschlossen ist, ist von Anfang an wirksam, wenn der gesetzliche Vertreter die Genehmigung erteilt". Andererseits ist die Zustimmung des gesetzlichen Vertreters nach Art. 981 BGB auch deshalb sinnvoll und zweckmäßig, weil es notwendig ist, dem Minderjährigen die größere Erfahrung und den besseren Weitblick des Älteren in den die Ehe betreffenden Angelegenheiten nutzbar zu machen; die leitende Hand des erfahrenen gesetzlichen Vertreters wird auch imstande sein, eine Harmonie zwischen den Eheleuten und ihren Eltern sowie weiteren Familienangehörigen zu schaffen.[366]

Nach Art. 1086 BGB steht das Zustimmungsrecht des gesetzlichen Vertreters, welches in Art. 981 BGB geregelt ist, den Eltern zu. Wenn sich die Eltern bezüglich der Ausübung dieses Rechts nicht einig sind, übt es nach Art. 1089 BGB der Vater aus.

Für den Fall, daß die Eltern (gesetzliche Vertreter) die Zustimmung ohne triftige Gründe verweigern, findet man im BGB keine Regelung, wie man verfahren soll. Die Meinungen der chinesischen Juristen gehen hierüber auseinander. T'ao Hsi-Sheng z.B. ist der Ansicht, daß man in diesem Falle den Familienrat um die Zustimmung bitten kann, und Hu Ch'ang-Ch'ing ist der Auffassung, daß man um gerichtliche Entscheidung nachsuchen kann.[367]

---

366 a) Chao, S. 70.
  b) Der Präsident des Obersten Volksgerichtshofes Tung Pi-Wu hat am 2.7.1957 im Kongreß der Volksvertreter in Peking aus seiner Amtsarbeit auch berichtet, daß die Zivilprozesse meistens Eheprozesse seien und dabei die Ehescheidungen durch leichtsinnige Eheschließung immer mehr anstiegen (s. "Jen Min Jih Pao", "Volkstageszeitung" vom 3.7.1957, Peking, S. 2).
367 Li, S. 53.

Li I-Shen wendet gegen diese beiden Ansichten ein, es gäbe keinen richtigen Grund, um die Vorschläge von T'ao Hsi-Sheng oder Hu Ch'ang-Ch'ing anwenden zu können. Die Verlobten könnten lediglich warten, bis sie volljährig sind.[368]

Huang Ju-Ch'ang weist darauf hin, daß es im Ausland eine Gesetzgebung gibt, wonach die Verlobten um die Ersatzeinwilligung des Familienrates nachsuchen können. Da dies aber nur zu weiteren Verwicklungen führen würde, hat man in das Nankinger BGB diese Streitschlichtungsmethode nicht aufgenommen.[369]

Chang Shen ist auch der Meinung, daß dieses Zustimmungsrecht nur den Eltern zusteht; das Gericht möge sich hier nicht einmischen. Er vertritt, wie Li I-Shen, die Auffassung, daß die Verlobten am besten auf ihre Volljährigkeit warten. Wozu sollte es auch gut sein, so eilig um gerichtliche Entscheidung nachzusuchen.[370]

Früher bedurfte eine Witwe (vor Inkrafttreten des Familienrechts vom 5. Mai 1931) der Zustimmung ihrer Schwiegereltern, wenn sie einen Sohn adoptieren wollte.[371] Wurde die Zustimmung verweigert, dann konnte die Witwe nach dem Urteil des Reichsgerichtshofes Shangtzu Nr. 535 vom Jahre 1918 gerichtliche Entscheidung beantragen. Es wird die Meinung vertreten, daß die Heiratszustimmung des gesetzlichen Vertreters eines Minderjährigen der Adoptionszustimmung der Schwiegereltern der Witwe ähnlich sei; deshalb könnten die Brautleute, wie die Witwe, die Zustimmung des gesetzlichen Vertreters durch gerichtliche Entscheidung ersetzen lassen.[372]

Lin Ting-Chang vertritt jedoch den Standpunkt, daß das Zustimmungsrecht des gesetzlichen Vertreters zur Verlobung des Minderjährigen nicht dem Zustimmungsrecht der Schwiegereltern der Witwe entspricht. Die Minderjährigen hätten ja ein Hilfsmittel, d.h. sie könnten warten, bis sie volljährig sind, dann könnten sie sich ohne Zustimmung ihres gesetzlichen Vertreters die Ehe versprechen.[373] Das Verlobungs- und Heiratszustimmungsrecht

---

368 Li, S. 53.
369 a) Huang, S. 35.
    b) Ein Minderjähriger kann z.B. nach Art. 772 des alten japanischen BGB um die Ersatzeinwilligung des Familienrates zur Heirat nachsuchen (Chang, S. 74). Jetzt aber gibt es auch keine solche Ersatzeinwilligung mehr (vgl. Art. 737-739 des gegenwärtigen japanischen BGB vom 22.12.1947 – i.d. Fassung 1966 –).
370 Chang, S. 50 und 74.
371 Vgl. das Urteil des Reichsgerichtshofes Shangtzu Nr. 2433 vom Jahre 1915.
372 Chang, S. 50
373 Chang, S. 50.

des gesetzlichen Vertreters verfolgt den gleichen Zweck. Was Lin Ting-Chang hier über die Verlobung gesagt hat, gilt auch für den Fall der Eheschließung.

Man könnte hierauf sagen, daß das Urteil des Reichsgerichtshofes Shangtzu Nr. 95 vom Jahre 1918 ausdrücklich bejaht, daß der Richter den gesetzlichen Vertreter auf Antrag des Verlobten ersetzen kann, falls die Eltern ohne triftige Gründe die Zustimmung zur Vermählung ihres Kindes verweigern.

Dieses Urteil wurde jedoch wieder von der späteren Erklärung des Justizamtes Yüantzu Nr. 3399 vom Jahre 1947 abgelehnt, weil ein Ersatz des gesetzlichen Vertreters zur Heirat eines minderjährigen Kindes dem Gesetz unbekannt ist. Das Kind soll die Zustimmung seines gesetzlichen Vertreters abwarten, um die Ehe schließen zu können.

Zusammenfassend ist auf die Frage, was zu tun sei, wenn die gesetzlichen Vertreter die Heiratszustimmung ohne triftige Gründe verweigert haben, zu antworten, daß sich für den Minderjährigen keine gesetzliche Handhabe findet, um dieses Problem zu lösen; es bleibt ihm lediglich als einziger Weg die Möglichkeit auf seine Volljährigkeit zu warten.

In der ausländischen Gesetzgebung, z.B. in Art. 36 des niederländischen BGB (n.F. vom 11.12.1958), gibt es allerdings für den Minderjährigen die Möglichkeit, die richterliche Genehmigung als Ersatz einer zu seiner Eheschließung erforderlichen Einwilligung zu erlangen.

Zu der Frage des Zustimmungsrechtes des gesetzlichen Vertreters findet sich auch bei Vergleich des früheren belgischen und des chinesischen BGB ein Unterschied: Z.B. kann man nach Art. 76 und 981 Nankinger BGB ohne weiteres nach eigenem freien Willen eine Ehe eingehen, wenn man volljährig (20. Lebensjahr vollendet) ist. Die Zeitspanne vom Verlobungsmindestalter (für den Mann 17. und für die Frau 15. vollendete Lebensjahr gemäß Art. 973 BGB) bis zur Volljährigkeit, während der die Zustimmung des gesetzlichen Vertreters zur Eheschließung benötigt wird, beträgt also für den Mann höchstens drei und für die Frau höchstens fünf Jahre. Die Rechtslage ist somit für die Verlobten in China günstiger als in Belgien nach dem früheren BGB (Art. 151), wo die Verlobten bis zu ihrem 25. Geburtstag für die Eheschließung die Einwilligung der Eltern erbitten mußten (Art. 151 – Ges. 14.7.1953 – des belgischen BGB),[374] obgleich die Minderjährigkeit nur bis zur Vollendung des

---

[374] Art. 151 des belgischen BGB ist jetzt geändert (31.3.1987), danach benötigt nur noch der Minderjährige die Zustimmung zur Eheschließung, und zwar die des Familienrates, wenn Eltern oder Großeltern nicht vorhanden, abwesend oder außerstande sind, ihren Willen zu erklären.

21. Lebensjahres dauert (Art. 388 des belgischen BGB). Ein Verlobungsmindestalter ist aber in Belgien unbekannt. Ein Vergleich der Zeitdauer vom Verlobungsmindestalter bis zur Heirat ohne Einwilligung des gesetzlichen Vertreters zwischen dem früheren belgischen und dem chinesischen BGB ist daher nicht möglich.

Ob Chao Feng-Chieh auch für den richterlichen Ersatz bezüglich des Zustimmungsrechts der Eltern ist, geht aus seinem Buch "Familienrecht des Bürgerlichen Gesetzbuches" nicht hervor. Er äußert sich aber über die Altersgrenze des Zustimmungserfordernisses der Eltern für die Eheschließung ihrer Kinder und tendiert mehr zur oben genannten belgischen Gesetzgebung. Er erklärt dazu, daß die Eheschließung nicht nur eine persönliche Beziehung der Ehepartner zu einander begründet, sondern auch mit den Familienangehörigen der Partner enge Familienbeziehungen hergestellt werden sollen. Im Nankinger BGB bleibt das Familiensystem noch bestehen (Art. 1122-1128 BGB), so daß es im Interesse der Familienharmonie liegt, wenn der Volljährige bis zum entsprechenden Alter noch der Einwilligung der Eltern zur Eheeingehung bedarf. Und zwar sollte der Mann z.B. nach Art. 16 des Entwurfs des gegenwärtigen Nankinger BGB bis zur Vollendung des 25. Lebensjahres und die Frau bis zur Vollendung des 21. Lebensjahres die Einwilligung der Eltern zur Eheeingehung benötigen, obwohl beide bereits mit Vollendung des 20. Lebensjahres mündig sind.[375]

Die geschichtliche Entwicklung dieser Rechtsinstitution verlief im Ausland anders. Z.B. mußte nach dem römischen Recht der Volljährige immer noch die Zustimmung des elterlichen Gewalthabers einholen (Ulp. Reg. V 2), falls er heiraten wollte.[376] Nach dem gegenwärtigen italienischen BGB darf aber nur der Minderjährige eine Ehe nicht ohne Einwilligung desjenigen schließen, der die elterliche Gewalt oder die Vormundschaft über ihn ausübt (Art. 90 des italienischen BGB vom 16. März 1942).[377]

Nach dem alten Art. 148 des französischen Code civil konnte der Mann vor Vollendung des 25. und die Frau vor Vollendung des 21. Lebensjahres ohne Einwilligung der Eltern keine Ehe eingehen, obwohl gemäß Art. 488 des französischen Code civil die Volljährigkeit nach Vollendung des 21. Lebensjahres eintrat. Seit dem 17.7.1927 ist diese Bestimmung aber dahingehend geändert, daß nur noch die Minderjährigen der Heiratseinwilligung der Eltern bedürfen.[378]

---

375 Chao, S. 70.
376 Chao, S. 70 und Seidl, S. 91.
377 Chao, S. 70; Boschan, S. 237.
378 Chao, S. 70; Bergmann/Ferid: Frankreich, 1975, S. 39 u. 79.

Ebenso konnte nach Art. 772 des alten japanischen BGB der Mann erst nach Vollendung des 30. und die Frau des 25. Lebensjahres ohne Einwilligung der Eltern die Ehe eingehen. Art. 737 des gegenwärtigen japanischen BGB vom 22.12.1947 (i.d. Fassung von 1966) verlangt nur noch die Zustimmung der Eltern zur Eheschließung des Minderjährigen.[379]

Der Einfluß der modernen westlichen Gesetzgebung macht sich auch in dieser Beziehung in China bemerkbar, so daß nach Art. 981 BGB nur noch der Minderjährige der Zustimmung der Eltern zur Eheeingehung bedarf. Der oben erwähnte Art. 16 des Entwurfs des gegenwärtigen BGB, der auch nach der Volljährigkeit noch die Einwilligung der Eltern zur Eheeingehung verlangt, ist deshalb abgelehnt worden.

Des weiteren soll beiläufig noch die Frage behandelt werden, ob der Entmündigte zur Eheeingehung die Zustimmung des gesetzlichen Vertreters benötigt und ob sein gesetzlicher Vertreter diese Zustimmung erteilen darf. Auf diese Frage findet man weder im Nankinger Familienrecht noch im Pekinger Ehegesetz eine direkte Antwort. Man kann vielleicht indirekt auf dem Wege der Analogie versuchen, eine Antwort zu finden, und zwar werden die Vorschriften des schweizerischen Zivilgesetzbuches zu dieser Frage als Diskussionsgrundlage herangezogen. Ein solcher Versuch wurde schon im vorherigen Kapitel "Das Verlöbnis" bei der Frage "ist ein Entmündigter verlobungsfähig" unternommen. Es ist also hier der gleiche Grundgedanke, nur mit dem Unterschied, daß es sich nun um die Eheschließung handelt.

Nach Art. 99 des schweizerischen ZGB kann der Entmündigte die Ehe schließen, sofern er die Zustimmung seines Vormundes erhalten hat. Diese Vorschrift gründet sich auf den Art. 19 ZGB, wonach der Entmündigte beschränkt geschäftsfähig ist und sich mit Zustimmung seines gesetzlichen Vertreters durch Rechtshandlungen verpflichten kann.

Gemäß Art. 15 Nankinger BGB ist aber der Entmündigte geschäftsunfähig und nach Art. 75 BGB ist die Willenserklärung eines Geschäftsunfähigen nichtig. Daher ist die Rechtshandlung der Eheschließung eines Entmündigten überhaupt nichtig.[380]

Obwohl ein Geschäftsunfähiger nach Art. 76 BGB bei der Abgabe einer Willenserklärung im allgemeinen von seinem gesetzlichen Vertreter vertreten werden kann, muß die Ehe nach Art. 972 BGB jedoch selbständig und persönlich von den Verlobten als Parteien eingegangen werden. Deshalb kann der Entmündigte einerseits keine eigene wirksame Willenserklärung abgeben

---

379 Chao, S. 70; Bergmann/Ferid: Japan, 1969, S. 15.
380 Chang, S. 74.

und andererseits darf sein gesetzlicher Vertreter eine Willenserklärung für das höchstpersönliche Rechtsgeschäft der Eheschließung für ihn nicht abgeben.

Laut Art. 97 II ZGB ist ein Entmündigter, der an Geisteskrankheit leidet, auch "in keinem Falle ehefähig".[381] Also kann es sich bei den in Art. 99 ZGB genannten ehefähigen Entmündigten nicht um Geisteskranke, sondern nur um solche Personen handeln, die nach Art. 370 ZGB (vgl. auch Art. 374 ZGB) wegen anderer Entmündigungsgründe, wie z.B. Trunksucht, Verschwendung, entmündigt worden sind.

Nach Art. 14 Nankinger BGB sind die Entmündigungsgründe aber nur Geisteskrankheit oder Geistesschwäche. Es kann demnach für die nach Art. 14 BGB entmündigten Personen nicht Art. 99 ZGB analog angewendet werden.

Die Frage, ob der Minderjährige oder der Entmündigte mit Zustimmung des gesetzlichen Vertreters die Ehe schließen darf, soll nun nach der Gesetzgebung der Pekinger Regierung untersucht werden.

Nach Art. 4 des 1. Pekinger EheG von 1950 durfte die Frau erst mit 18 Jahren und der Mann mit 20 Jahren die Ehe eingehen.[382] Aber nach Art. 5 des neuen EheG von 1980 kann der Mann nicht vor Vollendung des 22. Lebensjahres und die Frau nicht vor Vollendung des 20. Lebensjahres eine Ehe ein-

---

381 Nach Art. 97 II ZGB versteht man unter Geisteskranken: "Geisteskrank in juristischem Sinne sind nur Menschen mit psychologischen Störungen, die ohne weiteres auffällig sind und einem gut beobachtenden Laien den Eindruck gänzlich uneinfühlbarer, tiefgehend qualitativer Abweichungen machen. Nur auf solche Prüflinge ist der Absatz 2 des Art. 97 anwendbar" (Binder, S. 142). Welche Geisteskranken für Art. 97 Abs. 2 ZGB in Frage kommen, bestimmt das Gesetz in Art. 16, 141 und 369 ZGB durch einschränkende Kriterien ausdrücklich selbst. "Es verlangt in Art. 16, daß die Geisteskrankheit Unfähigkeit zu vernunftgemäßem Handeln, in Art. 369, daß sie Unfähigkeit zur Besorgung der eigenen Angelegenheiten, dauernde Schutzbedürftigkeit oder Gefährlichkeit für andere bewirke, in Art. 141, daß sie dem andern Ehegatten die Fortsetzung der ehelichen Gemeinschaft unzumutbar mache, drei Jahre gedauert habe und unheilbar sei" (Binder, S. 130).

382 Allerdings konnte das Alter der Brautleute nach der 5. Antwort der offiziellen "Antworten auf Fragen zur Ehe" vom juristischen Ausschuß des Staatsrates der Zentralvolksregierung in der Übergangszeit von der alten zur neuen Gesetzgebung auch gemäß der chinesischen Gewohnheit mit dem Kalenderjahreswechsel berechnet werden (Ch'en, S. 47 und "Sammlung ausgewählter Gesetze und Verordnungen der Volksrepublik China", S. 277), da in Art. 4 des 1. Pekinger EheG von 1950 nicht eindeutig die Vollendung der Mindestheiratsalter ausgesprochen war; es hieß nur, ein Mann darf mit 20 Jahren, eine Frau mit 18 Jahren heiraten.

gehen. Da man, wie gesagt, nach dem Pekinger Gesetz mit Vollendung des 18. Lebensjahres volljährig wird, tritt also die Ehefähigkeit nicht vor Beginn der Volljährigkeit ein.[383] Mit anderen Worten, nach dem Pekinger EheG ist der Minderjährige überhaupt nicht in der Lage, die Ehe einzugehen. Der Mann und die Frau dürfen sogar nach Eintritt ihrer Volljährigkeit gemäß Art. 5 des gegenwärtigen EheG noch nicht sogleich die Ehe schließen, da die gesetzlichen Heiratsalter von Mann und Frau ausnahmslos gelten. Die "Muß"-Vorschriften über die Heiratsalter von Mann und Frau erübrigen Bestimmungen über die Zustimmung des gesetzlichen Vertreters zur Heirat des Minderjährigen im Pekinger EheG.

Ebenso findet man auch keine direkte Regelung weder im 1. Pekinger EheG von 1950 noch im geltenden Pekinger EheG von 1980 darüber, ob der Entmündigte die Zustimmung des gesetzlichen Vertreters zur Heirat erhalten kann. Es heißt in Art. 5 des 1. Pekinger EheG lediglich, daß die Eheschließung verboten ist, falls eine nicht geheilte geistige Abnormität vorliegt. Wenn ein solcher Krankheitszustand einen Entmündigungsgrund wie nach Art. 14 Nankinger BGB darstellt, und derjenige, der an dieser Geisteskrankheit leidet, als entmündigt gilt, dann ist eine Entmündigung ein absoluter Eheverbotsgrund wie nach dem Nankinger BGB, von dem auch das Pekinger EheG keine Ausnahmemöglichkeit anerkennt.[384]

Wenn also eine Entmündigung einen absoluten Eheverbotsgrund darstellt, dann ist es nach dem 1. Pekinger EheG auch ausgeschlossen, daß der Entmündigte zur Eheschließung die Zustimmung des gesetzlichen Vertreters erlangen kann.

---

383 Wenn jedoch das Lebensalter nach der chinesischen Gewohnheit mit dem Kalenderjahreswechsel berechnet wird, wie in der vorhergehenden Anm. (Nr. 382) angegeben, konnte sich für die Frau im Zeitbereich des 1. Pekinger EheG von 1950 die Möglichkeit ergeben, schon vor Vollendung des 18. Lebensjahres, also vor Erreichen des Volljährigkeitsalters, die Ehe zu schließen. Durch das neue EheG von 1980 ist diese Möglichkeit jetzt nicht mehr gegeben.

384 Die polnische Gesetzgebung besitzt in dieser Frage eine andere Regelung. Z.B. gibt es dort die Möglichkeit zur Eheschließung für den Geisteskranken. Obwohl nach Art. 12 des polnischen Familien- und Vormundschaftskodex vom 25.2.1964 der Geisteskranke eine Ehe nicht eingehen kann, kann das Gericht jedoch einer solchen Person die Eheschließung gestatten, wenn ihr Gesundheitszustand weder die Ehe, noch die Gesundheit der künftigen Nachkommenschaft gefährdet, und die betreffende Person nicht entmündigt ist. Aber diese Heiratsmöglichkeit wird nicht durch die Zustimmung des gesetzlichen Vertreters gegeben, sondern durch die Befreiung des Gerichts (Bergmann/Ferid: Polen, 1976, S. 27 f.; vgl. auch Bergmann/Ferid: Polen, 1987, S. 37).

Wenn auch in Art. 5 des 1. Pekinger EheG nicht genau definiert ist, was unter "geistiger Abnormität" zu verstehen ist, so kann man doch zumindest sagen, daß ein wegen Geisteskrankheit Entmündigter zu der Kategorie der unter "geistiger Abnormität" Leidenden zählt und gemäß Art. 5 des 1. Pekinger EheG unter das Eheverbot fällt ohne Ehemöglichkeit durch Zustimmung des gesetzlichen Vertreters.

In dem jetzt geltenden Pekinger EheG von 1980 fehlt in Art. 6 bei der Aufzählung der unter Eheverbot fallenden Krankheitszustände "nicht geheilte geistige Abnormität", die in Art. 5 des 1. Pekinger EheG von 1950 angegeben war. Der Art. 6 des jetzigen EheG nennt nun nur noch als Eheverbotsgründe außer Lepra in zusammengefaßter Form "andere Krankheit, bei der nach medizinischer Ansicht eine Ehe nicht geschlossen werden sollte". Daß "ungeheilte geistige Abnormität" in die Kategorie dieser sogenannten "anderen Krankheit" fällt, ist schon klar und damit ist die oben behandelte Frage, ob der wegen Geisteskrankheit Entmündigte durch Zustimmung des gesetzlichen Vertreters die Ehe schließen kann, gegenstandslos.

d)   Berücksichtigung der Eheverbote

aa) Die unter das Eheverbot fallenden Verwandten

a)   Die Blutsverwandten

aa) Geradlinige Blutsverwandte

Nach Art. 983 Abs. 1 Ziff. 1 Nankinger BGB und Art. 6 Ziff. 1 Pekinger EheG kann die Ehe nicht mit Blutsverwandten der geraden Linie geschlossen werden. Dieses Eheverbot ist jetzt fast in der ganzen Welt eingeführt, obwohl es früher, z.B. im Iran aus religiösen Gründen die "Ehen zwischen Vater und Tochter, Mutter und Sohn" gab.[385] Es braucht also hierüber nicht weiter gesprochen zu werden.

---

385 Gemäß dieser Sitte war z.B. Artaxerxes "mit zweien seiner Töchter verheiratet, Dareios III. mit einer Tochter. Das galt als 'religiös verdienstlich' und erhöhte das Ansehen der Ehe und der Kinder. Das heißt: die ins Großartige gesteigerte Würde des von den Göttern geliebten Herrschers, der allem Volke hierarchisch entrückt, gott-ähnlich war, übertrug sich auf seine Kinder, und diese zu heiraten war zugleich ein Zeichen der Verehrung der Gottheit" (von Eckardt, S. 88).

ββ) Seitenlinige Blutsverwandte

Nach Art. 983 BGB kann die Ehe nicht mit folgenden Verwandten der Seitenlinie geschlossen werden:
1. Mit Blutsverwandten der Seitenlinie, die "nicht der gleichen Generation" angehören, es sei denn, daß es sich um Blutsverwandte der Seitenlinie über den 8. Grad hinaus handelt (Abs. 1 Ziff. 2).[386] Dieses Ehehindernis entspricht dem Eheverbot der früheren Gesetze, in denen wie z.B. in Art. 182 des T'ang-Gesetzes und Lü 17, 18 und 20 des Ch'ing-Gesetzes, bis zur 5. Generation (entsprechend dem 8. Verwandtschaftsgrad des Art. 968 BGB) das Eheverbot bestand.[387]
2. Mit Blutsverwandten der Seitenlinie bis zum 8. Grade, die "der gleichen Generation" angehören, es sei denn, daß es sich um "Piao-Geschwister" handelt (Abs. 1, Ziff. 3). Unter "Piao-Geschwistern" versteht man die der gleichen Generation angehörenden Blutsverwandten der Seitenlinie mit Ausnahme derjenigen, die nur durch Männer verwandt sind.[388] Durch diese Befreiung vom Eheverbot bleibt also die frühere Gewohnheit der Heirat von "Piao-Geschwistern" unberührt. Diese Heirat nennt man im Sprachgebrauch "Heirat von Piao-Geschwistern" = "Chung Piao Hun" (中表婚). Eine solche Heirat war nach dem Ch'ing-Gesetz ursprünglich nicht zulässig, denn in Lü 20 dieses Gesetzes (entsprechend Art. 182 Abs. 3 des T'ang-Gesetzes) heißt es: Wer die Kinder seiner Tante väterlicherseits oder seines Onkels oder seiner Tante mütterlicherseits heiratet, wird mit 80 (T'ang-Gesetz 100) schweren Hieben bestraft. Aber die Vorschrift von Lü 20 mußte ergänzt werden und dadurch lautete die Zusatzvorschrift, "T'iao-li", zu Lü 20 folgendermaßen: Heiraten mit Kindern der Tante väterlicherseits (Schwester des Vaters), sowie des Onkels und der Tante mütterlicherseits (Geschwister der Mutter) sind nach Maßgabe der Volksauffassung zulässig.[389] Bei dem in Lü 20 und T'iao-li zu Lü 20 des Ch'ing-Gesetzes

---

386 Zur Berechnung des Grades der Blutsverwandtschaft wird bei der seitenlinigen Blutsverwandtschaft von der eigenen Person bis zu dem gemeinsamen geradlinigen Blutsverwandten und von diesem weiter bis zu dem Blutsverwandten, dessen Verwandtschaftsgrad berechnet werden soll, gezählt, wobei die Zahl sämtlicher Generationen die Zahl des Grades angibt (Art. 968 BGB).
387 Siehe Huang, S. 38; Shih Shang-K'uan, S. 175 und Hu, S. 85.
388 Vgl. Tz'u-Yüan, S. 12 und 1280 und Bünger 1934, S. 245, Anmerkung zum Ausdruck "Piao"-Geschwister.
389 a) Yüan Ch'ang-Jui berichtet, daß die Heirat von "Piao-Geschwistern" sogar eine im Volk erwünschte Heirat war (Yüan Ch'ang-Jui III, S. 68).

angeführten Beispiel handelt es sich um "Piao-Geschwister" im 4. Grad der seitenlinigen Blutsverwandten. Selbstverständlich sind die ferner verwandten "Piao-Geschwister" in diesem Befreiungsbereich vom Eheverbot mit eingeschlossen,[389/1] aber im BGB ist in dem erst kürzlich außer Kraft gesetzten Art. 983 I, Ziff. 3 der 8. Verwandtschaftsgrad als obere Grenze des Befreiungsbereichs direkt angegeben. Ebenso galt nach dem Pekinger EheG von 1950 (nun außer Kraft) in Art. 5 Ziff. 1, 2. Halbsatz der Befreiungsbereich vom Eheverbot wegen noch vorhandener Gewohnheit der Heirat innerhalb der fünf Generationen, entsprechend dem 8. Verwandtschaftsgrad des Nankinger BGB.

Im Verlauf der Entwicklung der Heiratserlaubnis von "Piao-Geschwistern" wurde in der chinesischen Gesetzgebung hin und her entschieden. Als 1928 das "Amt zur Abfassung von Gesetzen" (der Nankinger Regierung) einen familienrechtlichen Entwurf zum 4. Buch des jetzigen Nankinger BGB herausgab, war darin die Forderung, die Heirat von "Piao-Geschwistern" nicht mehr wie früher nach dem Ch'ing-Gesetz zufolge der Gewohnheit zu erlauben, mit der Begründung, daß sie gegen das prinzipielle Verbot der Eheschließung der zu nahen seitenlinigen Blutsverwandten verstoße. Aber in das am 5. Mai 1931 in Kraft getretene 4. Buch "Familienrecht" des BGB hat das Gesetzgebungsamt (Li Fa Yüan) wegen der noch üblichen Gewohnheit der Heirat von "Piao-Geschwistern" den Vorschlag des "Amtes zur Abfassung von Gesetzen" nicht angenommen und deshalb war nach Art. 983 I, Ziff. 3 Nankinger BGB bis vor kurzem noch die Möglichkeit der Heirat von "Piao-Geschwistern" gegeben.[390] Aber in dem Entwurf zur teilweisen Neufassung des Familienrechts vom 12. August 1982, Art. 983 I, Ziff. 3, 2. Halbsatz fehlt die bisherige Angabe über die Erlaubnis zur Heirat zwischen "Piao-Geschwistern", d.h. solche Heiraten sollten danach nicht mehr erlaubt sein. Diese Änderung in dem neuen Entwurf rief aber bei Mitgliedern des Gesetzgebungsamtes, wie Tao Hsi-Sheng (陶希聖), Li Chih-P'eng (李志鵬) u.a. noch Bedenken hervor. Zwar wäre die neue Tendenz zur Abschaffung der Heirat von "Piao-Geschwistern" gut gemeint, aber diese strenge Beschränkung in der Praxis, nach der langjährig gepflegten Gewohnheit solcher Heirat, schwer zu realisie-

---

b) Näheres über die Heirat von "Piao-Geschwistern" vgl. auch die Abhandlung "Historische Betrachtung über Heirat zwischen 'Piao'-Geschwistern" von Li Tsu-Yin in "Nachschlagematerialsammlung zu Ehefragen", Bd. I Shanghai 1950, S. 99 ff.
389/1 Vgl. "Central Daily News" vom 11.5.1985, S. 1: Bericht über die neue Fassung von Art. 983 I, Ziff. 3.
390 S. Li Tsu-Yin in "Nachschlagematerialsammlung zu Ehefragen", Bd. I, S. 100.

ren.[391] Diese in dem neuen Entwurf angeführte Änderung von Art. 983 mit der Absicht zur gänzlichen Abschaffung der Heirat von "Piao-Geschwistern", ist in der endgültigen Neufassung von Art. 983 vom 3.6.1985 nicht ganz aufgenommen worden, statt dessen wurde ein Mittelweg eingeschlagen, und zwar ist danach nur die Heirat von "Piao-Geschwistern" innerhalb des 4. Grades aus eugenischem Grund verboten, aber Heiraten von "Piao-Geschwistern" im 6. und 8. Verwandtschaftsgrad sind noch zulässig, womit dieser überkommenen Gewohnheit auch in beschränktem Maße Rechnung getragen wird.

Die Frage des Ehehindernisses von seitenlinigen Blutsverwandten behandelte das Pekinger EheG in seiner ersten Ausgabe von 1950, welche nun außer Kraft gesetzt ist, auch nicht anders wie der oben bereits erwähnte Art. 983 I, Ziff. 3 des Nankinger BGB (vor Neufassg. vom 3.6.1985), und zwar besagte der Art. 5 Ziff. 1, 2. Halbsatz Pekinger EheG, daß sich die Eheschließungserlaubnis zwischen Blutsverwandten der Seitenlinie innerhalb der fünf Generationen nach den Gewohnheiten richtet (Man verwendet hier noch die frühere Methode wie im Ch'ing-Gesetz zur Berechnung des Grades der Blutsverwandtschaft der Seitenlinie. Die "5. Generation" entspricht dem 8. Grad nach Art. 968 Nankinger BGB.).[392] So war z.B. die Gewohnheit der Heirat von "Piao-Geschwistern" auch erlaubt.[392/1] Die "Piao-Geschwister", die der 3. Generation nach der früheren Berechnung des Verwandtschaftsgrades angehören, entsprechen dem 4. Grad der Verwandtschaft nach Art. 968 Nankinger BGB.

Nach Art. 6, Ziff. 1 des gegenwärtigen Pekinger EheG von 1980 ist aber die Eheschließung nicht gestattet von Verwandten in der Seitenlinie innerhalb der drei Generationen (d.h. mit gemeinsamen Großeltern). Die Möglichkeit einer Befreiung von diesem Ehehindernis ist in das gegenwärtige Ehegesetz nicht mehr aufgenommen worden, obwohl in dem neuen Entwurf zur Ergänzung des 1. EheG von 1950 der Vizevorsitzende Wu Sin-

---

391 a) S. "Central Daily News" vom 16.12.1984.
b) In der Provinz Ch'in-Hai sind bis jetzt Heiraten unter nahen Verwandten noch sehr üblich (näheres s. "Central Daily News" vom 20.1.1987, S. 6).
392 In Art. 18 Abs. 2 des jugoslawischen Ehegesetzes vom 3.4.1946 (n.F. vom 28.4.1965) heißt es auch folgendermaßen: Die Volksüberlieferungen und Sitten berücksichtigend kann das zuständige Gemeindegericht die Eheschließung zwischen den Kindern vollbürtiger Geschwister und zwischen den Kindern der Stiefgeschwister genehmigen (Bergmann/Ferid: Jugoslawien, 1979, S. 25; siehe auch Jugoslawien, 1986, S. 41).
392/1 Ch'en, S. 30; Li Tsu-Yin in "Nachschlagematerialsammlung zu Ehefragen", Bd. I, S. 102.

Yü (武新字) der "Kommission zur Abfassung von Gesetzen des Ständigen Ausschusses des Nationalen Volkskongresses in der 3. Tagung des V. Nationalen Volkskongresses" am 2.9.1980 erklärt, daß für abgelegene Gebiete, in denen es noch die traditionelle Gewohnheit der Heirat von "Piao-Geschwistern" gibt, weiterhin Befreiung von diesem Eheverbot erteilt werden könnte. Zusammenfassend läßt sich feststellen, daß die Ehehindernisse zwischen "Piao-Geschwistern" in den beiden neuen chinesischen Gesetzgebungen, im Pekinger EheG und im Nankinger BGB, nun in gleicher Weise neu geregelt sind.

Zu erwähnen ist noch das Eheverbot der seitenlinigen Blutsverwandten gemäß dem nun außer Kraft gesetzten 1. Pekinger EheG von 1950, Art. 5, Ziff. 1, worin es einerseits im 1. Halbsatz in direkter Aufzählung der vom Ehehindernis betroffenen Verwandten hieß, die Eheschließung ist verboten, wenn die Ehepartner Geschwister sind, die von denselben Eltern abstammen oder die denselben Vater, aber verschiedene Mütter, oder die dieselbe Mutter, aber verschiedene Väter haben, und andererseits im 2. Halbsatz, den ganzen Verbotsumfang der betroffenen Verwandtschaft angebend, hieß, die Eheschließung ist verboten zwischen Verwandten der Seitenlinie innerhalb von fünf Generationen. Obwohl man die Aufzählung der einzelnen vom Ehehindernis betroffenen Verwandten, z.B. in der schweizerischen Gesetzgebung, im ZGB in Art. 100, findet, gibt dieses Gesetz aber im weiteren keinen im äußeren Rahmen abgegrenzten Verbotsumfang der betreffenden Verwandtschaft an, wie der eben erwähnte Art. 5 Ziff. 1 im 2. Halbsatz des 1. Pekinger EheG von 1950. Im neuen Pekinger EheG von 1980 ist aber in Art. 6 bezüglich des Eheverbots der seitenlinigen Blutsverwandten nun nur noch der Umfang der vom Ehehindernis betroffenen Verwandten (innerhalb von drei Generationen) angegeben, es erübrigt sich eine ins einzelne gehende Aufzählung der unter das Eheverbot fallenden Verwandten. So stellt der Art. 6 des gegenwärtigen Pekinger EheG von 1980 von gesetzestechnischer Seite aus gesehen eine Verbesserung dar.

γγ) Uneheliche Blutsverwandte

Ob die unehelichen Kinder mit ihren unehelichen Eltern im Sinne des Eheverbots blutsverwandt sind, darüber gibt das BGB keine direkte Auskunft. Nach den Artikeln 1061, 1064 und 1065 I BGB ist das uneheliche Kind mit seinem Erzeuger nicht verwandt.[393] So liegt die Eheschließung zwischen unehelicher Tochter und ihrem Erzeuger dem Namen nach nicht im Bereich des Eheverbots zwischen Blutsverwandten. In Wirklichkeit sind beide jedoch blutsverwandt. Wenn nun beide miteinander die Ehe eingehen dürften, so wäre diese Eheschließung keinesfalls mit dem Sinn und Zweck des Eheverbots zwischen Blutsverwandten vereinbar.[394] In Deutschland findet man eindeutige Eheverbote zwischen Verwandten in gerader Linie, wie z.B. in § 4 Abs. 1 dt. EheG (a.F.), und zwar ist es hier gleichgültig, ob die Verwandtschaft auf ehelicher oder unehelicher Geburt beruht.[395] Nach Art. 2 NEhelG vom 19.8.1969 verliert § 4 I dt. EheG (a.F.) seine Wirksamkeit. An seine Stelle tritt folgende Vorschrift: "Eine Ehe darf nicht geschlossen werden zwischen Verwandten in gerader Linie, zwischen vollblütigen und halbblütigen Geschwistern, sowie zwischen Verschwägerten in gerader Linie".

Der politische Ausschuß des Zentralkomitees der Kuomintang (d.h. Staatsbürger- oder Nationalpartei) hat auf seiner 236. Sitzung verschiedene Entscheidungen, die als Richtlinien für den Entwurf des Nankinger Familienrechts dienten, getroffen und am 23.7.1930 dem Gesetzgebungsamt (dieses Amt ist das höchste gesetzgebende Organ des Staates) diese Beschlüsse mitgeteilt, worin festgelegt ist, daß hinsichtlich der Frage der "Heiratsbeschränkungen zwischen Verwandten" die Eheverbote sowohl für eheliche als auch für uneheliche Blutsverwandte gleichermaßen Geltung haben sollten.[396] Man weiß aber nicht, warum die Gesetzgeber diesen Beschluß der Kuomintang in das spätere Familienrecht (am 5. Mai 1931 in Kraft getreten) nicht aufgenommen haben. Chao Feng-Chieh ist der Meinung, man solle das Nankinger Familienrecht dennoch so verstehen, daß die Eheverbote für die ehelichen und unehelichen Blutsverwandten gleichermaßen gültig seien.[397] Auch durch die teilweise Neufassung des 4. Buches "Familienrecht" des BGB vom

---

393 a) In einem solchen Falle war Art. 1463 des griechischen BGB sehr streng, so daß das uneheliche Kind, soweit im Gesetz nichts anderes bestimmt ist, nicht als Blutsverwandter seines natürlichen Vaters galt, der es anerkannt hat (Bergmann/Ferid, Griechenland, 1969, S. 24). Dieser Art. neu gefaßt (18.2.1983), näheres s. Anmerkung Nr. 269.
  b) Gemäß § 1589 II dt. BGB (a.F.) galten ein uneheliches Kind und dessen Vater als nicht verwandt. Dieser § 1589 II wurde aber aufgehoben mit Wirkung vom 1.7.1970 durch NEhelG vom 19.8.1969.
394 Tai Yen-Hui ist auch der Meinung, daß das uneheliche Kind unter die Eheverbote der Blutsverwandten des Art. 983 BGB fallen sollte (Tai, S. 74).
395 Vgl. Wilhelm Gerold: Ehegesetz (Kommentar), Stuttgart 1950, S. 18, Ziff. 5.
396 In dieser Zeit waren die Anweisungen der Kuomintang die Richtschnur der Gesetzgebung in National-China.
397 Chao, S. 73 und 145.

3.6.1985 ist in den Artikeln 1064 und 1065 BGB keine Änderung vorgenommen worden, so bleibt es weiterhin, daß das uneheliche Kind mit seinem Erzeuger gesetzlich keine Blutsverwandtschaft aufweist. Vermutlich will der Gesetzgeber damit die der unehelichen Beziehung entgegenstehende moralische Empfindung und traditionelle gute Sitte wahren.

Nach Art. 1065 II BGB gilt ein uneheliches Kind im Verhältnis zu seiner natürlichen Mutter als ehelich. Der Natur nach ist dieses Kind auch mit den Blutsverwandten seiner natürlichen Mutter blutsverwandt.[398] Daher besteht das Eheverbot der Blutsverwandtschaft auch für dieses uneheliche Kind und die Blutsverwandten der Mutter.[399]

Ebensowenig wie das Nankinger BGB enthält das Pekinger EheG einen Artikel über die Frage, ob das uneheliche Kind mit seinem Erzeuger blutsverwandt ist, und ob sie beide unter die Eheverbote der geradlinigen Blutsverwandten fallen. Aber aus dem Prinzip des Art. 19 EheG, "uneheliche Kinder genießen die gleichen Rechte wie eheliche Kinder", läßt sich entnehmen, daß das uneheliche Kind seinen Erzeuger nicht heiraten darf, wie auch die ehelichen Kinder nicht ihre Eltern heiraten dürfen. Denn nach Art. 6 Ziff. 1 EheG ist die Eheschließung verboten, wenn Mann und Frau in gerader Linie blutsverwandt sind.[400]

---

[398] § 1705 dt. BGB (a.F.) besagt aber eindeutig, daß das uneheliche Kind im Verhältnis zu den Verwandten seiner Mutter die rechtliche Stellung eines ehelichen Kindes hat. § 1705 dt. BGB ist geändert mit Wirkung vom 1.1.1980 durch Art. 9 § 2 "Gesetz zur Neuregelung des Rechts der elterlichen Sorge" vom 18.7.1979 (BGBl. I S. 1061). Die neue Fassung (des § 1705 dt. BGB) regelt nun nur die elterliche Gewalt der Mutter des nichtehelichen Kindes, über die Verwandtschaftsverhältnisse zwischen dem unehelichen Kind und seiner Mutter sowie deren Verwandten ist in diesem Paragraphen nichts mehr ausgeführt. Nach der jetzt gültigen Fassung des deutschen Gesetzes gilt die Blutsverwandtschaft eines Kindes mit der Mutter und dem Vater sowie allen ihren Verwandten, gleichgültig ob die Geburt auf ehelicher oder nichtehelicher Geburt beruht (vgl. die n.F. des § 1589 dt. BGB und § 4 des dt. EheG, vgl. auch noch a.F. des § 1589 dt. BGB und § 4 des dt. EheG).

[399] a) Chao, S. 73 und 144 f.
b) Vgl. auch das Urteil des Obersten Gerichtshofes Shangtzu Nr. 2366 vom Jahre 1943.

[400] Art. 20 des jugoslawischen EheG vom 3.4.1946 (n.F.) besagt ausdrücklich, daß die außereheliche Verwandtschaft im gleichen Umfang ein Ehehindernis bildet wie die eheliche Verwandtschaft (Bergmann/Ferid: Jugoslawien, 1986, S. 41).

β) Die Verschwägerten

aa) Geradlinige Verschwägerte

Gemäß Art. 983 Abs. 1 Ziff.1 Nankinger BGB kann die Ehe nicht mit geradlinigen Verschwägerten geschlossen werden.
Zu dieser Frage sagt Art. 6 Pekinger EheG, der die Eheverbote enthält, kein Wort. Vielleicht kann man aus der in der UdSSR vertretenen Rechtsauffassung zur Frage der Schwägerschaft schließen, daß die Eheschließung mit Verschwägerten im Pekinger EheG nicht verboten ist. Im sowjetischen Recht (im Familienrecht und auch in anderen Rechtszweigen) hat die Schwägerschaft "selbst keinerlei rechtliche Bedeutung". Deshalb ist z.B. im Art. 6 des Russischen Sozialistischen Föderativen Sowjetrepublikanischen (RSFSR) Gesetzbuches über Ehe-, Familie- und Vormundschaft vom 19. November 1925 nichts mehr über ein Eheverbot mit geradlinigen Verschwägerten gesagt. Dieser Art. 6 ist jetzt Art. 16 des Gesetzes der Russischen Sowjetischen Föderativen Sozialistischen Republik zur Bestätigung des Ehe- und Familienkodex der RSFSR vom 30. Juli 1969.[401] Die sowjetischen Rechtsauffassungen sind zuweilen Vorbild des Pekinger EheG. So wird man wohl auch im vorliegenden Falle annehmen müssen, daß die sowjetische Rechtsauffassung, die Schwägerschaft habe keine rechtliche Bedeutung, dem Pekinger EheG als Muster diente. Ebenso kann man hierfür die Übereinstimmung des Art. 6 des eben genannten Gesetzbuches der RSFSR (der nichts über ein Eheverbot mit geradlinigen Verschwägerten aussagt) mit dem Art. 6 des Pekinger EheG anführen. Aus alledem kann man schließen, daß im Pekinger EheG die Verschwägerten nicht unter das Ehehindernis fallen.[401/1] Es gibt allerdings

---

401 S. "Sowjetisches Zivilrecht", Bd. II, S. 448 und 459 sowie Bergmann/Ferid: UdSSR-RSFSR, 1980, S. 58 f. und 1986, S. 56.
401/1 In der der Pekinger Regierung im Staatssystem ähnlichen DDR, die wieder die russische Gesetzgebung im allgemeinen zum Vorbild hat, ist das Eheverbot der Schwägerschaft auch entfallen. Aber in der BRD bleibt nach dem "Ersten EheRG" vom 14.6.1976 (am 1.7.1977 in Kraft getreten) das Eheverbot zwischen geradlinigen Verschwägerten weiter bestehen (§ 4 I dt. EheG – n.F. –). Günther Beitzke erwähnt jedoch, in der BRD wird seine Beseitigung im Entwurf zum 2. EheRG vorgesehen (Beitzke, S. 52). Diese in der BRD vorgesehene Richtung der Abschaffung des Eheverbots zwischen geradliniger Schwägerschaft, wird man wohl in China im Nankinger BGB in nächster Zeit nicht anstreben, da sie zu stark der chinesischen traditio-

auch Gesetzgebungen, wie die der Staaten Kalifornien und Arizona (U.S.A.), die in der Frage der Eheschließung von Verschwägerten ganz eindeutig sind, und zwar bildet danach die Schwägerschaft ausdrücklich kein Ehehindernis. In der gegenwärtigen Gesetzgebung dieser Staaten findet man aber keine solche Angabe mehr.[402]

ββ) Seitenlinige Verschwägerte

Nach Art. 983 Abs. 1 Ziff. 2 BGB kann die Ehe nicht mit Verschwägerten der Seitenlinie, welche nicht der gleichen Generation angehören, geschlossen werden, es sei denn, daß es sich um seitenlinige Verschwägerte über den 5. Grad hinaus handelt. So kann z.B. die Witwe nicht den Onkel ihres ver-

---

nellen "Wu Lun"-Idee entgegensteht, wonach man die menschlichen und verwandtschaftlichen Beziehungen streng voneinander trennen muß. So sind in der eben herausgegebenen Neufassung des Art. 983 BGB vom 3.6.1985 diese Eheverbote der Schwägerschaft bewußt unverändert gelassen worden. Als Grund dafür ist anzusehen, wie auch Günther Beitzke für das Eheverbot zwischen Verschwägerten in gerader Linie im dt. EheG angibt, nicht nur das Bestehen alter sittlicher Vorstellungen, sondern die Widernatürlichkeit der etwa entstehenden Verwandtschaftsbeziehungen (Beitzke, S. 51 f).

402 a) Bergmann/Ferid: USA, 1969, S. 88 (Arizona) und 94 (California) und Arizona, 1984, S. 2-3 sowie California, 1985, S. 6-7.
b) In der alten tschechoslowakischen Gesetzgebung gibt es aber einen Mittelweg zwischen Eheverbot und Ehefreiheit mit geradlinigen Verschwägerten; so gilt z.B. nach § 9 Abs. 1 des alten tschechoslowakischen Familiengesetzes vom 7.12.1949 das Ehehindernis der Schwägerschaft zwischen Verschwägerten in gerader Linie. Die Befreiung ist aber nach diesem Paragraphen Abs. 1 Satz 2 zulässig. In § 15 des gegenwärtigen tschechoslowakischen Familiengesetzes vom 4.12.1963 findet man aber nicht mehr die Ausschließung der Eheschließung der Schwägerschaft (s. Bergmann/Ferid: Tschechoslowakei, 1969, S. 29).

storbenen Mannes heiraten;[403] auch ist es nicht mehr wie früher, als der Mann die Tante oder Nichte seiner verstorbenen Frau heiraten konnte.[404] Lü 23 des Ch'ing-Gesetzes verbot die Ehe zwischen dem Schwager und seiner verwitweten Schwägerin.[405] Der jetzige Art. 983 Abs. 1 Ziff. 2 Nankinger BGB dagegen gestattet eine solche Ehe.[406]

Da nach dem Pekinger EheG die Ehe zwischen geradlinigen Verschwägerten, wie gesagt, vermutlich nicht verboten ist, wird sicher auch kein Eheverbot für seitenlinige Verschwägerte bestehen.

---

403 a) In England bildet die Schwägerschaft der Seitenlinie in nicht gleichem Generationsgrade auch ein Ehehindernis, und zwar ist die Eheschließung verboten zwischen dem Ehemann und der Nichte der Frau oder dem Neffen des Mannes und der Frau des Bruders der Frau. Die Witwe kann jedoch den Bruder des Vaters des verstorbenen Mannes heiraten (Chao, S. 73; Bergmann/Ferid: Großbritannien, 1977, S. 32 und 91, 1982, S. 91 und 1986, S. 33).
b) Nach Art. 983 I, Ziff. 2 BGB kann übrigens mit den Verschwägerten der Seitenlinie, die nicht der gleichen Generation angehören und nur noch höchstens im 6. Grade miteinander verschwägert sind, die Ehe geschlossen werden. Dieser Fall kann aber zu einer eigenartigen Folge führen: Wenn z.B. ein Mann eine Frau heiratet, die mit ihm im 6. Grade verschwägert ist und nicht der gleichen Generation angehört wie er, und später sein Sohn die Schwester seiner Frau heiratet, so ist die Frau des Vaters die Schwiegermutter ihrer Schwester, und diese wiederum die Schwiegertochter ihrer Schwester. Obwohl diese Konsequenz dem chinesischen sittlichen Empfinden nicht völlig entspricht, sind solche Heiraten nach Art. 983 I, Ziff. 2 BGB doch zulässig. Dennoch muß hierzu gesagt werden, daß es de lege ferenda zu wünschen wäre, wenn solche Ehen wegen der allzu nahen Beziehungen zwischen Aszendenten und Deszendenten verboten würden (Chao, S. 73 f).
404 Chao, S. 73.
405 Es gab aber die Sitte, daß ein Mann die Witwe seines Bruders heiraten konnte, und zwar nannte man eine solche Heirat "die fortsetzende Ehe, Chieh-Hsiü-Hun" (接續婚) oder "die umgeänderte Heirat, Chuan-Ch'in" (轉親) – Chang, S. 39, Anmerkung 7 – Das Gericht erkannte diese Ehen jedoch nicht an. Näheres s. Yang, S. 926: Das Urteil des Richters Yüan Mei (1716-1797).
406 a) Vgl. die Erklärungen des Justizamtes Yüantzu Nr. 828 vom Jahre 1932 (Chao, S. 263).
b) Die gesetzliche Entwicklung des Verbots der Eheschließung zwischen seitenlinigen Verschwägerten der gleichen Generation findet sich auch in ausländischen Gesetzgebungen.

γγ) *Uneheliche Verschwägerte*

Nach Anerkennung durch den natürlichen Vater gilt ein uneheliches Kind gemäß Art. 1065 BGB als ehelich und wäre demnach mit den Verschwägerten seines natürlichen Vaters auch verschwägert.[407]
Logischerweise darf es dann nach Art. 983 I Ziff. 2 auch nicht mit seinen ungleich- und seitenlinigen Verschwägerten innerhalb des 5. Grades eine Ehe eingehen.[408]
Hier ist die chinesische Rechtsinstitution nicht wie die frühere deutsche, nach der gemäß § 1736 dt. BGB (a.F.) das uneheliche Kind zwar durch die Ehelichkeitserklärung von seinem natürlichen Vater die rechtliche Stellung eines ehelichen Kindes erlangte, die sich aber nach § 1737 dt. BGB (a.F.) nicht auf die Verwandten des Vaters erstreckte und der Ehegatte des Kindes wurde nicht mit dem Vater verschwägert.[409]

---

1. Nach Art. 162 des französischen Code civil war z.B. die Ehe zwischen Verschwägerten des gleichen Grades verboten. Dieses Eheverbot wurde aber durch die Novelle vom 1. Juli 1914 abgeändert, und zwar ist nunmehr eine solche Ehe nur noch dann verboten, "wenn die Ehe, welche die Schwägerschaft begründete, durch Scheidung aufgelöst ist". Später, durch die Novelle vom 10. März 1938 zum Art. 164 des französischen Code civil, hat der Präsident der Republik "jedoch die Befugnis, aus wichtigen Gründen Befreiung" von diesem Eheverbot zwischen Schwägern und Schwägerinnen zu erteilen. (Chao, S. 73; Bergmann/Ferid: Frankreich, 1982, S. 36)
2. Ähnlich bildet in England die Schwägerschaft der Seitenlinie gleichfalls ein Ehehindernis, das aber vielfach durchbrochen ist. So durfte z.B. vom Jahre 1907 an der Ehemann die Schwester seiner verstorbenen Frau heiraten; vom Jahre 1921 an durfte auch die Ehefrau den Bruder ihres verstorbenen Mannes heiraten. Die Ehen sind aber nur dann gültig, wenn sie nach dem Tode der oben bezeichneten Person geschlossen worden sind. Lebt letzte Person noch (z.B. im Falle der Ehescheidung), so sind die Ehen nichtig (Chao, S. 73; Bergmann/Ferid: Großbritannien, 1977, S. 91 und Boschan, S. 192).
3. Ein Mohammedaner in Israel darf nicht zwei Schwestern heiraten (Bergmann/Ferid: Israel, 1987, S. 112, § 16 des ottomanischen Familiengesetzes von 1333 = Okt. 1917 n.Chr.).

407 Chao, S. 144 und 154; Tai, S. 234.
408 Analog Chao, S. 145 über Eheverbot zwischen dem unehelichen Kind und den Verschwägerten seiner natürlichen Mutter.
409 Gemäß "Gesetz über die rechtliche Stellung der nichtehelichen Kinder" (NEhelG) vom 19.8.1969 wurde § 1736 dt. BGB geändert mit Wirkung vom 1. Juli 1970 wie folgt: "Durch die Ehelicherklärung erlangt das Kind die rechtliche Stellung eines ehelichen Kindes" (Der alte § 1736 dt. BGB lautet: "Durch die Ehelichkeits-erklärung erlangt das Kind die rechtliche Stellung eines ehelichen Kindes". D.h. geändert ist nur das Wort "Ehelichkeits-erklärung" vom alten § 1736 dt. BGB in "Ehelicherklä-

Deshalb erübrigt sich im chinesischen BGB eine Vorschrift über ein Eheverbot zwischen dem unehelichen Kind und den Verschwägerten seines natürlichen Vaters.

Dagegen benötigt das deutsche BGB noch den § 1310 (a.F.), wonach eine Ehe zwischen geradlinigen Verschwägerten nicht geschlossen werden darf, gleichgültig, ob die Schwägerschaft auf ehelicher oder auf unehelicher Geburt beruht, um die Möglichkeit einer Eheschließung nach § 1737 I dt. BGB (a.F.) auszuschließen. § 1310 dt. BGB wurde durch § 4 dt. EheG von 1938 außer Kraft gesetzt, der weiterhin unter dem gleichen § 4 im gegenwärtigen dt. EheG von 1946 verblieb; jedoch neu gefaßt wurden Abs. 3 dieses Paragraphen mit Wirkung vom 1.1.1962 durch FamRÄndG vom 11.8.1961 sowie Abs. 1 mit Wirkung vom 1.7.1970 durch NEhelG vom 19.8.1969. Auch § 1737 dt. BGB wurde mit Wirkung vom 1.7.1970 durch NEhelG aufgehoben. Um die gesetzliche Einheit zu erhalten, wurde der zweite Halbsatz des § 4 I dt. EheG, "gleichgültig, ob die Verwandtschaft auf ehelicher oder auf unehelicher Geburt beruht", weggelassen, da die Vorschrift des § 1737 dt. BGB mit Wirkung vom 1.7.1970 durch NEhelG vom 19.8.1969 aufgehoben ist, wonach die Wirkungen der Ehelichkeitserklärung sich nicht auf die Verwandten des Vaters erstreckten und der Ehegatte des Kindes nicht mit dem Vater verschwägert wurde. Also lautet § 4 I dt. EheG jetzt nur noch folgendermaßen: "Eine Ehe darf nicht geschlossen werden zwischen Verwandten in gerader Linie, ... sowie zwischen Verschwägerten in gerader Linie".

Nach Art. 1065 Abs. 2 Nankinger BGB gilt das uneheliche Kind aber im Verhältnis zu seiner Mutter als ehelich; eine Anerkennung ist nicht erforderlich. Damit entspräche diese Rechtsinstitution derjenigen der Anerkennung durch den natürlichen Vater, und zwar wäre das uneheliche Kind mit den Verschwägerten seiner natürlichen Mutter auch verschwägert. Die Eheverbote für die Verschwägerten sollten also auch für das uneheliche Kind gelten.[410] Es ist zu erwähnen, daß nach Art. 1065 I und 1067 I BGB (a.F.) das uneheliche Kind selbst keinen Anspruch geltend machen konnte auf seine

---

rung" in der neuen Fassung des § 1736 dt. BGB. Siehe Art. 1, Ziff. 29 NEhelG).
Das nichteheliche Kind hat auch ab 1. Juli 1970 weitgehend die gleichen Rechte wie das eheliche. Die Bestimmungen, daß uneheliche Kinder als mit ihrem Vater nicht verwandt gelten und die Wirkungen der Ehelichkeitserklärung sich nicht auf die Verwandten des Vaters erstrecken sowie der Ehegatte des Kindes nicht mit dem Vater verschwägert wird, wurden gestrichen (s. Art. 1, Ziff. 3 zu § 1589 II und Ziff. 35 zu § 1737 dt. BGB sowie Art. 12, § 27 NEhelG).

410 a) Chao, S. 144 ff.
b) Vgl. auch Art. 100 I und 252 II ZGB.

Anerkennung durch den natürlichen Vater. Zur Wahrung der Interessen des Kindes hat die Neufassung von Art. 1067 I BGB vom 3.6.1985 zusätzlich auch dem unehelichen Kind selbst das Recht auf Forderung der Anerkennung durch den natürlichen Vater zuerkannt.

Nach Art. 19 Abs. 1 des Pekinger EheG genießen die unehelichen Kinder die gleichen Rechte wie die ehelichen Kinder; daher sollten die unehelichen Kinder logischerweise, wie nach dem Nankinger Familienrecht, ebenso unter die Vorschriften über Ehehindernisse der Verschwägerten ihrer natürlichen Eltern fallen.

Nur ist ein Eheverbot zwischen Verschwägerten dem Pekinger EheG unbekannt. Demnach besteht auch kein Eheverbot für ehelich Verschwägerte. Die der Pekinger Gesetzgebung ähnliche Rechtsinstitution der DDR enthält in ihrem FGB vom 20.12.1965 auch kein Eheverbot der Schwägerschaft. Allerdings in der BRD darf gemäß § 4 I dt. EheG, welcher durch Gesetz vom 19.8.1969 neu gefaßt wurde, eine Ehe nicht geschlossen werden zwischen Verschwägerten in gerader Linie, es sei denn, daß von diesem Eheverbot (wegen Schwägerschaft) vom Vormundschaftsgericht Befreiung erteilt wurde (§ 4 III dt. EheG). Auch bleibt dieses Eheverbot durch das "Erste Gesetz zur Reform des Ehe- und Familienrechts" vom 14.6.1976 (Inkrafttreten am 1.7.1977) unverändert weiter bestehen. Günther Beitzke erwähnt jedoch, in der BRD wird die Beseitigung des Eheverbots zwischen geradliniger Schwägerschaft im Entwurf zum 2. EheRG vorgesehen.[411]

ßß) Nach Auflösung der Schwägerschaft

Eigentlich erlischt nach Art. 971 BGB (a.F.) das Verhältnis der Schwägerschaft mit der Ehescheidung; das gleiche gilt, wenn der Ehemann gestorben ist und seine Ehefrau sich wieder verheiratet, oder wenn die Ehefrau gestorben ist und ihr angeheirateter Adoptivehemann (Chui-Fu) sich wieder verheiratet.[412] Damit jedoch der Zweck der Eheverbote bei Schwägerschaft unbedingt erreicht wird, wurde zu Art. 971 BGB folgende zusätzliche Beschränkung im Art. 983 Abs. 2 BGB geschaffen: "Das Ehehindernis der Schwägerschaft gemäß dem vorhergehenden Absatz besteht auch nach Erlöschen des

---

411 Beitzke, S. 52; von Friesen/Heller, S. 92.
412 Aber nach Art. 21 II ZGB und § 1590 II dt. BGB dauert die Schwägerschaft an, auch wenn die Ehe durch die sie begründet wurde, aufgelöst ist. Nach Art. 1464 II des griechischen BGB besteht die Schwägerschaft auch nach Auflösung oder Nichtigerklärung der Ehe, aus der sie entstanden ist, fort (Bergmann/Ferid: Griechenland, 1984, S. 27).

Schwägerschaftsverhältnisses."[413] Nach § 1590 Abs. 2 des dt. BGB bleibt die Schwägerschaft grundsätzlich nach Auflösung der Ehe bestehen. Dieses Gesetz benötigt also keinen speziellen Artikel zur Aufrechterhaltung des Ehehindernisses der Schwägerschaft wie das Nankinger BGB.

Die Regelung des Nankinger BGB für einen solchen Fall geht schon auf die alten chinesischen Gesetze zurück. Z.B. durfte nach Lü 22 des Ch'inggesetzes mit der geschiedenen Frau eines Verwandten keine Ehe eingegangen werden.

Allerdings ist durch die teilweise Neufassung des Familienrechts des BGB vom 3.6.1985 im Art. 971 der zweite Halbsatz dieses Artikels, wonach das Verhältnis der Schwägerschaft erlischt, wenn der Ehemann gestorben ist und seine Ehefrau sich wieder verheiratet, oder wenn die Ehefrau gestorben ist und ihr angeheirateter Adoptivehemann (Chui-Fu) sich wieder verheiratet, gestrichen worden, und zwar wegen nicht einheitlicher Grundlage für die Auflösung der Schwägerschaft generell nach dem Tode eines Ehepartners und Wiederheirat des hinterbliebenen Ehepartners einerseits und andererseits wegen allgemein weiter gepflegter und üblicher Schwägerschaftsbeziehung auch nach dem Tode des Mannes oder der Frau. So war dieser zweite Halbsatz von Art. 971 nicht mehr den praktischen Verhältnissen gemäß und wurde deshalb in der teilweisen Neufassung des Familienrechts des BGB vom 3.6.1985 nicht mehr aufgenommen. Neu hinzugekommen ist der zweite Halbsatz zu Art. 971 des Inhalts, daß Auflösung der Schwägerschaft eintritt, wenn die Ehe, die sie begründete, angefochten worden ist. D.h. Eheanfechtung und Ehescheidung bewirken nun gleicherweise die Auflösung der Schwägerschaft (nach amtlicher Erklärung zur Neufassung von Art. 971 BGB).

Im Pekinger EheG ist ein Ehehindernis der Schwägerschaft nicht erwähnt, wie schon vorher gesagt. Die Frage, ob ein Ehehindernis nach Auflösung der Schwägerschaft besteht, ist daher kaum von Bedeutung.

γ) Die Adoptivverwandten

Die Adoptivverwandtschaft wird weder durch blutsmäßige Abstammung (Art. 967 BGB) noch durch Heirat (Art. 969 BGB) begründet, sondern gilt nur gemäß Art. 1079 BGB auf Grund des familienrechtlichen Vertrages als

---

413 Dem Sinne nach eine ähnliche Beschränkung für die Auflösung der Schwägerschaft findet man in Art. 307 der Nankinger ZPO, worin gesagt ist, daß diejenigen zur Zeugnisverweigerung berechtigt sind, die mit einer Partei bis zum dritten Grade verschwägert sind, auch wenn die Ehe, durch welche die Schwägerschaft begründet ist, nicht mehr besteht.

verwandtschaftliche Beziehung,[413/1] wie sie z.B. nach Art. 1072 BGB durch den Adoptionsvertrag zwischen Eltern und Kindern besteht. Der alte § 1741 dt. BGB begründet die Adoptivverwandtschaft ebenso wie das chinesische BGB durch den Adoptionsvertrag. So definieren z.B. H. Lehmann und D. Henrich, daß die Annahme an Kindes Statt "die künstliche Schaffung eines ehelichen Kindesverhältnisses durch Vertrag ohne Rücksicht auf physiologische Abstammung" sei.[414] Eine solche Verwandtschaftsbeziehung nennt man Adoptivverwandtschaft. So heißt z.b. "wenn ein fremdes Kind an Kindes Statt angenommen wird, der Adoptierende Adoptivvater oder Adoptivmutter und der Adoptierte Adoptivsohn oder Adoptivtochter" (Art. 1072 BGB).

Gemäß Art. 20 des Pekinger EheG gilt die durch Adoption entstandene Verwandtschaft (Adoptivverwandtschaft) in gleicher Weise wie die durch blutsmäßige Abstammung gebildete Verwandtschaft. Somit fallen die Adoptivverwandten ebenso unter die Eheverbote wie die Blutsverwandten. Da die Schwägerschaft im Pekinger EheG kein Ehehindernis darstellt, wie schon erwähnt, betrifft es auch nicht die Adoptivverschwägerten.

Das Nankinger BGB behandelt wohl die Rechtsverhältnisse der Adoption, erwähnte aber ursprünglich nichts über Eheverbote zwischen Adoptivverwandten. An sich hatte der politische Ausschuß des Zentralkomitees der Kuomintang auf seiner 236. Sitzung in den Vorarbeiten zu dem Entwurf des Familienrechts eine Anweisung an den Gesetzgebungshof beschlossen, in der es heißt, daß die Ehehindernisse der Blutsverwandten auch auf die Adoptiv-

---

413/1 Nach der bisherigen Fassung des Art. 1079 Abs. 1 BGB genügte eine schriftliche Bestätigung der Adoption. Zum besseren Schutz und zur Wahrung der Interesen des Kindes wird nun nach der teilweisen Neufassung des Familienrechts des BGB vom 3.6.1985 mit Hinzufügung von Abs. 4 zu Art. 1079 BGB zusätzlich die Bewilligung der Adoption durch das Gericht gefordert. Dies kommt dem § 1752 dt. BGB, neu gefaßt durch Adoptionsgesetz vom 2.7.1976, gleich.

414 a) Heinrich Lehmann und Dieter Henrich: Deutsches Familienrecht, Berlin 1967, S. 226.

b) Der alte § 1741 dt. BGB ist durch "Gesetz über die Annahme als Kind und zur Änderung anderer Vorschriften" (Adoptionsgesetz) vom 2.7.1976 neu gefaßt und am 1.1.1977 in Kraft getreten.

Die Einrichtung der Annahme an Kindes Statt wird gemäß dem alten § 1741 dt. BGB durch den Annahmevertrag begründet. Dieses "Vertragssystem" für die Annahme als Kind wird aber durch Adoptionsgesetz vom 2.7.1976 ab 1.1.1977 abgeschafft und stattdessen nach der neuen Fassung § 1752 dt. BGB ab 1.1.1977 durch "Dekretsystem" ersetzt, wonach die Annahme als Kind auf Antrag der Annehmenden vom Vormundschaftsgericht ausgesprochen wird. Durch eine solche Änderung wird der Charakter der künstlichen Adoptivverwandtschaft aber nicht berührt.

verwandten und ihre Nachkommen angewendet werden sollten, wenn das Adoptionsverhältnis nicht aufgelöst ist.[415] Leider haben die Gesetzgeber im Familienrecht diese Frage damals offen gelassen; da aber in China die Adoption eine häufige Erscheinung ist, hat das Gesetzgebungsamt vor kurzem im Art. 983 III BGB (n.F. vom 3.6.1985) speziell eine Ergänzung zur Schließung dieser Gesetzeslücke vorgenommen, die besagt, das Ehehindernis betrifft die durch Adoption entstehende geradlinige Verwandtschaft in gleichem Maße wie die geradlinige blutsmäßige und schwägerschaftliche Verwandtschaft gemäß Art. 983 BGB Abs. 1, und dieses Ehehindernis gilt auch nach Auflösung des Adoptionsverhältnisses weiter, während nach der oben genannten Anweisung zum Entwurf des Familienrechts des politischen Ausschusses des Zentralkomitees der Kuomintang dieses Ehehindernis nach Auflösung der Adoption entfallen sollte.

aa) *Die Eheverbote zwischen Adoptivblutsverwandten*

aaa) *Zwischen Adoptiveltern und Adoptivkindern*

Im BGB ist nicht direkt erwähnt, ob eine Ehe zwischen einem Adoptivelternteil und dem Adoptivkind möglich ist. Chao Feng-Chieh und Tai Yen-Hui sind der Meinung, daß schon die Annahme an Kindes Statt nach Art. 1072 BGB die Verwandtschaftsbeziehung zwischen den Adoptierenden und den Adoptierten als Adoptiveltern und Adoptivkinder begründet und daß nach Art. 1077 BGB das Verhältnis des Adoptivkindes zu den Adoptiveltern das gleiche ist wie das eines ehelichen Kindes zu den Eltern. Mit anderen Worten, sie gelten als Blutsverwandte. Deshalb darf z.B. der Adoptivvater seine Adoptivtochter nicht heiraten (Art. 983 I, Ziff 1), und diese sollten einander auch dann nicht heiraten, wenn das Adoptionsverhältnis aufgelöst ist.[416] In

---

415 Eine ähnliche Auffassung findet man schon vor Inkrafttreten des gegenwärtigen Familienrechts am 5. Mai 1931 in der Entscheidung des Reichsgerichtshofes Shangtzu Nr. 1431 vom Jahre 1922.
416 a) Chao, S. 74; Tai, S. 74.
b) Warum ein Adoptivelternteil sein Adoptivkind nach Auflösung des Adoptionsverhältnisses weiterhin nicht heiraten darf, begründet Tai hier damit, daß diese Ehe gegen das traditionelle chinesische Eheverbot zwischen Aszendenten und Deszendenten verstößt (Tai, S. 79, Anmerkung 13). Shih Shang-K'uan meint, daß die Begründung dieses weiteren Ehehindernisses nach Aufhebung der Adoption mehr der Verstoß gegen die gute Sitte (Art. 72 BGB) ist, aber mit Art. 983 BGB über das Eheverbot nichts zu tun hat (Shih Shang-K'uan, S. 181).

diesem Sinne ist Art. 983 III BGB in der Neufassung vom 3.6.1985 dahingehend ergänzt, daß das Eheverbot auch nach Auflösung des Adoptionsverhältnisses gilt.

ββββ) Zwischen gerad- oder seitenlinigen Blutsverwandten der Adoptiveltern oder der Adoptivkinder

Ein Eheverbot zwischen den gerad- oder seitenlinigen Blutsverwandten der Adoptiveltern oder der Adoptivkinder, die zur Adoptivverwandtschaft zählen, ist in dem die verwandtschaftlichen Eheverbote enthaltenden Art. 983 Nankinger BGB auch nicht genannt.

In den ausländischen Gesetzgebungen lassen sich aber solche Eheverbote finden. Z.B. nach Art. 366 (Ges. 11.7.1966) Abs. 1 des französischen Code civil erstreckt sich das durch die Adoption entstehende Verwandtschaftsband auf die ehelichen Kinder des Adoptierten und die Ehe ist verboten:
1. zwischen dem Adoptanten, dem Adoptierten und seinen Abkömmlingen;
2. ...
3. zwischen den Adoptivkindern derselben Person;
4. zwischen den Adoptierten und den Kindern des Adoptanten.

Die beiden letztgenannten Ehehindernisse können aber nach Abs. 2 dieses Artikels aus wichtigen Gründen durch Ausnahmegenehmigung des Präsidenten der Republik aufgehoben werden.[417]

Nach § 7 dt. EheG (n.F.) ist die Ehe in diesem Falle, wie nach Art. 366 Abs. 1 Ziff. 1 des französischen Code civil, verboten.[418]

---

c) In Deutschland findet man zu dieser Frage eine genaue Regelung, so regelt § 7 dt. EheG (neue Fassung durch Adoptionsgesetz vom 2.7.1976; Inkrafttreten am 1.1.1977), daß eine Ehe nicht geschlossen werden soll zwischen einem Adoptivkind und seinem Adoptivelternteil, so lange das Adoptionsverhältnis besteht.

417 Bergmann/Ferid: Frankreich, 1982, S. 64 f.
418 § 7 dt. EheG ist durch Adoptionsgesetz vom 2.7.1976 neu gefaßt (ab 1.1.1977 in Kraft). Hiernach ist der Umfang des Eheverbotes breiter als nach dem früheren § 7 dt. EheG, und zwar soll nach der jetzigen Fassung des § 7 dt. EheG eine Ehe nicht geschlossen werden zwischen Personen der Verwandtschaft in gerader Linie, zwischen voll- und halbbürtigen Geschwistern sowie zwischen Verschwägerten in gerader Linie deren Schwägerschaft durch Annahme als Kind begründet worden ist.
Dagegen sollte gemäß dem früheren § 7 dt. EheG nur eine Ehe nicht geschlossen werden zwischen einem Adoptivkind und seinen Abkömmlingen einerseits und dem Annehmenden andererseits.
Auch in der Neufassung des § 7 dt. EheG entfallen die Eheverbote der durch Adoption begründeten Verwandtschaft bei Auflösung des Adoptionsverhältnisses.

Bei der Adoption nach dem früheren § 7 dt. EheG bestand aber Verwandtschaft nur zwischen dem Annehmenden und dem Angenommenen samt seinen Abkömmlingen. Andere Verwandte und Verschwägerte wurden nicht berührt. Die Ehe war daher nur zwischen dem Annehmenden und dem Angenommenen oder seinen Abkömmlingen verboten.[419] Ein Eheverbot, wie das nach Art. 366 Abs. 1 Ziff. 3 und 4 des französischen Code civil, war in Deutschland nach dem früheren § 7 dt. EheG also unbekannt.

Aber der frühere § 7 dt. EheG wurde durch "Adoptionsgesetz" vom 2.7.1976 neu gefaßt und ist am 1.1.1977 in Kraft getreten. Nach dem jetzt geltenden § 7 dt. EheG ist eine Ehe verboten zwischen Personen, deren Verwandtschaft oder Schwägerschaft im Sinne von § 4 I dt. EheG (n.F.) durch Annahme als Kind begründet worden ist. Gemäß § 4 I darf eine Ehe nicht geschlossen werden zwischen Verwandten in gerader Linie, zwischen vollbürtigen und halbbürtigen Geschwistern sowie zwischen Verschwägerten in gerader Linie. Das gilt auch, wenn das Verwandtschaftsverhältnis durch Annahme als Kind erloschen ist.[420] So ist ein Eheverbot, wie nach Art. 366 I, Ziff. 3 und 4 des französischen Code civil, in Deutschland ab 1.1.1977 auch vorhanden.

Der § 10 des österreichischen Ehegesetzes enthält ein ähnliches Eheverbot bei einem Adoptionsverhältnis wie der frühere § 7 dt. EheG.[421]

Obwohl das Adoptionsrecht in Österreich mit den §§ 179-185a ABGB auch eine Neufassung erfahren hat ("1. Annahme an Kindes Statt", am 1.7.1960 in Kraft getreten), ist § 10 unverändert übernommen worden. Damit ist ein Eheverbot wie das der Neufassung des § 7 dt. EheG durch deutsches "Adoptionsgesetz" vom 2.7.1976 sowie des Art. 366 I, Ziff. 3 und 4 des französischen Code civil in Österreich weiterhin unbekannt.

Da das Nankinger BGB im Art. 983 bisher keine Angabe macht in der hier betreffenden Frage, meint Chao Feng-Chieh, man solle hierin nach den allgemeinen Regeln der Eheverbote für Verwandte verfahren. Allgemeine Eheverbote für Blutsverwandte bestehen für geradlinige Blutsverwandte (Art. 983 I Ziff. 1 BGB) und für seitenlinige Blutsverwandte bis zum 8. Grade, die nicht der gleichen Generation angehören (Art. 983 I Ziff. 2 BGB) oder für Blutsverwandte der Seitenlinie bis zum 8. Grade, die der gleichen Generation

---

419 § 7 dt. EheG (a.F.) ist außer Wirksamkeit, neuer § 7 wurde eingefügt mit Wirkung vom 1. Jan. 1977 durch Adoptionsgesetz vom 2. Juli 1976, wie eben erwähnt.
420 Vgl. Beitzke, S. 52 und § 4, Satz 2 dt. EheG.
421 Vgl. Fritz Schwind: Kommentar zum österreichischen Eherecht, Wien 1951, S. 80 f. und Manzsche Taschen-Ausgabe (neue Reihe) der österreichischen Gesetze, Bd. 2: Das Allgemeine bürgerliche Gesetzbuch, herausgegeben von Hans Kapfer, Wien 1980, S. 399: § 10 EheG.

angehören, es sei denn, daß es sich um "Piao-Geschwister", die noch zum 4. Grade der seitenlinigen Blutsverwandten gehören, handelt (Art. 983 I Ziff. 3 BGB -a.F.-). Für die Adoptivverwandten gäbe es aber Ausnahmemöglichkeiten von diesen allgemeinen Eheverboten, z.b. gelte noch als sittengemäße Heirat die Ehe zwischen dem Adoptivsohn und der Adoptivtochter oder zwischen dem Adoptivkind und dem Kind seiner Adoptiveltern.[422] (Diese Auffassung entspricht auch dem Art. 366 Abs. 2 des französischen Code civil.)

Bei Heiraten dieser Art tritt aber eine gewisse Gegensätzlichkeit zu einem früher gesetzlichen und heute noch nach der Sitte üblichen Eheverbot auf. Nach Art. 182 des T'ang-Gesetzes und nach Lü 17 des Ch'ing-Gesetzes ist die Heirat zwischen Angehörigen desselben Namens verboten. Dieses Verbot bestand gemäß der alten Sitte, und zwar heißt es im "Buch der Sitte", daß man "nicht eine Frau mit dem gleichen Familiennamen" heiratet. Denn eine solche Ehe verstößt gegen die chinesische Ethik, wonach man unter den Ordnungen der "fünf menschlichen Beziehungen" scharf unterscheiden muß, die man mit "Wu-Lun" bezeichnet. Diese Ordnungen der fünf menschlichen Beziehungen sind
1. Chün-Ch'en (zwischen Fürst und Untertan);
2. Fu-Tzu (zwischen Vater und Sohn);
3. Hsiung-Ti (zwischen älterem und jüngerem Bruder);
4. Fu-Fu (zwischen Ehemann und Ehefrau) und
5. P'eng-Yu (zwischen Freunden).

Wenn nun eine Ehe zwischen dem Adoptivsohn und der Adoptivtochter geschlossen wird, dann sind gerade diese Beziehungen miteinander vermischt, da der Adoptivsohn und die Adoptivtochter zugleich Geschwister und Ehegatten sind.[423]

Chao Feng-Chieh vertritt jedoch die Meinung, daß eine solche Ehe noch der Sitte gemäß sei. Es gäbe Fälle, in denen der Adoptivsohn später der Schwiegersohn seiner Adoptiveltern geworden sei. Da die Adoptivgeschwister keine echten blutsmäßigen Geschwister seien, werde die "Wu-Lun"-Ethik durch eine solche Eheschließung nicht verletzt.[424]

Zu der Frage, ob die Ehe zwischen den gerad- oder seitenlinigen Blutsverwandten der Adoptiveltern oder Adoptivkinder verboten ist, gibt es gegen-

---

422 Chao, S. 74.
423 Shi San Ching Chu Shu: Heft 52, Li Gi, Bd. 2, S. 31 und Heft 60, Li Gi, Bd. 26, S. 41 f.; Engelmann, S. 18; Chang, S. 28; Tai, S. 73; Ho Su-Hsing: Anmerkungen und Erläuterungen zu den Büchern "San Tzu Ching", "Das Buch mit Sätzen zu jeweils drei Wörtern" und "Pe Chia Sing", "Das Buch über die hundert Familiennamen", Taipeh 1976, S. 39, 45 und 51 f.
424 Chao, S. 74 und 164.

sätzliche Erklärungen des Justizamtes. Nach den Erklärungen Yüantzu Nr. 1382 vom Jahre 1935 und Yüantzu Nr. 1442 vom Jahre 1936 bezieht sich die Blutsverwandtschaft nur auf das Adoptivkind und die Adoptiveltern, die Kinder der Adoptivkinder sind nicht geradlinige Blutsverwandte der Adoptiveltern (begründet durch Art. 967 Abs. 1 BGB: Geradlinige Blutsverwandte einer Person sind diejenigen Blutsverwandten, von denen die Person selbst abstammt oder die von der Person abstammen), deshalb darf z.b. der Adoptivsohn mit der Adoptivtochter vom gleichen Adoptivvater die Ehe eingehen. (Die Begründung ergibt sich also hier nicht, wie bei Chao Feng-Chieh, aus der Sitte.)

Später, in den Erklärungen des Justizamtes Yüantzu Nr. 2037, 2048 vom Jahre 1940; Nr. 2747 vom Jahre 1944 und Yüan-Chiaitzu Nr. 3004 vom Jahre 1945, sind aber die Adoptivkinder und die Kinder der Adoptivkinder geradlinig absteigende Adoptivblutsverwandte der Adoptiveltern (Begründung: Sinngemäß ergibt sich dies aus Art. 7 des Einführungsgesetzes zum Familienrecht, und Art. 7 des Einführungsgesetzes zum Erbrecht sowie Art. 1077 BGB: Das Verhältnis des Adoptivkindes zu den Adoptiveltern ist das gleiche wie das eines ehelichen Kindes zu den Eltern. Mit anderen Worten, sie gelten als Blutsverwandte).

Die zuletzt genannte Auffassung wird auch in der Erklärung des Hohen Richterkollegiums des Justizamtes Shihtzu Nr. 34 vom Jahre 1954 vertreten. D.h. es ist nicht erlaubt, daß der Sohn des Adoptivsohnes die Tochter der Adoptivmutter heiratet, da die Ehe mit Blutsverwandten der Seitenlinie, die nicht der gleichen Generation angehören, nach Art. 983 Abs. 1 Ziff. 2 BGB verboten ist.

Weiterhin ist die Ehe nach der Entscheidung des Obersten Gerichtshofes Shangtzu Nr. 2366 vom Jahre 1943 auch verboten, wenn der Adoptivsohn die Tochter des Bruders vom Adoptivvater heiraten will. Denn sie verstößt gegen Art. 983 Abs. 1 Ziff. 3, worin es heißt, daß die Ehe nicht mit Blutsverwandten der Seitenlinie bis zum 8. Grade, die der gleichen Generation angehören, geschlossen werden darf.

Auch das am 19.7.1943 beschlossene Beratungsprotokoll der Zivil- und Strafsenate des Obersten Gerichtshofes lehnt die oben erwähnte frühere Erklärung des Justizamtes Yüantzu Nr. 1442 aus dem Jahre 1936 (nach der z.B. der Adoptivsohn die Adoptivtochter vom gleichen Adoptivvater heiraten kann) deutlich ab, da sie durch die späteren, oben erwähnten Erklärungen des Justizamtes Yüantzu Nr. 2037 und 2048 vom Jahre 1948 ungültig geworden ist.[425]

---

[425] S. Sammlung der Beratungsprotokolle der Zivil- und Strafsenate des Obersten Gerichtshofes (1928-1954), als Anhang des Fortsetzungsbandes der Sammlung der

Nach der obigen gerichtlichen Entscheidung oder dem Beratungsprotokoll und nach den obigen Erklärungen des Justizamtes oder des Hohen Richterkollegiums des Justizamtes ist also die Ehe zwischen den gerad- oder seitenlinigen Blutsverwandten der Adoptiveltern oder der Adoptivkinder verboten. Eine Befreiung von diesem Eheverbot ist nicht vorgesehen. Also ist die oben genannte, nach Chao Feng Chieh sittengemäße Heirat zwischen dem Adoptivsohn und der Adoptivtochter gleicher Adoptiveltern oder zwischen dem Adoptivkind und dem Kind seiner Adoptiveltern nicht erwünscht.

Die Rechtslage ist jedoch wieder eine andere, wenn die Adoptiveltern ihre Tochter und ihren Adoptivsohn gleich mit der Adoption heiraten lassen. In diesem Falle ist der Adoptivsohn im Sinne des Art. 1059 Abs. 2 BGB nur ihr angeheirateter Schwiegersohn oder Adoptivschwiegersohn (Chui-Sü, 贅婿) oder Adoptivehemann (Chui-Fu, 贅夫) ihrer Tochter. Eine solche Eheschließung nennt man "Chiang-Nü-Pao-Nan" (將女抱男), wörtlich etwa "durch die eigene Tochter einen Schwiegersohn annehmen".[426] Es handelt sich also hier nicht um eine echte Adoption im Sinne des Art. 1072 BGB. Der Adoptivehemann ist im strengeren Sinne des Art. 1077 BGB hier nicht als ehelich geltendes Kind seiner Adoptiveltern (richtiger: Adoptivschwiegereltern) anzusehen. Damit verstößt diese Ehe nicht mehr gegen das im Art. 983 Abs. 1 Ziff. 3 gegebene Eheverbot, daß die Ehe nicht mit Blutsverwandten der Seitenlinie bis zum 8. Grad die der gleichen Generation angehören, geschlossen werden darf.[427]

Nun wäre hier noch auf eine andere Frage einzugehen, wie verhält sich die bereits geschlossene Ehe zu diesem gesetzlichen Eheverbot für Blutsverwandte der Seitenlinie, wenn ein Ehegatte oder beide Ehegatten adoptiert werden?

Das BGB erwähnt nichts über die Adoption beider Ehegatten; Art. 1076 BGB verlangt lediglich die Zustimmung des Ehepartners bei der Adoption eines Ehegatten.

Chao Feng-Chieh ist zum Art. 1076 BGB der Ansicht, die Einheit des Gesetzes wäre besser gewahrt, wenn es beispielsweise wie in Art. 841 des japanischen (alten) BGB hieße, wer verheiratet ist, kann nur mit seinem Ehegatten gemeinsam annehmen oder angenommen werden, da nach Art. 1074

Entscheidungen des Obersten Gerichtshofes, herausgegeben vom Obersten Gerichtshof, Taipeh 1954 (?), S. 19.
426 Diese Ehe hat den Zweck einer Familie ohne männliche Nachkommen den Familiennamen zu erhalten. D.h. der Stamm dieser Familie wird dadurch weiter fortgesetzt.
427 Vgl. die Erklärungen des Hohen Richterkollegiums des Justizamtes Shihtzu Nr. 12 vom Jahre 1952 und Shihtzu Nr. 32 vom Jahre 1954.

Nankinger BGB bei der Adoption eines Kindes auch beide Ehegatten gleichzeitig adoptieren.[428]

Tai Yen-Hui ist für eine andere Auslegung des Art. 1076 BGB. Da dieser Artikel nur von der Zustimmung des Ehepartners bei der Adoption eines Ehegatten spricht, sei die gemeinsame Adoption beider Ehegatten vom Gesetz her auch nicht untersagt, d.h. die gemeinsame Adoption beider Ehegatten sei zulässig.[429]

Die eben wiedergegebenen Ansichten über Art. 1076 BGB sind aber nicht ganz widerspruchslos hinzunehmen. Das von Chao gewünschte und von Tai in der Auslegung erwähnte gemeinsame Adoptiertwerden beider Ehegatten verstößt nämlich gegen den oben genannten Art. 983 I Ziff. 3 BGB, ferner gegen die erwähnte alte chinesische Sitte, welche eine Ehe zwischen Mann und Frau, die den gleichen Familiennamen tragen, verbietet, sowie auch gegen die sogenannte "Wu-Lun"-Idee, wonach die menschlichen Beziehungen zwischen Geschwistern und Ehegatten zu unterscheiden sind. Aus diesen Gründen lag es wohl in der Absicht des Gesetzgebers, nur die Adoption "eines" Ehepartners unter Zustimmung des anderen Ehepartners in Art. 1076 BGB festzulegen. So hat man auch bei der Bearbeitung zur teilweisen Neufassung des Familienrechts des BGB vom 3.6.1985 diesen Art. 1076 BGB unverändert gelassen.

ββ) Die Eheverbote zwischen Adoptivverschwägerten

Das Verhältnis des Adoptivkindes zu den Adoptiveltern ist gemäß Art. 1077 BGB das gleiche wie das eines ehelichen Kindes zu seinen Eltern. Chao Feng-Chieh kann also der Ansicht sein, daß sich der Bereich der Verwandtschaft (= Ch'in-Shu) der Adoptivkinder im weiteren auch auf die Blutsverwandten und die Schwägerschaft ihrer Adoptiveltern beziehen soll. D.h. die Adoptivkinder werden auch mit den Verschwägerten der Adoptiveltern als verschwägert angesehen.[430]

---

428 a) Chao, S. 163 und 164.
 b) Art. 795 des gegenwärtigen japanischen BGB besagt auch nichts anderes: "Wer einen Ehegatten hat, kann nur gemeinsam mit dem Ehegatten einen Kindesannahmevertrag abschließen". Dieser Artikel gilt nicht nur für den Fall, daß die Ehegatten gemeinsam ein Kind annehmen, sondern auch dann, wenn die Ehegatten gemeinsam als Kinder angenommen werden (Bergmann/Ferid: Japan, 1986, S. 22, Anmerkung 1 zu Art. 795 des japanischen BGB).
429 Tai, S. 249.
430 a) Chao, S. 171.
 b) Der chinesische Ausdruck "Ch'in-Shu" (親屬) bezieht sich im Familienrecht eigentlich auf die Verwandtschaft und Schwägerschaft. Der Ausdruck Ch'in-Shu wird

Tai Yen-Hui meint gleichfalls, daß z.b. die Ehefrau eines Adoptivsohnes, sofern sie nicht mit adoptiert wird, im Verhältnis zu seinen Adoptiveltern und den Verwandten seiner Adoptiveltern als verschwägert angesehen werden sollte. Diese Adoptivverschwägerten sollten auch unter die Eheverbote der Verschwägerten fallen, die in Art. 983 BGB Abs. 1 Ziff. 1 und 2 angegeben sind.[431]

γγ) *Die Eheverbote nach Auflösung des Adoptionsverhältnisses*

Auf die Frage, ob die Eheverbote zwischen Adoptivblutsverwandten oder -verschwägerten bestehen bleiben, wenn das Adoptionsverhältnis aufgelöst ist, findet man im Nankinger BGB ursprünglich keine Antwort.

---

auch in dem chinesischen Ausdruck "Ch'in-Shu-Fa", zu Deutsch "Familienrecht", verwendet. Das Zeichen "Fa" (法) heißt "Gesetz" oder "Recht". Der ganze Ausdruck "Ch'in-Shu-Fa" würde dann wörtlich "Verwandtschaftsrecht" bedeuten.

Geschichtlich gesehen entspricht der Sinn des deutschen Wortes "Familienrecht" an und für sich auch dem chinesischen Ausdruck "Ch'in-Shu-Fa", da das Familienrecht der germanischen Zeit sich auf den Gedanken der Sippe, der Magschaft und der Hausgemeinschaft aufbaut (Hans Planitz: Deutsches Privatrecht, Wien 1948, S. 184 f).

Chao Feng-Chieh ist der Auffassung, daß man den deutschen Ausdruck "Familienrecht" streng wörtlich genommen eigentlich nicht mit "Ch'in-Shu-Fa" übersetzen sollte, sondern mit "Chia-Shu-Fa" (家屬法), Chao, S. 1. Das Zeichen "Chia" heißt "die Familie" oder "das Haus". Das Zeichen "Shu" heißt "die Zugehörigkeit oder gehören oder angehören". Die Zeichen "Chia" und "Shu" bilden zusammen dann den Ausdruck "Chia-Shu", der "Familienangehörige" bezeichnet.

Aber im weiteren Sinne bezieht sich der Ausdruck "Chia-Shu" wieder, wie etwa der Ausdruck "Ch'in-Shu", auf die Verwandtschaft und die Schwägerschaft (Tz'u-Yüan, S. 327 und 1303; Han-Te-Tz'u-Tien, S. 268 und 461). Dann entspricht der Ausdruck "Chia-Shu-Fa" im umfassenden Sinn fast dem deutschen Wort "Familienrecht".

Jedoch im Sprachgebrauch wird das deutsche Wort "Familienrecht" nur mit "Ch'in-Shu-Fa" ins Chinesische übertragen, aber nicht mit "Chia-Shu-Fa".

431 a) Tai, S. 74.

b) Die Erklärung des Justizamtes Yüan-Chiaitzu Nr. 3004 vom Jahre 1945 und die Erklärung des Hohen Richterkollegiums des Justizamtes Shihtzu Nr. 57 vom Jahre 1956 besagen auch, daß die Adoptivkinder und die Kinder der Adoptivkinder Adoptivblutsverwandte der Adoptiveltern sind. Die Adoption begründet schon das Adoptivblutsverwandtschaftsverhältnis, deshalb sollen die Adoptivkinder und deren Kinder mit den Verschwägerten ihrer Adoptiveltern auch im Adoptivschwägerschaftsverhältnis stehen.

Die ausländischen Gesetze behandeln diese Frage unterschiedlich. Nach § 7 dt. EheG z.B. ist die Ehe zwischen einem ehemaligen angenommenen Kinde oder seinen Abkömmlingen einerseits und dem ehemaligen Annehmenden andererseits nicht verboten. Nach Art. 1360 des griechischen BGB besteht das Ehehindernis aber "nach Aufhebung der Annahme an Kindes Statt" weiter. Eine gleiche Regelung hat auch das japanische BGB (Art. 736).

Chao Feng-Chieh spricht sich für das Bestehenbleiben des Ehehindernisses nach Aufhebung des Adoptionsverhältnisses aus, so wie es das japanische BGB tut.[432]

Tai Yen-Hui ist in dieser Frage der Ansicht, daß das Ehehindernis zwischen geradlinigen Adoptivblutsverwandten und zwischen geradlinigen Adoptivverschwägerten nach Auflösung des Adoptionsverhältnisses nicht mehr bestehen bleiben sollte. Dagegen sollte die Eheschließung zwischen Adoptiveltern und Adoptivkindern weiterhin unter Verbot fallen.[433]

Es vertreten die Juristen, die gegen das Bestehen eines Ehehindernisses nach der Aufhebung des Adoptionsverhältnisses sind, die Ansicht, daß das Adoptionsverhältnis lediglich eine künstliche Verwandtschaft oder Schwägerschaft begründet. Wenn das Adoptionsverhältnis aufgehoben ist, liegen die personenrechtlichen Beziehungen wieder in ihrem ursprünglichen, natürlichen Zustand vor, und wenn nun der ehemalige Adoptivvater oder sein Sohn seine Adoptivtochter heiratet, verletzt diese Ehe sonach kein blutsverwandtschaftliches Verhältnis mehr.

Umgekehrt hat derjenige, der gegen eine solche Eheschließung ist, damit zum Ausdruck gebracht, daß diese Ehe gegen die guten Sitten verstößt. Wenn z.B. schon einmal das Verhältnis von Adoptiv-vater und -tochter bestand, sollte nun nicht das Ehemann- und Ehefrau-Verhältnis entstehen dürfen; sonst würde die schon oben erwähnte "Wu-Lun"-Idee verletzt, wonach die verwandtschaftlichen Beziehungen nicht vermischt werden dürfen. Aus diesem Grunde sollte das Ehehindernis auch nach Aufhebung des Adoptionsverhältnisses weiter bestehen.

Die Frage des Eheverbots nach Auflösung des Adoptionsverhältnisses hat das Hohe Richterkollegium in der Erklärung Shihtzu Nr. 58 aus dem Jahre 1956 mit dem folgenden Fall indirekt beantwortet. Es heißt hierin, daß zwischen dem Sohn der Adoptiveltern und ihrer Adoptivtochter (die der gleichen Generation der seitenlinigen Adoptivblutsverwandtschaft angehören) kein Ehehindernis mehr besteht, da sich durch das Einverständnis der Adoptiveltern und der beiden Partner zur Eheschließung (ihres Sohnes mit ihrer Adop-

---

432 Chao, S. 74.
433 Tai, S. 74.

tivtochter) automatisch das Einverständnis zur Auflösung des Adoptionsverhältnisses ergibt. Das bedeutet, nach Auflösung des Adoptionsverhältnisses besteht kein Ehehindernis mehr. So läßt sich folgern, daß auch die geradlinigen Adoptiv-Blutsverwandten und die Adoptivverschwägerten nach Aufhebung der Adoption selbstverständlich nicht mehr unter das Ehehindernis fallen werden.[434] Damit ist die vorher erwähnte Begründung des weiter bestehenden Ehehindernisses nach Auflösung der Adoption mit der "Wu-Lun"-Idee durch diese gerichtliche Erklärung ausgeschaltet. Aber nach der Neufassung im Familienrecht des BGB vom 3.6.1985 soll das Eheverbot gemäß Art. 983 Abs. 1, Ziff. 1 BGB durch Hinzufügung von Absatz 3, auch für die durch Adoption begründete geradlinige Blutsverwandtschaft und Schwägerschaft nach Auflösung des Adoptionsverhältnisses angewendet werden. Damit wird die bisherige Unklarheit über diese Frage ausgeräumt und der Absicht zur Weitererhaltung der chinesischen, ursprünglichen "Wu-Lun"-Idee nachgekommen (s. amtliche Begründung zur Neufassung von Art. 983 III BGB). So ist die oben erwähnte, vom Hohen Richterkollegium gegebene Erklärung Shihtzu Nr. 58 aus dem Jahre 1956, die die "Wu-Lun"-Idee nicht berücksichtigte, nach der Neufassung des Art. 983 BGB vom 3.6.1985 hinfällig.

bb) Eheverbot zwischen Vormund und Mündel

Laut Artikel 984 BGB kann der Vormund mit dem Mündel während der Dauer des Vormundschaftsverhältnisses keine Ehe eingehen. Denn dem Vormund obliegt der Schutz des Mündels und die Verwaltung seines Vermögens im Interesse des Mündels (Art. 1091, 1100, 1110, 1113 BGB).[435] Es ist nun

---

434 Auch in Deutschland gilt gemäß § 7 dt. EheG (neue Fassung durch Adoptionsgesetz vom 2.7.1976; Inkrafttreten am 1.1.1977) dieses Ehehindernis nicht, wenn das Adoptionsverhältnis aufgelöst ist.
435 Der deutsche Ausdruck "Vormundschaft" heißt im Chinesischen "Chien-Hu" (監護). Das Zeichen "Chien" heißt "überwachen, leiten". Das Zeichen "Hu" heißt "beschützen, bewahren, verteidigen" (Hua-Te-Tzu-Tien, S. 553 und 713). Der Ausdruck "Chien-Hu" ist also in Wort und Bedeutung aus den Zeichen "Chien" und "Hu" zusammengesetzt. Ähnlich ist es mit dem deutschen Wort "Vormundschaft", das auch durch Zusammenfügung zweier Worte gebildet ist: "Am ältesten ist wohl: Munttträger (vgl. ahd. muntporo, mhd. momber). Von seiner Tätigkeit als Verteidiger, Beschützer usw. stammt das altnorwegische verja = Vormundschaft, das altfriesische verandstef = schützender Stab, ... Im Mittelhochdeutschen finden wir in der lateinischen Form 'foremundus' usw. den Vorläufer unseres heutigen Wortes Vormund." (Karl Haff: Institution des deutschen Privatrechts, Bd. II: Familienrecht, Stuttgart 1947, S. 122)

denkbar, daß der Wille des Mündels zuweilen von seinem Vormund stark beeinflußt wird. Wenn der Vormund das in einem solchen abhängigen Zustand befindliche Mündel heiraten dürfte, dann wäre es möglich, daß diese Ehe einmal nicht nach dem freien Willen des Mündels zustande kommt, zum anderen, daß der Vormund beabsichtigt, durch die Heirat in den Besitz des Vermögens seines Mündels zu gelangen.

Wenn die Heirat aber in gut gemeintem Sinne beabsichtigt ist, dann gibt es eine Ausnahme: nach Art. 984 BGB zweiter Halbsatz kann der Vormund das Mündel heiraten, falls die Eltern des Mündels der Heirat zustimmen, da in einem solchen Falle die Interessen des Mündels nicht gefährdet seien.[436]

Chao Feng-Chieh vertritt in seinem Lehrbuch "Familienrecht des Bürgerlichen Gesetzbuches" (S. 77) die Ansicht, daß die Eltern nur in dem Falle ihr Zustimmungsrecht ausüben können, wenn sie selbst nach Art. 1092 BGB wegen besonderer Angelegenheiten jemanden mit der Ausübung des Amtes der Vormundschaft über ihr minderjähriges Kind beauftragt haben. Im allgemeinen muß nach Art. 1091 BGB ein Vormund bestellt werden, wenn der Minderjährige keine Eltern mehr hat oder beide Eltern nicht im Stande sind, die ihnen ihrem minderjährigen Kinde gegenüber obliegenden Rechte und Pflichten auszuüben. In dieser Situation hat das Mündel aber keine Möglichkeit eine Zustimmung von seiten seiner Eltern zu erhalten.

Chao befaßt sich an der gleichen Stelle seines Buches auch mit der Frage des Zustimmungsrechts der Eltern, falls der Vormund ihr entmündigtes Kind heiraten will. Er führt die nach Art. 1111 BGB als Vormund für einen Entmündigten in Betracht kommenden Personen auf:

---

436 Eine solche Zustimmung der Eltern des Mündels in ihrem Testament ist auch wirksam, meinen Chang Shen und Huang Yu-Ch'ang (Chang, S. 81, Huang, S. 39).
Der Art. 984 Nankinger BGB hat Ähnlichkeit mit Art. 45, Ziff. 3 des spanischen BGB, worin es heißt:
"Eheschließung ist verboten:
1. ...
2. ...
3. dem Vormund mit den Personen, die unter seinem Sorgerecht stehen oder gestanden haben, bis nach Beendigung seines Amtes die Abbrechung desselben gebilligt worden ist; ausgenommen ist der Fall, daß der Vater der unter Vormundschaft stehenden Person die Eheschließung in einem Testament oder einer öffentlichen Urkunde genehmigt hat" (Bergmann/Ferid: Spanien, 1975, S. 14).
Dieses Ehehindernis gilt nun nicht mehr nach der Fassung vom 7.7.1981 (vgl. Bergmann/Ferid: Spanien, 1982, S. 18 f).
Aber eine ähnliche Vorschrift wie der oben erwähnte Art. 45, Ziff. 3 des alten spanischen BGB enthält noch Art. 183, Ziff. 15 des brasilianischen BGB (Näheres s. Bergmann/Ferid: Brasilien, 1978, S. 18).

1. zuerst den Ehegatten;
2. dann die Eltern;
3. danach die mit dem Entmündigten zusammenwohnenden Großeltern;
4. den Hausältesten;
5. die von dem zuletzt gestorbenen Elternteil durch Testament bestimmte Person.[437]

Chao erläutert hierzu: Wenn die Eltern z.B. abwesend oder nicht im Stande sind die gegenüber ihrem entmündigten Kinde obliegenden Rechte und Pflichten wahrzunehmen, dann übt eine andere (unter Ziffer 3 bis 5 genannte) Person die Vormundschaft aus. In diesem Falle ist es den Eltern nicht möglich eine Zustimmung abzugeben, um ihr Kind den Vormund heiraten zu lassen. So kommt Chao zu der Schlußfolgerung, daß das in Art. 983 BGB zweiter Halbsatz gegebene Zustimmungsrecht der Eltern praktisch nicht oft anwendbar sei.

Zu den Erläuterungen Chao's ist folgendes zu bemerken: Chao hat übersehen, daß der Entmündigte nach Art. 15 BGB geschäftsunfähig ist. Die Willenserklärung eines Geschäftsunfähigen ist nach Art. 75 BGB nichtig. Sein gesetzlicher Vertreter kann auch nicht die ihm nach Art. 76 BGB in allgemeinen Fällen zustehende Willenserklärung für das höchst persönliche Rechtsgeschäft der Heirat abgeben (analog Art. 972 BGB: Das Verlöbnis muß von Mann und Frau als Parteien persönlich eingegangen werden). Mit anderen Worten, der Entmündigte darf gar nicht heiraten.[438] Chao's Erläuterungen zu Art. 1111 BGB sind also in bezug auf das Verbot der Ehe zwischen Vormund und Mündel unzutreffend.

Außerdem ist zu erwähnen: Würde angenommen, ein Entmündigter darf heiraten, so käme für diese Heirat nur der unter Ziffer 5 des Art. 1111 BGB Abs. 1 angegebene Vormund, der von dem zuletzt verstorbenen Elternteil bestimmt wurde, in Frage, alle anderen als Vormund möglichen Personen schaltet das Eheverbot der Verwandtschaft nach Art. 983 BGB aus. Aber auch der unter Ziffer 5 genannte Vormund darf sein entmündigtes Mündel nicht heiraten, da der zuletzt verstorbene Elternteil des Entmündigten keine Zustimmung mehr zur Heirat erteilen kann. Das im Art. 984 BGB zweiter Halbsatz angegebene Zustimmungsrecht der Eltern bezieht sich also nur auf die Heirat zwischen Vormund und minderjährigem Mündel, nicht auf die Heirat mit einem Entmündigten.

Zur Frage, ob der Vormund seinem Mündel während der Zeit der Vormundschaft die Ehe versprechen kann, falls die Ehe erst nach Auflösung der

---

437 Karl Bünger hat die Worte "durch Testament" im Text des Art. 1111 I, Ziff. 5 BGB in seiner Übersetzung nicht erwähnt (Bünger 1934, S. 262).
438 Vgl. § 8 Ziff. 4 FGB der DDR, wonach Entmündigte keine Ehe schließen dürfen.

Vormundschaft eingegangen wird, sind Chang Shen und Huang Yu-Ch'ang der Meinung, daß im BGB eine Verlobung in dieser Zeit nicht ausdrücklich verboten sei. Nach Art. 975 BGB kann auch nicht zwangsweise eine Heirat aus dem Verlöbnis hergeleitet werden, so daß das verlobte Mündel nach Beendigung der Vormundschaft immer noch die Freiheit hat, der Eheschließung zuzustimmen oder nicht. Es besteht also keine große Gefährdung der Heiratsfreiheit des Mündels, wenn sich der Vormund mit seinem Mündel verlobt.[439]

Das Pekinger EheG kennt kein Ehehindernis zwischen Vormund und Mündel.[440]

cc) Verbot der Doppelehe

Schon im Kapitel "Das Wesen der Ehe" wurde erwähnt, daß es im früheren China dem Mann gestattet war, eine Nebenfrau aufzunehmen. Es bestand jedoch von jeher das Einehesystem, das nach Art. 985 Nankinger BGB nunmehr ausschließlich gilt. Darin heißt es: "Wer einen Ehegatten hat, kann keine zweite Ehe eingehen". Ebenso lautet Art. 2 Pekinger EheG: Es gilt das Ehesystem der Monogamie und nach Art. 3 dieses Ehegesetzes ist die Doppelehe verboten.

Die Doppelehe wird folgendermaßen definiert: Wenn einer der Ehegatten zur Zeit der Eheschließung mit einem Dritten in gültiger Ehe lebt, so wird durch diese Eheschließung der Zustand einer Doppelehe geschaffen, indem nun gleichzeitig zwei Ehen geführt werden (vgl. Art. 237 Nankinger StGB und § 20 dt. EheG). Nach der teilweisen Neufassung des Familienrechts des BGB vom 3.6.1985 entsteht zufolge des neu hinzugefügten Abs. 2 zu Art. 985 BGB auch eine Doppelehe, wenn eine Person gleichzeitig zwei oder mehr als zwei Personen heiratet. Diese Hinzufügung von Abs. 2 zu Art. 985 BGB soll Auslegungsschwierigkeiten vermeiden darüber, ob eine Eheschließung mit gleichzeitig zwei oder mehr als zwei Personen im Sinne des Art. 985 BGB als Doppelehe gilt, so wie nach Art. 273 StGB und soll Übereinstimmung mit diesem Art. 273 StGB bewirken. Dieses ist die amtliche Begründung.

Das entscheidende Kriterium für das Bestehen oder Nichtbestehen einer Doppelehe des Nankinger BGB ist die in Art. 982 dieses Gesetzes vorge-

---

439 Chang, S. 81; Huang, S. 39.
440 Das Ehehindernis der Vormundschaft ist auch in der Gesetzgebung der UdSSR, die zuweilen als Vorbild des Pekinger EheG genommen wird, nicht bekannt (vgl. Art. 10 Abs. 3 der "Grundlagen der Gesetzgebung der Union der SSR und der Unionsrepubliken über die Ehe und Familie" vom 29.6.1968; näheres s. Boschan, S. 568).

schriebene Form der Eheschließung. Eine Eheschließung, die nicht nach der in Art. 982 angegebenen Form, öffentlich und vor mindestens zwei Zeugen, stattgefunden hat, ist nichtig (Art. 988 BGB). Bestand vor einer solchen nichtigen Ehe bereits eine gültige Ehe oder wird nach der nichtigen Ehe eine weitere gültige Ehe geschlossen, so kann von einer Doppelehe keine Rede sein, weil eben diese nichtige Ehe überhaupt keine Ehe im Sinne des Gesetzes ist.[441] Wenn z.B. ein Mann und eine Frau zusammenleben und auch in der Öffentlichkeit als Ehepaar angesehen werden, wie es in China oft der Fall ist, ohne daß eine Eheschließung in der vorgeschriebenen Form des Art. 982 BGB stattgefunden hat, kann der Mann oder die Frau mit einer dritten Person die Ehe schließen und er oder sie führt dem Gesetz nach keine Doppelehe.

Nach dem Pekinger EheG besteht eine Doppelehe, wenn ein Ehepartner, der gemäß Art. 7 EheG in registrierter Ehe lebt (die Eheregistrierung ist die einzige gesetzliche Formalität für die gültige Ehe), mit einem Dritten eine weitere Ehe mit gesetzlicher Eheregistrierung schließt. Lebt aber z.B. ein Mann mit einer Frau zusammen ohne vollzogene Eheregistrierung gemäß Art. 7 EheG und noch mit einer weiteren Frau aber mit vollzogener Eheregistrierung, so liegt dem Gesetz nach hier keine Doppelehe vor, da das erstgenannte Zusammenleben der Partner nicht als Ehe im rechtlichen Sinne gilt.

dd) Eheverbot zwischen den Ehebruchspartnern

Eine wegen außerehelichen Geschlechtsverkehrs verurteilte Frau, die mit ihrem Mitschuldigen die Ehe schließt, muß sich von ihrem nunmehrigen Gatten trennen, selbst wenn aus dieser Ehe Kinder hervorgegangen sind, so bestimmte es das Gesetz der Yüan-Dynastie (1277-1368).[442] Nach den Geset-

---

441 Bereits nach dem Gesetz der T'ang-Dynastie war die zweite Eheschließung von Anfang an ungültig, z.B. nimmt ein Kommentar über die Bildung einer Doppelehe von Chang-Sun, Wu-Chi zum Art. 177 über Doppelehe des T'ang-Gesetzbuches, der in Form von Frage und Antwort gehalten ist, dazu folgendermaßen Stellung:
"Frage: Wenn ein Mann schon eine Hauptfrau besitzt und trotzdem noch eine andere zur Hauptfrau macht, dann wird diese zweite Frau nach dem Gesetz von ihm getrennt. Wenn sich diese nun in der Zwischenzeit, da die Trennung noch nicht vollzogen wurde, mit näheren oder weiteren Angehörigen des Mannes vergeht, ist sie dann als Hauptfrau zu bestrafen oder nicht?
Antwort: Das Einehesystem gilt als selbstverständlich; wenn jemand, der schon eine Hauptfrau hat, noch einmal heiratet, so ist diese zweite Frau nicht rechtmäßige Hauptfrau. Nach dem genauen Sinn des Gesetzes ist sie nur wie eine gewöhnliche Person zu bestrafen."
442 Yang, S. 739.

zen der Ming-Dynastie (1368-1644) sowie der darauffolgenden Ch'ing-Dynastie (1644-1911) sollte der Ehemann mit 80 Stockhieben bestraft werden, wenn er billigte, daß seine Frau mit ihrem Ehebruchspartner eine Ehe einging. Der Ehebrecher erhielt die gleiche Strafe wie der Ehemann; die Frau aber sollte sich von dem Ehebrecher trennen.[443]

Offensichtlich war hiermit ein Eheverbot ausgesprochen. Ein solcher Fall bewirkt auch nach dem gegenwärtigen BGB einen Grund zum Ehehindernis, und zwar bestimmt Art. 986 BGB: "Wer wegen Ehebruchs durch Urteil geschieden oder bestraft ist, kann mit der Person, mit der er den Ehebruch begangen hat, nicht die Ehe eingehen".

Wird eine Ehe wegen Ehebruchs eines Partners mit beiderseitigem Einverständnis geschieden oder erfolgte keine gerichtliche Bestrafung des Ehebrechers bzw. der Ehebrecherin, dann ergibt sich aus diesem Ehebruch kein Ehehindernis. Wird der Ehebrecher oder die Ehebrecherin z.B. zu Gefängnis verurteilt und vom Gericht Strafaussetzung angeordnet, dann "verliert die Verhängung der Strafe ihre Wirksamkeit, wenn die Frist der Strafaussetzung abgelaufen ist" (Art. 76 Nankinger StGB). Es ergibt sich nun auch kein Eheverbot für den Ehebruchspartner mehr.

Wird jedoch der Ehebrecher oder die Ehebrecherin gerichtlich zu einer Gefängnisstrafe verurteilt, die Ehe deswegen aber nicht geschieden, so soll das Ehehindernis gemäß Art. 986 BGB bestehen bleiben, d.h., selbst wenn z.B. später durch den Tod eines Ehegatten die Ehe aufgelöst wird, darf der überlebende Ehebrecher oder die überlebende Ehebrecherin nun nicht mit dem ehemaligen Mitschuldigen des Ehebruches die Ehe eingehen, um die gute Sitte zu wahren.[444] Daher ist das Eheverbot auch anzuwenden, wenn ein Ehegatte den Ehebruch mit der Absicht vollzieht, einen Scheidungsgrund für seine noch bestehende Ehe herbeizuführen, um das Eingehen einer neuen Ehe mit dem Partner seines Ehebruches zu ermöglichen. Außerdem würde, da der Ehegatte durch seinen Ehebruch im Sinne des Gesetzes straffällig geworden ist, die Autorität (Geltung) des Gesetzes, das den Ehebruch ahndet, stark beeinträchtigt werden, wenn das Gesetz nun eine neue Ehe zwischen den Ehebruchspartnern zuließe.[445]

Jedoch ist die Berechtigung dieses Ehehindernisses zwischen den Ehebruchspartnern umstritten. Z.B. lehnt Tai Yen-Hui ein solches Eheverbot ab, aus der Meinung heraus, daß die moralischen Bedenken, die gegen eine sol-

---

443 Chang, S. 82; Yang, S. 824 und 978.
444 Vgl. Chang, S. 82; Huang, S. 40.
445 Vgl. Li, S. 57.

che Ehe bestehen, keinen zureichenden Grund für eine gesetzliche Bestimmung abgeben.[446]

Auch Chang Shen, Chao Feng-Chieh und Li I-Shen sind der Meinung, die tatsächliche Wirkung eines solchen gesetzlichen Eheverbots sei gering; Chang Shen ist sogar der Ansicht, daß dieses Ehehindernis zur wilden Ehe ermutige.[447]

Günther Beitzke sagt auch, daß ein solches Eheverbot im Ergebnis weder Ehebrüche eindämmen noch schließlich die Heirat der Ehebrecher verhindern konnte, weil oft genug der Ehebruch im Scheidungsprozeß gegen "Schweigegeld" nicht zur Sprache kam. Dieses Eheverbot wurde schließlich durch eine großzügige Befreiungspraxis unterhöhlt.[448]

Nach der gesetzlichen Entwicklung im Ausland wird dieses Ehehindernis auch meistens nicht mehr so streng genommen. Z.B. hat man im Jahre 1884 den Art. 298 im französischen Code civil eingefügt, um das Eheverbot zwischen Ehebruchspartnern zu erwirken. Dieses Eheverbot bestand aber nur bis Ende des Jahres 1904. Auch die Staaten Schweden, Norwegen, Ungarn, die Tschechoslowakei und die DDR haben dieses Eheverbot abgeschafft.[449]

---

446 a) Tai, S. 76.
b) Schon Luther nannte das Eheverbot mit dem Ehebrecher einen "rigor stultitiae" (Beitzke, S. 53).
447 a) Chang, S. 81; Chao, S. 76 und Li, S. 57.
b) Obwohl das kanonische Recht zum Beispiel die Ehe einer Witwe mit der Person, die ihren Gatten getötet hat, untersagt, sofern diese Person mit der ersten ehebrecherische Beziehungen hatte, meint Jacques Leclercq, daß der moralische Zweck dieser Maßnahme offenkundig ist, aber "in Wirklichkeit führt sie oft dazu, daß die beiden Komplizen im Konkubinat leben" (Leclercq, S. 50, Anmerkung 18).
448 a) Beitzke, S. 53.
b) In der Deutschen Bundesrepublik war der 1. September 1969 justizpolitisch ein historisches Datum. An diesem Tage trat der erste Teil der Strafrechtsreform in Kraft. Der § 172 dt. StGB über Bestrafung des Ehebruchs gehörte zu diesem ersten Teil der Strafrechtsreform und wurde gestrichen. Eine strafrechtliche Verfolgung wegen Ehebruchs gibt es jetzt nicht mehr. Damit ist es auch nicht mehr nötig, Ehescheidungen wegen Ehebruchs zu umgehen.
Weggefallen war die Strafbarkeit des Ehebruchs nach dem reformierten StGB der DDR vom 12. Jan. 1968 schon seit dem Tage der Inkraftsetzung dieses Gesetzes, dem 1. Juli 1968 (vgl. "Strafrechtsreform der SED" mit einer Einführung von Walther Rosenthal, herausgegeben vom Bundesministerium für gesamtdeutsche Fragen, Bonn 1968, S. 5 und 6).
449 Vgl. Chao, S. 75; Li, S. 57; Boschan, S. 451 f. (Schweden), 347 (Norwegen), 589 (Ungarn), 523 f. (Tschechoslowakei) und § 8 FGB der DDR.

Nach dem § 1312 Abs. 1 dt. BGB vom 18.8.1896 konnten die Ehebruchspartner zwar prinzipiell nicht heiraten. Aber schon in seinem zweiten Absatz findet man eine Befreiungsmöglichkeit von diesem Eheverbot. Nach der Aufhebung dieses Paragraphen 1312 dt. BGB durch § 84 dt. EheG von 1938 wurde ein solches Eheverbot in § 9 dieses Ehegesetzes aufgenommen, aber mit der Einschränkung zu § 1312 II dt. BGB, daß die Befreiung von diesem Eheverbot nur versagt werden soll, wenn schwerwiegende Gründe der Eingehung der neuen Ehe entgegenstehen; d.h. diese Befreiung soll sogar regelmäßig bewilligt und nur dann versagt werden, wenn schwerwiegende Gründe der neuen Eheeingehung entgegenstehen. § 6 dt. EheG von 1946 hatte den alten § 9 dt. EheG von 1938 wörtlich aufgenommen. Abs. 2 dieses Paragraphen 6 wurde später zwar neu gefaßt mit Wirkung vom 1.1.1962 durch "Familienänderungsgesetz" vom 11.8.1961, aber durch "Erstes Gesetz zur Reform des Ehe- und Familienrechts" vom 14.6.1976 wird dieser Abs. 2 aufgehoben mit Wirkung vom 1.7.1977 und Abs. 1 des § 6 dt. EheG von 1946 wurde außer Wirksamkeit gesetzt mit Wirkung von 16.6.1976.[450]

Gemäß Art. 150 des schweizerischen ZGB bleibt das Ehehindernis für Ehebruchspartner grundsätzlich nur ein bis drei Jahre nach dem Ehebruch bestehen. Somit besteht dieses Ehehindernis hier nur für eine begrenzte Zeitdauer.

---

450 Der § 172 dt. StGB über Strafbarkeit des Ehebruchs ist nach Inkraftsetzung des ersten Teils der deutschen Strafrechtsreform am 1. Sept. 1969 abgeschafft worden. Es behält aber anfangs die in § 6 II dt. EheG ausgesprochene Einschränkung der Befreiung vom Eheverbot mit dem Ehebruchspartner noch ihre Bedeutung. D.h. obwohl es im dt. StGB eine Bestrafung des Ehebruchs nicht mehr gibt, ist das Eheverbot mit dem Ehebruchspartner nicht gegenstandslos. Mit anderen Worten, "ob der Ehebruch bestraft wurde (StGB § 172), ist für Eheverbot und Befreiung nicht ausschlaggebend" (Beitzke, 16. Aufl., 1972, S. 40). Das Weiterbestehen des Eheverbots wegen Ehebruchs ist aber eine andere Frage. Günther Beitzke schreibt noch im Jahre 1972 dazu folgendes: "In der DDR ist das Eheverbot (wegen Ehebruchs) beseitigt, in der BRD ist seine Streichung im Entw. 1971 als logische Folgerung aus der Beseitigung des Verschuldensprinzips im Scheidungsrecht vorgesehen. Die Beseitigung dieses durch eine großzügige Befreiungspraxis unterhöhlten Verbots (die Befreiung ist auch heute nach EheG § 6 II die Regel; OLGZ 1968, 362) wäre zu wünschen" (Beitzke, 16. Aufl., 1972, S. 40). Diese vorgesehene Änderung ist durch das "Erste Gesetz zur Reform des Ehe- und Familienrechts" (1. EheRG) vom 14.6.1976 verwirklicht, und zwar hat § 6 I dt. EheG, betreffend das Eheverbot mit dem Ehebruchspartner, ab 16.6.1976 seine Wirksamkeit verloren und es wird § 6 II dt. EheG, betreffend die Befreiung vom Eheverbot mit dem Ehebruchspartner, auch aufgehoben mit Wirkung vom 1. Juli 1977.

Unter zu strenges Verbot falle die Ehe zwischen Ehebruchspartnern nach Art. 986 Nankinger BGB, äußern Ts'ao Chieh und Li I-Shen. Sie sind für eine Abänderung dieses Artikels.[451] Aber der Entwurf zur Neufassung des Familienrechts des BGB vom 12.8.1982 hat für diesen Art. 986 keine Änderung vorgesehen. Somit neigt man zur Erhaltung der traditionellen chinesischen guten Sitte und es bleibt dann auch das Eheverbot wegen Ehebruchs des Art. 986 BGB mit der Strafanordnung wegen Ehebruchs im Strafrecht, Art. 239, in Einklang.[451/1] Aber beispielsweise in der Bundesrepublik Deutschland ist die Erzielung der gesetzlichen Übereinstimmung zwischen Ehegesetz und Strafgesetzbuch in umgekehrter Richtung verlaufen, und zwar mußte wegen Abschaffung von § 172 dt. StGB (gemäß 1. StrRG vom 25.6.1969 mit Wirkung vom 1.9.1969), der Bestrafung des Ehebruchs, der Art. 6 dt. EheG, der das Eheverbot für den Ehebruchspartner enthält, wegfallen (Abs. 1 außer Wirksamkeit mit Wirkung vom 16.6.1976 und Abs. 2 aufgehoben mit Wirkung vom 1.7.1977 durch 1. EheRG vom 14.6.1976). Auch ist im dt. EheG das Eheverbot wegen Ehebruchs mit Beseitigung des Verschuldensprinzips im Scheidungsrecht hinfällig geworden.[451/2] Dagegen ist im chinesischen BGB der Ehebruch weiterhin ein Scheidungsgrund, auch nach der teilweisen Neufassung des Familienrechts des BGB vom 3.6.1985, Art. 1052 I Ziff. 2, so herrscht auch gesetzliche Übereinstimmung mit den oben genannten Art. 986 des Nankinger BGB und Art. 239 des Nankinger StGB.[451/3]

Das Pekinger EheG enthält keinen Artikel, der ausdrücklich ein Eheverbot zwischen den Ehebruchspartnern ausspricht. Hier könnte man zwei einander gegenüberstehende Ansichten anführen:
1. Man könnte zuerst annehmen, daß die Eheschließung zwischen den Ehebruchspartnern nach dem Pekinger EheG nicht verboten ist. Denn das Gesetz schweigt zu dieser Verbotsfrage; dieses Fehlen einer Verbotsnorm kann nur zu dem Schluß führen, daß erlaubt ist, was nicht ausdrücklich untersagt ist.
2. Man könnte aber auch in dieser Frage eine andere Ansicht vertreten, wozu allerdings in einem solchen Falle des Fehlens einer geschriebenen Norm das vom alten Gesetz überlieferte Gewohnheitsrecht als maßgebend heranzuziehen ist. Es ist dies ein Gesichtspunkt, wie er sich schon in Art. 1 Abs. 2 des schweizerischen ZGB findet und von dort auch Eingang in das Nankinger BGB gefunden hat (Art. 1 BGB: "Ist ein bürgerlichrechtlicher Fall

---
451 Chao, S. 76, Anmerkung 28; Li, S. 57.
451/1 Vgl. Hu K'ai-Ch'eng, S. 40.
451/2 Beitzke, S. 53.
451/3 Vgl. Hu K'ai-Ch'eng, S. 40.

vom Gesetz nicht geregelt, so ist die Gewohnheit maßgebend."), so daß man ihn, obwohl das Nankinger BGB im Gebiet der Pekinger Regierung nicht gilt, gleichwohl verwenden sollte, schon deswegen, weil er eine unmittelbar einleuchtende und sehr praktikable Regelung darstellt. Wendet man diesen Grundsatz auf den vorliegenden Fall an, so wird man zu dem Ergebnis kommen, daß man auf Grund des Gewohnheitsrechts tatsächlich ein Eheverbot für die Ehebruchspartner als bestehend annehmen kann; denn die Gewohnheit läßt sich einwandfrei sowohl dem Nankinger BGB als auch dem älteren Ch'ing-Gesetz entnehmen, welche beide ein Eheverbot für die Ehebruchspartner aufstellten. Es entsprach also von jeher der chinesischen Auffassung von der guten Sitte, daß der Ehebrecher seinen Mitschuldigen nicht heiraten durfte. Es liegt daher der Schluß nahe, daß sich an dieser Regelung auch heute unter der Pekinger Regierung nichts geändert hat.

Demgegenüber ist jedoch nicht zu verkennen, daß die Pekinger Regierung in dieser Frage durchaus einen anderen Standpunkt einnehmen kann. Gerade weil das heute geltende Pekinger Ehegesetz eine Verbotsnorm nicht enthält, könnte man hierin eine vom bisherigen Recht abweichende, bewußt geschaffene Neuregelung erblicken, die die bisher geltende Gewohnheit des Eheverbots außer Kraft setzen und damit modernen Rechtsgrundsätzen, die sich den veränderten Lebensumständen anpassen, Rechnung tragen will.[452]

Welche der obigen Deutungen sich nunmehr bei der Pekinger Gesetzgebung durchsetzt, muß unentschieden bleiben, da für den Verfasser zur Zeit kein Material zu dieser Frage greifbar ist.

ee) Eheverbot während der Wartezeit der Frau

Seit alters her herrschte in China die Idee, daß eine tugendhafte Witwe keinem zweiten Ehemann dienen (wörtlich übersetzt) soll. Auch das Buch "Li Gi" lehrt, eine Frau solle nicht nochmals heiraten, wenn ihr Mann gestorben ist.[453] Dieser Gedanke hatte großen Einfluß auf die alten Gesetzgebungen. So heißt es z.B. in Art. 179 des Gesetzbuches der T'ang-Dynastie (618-907), daß eine Witwe mit drei Jahren Gefängnis bestraft wird, wenn sie während der Trauerzeit für ihren Mann eine neue Ehe eingeht, und daß diese Ehe geschieden werden soll. Auch nach Lü 13 des Gesetzbuches der Ch'ing-Dynastie

---

452 In der DDR ist das Eheverbot zwischen Ehebruchspartnern schon beseitigt worden (vgl. § 8 FGB der DDR).
453 Vgl. Li, S. 56.

(1644-1911) trifft eine Frau oder Nebenfrau eine Strafe von 100 schweren Hieben, falls sie während der Trauerzeit für den Mann wieder eine Ehe eingeht. Wenn die Frau eines hohen Beamten nach dem Tode ihres Mannes nach Ablauf der Trauerzeit eine neue Ehe schließt, so liegt dasselbe Delikt vor. Der Rang wird ihr entzogen und die neue Ehe geschieden. Der Regel nach dauert die Trauerzeit der Frau für den Mann drei Jahre. Demnach hatte die bürgerliche Witwe drei Jahre Wartezeit; die Witwe eines hohen Beamten aber durfte überhaupt nicht mehr heiraten. Dieses Ehehindernis der Wartezeit war lediglich in der Sitte und den Forderungen der Tugend begründet.

Im gegenwärtigen Nankinger BGB findet man auch das Ehehindernis der Wartezeit für die Frau. Wenn man aber den Art. 987 BGB liest, erkennt man, daß der Sinn und Zweck der Wartezeit jetzt ein anderer ist als früher. Art. 987 BGB lautet folgendermaßen: "Eine Frau kann erst nach Ablauf von sechs Monaten nach Erlöschen ihrer Ehe von neuem die Ehe eingehen; es sei denn, daß sie innerhalb der sechs Monate geboren hat". Daraus wird klar, daß dieses Eheverbot nur zur Klärung des Abstammungsverhältnisses eines eventuellen Kindes besteht und nicht wie früher auf Erwägungen der Sitte und Tugend beruht. (Nach Art. 1062 Nankinger BGB bestimmt sich die Empfängniszeit vom 181. bis 302. Tage vor der Geburt des Kindes.)

Die Dauer der Wartezeit ist in den ausländischen Gesetzgebungen unterschiedlich. Z.B. beträgt die Wartezeit für die Frau nach Art. 228 und 296 des luxemburgischen BGB (Fassung vom 6.2.1975) 300 Tage nach Auflösung oder Scheidung der Ehe. Nach Art. 150 des schweizerischen ZGB ist nach der Ehescheidung wegen Ehebruchs die Eingehung einer neuen Ehe auf ein bis drei Jahre untersagt. Art. 733 des japanischen BGB nennt eine Wartezeit für die Frau von sechs Monaten nach der gerichtlichen oder durch gegenseitige Übereinkunft bewirkten Auflösung oder Anfechtung der Ehe.

Die Wartezeit von evtl. drei Jahren nach der Ehescheidung wegen Ehebruchs gemäß des schweizerischen ZGB ist sehr lang.[454] Auch die luxembur-

---

[454] Wenn eine schon über 40 Jahre alte Frau bis zur Wiederverheiratung noch drei Jahre warten sollte, wäre ihre Empfängnisfähigkeit bald vorüber. Es wäre dieser natürlichen Gegebenheit entsprechend angepaßt, wenn eine solche Frau sofort wieder heiraten könnte, falls durch ärztliches Zeugnis nachgewiesen wird, daß die Frau nicht schwanger ist.
Die deutsche Gesetzgebung kann nach § 32 III der 1. AVO zum PStG (PersStG) vom 19. Mai 1938 eine Frau ohne ärztliches Schwangerschaftszeugnis von der 10-monatigen Wartezeit nach Auflösung der Ehe (§ 8 dt. EheG) befreien, wenn sie das 45. Lebensjahr vollendet hat (Gerold, S. 31). Es wird angenommen, daß im allgemeinen die Empfängnisfähigkeit in diesem Alter der Frau schon vorüber ist.

gische Gesetzgebung hatte in der alten Fassung des Artikels 297 (v. 3.9.1807) die lange Wartezeit von drei Jahren nach der Ehescheidung auf Grund gegenseitigen Einverständnisses. Diese lange Wartezeit zwang zur Neufassung des Artikels 297 (5.12.1978), so daß sich die Frau nun unmittelbar nach Ausspruch einer solchen Ehescheidung wieder verheiraten kann. D.h. in diesem Falle besteht keine Wartezeit mehr für die Frau vor der Wiederverheiratung nach der Ehescheidung.

Da in Art. 987 Nankinger BGB zu den folgenden Fällen eine Angabe über eine Befreiungsmöglichkeit von der Wartezeit fehlt, ist es fraglich, ob in diesen Fällen von der Wartezeit befreit werden kann, z.B. bei Ehescheidung wegen dreijähriger Verschollenheit des Mannes oder bei mehr als sechs Monate währender Gefängnisstrafe des Mannes (Art. 1052, Ziff. 9 und 10 BGB); bei Eheauflösung infolge Todeserklärung nach dreijähriger Verschollenheit des Mannes (Art. 8 BGB, dieser Art. 8 BGB geändert in 'einjährige Verschollenheit' nach Neufassung vom 4.1.1982, Inkrafttreten am 1.1.1983); bei Eheanfechtung wegen zur Zeit der Eheschließung bestehender Zeugungsunfähigkeit des Mannes (Art. 995 BGB) und bei Wiederheirat der Frau mit Zeugnis über Schwangerschaftslosigkeit. Chang Shen, Chao Feng-Chieh und Li I-Shen sind der Meinung, daß die Frau in diesen Fällen von ihrer sechs monatigen Wartezeit befreit werden kann. Diesem Wunsche sollte mit einer Neuhinzufügung zu Art. 987 BGB im Entwurf zur teilweisen Neufassung des Familienrechts vom 12.8.1982 nachgekommen werden, und zwar fielen danach die oben genannten Fälle nicht unter die Wartezeit, "wenn während der Auflösung der Ehe keine Schwangerschaft vorliegt". So entspräche die Neuhinzufügung zu Art. 987 BGB in ihrer Wirkung etwa § 8 Abs. 2 dt.

---

§ 9 der 1. DVO EheG vom 27.7.1938 besagt auch, daß für die Ausstellung von Ehefähigkeitszeugnissen die Vorschrift des § 32 der 1. AVO zum PStG gilt. Durch die Aufhebung des § 9 der 1. DVO EheG mit Wirkung vom 1. Jan. 1962 durch FamRÄndG entfällt auch § 32 III der 1. AVO zum PStG. Stattdessen wurde § 8 II dt. EheG auch neu gefaßt mit Wirkung vom 1.2.1962 durch FamRÄndG vom 11.8.1961, wonach der Standesbeamte Befreiung von der Wartezeit der Frau erteilen kann. Im alten § 8 II EheG war keine für die Befreiung von der Wartezeit zuständige Instanz angegeben.

Die Befreiung vom Ehehindernis der Wartezeit erteilt nach § 7a PStG in der Fassung vom 8.8.1957 aber nur der Standesbeamte, der das Aufgebot erläßt oder Befreiung vom Aufgebot bewilligt. Wenn die Ehe wegen lebensgefährlicher Erkrankung eines Verlobten ohne Aufgebot geschlossen werden soll, so ist für die Befreiung der Standesbeamte zuständig, vor dem die Ehe geschlossen wird. Mit anderen Worten kann der Standesbeamte jetzt nicht mehr nur wie früher Befreiung von der Wartezeit der Frau durch ärztliches Schwangerschaftszeugnis erteilen, um der Frau sofortige Wiederheirat zu ermöglichen.

EheG.[455] Aber in der teilweisen Neufassung im Familienrecht des BGB vom 3.6.1985 ist diese Befreiungsmöglichkeit von der sechs monatigen Wartezeit der Frau, die der Entwurf zur Neufassung vom 12.8.1982 mit der Neuhinzufügung zu Art. 987 BGB amtlich vorgesehen hatte, nicht aufgenommen worden, amtlich begründet mit der Schwierigkeit des Nachweises der Schwangerschaftslosigkeit.

Im Pekinger EheG findet man keine genauere Darlegung, ob der Frau vor Wiederheirat eine bestimmte Wartezeit auferlegt ist. Man könnte zuerst annehmen, daß es in diesem Gesetz keine solche Wartezeit für die Frau gibt, denn es ist erlaubt, was im Gesetz nicht ausdrücklich untersagt ist. Es wäre andererseits auch denkbar, daß nach Pekinger Auffassung eine solche Wartezeit, die nur die Frau, nicht aber den Mann betrifft, gegen den Grundsatz der Gleichberechtigung von Mann und Frau verstößt, der in Art. 1 des 1. Pekinger EheG von 1950 eindeutig ausgesprochen ist: Das feudalistische Ehesystem, wodurch der Mann respektiert, aber die Frau vernachlässigt wird, ist aufgehoben. Es gilt das neue volksdemokratische Ehesystem der Gleichheit der Rechte von Mann und Frau. Dem gleichen Sinne entspricht auch Art. 2 des gegenwärtigen Pekinger EheG von 1980.[456]

Ob aber die Annahme zutrifft, das Pekinger EheG enthalte keine Wartezeit der Frau, da eine solche dem Grundsatz der Gleichheit der Rechte von Mann und Frau widerspreche, ist zweifelhaft. Denn die Forderung nach der Wartezeit der Frau vor der Wiederverheiratung richtet sich nicht unbedingt gegen den Grundsatz der Gleichberechtigung, da nach moderner Rechtsauffassung diese Wartezeit nur ein notwendiges Erfordernis zur Klärung der Abstammungsfrage eines eventuellen Kindes ist.

B. Die formellen Voraussetzungen

a) Die Formalitäten vor der Trauung

In China wurde in alter Zeit bei der zuständigen amtlichen Stelle eine Anmeldung zur Eheschließung vorgenommen. Darauf erhielt man von dieser Amtsstelle die Genehmigung zur Vermählung. Auf diese Weise wurde die Eheschließung von amtlicher Seite vorher befürwortet und dadurch auch mitbe-

---

455   Z.B. kann der Standesbeamte nach § 8 II dt. EheG (n.F.) der Frau vor Wiederheirat Befreiung von ihrer Wartezeit erteilen.
456   Die dem Pekinger EheG ähnliche Ehegesetzgebung der DDR enthält auch kein Eheverbot der Wartezeit der Frau in ihrem FGB vom 20.12.1965 (vgl. Beitzke, S. 54).

wirkt. Diese Amtshandlung bedeutet nach Sinn und Zweck etwa dasselbe wie die amtliche Mitwirkung im deutschen Recht. Auch hier sollen die Brautleute vor der Eheschließung auf dem Standesamt ihr Aufgebot bestellen (§ 12 dt. EheG) und die Eheschließung soll gemäß § 14 dt. EheG vom Standesamt mitbewirkt werden.[456/1]

Allerdings war man im Laufe der Jahre in der Ausübung dieser alten chinesischen Heiratsformalitäten immer nachlässiger geworden. So kann man z.B. aus einem Passus des Buches "Li Gi" erfahren, daß Herzog Chao von Lu (540-508) der erste war, der ohne Zustimmung des Kaisers die Ehe einging, d.h. er hatte keine Anmeldung vorgenommen.[457] Der Kommentar berichtet zu dieser Stelle, daß seit dieser Zeit das Volk vor der Eheeingehung dem Kaiser keine Anmeldung mehr gemacht hatte, deshalb gab er auch für das Volk keine Heiratsanweisungen mehr. Dadurch ist diese Heiratsformalität allmählich verloren gegangen.[458]

So hatte man sich inzwischen daran gewöhnt, und es war während vieler Jahre üblich gewesen, ohne diese alten Heiratsformalitäten auszukommen. Daher wurden sie in das neue Nankinger BGB und Pekinger EheG nicht wieder aufgenommen. Auch die in Europa noch üblichen Heiratsformalitäten, wie z.B. die der zur Zeit der Entstehung des Nankinger BGB gültigen §§ 1316 und 1318 dt. BGB (jetzt entsprechend §§ 12 und 14 dt. EheG), hat man nicht als Richtlinie genommen, obwohl die europäischen Gesetzgebungen in mancher Beziehung als Vorbild für das Nankinger BGB dienten.[459]

456/1 Das nach § 12 dt. EheG erforderliche Aufgebot vor der Eheschließung wird bald seine Lebensdauer beenden, und zwar nach einem Zeitungsbericht "Alter Zopf wird abgeschnitten: Heirat bald ohne Aufgebot", siehe Abendpost, Nachtausgabe, Frankfurt/M., vom 12.5.1987, S. 12.

457 Vermutlich wollte er ein Heiratsverbot wegen gleichen Familienstammnamens mit seiner Frau vermeiden. Näheres s. Yao Yen-Ch'ü, S. 93.

458 a) Shih San Ching Chu Shu, Heft 65: Li Gi, Bd. 43, S. 22.
b) Aber zur Zeit der Khitan-Tataren, einer weitgehend chinesisierten Fremdherrschaft in der Mongolei und in Nord-Ost-China, bezeichnet mit Liao-Dynastie (916-1125), bestand nach einem Erlaß im 8. Regierungsjahr (990) des Kaisers Sheng-Tsung (聖宗, 983-1031) wieder die Anordnung zur vorherigen Anmeldung der Heirat (Yang, S. 659), jedoch nur für ihren Herrschaftsbereich. Die Liao-Dynastie gilt nicht als anerkannte Dynastie Chinas, im chinesischen Geschichtsbuch wird sie nur als ein Barbaren-Staat erwähnt (vgl. "Das Wesen der Sung-Dynastie" von Li Yu, Peking 1955, S. 198 und 205). So hat sich die im Bereich der Liao-Dynastie wieder eingeführte Anmeldung der Heirat nicht mehr in ganz China durchgesetzt.

459 a) Aber nach Art. 3 der früheren "Eheverordnung für Armee, Marine und Luftwaffe zur Zeit der Unterdrückung des Aufruhrs" vom 5. Jan. 1952 der chinesischen Nationalregierung soll derjenige, der im Militärdienst steht einen Monat vor seiner beab-

b) Öffentliche Form und Zeugen bei der Vermählung

Nach Art. 982 BGB muß die Eheschließung "öffentlich und vor mindestens zwei Zeugen erfolgen". Welches die öffentliche Form der Eheschließung ist, und wer als rechtmäßiger Zeuge der Eheschließung gilt, ist vom Justizamt in zwei Erklärungen (Yüan Tzu Nr. 859 und 955 vom Jahre 1933) festgelegt: "Danach ist es gleichgültig, ob die Eheschließung nach der alten Zeremonie oder in einer modernen Form vor sich geht; eine Öffentlichkeit der Zeremonie, wie sie das Gesetz verlangt, liegt aber nur vor, wenn nicht nur bestimmte einzelne, sondern beliebige Personen (wenn wohl auch nicht beliebig viele) Zutritt haben". Es genügt "eine gemeinsame Feier der Verlobten anläßlich der Ahnenverehrung am Silvestertage im Beisein von Familienmitgliedern als Zeugen; die Zeugen müssen aber persönlich anwesend sein und zur Übernahme des Zeugenamtes bereit sein; die Heiratsurkunde brauchen sie nicht unbedingt mitzuunterschreiben".[460]

Es gilt also derjenige nicht als Zeuge, der bei der Eheschließung nicht selbst anwesend war, auch wenn sein Bevollmächtigter auf der Eheurkunde in seinem Namen gesiegelt und unterschrieben hat.[461]

---

sichtigten Vermählung bei seiner zuständigen Behörde formell die Bewilligung einholen. Die Vermählung kann erst nach Erhalt der Heiratsbewilligung stattfinden. Wenn die Heirat dieser Vorschrift nicht entspricht, ist die Ehe ungültig (Art. 9 dieser Eheverordnung). Art. 6 und 13 der gegenwärtigen "Eheverordnung für Militärangehörige zur Zeit der Unterdrückung des Aufruhrs" vom 13.8.1959 haben inhaltsgleiche Vorschriften. Statt Art. 6 und 13 dieser Eheverordnung gelten jetzt Art. 5 und 12 der neuen Fassung vom 21.12.1974. Das ist jedoch nur eine vorübergehende Ausnahme zum Nankinger BGB. Mit anderen Worten, diese Eheverordnung wird über kurz oder lang wegfallen, so wie auch heute in Deutschland das frühere Eheverbot wegen fehlender dienstlicher Genehmigung bei Soldaten entfallen ist (vgl. Beitzke, S. 55).
b) "Am 24. November 1955 wurde vom Ministerrat der Deutschen Demokratischen Republik eine neue Verordnung über Eheschließung und Eheauflösung erlassen" (am 29.11.1955 in Kraft getreten). Danach ist "das bisher erforderliche Aufgebot vor der Eheschließung nicht mehr notwendig" (Die Zeitschrift "SBZ-Archiv", Heft 2 vom 25.1.1956, Köln, S. 31). Diese Verordnung ist aber durch § 27 des Einführungsgesetzes zum FGB der DDR mit Inkrafttreten des FGB aufgehoben. Im § 6 FGB über die Form der Eheschließung wird von einem Aufgebot nichts mehr erwähnt.
460 Deutsche Zitatsübertragung nach Karl Bünger's "Die Familie in der chinesischen Rechtsprechung" (s. "Sinica", X. Jahrgang, 1935, Heft 1, S. 27).
461 a) Vgl. die Erklärungen des Justizamtes Yüantzu Nr. 1701 vom Jahre 1937.
b) Nach der Verordnung über Eheschließung und Eheauflösung der DDR muß aber die Eheschließung "nicht mehr im Beisein von sogenannten Trauzeugen stattfinden; ..." ("SBZ-Archiv", Heft 2 vom 25.1.1956, S. 31). Diese Verordnung ist durch § 27 des Einführungsgesetzes zum FGB der DDR mit Inkrafttreten des FGB aufgehoben.

Wo die Zeremonie der Eheschließung stattfindet, spielt keine Rolle. Es ist nicht vorgeschrieben, wie im § 11 dt. EheG, nach dem eine Ehe nur zustande kommt, wenn die Eheschließung vor einem Standesbeamten stattgefunden hat;[462] oder wie in England, daß die Eheschließung der anglikanischen Kirche nur in der Pfarrkirche oder einer besonders genehmigten Traukapelle erfolgen darf.[463]

Nach der Erklärung des Justizamtes Yüantzu Nr. 1701 vom Jahre 1937 ist ein Hochzeitsmahl aber nicht im Sinne der öffentlichen Form des Gesetzes, wenn es z.b. in einem Zimmer eines Hotels nicht unter Zutritt beliebiger Personen und unter Bekanntgabe der Eheschließung stattfand, selbst wenn die Brautleute von der Richtigkeit ihrer Eheschließungszeremonie überzeugt waren.[464]

Es ist dem chinesischen Recht nicht bekannt und in China nicht üblich wie es z.B. § 14 dt. EheG bestimmt, daß der Standesbeamte bei der Eheschließung an die Verlobten "einzeln und nacheinander die Frage richten" soll, "ob sie die Ehe miteinander eingehen wollen", und, nachdem die Verlobten die Frage bejaht haben, im Namen des Rechts aussprechen soll, "daß sie nunmehr rechtmäßig verbundene Eheleute seien".[465]

Nach § 6 FGB über Form der Eheschließung verlangt das Gesetz die Eheschließung auch nicht im Beisein von Trauzeugen.

462 § 11 dt. EheG wird durch § 67 dt. Personenstandsgesetz (in der Fassung vom 8.8.1957) ergänzt. Danach können die Verlobten eine kirchliche Trauung oder andere religiöse Feierlichkeiten vor der standesamtlichen Eheschließung vollziehen, wenn sie zuvor dem Standesamt erklärt haben, die Ehe miteinander eingehen zu wollen. Diese Erklärung kann nach der Ergänzung durch § 67 a dieses PersStG auch unverzüglich nach der kirchlichen Trauung oder religiösen Feierlichkeit der Eheschließung durch schriftliche Anzeige an das Standesamt erfolgen. Die kirchliche Trauung ist aber kein Ersatz für die standesamtliche Eheschließung.

463 Boschan, S. 194. Die maßgebenden rechtlichen Vorschriften über die Form der Eheschließung in England sind enthalten in den Marriage Acts 1949-1983. Näheres s. Bergmann/Ferid: Großbritannien, 1986, S. 32 und 1975, S. 93 f. und S. 106.

464 a) Das Buch "Li Gi" hat die folgende Auffassung über das Hochzeitsmahl: "Der Bräutigam bereitet das Hochzeitsmahl, zu dem er die Dorfgenossen und Freunde einlädt: Das geschieht alles, um zu betonen, daß alles in Züchten vor sich geht" (Li Gi, S. 347).
b) Sec. 44 des englischen "Marriage Act 1949" drückt genau aus, daß die Eheschließung bei offenen Türen geschlossen werden muß (Bergmann/Ferid: Großbritannien, 1986, S. 103 f.).

465 In China gilt Schweigen und tiefes Erröten gewöhnlich als Zeichen der Heiratszustimmung der Frau (F.T. Cheng, S. 299). Wenn man verlangt, daß die Frau öffentlich

Ob die Eheschließung in öffentlicher Form gemäß Art. 982 I BGB stattgefunden hat, ist zuweilen schwer zu beweisen. Um Streit in dieser Frage zu vermeiden, ist in der Neufassung des Familienrechts vom 3.6.1985 im Art. 982 BGB hierfür ein Absatz 2 neu hinzugefügt, wonach eine vorgenommene Registrierung der Eheschließung gemäß Art. 25 des Nankinger Registraturgesetzes der Bevölkerung (Fassung vom 17.7.1973) auch als öffentliche Form der Eheschließung gilt.

Die öffentliche Form der Eheschließung nach dem Pekinger EheG besteht gemäß Art. 7 dieses Gesetzes nur darin, daß die Partner persönlich beim Registrierungsamt ihre Eheschließung registrieren lassen müssen.

c) *Ausstellung der Eheurkunde*

Nach dem Nankinger BGB ist die Eheurkunde keine unbedingte Formalität der Eheschließung.[466] Zum Beweis können sich die Brautleute aber selbst eine Urkunde ausstellen. Zur Verstärkung der Beweiskraft kann man die Urkunde notariell beglaubigen lassen (vgl. Art. 4 Ziff. 3 des Nankinger Notargesetzes vom 31. März 1943).

Gemäß Art. 7 des Pekinger EheG wird nach der Eheregistrierung eine Heiratsurkunde ausgestellt. Mit Erhalt dieser Urkunde gilt die Ehe als geschlossen.

d) *Registrierung der Eheschließung*

aa) *Nach dem gegenwärtigen Nankinger und Pekinger Gesetz*

Ob die Eheregistrierung die wichtigste Formalität der Eheschließung ist, wird in den ausländischen Gesetzgebungen verschieden beurteilt. So beruht z.B. nach § 14 Abs. 2 dt. EheG die Eheeintragung im Familienbuch nur auf einer

---

mit lauter Stimme "Ja" sagen soll, dann wird sie sich scheuen. Die europäische Trauungszeremonie des öffentlich zugegebenen "Ja"-Wortes ist der chinesischen Frau fremd. Beispielsweise passierte es, daß ein europäischer Missionar vor etwa 80 Jahren in China bei einer Trauung nach 3-maliger vergeblicher Aufforderung der Braut ihr "Ja"-Wort zu geben, die Trauung nicht vollziehen konnte. Das bedeutete aber nicht, daß die Braut der Heirat nicht zustimmen wollte, weswegen dann die Trauung später auch ohne das "Ja"-Wort dafür mit "einem Schritt vorwärtsgehen" der Braut als gültig anerkannt wurde.

466 Vgl. Urteil des Obersten Gerichtshofes Shangtzu Nr. 135 vom Jahre 1933 und Li, S. 48.

"Soll"-Vorschrift; wenn diese Formalität fehlt, wird die Gültigkeit der Eheschließung davon nicht berührt.[467]

Umgekehrt ist nach Art. 13 des "Ehe- und Familienkodex" der RSFSR (am 1.11.1969 in Kraft getreten) die Eheregistrierung die einzige konstitutive Formalität der Eheschließung.

Die Wichtigkeit der Eheregistrierung nach dem 1. Pekinger EheG von 1950 und nach dem Nankinger BGB ist nicht sehr unterschiedlich:

Nach Art. 6 Pekinger 1. EheG war für die Gültigkeit einer Eheschließung die Eheregistrierung nicht unbedingt notwendig.[468] Für die Eheregistrierung gemäß diesem Art. 6 haben sich Mann und Frau persönlich zu der zuständigen örtlichen Volksregierung des Bezirks oder der Landgemeinde zu begeben und dort die Registrierung vorzunehmen. Als registriert gilt nach einer gerichtlichen Erklärung auch eine Eheschließung, die vor dem Beamten der

---

467 Beitzke, S. 56 f.; Feldmann, S. 72.
468 a) In der Anfangszeit des 1. EheG von 1950 wurde die Eheregistrierung noch nicht so streng gehandhabt. So wurden nicht registrierte Ehen, die in der Zeit zwischen Inkrafttreten des EheG (1. Mai 1950) und der Bewegung zum Wirksammachen des Gesetzes vom März 1953 geschlossen wurden, für gültig angesehen, auch ohne nachträgliche Registrierung. Vgl. die 9. Antwort des juristischen Ausschusses des Staatsrates der Zentralvolksregierung vom 19. März 1953 auf Ehefragen (s. Sammlung ausgewählter Gesetze und Verordnungen der Volksrepublik China, 1957, S. 277-278).
b) Obwohl das Pekinger EheG als Bedingung für die Gültigkeit der Eheschließung die Eheregistrierung fordert, wird dieser Forderung vorwiegend in abgelegenen Gebieten, auch heute noch nicht generell nachgekommen. Man sieht die Anwendung der in der Tradition verwurzelten Heiratsriten als genügend an, d.h. es läßt sich eben die langjährig vom Volk geübte Gewohnheit nicht kurzfristig durch zwangsweise Gesetzesanordnung abstellen. Ja, man lehnt sogar die Registrierung der Eheschließung ab, begründet mit schwierigen Verkehrsverhältnissen und zu großem Zeitaufwand. So wendet man die alten Heiratszeremonien weiterhin an, wie bisher, zur Bildung einer gültigen Eheschließung, ohne die gesetzlich geforderte Eheregistrierung. Es berichtet die der Volksrepublik China nahestehende Tageszeitung Wen Hui Pao (文匯报), Hongkong vom 6.1.1987 nach einer nicht ganz vollständigen Statistik, daß im Regierungsbezirk Fu Chou (福州), Prov. Fukien, von 17.697 innerhalb eines Jahres vorgenommenen Eheschließungen 80% nach den alten Heiratsriten vollzogen worden seien und daß in dem 30.000 Einwohner zählenden Dorf Kang Yüan (康园), Kreis Lien Hsien (連縣   ) von jährlich 100 Eheschließungen nach den Amtsakten nur 10 Eheschließungen registriert werden. In den abgelegenen Gebieten würden noch weniger Registrierungen von Eheschließungen vorgenommen. Ursachen hierfür sind einmal Unkenntnis der gesetzlichen Bestimmung, ferner die als unwichtig angesehene gesetzliche Eheregistrierung (s. die Tageszeitung "Central Daily News" vom 11.1.1987, S. 6).

Notargeschäftsstelle des Gerichts stattgefunden hat,[469] das bedeutet, daß man vor der Eheregistrierung eine gültige Eheschließung vornehmen kann. Die gerichtsnotarische Eheschließung hat gleichzeitig die Wirkung einer Vermählung und einer Eheregistrierung. Diese Eheregistrierung hatte also nur eine deklarative Bedeutung.

Ebenso sollen nach Art. 25 des Nankinger Registraturgesetzes der Bevölkerung vom 12.12.1931 (n.F. vom 17.7.1973) die Ehepartner ihre Eheschließung registrieren lassen, dies ist aber nur eine Personenstandsregistrierung wie eine andere übliche Registrierung, etwa die der Anerkennung unehelicher Kinder oder der Adoption (Art. 23 und 24 dieses Registraturgesetzes). Eine solche Registrierung hat nur Beweiskraft oder eine deklarative Bedeutung für die Eheschließung[470] und ist wie im 1. Pekinger EheG von 1950 auch nicht eine konstitutive Voraussetzung für die gesetzlich gültige Vermählung.

Aber wie eben erwähnt, gilt nach dem neu hinzugefügten Absatz 2 zu Art. 982 BGB der Neufassung des Familienrechts vom 3.6.1985 die Eheregistrierung als öffentliche Form der Eheschließung gemäß Art. 982 I BGB. Somit kommt der Registrierung der Ehe eine stärkere Wirkung zu als bisher und sie hat nicht mehr nur deklarative Bedeutung.

Die Nankinger Eheregistrierung gleicht nicht ganz der des § 14 Abs. 2 dt. EheG, wonach der Standesbeamte die Eheschließung nach der Trauung in das Familienbuch eintragen soll. Nach Art. 58 des Nankinger Registraturgesetzes der Bevölkerung brauchen die Ehepartner erst innerhalb von 15 Tagen nach der Eheschließung diese registrieren zu lassen.

Wenn auch die Gültigkeit der Ehe nach Art. 1339 des Entwurfes des chinesischen Bürgerlichen Gesetzbuches vom Jahre 1912 "erst mit der Anmeldung beim Standesbeamten" eintritt, ist es aber nicht so, "daß der betreffende Beamte die Brautleute zusammengibt, sondern daß er die zwischen ihnen schon vollzogene Eheschließung einträgt".[471] Obwohl dieser Entwurf nie in Kraft getreten ist, kann er hier aber als Hinweis dafür dienen, daß das gegenwärtige Nankinger BGB und das Nankinger Registraturgesetz das Eheregistrierungssystem von Art. 1339 des Entwurfs abgelehnt haben.

---

469 Vgl. die 10. Antwort des juristischen Ausschusses des Staatsrates des Zentralvolksregierung vom 19. März 1953 auf Ehefragen (s. Sammlung ausgewählter Gesetze und Verordnungen der Volksrepublik China, 1957, S. 278) oder Ch'en, S. 32.
470 Vgl. Chao, S. 80; Tai, S. 41 f.; RabelsZ. 16 (1950/51) 114 und das Urteil des Obersten Gerichtshofes Yung-Shang-tzu Nr. 35 vom Jahre 1944, worin es auch heißt, daß Mann und Frau nicht als Ehegatten gelten, wenn die Ehe nicht nach der gesetzlichen Formalität geschlossen worden ist, wenngleich sie beim Einwohnermeldeamt als Ehegatten eingetragen sind.
471 Engelmann, S. 112 und 172.

Im gegenwärtigen Pekinger EheG zeigt sich aber eine gewisse Ähnlichkeit mit dem früheren Entwurf zum chinesischen BGB vom Jahre 1912, und zwar wurde in der Eheregistrierung eine umgekehrte Anordnung zu Art. 6 des 1. Pekinger EheG von 1950 getroffen. Gemäß Art. 7 des jetzigen Pekinger EheG von 1980 ist für die Gültigkeit der Eheschließung die Registrierung erforderlich. Es müssen sich Mann und Frau persönlich beim Registrierungsamt für Eheschließungen registrieren lassen. Nach der gebilligten Registrierung wird eine Heiratsurkunde ausgestellt und nach Erhalt dieser Urkunde gilt die Ehe als geschlossen. So stellt die Eheregistrierung im jetzigen Pekinger EheG die einzige Formalität für die Eheschließung dar und es ist nicht mehr wie nach dem 1. Pekinger EheG, wonach die Eheregistrierung nicht eine unbedingte Formalität der Eheschließung war.

bb) Nach dem "Buch über die Verwaltung der Chou-Dynastie = Chou-Kuan oder Chou-Li"

Es scheint, daß es die Eheregistrierung auch im früheren China gegeben hat. In einem Passus des "Buches über die Verwaltung der Chou-Dynastie (1122-255) = Chou-Kuan oder Chou-Li" heißt es, die Heirat von Mann und Frau soll registriert werden. Der Kommentator Cheng Su-Nung erklärte hierzu, die Eheregistrierung diene zur Kontrolle der sittengemäßen Trauung.[472]

Daraus kann man ersehen, daß dieses alte Eheregistrierungssystem dem des jetzigen Nankinger Registraturgesetzes der Bevölkerung ähnlich war, und zwar wurde die Registrierung damals wie heute erst nach der Vermählung vorgenommen.

III. Die fehlerhaften Eheschließungen

Wenn eine Ehe nicht mit völliger Bereitwilligkeit der Partner oder nicht in normaler Naturgegebenheit zwischen Mann und Frau sowie nicht in der gesetzlichen Form geschlossen worden ist oder gegen ein gesetzliches Verbot

---

472 a) Shih San Ching Chu Shu, 32. Heft: Chou-Li, Bd. 14, S. 27 f. und vgl. auch Hsü Chao-Yang, S. 102.
b) Liang Ch'i-Ch'ao prüft in seinem Buch "Untersuchungen über die Echtheit und das Alter historischer Bücher Chinas" den Inhalt des Buches "Chou-Kuan" (= Chou-Li), das über das Verwaltungssystem der Chou-Dynastie (1122-255) berichtet. Er stellte fest, daß Liu Hsin, der kurz vor der Geburt Jesu lebte, die Unterlagen vom Verwaltungssystem der Periode der "Kämpfenden Staaten" (400-221), der späteren Periode

verstößt, dann ist sie entweder nicht bestehend oder nichtig oder anfechtbar. Solche Ehen nennt man fehlerhafte Ehen.

A. *Die nichtbestehende Ehe oder die Nichtehe*

Der Ausdruck "nichtbestehende Ehe" oder "Nichtehe" hat im Nankinger BGB keine Erwähnung gefunden.

Dagegen kommt der Ausdruck "nichtbestehende Ehe" zusammen mit den Ausdrücken die "Nichtigkeit" und die "Anfechtung" der Ehe z.B. in Art. 568 und 572 (für Klagen auf Feststellung des Bestehens oder Nichtbestehens einer Ehe) der Nankinger Zivilprozeßordnung vor.

Das Pekinger EheG erwähnt weder den Ausdruck "Nichtehe" oder die "nichtbestehende Ehe" noch ein Wort über die "Nichtigkeit" oder die "Anfechtung" der Ehe.

Was versteht man nun unter einer nichtbestehenden Ehe oder einer Nichtehe?

Die nichtbestehende Ehe ist eine nicht entstandene oder nicht vorhandene Ehe, d.h. sie ist überhaupt keine Ehe. Eine solche Eheschließung ist ohne

---

der Chou-Dynastie, in fälschender Absicht als Unterlagen des Verwaltungssystems der frühen Chou-Dynastie ausgegeben hat (S. 25 und 67).

Liang hat allerdings hinzugefügt, daß das im Buch Chou-Kuan erwähnte System größtenteils der historischen Wahrheit entsprechen würde, obwohl nicht alles der ersten Periode der Chou-Dynastie entstamme.

Chang Hsin-Ch'eng erklärt in seinem Buch "Untersuchungen über Bücherfälschung" auch in ähnlicher Weise, daß das Buch "Chou-Kuan" von den Gelehrten, die zu Beginn der Periode der "Kämpfenden Staaten" lebten und die die Rechtswissenschaft und die Volkswirtschaft gut beherrschten, über den Plan des Staatsaufbaues geschrieben wurde. Diese Schriften wurden zu Anfang der Han-Dynastie (206 v.Chr.-220 n.Chr.) entdeckt und im Geheimarchiv aufbewahrt. Liu Hsin hat sie später heimlich geändert und nachher als Buch ("Chou-Kuan") veröffentlicht (S. 388).

P'i Hsi-Shui schreibt in seinem Buch "Untersuchungen zu den fünf Klassischen Büchern", daß das Buch "Chou-Kuan" trotzdem nicht, wie man allgemein annahm, von Herzog von Chou, der Staatskanzler unter Kaiser Ch'en Wang (1115-1078) in der Chou-Dynastie war, verfaßt wurde, seiner Meinung nach liegt aber auch keine Verfälschung durch Liu Hsin vor. Das im Buch Chou-Kuan erwähnte Verwaltungssystem wird von ihm als das der Chou-Dynastie anerkannt (S. 46-47; 57-60; 63-64).

Für uns ist es nicht so wesentlich, ob das alte Eheregistrierungssystem schon zu Beginn der Chou-Dynastie oder erst in der späteren Periode der "Kämpfenden Staaten" eingeführt war. Es ist aber von Wert zu wissen, daß dieses System in alter Zeit tatsächlich in Anwendung war.

gesetzliche Wirkung (völlige Wirkungslosigkeit einer Eheschließung). Art. 35 II des jugoslawischen Ehegrundgesetzes vom 3.4.1946 (n.F. vom 28.4.1965) erklärt dies z.B. in folgender Weise: Eine nichtbestehende Ehe zieht keine Folgen einer Ehe nach sich und die Ehepartner aus einer solchen Ehe werden betrachtet, als wären sie niemals Ehegatten gewesen.[473]
Die Nichtehe ist beispielsweise in folgenden Fällen denkbar:
1. Der Natur nach soll die Ehe zwischen Mann und Frau geschlossen werden. "Stellt sich aber heraus, daß einer von ihnen ein Zwitter ist mit überwiegend männlichen Merkmalen und ist der andere Verlobte ein Mann, dann ist keine Ehe zustande gekommen."[474]
2. Dem Heiratswillen nach soll die Ehe dadurch geschlossen werden, daß die Verlobten miteinander die Ehe freiwillig eingehen sollen. Wenn ein solcher Wille fehlt, dann liegt von vornherein keine Ehe vor.[475]
So kann man z.B., allerdings nur im weiteren Sinne, Schlüsse ziehen über die nichtbestehende Ehe oder Nichtehe aus Art. 972 Nankinger BGB, wonach eine Ehe nur zustande kommt, wenn die Verlobten die Ehe miteinander eingehen wollen.[476]
3. Der Formalität der Eheschließung nach kommt z.B. in Deutschland eine Ehe nur zustande, wenn die Eheschließung vor einem Standesbeamten stattgefunden hat (§ 11 dt. EheG). Mit anderen Worten, wird die Eheerklärung der Verlobten nicht vor dem Standesbeamten, sondern vor einer anderen Stelle (z.B. vor einem Geistlichen) abgegeben, dann haben die Verlobten keine Ehe geschlossen.[477]

---

[473] Bergmann/Ferid: Jugoslawien, 1986, S. 43.
[474] a) Chao, S. 92.
b) Am 12./13. April 1958 berichtete die Tageszeitung "Erlanger Nachrichten" über ein Urteil des Berliner Kammergerichts vom 12. April 1958 folgendes: Das Westberliner Kammergericht entschied, daß eine Ehe zwischen zwei Frauen auch dann nicht möglich sei, wenn sich eine von ihnen als Mann fühle. Das Gericht vertrat den Standpunkt, daß die Ehe nach wie vor "eine auf Herstellung der völligen Lebensgemeinschaft gerichtete Verbindung eines Mannes und einer Frau" sei. Diese völlige Lebensgemeinschaft sei zwischen Personen gleichen Geschlechts nicht möglich.
Eine ungewöhnliche Trauung eines lesbischen Paares vollzog ein Pastor in einer Hamburger Kirche. Da die Trauung jeder kirchlichen Grundlage entbehre, wird ein Disziplinarverfahren gegen den Pastor nicht zu umgehen sein (s. Sonntagsblatt, Evang. Wochenzeitung für Bayern, Ausgabe Erlangen, vom 13.5.1984, S. 4).
[475] Chao, S. 92.
[476] Vgl. Urteil des Obersten Gerichtshofes Shangtzu Nr. 1802 vom Jahre 1932.
[477] Vgl. Uwe Diederichsen, Familienrecht, Heidelberg 1984, S. 14; Mitteis, S. 32.

In diesem Falle weist das Nankinger BGB einen Unterschied im Vergleich zum deutschen Gesetz auf. Nach Art. 982 BGB muß die Eheschließung nur öffentlich sein, sie braucht nicht unbedingt vor einem Regierungsamt und seinen Beamten stattzufinden. So kann man nun durchaus verstehen, daß im Geltungsbereich des Nankinger BGB allein eine kirchliche Trauung gültig ist, während sie in Deutschland zu einer Nichtehe führt.[478]

B. Die Nichtigkeit der Ehe

a) Ihr Sinn und Umfang

Die nichtige Ehe stellt z.b. in der deutschen Gesetzgebung eine zunächst gültige Ehe dar, d.h. eine mit rückwirkender Kraft vernichtbare Ehe (§ 23 dt. EheG). Sie wird auch "unvollkommene" oder "relativ nichtige" oder "vorläufig gültige" Ehe genannt.[479]

Dagegen ist eine nach Art. 988 Nankinger BGB nichtige Ehe von vornherein ungültig. Denn es gibt im Nankinger BGB keine Vorschrift, wie im § 23 dt. EheG, nach der man sich auf die Nichtigkeit einer Ehe erst berufen kann, wenn sie durch gerichtliches Urteil für nichtig erklärt worden ist.[480] So ist die nach Art. 988 Nankinger BGB nichtige Ehe im strengeren Sinne eine Nichtehe, wenn man, wie im Sprachgebrauch der deutschen Gesetzgebung, unter nichtiger Ehe eine vorläufige Ehe versteht.

Nach dem Nankinger BGB sind nur diejenigen Ehen nichtig, die einem in Art. 988 BGB angegebenen Grund entsprechen: 1. Bei nicht gesetzlicher Form der Eheschließung, 2. bei Verstoß gegen das verwandtschaftliche Ehe-

---

478 a) Chao, S. 67 und ferner s. Anmerkung Nr. 462.
b) Im "Familienrecht", Bd. I 1964, S. 187, von Hans Dölle wird aber folgendes berichtet: Das obligatorische Zivilehesystem "findet sich im mittleren Europa (Frankreich, Belgien, Niederlande, Luxemburg, Schweiz und Deutschland) einschließlich der kommunistischen Länder des Ostblocks (UdSSR, Polen, ... und der Volksrepublik China) sowie in den meisten Staaten Latein-Amerikas, insbesondere in Mexiko, Argentinien und Chile". Daß die Volksrepublik China als ein Land des obligatorischen Zivilehesystems von Dölle angegeben wird, dürfte betreffend das zu dieser Zeit vorhandene 1. Pekinger EheG von 1950 ein Irrtum sein. Aber bezüglich Art. 7 des gegenwärtigen Pekinger EheG von 1980 ist die Bezeichnung als obligatorisches Zivilehesystem zutreffend, wortgemäß wird nur von der obligatorischen Eheregistrierung gesprochen.
479 Feldmann, S. 72 f.
480 Chao, S. 83; Chang, S. 87 und Tai, S. 93.

verbot, 3. bei Verstoß gegen das Doppeleheverbot. Alle anderen fehlerhaften Eheschließungen sind nur anfechtbar. D.h. der Bereich der Ehenichtigkeit ist nicht sehr groß. So ist z.B. nach Art. 993 Nankinger BGB die verbotene Ehe mit einem Ehebruchspartner nur anfechtbar, aber nicht nichtig, und nach Art. 992 BGB (a.F.) war die verbotene Doppelehe bis vor kurzem auch nur anfechtbar. Jedoch nach der teilweisen Neufassung im Familienrecht des BGB vom 3.6.1985 fällt durch Zufügung zu Ziff. 2 des Art. 988 BGB die verbotene Doppelehe (Art. 985 BGB) unter die Nichtigkeit der Ehe. Deshalb ist Art. 992, der die Doppelehe der Anfechtung unterstellte, nach der teilweisen Neufassung im Familienrecht des BGB entfallen. Doch Art. 993 BGB bleibt unberührt in der Neufassung und die verbotene Ehe mit dem Ehebruchspartner (Art. 986 BGB) ist weiterhin nur anfechtbar. Im dt. EheG verläuft die gesetzliche Entwicklung betreffend die verbotene Doppelehe und die Ehe mit dem Ehebruchspartner aber anders als im chinesischen BGB. So war gemäß § 20 dt. EheG die Doppelehe von Anbeginn her nichtig und ist bis heute unverändert nichtig (nach chinesischem BGB ist sie erst nach der Neufassung im Familienrecht des BGB vom 3.6.1985 nichtig). Dagegen war im dt. EheG die Ehe mit dem Ehebruchspartner nach § 22 ursprünglich nichtig, dieser § 22 ist aber nun außer Wirksamkeit durch Erstes Gesetz zur Reform des Ehe- und Familienrechts vom 14.6.1976. Folglich mußte auch § 6 dt. EheG über das Eheverbot zwischen Ehebruchspartnern abgeschafft werden, und zwar wurden außer Wirksamkeit gesetzt durch Erstes Gesetz zur Reform des Ehe- und Familienrechts nacheinander Abs. 1 mit Wirkung vom 16.6.1976 und Abs. 2 mit Wirkung vom 1.7.1977. (Nach chinesischem BGB bleibt das Verbot der Ehe mit dem Ehebruchspartner aber in der Neufassung im Familienrecht des BGB vom 3.6.1985 unangetastet, d.h. die beiden in Zusammenhang stehenden Art. 986 und 993 BGB bleiben unverändert weiter bestehen.)

Im Pekinger EheG findet man keine Vorschrift, die dem § 35 I des Familiengesetzbuches der im Staatssystem ähnlichen Deutschen Demokratischen Republik vom 20.12.1965 (ab 1.4.1966 in Kraft) entspricht und worin es heißt, daß eine Ehe nichtig ist, wenn sie entgegen einem Eheverbot geschlossen worden ist. Wenn man aber annimmt, daß der Grundsatz von § 35 I des obigen Familiengesetzbuches auch im Pekinger EheG angewendet werden kann, dann wäre der Gesetzesumfang der nichtigen Ehe größer als der des Nankinger BGB, und zwar wären die entgegen Art. 2 bis 6 des Pekinger EheG geschlossenen Ehen grundsätzlich nichtig, mindestens die entgegen

Art. 3 und 6 Pekinger EheG geschlossenen Ehen, da das Gesetz hier ausdrücklich besagt, daß diese Ehen verboten sind.[481]

b) Ihr Grund und ihre Wirkung

aa) Bei nicht gesetzlicher Form der Eheschließung

Was hier mit nicht gesetzlicher Form der Eheschließung gemeint ist, bezieht sich auf Art. 982 BGB, wonach die Eheschließung öffentlich und vor mindestens zwei Zeugen erfolgen muß. Wenn diese "Muß"-Vorschrift nicht beachtet wird, ist eine solche Ehe nach Art. 988 BGB nichtig, richtiger gesagt, sie ist von vornherein eine Nichtehe. Es bedarf auch keiner gerichtlichen Nichtigkeitserklärung. Allerdings kann man nach Nankinger ZPO Art. 568 eine Klage auf Feststellung des Bestehens oder Nichtbestehens der Ehe erheben. Dies bedeutet aber nicht, daß die Nichtigkeit der Ehe zuerst vom Gericht entschieden werden muß.

Nach Art. 988 Ziff. 1 Nankinger BGB gibt es vom Erfordernis der gesetzlichen Form der Eheschließung keine Ausnahme zur Befreiung. Es ist fraglich, ob eine solche absolute gesetzliche Form der Eheschließung der chinesischen sozialen Situation ganz richtig angepaßt ist. Denn es ist üblich, daß viele Ehen nur durch Anzeige in der Tageszeitung als öffentliche Form der Eheschließung bekannt gemacht und auch allgemein als rechtmäßige Ehen angesehen werden. Erklärt nun das Gericht diese Ehen für ungültig, so ergeben sich hinsichtlich der Kinder Schwierigkeiten. Diese gelten dann als unehelich.[482] Es wird dadurch die Rechtssituation zwischen Eltern und Kin-

---

481 Allerdings gibt Müller-Freienfels die folgende Erläuterung zu dieser Frage betreffend die angegebenen Artikel des 1. Pekinger EheG von 1950, die auch sinngemäß für die entsprechenden Artikel des gegenwärtigen Pekinger EheG von 1980 gelten kann: "Im übrigen verwendet das Gesetz in diesem Zusammenhang das vieldeutige Wort 'verboten'. 'Verboten' sind nach Art. 2 EheG ferner die Doppelehe und das Nehmen einer Nebenfrau... 'Verboten' sind ferner nach Art. 5 Eheschließungen zwischen Blutsverwandten, bei Zeugungsunfähigkeit (Es muß hier heißen: Zeugungsaktunfähigkeit), bei der nach medizinischer Ansicht eine Ehe nicht geschlossen werden sollte. Die Verbindung von 'verboten' und 'nach medizinischer Ansicht nicht geschlossen werden sollte' spricht trotz der Schwere jedenfalls einiger Verbote und angesichts des Fehlens jeglicher Vorschriften im EheG über eine nichtige Ehe gegen ein 'Nicht-können' und für nur ein 'Nicht-dürfen', ..." (Müller-Freienfels 1969, S. 885). Die Artikel 2 und 5 des 1. Pekinger EheG entsprechen Art. 3 und 6 des gegenwärtigen Pekinger EheG.
482 Eine andere gesetzliche Regelung hat Art. 23 II des rumänischen Familiengesetzes vom 29.12.1953 (in der Fassung vom 8.10.1966): "Die Nichtigerklärung einer Ehe

dern in diesen Ehen ungünstig beeinflußt und die soziale Ordnung beeinträchtigt. Eine solche gesetzliche Maßnahme stünde im Gegensatz zum Zweck der Gesetzgebung, die der sozialen Ordnung dienen soll. Deshalb ist Chao Feng-Chieh der Meinung, daß man dem Art. 988 Ziff. 1 einen Zusatz für Ausnahmefälle hinzufügen soll, um die obigen Ehen gültig zu machen. Es soll etwa so wie in § 17 Abs. 2 dt. EheG (Chao erwähnt ursprünglich § 1324 dt. BGB und bemerkt, § 1324 ist aufgehoben, stattdessen gilt § 21 dt. EheG von 1938. – Der letztgenannte Paragraph entspricht nun § 17 dt. EheG von 1946.) gehandhabt werden, worin gesagt ist, daß die Ehe "jedoch als von Anfang an gültig anzusehen" ist, "wenn die Ehegatten nach der Eheschließung 5 Jahre, oder falls einer von ihnen vorher verstorben ist, bis zu dessen Tode, jedoch mindestens 3 Jahre, als Ehegatten miteinander gelebt haben,..."[483]

Es gibt auch Fälle mit Nachweisschwierigkeit über stattgefundene öffentliche Form der Eheschließung. Zur Vermeidung gesetzlicher Unklarheit hierüber ist Abs. 2 zu Art. 982 BGB in der Neufassung im Familienrecht des BGB vom 3.6.1985 neu hinzugefügt, und zwar soll danach eine gemäß Art. 25 des Nankinger Registraturgesetzes der Bevölkerung registrierte Eheschließung als öffentlich stattgefundene Eheschließungsform gelten und damit Streitigkeiten, ob solche Ehen gültig oder nichtig sind, künftig entfallen.

Nach Art. 6 I des 1. Pekinger EheG von 1950 war die Eheregistrierung zwar eine Formalität der Eheschließung. Nicht registrierte Ehen waren aber nicht ungültig, da es sich hier um eine "Soll"-Vorschrift handelte.[484] Gemäß Art. 7 des gegenwärtigen Pekinger EheG von 1980 besteht die Pflicht der Eheregistrierung. Entgegen dieser "Muß"-Vorschrift geschlossene Ehen dürften nichtig sein.

---

hat keine Folgen für die Kinder; diese behalten die Stellung ehelicher Kinder" (Bergmann/Ferid: Rumänien, 1983, S. 17).
483 a) Chao, S. 82; vgl. auch Li, S. 72.
b) Nach römischem Recht entstand die Manusehe durch Umwandlung der freien Ehe in eine Manusehe im Wege der Ersitzung durch einjährige Ehedauer. (Wiefels, S. 118; Cheng Yü-Po, S. 106)
484 Dazu erklärt Müller-Freienfels betreffend das 1. Pekinger EheG von 1950 auch, "daß nicht-registrierte Ehen zwar nicht geschlossen werden sollten, doch wenn sie tatsächlich geschlossen wurden, auch gültig sind" (Müller-Freienfels 1969, S. 880). Vgl. auch die Antworten 9 und 10 auf Ehefragen des Juristischen Ausschusses des Staatsrates der Zentralvolksregierung (s. Sammlung ausgewählter Gesetze und Verordnungen der Volksrepublik China, S. 277 f).

bb) Bei Verstoß gegen ein Eheverbot

a) Im Nankinger BGB

Das z.B. in Art. 983 Nankinger BGB für Verwandte aufgestellte Ehehindernis hat den Zweck die öffentliche Ordnung und die guten Sitten zu erhalten. Geht man entgegen diesem Verbot eine Ehe ein, so ist diese Ehe schon nach Art. 71 und 72 BGB ungültig. Denn es heißt in diesen beiden Artikeln, daß ein Rechtsgeschäft, welches einer zwingenden Vorschrift oder einer Verbotsvorschrift zuwiderläuft (Art. 71) und gegen die öffentliche Ordnung oder die guten Sitten verstößt (Art. 72), nichtig ist.

Wenn sich auch bereits aus den beiden oben genannten Artikeln für diesen Fall die Ehenichtigkeit ergibt, so besagt noch Art. 988 Ziff. 2 BGB für den gleichen Fall, daß eine solche Ehe nichtig ist. Diese Bestimmung ist einfach nur ein nochmaliger Hinweis auf die Wichtigkeit dieses gesetzlichen Ehehindernisses.[485]

Ebenso wie der Verstoß gegen das verwandtschaftliche Eheverbot, bewirkt nach der teilweisen Neufassung im Familienrecht des BGB vom 3.6.1985 durch Hinzufügung zu Ziff. 2 des Art. 988 BGB nun auch der Verstoß gegen das Doppeleheverbot die Nichtigkeit der Ehe, wie bereits erwähnt. Daß die Doppelehe bis zur Neufassung im Familienrecht vom 3.6.1985 nur der Anfechtbarkeit der Ehe unterstand, wurde seit längerer Zeit von juristischer Seite her als unvereinbar mit dem bestehenden Einehesystem angesehen. So ist mit dieser Neufassung des Art. 988 Ziff. 2 BGB durch Einordnung der Doppelehe unter die Nichtigkeit und nicht mehr unter die Anfechtbarkeit der Ehe, das seit einiger Zeit angestrebte Gleichgewicht in der Gesetzgebung hergestellt und Einklang mit dem Einehesystem erreicht.

Die gemäß Art. 988 Ziff. 2 nichtigen Ehen sind ebenso wie die nach Ziff. 1 dieses Artikels nichtige Ehe, von vornherein ungültig. Es ist nicht etwa wie in Art. 132 des schweizerischen ZGB, der bestimmt, daß die Ungültigkeit einer Ehe erst wirksam wird, nachdem der Richter die Ungültigkeit ausgesprochen hat (vgl. auch § 23 dt. EheG).

Die entgegen Art. 988 Nankinger BGB zwischen Heiratsverbotsverwandten geschlossene Ehe ist von vornherein ungültig. Es ist aber noch die Frage, ob die in dieser Ehe gezeugten Kinder als eheliche gelten. Chao Feng-Chieh ist hier der Meinung, die Kinder aus einer solchen Ehe sollten als uneheliche gelten. Denn die Idee der klassifikatorischen Ordnung der fünf menschlichen Beziehungen ("Wu-Lun") war in China immer von großer Bedeutung und

---

485 Chang, S. 86.

man sollte sie auch weiterhin pflegen.[486] D.h. die festgelegten verwandtschaftlichen Beziehungen sollten nicht durch Heiraten untereinander verändert und gestört werden.

β) Im Pekinger EheG

Bei der vorher angenommenen Ehenichtigkeit nach Verstoß gegen ein Eheverbot des Pekinger EheG bleibt noch die Frage, ob die Ehe wie nach § 35 II des Familiengesetzbuches der im Staatssystem ähnlichen DDR erst nach der gerichtlichen Nichtigkeitserklärung nichtig ist oder entsprechend Art. 988 des Nankinger BGB von vornherein ungültig ist. Behandelt man die entgegen einem Verbot geschlossene Ehe, wie vorher angenommen, nach dem Familiengesetzbuch der DDR, so sollte in Übereinstimmung damit, auch die Wirkung der Ehenichtigkeit gemäß diesem Gesetz erfolgen. Nach § 35 II dieses Gesetzes kann die Ehenichtigkeit "nur im Wege der Nichtigkeitsklage geltend gemacht werden".[487] So wird wohl eine entgegen einem Eheverbot geschlossene Ehe nach dem Pekinger EheG nicht, wie nach Art. 988 des Nankinger BGB, von vornherein ungültig sein.

---

486 Chao, S. 85.
487 Nachlesenswert ist die offizielle Antwort 1 des Juristischen Ausschusses des Staatsrates der Zentralvolksregierung auf Fragen zur Ehe, worin angegeben wird, daß vor Inkrafttreten des 1. Ehegesetzes von 1950 entstandene verbotene Doppelehen bestehen bleiben dürfen, wenn die Ehepartner keine Ehescheidung beantragen. Die Frage, wie nach Inkrafttreten des Ehegesetzes entstandene Doppelehen zu behandeln sind, wird in dieser Antwort nicht berührt.
In der Antwort 2 des oben genannten Ausschusses wird über Ehen, die vor Erreichen des gesetzlichen Heiratsalters abgeschlossen wurden, und zwar in abgelegenen Gegenden, wo das neu veröffentlichte Ehegesetz noch nicht ganz bekannt gemacht worden ist, gesagt, daß diese nicht zwangsweise getrennt werden müssen, das bedeutet, sie bleiben gültig. Aber nach Bekanntmachung des 1. Ehegesetzes durch die "Bewegung für die Durchsetzung des Eherechts" im März 1953 (s. "Wichtige Dokumente der Bewegung zum Wirksammachen des Ehegesetzes", herausgegeben vom Jen-Min Verlag, Peking 1953, S. 6) muß die Vorschrift über die Einhaltung des gesetzlichen Heiratsalters streng befolgt werden. Wenn aber nach dieser Zeit doch entgegen dem gesetzlichen Heiratsalter Ehen abgeschlossen werden, erhebt sich die Frage, ob diese von Anfang an ungültig sind oder wie nach dem Familiengesetzbuch der DDR, erst nach der gerichtlichen Nichtigkeitserklärung. Darüber gibt auch diese Antwort 2, wie das EheG, keine Auskunft.

C. Die Anfechtung der Ehe

a) Die Anfechtungsgründe und der Anfechtungsberechtigte

Die Anfechtung der Ehe gestaltet sich anders als die Anfechtung der allgemeinen Rechtsgeschäfte. Eine Ehe kann nämlich nur angefochten werden, soweit im Familienrecht Anfechtungsgründe angegeben sind. Es kann auch nur derjenige die Ehe anfechten, der nach dem Familienrecht ein Anfechtungsrecht hat.[488] Es ist auch nicht möglich analog Art. 116 BGB durch private Willenserklärung der beiden Partner anzufechten. Mit anderen Worten, eine Ehe kann nur gerichtlich angefochten werden.

Die im Nankinger Familienrecht angegebenen Anfechtungsgründe und Anfechtungsberechtigten sind folgende (gelegentlich sind auch Hinweise auf betreffende Stellen des Pekinger EheG gegeben):

1. Eheschließung entgegen dem gesetzlichen Mindestheiratsalter

Nach dem ersten Halbsatz des Art. 989 BGB können die Ehegatten (wörtlich Parteien) oder ihr gesetzlicher Vertreter die Ehe gerichtlich anfechten, wenn die Ehe entgegen dem im Art. 980 BGB angegebenen Mindestheiratsalter (für den Mann das vollendete 18. und für die Frau das vollendete 16. Lebensjahr) geschlossen worden ist.[489]

Nach dem zweiten Halbsatz des Art. 989 BGB ist aber die Anfechtung nicht möglich, wenn Mann und Frau (wörtlich die Parteien) das gesetzliche

---

488 Chao, S. 87; Chang, S. 89; vgl. auch Art. 121, 122 ZGB und § 24 und 28 dt. EheG.
489 Nach Art. 9 der früheren "Eheverordnung für Armee, Marine und Luftwaffe zur Zeit der Unterdrückung des Aufruhrs" vom 5.1.1952 war die Ehe aber ungültig, wenn ein Mann, der im Militärdienst steht, entgegen dem in Art. 7 dieser Verordnung gegebenen Mindestheiratsalter vom vollendeten 28. Lebensjahr die Ehe eingegangen ist. Diese Beschränkung betraf aber nicht die Frau. Art. 3 und 13 der "Eheverordnung für Militärangehörige zur Zeit der Unterdrückung des Aufruhrs" in der Fassung vom 13.8.1959 haben ähnliche Bestimmungen. Allerdings wird auch ein Mindestheiratsalter für die Frau gefordert. Das Mindestheiratsalter für den Mann ist das vollendete 25. Lebensjahr, für die Frau das vollendete 20. Lebensjahr. Diese Vorschrift stellt allerdings nur eine vorübergehende Ausnahme zu Art. 980 BGB dar. Jetzt ist in der neuen, geltenden Fassung dieser "Eheverordnung für Armee, Marine und Luftwaffe zur Zeit der Unterdrückung des Aufruhrs" vom 21.12.1974 das in Art. 3 der alten Fassung angegebene Mindestheiratsalter im gleichen Art. 3 weggelassen worden, d.h. das allgemein gültige Mindestheiratsalter des Art. 980 BGB ist auch für Militärangehörige wieder maßgebend.

Heiratsalter erreicht haben oder wenn die Frau schon schwanger ist.[490] Diese Vorschrift dient dem Zweck der Stabilität der Ehe.[491]

Chao Feng-Chieh befaßt sich eingehend mit dem zweiten Halbsatz des Art. 989 BGB, der den Parteien (Mann und Frau), welche das in Art. 980 BGB bestimmte Mindestheiratsalter erreicht haben, die Eheanfechtung untersagt. Er stellt fest, daß Art. 989 BGB zweiter Halbsatz nicht mit Art. 81 BGB übereinstimmt, der lautet: "Genehmigt ein Beschränkt-Geschäftsfähiger nach dem Fortfall des Grundes der Beschränkung der Geschäftsfähigkeit einen von ihm geschlossenen Vertrag, so hat diese Genehmigung die gleiche Wirkung wie die Genehmigung des gesetzlichen Vertreters". So muß z.B. im allgemeinen der von einem Minderjährigen geschlossene Vertrag noch genehmigt werden, wenn er volljährig geworden ist, damit der Vertrag Gültigkeit erlangt. In Analogie hierzu müßte auch einem Ehegatten, der als Minderjähriger die Ehe eingegangen ist, nach Erlangung des gesetzlichen Heiratsalters das Recht zugebilligt werden, diese Ehe zu genehmigen, bzw. abzulehnen, d.h. also anzufechten.

Hier legt es Chao nicht auf einen direkten Vergleich von Volljährigkeit und Mindestheiratsalter an. Ihm ist wichtig, das Genehmigungsrecht des Minderjährigen bezüglich des allgemeinen Vertrags nach Erreichen seiner Volljährigkeit und das Anfechtungsrecht des Minderjährigen hinsichtlich des Heiratsvertrags nach Eintritt des Mindestheiratsalters in Zusammenhang zu bringen. Ob aber Art. 989 zweiter Halbsatz BGB mit Art. 81 BGB in direkter Beziehung steht, bedarf einer genaueren Gegenüberstellung.

Das allgemeine Rechtsgeschäft eines Beschränkt-Geschäftsfähigen ohne Einwilligung des gesetzlichen Vertreters ist nichtig (Art. 78 BGB). Geneh-

---

490 Das Urteil des Obersten Gerichtshofes Shangtzu Nr. 2863 vom Jahre 1944 besagt ausdrücklich, daß eine entgegen Art. 980 geschlossene Ehe dann nicht anfechtbar ist, wenn beide Partner, also der Mann und die Frau, das Mindestheiratsalter erreicht haben. Chang Shen vertritt aber zum zweiten Halbsatz des Art. 989 BGB die Auffassung, daß die Ehe schon nicht mehr anfechtbar ist, wenn ein Teil, entweder der Mann oder die Frau, das Mindestheiratsalter erreicht hat, um die Stabilität der Ehe zu erhalten (Chang, S. 89). Dieser Auffassung widerspricht eindeutig das später gefällte Urteil des Obersten Gerichtshofes. Auch ist andererseits die Auffassung Chang Shen's nicht im Sinne des Wortlautes des zweiten Halbsatzes von Art. 989 BGB, nach dem die Ehe erst dann nicht mehr anfechtbar ist, wenn beide Partner der Ehe (Mann und Frau) das Mindestheiratsalter erreicht haben. Das ist auch logisch, da der erste Satz des Art. 989 BGB schon besagt, daß jeder Ehepartner, der das Mindestheiratsalter noch nicht erreicht hat, seine Ehe anfechten kann. Nach Chang's Auffassung müßte dieses Anfechtungsrecht dann entzogen werden.
491 Chang, S. 89; Huang, S. 43.

migt der gesetzliche Vertreter dieses Rechtsgeschäft, so wird es von Anfang an gültig (Art. 80 BGB). Erfolgt aber keine Genehmigung des gesetzlichen Vertreters, bleibt der Zustand der Nichtigkeit bestehen. Um diesen schwebenden Rechtszustand zu beseitigen, benötigt man nun den Art. 81 BGB, nach dem der volljährig gewordene (d.h. nach Fortfall des Grundes der Beschränkung der Geschäftsfähigkeit) die Genehmigung zu seinem Rechtsgeschäft abgeben kann.

Das Rechtsgeschäft der Eheschließung entgegen dem gesetzlichen Mindestheiratsalter behandelt das Gesetz in anderer Weise. Nach Art. 989 BGB kann der Minderjährige sogleich nach Abschluß der Eheschließung seine Ehe anfechten. Dem gesetzlichen Vertreter steht das gleiche Anfechtungsrecht zu. Wird allerdings bis zum Eintritt des Mindestheiratsalters keine Anfechtungsklage erhoben, so ist Einverständnis mit der Eheschließung anzunehmen. Außerdem entfällt mit Erreichen des Mindestheiratsalters der Widerspruch gegen Art. 980 BGB. Deshalb ist den Ehegatten nach Art. 989 BGB zweiter Halbsatz das Anfechtungsrecht nur bis zum Eintritt des Mindestheiratsalters eingeräumt.

Die obigen Erläuterungen machen deutlich, daß Sinn und Zweck der Art. 81 und 989 BGB nicht in vergleichbarem Zusammenhang stehen.

Zur Frage über die Nichtübereinstimmung des Art. 989 BGB mit Art. 81 BGB hat Chao noch den jetzt außer Kraft gesetzten § 1339 dt. BGB (= gegenwärtiges dt. EheG § 35) herangezogen und meint, daß die deutsche Gesetzgebung etwas vernünftiger als die chinesische sei, nach der der Ehegatte, der unbeschränkte Geschäftsfähigkeit erlangt hat, gegen die Ehe binnen 6 Monaten (jetzt 1 Jahr) Anfechtungsklage (= jetzt Aufhebungsklage) erheben kann.[492]

Diese Ansicht von Chao gilt es aber auch noch zu diskutieren. Für den folgenden Vergleich wird nicht der außer Kraft gesetzte § 1339 dt. BGB verwendet, sondern der an seiner Stelle im dt. EheG aufgenommene, fast inhaltsgleiche § 35.

Art. 989 Nankinger BGB und § 35 dt. EheG sind in bezug auf das Hindernis der Eheanfechtung zwar äußerlich etwas ähnlich, weisen aber folgende grundsätzliche Unterschiede auf:
a) Anfechtungsgründe: Die im § 35 II dt. EheG gemeinten aufhebbaren Ehen sind diejenigen Ehen, die in den Fällen des § 30 I dt. EheG angeführt sind:
1. die Ehe, die von einem Ehegatten geschlossen wurde, der zur Zeit der Eheschließung in der Geschäftsfähigkeit beschränkt war und der keine Einwilligung zur Eheschließung von seinem gesetzlichen Vertreter erhalten hatte;

---

492 Chao, S. 90.

2. die Ehe, die im Fall des § 18 II dt. EheG von einem geschäftsunfähigen Ehegatten, der zur Zeit der Bestätigung der Fortsetzung seiner Ehe noch beschränkt geschäftsfähig war, ohne Einwilligung seines gesetzlichen Vertreters geschlossen wurde.
Nach Art. 989 Nankinger BGB ist aber nur diejenige Ehe anfechtbar, die zwar mit Einwilligung des gesetzlichen Vertreters, aber vor Erreichen des Mindestheiratsalters eines oder beider Ehegatten geschlossen wurde. Also ist die nach Art. 989 BGB anfechtbare Ehe nicht gleich der des § 35 II dt. EheG und der im § 30 I dt. EheG angegebenen Ehe. Die im § 30 I dt. EheG genannte aufhebbare Ehe entspricht aber der im Art. 990 Nankinger BGB angegebenen, anfechtbaren Ehe, die von einem minderjährigen Ehegatten ohne Zustimmung seines gesetzlichen Vertreters geschlossen wurde.

b) Anfechtungsberechtigte:
1. Die Ehegatten: Nach § 35 Abs. 2 dt. EheG kann der Ehegatte die Aufhebungsklage (der Ehe) erst dann erheben, wenn er unbeschränkte Geschäftsfähigkeit erlangt (das bedeutet Erreichen der Volljährigkeit oder Wegfall der Geschäftsunfähigkeit wegen Entmündigung).
Nach Art. 989 Nankinger BGB kann der Ehegatte aber schon die Ehe anfechten vom Zeitpunkt der Eheschließung an bis zum Erreichen des Mindestheiratsalters.
2. Der gesetzliche Vertreter: Nach § 30 I, Satz 2 dt. EheG kann nur der gesetzliche Vertreter die Aufhebung der Ehe begehren, solange der Ehegatte nach der Bestätigung im Falle des § 18 II dt. EheG in der Geschäftsfähigkeit noch beschränkt ist (vgl. auch § 607 dt. ZPO – neu gefaßt mit Wirkung vom 1.7.1977 durch 1. EheRG vom 14.6. 1976 –).
Nach Art. 989 Nankinger BGB können dagegen die minderjährigen Ehegatten oder ihr gesetzlicher Vertreter vor Erreichen des Mindestheiratsalters die Ehe gerichtlich anfechten.

c) Anfechtungsfrist:
1. Beginn der Frist: Nach § 35 II dt. EheG beginnt die Aufhebungsfrist der Ehe für den Ehegatten mit dem Zeitpunkt, in dem er die unbeschränkte Geschäftsfähigkeit erlangt und für den gesetzlichen Vertreter im Fall des § 30 I dt. EheG (Mangel der Einwilligung des gesetzlichen Vertreters) mit dem Zeitpunkt der Kenntniserlangung von der Eingehung oder der Bestätigung der Ehe.
Nach Art. 989 Nankinger BGB kann die Anfechtungsklage für die Ehegatten und für den gesetzlichen Vertreter aber schon nach der Eheschließung beginnen.
2. Lauf der Frist: Nach § 35 I dt. EheG beträgt der Lauf der Aufhebungsklagefrist für den gesetzlichen Vertreter und für den Ehegatten ein Jahr. Diese einjährige Frist verläuft in folgenden Fällen unterschiedlich, und zwar erläutert dies Wilhelm Gerold folgendermaßen:
α) "Mit dem Eintritt der unbeschränkten Geschäftsfähigkeit der Ehegatten beginnt der Lauf der Frist nur dann, wenn eine Frist für den gesetzlichen Vertreter überhaupt nicht zu laufen begonnen hatte,..."
β) Wenn die Aufhebungsfrist für den gesetzlichen Vertreter schon abgelaufen ist, so kann der Ehegatte die Aufhebungsklage ebensowenig erheben, wie wenn der gesetzliche Vertreter die Ehe genehmigt hätte. War aber bei Eintritt der vollen Geschäftsfä-

higkeit des Ehegatten die Frist noch nicht voll verstrichen, so kann er noch während des Restes der Frist die Aufhebungsklage erheben."[493]

Nach Art. 989 Nankinger BGB beginnt aber der Lauf der Anfechtungsklagefrist für die Ehegatten und für den gesetzlichen Vertreter schon vom Abschluß der Vermählung ab bis zur Erreichung des Mindestheiratsalters der Ehegatten. Es gibt hier keine zeitlich genau festgesetzte Spanne für die Anfechtungsklagefrist wie im dt. EheG § 35 I und man findet auch keine Regelung, die § 30 I zweiter Satz entspricht: "Solange der Ehegatte in der Geschäftsfähigkeit beschränkt ist, kann nur sein gesetzlicher Vertreter die Aufhebung der Ehe begehren". Deshalb können minderjährige Ehegatten ohne ihren gesetzlichen Vertreter vor Ablauf der Frist jederzeit die Ehe anfechten. (Ob die minderjährigen Ehegatten in diesem Falle nach Art. 40 Nankinger ZPO als prozeßfähige Partei auftreten können, darauf wird weiter unten eingegangen.)

d) Hinderungsgründe für die Anfechtung:
1. Nach Erreichen des Mindestheiratsalters: Nach Art. 989 Nankinger BGB kann der Ehegatte oder der gesetzliche Vertreter die Ehe nicht mehr anfechten, wenn die beiden Ehegatten ihr Mindestheiratsalter erreicht haben. Denn die Ehe ist von diesem Zeitpunkt an nicht mehr im Widerspruch mit Art. 980 BGB. Diese Begrenzung der Anfechtung begründet sich wohl auf die ausreichende Zeitdauer, die der Minderjährige vor Erreichen des Mindestheiratsalters für eine Anfechtung zur Verfügung hatte und daraus, daß die durch Erreichen des Mindestheiratsalters der Ehegatten nun nicht mehr gesetzwidrige Ehe der Zuständigkeit des Art. 980 BGB entzogen ist.

Nach § 35 I und II dt. EheG ist die Ehe in den Fällen des § 30 I nicht mehr aufhebbar, wenn der Ehegatte nach Erlangen seiner Geschäftsfähigkeit oder der gesetzliche Vertreter nach der Kenntniserlangung der Eheeingehung oder der Bestätigung der Ehe die einjährige Frist verstreichen ließ. Ist ein Jahr nach Erlangung der unbeschränkten Geschäftsfähigkeit verstrichen, ohne daß eine Anfechtung erfolgte, dann bedeutet das, daß dieser Ehegatte die Ehe fortsetzen will.[494] Also ist diese Ehe nach § 18 II dt. EheG als von Anfang an gültig anzusehen und kann nicht mehr von demjenigen Ehegatten, der seine Geschäftsfähigkeit erlangt hat, angefochten werden.[495]

Wenn der gesetzliche Vertreter innerhalb eines Jahres nach Entdeckung der Eheschließung mittels des im § 35 II dt. EheG genannten Aufhebungsgrundes die Klage nicht

---

493   Gerold, S. 106.
494   "In dem Ausdruck des Fortsetzungswillens liegt die Bestätigung, von der § 1325 Abs. 2 (dt.) BGB spricht. In § 30 (dt.) EheG, der die Aufhebungsgründe regelt, wird das Zuerkennengeben des Ehefortsetzungswillens ausdrücklich als 'Bestätigung' bezeichnet." Der Fortsetzungswille kann "völlig formlos, auch durch schlüssige Handlung erfolgen" (Gerold, S. 53).
495   Das Klagerecht der Eheaufhebung des gesetzlichen Vertreters endet schon "mit dem Zeitpunkt, in dem der von ihm vertretene Ehegatte voll geschäftsfähig wird" (Gerold, S. 106). Mit anderen Worten ist § 30 I, Satz 2 dt. EheG nicht mehr anwendbar: Solange der Ehegatte in der Geschäftsfähigkeit beschränkt ist, kann nur sein gesetzlicher Vertreter die Aufhebung der Ehe begehren.

erhoben hat, gilt die Ehe als genehmigt.[496] Mit anderen Worten, es wird diese aufhebbare Ehe nun voll wirksam und der gesetzliche Vertreter kann selbstverständlich die Aufhebungsklage nicht mehr begehren.[497]
2. Bei Schwangerschaft: Übrigens ist auch die Schwangerschaft nach Art. 989 Nankinger BGB ein Hinderungsgrund für die Eheanfechtung.
Einen solchen Grund weist § 35 II dt. EheG aber nicht auf.

Zum ersten Halbsatz des Art. 989 BGB vertritt ein Teil der chinesischen Juristen die Meinung, dem minderjährigen Ehepartner stehe danach zwar ein Eheanfechtungsrecht zu, er könne in der Praxis jedoch nicht davon Gebrauch machen, da er nach Art. 40 Nankinger ZPO nicht als prozeßfähige Partei auftreten könne, denn nur wer geschäftsfähig ist, ist prozeßfähig.[498]

Chang Chen ist im Gegensatz hierzu der Ansicht, man solle die Parteifähigkeit des minderjährigen Ehegatten im Prozeß anerkennen, denn seine Ehe sei wohl anfechtbar, besitze aber doch Gültigkeit, solange nicht angefochten werde. So könne der Ehepartner, der das Mindestheiratsalter nicht erreicht hat, den Art. 13 Abs. 1 BGB auf sich anwenden, nach dem ein Minderjähriger geschäftsfähig ist, wenn er verheiratet ist. Danach müßte ihm auch die Prozeßfähigkeit zustehen.[499]

Abgesehen davon, daß die Ehe wegen Minderjährigkeit der Ehegatten nur vom gesetzlichen Vertreter angefochten werden könnte, wäre das im Art. 989 BGB angegebene Anfechtungsrecht des Ehegatten fast bedeutungslos[499/1] und zu der Frage, ob der minderjährige Ehegatte im Anfechtungsprozeß selbst als prozeßfähige Partei auftreten kann, ist noch folgendes zu überdenken:

a. Anwendung des Art. 570 Nankinger ZPO

1. Für die Anwendung dieses Artikels: Da Art. 570 Nankinger ZPO besagt, daß ein minderjähriger Ehegatte bezüglich einer Klage auf Nichtigkeitserklärung oder auf Feststellung des Nichtbestehens seiner Ehe prozeßfähig ist, könnte man annehmen, daß er auch für eine Klage auf Anfechtung seiner Ehe in analoger Anwendung des Art. 570 ZPO prozeßfähig ist.
2. Gegen die Anwendung dieses Artikels: Der Sache nach besagt Art. 570 ZPO ausdrücklich, daß ein minderjähriger Ehegatte nur für die Klage auf

---

496 Gerold, S. 106.
497 Beitzke, S. 62.
498 Chang, S. 89; Yao Shui-Kuang: Zivilprozeßrecht, Taipeh 1973, S. 116 und 119.
499 Chang, S. 89 und vgl. Yao Shui-Kuang, S. 116.
499/1 Vgl. Yao Shui-Kuang, S. 558.

Nichtigkeitserklärung oder auf Feststellung seiner Ehe prozeßfähig ist. Mit anderen Worten, ein minderjähriger Ehegatte einer anfechtbaren Ehe kann sich auf Art. 570 ZPO nicht berufen. Andererseits wurde Art. 570 ZPO für die Klage auf Grund nichtiger oder nichtbestehender Ehe geschaffen, um auch dem minderjährigen Ehegatten einer solchen Ehe, der also im strengeren Sinne als nicht verheiratet gilt, die Möglichkeit zu geben, als prozeßfähige Partei aufzutreten, da Art. 13 Abs. 3 BGB nicht auf ihn anwendbar ist, nach dem ein verheirateter Minderjähriger geschäftsfähig ist; auch Art. 40 ZPO, nach dem der Geschäftsfähige auch Prozeßfähigkeit besitzt, wäre dann nicht anwendbar.

b. Nach dem Wortlaut des Art. 989 BGB

Gemäß Art. 989 BGB kann "jeder" minderjährige Ehepartner "oder" der gesetzliche Vertreter die gegen Art. 980 BGB geschlossene Ehe gerichtlich anfechten. Art. 989 BGB besagt also eindeutig, daß auch der Minderjährige ohne seinen gesetzlichen Vertreter seine Ehe anfechten kann.[500] Ebenso bejaht die Entscheidung des Obersten Gerichtshofes Shangtzu Nr. 555 vom Jahre 1940, daß der minderjährige Ehegatte selbst seine Ehe anfechten kann. Man kann demnach Art. 989 BGB als Ausnahme gegenüber Art. 40 ZPO ansehen.

So läßt sich die obige Frage, ob der minderjährige Ehegatte im Anfechtungsprozeß seiner Ehe selbst als prozeßfähige Partei auftreten kann, direkt mit dem Wortlaut des Art. 989 BGB beantworten.

Das Pekinger EheG enthält in Art. 5 eine feste Vorschrift über das gesetzliche Heiratsalter. Dies ist eine "Muß"-Vorschrift. Entgegen dieser Vorschrift

---

[500] Im Nankinger BGB oder in der Nankinger ZPO findet man keine Vorschrift wie § 30 dt. EheG und § 607 dt. ZPO (neu gefaßt mit Wirkung vom 1. 7. 1977 durch 1. EheRG vom 14. 6. 1976), die einem minderjährigen Ehegatten das Begehren seiner Eheaufhebung beschränken. Denn nach § 30 I, Satz 2 dt. EheG ist der Ehegatte solange in der Geschäftsfähigkeit beschränkt, als nur sein gesetzlicher Vertreter die Aufhebung der Ehe begehren kann, obwohl § 607 I, erster Halbsatz dt. ZPO schon besagt, daß in Ehesachen ein in der Geschäftsfähigkeit beschränkter Ehegatte prozeßfähig ist. Andererseits läßt aber der zweite Halbsatz dieses § 607 dt. ZPO den § 30 I, Satz 2 dt. EheG als Ausnahme gelten. Aber § 4 der "Verordnung zur Anpassung der Bestimmungen über das gerichtliche Verfahren in Familiensachen an das Familiengesetzbuch der DDR" vom 17.2.1966 lautet: "In Ehesachen ist ein in der Geschäftsfähigkeit beschränkter Ehegatte prozeßfähig" (s. Sammlung von Gesetzen und Verordnungen aus der sowjetischen Besatzungszone Deutschlands, als ständige Beilage der Zeitschrift "SBZ"-Archiv, Köln, 255. Folge, Blatt C II/36).

geschlossene Ehen sind ungültig, wie schon bei der Behandlung der Eheschließung von Minderjährigen erwähnt. Ob eine solche Ehe von Anfang an ungültig ist oder erst nach gerichtlicher Nichtigkeitserklärung, darüber ist im EheG nichts gesagt. Nach der Antwort 2 des Juristischen Ausschusses des Staatsrates der Zentralvolksregierung auf Fragen zur Ehe im Zeitbereich der Herausgabe des 1. Pekinger EheG von 1950 betreffend die abgelegenen Gegenden, die die "Bewegung für die Durchsetzung des Eherechts" vom März 1953 noch nicht erreicht hat, sollen solche Ehen nicht zwangsweise getrennt werden, das bedeutet, diese Ehen bleiben gültig. Nur nach dieser Zeit (nach der Bekanntmachung durch die Bewegung) muß bei der Eheschließung das gesetzliche Heiratsalter streng eingehalten werden. Wenn aber nun doch Ehen entgegen dem gesetzlichen Heiratsalter abgeschlossen werden, so sind diese ungültig durch Verstoß gegen die "Muß"-Vorschrift, wie oben gerade gesagt, außerdem ergibt sich die Ungültigkeit dieser Ehen auch in argumentum e contrario zu der oben genannten Antwort 2 auf Ehefragen, wonach vor der Zeit der "Bewegung für die Durchsetzung des Eherechts" geschlossene Ehen dieser Art gültig bleiben. Somit unterscheidet sich das Pekinger EheG vom Nankinger BGB, wonach entgegen dem gesetzlichen Heiratsalter geschlossene Ehen nur anfechtbar sind.

2. Eheschließung eines Minderjährigen ohne Zustimmung des gesetzlichen Vertreters

Ist die Ehe eines Minderjährigen (d.h. der Mann hat das Mindestheiratsalter von 18 Jahren und die Frau von 16 Jahren erreicht, sie sind aber noch nicht volljährig = 20 Jahre alt geworden) ohne Zustimmung seines gesetzlichen Vertreters (entgegen Art. 981 BGB) geschlossen worden, so kann der gesetzliche Vertreter nach Art. 990 BGB die Ehe gerichtlich anfechten. Diese Vorschrift dient der Aufrechterhaltung des Zustimmungsrechts des gesetzlichen Vertreters.
Zum Zweck der Stabilität der Ehe kann jedoch der gesetzliche Vertreter nach Art. 990, zweiter Halbsatz die Ehe nicht anfechten, wenn
a) seit dem Zeitpunkt der Kenntniserlangung von der Tatsache 6 Monate verstrichen sind oder
b) nach dem Eheschluß ein Jahr verstrichen ist oder
c) die Frau schon schwanger ist.
Der erste Fall soll noch genauer untersucht werden. Im allgemeinen sind Vater und Mutter gesetzliche Vertreter des Minderjährigen (Art. 1086 BGB). Wie verhält es sich nun, wenn nur der Vater während der 6 Monate von der Eheschließung Kenntnis gehabt, aber keine Anfechtungsklage erhoben hat und dann stirbt? Es ist fraglich, ob die Mutter, die erst nach dem Tode des

Vaters von der Tatsache der Ehe erfährt, innerhalb von 6 Monaten vom Zeitpunkt ihrer Kenntnis an die Ehe noch anfechten kann. Chang Shen ist der Meinung, die Verjährungsfrist von 6 Monaten dieses Anfechtungsrechts der Eltern sei durch die Kenntnis des Vaters verstrichen und die Mutter könne die Ehe ihres minderjährigen Kindes nicht mehr anfechten.[501]

Gemäß Art. 1086 BGB ist jeder Elternteil, Vater und Mutter, gesetzlicher Vertreter des Minderjährigen. Wird nun zu Lebzeiten des Vaters durch dessen Verzicht oder Nachlässigkeit nicht von dem Anfechtungsrecht Gebrauch gemacht, so bedeutet das noch nicht, daß dadurch auch das Anfechtungsrecht der Mutter verloren gegangen ist. Im Gegenteil, die Mutter wird nach dem Tode des Vaters alleinige gesetzliche Vertreterin und muß demnach auch jetzt allein anfechten können. So ist die Meinung von Chang Shen zu diesem Falle nicht richtig.

Wie schon erwähnt, liegt nach dem Pekinger EheG das Mindestheiratsalter von Mann und Frau im Bereich der Volljährigkeit. So benötigt man keine Vorschrift für eine Zustimmung des gesetzlichen Vertreters. Eine Eheschließung gegen diese "Muß"-Vorschrift ist ungültig. Aber nach der 2. Antwort des Juristischen Ausschusses des Staatsrates der Zentralvolksregierung auf Anfragen zur Ehe im Zeitbereich der Herausgabe des 1. Pekinger EheG von 1950 konnten Ehen von Minderjährigen, die in abgelegenen Gebieten lebten, in denen das neue Ehegesetz noch nicht bekannt gemacht worden war, weiter bestehen bleiben und brauchten nicht zwangsweise getrennt zu werden. D.h. in dieser Einführungszeit des Ehegesetzes waren solche Ehen nicht ungültig.

3. Eheschließung zwischen dem Vormund und dem Mündel während der Dauer des Vormundschaftsverhältnisses

Hat der Vormund während der Dauer des Vormundschaftsverhältnisses mit dem Mündel die Ehe geschlossen, so kann nach Art. 991 BGB das Mündel oder sein nächster Verwandter die Ehe gerichtlich anfechten.

Als "nächster Verwandter" nach dem Gesetz gilt, nach Meinung von Chang Shen und Huang Yu-Ch'ang derjenige, der dem nächsten Grad der Verwandtschaft angehört; ob er blutsverwandt oder verschwägert ist, ist nicht entscheidend.[502]

Tai Yen-Hui ist demgegenüber der Ansicht, daß der im Gesetz genannte "nächste Verwandte" derjenige Verwandte ist, der Mitglied des Familienrates

---

501 Chang, S. 90.
502 Chang, S. 91; Huang, S. 45.

(Art. 1131 BGB) sein kann.[502/1] Wenn das Gesetz nicht diese Beschränkung im Verwandtschaftskreis, der Anfechtungsrecht besitzt, vornehmen würde, dann wäre es auch möglich, daß ein nächster Verwandter des Mündels, der nie um die Interessen des Mündels Sorge getragen hat, die Ehe anfechten könnte.[503]

In bezug auf dieses Problem kann man vielleicht einen Mittelweg zwischen den Meinungen von Chang Shen und Huang Yu-Ch'ang einerseits und Tai Yen-Hui andererseits finden. Man könnte nämlich als sogenannten "nächsten Verwandten" des Mündels grundsätzlich denjenigen ansehen, der dem nächsten Grad der Verwandtschaft angehört. Wenn sich jedoch der dem Grad nach nächste Verwandte nie um das Mündel gekümmert hat, dann gilt ein Mitglied des Familienrats gemäß Art. 1131 BGB als nächster Verwandter des Mündels. Der hier vorgeschlagene Mittelweg ist aber in der teilweisen Neufassung im Familienrecht des BGB vom 3.6.1985 vom Gesetzgebungsamt nicht beschritten worden, da sich der neu hinzugefügte Abs. 3 zu Art. 1131 BGB für das oben angegebene Problem auch anwenden läßt (Näheres s. Anmerkung 502/1).

Die Ehe zwischen Vormund und Mündel ist gemäß Art. 991 BGB, zweiter Halbsatz nach Ablauf eines Jahres vom Zeitpunkt der Eheschließung an nicht mehr anfechtbar. Auch diese Vorschrift soll die Stabilität der Ehe gewährleisten.

Übrigens ist in Art. 991 BGB nicht, wie in den Art. 989, 990 und 994, ausdrücklich erwähnt, daß die Schwangerschaft der Frau ein Grund für die Unanfechtbarkeit der Ehe ist. Man kann also annehmen, daß die Ehe nach diesem Artikel innerhalb eines Jahres nach der Eheschließung anfechtbar ist, selbst wenn die Frau schon schwanger ist. Durch diese strengere Regelung soll verhütet werden, daß es zu einer Eheschließung zwischen dem Vormund und dem Mündel während der Dauer des Vormundschaftsverhältnisses kommt.[504]

502/1 Der von Tai Yen-Hui erwähnte Art. 1131 BGB, der die Reihenfolge der als Familienratsmitglied in Frage kommenden Verwandten anführt und der auch für die Reihenfolge der in Art. 991 BGB genannten "nächsten Verwandten" gilt, enthält aber keine Regelung für den Fall der Verhinderung eines gewählten Familienratsmitglieds. Um diese Gesetzeslücke zu schließen, ist in der teilweisen Neufassung im Familienrecht des BGB vom 3.6.1985 dem Art. 1131 BGB ein Absatz 3 hinzugefügt. Danach folgt bei Verhinderung eines Familienratsmitglieds, z.B. wegen zu entfernt liegendem Wohnort, Alter oder Krankheit, der nächste in der nach Art. 1131 I und II BGB gegebenen Reihenfolge als Familienratsmitglied angeführte Verwandte.
503 Tai, S. 101.
504 Chang, S. 91.

4. Eheschließung entgegen dem Verbot der Doppelehe

Nach dem bis zum 2.6.1985 gültigen Art. 992 BGB kann ein daran Interessierter die Ehe gerichtlich anfechten, wenn eine Ehe entgegen dem in Art. 985 BGB angegebenen Verbot der Doppelehe geschlossen worden ist. Die sogenannten "daran Interessierten" sind die Ehepartner. Und zwar besitzen die Partner der ersten Ehe das Anfechtungs- und Scheidungsrecht, die Partner der zweiten Ehe aber nur das Anfechtungsrecht (Art. 985 und 1052 I, Ziff. 1 BGB).

Nach Auflösung der ersten Ehe können die Ehegatten der zweiten Ehe ihre eigene Ehe nicht mehr anfechten. Denn der zweite Halbsatz des Artikels 992 BGB bestimmt, die Anfechtung ist nach Erlöschen der früheren Ehe nicht mehr möglich (Nach Auflösung der ersten Ehe gilt die zweite Ehe nicht mehr als Doppelehe).[505]

Wird aber z.B. die zweite Ehe durch den Tod des Mannes aufgelöst, dann kann die Frau der ersten Ehe die zweite Ehe anfechten, um den Personenstand der Ehefrau der zweiten Ehe zu verneinen.[506] Es handelt sich hier um eine nachträgliche Eheanfechtung.

Geht eine Frau mit einem Mann die Ehe ein, von dem sie weiß, daß er verheiratet ist, so erhebt sich die Frage, ob sie das Anfechtungsrecht besitzt. Tai Yen-Hui bejaht das. Der Grund dafür ist eine möglichst baldige Beseitigung des Doppelehezustandes. Und zwar hat nicht nur die Frau dieses Recht, sondern auch der Mann.[507] Auch das Urteil des Obersten Gerichtshofes Shangtzu Nr. 1417 vom Jahre 1944 bejaht das Anfechtungsrecht der Frau. Als Begründung gilt der zweite Halbsatz von Art. 992 BGB, der die Anfechtung nur untersagt, wenn die frühere Ehe aufgelöst ist.[508]

An sich sind Mann und Frau an dieser Doppelehe gleich schuldig und sollten gemäß Art. 237 Nankinger StGB bestraft werden. In Übereinstimmung mit dem Einehesystem sollte die zweite Ehe von Anfang an ungültig sein (vgl. § 20 I dt. EheG). Jedoch ist diese Doppelehe nach Art. 992 BGB (a.F.)

---

505 Vgl. § 20 II dt. EheG.
506 Chang, S. 92 und das Urteil des Obersten Gerichtshofes Shangtzu Nr. 2962 vom Jahre 1932.
507 a) Tai, S. 101.
b) Ein deutsches gerichtliches Urteil des BGH (IV. ZS, Urteil vom 21.3.1962 – IV ZR 102/61) bejaht auch, daß die von dem in Doppelehe lebenden Mann erhobene Nichtigkeitsklage keine unzulässige Rechtsausübung sei (s. FamRZ 1962, S. 299).
508 In Deutschland kann aber der Staatsanwalt nach § 24 I, Satz 2 dt. EheG die Nichtigkeitsklage erheben, wenn die Ehe aufgelöst ist.

nur anfechtbar und nicht ungültig.[509] Aber nach der teilweisen Neufassung im Familienrecht des BGB vom 3.6.1985 ist die Doppelehe nicht mehr nur anfechtbar, sondern nichtig gemäß Art. 988 I, Ziff. 2 der Neufassung im Familienrecht. Deshalb ist Art. 992 BGB entfallen und dieser oft kritisierte Fall der nur anfechtbaren Doppelehe nun gegenstandslos.

Das Pekinger EheG enthält in Art. 3 II ebenfalls das Verbot der Doppelehe. Ob eine solche Ehe ungültig oder anfechtbar ist, erwähnt das Gesetz nicht. Nur die Antwort 2 der offiziellen "Antworten auf Fragen zur Ehe" vom Juristischen Ausschuß des Staatsrates der Zentralvolksregierung vom Juni 1950 besagt, daß die Doppelehe, die vor Inkrafttreten des 1. EheG vom 1. Mai 1950 entstanden ist, ein Scheidungsgrund ist.[510] So scheint die Doppelehe vor diesem Zeitpunkt in der chinesischen Volksrepublik nicht von Anfang an ungültig gewesen zu sein. Mit anderen Worten, die Doppelehe ist nach diesem Zeitpunkt, d.h. nach Inkrafttreten des 1. EheG von 1950, ungültig.

Auch hat das Gericht in der Volksrepublik China die Wirkung der Doppelehe nicht ganz eindeutig definiert. Beispielsweise wurde beim städtischen Volksgericht Peking in der Entscheidung "Min-P'an-Tzu" Nr. 119 vom 16. Januar 1950 ein solcher Fall verhandelt. Die Entscheidung wurde zwar vor Entstehen des 1. Pekinger EheG vom 13.4.1950 gefällt, sie kann aber wohl als nachschlagenswert für einen solchen Fall herangezogen werden, da sie wie das EheG dem gleichen Ideengut der kommunistischen Volksregierung China entstammt. Die genannte Entscheidung ist auch als Nachschlagematerial in dem Buch "Nachschlagematerialsammlung zu Ehefragen" (I. Bd.) des Juristischen Ausschusses des Staatsrates der Zentralvolksregierung Chinas vom Juni 1950 (nach Inkrafttreten des Pekinger EheG am 1.5.1950) angegeben.[510/1]

I. Vorliegender Tatbestand des behandelten Falles
 A. Die Klägerin Frau A erklärt, daß sie mit dem Beklagten Herrn B seit 11.1. (chines. Mondkalender) 1943 verheiratet ist. Nach ihrer Verheiratung hat sie mit ihrem Mann gut zusammen gelebt. Kurz danach (einem halben Monat) ging ihr Mann nach Nanking zum Studium. Er hat dort später eine Frau C geheiratet und einen Sohn gezeugt. Die Klägerin will die zweite Frau ihres Mannes als Ehefrau dulden, aber gleichzeitig auch mit ihrem Mann weiter zusammen leben. Wenn ihr Mann jedoch ihre Ehe scheiden lassen will, muß er ihr Unterhaltskosten zahlen.
 B. Der Beklagte Herr B bestätigt, daß seine Heirat mit der Klägerin nur durch die Großmutter zustande gekommen sei, d.h. es fehlte seine Heiratsbereitwilligkeit. Nach der Heirat habe er nur einen halben Monat mit seiner Frau zusammen gelebt, ist dann zum Studium nach Nanking gegangen und hat dort am 7. Juli 1948 eine Frau C geheiratet. Der Beklagte hatte damals nach Hause geschrieben, um die Ehe

---

509 Chao, S. 88; Chang, S. 91 f.
510 Ch'en, S. 39, 47 und 51.
510/1 S. "Nachschlagematerialsammlung zu Ehefragen", Bd. I, S. 118 ff.

mit seiner ersten Frau A scheiden zu lassen; sein Ansuchen hatte aber keinen Erfolg. Dem Verlangen der Klägerin Frau A auf Zusammenleben stimmte er nicht zu, er wollte diese Ehe scheiden lassen.

II. Gerichtliche Entscheidung
   A. Zurückweisung des Verlangens auf Zusammenleben der Klägerin Frau A mit dem Beklagten Herrn B. Der Grund für die Zurückweisung des Zusammenlebens ist das Fehlen der Bereitwilligkeit des Beklagten zur Heirat. Diese Ehe verstößt dadurch gegen den Grundsatz, wonach die Ehe von Mann und Frau in vollkommener Bereitwilligkeit und Selbständigkeit geschlossen werden muß. Da beide nur kurz zusammen lebten und nun schon 7 Jahre lang nicht mehr und der Beklagte eine andere Frau C geheiratet hat, ist erkennbar, daß die erste Ehe nicht aus Liebe geschlossen worden ist. Somit können die beiden Partner nicht mehr weiter zusammen leben. Auch hat die Klägerin Frau A den Fehler begangen die zweite Ehe ihres Mannes zu dulden und diese damit anzuerkennen, wodurch diese gegen das System der Einehe verstößt. Somit steht Frau A kein Recht auf Zusammenleben mit ihrem Mann Herrn B mehr zu.
   B. Zahlungsaufforderung an den Beklagten Herrn B zur Übernahme der Unterhaltskosten von der Klägerin Frau A wegen gegenwärtiger Lebensunterhaltsschwierigkeit in Höhe von 1000 Pfund Hirse nach dem Preis des Zahlungstages und dem Stand der Währung "Jen-Min-Ch'üan (人民券)".
   C. Aussprechen eines starken Tadels an den Beklagten wegen Führens einer Doppelehe, da er während des Bestehens seiner ersten Ehe noch eine zweite Ehe eingegangen ist.

III. Analyse der Gerichtsentscheidung
   A. Zur Nichtübereinstimmung der Wirkungen der Eheschließung ohne Bereitwilligkeit.
      a) Die erste Ehe wird als *"ungültig"* angesehen wegen gerichtlicher Ablehnung des Verlangens von Frau A auf Zusammenleben mit ihrem Mann Herrn B infolge des Fehlens der Bereitwilligkeit zur Eheschließung. Da dem Zusammenlebensanspruch der Grund fehlt, ist diese Ehe ungültig und nicht existierend.
      b) Die erste Ehe wird dagegen auch als *"gültig"* angesehen durch den gerichtlichen Ausspruch eines starken Tadels an den Mann Herrn B wegen Eingehens einer zweiten Ehe mit Frau C trotz Bestehens seiner ersten Ehe. Das bedeutet, die erste ohne Bereitwilligkeit des Herrn B geschlossene Ehe ist doch existent, d.h. sie ist doch gültig.
      c) Als *"Scheidungsgrund"* für die erste Ehe kann angesehen werden die Zahlungspflicht der Lebensunterhaltskosten für den Beklagten Herrn B an seine Frau A. Seine zweite Ehe bleibt damit weiter gültig. So lautet die Gerichtsentscheidung, daß die Ehe zwischen Klägerin und Beklagtem geschieden werden soll. Hier hat das Gericht noch den früheren gesetzlichen Terminus "Li-I" (離異) = "Li-Chih" (離之) verwendet, welcher für "Ehescheidung" und auch für "Eheungültigkeit" gilt.[510/2] So bleibt die Frage, ob die erste Ehe vom Gericht her gesehen

---

510/2 Vgl. Tai 1964, S. 168 f.

von Anfang an ungültig oder doch gültig ist. Aus dem Zusammenhang mit der Pflicht zur Zahlung der Unterhaltskosten für Frau A erkennt man aber doch die anfängliche Gültigkeit der Ehe, worauf die Ehescheidung folgt. Am Schluß dieser Entscheidung wird doch der eindeutige Ausdruck "Li Hun" (離婚) für "Ehescheidung" verwendet. Beide Prozeßparteien haben auch den Ausdruck "Li Hun", für "Ehescheidung" angewandt.

B. Nichteindeutigkeit der Wirkung der Doppelehe

a) *Unwirksamkeit der ersten Ehe*
Von der Zurückweisung des Zusammenlebens mit Frau A aus betrachtet verneint das Gericht die Existenz der ersten Ehe wegen Fehlens der Bereitwilligkeit zur Eheschließung vom Mann Herrn B. Somit besteht keine Pflicht für ihn auf Zusammenleben mit Frau A.

b) *Wirksamkeit der zweiten Ehe*
Vom Verstoß gegen das Einehesystem von Frau A aus gesehen (sie will die zweite Ehe ihres Mannes duldend anerkennen), hat das Gericht anfangs den Anspruch der Frau A auf Zusammenleben zurückgewiesen und damit gleichzeitig die zweite Ehe des Mannes Herrn B anerkannt. Dies bedeutet, daß das Gericht die Existenz der Doppelehe verneint, wiederum aber die Existenz der ersten Ehe nicht ausdrücklich aberkennt.

c) *Anerkennung der ersten und zweiten Ehe (= Doppelehe)*
Vom gerichtlichen Urteil her gesehen, und zwar der Erteilung des starken Tadels an den Beklagten wegen Eingehens einer Doppelehe, ist die Existenz der ersten Ehe und der zweiten Ehe anerkannt, das bedeutet Anerkennung der Doppelehe. Leider hat das Gericht die zweite Ehe wegen Verstoßes gegen das Verbot der Doppelehe nicht als nichtig oder anfechtbar beurteilt, daher bleibt auch die zweite Ehe weiter gültig.

Zusammenfassend läßt sich feststellen, daß das Gericht in diesem Prozeß die Doppelehe anfangs verneint, danach aber wieder anerkennt. Bedauerlicherweise hat das Gericht diese Doppelehe wegen Verstoßes gegen das Verbot der Doppelehe nicht als ungültig oder anfechtbar erklärt, sondern nur als tadelnswert bezeichnet. Daraus geht hervor, daß hier von seiten des Gerichts selbst Unklarheit darüber besteht, welche Wirkung die Doppelehe haben soll.

5. *Eheschließung mit dem Ehebruchspartner*

Ein Ehebrecher darf nicht mit seinem Ehebruchspartner die Ehe eingehen, so bestimmt es Art. 986 BGB. Wird aber eine Ehe entgegen dieser Vorschrift geschlossen, dann kann der erste Ehepartner diese Ehe nach Art. 993 BGB gerichtlich anfechten. Wenn nun z.B. die erste Ehegattin, die durch den Ehebruch des Mannes ihre Ehe scheiden ließ, nach der neuen Eheschließung ihres früheren Ehemannes stirbt, dann erlischt ihr Anfechtungsrecht. Ebenso auch, wenn sie die Klage der Anfechtung schon erhoben hatte. D.h. in diesem Falle ist Art. 581 Nankinger ZPO, wonach das Klagerecht an eine Person übertragen werden kann, die das gleiche Klagerecht besitzt, nicht anzuwenden, weil hier nur die verstorbene frühere Ehegattin das Klagerecht besaß.

Stirbt aber nach Erhebung der Anfechtungsklage der Ehebrecher oder die Ehebrecherin (beide sind jetzige Ehegatten), dann wird die Klage nicht dadurch aufgehoben, da Art. 580 Nankinger ZPO dieses wie folgt geregelt hat: Stirbt einer der Ehegatten vor dem Urteil, so ist der Rechtsstreit in der Hauptsache als erledigt anzusehen, es sei denn, daß die Eheanfechtungsklage von einer dritten Person erhoben wurde.[511] Die frühere Ehegattin ist in diesem Falle dritte Person zu den jetzigen Ehegatten, den früheren Ehebruchspartnern.

Die Frist einer solchen Eheanfechtung beträgt ein Jahr nach der Eheschließung (zweiter Halbsatz dieses Art. 993 BGB).

6. Eheschließung der Frau während ihrer Wartezeit

Zur Klarstellung der Blutsabstammung eines eventuellen Kindes darf eine Frau gemäß Art. 987 BGB erst nach Ablauf von sechs Monaten nach Erlöschen ihrer Ehe von neuem die Ehe eingehen.[512] Bei Zuwiderhandlung kann der frühere Ehemann oder ein geradliniger Blutsverwandter von ihm nach Art. 994 BGB die neue Ehe gerichtlich anfechten.

Die Anfechtung ist aber nach dem zweiten Halbsatz des Art. 994 BGB nicht mehr möglich, wenn seit dem Erlöschen der früheren Ehe sechs Monate verstrichen sind oder die Frau nach der Wiederverheiratung schwanger geworden ist. Denn man kann in diesen Fällen bereits feststellen, daß ein eventuelles Kind nicht aus der ersten Ehe stammt.

Auch die folgenden Fälle der Wiederheirat der Frau sollen, wie bereits unter "Eheverbot während der Wartezeit der Frau" erwähnt, eine Ausnahme gegenüber der sechs-monatigen Wartezeit begründen, da über die Abstammung eines eventuellen Kindes kein Zweifel besteht:

a) Nach Eheanfechtung wegen Impotenz des Mannes (Art. 995 BGB) oder
b) nach Ehescheidung wegen dreijähriger Verschollenheit des Mannes (Art. 1052 Ziff. 9 BGB) oder
c) nach Ehescheidung wegen Verurteilung des Mannes zu mindestens drei Jahren Gefängnis (Art. 1052 Ziff. 10 BGB), wenn zur Zeit der Scheidung schon sechs Monate der Haft verstrichen sind oder
d) nach Erlöschen der Ehe wegen Todeserklärung des Mannes (Art. 8 und 971 BGB) oder
e) nach Ehescheidung und Wiederverheiratung mit dem früheren Ehemann.

Gemäß den obigen Angaben ohne Wartezeit geschlossene Ehen sind auch entsprechend dem Sinn und Zweck des zweiten Halbsatzes von Art. 994 BGB unanfechtbar. Shih Shang-K'uan meint hierzu, im zweiten Halbsatz des

---

511 Chang, S. 92; Huang, S. 46.

Artikels 994 BGB seien zwar nur zwei Fälle als Beispiel aufgezählt, aber auch die oben genannten Fälle (a-e) könnten als Gründe der Unanfechtbarkeit der Ehe in diesem Sinne angesehen werden.[513] Chang Shen ist gleichfalls der Auffassung, daß die Redaktoren des Gesetzes hier etwas nachlässig gewesen seien.[514]

Chao Feng-Chieh äußert sich noch zu dem im zweiten Halbsatz des Art. 994 BGB erwähnten Fall der bereits eingetretenen "Schwangerschaft der Frau" nach der Wiederverheiratung und meint, dieser tatsächliche Zustand hätte Anlaß gegeben zu der Ausnahmebestimmung des zweiten Halbsatzes, die eigentlich gegen den Grundsatz des Art. 994 BGB (der Einhaltung der Wartezeit) verstoße. Er billigt sie jedoch, weil man zum Schutz der Gesundheit und der Ehelichkeit des erwarteten Kindes eine solche den Tatsachen entgegenkommende Änderung zulassen solle.[515] Er vertritt also in dieser Frage einen mehr realistischen Standpunkt.

7. Eheschließung mit einem zur Zeit der Eheschließung geschlechtlich unvermögenden unheilbaren Partner

Falls eine der Parteien zur Zeit der Eheschließung geschlechtlich unvermögend ist und dieses Unvermögen nicht beseitigt werden kann, so kann der andere Teil nach Art. 995 BGB die Ehe gerichtlich anfechten.

Die Voraussetzungen für die Anfechtung nach diesem Artikel sind:

a) Geschlechtliches Unvermögen: Als geschlechtliches Unvermögen gilt z.B. Impotenz des Mannes (z.B. der Eunuchen) oder Unvermögen zur Ausübung eines normalen Geschlechtsverkehrs wegen Fehlbildung der Geschlechtsorgane oder sexuelle Indifferenz (vgl. die Erkärung des Justizamtes Yüantzu Nr. 839 vom Jahre 1933).

Nach Art. 995 BGB ist geschlechtliches Unvermögen nur ein Anfechtungsgrund, aber kein Eheverbotsgrund. Die freiwillige Eheeingehung mit einer solchen Person ist vom Gesetz her nicht verboten.[516]

---

512 Nach medizinischer Erkenntnis beträgt bei Rückbestimmung der Empfängniszeit die Höchstdauer der Schwangerschaft 301 Tage, die Mindestdauer 180 Tage von der Geburt des Kindes an. So läßt sich nach 6-monatiger Wartezeit die Blutsabstammung eines eventuellen Kindes klarstellen (Hu, S. 92 und s. auch Siebert/Vogel, S. F 821 f., Tabelle über die Berechnung der Empfängnis nach dem Geburtstag des Kindes).
513 Shih Shang-K'uan, S. 221.
514 Chang, S. 93.
515 Chao, S. 90.
516 In China waren früher manche Frauen auch mit Eunuchen verheiratet und lebten wie andere Ehefrauen in Gemeinschaft mit ihren Männern (Li, S. 54). Da aus diesen Ehen

Nach dem 1. Pekinger EheG von 1950 ist die Eheschließung gemäß Art. 5 Ziff. 2 verboten, wenn bei dem Mann oder der Frau aus einem physiologischen Mangel die Fähigkeit zur Vollziehung des Geschlechtsverkehrs fehlt. Eine entgegen dieser "Muß"-Vorschrift geschlossene Ehe dürfte nach der unter III. B. dieses 4. Kapitels gegebenen Annahme, ungültig sein, aber nicht anfechtbar, wie nach dem Nankinger BGB.

Das neue Pekinger EheG von 1980 enthält eine weniger differenzierte Bezeichnung der Eheverbotskrankheiten, und zwar ist in Art. 6 Ziff. 2 nur angegeben, daß die Eheschließung nicht gestattet ist, wenn eine Partei an Lepra oder irgendeiner anderen Krankheit leidet, die vom medizinischen Standpunkt aus die Ehefähigkeit einer Person verhindert. Das oben genannte Fehlen der Fähigkeit zur Vollziehung des Geschlechtsverkehrs dürfte sicher unter das Eheverbot dieses Art. 6 (EheG) fallen. Diese Schlußfolgerung läßt sich ziehen aus Art. 5 des 1. Pekinger EheG von 1950, das in Ziffer 2 und 3 als die nach medizinischer Ansicht zum Eheverbot führenden Krankheiten anführt geschlechtliches Unvermögen, Lepra und andere Krankheiten. So gibt das Gesetz den eindeutigen Hinweis, daß das geschlechtliche Unvermögen in den Bereich der Krankheiten fällt, die nach medizinischer Ansicht ein Ehehindernis darstellen. Das gegenwärtige Pekinger EheG von 1980 ver-

---

keine Kinder hervorgingen, wurde meistens ein männlicher Nachkomme adoptiert ("Bruchstückhafte Diensterinnerungen an die kaiserlichen Paläste der Ch'ing-Dynastie" von Yü Yung-Ling, Peking 1957, S. 23). Nach römischem Recht durften die Eunuchen aber nicht heiraten und auch nicht adoptieren (Cheng Yü-Po, S. 103 und 107).

Es hat den Anschein, daß die oben genannten Ehen eine gewisse Ähnlichkeit aufweisen mit dem unter der Anmerkung Nr. 474 b genannten Fall einer beabsichtigten Ehe von zwei Frauen. In beiden Fällen ist kein Geschlechtsverkehr möglich. Doch ist der Charakter dieser Ehe anders geartet, denn die Ehen der Eunuchen mit Frauen entsprechen doch als ein Zusammenleben von Mann und Frau dem Grundsatz zur Ehebildung, während die beabsichtigte Ehe von zwei Frauen diesem Grundsatz widerspricht und daher nicht erlaubt ist.

Abgesehen von der juristischen Seite berichtet Siegfried Placzek in seinem Buch "Freundschaft und Sexualität" (Berlin 1927) auch von der psychologischen Seite über die Möglichkeit einer solchen Ehe: "Ferner, so seltsam es klingt, bleibt noch die Freundschaftsverknüpfung zwischen Eheleuten, die tatsächlich nie etwas anderes war. ... Es ist Tatsache, daß nicht nur völlig impotente Männer heiraten, und solche 'Ehen' lange bestehen bleiben, ... Ob und wieweit in solchen Ehen Freundschaftsempfindungen oder wirklich sublimierte Liebesempfindungen als Ersatz eintreten, und vor allem, ob diese Ausgleichsmöglichkeiten von Dauer sind, dürfte immer nur aus dem Einzelfall entschieden werden können. Es lehrt aber diese Merkwürdigkeit im Liebesleben des Menschen, daß Freundschaft und Liebesempfinden zuweilen untrennbar ineinander übergehen, vollkommen verschmelzen können". (S. 132 f.)

meidet in Art. 6 Ziff. 2 eine ausführliche Aufzählung von den zum Eheverbot führenden Krankheiten. Deshalb fällt das im Pekinger EheG von 1950 genannte Eheverbot wegen geschlechtlichen Unvermögens jetzt in den Bereich des Eheverbots der sogenannten "sonstigen Krankheiten, die nach medizinischer Ansicht die Ehefähigkeit einer Person verhindern".

b) Unheilbarkeit des geschlechtlichen Unvermögens: Das geschlechtliche Unvermögen muß unheilbar sein. Bei nur zeitweise auftretender und heilbarer Krankheit ist die Ehe nicht anfechtbar.

Wenn der Heilungsprozeß der sogenannten heilbaren Beiwohnungsunfähigkeit eine längere Zeit benötigt, so könnte man die sich für diesen Zeitraum ergebende Situation der Ehe fast mit den in Art. 1052 BGB angegebenen Ehezuständen, die als Scheidungsgründe gelten, vergleichen:
1. Ein Ehegatte verläßt den anderen böswillig für einen längeren, ununterbrochenen Zeitraum (Ziff. 5) oder
2. ein Ehegatte ist seit drei Jahren verschollen (Ziff. 9) oder
3. ein Ehemann ist zu mindestens drei Jahren Gefängnisstrafe verurteilt (Ziff. 10).

Bei einem genauen Vergleich läßt sich jedoch erkennen, daß die Situation der heilbaren Beiwohnungsunfähigkeit der in den 3 angegebenen Punkten äußerlich, d.h. in rein zeitlicher Hinsicht ähnlich ist, nach Grund und Charakter aber doch anders zu bewerten ist. Mit anderen Worten, das heilbare geschlechtliche Unvermögen eines Ehegatten gibt für den anderen Ehegatten keinen Grund zur Ehescheidung wie z.B. bei dem oben genannten böswilligen Verlassen, bei mindestens dreijähriger Verschollenheit oder Verurteilung zu mindestens dreijähriger Gefängnisstrafe sowie auch keinen Grund zur Eheanfechtung. Denn es besteht für die Ehegatten die Pflicht, zusammenzuleben.

c) Bestehen des geschlechtlichen Unvermögens zur Zeit der Eheschließung: Die zuletzt genannte Voraussetzung für die Anfechtung der Ehe nach Art. 995 BGB betrifft den Zustand des geschlechtlichen Unvermögens schon "zur Zeit der Eheschließung". Tritt die Krankheit eines Partners erst nach der Eheschließung auf, so ist die Ehe nicht anfechtbar, da einerseits der Kranke selbst unter seinem Zustand leidet und andererseits der andere Partner durch seine eheliche Liebe ihm Sympathie entgegenbringen soll. Außerdem ist es auch möglich, daß der Partner des Kranken an der Krankheit mitschuldig ist. (So kann z.B. der Mann durch Ansteckung durch die Frau an Syphilis leiden, wodurch im Penis ein Gumma entstehen kann und ein normaler Geschlechtsverkehr dann nicht mehr möglich ist.)[517]

---

517 Vgl. Chang, S. 96; Huang, S. 48.

Hat einer der Ehepartner vom Bestehen des unheilbaren Leidens seines Partners schon drei Jahre lang Kenntnis seit der Kenntniserlangung, dann kann er nach dem zweiten Halbsatz des Art. 995 BGB die Ehe nicht mehr anfechten. Denn man kann annehmen, daß er nach 3-jähriger Ehe ohne Anfechtung, mit der Ehe einverstanden ist (vgl. § 32 dt. EheG, Abs. 2).

In diesem Artikel ist die Eheanfechtungsfrist von drei Jahren erheblich länger als in Art. 990, 991, 993 und 994 BGB mit nur einem Jahr oder sechs Monaten. Dies dient dazu, dem Ehepartner des Kranken einen längeren Zeitraum zur Hoffnung auf Heilung des Leidens zu geben und eine vorzeitige Anfechtung der Ehe möglichst zu vermeiden.[518]

8. Eheschließung mit einem zur Zeit der Eheschließung im Zustande der Bewußtlosigkeit oder Geistesstörung befindlichen Partner

Befindet sich einer der Partner bei der Vermählung im Zustande der Bewußtlosigkeit oder Geistesstörung, dann kann er nach Art. 996 BGB binnen sechs Monaten nach Wiederherstellung des normalen Zustandes die Ehe gerichtlich anfechten.

Als Anfechtungsgrund gilt die nicht mit echtem freien Willen erfolgte Eheschließung eines Partners.[519] An sich sollte eine solche Ehe wie ein allgemeines Rechtsgeschäft, das unter den gleichen Umständen abgeschlossen wurde, gemäß Art. 75 BGB nichtig sein. Art. 120 II des schweizerischen ZGB und § 18 des deutschen EheG sprechen in einem derartigen Fall direkt die Ehenichtigkeit aus. Wenn diese Ehe nach Art. 996 Nankinger BGB jedoch nur anfechtbar ist, und zwar innerhalb von sechs Monaten nach Wiederherstellung des Normalzustandes, so kann man darin eine zum Zweck der Stabilität der Ehe geschaffene Ausnahmeregel zu Art. 75 BGB sehen.

Gemäß Art. 5 Ziff. 3 des 1. Pekinger EheG von 1950 darf eine Ehe nicht geschlossen werden, wenn sich eine der Parteien noch im Zustand nicht geheilter geistiger Abnormität befindet. Obwohl das gegenwärtige Pekinger EheG von 1980 in Art. 6 Ziff. 2 nicht wie das 1. Pekinger EheG von 1950 in Art. 5 Ziff. 3 angibt, daß bereits vorhandene geistige Abnormität einen Ehehindernisgrund darstellt, kann man aber aus Art. 5 Ziff. 3 des 1. Pekinger EheG erkennen, daß diese Krankheit unmißverständlich zu einer nach medizinischem Gesichtspunkt die Ehefähigkeit verhindernden Krankheit gehört. Man findet in Art. 6 Ziff. 2 des gegenwärtigen Pekinger EheG den gleichen

---

518 Chang, S. 96 f.
519 a) Li, S. 54; Chang, S. 94.
   b) Was man unter dem Rechtsbegriff "Geistesstörung" versteht, s. Binder, S. 70 f.

Wortlaut wie in Art. 5 Ziff. 2 des 1. Pekinger EheG: "Die Eheschließung ist nicht gestattet, wenn eine Partei an Lepra oder irgendeiner Krankheit leidet, die vom medizinischen Gesichtspunkt aus die Ehefähigkeit einer Person verhindert". Das nun hier genannte Eheverbot wegen geistiger Abnormität gehört im neuen Pekinger EheG selbstverständlich unter den Begriff der vom medizinischen Gesichtspunkt aus die Ehefähigkeit verhindernden Krankheiten. Wird dennoch eine solche Ehe geschlossen, so verstößt sie sowohl gegen dieses Verbot als auch gegen den Grundsatz des Art. 4 des jetzigen EheG, der besagt, daß die Ehe auf echter, freier Willensentscheidung von Mann und Frau beruhen soll. Und wenn man analog der schon erwähnten Annahme die Ehe nach dem Pekinger EheG ebenso wie nach § 35 I des Familiengesetzbuches der DDR vom 20. Dezember 1965 als nichtig ansieht, falls sie entgegen einem Eheverbot geschlossen worden ist, dann kann man wohl auch sagen, daß diese entgegen dem Eheverbot geschlossene Ehe nichtig sein wird und nicht nur anfechtbar.[520]

Ein direkter Vergleich zwischen dem oben genannten Eheverbot des Pekinger EheG und der Eheanfechtung des Art. 996 Nankinger BGB ist hier allerdings wegen zeitlichen Unterschieds des Krankheitszustandes bezüglich der Eheschließung nicht möglich. Denn das Pekinger EheG geht von der vorhandenen geistigen Abnormität vor der Eheschließung aus, während für das Nankinger BGB der Krankheitszustand zur Zeit der Eheschließung maßgebend ist.

---

520 Zu dieser Stelle betreffend die freie Willensentscheidung zur Eheschließung kann man vielleicht in diesem Zusammenhang die Auffassung von Ch'en Yung-Fu anführen. An und für sich ist das Fehlen der freien Willensentscheidung zur Eheschließung auch eine Art Mangel der Heiratsfreiheit. Ch'en schreibt in seinem Buch "Das neue demokratische Ehesystem" an der Stelle über die Ausübung der Heiratsfreiheit, daß sich diese in Freiheit zur Eheschließung und Freiheit zur Ehescheidung aufgliedert. Fehlt eine dieser Freiheiten, dann ist die echte Heiratsfreiheit nicht mehr garantiert. Mit anderen Worten ist die Eheschließungsfreiheit nur der erste Schritt zur Ausübung der Heiratsfreiheit, wichtiger ist der zweite Schritt, die Scheidungsfreiheit. D.h. die Scheidungsfreiheit schützt die Heiratsfreiheit. Demnach ist also das Fehlen der Eheschließungsfreiheit ein Grund zur Anwendung der Ehescheidungsfreiheit (Ch'en, S. 17). Ch'en spricht hier aber nicht von einer nichtigen Ehe. Die gleiche Auffassung findet sich auch im Buch "Wichtige Dokumente der Bewegung zum Wirksammachen des Ehegesetzes", S. 13.
Zu der Frage, ob eine Eheschließung, die entgegen einem Eheverbot geschlossen worden ist, nichtig ist, siehe auch Anmerkung 481.

9. Eheschließung infolge Täuschung oder Drohung

Art. 997 BGB ist der letzte Artikel im Nankinger BGB, der Anfechtungsgründe der Ehe enthält. Nach diesem Artikel kann derjenige, der infolge Täuschung oder Drohung die Ehe eingegangen ist, binnen sechs Monaten nach Entdeckung der Täuschung oder nach Beendigung der Drohung die Ehe gerichtlich anfechten.

Wurde die Ehe infolge Täuschung geschlossen, so entspricht sie nicht dem eigentlichen freien Willen des getäuschten Partners; denn der Grundsatz lautet, daß die Ehe ganz auf eigenem freien Willen der Partner beruhen soll.

Wurde die Ehe infolge Drohung geschlossen, dann verstößt dieses Rechtsgeschäft ebenso gegen das Prinzip der Freiheit der Heirat.

Eine solche Ehe ist demnach in beiden Fällen selbstverständlich anfechtbar.[521]

Anfechtungsberechtigt ist derjenige, der getäuscht oder bedroht worden ist. Wenn der Anfechtungsberechtigte nun, wie z.B. im Art. 981 BGB angegeben, gesetzlicher Vertreter eines Minderjährigen ist und durch Täuschung oder Bedrohung seine Zustimmung zur Heirat seines Minderjährigen abgegeben hat, so erhebt sich die Frage, ob er selbst auch die Ehe anfechten kann. Im BGB findet man keine Vorschrift, die diese Frage direkt behandelt. Chang Shen ist der Meinung, der gesetzliche Vertreter könne nach Art. 92 BGB, worin es heißt, daß der Erklärende seine Willenserklärung anfechten kann, die er infolge Betruges oder Drohung abgegeben hat, zuerst seine Zustimmung und dann nach Art. 997 BGB die Ehe anfechten.[522]

Dies ist jedoch etwas umständlich. Es wäre einfacher, wenn man diese Ehe direkt anfechten könnte, da beide Vorgänge das gleiche Ziel, die Eheanfechtung, anstreben.

Will aber derjenige, der bei der Eheschließung getäuscht oder gedroht hat, selbst die Ehe anfechten, so dient die Anfechtung dem Zweck der Beseitigung der unfreiwilligen Willenserklärung seines Partners und der Bekannt-

---

521 Nach Art. 747 des japanischen BGB (alte Fassung vom 22.12.1947) kann derjenige, der durch Betrug oder Zwang zur Eingehung der Ehe veranlaßt worden ist, bei Gericht die Nichtigerklärung der Ehe beantragen. Die Nichtigerklärung einer Ehe nach Art. 748 dieses BGB hat jedoch keine rückwirkende Kraft. In dieser Beziehung entspricht die anfechtbare chinesische Ehe der nichtigen japanischen Ehe. In der neuen Fassung des japanischen BGB von 1966 ist das Wort "Anfechtung" statt früher "Nichtigerklärung" im obigen Art. 747 und 748 verwendet worden (Bergmann/Ferid: Japan, 1982, S. 17).
522 Chang, S. 95 f.

gabe von Reuebewußtsein über das eigene unrechte Handeln. Es sollte auch ihm ein Anfechtungsrecht eingeräumt werden.

Daß eine unter Zwang oder Drohung geschlossene Ehe nach dem Pekinger EheG nichtig oder anfechtbar ist, läßt sich wohl aus zwei gerichtlichen Urteilen von 1949, die vom "Juristischen Ausschuß des Staatsrates der Zentralvolksregierung" in der "Nachschlagematerialsammlung zu Ehefragen" angegeben sind und aus den in Art. 1 und 3 des 1. Pekinger EheG von 1950 niedergelegten Grundsätzen entnehmen:

a) Die beiden Urteile:[523]

1. Urteil Min-Fa-Tzu Nr. 32 des Volksgerichtshofes Sian aus dem Jahre 1949 (?): Die Eheschließung auf Grund vollständiger Bestimmung durch die Eltern verstößt gegen den Grundsatz der Freiheit der Eheschließung zwischen Mann und Frau. Man kann eine solche Ehe ohne weiteres scheiden, wörtlich "trennen" (Li-I) = "Li-Chih" (früher gesetzlicher Terminus technicus).

2. Urteil Min-Tzu Nr. 5035 des Volksgerichtshofes Peking aus dem Jahre 1949: Eine unter Zwang oder Drohung geschlossene Ehe verletzt den Grundsatz der Freiheit und der Bereitwilligkeit der Ehe. Diese Ehe kann bedingungslos geschieden werden.

b) Artikel 1 und 3 des 1. Pekinger EheG:

1. Art. 1 lautet: "Das feudalistische Ehesystem, unter dem Zwang herrscht, ... wird aufgehoben. Es gilt das neue volksdemokratische Ehesystem der Freiheit der Eheschließung zwischen Mann und Frau, ..."

2. Art. 3 lautet: "Die Ehe muß von beiden Teilen, vom Mann und von der Frau, persönlich und in vollkommener Bereitwilligkeit geschlossen werden, ohne daß von einer Seite auf die andere irgendein Druck oder von irgendeiner dritten Seite ein Einfluß ausgeübt werden darf".

Die beiden Urteile und die Artikel 1 und 3 des Pekinger EheG von 1950 basieren auf den Grundsätzen der Freiheit und Bereitwilligkeit zur Eheschließung. Die in obigen Urteilen gestattete Ehescheidung entspricht dem Sinne nach der Nichtigkeit der Ehe.[524]

---

523 S. "Nachschlagematerialsammlung zu Ehefragen", S. 115 bis 118.
524 In den beiden Urteilen wird der Ausdruck "Li-I", der wörtlich "Trennung" im Sinne von "Scheidung der Ehe" bedeutet, verwendet. Der Ausdruck "Li-I" (oder "Li-Chih") geht auf den im alten Gesetz üblichen Terminus technicus "Li-I" zurück. Er hat im alten Gesetz zwei Bedeutungen, einmal steht er für "Nichtigkeit oder Ungültigkeit der Ehe" und zum anderen für "Scheidung der Ehe" (vgl. Tai 1964, S. 168 f). Sinngemäß ist aber in den beiden Urteilen die erstgenannte Bedeutung, das ist "Nichtigkeit oder Ungültigkeit der Ehe" zutreffend. Siehe auch Haupttext des vierten Kapitels unter III., C., a., Anfechtungsgrund 4 "Eheschließung entgegen dem Verbot der Doppelehe".

Nach den allgemeinen Rechtsgrundsätzen oder gerichtlichen Urteilen, die bei Fehlen einer Gesetzesvorschrift anzuwenden sind, ist demnach die Schlußfolgerung möglich, daß die durch Zwang oder unter Drohung geschlossene Ehe nach dem Pekinger EheG von Anfang an ungültig oder nichtig und nicht bloß wie nach dem Nankinger BGB anfechtbar ist.[525]

Fast inhaltsgleich wie Art. 1 und 3 des 1. Pekinger EheG von 1950 sind nun Art. 3 und 4 des neuen Pekinger EheG von 1980. Es besagt Art. 3: Heirat durch willkürliche Entscheidung einer dritten Seite und andere Formen der Einmischung in die Freiheit der Ehe sind verboten. Und Art. 4 besagt: Keiner der beiden Ehepartner darf Zwang anwenden. So läßt sich aus dem neuen Ehegesetz deutlicher erkennen, daß entgegen diesen Verbotsvorschriften (Mußvorschriften) geschlossene Ehen ungültig oder nichtig sein werden.

Im alten und neuen Pekinger EheG ist eine durch Täuschung zustande gekommene Eheschließung nicht erwähnt. Liegt jedoch ein solcher Fall vor, so wird er, zufolge Verstoßes gegen den im EheG angegebenen Grundsatz der Bereitwilligkeit zur Eheschließung (Art. 3 des 1. EheG von 1950 und Art. 4 des neuen EheG von 1980), zur Ungültigkeit oder Nichtigkeit der Ehe führen. Denn einer durch Täuschung zustande gekommenen Ehe fehlt, wie einer unter Drohung entstandenen Ehe, die echte Bereitwilligkeit zur Eheschliessung. Das Nankinger BGB behandelt auch in Art. 997 die dem Grundsatz der Bereitwilligkeit zur Eheschließung entgegenstehenden Beweggründe der Täuschung und Drohung gemeinsam in einem Artikel.

---

[525] Zur Gültigkeit der Ehe nach Art. 3 des 1. Pekinger EheG von 1950 meint Müller-Freienfels allerdings folgendes: "Die Verwendung des Wortes 'muß' im Rahmen der Vorschrift über den von Mann und Frau persönlich und in voller Freiheit (hier liegt ein Fehler von Karl Bünger vor, dessen Übersetzung hier verwendet wurde, im Originaltext heißt es nicht Freiheit, sondern Bereitwilligkeit – der Verfasser) zu vollziehenden Eheschluß legt allerdings die Folgerung nahe, daß ohne diese persönliche Einigung der Parteien gar keine Ehe zustande kommt. Dagegen deutet die Formulierung, daß dabei nicht von einer Seite auf die andere irgendein Druck oder von irgendeiner Seite ein Einfluß ausgeübt werden 'darf', immerhin darauf hin, daß ein dennoch ausgeübter Druck oder Einfluß nicht die Gültigkeit der Ehe beeinträchtigt. Dafür spricht auch die Unbestimmtheit der ganzen Regelung" (Müller-Freienfels 1969, S. 884).

Nach dem rein wörtlichen Sinne der "Muß"- oder "Darf"-Vorschrift kann Müller-Freienfels Art. 3 EheG so auslegen, dem Sinne des Gesetzes nach sollte die Ehe, die entgegen Art. 3 EheG geschlossen worden ist, aber ungültig sein.

b) Die Wirkung der Eheanfechtung

Im allgemeinen gilt ein angefochtenes Rechtsgeschäft gemäß Art. 114 BGB von Anfang an als nichtig. Nach Art. 998 BGB hat die Eheanfechtung aber keine rückwirkende Kraft. Die angefochtene Ehe ist also nicht wie z.b. nach dem früheren § 133 dt. BGB von Anfang an nichtig, sondern entsprechend dem § 29 des gegenwärtigen dt. EheG erst mit Rechtskraft des gerichtlichen Urteils aufgelöst (vgl. auch § 37 dt. EheG).[526] Dies soll der Stabilität der Verhältnisse dienen, die durch die Eheschließung entstanden sind, z.b. des Personenstandes oder des Vermögens. So ist Art. 998 BGB eine Ausnahme von Art. 114 BGB.

Wird nach dem schweizerischen ZGB der Eheanfechtungsklage statt gegeben, dann gilt auch die Ehe als von diesem Zeitpunkt hinweg nicht mehr bestehend. Bis dahin aber hat sie die Wirkung einer gültigen Ehe.[527]

Diese nicht rückwirkende Kraft der Eheanfechtung nach dem schweizerischen ZGB gilt ebenso auch für die ungültige Ehe (Art. 132 ZGB). Dagegen ist nach dem Nankinger BGB eine nichtige Ehe von Anfang an ungültig.[528]

D. Die Entschädigung bei Nichtigkeit oder Anfechtung der Ehe

Erleidet eine der Eheparteien infolge Nichtigkeit oder Anfechtung der Ehe Schaden, so kann sie nach Art. 999 Abs. 1 BGB von dem anderen Teil Ersatz verlangen, es sei denn, daß der andere Teil schuldlos ist. Das bedeutet also, daß die Entschädigung von der schuldigen Partei an die geschädigte Partei zu zahlen ist.

Im Gesetz ist jedoch nichts darüber gesagt, ob der Schadenersatzberechtigte schuldlos sein muß oder nicht. Mit anderen Worten, wer Schaden erleidet, ist berechtigt von der Gegenpartei Ersatz zu verlangen. So werden die Nichtigkeit und die Anfechtung der Ehe hinsichtlich des Schadenersatzes nicht wie der Rücktritt vom Verlöbnis mit gesetzlichem Grund (Art. 976

---

526 Beitzke, S. 61: "Die Eheaufhebungsklage ist erst durch das EheG von 1938 eingeführt worden. Nach dem (deutschen) BGB war in den entsprechenden Fällen die Ehe anfechtbar und wurde im Klagewege rückwirkend für nichtig erklärt. Die Einführung der Aufhebungsklage beruht auf einem Abscheu vor der Rückwirkung der Nichtigerklärung."
527 A. Homberger: Das Schweizerische Zivilgesetzbuch, Zürich 1943, S. 67 f. (s. Art. 132 ZGB); vgl. auch Chang, S. 98.
528 Chang, S. 98; Shih Shang-K'uan, S. 244 ff. sowie Chao, S. 85 und 91.

BGB) behandelt, bei dem gemäß Art. 977 BGB nur derjenige schadenersatzberechtigt ist, der beim Rücktritt vom Verlöbnis schuldlos ist.[529]

Das oben über die Entschädigung bei Nichtigkeit oder Anfechtung der Ehe Gesagte bezieht sich nur auf den materiellen Schaden. Nach Art. 999 Abs. 2 kann der Geschädigte aber auch für immateriellen Schaden eine angemessene Entschädigung verlangen, wenn er unschuldig ist. Die Bedingungen zum Ersatz von immateriellen und materiellen Schäden sind also unterschiedlich.

Der Anspruch auf Ersatz des materiellen Schadens ist übertragbar und vererblich. Dagegen ist der Anspruch auf immateriellen Schaden nicht übertragbar und nicht vererblich, es sei denn, daß der Anspruch des Schadenersatzes vertraglich anerkannt oder bereits Klage erhoben worden ist (Art. 999 Abs. 3 BGB). Denn dieser Anspruch ist nun zum Vermögensrecht geworden. (Näheres darüber findet sich im vorherigen Kapitel bei der Behandlung der Entschädigung nach Rücktritt vom Verlöbnis.)

---

529 Chang, S. 99; Chao, S. 92.

Zusammenfassende Betrachtung

I. Grundlegende Beziehungen zwischen Ehe, Familie und Staat im chinesischen Eherecht

Die Familiengesinnung ist seit alters her in China sehr stark ausgeprägt. Die Gründung der Familie erfolgt durch die Ehe, die Bildung der Ehe wiederum durch die Heirat. Schon zu Beginn der Chou-Dynastie (1122-255 v.Chr.) waren die sogenannten sechs Heiratsriten entwickelt, die eingehalten werden sollten.

Die Heirat steht in enger Beziehung zur Familiengemeinschaft. Dies kann man aus der Heiratsregel "der Eltern Wille" sowie auch aus den Heiratsriten "die Begrüßung der Schwiegereltern" am Tag nach der Vermählung und "die Opfergabe im Ahnentempel" drei Monate nach der Vermählung erkennen. Allerdings wird die Heiratsregel "der Eltern Wille" oft als Einrichtung der unfreien Heirat der Kinder, die unter dem Zwang der Eltern stehen, angesehen. Der eigentliche Sinn der Regel ist aber, die Kinder durch die elterliche Beratung in eine gute Ehe zu führen, die sich harmonisch in die Hausgemeinschaft eingliedern wird.[530] Auf die große Bedeutung des harmonischen, geordneten Familienlebens weist auch der große Weise Konfuzius hin: "Erst muß man seinen Hausgenossen zum Segen sein, dann erst kann man die Leute des Staates erziehen" und "darum beruht die Ordnung des Staates auf der Regelung des Hauses".[531] Die Heiratsregel "der Eltern Wille" hat bis

---

530 Lin Yutang erklärt auch in seinem Buch: Mein Land und mein Volk (Deutsche Übersetzung von W.E. Süskind), Stuttgart 1946, S. 188: "Eine Ehe ist in China nichts Individuales, sondern eine Angelegenheit der Familie".
Im jetzigen sozialistischen System der Volksrepublik China sieht man es auch nicht viel anders. So wird über die Eheschließung amtlich erklärt, daß die Heirat nicht nur eine private Angelegenheit der Ehepartner ist, sondern auch eine direkte Bindungsbeziehung unter den Familienmitgliedern bewirkt (s. Vorträge zur Erläuterung des neuen Ehegesetzes von 1980, Textausgabe zur Sendereihe des Pekinger Zentralvolksrundfunks, Peking 1980, S. 25).

heute eine gewisse Bedeutung behalten. So geben die Brautleute bei ihrer Vermählungsanzeige meist noch an: Wir sind gewillt die Ehe einzugehen und haben auch die Zustimmung der Eltern erhalten.[531/1]

Bei der Heirat galt schon früher die freie Gattenwahl als Grundsatz und auch nach der Heirat waren Mann und Frau grundsätzlich gleichberechtigt. Leider wurden diese Grundsätze oft mißverstanden, wie auch aus dem Schrifttum hervorgeht und entsprechend falsche Folgerungen gezogen. So wurden die genannten Grundsätze zwar meist nicht mehr eingehalten, jedoch nicht aufgehoben. Sie sind noch enthalten im Gesetz der letzten Dynastie Chinas, der Ch'ing-Dynastie (1644-1911), z.B. in Lü (= Artikel) 1, wo es heißt: Zu Beginn einer Verlobung sollen Mann und Frau nach freiem Ermessen handeln und in Lü 35, wonach die Ehescheidung ohne gesetzlichen Grund nur vollzogen werden kann, wenn Mann und Frau das Einverständnis dazu gegeben haben, d.h. weder der Mann noch die Frau darf die Ehe einseitig aufheben.

Nach chinesischer Ansicht knüpft die Heirat Freundschaftsbande zwischen den Stämmen (Sippen) von Mann und Frau.[532] So bewirkt die Heirat auch das gute Zusammenleben der einzelnen Stämme und letztlich auch des ganzen chinesischen Volkes.[533]

---

531 a) Li Gi, S. 26.
b) In dem chinesischen Ausdruck "Kuo-Chia" (國 家) für "Staat" spiegelt sich noch die ursprüngliche enge Beziehung zwischen Familie und Staat wider. Dies hat auch v. Möllendorff erkannt. Er übersetzt den Ausdruck "Kuo-Chia" (= Staat) mit "Nationale Familie" (s. v. Möllendorff, S. 1). Vgl. auch Vorwort zum Buch "Chinesisches Ehesystem" von Wu Tzu-Su, Taipeh/Taiwan 1973, S. 2. "Kuo" bedeutet wörtlich "Staat, Nation" und "Chia" bedeutet "Familie" oder "Haus".
531/1 In der sozialistischen Volksrepublik China wurde in einem Vortrag zur Erläuterung des neuen Pekinger Ehegesetzes von 1980 im Pekinger Rundfunk amtlicherseits betont, daß die in Art. 4 dieses Gesetzes angegebene Freiheit der Heirat einer besonderen Klärung bedarf, und zwar ist es nicht unwichtig, wenn heutzutage viele ehewillige Kinder von sich aus den Rat der Eltern für ihre Eheschließung einholen. Dieser gutgemeinte Rat der Eltern ist für die Kinder von großem Wert, auch entsteht hierdurch kein Widerspruch zur gesetzlichen Heiratsfreiheit (s. "Vorträge zur Erläuterung des neuen Ehegesetzes von 1980", S. 26).
532 Li Gi, S. 197.
533 a) Vgl. Huang, S. 234.
b) Ein ähnliches Sippengefühl findet man auch bei germanischen Stämmen: Die Sippengenossen waren im Altertum verpflichtet, einander in allen Nöten des Lebens zu helfen. Sie hießen daher "Freunde" = "Liebende". Es ist wie der älteste Stamm und die älteste Kultgenossenschaft, so der älteste Friedensverband, und dauert als solcher noch innerhalb des Volksverbandes fort (s. Karl von Amira und Karl August Eckhardt: Germanisches Recht, Bd. II, Berlin 1967, S. 66).

Der Sitte nach war es in China unvermeidbar, bei der Heirat einen Heiratsvermittler heranzuziehen.⁵³³/¹ Die freundschaftliche Verknüpfung der beiden Stämme der Eheleute wird somit durch ihn indirekt mitbewirkt.

Der langjährige Bestand des chinesischen Familiensystems steht weiter mit dem traditionellen Ahnenkult in engem Zusammenhang. Um die Verehrung der Ahnen nicht abzubrechen, ist die Fortsetzung durch die Nachkommenschaft von großer Bedeutung. Zur Erhaltung der Nachkommenschaft waren das Nebenfrauensystem und die Adoption eines Sohnes weit verbreitet. Der Gedanke der Fortsetzung des Familienstammes wurde in China von jeher sehr wichtig genommen und hat auch noch einen gewissen Einfluß auf die chinesische Gesetzgebung des gegenwärtigen Nankinger Bürgerlichen Gesetzbuches. So heißt es bis vor kurzem noch im Familienrecht, daß das Rechtsverhältnis eines eingesetzten Erben zum Erblasser das gleiche ist wie das eines ehelichen Kindes zu seinen Eltern (Art. 1071 BGB -a.F.-). Eine solche Erbeinsetzung ist demnach wie eine Adoption, die erst nach dem Tode des Erblassers stattfindet, und die auch zur Erhaltung der Familienlinie des Erblassers gedacht ist, da eine testamentarische Erbeinsetzung bedingt, daß der Erblasser keine Blutsverwandten der geraden absteigenden Linie hat (Art. 1143 BGB -a.F.-). Es ist daher nicht abwegig, wenn Tai Yen-Hui das Rechtsgeschäft der Erbeinsetzung eine testamentarische Adoption nennt und sagt, daß der eingesetzte Erbe ein testamentarisches Adoptivkind sei.⁵³⁴

Nun aber sind die von den chinesischen Juristen in ihrer Auslegung viel diskutierten Art. 1071 und 1143 BGB bei den teilweisen Neufassungen im Familienrecht und Erbrecht vom 3.6.1985 aufgehoben worden. D.h. das bisherige System der Erbeinsetzung nach Art. 1143 BGB ist nicht mehr anwendbar, da man anstelle der Erbeinsetzung seinen Nachlaß nicht-gesetzlichen Erben seiner Wahl als Schenkung überlassen kann. Durch die Aufhebung von Art. 1143 BGB ist auch der mit diesem Artikel in Zusammenhang stehende Art. 1071 BGB gegenstandslos geworden und entfallen (amtliche Begründung zur Aufhebung der Art. 1071 und 1143 BGB).

Auch das Fehlen eines sogenannten Ehegüterrechts in den früheren chinesischen Gesetzen hängt mit dem chinesischen Familiensystem zusammen. Im

---

533/1 Sogar in der jetzigen Volksrepublik China legt man weiter Wert auf die Ehevermittlung und hat seit Inkrafttreten des neuen Pekinger EheG von 1980 viele halbamtliche Einrichtungen dieser Art geschaffen. Hierdurch würde vielen Eltern die Last der Partnersuche für ihre Kinder abgenommen. Näheres s. "Peking (Beijing) Rundschau" Nr. 18 vom 5. Mai 1981, S. 27 f.

534 Ähnlich wie in China gab es auch im alten Griechenland die Form des testamentarischen Adoptivsohnes, wenn kein leiblicher Sohn vorhanden war, zur Fortsetzung des Familienstammes des Erblassers (Näheres s. Lacey, S. 93).

Großfamiliensystem ist das Familienoberhaupt verpflichtet, für den Unterhalt und die Erziehung der Familienangehörigen zu sorgen. Die Hausgenossen stehen in einer Familiengemeinschaft, daher soll der Einzelne der Sitte nach keinen Privatbesitz haben und dem Gesetz nach nichts vom Familieneigentum für private Zwecke verwenden.[535] Unter solchen Umständen war also ein sogenanntes Ehegüterrecht nicht erforderlich und die früheren Gesetze enthielten auch kein spezielles Kapitel über dieses Rechtsgebiet. Nach ausländischem Muster enthält das gegenwärtige Nankinger Familienrecht einen besonderen Titel über das eheliche Güterrecht (Art. 1004-1048 BGB). Allerdings hat sich dieses Recht wegen des weiterhin üblichen Familienzusammenlebens in seiner Anwendung noch nicht eingebürgert.[536] Die "Bestimmung zur Registrierung des Ehegütervertrages" wurde erst am 5.12.1966 veröffentlicht und gleichzeitig in Kraft gesetzt, obgleich Art. 1008 Abs. 1 BGB (im 4. Buch BGB "Familienrecht") vom 26.12.1930 bereits besagt, daß die Begründung, Änderung oder Aufhebung eines Vertrages über den Güterstand schriftlich Dritten gegenüber nur geltend gemacht werden kann, wenn er eingetragen ist, und Abs. 2 dieses Artikels bestimmt, daß die Eintragung gemäß dem vorhergehenden Absatz durch ein besonderes Gesetz geregelt wird.

II. Eigenständigkeit der chinesischen Eheschließungsform

Das Nankinger BGB erkennt eine Eheschließung als gesetzlich gültig an, wenn sie öffentlich und vor mindestens zwei Zeugen erfolgte (Art. 982 BGB). Diese moderne Form der Eheschließung ist wesentlich einfacher als die frühere Heiratsform mit ihren verschiedenen Heiratszeremonien. Um das Gesetz den herkömmlichen chinesischen Verhältnissen anzupassen, nimmt das Nankinger BGB das System der europäischen obligatorischen Zivilehe nicht als Muster für das chinesische Eheschließungsrecht. Man braucht in China die amtliche Handlung der Eheschließung (einer obligatorischen Zivilehe) nicht vorzunehmen und kann sich auch anderer Formen der Eheschließung bedienen. So wird auch die kirchliche Trauung, die dem Chinesen an sich fremd ist, als gültig anerkannt.

Gemäß Art. 6 des jetzt außer Kraft gesetzten 1. Pekinger EheG von 1950 sollte man die Eheschließung bei der zuständigen örtlichen Volksregierung registrieren lassen. Diese Eheregistrierung war nur eine "Soll"-Vorschrift und stellte somit nicht die einzig gültige Form der Eheschließung dar. So war

---

535 Vgl. Shih San Ching Chu Shu: Heft 60, Li Gi, Bd. 27, S. 24 und Art. 162 des T'ang-Gesetzes.
536 Chao, S. 98.

diese Pekinger Ehegesetzgebung trotz Ausgehens vom gleichen sozialistischen Staatssystem wie das der UdSSR, keine reine Nachahmung der russischen Gesetzgebung, die als einzige Form der Eheschließung die Eheregistrierung hat. Aber das neue Pekinger EheG von 1980 verlangt in Art. 7 die Registrierung der Ehe als einzig gültige Form der Eheschließung ("Muß"-Vorschrift) wie die russische Gesetzgebung.[537] Das Nankinger BGB selbst erwähnt bis vor kurzem nichts über eine Registrierung der Ehe, aber gemäß Art. 25 des Nankinger Registraturgesetzes der Bevölkerung vom 12.12.1931 (nach Fassung vom 17.7.1973) soll man die Ehe registrieren lassen. Dies war allerdings keine Voraussetzung für ihre Wirksamkeit, sondern nur eine Beweisbekräftigung. Jedoch nach der Neuhinzufügung von Absatz 2 zu Art. 982 BGB vom 3.6.1985 verstärkt sich die Eheregistrierungswirkung insofern, daß die Registrierung der Ehe als öffentlich stattgefundene Eheschließungsform gemäß Abs. 1 des Art. 982 BGB gelten kann. So stellt die Eheregistrierung nun im Nankinger BGB nicht nur ein Beweismittel über die gesetzlich stattgefundene Eheschließung dar. Das 1. Pekinger EheG von 1950 sah in der Eheregistrierung nicht eine unbedingt erforderliche Form der Eheschließung, wie oben gesagt,[538] sie konnte aber, auch wie nach der Neuhinzufügung von Abs. 2 zu Art. 982 des Nankinger BGB, als gültige Form der Eheschließung gelten, während im neuen Pekinger EheG von 1980 (Art. 7) allein die Eheregistrierung als Eheschließungsform gilt.

III. Beispiele der Modernisierung in den heutigen Ehegesetzen

A. Freier Rücktritt und keine Zwangserfüllung des Eheversprechens

Hatte man nach dem früheren Recht die Ehe versprochen, bereute es aber wieder, so wurde man nach Art. 175 des T'ang-Gesetzes mit 60 und nach Lü

---

537 Zum Zeitpunkt des Erlasses des 1. Pekinger Ehegesetzes im Jahre 1950 galt in Rußland das Unionsdekret Stalins vom 8.7.1944 mit Ablehnung der faktischen Ehe. Und nach Art. 19 dieses Unionsdekrets erzeugt überhaupt nur noch die registrierte Ehe Rechte und Pflichten (s. Müller-Freienfels 1969, S. 878). Auch nach Art. 9 des "Gesetzes des Obersten Sowjets der UdSSR zur Bestätigung der Grundlagen der Gesetzgebung der Union der SSR und Unionsrepubliken über Ehe und Familie vom 27. Juni 1968" (Abkürzung: Grundlagen Ges. 1968; in Kraft getreten am 1.10.1968) erfolgt die Eheschließung ausschließlich bei den "Organen der Eintragung von Zivilstandsakten" und nur diese staatlich geschlossene Ehe erzeugt Rechte und Pflichten der Ehegatten (s. Bergmann/Ferid: UdSSR, 1986, S. 26 und 56 und Boschan, S. 568f).
538 Ch'en, S. 31 und Meijer, S. 177 f.

1 des Ch'ing-Gesetzes mit 50 Stockschlägen bestraft (T'ang-Dynastie: 618-907; Ch'ing-Dynastie: 1644-1911). Gemäß den in Art. 976 des gegenwärtigen Nankinger BGB angegebenen Rücktrittsgründen kann man ohne weiteres vom Verlöbnis zurücktreten. Außerdem kann gemäß Art. 975 BGB aus dem Verlöbnis auch nicht die zwangsweise Erfüllung begehrt werden.

Im Pekinger EheG ist das Verlöbnis nicht erwähnt, es hat somit auch keine besondere rechtliche Bedeutung mehr. Jeder Verlobte kann also hier ohne Grund vom Verlöbnis zurücktreten, falls er sich der Sitte gemäß verlobt hat.

B. *Einschränkung des Bereichs des verwandtschaftlichen Eheverbots*

Früher durfte kein Mann eine Frau gleichen Familiennamens heiraten (s. Art. 182 des T'ang-Gesetzes und Lü 17 des Ch'ing-Gesetzes). Nach Art. 983 des gegenwärtigen Nankinger BGB ist nur die Heirat zwischen geradlinigen Blutsverwandten und geradlinigen Verschwägerten absolut verboten, dagegen kann die Ehe mit Blutsverwandten der Seitenlinie, die nicht der gleichen Generation angehören, aber über den 8. Grad hinaus verwandt sind, geschlossen werden. Die seitenlinigen Verschwägerten, die nicht der gleichen Generation angehören oder deren Verwandtschaft noch innerhalb des 5. Grades liegt, fallen jedoch nach dem genannten Artikel unter Eheverbot. Wenn früher jemand die Frau seines verstorbenen Bruders heiratete, so wurden er und die Frau gemäß Lü 23 des Ch'ing-Gesetzes mit Erdrosselung bestraft. Ein solches Eheverbot der seitenlinigen Verschwägerten, die der gleichen Generation angehören, ist nach Art. 983 BGB nicht mehr vorhanden (vgl. auch die Erklärung Yüantzu Nr. 828 des Justizamtes von 1932).

Die Eheverbote zwischen seitenlinigen Blutsverwandten gemäß Art. 5 des 1. Pekinger EheG von 1950 betrafen etwa den gleichen Verwandtschaftsbereich wie die in Art. 983 des Nankinger BGB. Aber das neue Pekinger EheG von 1980 hat die Eheverbote von seitenlinigen Blutsverwandten erleichtert (gemäß Art. 6 Ziff.1), und zwar ist die Ehe nun nur noch verboten bis zur "dritten Generation" (= 4. Verwandtschaftsgrad nach dem Nankinger BGB) und nicht mehr wie nach dem 1. EheG von 1950 bis zur "fünften Generation" (= 8. Verwandtschaftsgrad nach dem Nankinger BGB).

Aber in umgekehrter Richtung vollzieht sich das Verbot der langjährig nach Sitte und Gewohnheit gepflegten und bisher gesetzlich als Ausnahme erlaubten Heirat von "Piao-Geschwistern", die noch zum 4. Grade der seitenlinigen Blutsverwandten gehören. Eine solche Heirat fällt nun unter Eheverbot gemäß der teilweisen Neufassung des Familienrechts des Nankinger BGB vom 3.6.1985 (Art. 983 I, Ziff. 3) sowie auch gemäß dem neuen Pekinger EheG vom 10.9.1980 (Art. 6, Ziff. 1). Diese Erweiterung des verwandtschaftlichen Eheverbots dient dem Zweck der ausnahmslosen Einhaltung des Verbots der Heirat zwischen allzu nahen seitenlinigen Blutsverwandten.

C. Die Wartezeit der Frau unter neuem Gesichtspunkt

Aus moralischen und sittlichen Gründen war früher einer Frau während der dreijährigen Trauerzeit für ihren Mann die Eingehung einer neuen Ehe untersagt. Bei Zuwiderhandlung erfolgte gemäß Lü 13 des Ch'ing-Gesetzes eine Bestrafung mit 100 schweren Hieben (nach Art. 179 des T'ang-Gesetzes sogar eine dreijährige Gefängnisstrafe). Nach dem gegenwärtigen Nankinger BGB ist dies nicht mehr der Fall. Nur zur Feststellung der Abstammung eines eventuellen Kindes darf eine Frau gemäß Art. 987 BGB innerhalb von sechs Monaten nach Erlöschen ihrer Ehe keine neue Ehe eingehen, es sei denn, daß sie innerhalb der sechs Monate geboren hat.

Im Pekinger EheG ist nichts über eine Wartezeit vor Wiederverheiratung der Frau erwähnt. Möglicherweise sieht man in der Wartezeit der Frau eine Beeinträchtigung des Grundsatzes der Gleichberechtigung von Mann und Frau sowie der Freiheit der Eheschließung an sich.[539]

D. Abschaffung des Nebenfrauensystems und das Doppeleheverbot gestern und heute

Neben dem Einehesystem war im alten China das Aufnehmen von Nebenfrauen zulässig. Die nach der Hauptfrau ohne Heiratsriten aufgenommenen Frauen galten früher als Nebenfrauen.[540] Das Nebenfrauensystem ist jetzt aber aufgehoben. Wer heute eine Frau ohne vollzogene Heiratszeremonie als Nebenfrau nimmt, wird gemäß Art. 239 des gegenwärtigen Nankinger StGB wegen Ehebruchs mit Gefängnis bis zu einem Jahr bestraft. Die Frau trifft die gleiche Strafe. Durch die Möglichkeit Nebenfrauen aufzunehmen, gab es früher selten eine Doppelehe. Trotzdem enthalten die alten Gesetze Bestimmungen für einen solchen Fall. Nach dem T'anggesetz (Art. 177) und dem Ch'inggesetz (Lü 11) wurden beide Partner bestraft, wenn eine zweite Ehe

---

539 Siehe Art. 1 des 1. EheG von 1950; Art. 2 des gegenwärtigen EheG von 1980 und vgl. Ch'en, S. 17 und 21.
540 Man konnte sogar schon vor der Heirat einer Hauptfrau, die gemäß den angeordneten Heiratsriten erfolgt, Nebenfrauen, die ohne Riten aufgenommen wurden, annehmen (Ch'en Ku-Yüan, S. 106). So waren in diesem Falle auch zwei Nebenfrauen nicht im Sinne einer Doppelehe.

unter Vollzug der Heiratsriten geschlossen wurde, und die Ehe wurde getrennt. Diese Bestrafung erfolgte wegen der nur äußerlich entstandenen Doppelehe. Die Trennung entsprach im rechtlichen Sinne der Ungültigkeit der zweiten Ehe (Der hier gebrauchte chinesische Ausdruck für "Trennung" der Ehe "Li-Chih", wörtlich = "Trennung", hatte in den alten Gesetzen die Bedeutung "Ungültigkeit" der Ehe). Somit hatte die zweite Frau nicht die Stellung einer Ehefrau. Das ergibt sich auch aus dem Kommentar des T'anggesetzes zu dieser Stelle, der feststellt, daß die zweite Frau im strengen Sinne des Gesetzes nur wie eine allgemeine Person zu bestrafen ist, wenn sie sich vor der Trennung der Ehe mit Verwandten oder Verschwägerten des Mannes vergeht. Als Ehefrau würde ihr ein solches Vergehen als Blutschande angelastet. So galt diese zweite Ehe nach dem alten Gesetz nicht als Doppelehe im jetzigen Sinne. Nach dem gegenwärtigen Nankinger BGB (Art. 985) liegt eine Doppelehe vor, wenn bei bestehender Ehe eine zweite Ehe eingegangen wird. Gemäß dem bis zum 2.6.1985 gültigen Art. 992 BGB war diese Ehe anfechtbar und nicht ungültig. Jedoch nach der Neufassung des Art. 988 Ziff. 2 BGB (vom 3.6.1985) ist die Doppelehe jetzt nichtig. Somit kehrt man mit dieser Neufassung zum Grundsatz des T'ang- und Ch'ing-Gesetzes zurück[541] und der Einklang mit dem Einehesystem ist wieder hergestellt. Auch ist nach dem gegenwärtigen Nankinger StGB (Art. 237) die Doppelehe wie nach den alten Gesetzen strafbar.

Auch das Pekinger EheG distanziert sich vom früheren Nebenfrauensystem und verbietet die Doppelehe (Art. 2 und 3).

IV. Schlußwort

Zum chinesischen Verlobungs- und Eheschließungsrecht der Gegenwart kann man feststellen, daß es nach modernen Rechtsgrundsätzen ausgerichtet ist, gleichzeitig aber auch eigene alte Traditionen der guten Sitte mit berücksichtigt hat. Um dem Wandel der Zeit gerecht zu werden, bedarf jedoch jedes Gesetz einer fortdauernden Überarbeitung. Das Nankinger Familienrecht, welches das Eherecht enthält, ist seit seinem Inkrafttreten jetzt schon über 50 Jahre alt. Im Laufe dieser Jahre haben sich manche Veränderungen in den sozialen Verhältnissen und im Rechtsdenken ergeben, so daß sich das Gesetz,

---

541 Siehe Art. 177 des T'anggesetzes und Lü 11 des Ch'inggesetzes.

den veränderten Verhältnissen entsprechend, nun neu anpassen mußte.[542] So hat man am 3.6.1985 für eine Anzahl von Artikeln des Familien- und Erbrechts des chinesischen BGB Neufassungen herausgegeben. Die Tendenz des nun teilweise neu gefaßten Gesetzes läßt sich aus den vorgenommenen Änderungen erkennen. So z.B. wurde oft bemängelt, daß die Doppelehe gemäß Art. 992 BGB nur anfechtbar ist. Die Neufassung des Nankinger Familienrechts vom 3.6.1985 kommt der allgemein vorherrschenden Auffassung nach und die Änderung von Art. 988 Ziff. 2 BGB besagt, daß die Doppelehe jetzt, wie früher nach dem T'ang- und Ch'ing-Gesetz, ungültig ist. Auch steht seit einiger Zeit das Eheverbot zwischen Ehebruchspartnern des Art. 986 BGB in starker Diskussion, ob ein solches Eheverbot noch dem jetzigen Rechtsdenken entspricht. Ein solches Verbot haben manche Staaten längst abgeschafft. So ist das Ehehindernis des Ehebruchs in Ungarn nach dem zweiten Weltkrieg aufgehoben worden, Frankreich hat es sogar schon im Jahre 1904 beseitigt. Aber bei der Neufassung des Nankinger Familienrechts vom 3.6.1985 ist betreffend das Eheverbot zwischen Ehebruchspartnern des Art. 986 BGB keine Änderung vorgenommen worden. Hieraus wird deutlich, daß der Gesetzgeber auf die Erhaltung der traditionellen chinesischen guten Sitte großen Wert legt und die Auffassung anderer Staaten, die ein solches Eheverbot abgeschafft haben, nicht teilt.

Das 1. Pekinger EheG von 1950 war, weil bei Begründung der Volksrepublik China (im Oktober 1949) dringend benötigt, etwas übereilt erlassen worden. Es enthielt daher fast zwangsläufig Ungenauigkeiten und inhaltliche Wiederholungen in den Artikeln. Ein solcher Fall zeigte sich beim Vergleich der folgenden Gesetzesstellen. Im 1. Kapitel "Grundsätze" dieses Gesetzes bestimmte Art. 1 bereits: Es gilt das neue volksdemokratische Ehesystem der Monogamie und des Schutzes der Interessen der Frau. Es erübrigte sich hier der unter dem gleichen 1. Kapitel "Grundsätze" angeführte Art. 2, "die Doppelehe und das Nehmen einer Nebenfrau sind verboten". Leider hat das neue EheG von 1980 keinen neuen Weg eingeschlagen, so daß sich in Art. 2 und 3 (entsprechend Art. 1 und 2 des 1. EheG von 1950) wieder inhaltliche Wiederholungen finden, und zwar heißt es in Art. 2 unter Kapitel 1 "Allgemeine Grundsätze": Das Ehesystem gründet sich auf die Freiheit der Eheschließung und auf Monogamie. Im gleichen Sinne wiederholt Art. 3 im gleichen Kapitel 1 "Allgemeine Grundsätze": Heirat durch willkürliche Entscheidung einer

---

542 Vgl. die beiden Vorworte zu dem Buch "Familienrecht des Bürgerlichen Gesetzbuches" von Ch'en Ch'i-Yen und den Zeitungsartikel von Ching Chih-Jen: "Richtiges behalten und an Neues anpassen" aus der Tageszeitung "Central Daily News" vom 11.1.1986, S. 2.

dritten Seite und Einmischung in die Freiheit der Ehe sind verboten. Bigamie ist verboten.

Ferner sollte sich die systematische Neubearbeitung des Pekinger Ehegesetzes auch auf die gesetzliche Abgrenzung von Ehe- und Erbrecht beziehen. So gehörten etwa die Art. 12 und 14 des 1. EheG von 1950, die das gegenseitige Erbrecht der Ehegatten und das gegenseitige Erbrecht von Eltern und Kindern regeln, eigentlich nicht in das Ehegesetz. Im neu bearbeiteten EheG von 1980 ist aber eine Abgrenzung des Erbrechts vom Eherecht nicht vorgenommen worden. Der Text der beiden Artikel 12 und 14 des 1. Pekinger EheG von 1950 ist lediglich gleichlautend in Art. 18 im neuen EheG zusammengefaßt.

Allgemein soll das Gesetz ein Spiegelbild der bestehenden sozialen Lebensverhältnisse sein. Um es stets lebensnah zu erhalten, müßte es nach den jeweiligen sozialen Verhältnissen ausgerichtet werden.[543] Wie schwierig es aber ist die bestehenden sozialen Verhältnisse in ihren Grundzügen richtig zu erkennen, drückt auch ein chinesisches Sprichwort aus: "Wer die Zeitumstände richtig erkennt, ist ein Held", " 識時務者為俊傑 ".[544] Möge diese richtige Zeiterkenntnis Leitmotiv bei künftiger Ergänzung und Weiterentwicklung des Nankinger Eherechts und des Pekinger Ehegesetzes sein!

---

543 Eine ähnliche Ansicht vertritt schon der Rechtsphilosoph Han Fei (韓非), ein Prinz von Han (Han: ein Staat der "Kämpfenden Staaten"-Periode 479-221 v.Chr.), der etwa um 280-233 v.Chr. lebte: Wenn das Gesetz der jeweiligen Zeit gemäß ist, wird das Land gut regiert. Regiert man das Land den Weltverhältnissen entsprechend, wird alles in guter Ordnung sein (Yang, S. 89 und Mathews, S. 303).
544 Tz'u-Yüan, S. 1337.

ANHANG

Wirkungen der Eheschließung

Für Mann und Frau, die durch die Eheschließung Ehepartner geworden sind, ergeben sich nach den Gesetzen besondere personen- und vermögensrechtliche Beziehungen zwischen ihnen selbst bzw. zwischen ihnen und Dritten. Die sich in den chinesischen Gesetzen aus den Wirkungen der Eheschließung ergebenden Bestimmungen sind vorwiegend im Nankinger Bürgerlichen Gesetzbuch und im Pekinger Ehegesetz enthalten. Das eheliche Leben berührt aber auch verschiedene Seiten des Soziallebens. Deshalb finden sich auch noch in anderen Gesetzen, wie z.B. im Staatsangehörigkeitsgesetz, im Registraturgesetz der Bevölkerung sowie im Straf- und Zivilprozeßrecht, auf die hier nicht näher eingegangen wird, Vorschriften über die Rechtsverhältnisse in der Ehe.[545]

Die Wirkungen der Eheschließung im engeren Sinne behandelt das Nankinger BGB im 4. Buch "Familienrecht" nur unter dem Kapitel die "Allgemeinen Wirkungen der Ehe". Sie werden hier als Kernpunkt der Wirkungen der Eheschließung besprochen, und zwar erst unter dem Untertitel "Rechte und Pflichten aus der Eheschließung".
Das Pekinger EheG enthält keinen Titel "Wirkungen der Eheschließung"; die hier behandelten Artikel dieses Gesetzes enthalten nur inhaltlich Hinweise über dieses Gebiet.

I. Personenrechtliche Wirkungen

A. Ehepartner

Früher fiel der Ehepartner unter den Begriff der Verwandtschaft, und zwar erkannte Art. 1317 Abs. 1 Ziff. 2 des Entwurfes des chinesischen Bürgerlichen Gesetzbuches von 1912 Ehemann und Ehefrau noch als Verwandte an.[546]
Nach dem gegenwärtigen 4. Buch des Nankinger BGB "Familienrecht" versteht man unter Verwandten nur noch Blutsverwandte und Verschwägerte

---

545 Vgl. Li, S. 81 f.
546 Engelmann, S. 97-98 und 169; Chao, S. 21; Chang, S. 107.

(Art. 967 und 969 BGB). Die Ehe fällt nach geltendem Gesetz überhaupt nicht mehr in den Bereich der Verwandtschaft, sondern ist ein eigenes personenrechtliches Verhältnis, wie sich auch aus den Bezeichnungen die "Ehe" oder die "Ehepartner" oder der "Ehemann" und die "Ehefrau" ergibt.[547]

B. Hausgenossen

Nach Art. 1123 Abs. 2 BGB gilt derjenige, der ohne verwandt zu sein, zum Zweck der dauernden Lebensgemeinschaft in einer Hausgemeinschaft wohnt, als Hausgenosse. Obwohl die Ehegatten nach dem gegenwärtigen Familienrecht nicht verwandt sind, sind sie aber nach Art. 1001 BGB gegenseitig zum Zusammenleben verpflichtet. Wenn die Frau nach ihrer Verheiratung mit ihrem Mann zusammenwohnt, dann sind sie beide (Mann und Frau) in der Hausgemeinschaft Hausgenossen. Das ergibt sich nur aus der Hausgemeinschaft und nicht aus der Pflicht des Zusammenlebens. Diese Hausgemeinschaft wird jedoch durch die Eheschließung begründet.

---

547 a) Chang, S. 106; Chao, S. 21, Anmerkung 5.
   b) Chao Feng-Chieh sieht aber die Ehe noch unter dem Begriff der Verwandtschaft und begründet dies so, daß die Ehe den früheren Gesetzen und der chinesischen Sitte nach als Verwandtschaftsverhältnis galt. Diese Ansicht existiert immer noch im chinesischen Volk. Andererseits besagt Punkt 1 der Stellungnahme zu den Voraussetzungen des Entwurfs des gegenwärtigen Nankinger Familienrechts von der 236. Sitzung des politischen Ausschusses des Zentralkomitees der Kuomintang vom 23.7.1930 auch, daß die im folgenden genannten Personen als Verwandte gelten: 1. die Ehegatten; 2. die Blutsverwandten und 3. die Schwägerschaft. Im gegenwärtigen Familienrecht fehlen die Ehegatten unter der Aufzählung der Verwandten. Es ist wohl wegen der selbstverständlichen Zugehörigkeit der Ehegatten zur Verwandtschaft, daß sie unter dem Begriff der Verwandtschaft im Gesetz nicht mehr ausdrücklich angeführt sind. Wenn die Ehegatten nicht als selbstverständliche Verwandte gelten, dann wäre es eine Nachlässigkeit der Gesetzgebung, zu dem eben genannten Punkt 1 der Stellungnahme des politischen Ausschusses des Zentralkomitees der Kuomintang, und man sollte sie ergänzen (Chao, S. 21 f).
   Tai Yen-Hui und Li I-Shen meinen auch, daß die Ehe in den Bereich der Verwandtschaft fällt (Tai, S. 15; Li 1966, S. 17 und 30, Anmerkung 3).
   Auch die japanische Gesetzgebung zeigt noch den Einfluß der alten chinesischen Auffassung in Art. 725 des japan. BGB vom 22.12.1947 (in der Fassung von 1966), wonach die Ehegatten zum Bereich der Verwandtschaft zählen (Bergmann/Ferid: Japan, 1968, S. 14).

Wenn die Ehegatten nicht zusammen wohnen, sind sie keine Hausgenossen, obwohl sie zur Lebensgemeinschaft verpflichtet sind und ihre Ehe nicht geschieden (z.B. nur Trennung) ist.[548] Denn eine Hausgemeinschaft bilden nach Art. 1122 BGB diejenigen Verwandten, die zum Zwecke der dauernden Lebensgemeinschaft zusammen wohnen, bzw. der Personenkreis im Sinne des erwähnten Art. 1123 Abs. 2 BGB.

Chang Shen ist der Meinung, daß das Verhältnis der Hausgenossenschaft zwischen den Ehegatten nur durch ihre Eheschließung begründet wird und es nicht darauf ankommt, ob sie wirklich zusammen wohnen. Er stützt seine Auffassung auf Art. 788 des alten japanischen BGB, worin es heißt, daß die Ehefrau durch ihre Verheiratung in die Familie ihres Ehemannes aufgenommen und Hausgenossin der Hausgemeinschaft ihres Mannes wird.[549] Dies ergibt sich hier aber allein schon aus dem Zusammenwohnen in der Hausgemeinschaft des Mannes und ist nicht nur durch ihre Verheiratung bedingt.

Wenn sich aber die Ansicht Chang Shens auf die frühere chinesische Rechtsinstitution beziehen sollte, dann könnte sie aufrechterhalten werden. Denn die Verwandten, z.B. Geschwister, Enkel und Enkelinnen, Neffen und Nichten, Onkel und Tanten, die nach ihrem Verwandtschaftsgrad eine einjährige Trauerzeit haben, gehörten nach den Gesetzen, angefangen von der T'ang-Dynastie (618-907) bis zur Ch'ing-Dynastie (1644-1911), immer noch zu der gleichen Hausgemeinschaft, auch wenn sie nicht am gleichen Ort wohnten.[550] Wie schon gesagt, waren die Ehegatten nach früheren Gesetzen verwandt und zwar hatten sie ihrem Verwandtschaftsgrad entsprechend eine mehr als einjährige Trauerzeit, d.h. sie waren noch näher verwandt als die eben genannten Verwandten mit einjähriger Trauerzeit.[551] Demnach waren die Ehegatten also auch Hausgenossen, selbst wenn sie nicht zusammen wohnten.

Gemäß Art. 8 des gegenwärtigen Pekinger EheG von 1980 können die Ehepartner nach der Eheschließung die Abmachung treffen, daß entweder die Frau ein Mitglied der Familie des Mannes oder der Mann ein Mitglied der Familie der Frau wird. Das sogenannte "Mitglied der Familie" bedingt einmal die vollzogene Eheschließung und zum anderen die Wohngemeinschaft mit der Familie eines Ehepartners. Jemand, der in der Hausgemeinschaft der

---

548 Chao, S. 40.
549 a) Chang, S. 107.
    b) Ein solcher Artikel findet sich nicht mehr im gegenwärtigen japanischen BGB vom 22.12.1947 unter der Überschrift "Die Wirkungen der Ehe" (vgl. Art. 750-754, Fassung von 1966). Siehe Bergmann/Ferid: Japan, 1982, S. 17.
550 Chao, S. 40.
551 Vgl. Chao, S. 8: Trauer-Tabelle 1 und 2.

Familie des Partners ohne vollzogene Eheschließung lebt, gilt nur als "Hausgenosse" und nicht als Mitglied der Familie. Wenn aber nach der Eheschließung der Ehepartner nicht in der Familie des einen Partners lebt, gilt er auch nicht als Mitglied dieser Familie. Also versteht man unter dem sogenannten "Mitglied der Familie", daß z.B. die Schwiegertochter oder der Schwiegersohn in der Familie der Eltern des einen Partners lebt. Es ist hier also nicht so wie nach der oben erwähnten Meinung von Chang Shen über die Hausgenossenschaft zwischen Ehegatten, die allein durch die Eheschließung begründet wird, auch gleicht es nicht dem alten japanischen BGB, Art. 788, nach dem die Frau nach der Heirat in die Familie ihres Mannes als Hausgenossin aufgenommen wird, so wie man in China sagte " 男聚 ,女嫁 " (Nan-Ch'ü, Nü-Chia), der Mann heiratet eine Frau und die Frau folgt dem Gatten oder die Frau geht zum Mann durch ihre Verheiratung.

Die Anordnung von Art. 8 des neuen EheG dient dem Zweck, die Minderbewertung, die man der seit alters her üblichen Sitte der Anheirat eines Schwiegersohnes (贅婿 , Chui-Hsü) in die Familie der Frau (入贅 , Ju-Chui) entgegenbrachte, auszuschalten. Denn der Schwiegersohn kann nun direkt, ohne die frühere Form der Anheirat, nur durch einverständliche Abmachung, wie früher ein angeheirateter Schwiegersohn (Chui-Hsü), Mitglied der Familie der Eltern der Frau werden. So wirkt dieser Artikel zugunsten der Familie, die nur eine Tochter, aber keinen Sohn hat. Der Schwiegersohn wird nun als Sohn und männlicher Nachkomme der Eltern der Frau betrachtet. Dies führt zu weiteren Folgerungen betreffend die gegenseitige Unterhaltspflicht und das Erbrecht zwischen Eltern und Kindern. Durch Hinzufügung des Artikels 8 im neuen EheG von 1980, der im jetzt außer Kraft gesetzten EheG von 1950 fehlte, ist die alte Sitte der Annahme eines Schwiegersohnes als männlicher Nachkomme der Eltern der Frau weiterhin, jedoch unter neuer, vereinfachter Form, unter gesetzlichem Schutz.[551/1]

C. Schwägerschaft

Schwägerschaft ist ein durch Eheschließung gebildetes Verhältnis der Verwandtschaft im weiteren Sinne und steht der natürlichen Blutsverwandtschaft

---

551/1 Vgl. "Vorträge zur Erläuterung des neuen (Pekinger) EheG", S. 29 und Punkt 5 der Erklärung vom 2. Sept. 1980 des Vorsitzenden Wu Sin-Yü (武新宇) der "Kommission zur Abfassung von Gesetzen des Ständigen Ausschusses des Nationalen Volkskongresses in der 3. Tagung des V. Nationalen Volkskongresses" über den neuen Entwurf zur Ergänzung des 1. Ehegesetzes der Volksrepublik China (von 1950) und über den Entwurf des Staatsangehörigkeitsgesetzes der Volksrepublik China.

gegenüber (Verwandtschaft im engeren Sinne).[552] Nach Art. 969 BGB besteht Schwägerschaft mit den Ehegatten der Blutsverwandten, mit den Blutsverwandten des Ehegatten und mit den Ehegatten der Blutsverwandten des Ehegatten.

Nach § 1590 des deutschen BGB ist der Bereich der Schwägerschaft enger gezogen als nach dem chinesischen BGB. So sind die Ehegatten der Blutsverwandten des Ehegatten in China miteinander verwandt. In Deutschland dagegen sind die Frauen zweier Brüder oder die Männer zweier Schwestern (sogenannte Schwippschwägerschaft) nicht miteinander verschwägert. Ferner sind Stiefgeschwister, die keinen Elternteil gemeinsam haben (sogenannte zusammengebrachte Kinder) nicht miteinander verschwägert, erst recht nicht miteinander verwandt.[553] Nach Art. 969 des chinesischen BGB sind diese Stiefgeschwister aber miteinander verschwägert, da die Blutsverwandten der Ehegatten miteinander verschwägert sind.[554]

Auch die Frage der Auflösung der Schwägerschaft behandelt das chinesische BGB nicht wie das deutsche. Der bis zum 2.6.1985 gültige Art. 971 BGB lautet: "Die Schwägerschaft erlischt mit der Ehescheidung; das Gleiche gilt, wenn der Ehemann gestorben ist und die Ehefrau sich wieder verheiratet oder wenn die Ehefrau gestorben ist und der angeheiratete Ehemann (Chui-Fu) sich wieder verheiratet".

Der zweite Halbsatz dieses Artikels 971 BGB weist eine gewisse Ungleichbehandlung von Mann und Frau auf und zwar fehlen Angaben für die folgenden Fälle: wenn die Ehefrau gestorben ist und der Ehemann sich wieder verheiratet oder wenn der angeheiratete Ehemann (Chui-Fu) gestorben ist und seine Ehefrau sich wieder verheiratet. Da einerseits kein einheitlicher Grund für die Auflösung der Schwägerschaft berücksichtigt worden war und andererseits allgemein die Schwägerschaftsbeziehung nach dem Tode eines Ehepartners weiter gepflegt und üblich war, war die Regelung des zweiten Halbsatzes von Art. 971 BGB nicht den praktischen Verhältnissen gemäß. Deshalb ist sie in der teilweisen Neufassung des Familienrechts des BGB vom 3.6.1985 nicht mehr aufgenommen worden.

Neu hinzugekommen ist jetzt die folgende Ergänzung als zweiter Halbsatz zu Art. 971 BGB: "Das Gleiche (Erlöschen der Schwägerschaft) gilt auch, wenn die Ehe angefochten ist". Denn Eheanfechtung und Ehescheidung sind gleicherweise Grund für die Auflösung der Ehe. So lautet der jetzt gültige

---

552 Huang, S. 17.
553 Diederichsen, S. 87.
554 Chang, S. 108.

Art. 971 BGB in der Neufassung vom 3.6.1985: "Die Schwägerschaft erlischt mit der Ehescheidung; das Gleiche gilt, wenn die Ehe angefochten ist".[554/1]
Aber nach § 1590 II dt. BGB dauert die Schwägerschaft fort, auch wenn die Ehe, durch die sie begründet wurde, aufgelöst ist.
Art. 983 II BGB enthält jedoch eine Ausnahme von Art. 971 BGB. Es besteht nämlich das Ehehindernis der Schwägerschaft gemäß Art. 983 I BGB auch nach Erlöschen des Schwägerschaftsverhältnisses fort, d.h. in diesem Fall erlischt das Verhältnis der Schwägerschaft nicht mit der Auflösung der Ehe. Der Zweck ist, das traditionelle, gesetzliche Ehehindernis weiter zu wahren.[555]

D. *Verwandtschaftsverhältnisse zu den ehelichen oder unehelichen Kindern*

Die Eltern sind mit ihren Kindern am nächsten verwandt; d.h. sie sind nach Art. 968 BGB die ersten geradlinigen Blutsverwandten.

Für dieses Blutsverwandtschaftsverhältnis ist von großer Bedeutung, ob die Mutter und der Vater des Kindes in rechtmäßiger Ehebeziehung stehen. Nach Art. 1061 BGB ist ein Kind ehelich, wenn es aufgrund einer Empfängnis in der Ehe geboren ist. Ein uneheliches Kind gilt nach Art. 1065 Abs. 2 BGB im Verhältnis zu seiner natürlichen Mutter als ehelich, aber mit seinem natürlichen Vater nicht als blutsverwandt, obwohl dieser ein wirklicher Blutsverwandter des Kindes ist.

Gemäß Art. 19 des Pekinger EheG genießen uneheliche Kinder dieselben Rechte wie eheliche Kinder. Die obigen Rechtsunterschiede zwischen ehelichen und unehelichen Kindern sind sonach im Pekinger Rechtsgebiet nicht mehr vorhanden.

E. *Ehehindernisse*

a) *Ehehindernis wegen des Personenstandes, der durch Heirat von Mann und Frau geschaffen wird*

1. Ist jemand verheiratet, so kann er nach Art. 985 Nankinger BGB und Art. 3 Pekinger EheG keine zweite Ehe eingehen.

554/1 Näheres s. amtl. Erklärung zur Neufassung von Art. 971 BGB vom 3.6.1985 und vgl. auch Chao, S. 30 f.
555 Huang, S. 38.

2. Die Ehe darf nicht mit den in Art. 983 Nankinger BGB und Art. 6 Pekinger EheG angegebenen Verwandten oder Verschwägerten geschlossen werden.

b)   Ehehindernis nach Auflösung der Ehe

1. Nach Art. 986 Nankinger BGB darf derjenige, der wegen Ehebruchs durch Urteil geschieden ist, mit der Person, mit der er den Ehebruch begangen hat, nicht die Ehe eingehen.
Dieses Ehehindernis findet sich nicht im Pekinger EheG.
2. Nach Art. 987 Nankinger BGB kann eine Frau erst nach Ablauf von sechs Monaten nach Erlöschen ihrer Ehe von neuem eine Ehe eingehen.
Dieses Ehehindernis kennt das Pekinger EheG ebenfalls nicht.
3. Gemäß Art. 983 II Nankinger BGB besteht das Eheverbot der Schwägerschaft nach Abs. 1, Ziff. 2 dieses Artikels fort, wenn auch die Schwägerschaft mit Auflösung der Ehe erlischt (gemäß Art. 971 BGB).
Im Pekinger EheG ist kein derartiges Ehehindernis enthalten.

II.   Vermögensrechtliche Wirkungen

A.   Im Erbrecht

Mann und Frau können sich gegenseitig beerben. Dieses Erbrecht ist in Art. 1039 und 1144 Nankinger BGB und in Art. 18 Pekinger EheG geregelt.

In den alten chinesischen Gesetzen finden sich keine Bestimmungen über ein gegenseitiges Erbrecht zwischen den Ehegatten. Nur ein Präzedenzfall im Gesetz der Ch'ing-Dynastie (1644-1911) besagt, daß eine Witwe, die keinen Sohn hat, später aber einen Sohn annimmt, den Erbteil ihres verstorbenen Mannes von den Schwiegereltern erhält. Wenn sie vor der Annahme eines Sohnes wieder heiratet, soll sie den Erbteil ihres verstorbenen Mannes dessen Familie überlassen.[556] D.h. der eigentliche Erbe des verstorbenen Mannes ist der Adoptivsohn, der mit der Übernahme des Ahnendienstes auch erbberechtigt ist.[557] Die Witwe konnte also den Erbteil nur vorläufig für ihren zukünftigen Adoptivsohn verwalten.[558] Man kann hier klar erkennen, daß die Ehegat-

---

556 Lo, S. 20; Chang, S. 118 und vgl. auch die Entscheidung des Reichsgerichtshofes Shangtzu Nr. 147 vom Jahre 1918.
557 Lo, S. 46.
558 Man hat sogar auch in der Zeit der Republik in den Urteilen des Reichsgerichtshofes Shangtzu Nr. 567 und 726 aus dem Jahre 1915 noch so entschieden.

ten nach dem alten Gesetz kein gegenseitiges Erbrecht besaßen wie nach den gegenwärtigen Nankinger und Pekinger Gesetzen. Der Grund dafür ist, daß die Söhne und Schwiegertöchter nach der alten Sitte und dem Ch'inggesetz im Großfamiliensystem kein persönliches Eigentum haben durften und sich deshalb ein gegenseitiges Erbrecht der Ehegatten erübrigte.[559]

B. Im Ehegüterrecht

Nach dem gegenwärtigen Nankinger BGB kann jeder Ehegatte eigenes Vermögen haben. Dies wird im Ehegüterrecht in den Artikeln 1004 bis 1048 eingehend behandelt (die steigende Bedeutung des Ehegüterrechts läßt sich aus der Zunahme der Artikel erkennen: im ersten Entwurf nur 2 Artikel, im zweiten Entwurf 24 Artikel, jetzt – nach der Neufassung des Familienrechts vom 3.6.1985 – 45 Artikel). Da das Ehegüterrecht in China noch nicht ganz eingeführt ist, machen die Ehegatten auch nur sehr selten von den rechtlichen Möglichkeiten des Art. 1004 BGB Gebrauch: "Die Ehegatten können vor oder nach der Eheschließung einen der durch das vorliegende Gesetz geregelten vertraglichen Güterstände durch Vertrag als Güterstand wählen".[560] Die geringe Bedeutung, die auch der Gesetzgeber der Festlegung des Ehegüterstandes beigemessen hat, läßt sich aus der erst 35 Jahre nach Inkrafttreten des Ehegüterrechts, und zwar am 5.12.1966 verkündeten und am gleichen Tage in Kraft getretenen "Verordnung zur Registrierung des Güterstandes" erkennen, obwohl Art. 1008 II BGB seit seinem Inkrafttreten am 5.5.1931 bereits verlangte, daß die Güterstandsregistrierung nach einem besonderen Gesetz zu erfolgen hat. Die Bedeutung der Güterstandsregistrierung zeigt sich auch darin, daß die Begründung, Änderung oder Aufhebung eines Güterstandsvertrages gegenüber Dritten gemäß Art. 1008 I BGB nur geltend gemacht wer-

---

559 Näheres s. Chang, S. 126 und Ch'eng Ku-Yüan 1978, S. 194 ff.
560 a) Chang, S. 126 und Chao, S. 98.
   b) Abgesehen davon, daß man an das in den Art. 1004-1048 Nankinger BGB angegebene Güterrecht noch nicht gewöhnt ist, gibt es wohl noch einen anderen Grund dafür, warum die Ehegatten nur selten von den rechtlichen Möglichkeiten des Art. 1004 BGB Gebrauch machen. Der Grund liegt hier, ebenso wie Sevold Braga zum alten deutschen gesetzlichen Güterstand der Verwaltungsgemeinschaft ausführt, in der zu "komplizierten" (praktischen) Durchführung, obwohl der gesetzliche Güterstand "technisch ausgezeichnet durchdacht" war; jedoch "praktisch lebte die Bevölkerung nicht danach. Nicht einmal die versierten Juristen kannten sich darin gut aus." (Sevold Braga: Die Ausgleichsforderung im künftigen Ehegüterrecht, in FamRZ 1955, S. 1).

den kann, wenn er registriert ist. Statt der "Verordnung zur Registrierung des Ehegüterstandes" vom 5.12.1966 und der "Verordnung der Registrierung juristischer Personen" vom 5.12.1966 gilt ab 18.9.1970 die zusammengefaßte "Verordnung der Registrierung juristischer Personen und des Ehegüterstandes".

Das Güterrecht hat das Nankinger BGB in einem besonderen Abschnitt (4. Abschnitt des 2. Kapitels im Familienrecht) geregelt und wird normalerweise nicht bei den "Allgemeinen Wirkungen der Ehe" behandelt. Es wird daher hier nicht näher darauf eingegangen.

Nach Art. 10 des 1. Pekinger EheG von 1950 haben die Ehegatten gleiche Eigentums- und Verfügungsrechte am Familienvermögen. Karl Bünger erklärt dazu: "Es besteht also eine Vermögensgemeinschaft, deren rechtliche Natur offen bleibt." Was hier aber zum Familienvermögen gehört, hat Bünger in seiner Abhandlung "Das Ehegesetz der Volksrepublik (China) von 1950" erläutert.[561] Fast im gleichen Sinne drückt es das gegenwärtige Pekinger EheG von 1980 in Art. 13 auch aus: Das Eigentum, das die Ehegatten im Laufe ihrer Ehe erworben haben, ist gemeinschaftlicher Besitz beider Parteien, insofern sie keine anderweitigen Vereinbarungen getroffen haben. Beide Ehegatten haben die gleichen Rechte in bezug auf die Verwaltung ihres gemeinschaftlichen Eigentums. So nimmt das Ehegüterrecht in der Gesetzgebung der Volksrepublik China noch keinen breiten Raum ein, da das 1. EheG von 1950 und das neue EheG von 1980 nur je einen diesbezüglichen Artikel enthalten.

III. Rechte und Pflichten aus der Eheschließung
– Die Wirkungen der Eheschließung im engeren Sinne –

A. Die "Allgemeinen Wirkungen der Ehe"

Es handelt sich hier um die im 4. Buch des Nankinger BGB, "Familienrecht", 3. Abschnitt, 2. Kapitel, genannten "Allgemeinen Wirkungen der Ehe" (Art. 1000-1003 BGB), die vorwiegend die personenrechtliche Ausgestaltung des ehelichen Gemeinschaftslebens behandeln. Diese Wirkungen sollen nun nach der Reihenfolge der Artikel des Nankinger BGB besprochen werden. Bei

---

Li I-Shen ist wohl auch der Ansicht, daß das Güterrecht im Nankinger BGB etwas zu kompliziert sei und möglichst vereinfacht werden sollte (Li, S. 115). Leider sind bei der teilweise vorgenommenen Neufassung des Familienrechts des BGB vom 3.6.1985 keine großen vereinfachenden Änderungen durchgeführt worden.
561 Bünger 1951 II, S. 116.

betreffenden Fragen, die das Pekinger EheG auch behandelt hat, wird es mit herangezogen.

a) Namensrecht

In China behielten früher die Frauen ihren Namen nach ihrer Verheiratung bei;[561/1] die angeheirateten Ehemänner (Chui-Fu) behielten ebenfalls ihren Namen. Eine verheiratete Frau setzte noch den Familiennamen des Mannes vor ihren Familiennamen; ein angeheirateter Ehemann setzte aber den Familiennamen der Frau nicht vor seinen Familiennamen.[562]

Im gegenwärtigen Nankinger BGB bleibt diese alte Namensgewohnheit mit einer Ergänzung nach dem Grundsatz der Gleichberechtigung von Mann und Frau weiter erhalten. Und zwar lautet Art. 1000 BGB folgendermaßen: "Eine Ehefrau setzt den Familiennamen des Mannes vor ihren Familiennamen. Ein angeheirateter Ehemann setzt den Familiennamen der Frau vor seinen Familiennamen".

Das gilt jedoch nicht ausnahmslos, sondern nach dem zweiten Halbsatz dieses Artikels nur, soweit die Partner nicht etwas anderes vereinbart haben. Art. 1000, zweiter Halbsatz BGB soll vermeiden, daß der angeheiratete Ehemann rechtswidrig handelt, wenn er, wie nach der alten Sitte, den Familiennamen seiner Frau nicht vor seinen Namen setzt.[563]

Nach Art. 11 des 1. Pekinger EheG von 1950 kann jeder der Ehegatten auch nur seinen eigenen Familiennamen weiterführen. In diesem Falle läßt sich schwer erkennen, ob dieser Mann und diese Frau Ehepartner sind. Es

---

561/1 Der Grund dafür, daß eine Frau nach ihrer Verheiratung ihren Mädchennamen beibehielt, war, zu beweisen, daß sie nicht den gleichen Familiennamen wie ihr Mann hat und somit aus einer anderen Sippe stammt und womit ein Verdacht auf Verstoß gegen den Grundsatz "Heirat nicht mit einem Partner gleichen Stammnamens" ausgeschlossen wurde (s. "Central Daily News" vom 25.9.1987, S. 4).
562 a) Tai, S. 115.
     b) Nach dem alten römischen Recht behielten die verheirateten Frauen auch ihren Mädchennamen (Chang, S. 111).
     c) Nach § 4 des alten norwegischen Gesetzes über Personennamen vom 9.2.1923 kann die Frau umgekehrt ihren Mädchennamen vor dem Namen ihres Mannes führen. Inzwischen ist diese gesetzliche Möglichkeit, den Mädchennamen vor den Namen des Ehemannes zu setzen, durch § 4 des gegenwärtigen norwegischen Gesetzes über die Familiennamen vom 29.5.1964 nicht mehr gegeben. Nur wenn die Frau dem Standesbeamten von vornherein entsprechende Anzeige macht, darf sie den Familiennamen weiterführen, den sie vor ihrer Verheiratung hatte (s. Bergmann/Ferid: Norwegen, 1985, S. 35 und 77).
563 Chang, S. 112.

erhebt sich hierbei noch die Frage, welcher Ehegatte dem Kinde den Namen geben darf.[564] Auf diese Frage findet man in diesem Pekinger EheG keine klare Antwort. Nach dem Grundsatz der Gleichberechtigung könnte der Name der Kinder dann nach folgenden zwei Methoden bestimmt werden:
1. Kombinationsname von Vater und Mutter: Wenn der Name der Kinder aus den Namen des Vaters und der Mutter zusammengesetzt wird (Namenkombination), wird er nach wenigen Generationen unerträglich lang sein.
2. Sohnesname nach Vatersnamen und Tochtername nach Muttersnamen: Nach dieser Methode ist der Name von Brüdern und Schwestern nicht mehr gleich; man kann dann schwer erkennen, daß sie aus der gleichen Ehe stammen.

Diese beiden Methoden der Gleichberechtigung in der Namensgebung, die in der Ausübung nicht sehr geschickt sind, hat man im Nankinger BGB nicht verwendet.[565] Es hieß hierzu im bisher gültigen Art. 1059 BGB: Die Kinder erhalten den Familiennamen des Vaters. Die Kinder eines angeheirateten Ehemannes erhalten den Familiennamen der Mutter; wird etwas anderes vereinbart, so ist dies maßgebend. Nach dem Entwurf zur Neufassung von Art.

---

564 a) Tai, S. 115.
b) Vgl. auch Schnorr von Carolsfeld, S. 419.
c) Die Verfasser des Entwurfs des Familiengesetzes der DDR hatten als besonders deutlichen Ausdruck der Gleichberechtigung hervorgehoben, daß jeder Ehegatte seinen bisherigen Familiennamen behalten könne. Im Text des am 1.4.1966 in Kraft getretenen Familiengesetzes legt der Paragraph 7 jedoch fest, daß die Ehegatten nur einen gemeinsamen Familiennamen führen und die Kinder den gemeinsamen Familiennamen erhalten ("SBZ-Archiv" 1966, Nr. 4, S. 49).
Gemäß dem aufgehobenen § 1355 dt. BGB waren die Ehe- und Familiennamen der Name des Mannes. Die Frau war nur berechtigt, durch Erklärung gegenüber dem Standesbeamten dem Namen des Mannes ihren Mädchennamen hinzuzufügen. Nach der neuen Fassung von § 1355 dt. BGB (durch 1. EheRG vom 14.6.1976; ab 1.7.1976 in Kraft) führen die Ehegatten nun einen gemeinsamen Familiennamen (Ehenamen). Zum Ehenamen können die Ehegatten bei der Eheschließung durch Erklärung gegenüber dem Standesbeamten den Geburtsnamen des Mannes oder den Geburtsnamen der Frau bestimmen. Treffen sie keine Bestimmung, so ist Ehename der Geburtsname des Mannes.
565 a) Chao, S. 246 f.
b) In der Bundesrepublik Deutschland geht man in der Frage des Kindesnamens geschickter vor: Das Kind erhält gemäß § 1616 dt. BGB den Ehenamen seiner Eltern, der nach § 1355 I dt. BGB ein gemeinsamer Ehename sein muß (§ 1355 und § 1616 dt. BGB neu gefaßt mit Wirkung vom 1.7.1976 durch 1. EheRG vom 14.6.1976 – BGBl. I S. 1421 –). Daher stellt sich die Frage des Kindesnamens, wie nach Art. 11 Pekinger EheG, hier nicht.

1059 BGB im Familienrecht vom 12.8.1982 sollte der Name des Kindes in jedem Falle von den Ehepartnern frei vereinbart werden können, nicht wie bisher, nur für Kinder aus Ehen mit einem angeheirateten Ehemann, Chui-Fu. In der Diskussion im Gesetzgebungshof am 17.5.1985 betreffend die Namensgebung des Kindes nach Art. 1059 des Entwurfs wurde aber der Abänderungsbeschluß gefaßt, daß die im Art. 1059 BGB des Entwurfs angegebene freie Namensgebung des Kindes nach dem Familiennamen des Vaters oder der Mutter, im letzteren Falle darauf beschränkt werden soll, wenn diese keinen Bruder hat, um die früher übliche Geburtenfolge bis zum Erhalten eines Sohnes zu begrenzen, die Gesundheit der Frau zu schonen und die finanzielle Belastung der Familie zu verringern (nach amtlicher Begründung). In diesem Zusammenhang steht dann die Neuhinzufügung von Absatz 2 zu Art. 8 des Entwurfs des Einführungsgesetzes zum Familienrecht vom 12.8.1982, wonach das Kind gemäß Art. 1059 BGB Abs. 1 des Entwurfs den Namen der Mutter erhalten kann nach Anmeldung bei der zuständigen Behörde innerhalb eines Jahres nach Inkrafttreten der Neufassung von Art. 1059 BGB vom 3.6.1985. Diese Anmeldung ist nicht erforderlich, wenn das Kind 20 Jahre alt (volljährig) oder schon verheiratet ist. Die obige Abänderung wurde durch die 3. Lesung vom Gesetzgebungshof am 24.5.1985 angenommen und ist am 3.6.1985 veröffentlicht und am gleichen Tage in Kraft getreten (s. auch "Central Daily News" vom 18. und 25. Mai 1985).

Im gegenwärtigen Pekinger EheG von 1980 weist Art. 10 bezüglich des Ehenamens die gleiche Regelung auf wie Art. 11 des 1. Pekinger EheG von 1950. Auf die oben gestellte Frage der Namensgebung der Kinder gibt es im neuen EheG von 1980, Art. 16, nun eine Angabe: Die Kinder erhalten entweder den Familiennamen des Vaters oder der Mutter. Damit ist zu der nach dem 1. Pekinger EheG offen gebliebenen Frage der Namensgebung der Kinder eine Richtlinie gegeben.

b)   Die Pflicht zum Zusammenleben

Nach Art. 1001 BGB sind die Ehegatten gegenseitig zum Zusammenleben verpflichtet. Wenn es jedoch einem Ehegatten aus irgendeinem Grund nicht möglich ist, dieser Pflicht nachzukommen, kann das Gesetz die Erfüllung der Verpflichtung auch nicht verlangen. Daher bestimmt der zweite Halbsatz des Art. 1001 BGB, daß die Ehegatten nicht zusammenzuleben brauchen, wenn das Zusammenleben aus einem "berechtigten Grunde" unmöglich ist.

Ob ein "berechtigter Grund" vorliegt, soll nach der jeweiligen Sachlage beurteilt werden:

1. "Berechtigte Gründe" für das Nicht-Zusammenleben der Ehegatten sind z.B.:
   a) Wenn der Ehemann mit Einverständnis der Frau zu Studienzwecken in einem entfernter liegenden Ort wohnt; oder
   b) wenn die Ehefrau von ihrem Mann oder von Hausangehörigen ihres Mannes mißhandelt wird.[566]
2. "Unberechtigte Gründe" sind z.B.:
   a) Wenn die Frau behauptet, daß ihr Mann impotent sei; oder
   b) wenn sie behauptet, daß er zu dumm sei und eine zu schlechte Allgemeinbildung habe;[567] oder
   c) wenn die Ehefrau als Nonne oder Schwester ins Kloster gehen will und sich nicht mehr für verpflichtet hält, mit ihrem Mann zusammenzuleben.[568]

Die Ehegatten sind gegenseitig zum Zusammenleben verpflichtet. Wenn sie jedoch einem gerichtlichen Urteil auf Zusammenleben nicht folgen wollen, kann das Gericht keine weiteren Schritte unternehmen. Denn das Urteil auf Zusammenleben der Ehegatten ist nach dem am 21.12.1948 durch Befehl des Staatspräsidenten ergänzten Art. 128 Abs. 2 des "Durchführungsgesetzes zur Zwangsvollstreckung" vom 19. Jan. 1940 nicht vollstreckbar.[569]

Bezüglich dieser Frage vertritt Li I-Shen die Auffassung, man könne eventuell Art. 1052 Ziff. 5 BGB anwenden, der bestimmt, daß ein Ehegatte bei Gericht Ehescheidung verlangen kann, wenn der andere Ehegatte ihn böswillig verläßt, solange dieser Zustand andauert.[570]

Das Justizamt hat sich in seiner Erklärung Yüantzu Nr. 750 vom 7.6.1932 gegen eine solche Auffassung ausgesprochen, und zwar, daß ein Nichtbefol-

---

566 Vgl. die Urteile des Obersten Gerichtshofes Shangtzu
   a) Nr. 28 vom Jahre 1928;
   b) Nr. 2129 vom Jahre 1929 und
   c) Nr. 254 vom Jahre 1930.
567 Vgl. die Urteile des Obersten Gerichtshofes Shangtzu
   a) Nr. 2469 vom Jahre 1939 und
   b) Nr. 916 vom Jahre 1940.
568 Nach gerichtlicher Auffassung kann man nicht aus religiösen Gründen von der gesetzlichen Pflicht absehen (s. die Erklärung des Justizamtes Yüantzu Nr. 1878 aus dem Jahre 1939).
569 a) Dieser Artikel stammt von Art. 88 der alten "Durchführungsbestimmung zur Zivilprozeßzwangsvollstreckung" vom 3.8.1920.
   b) Das Urteil des Obersten Gerichtshofes K'angtzu Nr. 63 vom Jahre 1938 ist auch der gleichen Auffassung.
570 Li, S. 101.

gen auf Zusammenleben der Ehegatten nach dem gerichtlichen Urteil, ohne einen anderen wichtigen Grund, nicht als böswilliges Verlassen gilt.

Tai Yen-Hui ist mit dieser gerichtlichen Erklärung aber nicht ganz einverstanden und meint, diese Situation ergäbe einen Scheidungsgrund, wenn die Ehe ohnehin nicht mehr zu retten sei.[571]

Nach Chang Shen's Ansicht besagt der zweite Halbsatz des Art. 1001 BGB lediglich, daß ein Ehegatte infolge eines berechtigten Grundes das Verlangen des anderen auf Zusammenleben ablehnen kann, aber nicht, daß die Ehegatten durch gegenseitiges Einverständnis einen Vertrag zur Trennung der Ehe von Tisch und Bett abschließen können.[572]

Chao Feng-Chieh ist ebenfalls der Ansicht, daß ein solcher Trennungsvertrag der Ehegatten nichtig sein soll, da das System der Trennung der Ehe von Tisch und Bett im Nankinger BGB fehlt.[573]

Aber die Entscheidungen des Obersten Gerichtshofes Shangtzu Nr. 28 vom Jahre 1928 und Shangtzu Nr. 2129 vom Jahre 1929 besagen doch, daß die Ehegatten getrennt leben können, wenn das Zusammenleben unerträglich geworden ist.

Aus der Meinung von Chang Shen oder von Chao Feng-Chieh läßt sich schließen, daß der zweite Halbsatz des Art. 1001 BGB nicht zur Begründung der Ehescheidung oder Trennung in dem oben erwähnten Fall des Nichtzusammenlebens der Ehegatten herangezogen werden kann.[574]

Li I-Shen ist gegenteiliger Ansicht. Nach seiner Meinung entfällt die Pflicht zum Zusammenleben gleichzeitig mit der Entstehung des berechtigten Grundes zur Scheidung oder Trennung und der Scheidungs- oder Trennungsvertrag der Ehe ist gültig.[575]

Soweit Li I-Shen äußert, daß die Pflicht zum Zusammenleben der Ehegatten durch den berechtigten Grund zum Getrenntleben endgültig erloschen sei, hat er nicht bedacht, daß diese Pflicht weiter bestehen bleibt; d.h. die Ehegatten sind sofort wieder gegenseitig zum Zusammenleben verpflichtet, wenn der berechtigte Grund zum Getrenntleben nicht mehr vorhanden ist.

---

571 Tai, S. 118.
572 Chang, S. 113.
573 Chao, S. 95.
574 Der ausgelaufene § 1353 dt. BGB besagte noch, daß ein zur Scheidungsklage berechtigter Ehegatte nicht verpflichtet ist zur Herstellung des ehelichen Zusammenlebens. Die Scheidungsklageberechtigung eines Ehegatten ist in der Neufassung von § 1353 II (durch 1. EheRG vom 14.6.1976; Inkrafttreten am 1.7.1977) weggelassen, stattdessen ist als Grund für berechtigtes Nichtzusammenleben angegeben "wenn die Ehe gescheitert ist".
575 Li, S. 102.

Wie der Fall zu lösen ist, wenn die Ehepartner dem gerichtlichen Urteil auf Zusammenleben nicht nachkommen, darüber sind die Meinungen von Juristen und vom Gericht bezüglich der Scheidungs- oder Trennungsmöglichkeit der Partner unterschiedlich. Nach der Neuhinzufügung von Absatz 2 zu Art. 1052 BGB vom 3.6.1985 kann jetzt der Ehepartner eindeutig die Scheidung beantragen, "wenn das Zusammenleben unerträglich geworden ist und die Ehe nicht mehr weiter fortgeführt werden kann".

Art. 7,1. Halbsatz des 1. Pekinger EheG von 1950 besagt einerseits, daß die Ehegatten Gefährten des gemeinsamen Lebens sind. Hiermit wird etwa wie in Art. 1001 Nankinger BGB gesagt, daß die Ehegatten zum Zusammenleben verpflichtet sind.

Andererseits haben die Ehegatten nach Art. 9 dieses 1. Pekinger EheG ohne Unterschied die Freiheit, einen Beruf zu wählen, eine Arbeit aufzunehmen und sich an den sozialen Bewegungen zu beteiligen. Zur Aufrechterhaltung dieser Freiheiten können sie dann unter Umständen aus einem berechtigten Grund nicht zusammen leben, z.B. wenn sie wegen ihres ungleichen Berufsortes getrennt wohnen.

Im 1. Pekinger EheG von 1950 hat diese Möglichkeit des Nichtzusammenlebens aber keine ausdrückliche Erwähnung gefunden wie etwa im dritten Satz des Art. 9 des alten "Gesetzbuches über Ehe, Familie und Vormundschaft" vom 19. Nov. 1925 der RSFSR (in der Fassung der Novellen, insbesondere der Gesetze vom 2.3.1940, 11.10.43, 16.4.45 und 2.4.47), der bestimmt, daß eine Änderung des Wohnsitzes durch einen Ehegatten für den anderen Ehegatten nicht die Pflicht begründet, ihm zu folgen, obwohl dieser Artikel als Vorbild für den Art. 9 des Pekinger EheG von 1950 diente. Allerdings weist Art. 19 des gegenwärtigen "Ehe- und Familienkodex" der RSFSR vom 30.7.1969 (am 1.11.1969 in Kraft getreten) nun auch nur noch etwa die gleiche Textform auf wie Art. 9 des Pekinger EheG von 1950, die weitere Textausführung des alten Art. 9 des genannten Gesetzes der RSFSR in der Fassung vom 2.4.1947 ist auch, da entbehrlich, entfallen.

Wenn aber die Ehegatten nach Art. 9 des 1. Pekinger EheG von 1950 (= Art. 11 des gegenwärtigen Pekinger EheG von 1980) völlige Freiheit haben, ihren Beruf zu wählen oder Arbeit aufzunehmen, dann werden sie diese Freiheit möglicherweise manchmal mißbrauchen und der Familie dadurch schaden. Karl Heinz Schwab meint zu diesem Problem, daß z.B. die Frau, wenn sie ohne Berücksichtigung der Auffassung des Mannes ihren Beruf wählt und von ihrem berufstätigen Mann getrennt lebt, dann genötigt ist, "ihre Kinder staatlichen Kinderhorten, Kinderheimen oder Internaten zu übergeben. Hier wird das Tor zur Verstaatlichung der Familie weit aufgerissen".[576] Sogar im kommunistischen Führungsstaat UdSSR hat man dem Zusammenhalt der Familie mit ihrem großen Wert in der innermenschlichen Bindung wieder neu die Aufmerksamkeit zugewandt. So bedauert der Generalsekretär der kommunistischen Partei und Staatschef der UdSSR Michail Gorbatschow in seinem 1987 verfaßten Buch "Perestroika", daß in der heutigen Zeit die Frauen oft durch großes berufliches Engagement nicht mehr genügend Zeit haben, ihren täglichen Pflichten zu Hause nachzukommen, dem Haushalt, der Erziehung der Kinder und der Schaffung einer familiären Atmosphäre. "Wir haben erkannt, daß viele unserer Probleme – im Verhalten vieler Kinder und Jugendlicher, in unserer Moral, der Kultur – zum Teil durch Lockerung der familiären Bindungen und der Vernachlässigung der familiären Verantwortung verursacht werden."[576/1] So erscheint z.B. die Regelung des § 8 Abs. 2 vom Entwurf des FGB der DDR vom 14. April 1965 (Entwurf nicht Gesetz geworden) gerechtfertigt. Er bestimmt, daß die Ehegatten das Recht der Trennung des Wohnens nicht mißbrauchen dürfen. Das am 20. Dezember 1965 herausgegebene und am 1. April 1966 in Kraft getretene Familiengesetzbuch der DDR (FGB) enthält in § 9 I auch folgendes: "Alle Angelegenheiten des gemeinsamen Lebens... werden von ihnen (Ehegatten) in beiderseitigem Einverständnis geregelt". Das bedeutet dann nichts anderes, als daß die Ehegatten die Freiheit des Nicht-Zusammenlebens wegen Berufs oder wegen Tätigkeit in sozialen Bewegungen nicht mißbrauchen dürfen. Auch die neue Fassung des § 1353 II dt. BGB durch 1. EheRG vom 14.6.1976 (Inkrafttreten am 1.7.1977) besagt, daß die Ehegatten das Nichtzusammenleben nicht mißbräuchlich anwenden dürfen.

Im gegenwärtigen Pekinger EheG von 1980 ist in Art. 9 der Text von Art. 7, 2. Halbsatz des 1. Pekinger EheG von 1950 "die Stellung der Ehegatten in der Familie ist gleich" genau übernommen worden. Den 1. Halbsatz dieses Artikels 7 "die Ehegatten sind Gefährten des gemeinsamen Lebens", hat das gegenwärtige Pekinger EheG von 1980 jedoch nicht aufgenommen. Der Grund hierfür ist, daß durch Art. 11 des gegenwärtigen EheG von 1980, wonach jeder Ehegatte das Recht hat der Aufnahme von Arbeit oder Studium und auf Teilnahme an sozialen Bewegungen, wobei keine Partei die andere einschränken oder sich einmischen darf, der eben erwähnte 1. Halbsatz des früheren Art. 7 entbehrlich und deshalb weggelassen worden ist. Somit

---

576 Karl Heinz Schwab: "Ehe und Familie im Licht des Gleichberechtigungsgesetzes", eine Folge aus "Erlanger Universitätsreden", Erlangen 1958, S. 10.
576/1 Michail Gorbatschow: "Perestroika", deutsche Übersetzung aus dem Amerikanischen von Gabriele Burkhardt, Reiner Pfleiderer und Wolfram Ströle, München 1987, S. 147.

kommt Art. 11 des gegenwärtigen Pekinger EheG von 1980 dem zweiten Halbsatz von Art. 1001 des Nankinger BGB nahe.

c) *Die Pflicht zur Begründung eines gemeinsamen Wohnsitzes*

Nach Art. 1002 BGB gilt der Wohnsitz des Ehemannes als Wohnsitz der Ehefrau. Als Wohnsitz des angeheirateten Ehemannes, "Chui-Fu" (贅夫) gilt der Wohnsitz der Frau. Es gibt also nicht nur den üblichen Fall der Wohnsitzbestimmung durch den Ehemann, sondern auch den durch die Ehefrau im Falle der "Chui-Hun" (贅婚), Schwiegersohnanheirat.[577] Zur freieren Wahl des Wohnsitzes können zufolge der Neuhinzufügung zu diesem Art. 1002 BGB gemäß der Neufassung im Familienrecht vom 3.6.1985 die Ehepartner im Zuge der Gleichberechtigung von Mann und Frau ihren Wohnsitz nach freier Abmachung bestimmen.

An dieser Stelle soll noch der Unterschied zwischen der Pflicht, den gleichen Wohnsitz einzunehmen und der Pflicht zum Zusammenleben erläutert werden. Die Pflicht zur Begründung desselben Wohnsitzes beinhaltet nicht direkt die Pflicht zum Zusammenleben der Ehegatten. Wenn z.B. das Zusammenleben aus einem berechtigten Grunde unmöglich ist, können die Ehegatten getrennt leben, obwohl sich ihr gemeinsamer Wohnsitz nicht geändert hat. Denn der Wohnsitz kommt nicht dem Aufenthaltsort gleich.[578]

Zu der Frage, ob nach dem jetzigen Pekinger EheG von 1980 auch die Pflicht zum gemeinsamen Wohnsitz von Ehepartnern besteht, könnte man wohl Art. 11 dieses Gesetzes zur Erläuterung heranziehen. Dieser Art. 11 besagt, daß beide Ehegatten das Recht haben auf Arbeit oder Studium sowie auf Teilnahme an sozialen Bewegungen, wobei keine Partei die andere einschränken oder sich einmischen darf. Danach kann man annehmen, in den angegebenen Fällen dürfte jeder Ehegatte seinen eigenen Wohnsitz gemäß seinem Arbeitsort bestimmen können. Somit gibt es hier für die Ehegatten keine Pflicht zur Einnahme eines gemeinsamen Wohnsitzes.[578/1] Es erübrigt sich also im Pekinger EheG eine Vorschrift wie die von Art. 1002 des Nankinger BGB.

---

577 Die chinesische "Chui-Hun" ist der früheren assyrischen "matrilokalen Ehe" (Ass. RB. §§ 27, 32) teilweise ähnlich. Hiernach bleibt die Frau bei ihrem Vater und der Mann zieht zu seinem Schwiegervater (Seidl, S. 90).
578 Chang, S. 113.
578/1 Eine solche Gesetzgebung kann zu ungünstigen Verhältnissen für die zukünftige Familie führen, wenn bei nicht gemeinsamem Wohnsitz der Eltern die Kinder zu wenig in den Genuß der elterlichen Liebe und Erziehung kommen. Die Vernachlässigung dieser elterlichen Pflichten beschleunige auch die Kinderkriminalität. Dies äußert der ehemalige chinesische Erziehungsminister Ch'en Li-Fu (陳立夫) in

d) Gegenseitiges Vertretungsrecht der Ehegatten in den täglichen häuslichen Geschäften

Artikel 1003 BGB lautet: "Die Ehegatten vertreten sich gegenseitig in den täglichen häuslichen Geschäften". Tai Yen-Hui und Ch'en Ch'i-Yen vertreten die Meinung, formal betrachtet sind die Ehegatten nach diesem Artikel gleichberechtigt, tatsächlich sieht es aber etwas anders aus.[579] Und zwar nach dem Ehegüterrecht, ausgenommen Art. 1044 BGB bei Gütertrennung, hat nur der Ehemann das Verwaltungsrecht an den Ehegütern (Art. 1018 – a.F. – BGB bei gesetzlichem Güterstand; Art. 1032 bei Gütergemeinschaft und Art. 1043 – a.F. – BGB bei Gütereinheit); bei Gütertrennung hat er es sogar auch am Vermögen der Frau, wenn ihm diese das Verwaltungsrecht an ihrem Vermögen überträgt (Art. 1045 BGB).[580] Besitzt der Ehemann dieses Verwaltungsrecht, dann kann er auch ohne Auftrag seiner Frau allein die häuslichen Geschäfte tätigen. Durch das Verwaltungsrecht ist er verpflichtet, für die Ausgaben des Hausstandes und der Güterverwaltung aufzukommen (Art. 1023 Ziff. 2 und 3; 1026; 1034 Ziff. 2 und 3; 1045 Abs. 1; 1047 Abs. 2 und 1048 BGB). Er haftet daher direkt für die häuslichen Geschäfte und kann sie somit auch selbständig führen.[581] D.h. er benötigt eigentlich kein Vertretungsrecht zur häuslichen Geschäftsführung.

Für die Frau ist der Fall gerade umgekehrt. Sie besitzt kein Verwaltungsrecht am ehelichen Gut und ist auch nicht zum Bestreiten der Ausgaben des Hausstandes verpflichtet (Art.1023 Ziff. 3, 1034 Ziff. 3, 1043 – a.F. – und 1046 Ziff. 3 BGB). So stellt die Vertretung durch die Frau in den häuslichen Geschäften gemäß Art. 1003 BGB mehr eine indirekte Ausübung des Rechts und der Pflicht ihres Mannes dar. Mit anderen Worten, die Frau besitzt von vornherein kein Recht zur häuslichen Geschäftsvertretung. Daher ist Li I-Shen der Meinung, daß das in Art. 1003 BGB genannte gegenseitige Vertretungsrecht der Ehegatten in Wirklichkeit nur für die Ehefrau von Interesse

---

einem Zeitungsartikel "Der rechte Weg der Hausregel in der heutigen Zeit" (現代 齊家之道). Näheres s. "Central Daily News", 12.3.1985, S. 4.
579 Vgl. Tai, S. 119 und Ch'en Ch'i-Yen, S. 119.
580 a) Vgl. Tai, S. 119 und Hu, S. 128 f.
b) § 11 FGB der DDR, der am 1. April 1966 in Kraft getreten ist, besagt auch: Jeder Ehegatte ist berechtigt, den anderen in Angelegenheiten des gemeinsamen Lebens zu vertreten. Allerdings gibt es in diesem Familiengesetzbuch keine Vorschrift, die bestimmt, daß nur der Ehemann das Verwaltungsrecht am Ehegut hat.
581 Vgl. Tai, S. 120 und Hu, S. 129, Anm. 1.

sei. Tai Yen-Hui ist der gleichen Ansicht, in Art. 1003 BGB nur das Vertretungsrecht der Frau anzuführen.[582]

Chao Feng-Chieh meint hierzu, es gäbe bei der Vertretung in Rechtsgeschäften im allgemeinen doch zuerst einen Vertretenen und dann einen Vertreter. Wenn sich die Ehegatten gegenseitig in den täglichen häuslichen Geschäften vertreten, erhebt sich die Frage, wer von ihnen der Vertretene in den häuslichen Geschäften ist. Nach dem Wortlaut des Artikels 1003 BGB sollten beide Ehegatten eigentlich Vertretene sein. Sind sie beide Vertretene, dann ergeben sich für ihre Vertretung in den häuslichen Geschäften folgende zwei Auffassungen:[583]

1. Jeder Ehegatte ist Vertretener in den häuslichen Geschäften:

Gemäß dieser Ansicht sollte man besser ohne Vertretungssystem der Ehegatten in den häuslichen Geschäften im BGB arbeiten, d.h. Art. 1003 BGB sollte abgeschafft werden. Denn in diesem Falle kann jeder Ehegatte für sich selbst handeln. Der Grundsatz der Gleichberechtigung von Mann und Frau bleibt gewahrt.

Diesem Vorschlag kommen sinngemäß Art. 9 und 13 des gegenwärtigen Pekinger EheG von 1980 (= Art. 7 und 10 erstes Pekinger EheG von 1950) nahe, wonach die Stellung der Ehegatten in der Familie gleich ist und beiden Ehegatten ein gleiches Verfügungsrecht über das Familienvermögen zusteht. Daraus ergibt sich, daß jeder Ehegatte nach dem Pekinger EheG die täglichen häuslichen Geschäfte selbständig wahrnehmen kann (vgl. auch Anmerkung 580 b).

Das Nankinger BGB enthält keine Bestimmung im Sinne des Art. 13 des Pekinger EheG von 1980. Aber, wie gesagt, hat nach dem Nankinger BGB der Ehemann allein das Verwaltungsrecht an den Ehegütern. Aus diesem Grunde ist Art. 1003 Nankinger BGB erforderlich, um das Ziel der Gleichberechtigung von Mann und Frau in den häuslichen Geschäften zu erreichen, und zwar genügte es nach Meinung von Li I-Shen und Tai Yen-Hui, wenn in diesem Artikel für die Ehefrau allein das Vertretungsrecht in häuslichen Angelegenheiten angegeben wäre, da dem Ehemann ohnehin schon das Verwaltungsrecht an den Ehegütern zusteht und er dadurch auch allein die häuslichen Geschäfte führen kann.

2. Jeder Ehegatte ist Vertretener und gleichzeitig auch Vertreter in den häuslichen Geschäften:

Chao Feng-Chieh meint, daß nach dieser Auffassung eine eigenartige Situation entstehe. Falls z.B. der Ehemann für den Haushalt für 30 Yüan

---

582 Li, S. 105 und Tai, S. 120.
583 Chao, S. 96 f.

Zucker kauft, dann verpflichten sich der Ehemann und die Ehefrau zu je 15 Yüan dafür. So werden die beiden Ehegatten ganz wie zwei Inhaber einer Handelsgesellschaft behandelt. Müßten die Ehegatten wegen jeder kleinen Haushaltsangelegenheit immer genau Rechenschaft ablegen, würden die ehelichen Beziehungen dadurch sehr gestört.
Mann und Frau haften an sich nach Art. 1003 BGB für die Verbindlichkeiten aus diesen Rechtsgeschäften der Vertretung in den häuslichen Geschäften, und zwar sind beide sogenannte Gesamtschuldner.[584] Die häuslichen Geschäfte sind gemeinsame Angelegenheit der Ehegatten; die Rechtsgeschäfte von Mann und Frau wirken für und gegen beide;[585] jeder Ehegatte soll die Wirkung seiner gegenseitigen Vertretung in den häuslichen Geschäften anerkennen und sich verpflichten, auch die Folgen dieser Rechtsgeschäfte zu tragen. Also sind in Wirklichkeit beide, Mann und Frau, Vertretene bei der gegenseitigen häuslichen Geschäftsvertretung.[586] Auch Chao Feng-Chieh hält dieses, wie gesagt, für den Sinn des Artikels 1003 BGB. So würde die Behauptung, welche die Rechtsstellung von Mann und Frau bei der im Art. 1003 BGB genannten Vertretung in den häuslichen Geschäften als Vertretener und gleichzeitig auch als Vertreter bezeichnet, schon dem Sinn und Zweck dieses Artikels widersprechen.[587]

Wenn Art. 1003 Abs. 1 BGB den Ehegatten das gegenseitige Vertretungsrecht in den täglichen häuslichen Geschäften zubilligt, so darf weder der Mann noch die Frau dieses Recht mißbrauchen. Mißbraucht einer der Ehegatten das Recht, dann kann es der andere nach Art. 1003 Abs. 2 BGB beschränken, um die gemeinsamen Interessen der Ehe zu schützen. Eine Beschränkung kann jedoch einem gutgläubigen Dritten gegenüber nicht geltend gemacht werden (Art. 1003 Abs. 2 Satz 2 BGB).

Abschließend ist noch zu erwähnen, daß jeder Ehegatte ein rein privates Rechtsgeschäft allein abschließen kann, da die Umstände des Einzelfalles ergeben könnten, daß eine Wirkung für oder gegen den Mann oder die Frau nicht eintreten soll. Es ist demnach der Mann oder die Frau in der Lage, das

---

584 Vgl. Chang, S. 115; Shih Shang-K'uan, S. 283 und Habscheid/Meyer, Bd. I, zum § 1357 dt. BGB: B, II.
585 Vgl. Tai, S. 120; Ch'en Ch'i-Yen, S. 120 und Hu K'ai-Ch'eng, S. 54.
586 Vgl. Shih Shang-K'uan, S. 283; Hu, S. 129 und Hu K'ai-Ch'eng, S. 54.
587 Dem Sinne nach ist der neu gefaßte § 1357 dt. BGB, der am 1.7.1977 in Kraft tritt, auch etwa Art. 1003 BGB ähnlich, und zwar lautet § 1357 dt. BGB (n.F.): "Jeder Ehegatte ist berechtigt, Geschäfte zur angemessenen Deckung des Lebensbedarfs der Familie mit Wirkung auch für den anderen Ehegatten zu besorgen".

betreffende Geschäft ausdrücklich im eigenen Namen abzuschließen, und nur er oder sie ist in diesem Falle Vertragspartei.[588]
Dies ist auch nicht anders wie es im § 1357 I, Satz 2 dt. BGB (a.F.) gefaßt ist: "Aus Rechtsgeschäften, die sie (Frau) innerhalb dieses Wirkungskreises vornimmt, wird der Mann berechtigt und verpflichtet, es sei denn, daß sich aus den Umständen etwas anderes ergibt; ..." (Fassung durch GleichberG vom 18.6.1957).[589] Der Satzteil "es sei denn, daß sich aus den Umständen etwas anderes ergibt" bedeutet für jeden Ehegatten die Möglichkeit, ein rein privates Rechtsgeschäft allein abzuschließen.

Die alte Fassung des § 1357 dt. BGB spricht eigentlich nur von der sogenannten "Schlüsselgewalt der Frau".[590] Was aber hier über die Frau gesagt ist, gilt in Art. 1003 Nankinger BGB auch für den Mann. Denn nach dieser Bestimmung haben die Ehegatten das gleiche Vertretungsrecht in den täglichen häuslichen Geschäften. Es ist also eine "beiderseitige Schlüsselgewalt" der Eheleute, wie man es in Deutschland nennt.[591] § 1357 dt. BGB ist nun neu gefaßt durch 1. EheRG vom 14.6.1976 und tritt am 1.7.1977 in Kraft. Nach der neuen Fassung ist jeder Ehegatte berechtigt, Geschäfte zur angemessenen Deckung des Lebensbedarfs der Familie mit Wirkung auch für den anderen Ehegatten zu besorgen. So besteht die "Schlüsselgewalt", wenn man es noch so nennen will, dann auch für beide Ehegatten und ist nicht mehr, ausgehend

---

588 Vgl. Dölle, Bd. I, S. 711, e und f.
589 a) Vgl. Beitzke, S. 81.
b) In der neuen Fassung des § 1357 dt. BGB durch 1. EheRG vom 14.6.1976 (ab 1.7.1977 in Kraft) regelt der 2. Satz von Abs. 1 noch mehr im Sinne der Gleichberechtigung von Mann und Frau: "Durch solche Geschäfte werden beide Ehegatten berechtigt und verpflichtet, es sei denn, daß sich aus den Umständen etwas anderes ergibt".
590 G. Beitzke erklärte noch in seinem Kurz-Lehrbuch "Familienrecht", München, 17. Aufl., 1974, S. 64 dazu: "Ein Recht des Mannes, seinerseits auch die Frau zu vertreten, ist im Gesetz nicht vorgesehen; die Singularität der gesetzlichen Regelung verbietet eine analoge Anwendung des § 1357 BGB in den Fällen, wo etwa der Mann den Haushalt führt. Die unterschiedliche Behandlung von Mann und Frau im gesetzlichen Vertretungsrecht beruht darauf, daß das Vertretungsrecht der Frau dazu dient, ihr Recht auf Haushaltsführung (§ 1356) durchzusetzen, während dem Mann kein gleiches Recht zusteht". Nun sind die §§ 1356 und 1357 neu gefaßt durch 1. EheRG vom 14.6.1976 mit Wirkung vom 1.7.1977 und Beitzke gibt eine Erläuterung zu den Neufassungen in der Neuauflage seines Buches von 1985, 24. Aufl. Näheres s. dort S. 80 f.
591 Vgl. Habscheid/Meyer: Bd. I, zum § 1357 dt. BGB: C II.

vom Ehemodell der Hausfrauenehe, ein unbeschränktes Geschäftsführungsrecht der Ehefrau.[592]

Um die immer wieder aufkommende Annahme auszuschalten, die Frau würde gemäß Art. 1003 Nankinger BGB im gegenseitigen Vertretungsrecht der Ehegatten in den täglichen häuslichen Geschäften nicht ganz dem Prinzip der Gleichberechtigung entsprechend behandelt, hat die Neufassung von Art. 1018 BGB vom 3.6.1985 im neu hinzugefügten Text im Abs. 1, 2. Halbsatz angegeben, daß das Verwaltungsrecht an den Ehegütern nach Vereinbarung auch der Frau zustehen kann und ihr dann auch die Verwaltungskosten zufallen. Und im neu hinzugefügten Abs. 2 dieses Art. 1018 BGB ist nun direkt ausgesprochen, daß die in den Art. 1019 bis 1030 BGB genannten Rechte und Pflichten des Mannes betreffend die Verwaltung der Ehegüter, nun auch für die Frau Geltung haben. Ebenso stehen die bisher nur der Frau zukommenden diesbezüglichen Rechte und Pflichten künftig auch dem Mann zu. So wird hiermit die durch Art. 1003 BGB ausgelöste Kritik aufgehoben und es bleibt dieser Art. 1003 BGB deshalb unverändert in der Neufassung im Familienrecht vom 3.6.1985.

B. Weitere Rechte und Pflichten aus der Eheschließung

Neben den oben besprochenen "Allgemeinen Wirkungen der Ehe" sollen nun noch weitere wichtige Rechte und Pflichten, die sich aus der Eheschließung ergeben, angeführt werden.

a) Gegenseitige Unterhaltspflicht

Nach Art. 1001 Nankinger BGB sind die Ehegatten gegenseitig zum Zusammenleben verpflichtet. Sie können daher ihre gegenseitige Unterhaltspflicht

---

592 a) Vgl. BT-Drucks. 7/650, S. 33, z. Art. 8, Ziff. 1 Buchstabe b und S. 98, zu § 1357.
b) Es wird sogar das Wort "Schlüsselgewalt" im deutschen Recht nicht mehr gebraucht, und zwar wird z.B. gemäß 1. EheRG, Art. 8, Ziff. 1 Buchstabe b zur Änderung des § 14 des Rechtspflegergesetzes Nr. 1 das Wort "Schlüsselgewalt" durch die Worte "Berechtigung des Ehegatten, Geschäfte mit Wirkung für den anderen Ehegatten zu besorgen (wie § 1357 Abs. 2 Satz 1 dt. BGB)" ersetzt (s. BT-Drucks. 7/650, S. 33).
593 a) Chao, S. 100; Chang, S. 116 und Li, S. 104.
b) §§ 1360 und 1360a Abs. 2 Satz 2 dt. BGB sind durch Art. 1 Nr. 5 und 6 des 1. EheRG wieder neu gefaßt und treten am 1.7.1977 in Kraft, wonach die Unterhaltspflicht der Ehegatten noch mehr nach dem Grundsatz der Gleichberechtigung von Mann und Frau erfolgt.

begründen. Daneben finden sich noch verschiedene Vorschriften über die Pflicht zur Tragung der Haushaltskosten im ehelichen Güterrecht des BGB (Art. 1010 Ziff. 1, 1026, 1037, 1043 – a.f. –, 1045 und 1048 BGB). Nach Art. 1052 Ziff. 5 BGB schließlich kann ein Ehegatte Ehescheidung bei Gericht wegen böswilligen Verlassens verlangen, wenn ihm sein Ehepartner nicht den notwendigen Unterhalt gewährt. Damit ist die Frage nach der Unterhaltspflicht in der Ehe schon indirekt beantwortet. Aus diesem Grunde findet man im Nankinger BGB auch keine besondere Bestimmung über die Unterhaltspflicht der Ehegatten bei den "Allgemeinen Wirkungen der Ehe", wie etwa die Vorschriften der §§ 1360, 1360a und 1360b dt. BGB (Fassg. d. GleichberG vom 18.6.1957).[593]

Aber das Pekinger EheG enthält in Art. 14 eine direkte Bestimmung über die gegenseitige Unterhaltspflicht der Ehegatten. Weigert sich eine Partei der gerichtlichen Entscheidung hinsichtlich Unterhaltskosten nachzukommen, so kann das Gericht deren Durchführung gemäß Art. 35 erzwingen. Die eheliche Unterhaltspflicht besteht nach Art. 33 sogar noch nach der Ehescheidung weiter: Wenn im Fall der Ehescheidung eine Partei Unterhaltsschwierigkeiten hat, soll ihr die andere Partei angemessene finanzielle Unterstützung zukommen lassen.

b) Geschlechtliche Treuepflicht

Im BGB gibt es keinen Artikel, der ausdrücklich besagt, daß die Ehegatten gegenseitig verpflichtet sind, ihre geschlechtliche Treue zu bewahren. Man liest lediglich in Art. 1052 Ziff. 1 und 2 BGB, daß ein Ehegatte Ehescheidung verlangen kann, wenn Doppelehe oder Ehebruch bei dem anderen Ehegatten vorliegt. So ist wohl daraus zu entnehmen, daß die Ehegatten doch gegenseitig zur geschlechtlichen Treue verpflichtet sind.[594]

Die geschlechtliche Treuepflicht wird auch im Pekinger EheG anerkannt, obwohl sie nur indirekt gefordert wird, und zwar durch Art. 2 des nun außer Kraft gesetzten 1. Ehegesetzes von 1950 "Die Doppelehe und das Nehmen

---

594 a) Chang, S. 111; Li, S. 104.
b) Die Rechtsinstitution des Ehescheidungsgrundes wegen Ehebruches ist jetzt in Deutschland geändert. § 172 dt. StGB über Strafbarkeit des Ehebruchs ist nach Inkrafttreten des ersten Teils der deutschen Strafrechtsreform am 1.9.1969 abgeschafft worden und auch § 42 dt. EheG über den Ehescheidungsgrund wegen Ehebruchs ist durch 1. EheRG ab 1.7.1977 aufgehoben (im Ehescheidungsrecht ist das Schuldprinzip durch das Zerrüttungsprinzip ersetzt). § 42 dt. EheG ist wegen seiner Wirkungslosigkeit abgeschafft worden (1. EheRG, Art. 3, Nr. 1), aber nicht wegen Aberkennung der geschlechtlichen Treuepflicht der Ehegatten.

einer Nebenfrau sind verboten" und durch Art. 3 II des gegenwärtigen Ehegesetzes von 1980 "Die Doppelehe ist verboten".

c) *Pflicht der Ehegatten zur gemeinsamen Annahme an Kindes Statt*

Nach dem alten § 1746 I (= § 1749 I, n.F., durch Adoptionsgesetz vom 2.7.1976; Inkrafttreten am 1.1.1977) dt. BGB kann ein Ehegatte nur mit Einwilligung des anderen Ehegatten jemanden an Kindes Statt annehmen. Aber gemäß Art. 841 des alten japanischen BGB (= Art. 795 des gegenwärtigen j. BGB) kann ein Verheirateter nur gemeinsam mit seinem Ehegatten jemanden adoptieren.

Zum Zwecke der Familienharmonie ist in Art. 1074 Nankinger BGB nach dem Vorbild des japanischen Rechts angeordnet, daß ein Ehegatte, der ein Kind adoptiert, dies mit seinem Ehegatten gemeinsam tun muß.[595]

Wenn ein Ehegatte ohne Beachtung dieser Vorschrift ein Kind adoptiert hat, fragt es sich, ob dieses Rechtsgeschäft ungültig oder anfechtbar ist. Das BGB enthielt bisher keine diesbezügliche Regelung. Ts'ao Chieh meint, daß die Adoption bestehen und nur gegenüber demjenigen Ehegatten, der nicht mitadoptiert hat, unwirksam sein soll. Das Adoptivkind steht danach nur mit demjenigen Ehegatten, der es adoptiert hat, in einem Adoptionsverhältnis.[596]

Chao Feng-Chieh dagegen ist der Ansicht, eine solche Adoption verstoße gegen das Gesetz und sei nach Art. 71 BGB ungültig, der aussagt "ein Rechtsgeschäft entgegen einer zwingenden Vorschrift ist nichtig". Außerdem würde die Harmonie der Familie erheblich beeinträchtigt werden, wenn jeder Ehegatte ein eigenes Adoptivkind in derselben Familie habe.[597]

Nach den Erklärungen des Justizamtes Yüantzu Nr. 2271 vom Jahre 1941 und Yüantzu Nr. 3120 vom Jahre 1946 sowie nach den Entscheidungen des

---

595 Gemäß Art. 266 ZGB (a.F.) konnte früher eine verheiratete Person ohne Zustimmung ihres Ehegatten kein Kind annehmen. Nach dem jetzigen Art. 264a ZGB (Inkrafttreten am 1.4.1973) können Ehegatten auch wie nach Art. 1074 Nankinger BGB, nur gemeinschaftlich adoptieren.
596 a) S. Chao, S. 163.
b) Dem ist ähnlich, daß die einseitige Adoption von seiten eines Ehegatten nach dem österreichischen ABGB zulässig ist (vgl. § 755), obwohl die Zustimmung des Gatten bereits durch § 180 ABGB gefordert wird (s. die Verweisung zum § 180 ABGB in dem von Hans Kapfer herausgegebenen "Das Allgemeine bürgerliche Gesetzbuch", Wien 1951, Bd. 1, S. 49 und Wolff, S. 324). § 180 ABGB (a.F.) entspricht § 181 I, Ziff. 3 ABGB (n.F.) und § 755 ABGB (a.F.) entspricht § 182b II (n.F.) – s. Kapfer 1980, Bd. 2, S. 193, Anmerkung 1 zu "Gesetzliches Erbrecht legitimierter Kinder" und S. 64 bis 65 § 182b II.
597 Chao, S. 163 und 171 f.

Obersten Gerichtshofes Shangtzu Nr. 3225 vom Jahre 1944 und Tai-Shangtzu Nr. 357 vom Jahre 1953 ist diese einseitige Adoption nur von seiten eines Ehegatten anfechtbar, aber nicht von Anfang an nichtig, und zwar mit der Begründung, daß das Rechtsgeschäft der Adoption, genauso wie das der Heirat, ein persönliches Rechtsverhältnis schaffe. Man könne dann die Vorschriften des BGB über die Anfechtung der gesetzwidrigen Heirat analog auf die Rechtsverhältnisse der gesetzwidrigen Adoption anwenden, da sich sonst keine Vorschrift im BGB für die Rechtssituation der entgegen Art. 1074 BGB entstandenen Adoption finde.[598] Das besagt also, daß der von Chao Feng-Chieh erwähnte Art. 71 BGB für die allgemeinen Rechtsgeschäfte in diesem Falle nicht anwendbar ist.

Aber zur Ermöglichung der Adoption eines Kindes durch nur einen Ehepartner enthält die Neufassung des Familienrechts des BGB vom 3.6.1985 die Hinzufügung eines zweiten Satzes zu Art. 1074 BGB für den Fall der "Adoption des in die Ehe eingebrachten Kindes des anderen Partners", da das eingebrachte Kind von einem Ehepartner direkt abstammt und von diesem die Adoption nicht benötigt (nach amtlicher Begründung). Durch diese Neuhinzufügung kommt nun Art. 1074 BGB dem Art. 795 des japanischen BGB gleich, worin es heißt: Wer einen Ehegatten hat, kann nur gemeinsam mit dem Ehegatten einen Kindesannahmevertrag abschließen. Dies gilt aber nicht, wenn ein Eheteil das Kind des anderen als Kind annimmt.

Die im Art. 1074 BGB vorhandene Unvollständigkeit betreffend das Fehlen einer gesetzlichen Regelung bei einseitiger Adoption eines Kindes durch nur einen Ehepartner, wird nun durch Neuhinzufügung von Art. 1079 b, Abs. 1 BGB im Zuge der teilweisen Neufassung des Familienrechts vom 3.6.1985 geklärt, und zwar kann danach der Ehepartner, der nicht mitadoptiert hat, die Adoption gerichtlich anfechten, es sei denn, daß seit Kenntniserlangung der Adoption 6 Monate verstrichen sind oder seit der Adoptionsbewilligung durch das Gericht 1 Jahr vergangen ist. Diese Regelung der Anfechtbarkeit bei einseitiger Adoption ergab sich schließlich auch aus den oben gegebenen Erklärungen des Justizamtes sowie nach den Entscheidungen des Obersten Gerichtshofes.

---

598 Ebensowenig findet man im gegenwärtigen japanischen BGB unter der Abteilung "Nichtigkeit und Anfechtung der Adoption" eine Vorschrift für den Fall der Verletzung der Bestimmung des Art. 795 dieses japanischen BGB, in dem es heißt: "Wer einen Ehegatten hat, kann nur gemeinsam mit seinem Ehegatten adoptieren" (Bergmann/Ferid: Japan, 1986, S. 22 f).
Vollständiger behandelt das schweizerische ZGB diesen Fall in Art. 269a, wonach die Adoption, die nicht gemeinschaftlich von beiden Ehegatten erfolgte, von demjenigen, der ein Interesse hat (namentlich auch die Heimat- oder Wohnsitzgemeinde), angefochten werden kann.

d) Zustimmungsrecht des Ehepartners eines Anzunehmenden

Ein Ehegatte bedarf nach Art. 1076 BGB nur der Zustimmung seines Ehepartners, wenn er adoptiert wird. Nach Art. 1074 BGB muß aber ein Ehegatte gemeinsam mit seinem Ehegatten handeln, wenn er ein Kind adoptiert. Deshalb meint Chao Feng-Chieh, die Rechtsinstitution der Art. 1074 und 1076 BGB sei nicht so einheitlich wie die Bestimmungen des alten § 1746 I dt. BGB (= § 1749 I und II, n.F. vom 2.7.1976, Inkrafttreten ab 1.1.1977) bzw. Art. 841 des japanischen BGB (damaliger Art. 841 = Art. 795 des gegenwärtigen jap. BGB) bezüglich der Adoption.[599] Denn nach deutschem Recht (§ 1746 I dt. BGB, a.F.) kann ein Ehegatte nur mit Einwilligung seines Ehegatten an Kindes Statt annehmen (= gemäß § 1749 I dt. BGB, n.F.) und angenommen werden (= gemäß § 1749 II dt. BGB, n.F.). Nach dem japanischen Recht kann ein Ehegatte nur gemeinsam mit seinem Ehegatten an Kindes Statt annehmen und nur gemeinsam mit seinem Ehegatten an Kindes Statt angenommen werden.

Ts'ao Chieh führt jedoch aus, daß die Ehegatten gleichzeitig auch Geschwister würden, wenn sie wie nach dem japanischen Recht gemeinsam an Kindes Statt adoptiert werden. Eine solche Rechtshandlung verstoße aber gegen die alte chinesische "Wu-Lun"-Idee, welche die Ordnung der fünf menschlichen Beziehungen regelt, wonach z.B. zwischen Ehegatten und Geschwistern streng unterschieden werden muß.[600]

Chao Feng-Chieh wieder wendet sich gegen Ts'aos Argumentation. Er stützt sich dabei auf die Sitte, wonach ein Adoptivsohn die Tochter seiner Adoptiveltern heiraten darf, weil diese ohnehin keine natürlichen Geschwister seien. Die Ehe eines Adoptivsohnes mit seiner Adoptivschwester verstoße damit auch nicht gegen die "Wu-Lun"-Idee.[601]

Die von Chao Feng-Chieh gerügte fehlende gesetzliche Einheit ist in diesem Falle nicht so schwerwiegend, denn die Bestimmungen der Art. 1074 und 1076 BGB haben einerseits die Harmonie des Zusammenlebens der Ehegatten im Auge, andererseits war die Heirat von Mann und Frau, die gleichzeitig Adoptivgeschwister sind, gegen die "Wu-Lun"-Idee und auch gegen das langjährige Verbot der Eheschließung von Partnern gleichen Familiennamens, das im Volk allgemein immer noch als Verstoß gegen die guten Sitten gilt.[602] Weiterhin verstößt diese Heirat gegen das in Art. 983 I, Ziff. 3 BGB angegebene Eheverbot zwischen seitenlinigen Blutsverwandten, die der glei-

---

599 Chao, S. 164.
600 Chao, S. 164.
601 Chao, S. 164.
602 Vgl. Huang, S. 172 und 175.

chen Generation angehören, bis zum 8. Verwandtschaftsgrad. Die von Chao Feng-Chieh erwähnte Heirat eines Adoptivsohnes mit der Tochter seiner Adoptiveltern ist demnach höchstens nur eine geduldete Ausnahme von diesem sittlichen und gesetzlichen Verbot.

Da das Verhältnis der Ehegatten durch die Adoption eines Ehepartners nicht verändert wird (die Frau bleibt beispielsweise auch nach der Adoption des Mannes nur Ehefrau), scheint Art. 1076 BGB doch nicht ohne Grund zu bestehen.[603] So ist dieser Art. 1076 BGB in den teilweisen Neufassungen im Familienrecht des BGB vom 3.6.1985 unberührt geblieben.

Wie eine entgegen Art. 1076 BGB vorgenommene Adoption (d.h. ohne Zustimmung des Ehepartners eines Anzunehmenden) rechtlich beurteilt werden soll, ist dem BGB bisher nicht zu entnehmen. Aus der Entscheidung des Obersten Gerichtshofes Shangtzu Nr. 2093 aus dem Jahre 1942 wurde aber deutlich, daß eine solche Adoption wegen Mangels der Zustimmung des Ehepartners zwar anfechtbar, aber nicht von Anfang an ungültig ist.

Chao Feng-Chieh vertritt zu diesem Fall die gleiche Auffassung.[604]

Die Gesetzeslücke im Art. 1076 BGB, wie zu entscheiden ist bei fehlender Zustimmung des Ehepartners eines Anzunehmenden, ist nun im Zuge der teilweisen Neufassung des Familienrechts des BGB vom 3.6.1985 mit Neuhinzufügung von Art. 1079 b, Abs. 2 geschlossen. Hiernach kann der Ehepartner oder der gesetzliche Vertreter des Anzunehmenden die Adoption gerichtlich anfechten, es sei denn, es sind 6 Monate vergangen seit Bekanntwerden der Adoption oder 1 Jahr seit der gerichtlichen Adoptionsbewilligung.

---

603 Gemäß Art. 266 I des schweizerischen ZGB (a.F.) kann eine verheiratete Person, wie nach Art. 1076 Nankinger BGB, nur mit Zustimmung ihres Ehegatten adoptiert werden, während die Ehegatten nach dem jetzigen Art. 264a I ZGB ein Kind, wie nach Art. 1074 Nankinger BGB, nur gemeinschaftlich adoptieren können. Der alte Art. 266 ZGB, wonach eine verheiratete Person ohne Zustimmung ihres Ehegatten weder ein Kind annehmen noch als Kind angenommen werden konnte, wurde aufgehoben, aber für die Adoption eines Ehegatten ist die Zustimmung des anderen Ehegatten gemäß dem gegenwärtigen Art. 266 II ZGB weiterhin erforderlich wie im alten Art. 266 I ZGB.

604 a) Chao, S. 164 und 172.
b) Auch nach dem schweizerischen Gesetz ist die Adoption eines Ehegatten, der die Zustimmung des Ehepartners fehlt, vom Zustimmungsberechtigten anfechtbar (vgl. Art. 269 I und Art. 269a ZGB).

e) Gegenseitige Vormundschaft bei Entmündigung des Ehepartners

Gemäß Art. 1111 BGB bestimmt sich der Vormund eines Entmündigten in der Reihenfolge: zuerst der Ehegatte, dann die Eltern und andere. Die Ehegatten haben sonach das gegenseitige Recht, zuerst als Vormund bestellt zu werden, wenn einer von ihnen entmündigt wird.

Nach Chao Feng-Chieh ist eine solche Reihenfolge bei der Bestellung des Vormunds für einen entmündigten Ehegatten im System der Kleinfamilie noch denkbar, da die Ehegatten meistens von ihren Eltern getrennt wohnen. Im System der Großfamilie, das in China meist noch vorherrscht,[605] ist eine solche Reihenfolge jedoch nicht ganz sinnvoll, da die Gattenliebe nicht unbedingt größer als die Elternliebe ist und die Eltern meistens doch Familienälteste sind[606] und auch die Rechtsgeschäfte der Ehegatten oftmals noch unter Aufsicht der Hausältesten (Eltern) vorgenommen werden. Käme nun der Ehegatte vor seinen Eltern als Vormund des entmündigten Ehepartners in Frage, dann stünde dieses Recht in gewissem Maße dem Recht des Hausältesten entgegen. Daher schlägt Chao Feng-Chieh vor, hinter dem Wort "die Ehegatten" in Art. 1111 Ziff. 1 BGB noch einen Satz einzufügen, der etwa folgendermaßen lauten soll: Wenn der Entmündigte noch mit seinen Eltern zusammen wohnt, dann haben diese das Vorrecht als Vormund.[607] Das ent-

---

605 Die Frage, ob das System der Großfamilie beibehalten werden soll, entschied ein Beschluß des politischen Ausschusses des Zentralkomitees der Kuomintang in der 236. Sitzung bei der Stellungnahme zu den Voraussetzungen des Entwurfs des Familienrechts vom 23.7.1930 in Punkt 6. Nach diesem Beschluß, der sich für die Aufrechterhaltung dieses Systems aussprach, arbeitete der Gesetzgebungshof speziell ein Kapitel aus, das unter dem Titel "Chia" = "Familie" im gegenwärtigen Nankinger Familienrecht als VI. Kapitel zu finden ist.
In Europa, mit der überwiegend vorherrschenden Kleinfamilie stark individualistischer Prägung, kommt nun eine Rückbesinnung zu den Vorzügen der Großfamilie ins Bewußtsein. So befaßt sich ein Regierungsprogramm der neuen deutschen Bundesregierung, die von dem am 6. März 1983 neu gewählten deutschen Bundestag den Regierungsauftrag erhalten hat, in einem Koalitionspapier der Regierungsparteien CDU, CSU und FDP unter Ziffer IV "Familienpolitik" hiermit: "Das Zusammenleben mehrerer Generationen in famliengerechten Wohnungen ist zu fördern" (s. die von der Christlichsozialen Union in Bayern e.V., Nymphenburger Str. 66, München, herausgegebene Deutsche Wochenzeitung für Politik, Wirtschaft und Kultur "Bayernkurier" vom 2.4.1983, S. 5).
606 So z.B. bestimmt Art. 1124 BGB als Hausältesten denjenigen, der der ältesten Generation in der Familie angehört, und unter mehreren Personen derselben Generation ist es der an Jahren älteste, falls der Hausälteste nicht aus der Gesamtheit der Verwandten gewählt wurde.
607 Chao, S. 213.

spricht dem Sinne nach ungefähr § 1900 dt. BGB, worin es heißt: "Der Ehegatte des Mündels darf vor den Eltern zum Vormund bestellt werden" (neu gefaßt durch GleichberG vom 18.6.1957). D.h. die Eltern haben grundsätzlich das Vorrecht, Vormund ihres entmündigten Kindes zu sein, ausnahmsweise darf aber der Ehegatte des Mündels auch vor den Eltern zum Vormund bestellt werden; jedenfalls hat er nicht unbedingt das Recht, als Vormund vor den Eltern bestellt zu werden.[608]

Allerdings hat die teilweise Neufassung des Familienrechts des BGB vom 3.6.1985 keine Änderung von Art. 1111 vorgenommen. Das bedeutet, es besteht kein Bedarf zur Änderung dieses Artikels und der Vorschlag von Chao Feng-Chieh zur Änderung dieses Artikels wurde nicht aufgenommen.

IV. Rechte und Pflichten der Ehegatten gegenüber ihren Kindern

— Die Wirkungen der Eheschließung im weiteren Sinne —

Die im folgenden behandelten Rechte und Pflichten der Ehegatten gegenüber ihren Kindern werden zu den Wirkungen der Eheschließung im weiteren Sinne gezählt.

Was im Nankinger BGB in Art. 1084-1090 über Rechte und Pflichten der Ehegatten gegenüber ihren Kindern gesagt ist, entspricht etwa im deutschen BGB der früher sogenannten "elterlichen Gewalt", wozu in § 1626 dt. BGB ausdrücklich erklärt wurde: "Das Kind steht, solange es minderjährig ist, unter der elterlichen Gewalt des Vaters und der Mutter. Der Vater und die Mutter haben, ..., kraft der elterlichen Gewalt das Recht und die Pflicht, für die Person und das Vermögen des Kindes zu sorgen; ..." (Fassung durch GleichberG vom 18.6.1957).[609]

---

608 Vgl. Hans Dölle: Familienrecht, Bd. II, Karlsruhe 1965, S. 902 f. und Beitzke, S. 343.

609 a) Siehe Günther Beitzke: "Familienrecht", 10. Auflage, München 1962, S. 148.
b) Günther Beitzke schreibt in seinem Buch " Familienrecht", 17. Auflage, München 1974 noch: "In der BRD soll der Begriff der elterlichen Gewalt durch den der 'elterlichen Sorge' abgelöst werden – womit der im Laufe der Zeit eingetretene Sinnwandel der Elternposition deutlich gemacht wird" (S. 189; vgl. auch S. 9).
Es sind der 5. und 6. Titel des zweiten Abschnitts des deutschen Familienrechts neu gefaßt durch Gesetz vom 19.8.1969 (BGBl. I S. 1243) und geändert mit Wirkung vom 1.1.1980 durch Gesetz zur Neuregelung des Rechts der elterlichen Sorge vom 18.7.1979 (BGBl. I S. 1061) und lauten jetzt im 5. Titel "Elterliche Sorge für eheliche Kinder" und im 6. Titel "Elterliche Sorge für nichteheliche Kinder". Damit ist der Begriff "elterliche Gewalt" aus dem deutschen Familienrecht getilgt und dem oben

Um zu verhüten, daß der in der allgemeinen Rechtssprache gebrauchte Ausdruck "elterliche Gewalt" als einseitiges Recht der Eltern ausgelegt wird, verwendet man im chinesischen BGB nur die Ausdrücke Rechte und Pflichten der Eltern gegenüber ihren Kindern. So lautet z.B. Art. 1084 II BGB (Neufassung vom 3.6.1985) folgendermaßen: "Die Eltern haben den minderjährigen Kindern gegenüber das Recht und die Pflicht zur Beschützung, Erziehung und zum Unterhalt". Dadurch wird eine solche Rechtsinstitution in ein gewisses Gleichgewicht zwischen Recht und Pflicht gebracht.[609/1]

Art. 1084 BGB ist im Rahmen der teilweisen Neufassungen im Familienrecht des BGB vom 3.6.1985 neu gefaßt worden. Danach gilt der ursprüngliche Text von Art. 1084 BGB nun als Absatz 2 der Neufassung des Art. 1084 BGB. Hinzugefügt wurde Absatz 1 zu Art. 1084 BGB, der besagt: Die Kinder sollen ihren Eltern Pietät entgegenbringen. Obwohl in Zukunft nach dieser Neuhinzufügung von Absatz 1 zu Art. 1084 BGB das Gesetz einseitig die Pietätspflicht der Kinder gegenüber ihren Eltern anordnet, kann man mit dem argumentum e contrario folgern, daß die Eltern danach auch die Pflicht haben zur Beschützung, Erziehung und zum Unterhalt ihrer Kinder, wie Abs. 2 dieses Art. 1084 BGB regelt. So verbleibt Art. 1084 BGB insgesamt inhaltlich im Bereich der "Rechte und Pflichten der Ehegatten gegenüber ihren Kindern".

Das Verhältnis der Eltern zu den Kindern ist im 1. Pekinger EheG von 1950 anders als im Nankinger BGB. Art. 13 dieses EheG lautete nämlich folgendermaßen: "Die Eltern sind den Kindern gegenüber verpflichtet, sie auf-

---

von Günther Beitzke ausgesprochenen Wunsch, der Ablösung des Begriffes "elterliche Gewalt" in "elterliche Sorge" entsprochen, wozu er in der 24. Auflage seines Buches, München 1985, S. 248, folgendes schreibt: "Die so entstandene Gesetzeslücke ist erst mit 1.1.1980 durch das neue Sorgerecht endgültig wieder geschlossen". Auch Joachim Gernhuber äußert sich zustimmend über die Umwandlung der Rechtsinstitution "elterliche Gewalt" in "elterliche Sorge" in seinem "Lehrbuch des Familienrechts", München 1980, S. 707: Bis an die Schwelle des EltSorgRG ist das Recht der Eltern, für die Person und für das Vermögen des Kindes zu sorgen, trotz allen mit ihm verbundenen Pflichtengehalts überwiegend als Herrschaftsrecht begriffen (und insofern treffend als 'elterliche Gewalt' bezeichnet) worden; das Kind wurde als Objekt eines subjektiven Rechts gedacht."

Zu der jetzt allgemein in den Gesetzgebungen eingetretenen neuen Richtung, von "elterlicher Gewalt" zu "elterlicher Sorge" zu kommen, äußert sich Shih Shang-K'uan in seinem Buch "Familienrecht". Er ist der Meinung, daß auch diese letztgenannte Form noch nicht die vollkommenste sei, da sie zu einseitig die Interessen der Kinder tendiere. Es fehle hierbei die Gegenseitigkeit in Sorge der Eltern für die Kinder und Sorge der Kinder für die Eltern; eine beiderseitige Ausgewogenheit in Recht und Pflicht sei hier nicht sehr ausgeprägt (s. Shih Shang-K'uan, S. 477).

zuziehen und zu erziehen". Vom Recht der Eltern gegenüber ihren Kindern ist hier nicht die Rede.[610] Das neue Pekinger EheG von 1980 aber sagt den Eltern außer der Pflicht auch das Recht zu bezüglich der Aufziehung und Erziehung der Kinder, und zwar heißt es in Art. 17 dieses Gesetzes: Die Eltern haben das Recht und die Pflicht, ihre minderjährigen Kinder zu erziehen und zu schützen.

Die Rechte und Pflichten gegenüber den Kindern werden durch die Eheschließung der Ehegatten begründet. Die nicht in der Ehe erzeugten Kinder sind uneheliche Kinder. Der Erzeuger hat nach dem Nankinger BGB keine Rechtsbeziehung zu seinem unehelichen Kind und somit auch keine Rechte und Pflichten gegenüber diesem Kind. Aber gemäß Art. 1065 Abs. 1 BGB gilt ein uneheliches Kind als ehelich, wenn der natürliche Vater es anerkennt. Somit ergeben sich dann für den Erzeuger auch Rechte und Pflichten gegenüber seinem unehelichen Kind.

Die Rechtsinstitution der Anerkennung des unehelichen Kindes als eheliches Kind berechtigt die folgende Behandlung der diesbezüglichen gesetzlichen Bestimmungen auch unter den "Wirkungen der Eheschließung".

Nach Art. 1065 Abs. 2 BGB gilt ein uneheliches Kind als ehelich im Verhältnis zu seiner natürlichen Mutter und analog Art. 1084 II BGB n.F. vom 3.6.1985 besitzt die Mutter auch alle Rechte und Pflichten, oder die wie in Deutschland früher bezeichnete "elterliche Gewalt" gegenüber ihrem nichtehelichen Kind.[611]

Das Verhältnis zwischen unehelichem Kind und seiner natürlichen Mutter entspricht nach dem alten § 1705 dt. BGB, wie auch nach Art. 1065 Abs. 2

609/1 a) Chao, S. 181, Hu, S. 274 und Hu K'ai-Ch'eng, S. 117.
  b) Zum Ausdruck "Elterliche Gewalt" erklärt A. Homberger noch: Der Ausdruck "Elterliche Gewalt" darf nicht irreführen. Es handelt sich hier nicht um ein Gewaltverhältnis, das eine Machtfülle der Eltern gegenüber den Kindern betonen soll, sondern um ein Schutz-, Erziehungs- und Vertretungsverhältnis zwischen Eltern und Kindern, und zwar zum Nutzen der Kinder" (Homberger, S. 103).
610 Über diese Frage vgl. Bünger 1951 II, S. 117 f.
611 So lautet die alte Fassung des § 1705 dt. BGB folgendermaßen: "Das uneheliche Kind hat im Verhältnisse zu der Mutter und zu den Verwandten der Mutter die rechtliche Stellung eines ehelichen Kindes". Dieser § 1705 wurde neu gefaßt durch Gesetz über die rechtliche Stellung der nichtehelichen Kinder vom 19.8.1969 und besagt folgendes: "Das nichteheliche Kind steht, solange es minderjährig ist, unter der elterlichen Gewalt der Mutter. ..." Nun ist § 1705 geändert mit Wirkung vom 1.1.1980 durch Art. 9 § 2 "Gesetz zur Neuregelung des Rechts der elterlichen Sorge" vom 18.7.1979 (BGBl. I S. 1061) und lautet: Das nichteheliche Kind steht, solange es minderjährig ist, unter der elterlichen Sorge der Mutter.

Nankinger BGB, einem ehelichen. § 1705 dt. BGB ist nun geändert mit Wirkung vom 1. Januar 1980 durch Art. 9 § 2 "Gesetz zur Neuregelung des Rechts der elterlichen Sorge" vom 18.7.1979 und enthält den neuen Inhalt: "Das nichteheliche Kind steht, solange es minderjährig ist, unter der elterlichen Sorge der Mutter" (s. auch Anm. 611). So kommt dem nichtehelichen Kind im Verhältnis zu seiner Mutter die rechtliche Stellung wie einem ehelichen Kinde zu.[612]

Nach Art. 19 I Pekinger EheG genießen uneheliche Kinder die gleichen Rechte wie eheliche. Hiernach ist zu folgern, daß der natürliche Vater und die natürliche Mutter Rechte und Pflichten gegenüber ihrem nichtehelichen Kind ohne Unterschied besitzen.

Aber gemäß Art. 19 II Pekinger EheG soll der Vater des unehelichen Kindes für einen Teil oder die gesamten Unterhalts- und Ausbildungskosten des Kindes aufkommen, bis das Kind selbst seinen Lebensunterhalt bestreiten kann (gemäß Art. 15 des 1. Pekinger EheG von 1950 war diese Leistung aber nur bis zum 18. Lebensjahr des Kindes zu erbringen). Mit anderen Worten wird daraus erkennbar, daß auch die Mutter des unehelichen Kindes für einen Teil oder ganz für die Unterhalts- und Ausbildungskosten verpflichtet ist, wenn der natürliche Vater diese Kosten nur zu einem Teil oder gar nicht aufbringen kann. D.h. die natürliche Mutter und der natürliche Vater des unehelichen Kindes haben gemeinsam die Pflicht für die Lebens- und Erziehungskosten ihres unehelichen Kindes aufzukommen. Aus dieser Pflicht ergibt sich dann für den Vater und die Mutter auch das Recht für die Aufziehung und die Erziehung ihres Kindes.

Nun soll nur auf die wichtigsten Rechte und Pflichten der Ehegatten gegenüber ihren Kindern eingegangen werden.

A. Schutz, Unterhalt und Erziehung der Kinder

Nach Art. 1084 II Nankinger BGB haben die Ehegatten (Eltern) den minderjährigen Kindern (d.h. unter 20. Lebensjahr) gegenüber Rechte und Pflichten zu deren Schutz, Unterhalt und Erziehung.

An sich ergibt sich aus einer sogenannten Pflicht der Ehegatten (Eltern) oft zugleich auch ein Recht für diese. Sind z.B. die Ehegatten auf der einen Seite zur Bestreitung der Erziehungskosten verpflichtet, so stehen ihnen auf der anderen Seite gleichzeitig auch Erziehungsrechte zu. Darum besagt Art. 1084

---

612 G. Beitzke sagt auch: "Eine Ehelicherklärung im Verhältnis nur zur Mutter kennt das BGB nicht, da die Mutter die elterliche Sorge nach § 1705 ohnehin hat..." (Beitzke, S. 288).

II Nankinger BGB, daß die Eltern ihren minderjährigen Kindern gegenüber "Rechte und Pflichten" zum Schutz, Unterhalt und zur Erziehung haben.[613]

Gemäß Art. 17 Pekinger EheG haben die Eltern auch das Recht und die Pflicht, ihre minderjährigen Kinder zu erziehen und zu schützen und gemäß Art. 15 des gleichen Gesetzes obliegt den Eltern die Pflicht, den Lebensunterhalt für ihre Kinder zu bestreiten. So ergibt sich aus dieser Pflicht auch das Recht hierzu für die Eltern, wie oben gerade erläutert.

B. Bestrafung der Kinder

Nach Art. 1085 BGB können die Ehegatten ihre Kinder in dem notwendigen Maße bestrafen. Dieser Artikel ist zur Gewähr der im vorhergehenden Art. 1084 BGB (= Art. 1084 II BGB n.F. vom 3.6.1985) angegebenen Rechte der Ehegatten geschaffen worden.[614]

Um eine körperliche und seelische Gefährdung der Kinder zu verhüten, dürfen die Ehegatten die Bestrafung ihrer Kinder jedoch nicht willkürlich betreiben. Sie können die Kinder nur in "notwendigem Maße" bestrafen.[614/1]

Es fragt sich indes, ob die Ehegatten "nur ihre minderjährigen Kinder" in notwendigem Maße bestrafen können. Denn Art. 1085 BGB besagt nur allgemein, daß die Ehegatten ihre Kinder in dem notwendigen Maße bestrafen können, aber erklärt nicht ausdrücklich wie Art. 1084 BGB (= Art. 1084 II BGB n.F. vom 3.6.1985), daß die Ehegatten nur ihren "minderjährigen" Kindern gegenüber das Recht und die Pflicht zur Beschützung und zur Erziehung haben.

In den im Anhang II der Neuauflage des Lehrbuches "Familienrecht des Bürgerlichen Gesetzbuches" von Chao Feng-Chieh, Taipeh 1968, gesammelten Erklärungen des Justizamtes zum Familienrecht findet sich auch keine Erklärung bezüglich Art. 1085 BGB.[615] Auch die Antwort des Justizamtes in Taipeh/Taiwan vom 17.3.1978 auf eine Anfrage ergab, daß noch keine gerichtliche Erklärung oder Entscheidung zum Art. 1085 BGB erlassen wor-

---

613 Chao, S. 182; Huang, S. 183 und Hu K'ai-Ch'eng, S. 117 f.
614 Chao, S. 183.
614/1 Eine andere Auffassung hat im schwedischen Gesetz Eingang gefunden: Hiernach dürfen schwedische Eltern Kinder keiner körperlichen oder seelischen Bestrafung mehr aussetzen. Diese Gesetzesänderung wurde vom schwedischen Reichstag verabschiedet und trat am 1. Juli 1979 in Kraft (s. Bericht aus Stockholm von Peter Nonnenmacher, Korrespondent des "Erlanger Tagblatt", vom 3. April 1979, S. 24).
615 Chao, S. 281-323; vgl. auch "Sammlung der Entscheidungen des Obersten Gerichtshofes" und "Sammlung der Erklärungen des Justizamtes" sowie "Sammlung der Erklärungen des Hohen Richterkollegiums".

den ist. Eine weitere, gleiche Anfrage vom 12.9.1982 beantwortete das Justizamt am 24.9.1982 auch dahingehend, daß in den Sitzungen des Hohen Richterkollegiums und des Obersten Gerichtshofes keine Erklärung oder Entscheidung betreffend Art. 1085 BGB beschlossen worden sei. D.h. die hier diskutierte Frage ist demnach in der gerichtlichen Praxis noch nicht aufgetaucht.

Die Meinungen der chinesischen Juristen gehen in der Sache selbst auseinander:

Li I-Shen z.B. meint, die in Art. 1085 BGB angegebene Maßnahme, wonach die Eltern (Ehegatten) ihre Kinder in dem notwendigen Maße bestrafen können, diene als Hilfsmittel der Erziehung ohne Zweifel nur für "minderjährige" Kinder, auch Ch'en Ch'i-Yen und Shi Shang-K'uan sind dieser Auffassung.[616]

Tai Yen-Hui ist von der gesetzlichen Seite her gesehen eigentlich auch der eben genannten Meinung, daß die Eltern (Ehegatten) gemäß Art. 1085 BGB nur ihre "minderjährigen" Kinder in dem notwendigen Maße bestrafen dürften, jedoch von der alten chinesischen Sitte her betrachtet, meint er, daß nicht nur die minderjährigen Kinder bestraft werden dürften. Wenn dies der Fall wäre, dann würden die Ehegatten nach Art. 1090 BGB ihre Rechte mißbrauchen oder sich selbst, z.B. wegen Körperverletzung, nach Art. 277 und 278 Nankinger StGB strafbar machen, falls sie ihre volljährigen Kinder im notwendigen Maße bestrafen. Tai ist somit der Ansicht, daß die Auffassung über Art. 1085 BGB, nach der nur die minderjährigen Kinder bestraft werden können, ganz gegen die chinesische Sitte verstoße. Er kommt zu der Schlußfolgerung, daß über das Alter der Kinder deshalb in Art. 1085 BGB Stillschweigen gewahrt ist, um die Bestimmung der chinesischen Sitte anzupassen.[617]

Betrachtet man aber den Gesetzeszusammenhang genauer, dann kann man der letztgenannten Meinung von Tai Yen-Hui nicht ohne weiteres zustim-

---

616 Li 1966, S. 40; Ch'en Ch'i-Yen, S. 269 und Shih Shang-K'uan, S. 599.
617 a) Tai, S. 294 und 300; auch Chao, S. 183.
b) Die von Tai Yen-Hui erwähnte alte chinesische Erziehungsstrafe für Kinder hat interessanterweise jetzt in Japan in einer Mittelschule auf der Insel " 川山奇市田 " südlich von Tokio noch Anwendung. Hier werden Schulkinder, die gegen die Schuldisziplin verstoßen, mit 20-40 Bambusstockschlägen bestraft, obwohl die körperliche Strafe für Schüler nach einer Vorschrift des japanischen Kultusministeriums untersagt ist. Der Schulleiter erklärt dazu, daß die Kinder nach dem zweiten Weltkrieg durch zu großen Wohlstand von den Eltern verwöhnt und verzogen seien und daß das nach der konfuzianischen Lehre erstrebte traditionelle gute, ehrfurchtsvolle Verhältnis zu den Lehrern zerstört worden sei (s. "Europe Journal" vom 20.5.1983, S. 7).

men. Wird z.B. zuerst nur der Satz "das Sondergut des Kindes wird von dem Vater verwaltet" aus Art. 1088 BGB gelesen (nach Nf. vom 3.6.1985 auch der Mutter), so könnte man meinen, daß sich das Wort "Kind" sowohl auf das "minderjährige" als auch auf das "volljährige" Kind des Vaters bezieht. Man erfährt aber aus dem vorhergehenden Art. 1087 BGB, daß das Vermögen, das ein "minderjähriges" Kind durch Erbfolge, Schenkung oder sonstwie unentgeltlich erwirbt, sein "Sondergut" ist. Daher drängt sich eine andere Auffassung auf, und zwar zeigt sich aus dem Zusammenhang, daß das Wort "Kind" im Art. 1088 BGB nur das "minderjährige" Kind betrifft. Ebenso wie zwischen Art. 1087 und Art. 1088 BGB ist die Beziehung zwischen Art. 1084 BGB (= Art. 1084 II BGB n.F. vom 3.6.1985) und Art. 1085 BGB zu verstehen, und zwar ergibt sich, daß die in Art. 1085 BGB genannten in dem notwendigen Maße zu "bestrafenden Kinder" nur die "minderjährigen" Kinder betreffen kann, da der mit Art. 1085 BGB in Zusammenhang stehende Art. 1084 BGB (= Art. 1084 II BGB n.F. vom 3.6.1985) direkt ausspricht, daß die Ehegatten den "minderjährigen" Kindern gegenüber Rechte und Pflichten zu deren Schutz, Unterhalt und Erziehung haben. Eine solche Auslegung wird auch verständlicher sein, als die letztgenannte von Tai Yen-Hui, die zur Anpassung an die alte chinesische Sitte, ein absichtliches Stillschweigen über das Alter des Kindes im Art. 1085 BGB annimmt.

Art. 1085 oder 1088 BGB hat somit keinen der väterlichen Gewalt ähnlichen Inhalt, wie etwa nach der schon erwähnten alten chinesischen Sitte, die den Eltern erlaubte, auch ihre volljährigen Kinder zu bestrafen.

Außerdem richtet es sich ebenso gegen die Modernisierung des Gesetzes, wenn Tai Yen-Hui meint, daß die Ehegatten (Eltern) nach Art. 1085 auch ihre volljährigen Kinder in dem notwendigen Maße bestrafen können. In der geschichtlichen Entwicklung gab es z.B. im römischen Recht eigentlich nur eine väterliche Gewalt, nicht eine elterliche Gewalt, und die Ausübung dieser Gewalt fand im römischen Recht, wie auch im alten China, keine Beschränkung nach dem Alter des Kindes.[618]

Allmählich hat sich aus dieser Gewalt aber ein anderes Recht entwickelt, welches dem Vater väterliche Gewalt "nur" noch gegenüber seinen "minderjährigen" Kindern zugesteht.[619]

Aus der letztgenannten väterlichen Gewalt entstand später dann die sogenannte "elterliche Gewalt". Dieses Recht ist so zu verstehen, wie es z.B. der gegenwärtige Art. 206 des schweizerischen ZGB zum Ausdruck bringt: "Die Kinder stehen, solange sie unmündig sind, unter der elterlichen Gewalt".

---

618 Vgl. Chao, S. 181 f. und Dölle, Bd. II, S. 138.
619 Vgl. Dölle, Bd. II, S. 139.

Wenn also der Inhalt von Art. 1085 Nankinger BGB einen der alten väterlichen Gewalt ähnlichen Sinn haben sollte, so wäre dies gegen das allgemeine Bestreben zur Modernisierung des Gesetzes über die elterliche Gewalt, nach dem die Eltern nur noch minderjährige Kinder bestrafen dürfen.

C. *Gesetzliche Vertreter der Kinder*

a) *Notwendigkeit der gesetzlichen Vertretung minderjähriger Kinder und gesetzliches Vertretungsrecht der Eltern*

Gemäß Art. 76 Nankinger BGB wird ein Geschäftsunfähiger bei Abgabe und Empfang einer Willenserklärung von seinem gesetzlichen Vertreter vertreten. Und nach Art. 77 BGB bedarf ein beschränkt Geschäftsfähiger zur Abgabe und zum Empfang einer Willenserklärung der Einwilligung seines gesetzlichen Vertreters.

Wer gesetzlicher Vertreter eines Minderjährigen sein soll, haben Art. 76 und 77 BGB nicht geregelt. Es ist daher notwendig, daß Art. 1086 BGB die Eltern (Ehegatten) zu gesetzlichen Vertretern ihrer minderjährigen Kinder bestimmt. Art. 1086 BGB stellt daher eine Ergänzung zu Art. 76 und 77 BGB dar.

Art. 17, Satz 1 des Pekinger EheG sagt aus, die Eltern haben das Recht und die Pflicht, ihre minderjährigen Kinder zu erziehen und zu schützen. Hieraus ergibt sich in der Folgerung für die Eltern das Recht zur gesetzlichen Vertretung ihrer minderjährigen Kinder. Damit haben die Eltern für die rechtlichen Interessen ihrer Kinder Schutz und Sorge zu tragen.

Das Vertretungsrecht der Eltern stellt sich aber in anderer Weise dar nach der Ehescheidung der Eltern. Art. 29 Abs. 2 des Pekinger EheG besagt, daß die Ehegatten (Eltern) auch noch nach der Ehescheidung gegenüber ihren Kindern das Recht und die Pflicht haben, sie aufzuziehen und zu erziehen. Wenn man diesen Absatz für sich allein liest, könnte man zu der oben für nicht geschiedene Ehegatten gezogenen Folgerung kommen, daß sich aus dem Recht und der Pflicht zum Aufziehen und zur Erziehung der Kinder, welche den Ehegatten auch nach ihrer Ehescheidung obliegt, das gemeinsame Vertretungsrecht für die geschiedenen Ehegatten weiterhin ergibt.

Liest man aber weiter den ersten Satz des nächsten (dritten) Absatzes dieses Art. 29 EheG, daß nach der Ehescheidung grundsätzlich die noch zu stillenden Kinder bei der sie stillenden Mutter bleiben, kommt man zu der Auffassung, daß die Ausübung der gemeinsamen Personensorgepflicht der geschiedenen Ehegatten nur vorläufig der geschiedenen Frau überlassen (aber nicht übertragen) wird. Das gemeinsame gesetzliche Vertretungsrecht für die Kinder wird aber davon nicht berührt.

Daß die Überlassung der Personensorgepflicht hier allerdings nur ein vorübergehender Zustand ist, deutet der zweite Satz dieses dritten Absatzes (des Art. 29 EheG) schon selbst an: Wenn nach Beendigung der Zeit, in der das Kind von der Mutter genährt wird, beide Eltern das Sorgerecht für das Kind haben wollen und sie den Streit darüber nicht durch ein gütliches Übereinkommen beilegen können, so entscheidet das Volksgericht darüber, wobei es seiner Entscheidung die Interessen des Kindes und die Umstände beider Partner zugrunde legt.

Aus diesem zweiten Satz des dritten Absatzes (des Art. 29 EheG) erkennt man noch eine wesentlichere Bedeutung des Textes. Dieser Satz besagt nämlich dem Sinne nach, die Personensorge solle grundsätzlich nur einem Elternteil (nach der Ehescheidung) übertragen werden. Hier stellt das Gesetz nur die Frage, welchem Elternteil die Personensorge übertragen werden soll, es sei denn, daß die von der Mutter zu stillenden Kinder (nach diesem Art. 29 Abs. 3 Satz 1 EheG) vorläufig dieser zu belassen sind. Es ist nur im Pekinger EheG nicht ausdrücklich gesagt, wie z.B. in Art. 1051 Nankinger BGB, daß die Vormundschaft über die Kinder und damit das Personensorgerecht nach der "Ehescheidung durch beiderseitiges Einverständnis" dem Ehemann zufällt, wenn nicht besondere Vereinbarungen getroffen wurden. D.h. das Vormundschaftsrecht der geschiedenen Frau wird nach dem Nankinger BGB ihrem geschiedenen Mann übertragen. Der gesetzliche Vertreter der Kinder ist also in diesem Falle auch der geschiedene Mann und nicht mehr die geschiedene Frau, da sie durch die Übertragung des Vormundschaftsrechts auf ihren geschiedenen Mann ihr Personensorgerecht verloren hat.[620]

Auch bei gerichtlicher Ehescheidung nach Art. 1055 BGB ist Art. 1051 BGB anwendbar. Das Gericht kann aber einen Vormund bestellen, wenn es für das Kind vorteilhaft ist.

Wie gesagt, soll die Personensorge nach Art. 29 Abs. 3 Satz 2 des Pekinger EheG nach der Ehescheidung nur einem Elternteil übertragen werden und nach Art. 1051 und 1055 des Nankinger BGB das Vormundschaftsrecht zugunsten der Interessen der Kinder auch nur dem das Personensorgerecht

---

620 Nach Art. 1051 zweiter Halbsatz Nankinger BGB können die geschiedenen Ehegatten vereinbaren, der Frau oder einer dritten Person die Vormundschaft über die Kinder zu übertragen. So kann man hieraus entnehmen, daß die Frau durch ihre Ehescheidung grundsätzlich ihr Vormundschaftsrecht über ihre Kinder doch nicht sofort verlieren soll. Kommt eine Vereinbarung über die Vormundschaft nicht zustande, dann kann die gerichtliche Entscheidung den Vormund der Kinder bestimmen (Urteil des Obersten Gerichtshofes Shangtzu Nr. 1093 vom Jahre 1932 – s. Chao, S. 125, Anmerkung 57). So verstößt Art. 1051, erster Halbsatz doch nicht gegen das Prinzip der Gleichberechtigung von Mann und Frau.

besitzenden Elternteil zukommen. Der gesetzliche Vertreter der Kinder ist nun auch nur derjenige Ehegatte, der das Personensorgerecht inne hat. Es ist aber nicht so wie oben behauptet wurde, daß beide Elternteile nach der Ehescheidung das gesetzliche Vertretungsrecht (für ihre Kinder) wegen ihrer nach Art. 29 Abs. 2 Pekinger EheG fortdauernden Unterhalts- und Erziehungspflicht gemeinsam weiter besitzen, da die Übertragung des Personensorgerechts und das weitere Tragen der Unterhalts- und Erziehungskosten in diesem Falle nun nicht mehr wie vor der Ehescheidung in Zusammenhang stehen.[621]

b)   Gesetzliche Vertretung bei vermögensrechtlichen und personenrechtlichen Rechtsgeschäften

Ob der gesetzliche Vertreter sein Kind nur in den das Vermögen betreffenden Rechtsgeschäften oder auch in den die Person betreffenden Rechtsgeschäften vertreten kann, bringt Art. 1086 BGB nicht zum Ausdruck, da er nur besagt, daß die Eltern gesetzliche Vertreter ihrer minderjährigen Kinder sind.

Chao Feng-Chieh meint dazu, daß Minderjährige auch in den die Person betreffenden Rechtsgeschäften vertreten werden können, aber nur dann, wenn im BGB eine Sonderregelung dafür vorhanden ist, wie beispielsweise in Art. 1067 BGB, wonach die natürliche Mutter für ihr uneheliches, minderjähriges Kind die Anerkennung durch den natürlichen Vater verlangen kann.[621/1] Demnach soll ihr in diesem Falle vernünftigerweise die Vertretung im personenrechtlichen Rechtsgeschäft ihres (unehelichen, minderjährigen) Kindes gemäß Art. 1086 BGB zugestanden werden.

---

621   Wird z.B. gemäß Art. 29 Abs. 1 Satz 2 Pekinger EheG nach einer Ehescheidung einem Mann das Personensorgerecht für das Kind übertragen, der die finanziellen Kosten für Unterhalt und Erziehung nicht allein aufbringen kann, so muß die geschiedene Frau nach Art. 29 Abs. 2 dieses EheG ebenfalls finanziell zu den Unterhalts- und Erziehungskosten beisteuern, sie erhält damit aber nicht das Recht zur gesetzlichen Vertretung des Kindes.
621/1 Nach der Neufassung von Art. 1067 I im Familienrecht des BGB (vom 3.6.1985) kann nun das uneheliche Kind selbst seine Anerkennung durch den natürlichen Vater verlangen und kann gemäß Art. 596 I ZPO (n.F. vom 15.4.1986), wonach der Minderjährige auch prozeßfähig sein kann, ohne gesetzlichen Vertreter diese Handlung ausführen (vgl. amtliche Erklärung zur Neufassung des Art. 596 I ZPO).

Chao ergänzt dazu, daß eine Vertretung in höchstpersönlichen Rechtsgeschäften aber nicht zulässig sei. So können etwa Ehegatten (Eltern) für ihr minderjähriges Kind kein Testament errichten.[622]

Tai Yen-Hui ist der Ansicht, daß die Eltern (Ehegatten) ihr Kind grundsätzlich nur in den das Vermögen und nicht auch die Person betreffenden Rechtsgeschäften vertreten können. Daß die Mutter nach Art. 1067 BGB für ihr uneheliches, minderjähriges Kind die Anerkennung durch den natürlichen Vater in Vertretung für ihr Kind verlangen kann (entsprechend einem personenrechtlichen Rechtsgeschäft),[622/1] sei nur eine Ausnahme.

Tai betont weiter, daß das vermögensrechtliche Rechtsgeschäft trotzdem zuweilen auch personenrechtlichen Charakter enthalte, es solle aber grundsätzlich doch der rein vermögensrechtlichen Vertretung zugehören, d.h. dieses teilweise personenrechtliche Rechtsgeschäft solle auch zum vermögensrechtlichen Vertretungsrechtsgeschäft gerechnet werden. Nach Art. 1166 Abs. 2 BGB ist z.B. die Mutter Vertreterin ihres Kindes im Mutterleibe bezüglich der Nachlaßteilung, und nach Art. 1174 BGB können die Ehegatten das Erbrecht ihres minderjährigen Kindes, das Erbe ist, in Vertretung für

---

622 a) Chao, S. 183.
    b) Diese Auffassung von Chao Feng-Chieh entspricht den folgenden deutschen Gesetzesparagraphen:
    1. § 1626 I, Satz 2 dt. BGB, worin es heißt, daß die elterliche Sorge die Sorge für die Person (Personensorge) und das Vermögen (Vermögenssorge) des Kindes umfaßt sowie § 1629 Satz 1 dt. BGB: "Die elterliche Sorge umfaßt die Vertretung des Kindes."; und
    2. § 2064 dt. BGB (= alter § 1 Abs. 1 des dt. TestG vom 31.7.1938), der lautet: "Der Erblasser kann ein Testament nur persönlich errichten" (den gleichen Sinn enthält im Grunde genommen auch Art. 1186 II, Satz 1 Nankinger BGB, worin bestimmt ist, daß ein Beschränkt-Geschäftsfähiger ohne Einwilligung seines gesetzlichen Vertreters ein Testament errichten kann. Das bedeutet also, daß ein Testament auch nur persönlich vom Erblasser errichtet werden kann. Mit anderen Worten, es handelt sich hier um eine Ausnahme von Art. 78 BGB, wonach ein einseitiges Rechtsgeschäft eines Beschränkt-Geschäftsfähigen ohne Einwilligung seines gesetzlichen Vertreters nichtig ist.); und
    3. § 2229 I dt. BGB (= alter § 1 II des dt. TestG), worin es heißt, daß ein Minderjähriger ein Testament erst errichten kann, wenn er das 16. Lebensjahr vollendet hat (Die gleiche Regelung hat auch Art. 1186 Abs. 2 Nankinger BGB).
§2064 und 2229 dt. BGB waren durch § 50 III des TestG vom 31.7.1938 außer Kraft gesetzt worden. Diese Paragraphen wurden aber durch Art. 1 Ziff. 6 des 2. Teils des "Gesetzes zur Wiederherstellung der Gesetzeseinheit auf dem Gebiete des bürgerlichen Rechts" (GesEinhG) vom 5.3.1953 ohne Änderung wieder in das dt. BGB eingegliedert; d.h. sie sind wieder ins dt. BGB zurückgekehrt.
622/1 Tai, S. 301; vgl. auch Anmerkung 621/1.

ihr Kind ausschlagen. Diese personenrechtlichen Rechtsgeschäfte sollen aber auch als vermögensrechtliche Rechtsgeschäfte angesehen werden, um sie der grundsätzlichen "Vertretung nur in den Vermögensrechtsgeschäften" anzupassen.[623]

Nach Anführung der obigen Ansichten über das Vertretungsrecht des gesetzlichen Vertreters minderjähriger Kinder wäre Art. 1086 BGB der Auffassung von Chao Feng-Chieh weitgehend angepaßt und würde auch die Meinung von Tai Yen-Hui berücksichtigen, wenn darin direkt gesagt wäre, daß dieses Vertretungsrecht nur die Sorge für das Vermögen umfaßt, es sei denn, daß eine Sonderregelung im BGB für die allgemeinen persönlichen, aber nicht höchstpersönlichen Rechtsgeschäfte vorhanden ist. Die zu einseitige Beschränkung des Vertretungsrechts der Eltern (Ehegatten) wie z.B. in der japanischen Gesetzgebung nach Art. 884 des alten jap. BGB, wonach die Eltern, die die elterliche Gewalt ausüben, das Kind nur in den das Vermögen betreffenden Rechtsgeschäften vertreten können, wäre vermieden[624] und auch der Vorteil z.B. des deutschen Gesetzes, nach dem es in § 1630 I (a.F.) dt. BGB heißt "Die Sorge für die Person und das Vermögen umfaßt die Vertretung des Kindes", würde annähernd enthalten sein.[625]

Yü Hsien-Chang (郁憲章) ist seinerseits aber der Auffassung, die gesetzliche Vertretung minderjähriger Kinder gemäß Art. 1086 BGB verfolge den Zweck, alle Interessen der Kinder wahrzunehmen, sie beziehe sich nicht nur auf die das Vermögen betreffenden Rechtsgeschäfte. Sonst käme den personenrechtlichen Interessen der Kinder kein Schutz zu und diese könnten auch verletzt werden. Eine solche Rechtsbehandlung wäre nicht korrekt. Deshalb habe Art. 1086 des chinesischen BGB den Art. 884 des japanischen BGB (bezieht sich auf jap. BGB a.F.), wonach die gesetzliche Vertretung nur die vermögendlichen Rechtsgeschäfte umfaßt, nicht als Vorbild genommen, sondern hiernach könne der gesetzliche Vertreter das minderjährige Kind in allen seinen Rechtsgeschäften vertreten oder diesen zustimmen.[625/1]

Man könnte noch einen anderen Gesichtspunkt in Betracht ziehen, daß ein Rechtsgeschäft, das nach dem Gesetz nicht ausdrücklich verboten ist, unbe-

---

623 Tai, S. 301; vgl. auch Anmerkung 621/1.
624 a) Vgl. Chao, S. 183 und Hu, S. 283.
b) Art. 824 des gegenwärtigen japanischen BGB regelt etwa im gleichen Sinne wie der frühere Art. 884 jap. BGB, und zwar lautet er folgendermaßen: Wer die elterliche Gewalt ausübt, vertritt das Kind in den das Vermögen betreffenden Rechtsgeschäften (s. Bergmann/Ferid: Japan, 1969, S. 26).
625 Der Text des § 1630 I (a.F.) dt. BGB "die Sorge für die Person und das Vermögen umfaßt die Vertretung des Kindes" ist nun in der jetzigen Fassung des dt. BGB in den §§ 1626 I, Satz 2 und 1629 I, Satz 1 aufgeteilt.
625/1 Siehe Hu, S. 283, Anmerkung 1.

schränkt vorgenommen werden kann und hieraus schließen, daß das Vertretungsrecht der Eltern (Ehegatten), wie nach § 1630 I (a.F.) dt. BGB,[625/2] die Personensorge mit umfaßt, weil Art. 1086 Nankinger BGB keine Beschränkung anführt wie Art. 884 des alten japanischen BGB (etwa wie Art. 824 des gegenwärtigen jap. BGB), wonach die Eltern das Kind nur in den das Vermögen betreffenden Rechtsgeschäften vertreten können.

Des weiteren ergibt sich auch aus dem Zusammenhang mit dem vorhergehenden Art. 1084 BGB (= Art. 1084 II BGB n.F. vom 3.6.1985) die Erkenntnis, daß die im Art. 1086 BGB genannte gesetzliche Vertretung der Eltern für ihre minderjährigen Kinder die gesetzliche Vertretung für die vermögensrechtlichen und personenrechtlichen Rechtsgeschäfte umfassen soll. Denn Art. 1084 BGB (= Art. 1084 II BGB n.F. vom 3.6.1985) besagt, die Eltern (Ehegatten) haben ihren minderjährigen Kindern gegenüber das Recht und die Pflicht zum Unterhalt und zur Erziehung. Hieraus kann man die Zugehörigkeit der Unterhaltspflicht zur vermögensrechtlichen Vertretung und der Erziehungspflicht zur personenrechtlichen Vertretung folgern. Es geht daraus hervor, daß das in Art. 1086 BGB genannte Vertretungsrecht der Eltern die vermögensrechtliche und die personenrechtliche Vertretung umfaßt. Deshalb erübrigt sich in Art. 1086 BGB eine direkte Angabe, daß das Vertretungsrecht der Eltern für ihre minderjährigen Kinder die Person und das Vermögen betrifft, auch liegt in der gerichtlichen Praxis kein Prozeßfall betreffend diese Frage vor, und zwar nach Antwortschreiben des Justizamtes in Taipeh/Taiwan, vom 15.6.1978 und 24.9.1982 an den Verfasser. Verständlicherweise wurde deshalb im Entwurf zur Neufassung des Familienrechts des BGB vom 12.8.1982 für diesen Artikel keine Änderung vorgesehen. Eine Anfrage des Verfassers beim Gesetzgebungsamt in Taipeh/Taiwan vom 14.12.1984 bezüglich der durch Art. 1086 BGB aufgekommenen Unklarheit des Anwendungsumfangs der gesetzlichen Vertretung der Eltern für ihre minderjährigen Kinder, wurde mit Schreiben vom 9.6.1986 dahingehend beantwortet, daß Art. 1086 BGB ohne Unklarheit sei und keiner Änderung bedürfe. Da dieser Art. 1086 BGB aber keine klare Aussage über seinen Anwendungsumfang enthält einerseits und auch das Gesetzgebungsamt nun diesbezüglich keinen klaren Hinweis gegeben hat, dürfte das Vertretungsrecht der Eltern nicht nur auf das vermögendliche Rechtsgeschäft anwendbar sein. Mit anderen Worten, die oben gegebene Auslegung zu Art. 1086 BGB im Zusammenhang mit Art. 1084 BGB (= Art. 1084 II BGB n.F. vom 3.6.1985), daß das Vertretungsrecht der Eltern ebenso die vermögensrechtliche wie die personenrechtliche Vertretung ihrer minderjährigen Kinder umfaßt, wird demnach zutreffend sein.

625/2 Siehe Anmerkung 625.

c) *Zweiseitige Betrachtung des Vertretungsrechts und seine Übertragbarkeit*

Zuweilen sind die Vertretungsrechtsgeschäfte der Ehegatten für ihr Kind, je nach Bezug, als Personensorge oder als Vermögenssorge zu betrachten. Z.B. haben nach Art. 1084 II (n.F. vom 3.6.1985) BGB die Ehegatten ihrem minderjährigen Kind gegenüber die Unterhalts- und Erziehungspflicht. Wird nun die Ehe geschieden und die Erziehungspflicht des Mannes gegenüber seinem Kind nach dem zweiten Halbsatz des Art. 1051 BGB oder nach dem ersten Halbsatz des Art. 1055 BGB durch freie Abmachung der Frau übertragen, so verbleibt die Bestreitung der Unterhaltskosten des Kindes dem Mann. Kommt der Mann der Erfüllung dieser Pflicht nicht nach, dann kann die Frau nach Art. 1086 BGB und nach Art. 575 ZPO ihr Kind in dem die Unterhaltskosten betreffenden Rechtsgeschäft direkt ihrem geschiedenen Mann gegenüber vertreten.

Dieses Vertretungsrecht ist von seiten der Mutter aus gesehen ein rein die Personensorge betreffendes Rechtsgeschäft. Wenn das Vertretungsrecht der Mutter aber von der Unterhaltsforderung des Kindes her betrachtet wird, stellt es sich als reines Rechtsgeschäft für die Vermögenssorge dar.[626]

Abgesehen davon kann die Vertretung eines Ehegatten in einem Rechtsgeschäft für seine Kinder weiterhin auch auf einen Dritten übertragen werden. Im oben erwähnten Fall wird z.B. nach der Ehescheidung das Erziehungsrecht vom Mann auf die Frau übertragen. Die Frau kann später aber wegen eines anderen Grundes nach Art. 1092 BGB ihr Recht auch auf einen anderen übertragen.[627]

In diesem Falle ist zunächst festzustellen, daß die Frau mit der Übertragung des Sorgerechts von ihrem geschiedenen Mann auch die gesetzliche Vertretung für die ihr übertragenen Angelegenheiten erhält.[628] Und obwohl sie weiterhin von ihrem geschiedenen Mann die Kosten für den Unterhalt oder die Erziehung in Vertretung ihrer Kinder verlangen kann, übt sie ihr Vertretungsrecht nun aber nicht mehr im Rahmen der Personensorge, sondern rein vermögensrechtlich aus. Die Vertretung ihrer Kinder in den die Personensorge betreffenden Rechtsgeschäften ist dagegen schon auf einen Dritten

---

626 Diese beiden Gesichtspunkte legt man in der deutschen Rechtsprechung auch zugrunde. Näheres vgl. Siebert/Vogel, S. F 318, Nr. 3 zum Art. 1630 I dt. BGB (a.F.) = geltende §§ 1626 I, Satz 2 und 1629 I, Satz 1.
627 Ein solcher Fall entspricht § 1671 Abs. 5 dt. BGB (Fassung durch "Gesetz zur Neuregelung des Rechts der elterlichen Sorge" vom 18.7.1979 mit Wirkung vom 1.1.1980).
628 Vgl. auch Franz Maßfeller und Dietrich Reinicke: Das Gleichberechtigungsgesetz, mit Erläuterungen, Köln 1958, S. 317, Ziff. 7.

übertragen worden.⁶²⁹ D.h. derjenige, der von der Frau mit der Personensorge ihrer Kinder beauftragt ist, hat nach Art. 1097 BGB nun auch das Vertretungsrecht in den die Personensorge betreffenden Rechtsgeschäften, so kann er z.B. den Wohnsitz der Kinder bestimmen.⁶³⁰

V. Zusammenfassung

Durch die Eheschließung entstehen mehrseitige personen- und vermögensrechtliche Rechtsbeziehungen zwischen dem Ehemann und der Ehefrau sowie zwischen ihnen und Dritten. Einige dieser Rechtsbeziehungen können sogar noch nach Auflösung der Ehe weiterbestehen.

A. Im Ehestand

a) Personenrechtliche Beziehungen

aa) Rechtsbeziehungen zwischen Ehepartnern untereinander

Als Wirkungen der Eheschließung zwischen den Ehepartnern untereinander ergeben sich folgende Rechtsbeziehungen:

1. *Nach dem Nankinger BGB* soll die Frau nach der Heirat den Familiennamen ihres Mannes vor ihren Familiennamen setzen (Art. 1000 BGB). Auch haben die Ehepartner die Pflicht des Zusammenlebens (Art. 1001 BGB) und des gemeinsamen Wohnsitzes (Art. 1002 BGB) sowie das gegenseitige Vertretungsrecht in den täglichen häuslichen Geschäften (Art. 1003 BGB).

2. *Nach dem Pekinger EheG* hat aber jeder Ehegatte das Recht, seinen eigenen Familiennamen weiterzuführen (Art. 10 EheG). Während im alten Pekinger EheG von 1950 in Art. 7, 1. Halbsatz noch die Rede davon war,

---

629 Vgl. auch Siebert/Vogel, S. F 293, Nr. 3 b und S. F 318, Nr. 3.
630 Der alte § 1628 dt. BGB regelte auch so: "Das Recht und die Pflicht der Eltern, für die Person und das Vermögen des Kindes zu sorgen, erstreckt sich nicht auf Angelegenheiten des Kindes, für die ein Pfleger bestellt ist." Diese Vorschrift wurde später von dem durch Gleichberechtigungsgesetz vom 18.6.1957 neu gefaßten § 1630 I dt. BGB wörtlich übernommen. Aber später wurden Abs. 1 und 2 dieses § 1630 geändert mit Wirkung vom 1.1.1980 durch "Gesetz zur Neuregelung des Rechts der elterlichen Sorge" vom 18.7.1979. Der hier vorwiegend in Betracht kommende Abs. 1 lautet nun folgendermaßen: "Die elterliche Sorge erstreckt sich nicht auf Angelegenheiten des Kindes, für die ein Pfleger bestellt ist".

daß die Ehepartner Gefährten zum gemeinsamen Leben sind, ist im neuen Pekinger EheG von 1980 diese Vorschrift nun nicht mehr aufgenommen und auch gegenstandslos, und zwar durch das sich aus Art. 11 des neuen EheG ergebende Recht der freien Wohnsitzbestimmung eines jeden Ehepartners (durch uneingeschränkte Ausbildungs- oder Berufswahl). Betreffend die selbständige Ausübung des Vertretungsrechts jedes Ehegatten in den täglichen häuslichen Geschäften, wie sie im Nankinger BGB vorhanden ist, läßt sich diese im Pekinger EheG aus Art. 9 aufgrund der gleichen Stellung der Ehegatten in der Familie, ableiten.

bb) Rechtsbeziehungen zwischen Ehepartnern und Dritten

Zu den Wirkungen der Eheschließung zwischen Ehepartnern und Dritten gehören z.b. erstens die Rechtsbeziehungen der Schwägerschaft und zweitens die Rechte und Pflichten der Ehegatten (Eltern) gegenüber ihren Kindern.

b) Vermögensrechtliche Beziehungen

Unter die vermögensrechtlichen Wirkungen der Eheschließung fallen das Ehegüter-, Unterhalts- und Erbrecht. Diese Rechtsbeziehungen werden in den "Allgemeinen Wirkungen der Ehe" des Nankinger BGB nicht behandelt, da sie unter speziellen Titeln in diesem BGB gesondert geregelt sind.

Die Pekinger Gesetzgebung macht Angaben über das Ehegüter-, Unterhalts- und Erbrecht im Ehegesetz (Art. 13, 14 und 18).

B.   Nach Auflösung der Ehe

Nach Auflösung der Ehe durch Scheidung besteht die eherechtliche Beziehung zwischen Mann und Frau an und für sich nicht mehr. Verschiedene Wirkungen der Eheschließung bleiben jedoch erhalten. Beispielsweise besteht nach Art. 983 II BGB das Ehehindernis der Schwägerschaft fort, obwohl diese nach der Ehescheidung gemäß Art. 971 BGB erlischt. Nach dem Nankinger BGB und nach dem Pekinger EheG ist die Unterhaltspflicht der Ehepartner weiter wirksam, wenn ein geschiedener Ehepartner in Not geraten ist (Art. 1057 BGB und Art. 33 EheG). Außerdem soll nach der Ehescheidung die Unterhaltspflicht und das Personensorgerecht dem Elternteil, dem das minderjährige Kind zugesprochen worden ist, weiter zustehen (Art. 1051 und 1055 BGB sowie Art. 29-31 EheG).

C. Schlußwort

Zusammenfassend kann man also feststellen, daß die Eheschließung nicht nur eine Verbindung der beiden Geschlechter darstellt, sondern auch verschiedene personen- und vermögensrechtliche Beziehungen, die man "Wirkungen der Eheschließung" nennt, zur Folge hat.

Nachwort

Die vorliegende Arbeit über die Rechtsinstitution von "Verlobung und Eheschließung in China" wurde in der Zeit vom November 1952 bis Dezember 1989 abgefaßt.

Da z.Zt. zwei chinesische Regierungen existieren, und zwar die Regierung von National-China in Nanking, z.Zt. in Taipeh/Taiwan und die Regierung der Volksrepublik China in Peking, waren die entsprechenden Gesetze dieser beiden Regierungen zu behandeln.

Für National-China war das Familienrecht im Nankinger BGB, IV. Buch vom 26.12.1930, das am 3.6.1985 eine teilweise Ergänzung erfahren hat, maßgebend. Für die Volksrepublik China war zuerst das 1. Pekinger Ehegesetz vom 13.4.1950 und das ab 10.9.1980 gültige 2. Pekinger Ehegesetz zu behandeln.

Zum Vergleich der chinesischen eherechtlichen Gesetzgebungen wurden zuweilen auch diesbezügliche Gesetze anderer Staaten mit herangezogen. Im besonderen kamen für das kommunistisch-sozialistisch ausgerichtete Pekinger Ehegesetz Gesetzgebungen gleichartig geprägter Staaten, der sogenannten Ostblockstaaten, die dem Warschauer Pakt angehören, so der DDR, Polens, der Tschechoslowakei, Rumäniens und der UdSSR in Anwendung. Durch den sich z.Zt. vollziehenden politischen Umbruch in der Abwendung von kommunistisch-sozialistischen Systemen zu demokratischen Systemen in diesen Staaten, werden sich Veränderungen in der Bezeichnung der Staaten und in der Inhaltlichkeit ihrer Gesetze ergeben. In dieser Arbeit sind die z.Zt. gültigen Bezeichnungen der Staaten und ihrer Gesetze verwendet.

Nicht zuletzt möchte ich meinen Freunden und Bekannten, die mir bei meiner Arbeit im Zusammenhang mit dem vorliegenden Buch geholfen haben, meinen großen Dank aussprechen!

Erlangen, Dezember 1989

Der Verfasser

Rückdenken

Heute abend habe ich meine Arbeit technisch druckreif fertiggestellt und will sie morgen fotokopieren, um bei eventuellem Verlust des originalen Exemplars ein Ersatzexemplar zu besitzen. Hierbei erinnere ich mich, daß ich am gleichen Tage (4. April) des Jahres 1948 mit dem Schiff von Shanghai über den Indischen Ozean nach Europa abgefahren bin, um hier meine Fachkenntnisse zu erweitern. Am 6. Mai 1948 kam ich in Marseille/Frankreich an und fuhr am gleichen Abend mit der Bahn nach meinem gewählten ersten Studienort Zürich/Schweiz weiter. Nach einigen Tagen immatrikulierte ich an der juristischen Fakultät der Universität Zürich. Nach 3 Semestern wechselte ich zur juristischen Fakultät der Universität Erlangen/Deutschland (jetzt Universität Erlangen-Nürnberg) über. Hier befaßte ich mich auch nach einem Vorschlag des damaligen Dekans der juristischen Fakultät, Herrn Professor Dr. Rudolf Pohle und Herrn Professor Dr. Sevold Braga, Lehrstuhl für Internationales Privatrecht, mit dem Gebiet des chinesischen Familienrechts, da das chinesische Familiensystem von deutscher Seite her von besonderem Interesse ist. Im Sinne des Kulturaustausches zwischen Ost und West schrieb ich sodann die vorstehende Arbeit über "Verlobung und Eheschließung in China". Die Ausführung dieser Aufgabe entspricht dem Zweck und Interesse meines Aufenthaltes in Europa und kann vielleicht auch ein kleines Schattenbild meiner mit Zeitaufwand und Mühe niedergeschriebenen Gedanken und Vorstellungen zum Thema der Arbeit hinterlassen.

Schon nach 3-jährigem Aufenthalt in Europa empfand ich große Freude und Glück über die Möglichkeit des so langen Studienaufenthalts in Europa. So habe ich damals das folgende kleine Gedicht geschrieben.

Erinnerung an meine Abfahrt von Shanghai nach Europa vor drei Jahren
(Erlangen, den 4. April 1951)

Drei Jahr' sah ich der Heimat Brunnen nicht
Und denke wehmutsvoll an Dich mein Land,
Wenn auch das Herz mir manchmal bricht
Und Du geworden bist wie ich Dich nie gekannt;
Ich bleibe treu, bringt auch das Leben oft Verdruß
Und halte fest am Ziel,
Wenn ich auch schwere Wege wandern muß.

Nun ist meine Arbeit endgültig abgeschlossen und ich habe trotz schwerer Wege mein Ziel erreicht, wie ich es von Anfang an beabsichtigt hatte und wie ich es in meinem obigen Gedicht ausgedrückt habe. So bin ich jetzt froh, meine Arbeit zu Ende gebracht zu haben.

Erlangen, den 4. April 1990

Adresse des Verfassers:

1. Chow, Ju-Chin
   D-8520 Erlangen/Germany, Moltkestr. 6 (bis März 1992);

2. Chow, Ju-Chin
   H 202 Telford Gardens
   KLN-BAY/KLN
   Hongkong (Künftige Adresse)

Für Stellungnahmen und Ergänzungen zur vorliegenden Arbeit wäre der Verfasser dankbar.